DIE
FRUCHTABTREIBUNG DURCH GIFTE UND ANDERE MITTEL

EIN HANDBUCH FÜR ÄRZTE UND JURISTEN

VON

PROF. DR. L. LEWIN

DRITTE
NEUGESTALTETE UND VERMEHRTE AUFLAGE

Springer-Verlag Berlin Heidelberg GmbH
1922

ISBN 978-3-662-27545-0   ISBN 978-3-662-29032-3 (eBook)
DOI 10.1007/978-3-662-29032-3

Vorwort.

Unter der unendlichen Zahl der Rätsel, in die das Werden und Sein alles Belebten eingesponnen ist, und an deren Lösung die biologische Forschung mit dem ganzen Aufwande ihrer Hilfsmittel arbeitet, stellt das Geheimnis der Individualität dasjenige dar, an dem sich am längsten Forscher und Denker aller Zeiten und aller Völker versucht haben. Die Hoffnung ist gesunken, das Wesen dieses Unbegreiflichen auf dem Weg deduktiver Spekulation zu begreifen. Und selbst wenn es dem menschlichen Geiste je gelingen sollte, was meiner Ansicht nach stets nur eine Hoffnung bleiben wird, die letzten Ursachen des Entstehens, Lebens und Vergehens einer Zelle analytisch zu erkennen, so würde das Geheimnis der Individualität mit ihren unendlich zahlreichen funktionellen Äußerungsformen, die an jede Zelle oder jede Zellengemeinschaft gebunden sein können, den Forscher vor weitere millionenfache Probleme stellen, von denen jedes zu lösen so schwierig sein würde, wie die Enthüllung des Wesens des normalen Zellebens.

Und doch muß immer wieder der Versuch gemacht werden, dem begrifflich Unfaßlichen dadurch wenigstens näherzukommen, daß man seine Äußerungen kennenlernt, falls solche vorhanden sind. Der gezwungene Verzicht auf volle Erkenntnis bedingt nicht den Verzicht auf Forschung.

Den ersten größeren Versuch, auf induktivem Wege Licht in dieses dunkle Gebiet zu bringen, habe ich in meinem Handbuch „Die Nebenwirkungen der Arzneimittel" gemacht, dessen Zweck wesentlich war, eine kritische Bearbeitung derjenigen Arzneiwirkungen zu geben, die auf dem Boden einer besonderen Disposition erwachsen, und dadurch dem weiteren Eindringen in die hierbei auftauchenden Fragen den Weg zu ebnen.

Sind ja doch Pharmakologie und Toxikologie die besten Eingangspforten für solche Forschungen. Sie gestatten eine Beurteilung der Größe individueller Veranlagung, da ihnen die hierzu erforderlichen Elemente gegeben sind: Größe des wirkenden Objektes und Wirkungsäußerung desselben.

Auf den folgenden Blättern habe ich versucht, die reaktive Disposition eines einzelnen, des für die Menschheit wichtigsten Organes, der Gebärmutter, darzustellen. Vielleicht offenbart sich die Eigentümlichkeit einer individuellen, zeitlichen oder angeborenen Anlage gegenüber innerlichen und äußerlichen Einflüssen an keinem Körperteil so wie an diesem.

Wie weiterhin dem Dargestellten in toxikologischer, gerichtlich-medizinischer, juristischer und in der bisher lange nicht genug berücksichtigten, und doch so besonders wichtigen sozialwissenschaftlichen Beziehung eine Bedeutung zukommt, das wird das Studium der einzelnen, sehr vermehrten und umgearbeiteten Kapitel schnell lehren. Vielleicht wird man erkennen, daß hier neben anderem auch neue Grundlagen für eine gesetzgeberische Auffassung der Abtreibung geliefert werden.

Die sehr schnelle Verbreitung, welche die erste Auflage dieses Werkes gefunden hat, zeugt dafür, daß es einem Bedürfnisse entsprang. Daß es auch wissenschaftlich die Beachtung gefunden hat, die ich erhoffte, dafür habe ich zu meiner Freude der Beweise genug bekommen.

Vorwort zur dritten Auflage.

Dem Werke hat es nicht an Beurteilern gefehlt. Es konnte mir genug sein zu wissen, daß der berufenste von allen, Prof. Brouardel, es in der Pariser Medizinischen Akademie als „ouvrage aujourd'hui classique" bezeichnet hat. Auch sonst ließ sich der Erfolg nicht nur an dem Anreiz, den es reichlich Vielen gab, über das gleiche Thema zu schreiben, sondern auch daran erkennen, daß sein Inhalt — Gedanken- und Tatsachenstoff — in Bücher und Abhandlungen, manchmal recht umfänglich und wenig verschämt, auch wohl ohne Quellenangabe, übernommen wurde. So ist immerhin dadurch manche Aufklärung über die hohe Bedeutung, die dem Problem der Fruchtabtreibung zukommt, stark verbreitet worden, dem Problem, das als ungelöstes, weil unlösbares, vielleicht erst mit dem letzten Menschenpaare von der Welt schwinden wird.

Es war erforderlich, auch das Neue, was in den letzten anderthalb Jahrzehnten an Erfahrungsmaterial und an Anschauungen in Wort und Schrift zum Ausdruck gebracht worden ist, zu beleuchten. Dadurch hat das Werk teilweise eine andere Gestalt erhalten und wird in ihr vielleicht ebensoviel Billigung finden und Aufklärung schaffen wie seine Vorgänger.

Lewin.

Inhaltsverzeichnis.

Seite

I. Einleitung.

Es gibt mannigfache Fragen, die seit dem Bestehen einer Medizin und einer staatlichen Ordnung gleichermaßen Ärzte, Philosophen, Gesetzgeber und Staatsmänner interessierten, sie zum Nachdenken und zu einer Umsetzung ihrer Denkergebnisse in praktische Formen veranlaßten, aber keine, die vom Altertum an bis heute die gleiche Bedeutung beibehalten hätte, wie diejenige der Fruchtabtreibung. Gerade diese greift weit über ihre rein medizinische Bedeutung hinaus in die sozialen Verhältnisse ein, und es ist unmöglich, sich der Einsicht zu verschließen, daß wenn schon vor Jahrhunderten oder Jahrtausenden bei zivilisierten und unzivilisierten Völkern nicht der kleinste der Beweggründe für die Vornahme der Fruchtabtreibung in dem Zwange ungesunder sozialer Verhältnisse lag, gerade diese Veranlassung in unserem Jahrhundert und in den kommenden, angesichts der immer schwieriger sich gestaltenden Lebenshaltung in einem viel größeren Umfange als früher zur Beseitigung des keimenden Lebens führen muß. Und tatsächlich läßt sich in allen Ländern rapide Zunahme der Abtreibung nachweisen, resp. erschließen.

Die Zeit von Jahrtausenden hat keinen mildernden und mindernden Einfluß auf dieses Übel auszuüben vermocht. In dem Wunsche und in der Ausführung der Tat begegnet sich die Dame derjenigen Gesellschaftsschichten, in welcher die Nahrungssorgen unbekannt sind und Überfluß Gewohnheit ist, mit der nach Beschäftigung suchenden, die Straßen der Stadt durchirrenden Lustdirne, mit der Dienstmagd, der Fabrikarbeiterin und der Arbeiterfrau. Wunsch und Tat sind vorhanden, wo der Mensch ist! Von Pol zu Pol vernimmt man den einen, und sieht die andere vollendet werden. In den sonnenkargen Eisesdistrikten des Nordens werden keimende Leben ebenso vernichtet wie in den sonnendurchglühten Tropengegenden und den gemäßigten Zonen. So weltfern auch eine Insel liegen mag, sie wird dieses Übel aufweisen gleich den Zentren der Kultur in den großen Erdreichen.

Es ist meiner Meinung nach nicht besonders oder ausschließlich eine bestimmte Schicht der Bevölkerung, etwa die Arbeiterklasse, die das Zweikindersystem praktisch mit allen, eventuell dem Strafgesetz zuwiderlaufenden Konsequenzen durchführt, obschon hier die Beweggründe

wenn auch nicht entschuldbar, so doch vielleicht menschlich begreiflich
wären. Man begeht ein Unrecht und zeigt wenig Weltkenntnis, wenn
man solche Frauen oder durch Verführung oder gar durch Notzucht
Geschwängerte, die abtreiben lassen wollen, als „zu einer sittlich ver-
kommenen Minderheit gehörig bezeichnet, an der doch nichts verloren
ist". Der häufig unzulängliche Arbeitsverdienst des Ernährers, die Arbeits-
losigkeit mit ihren ökonomischen Schrecken, die Schwangerschaft der
Mütter, die in Fabriken angestrengt für den Unterhalt der Familie mit-
arbeiten müssen und die ihre Arbeit durch ihren Zustand mit sehr viel
mehr Aufopferung leisten, weil sie unter solchen Verhältnissen von den
natürlichen Beschwerden mehr wie andere Frauen zu leiden haben, veranlassen trotzdem nicht, daß in diesen Kreisen der gesetzwidrige Abort
häufiger vorkommt als in anderen, ja, vielleicht ist er hier sogar seltener.
Vielmehr scheint es, daß häufig in den Schichten, deren Vermögens- und
Erwerbsverhältnisse es gestatten würden, mehr als zwei Kinder groß-
zuziehen und auch ihrer größeren Nachkommenschaft eine gewisse
ökonomische Sicherung zu geben, vorgezogen wird, sich auf zwei Kinder
zu beschränken und auf diese den Besitz kommen zu lassen.

Die Folgen einer solchen Absicht müssen sein: entweder die Verhütung der Konzeption, die nicht straffällig ist, für die in popu-
lären Schriften Anleitungen gegeben wurden, für die in Tageszeitungen
bis vor kurzem unverblümt Mittel angepriesen werden, für die Ärzte
Instrumente erfunden haben und ausbeuten ließen, und für die Arznei-
formen erlangbar sind, oder, wo ohne solche oder trotz solcher prophy-
laktischer Maßregeln die Schwangerschaft zustande kommt: der
kriminelle Abort.

Soziale Verhältnisse sind es auch, die bei vielen die Unmöglichkeit
schaffen, sich eine Familie zu gründen, und die ihrem geschlechtlichen
Triebe entweder bei bisher Unverdorbenen genügen, die sie durch Verführung, durch Erregung der Sinnlichkeit oder durch Versprechen der
Ehe zur Gewährung gebracht haben, oder bei denen, die sich ihnen
als bereits Gefallene oder Prostituierte darbieten. Bei so Geschwängerten
ist das Bestreben, sich der werdenden Frucht zu entledigen, viel dringender und meist auch zwingender als bei der vorher bezeichneten Gruppe.
Denn auf der einen Seite besteht eine gewisse Notlage, die dazu führt,
aus Gründen der Scham oder der baldigen moralischen Ächtung, oder des
Makels für die Zukunft, oder des Verlustes von Stellungen, oder der Last,
die das Kind sein würde, die Schwangerschaft zu unterbrechen, auf der
anderen Seite regt sich der Wunsch, den Abort eintreten zu sehen oder
herbeizuführen, weil die außereheliche Vaterschaft in der Zukunft dem
Erzeuger bei einer Verheiratung mit einem anderen Mädchen moralisch
unangenehm sein kann, oder ihm meistens pekuniäre Opfer auferlegt,
die zu bringen ihm schwer fällt.

Nicht minder erregt bei einer dritten Gruppe von Erzeugern die Aussicht, Kinder geboren zu sehen, eine unangenehme Empfindung. Wo verheiratete Männer oder Frauen außerehelich geschlechtlichen Umgang gehabt haben, da ist die Triebfeder, die Früchte nicht zur Reife kommen zu lassen: die im anderen Falle nie endende Furcht vor der schließlichen Entdeckung des Ehebruches, mit allen jenen rechtlichen Folgen, die imstande sind, die Familie zu sprengen und eventuell Bestrafung der Schuldigen herbeizuführen. Eine unglückselige Last würde auch hier das geborene Kind sein, so lange es atmet.

Und noch andere Gründe für die kriminelle Fruchtabtreibung gibt es! Die folgenden Blätter werden historisch begründen, was leider auch in unserer Zeit sich allem Anschein nach recht häufig ereignet, daß es nämlich Frauen gibt, die wohl empfangen aber nicht gebären wollen, die nicht gewillt sind, die Schwangerschaft mit ihren Beschwerden und die Einbuße, die sie durch dieselben an geselligen Vergnügungen und vielleicht auch an Jugendfrische und Schönheit erleiden, zu ertragen. Man nähert sich wohl der Wahrheit, wenn man annimmt, daß solche moralischen Defekte besonders dort vorkommen, wo eine hereditäre Belastung vorhanden ist, oder die Erziehung mangelhaft war, oder die Nachahmung schlechter Vorbilder in gewissen Gesellschaftsschichten ermöglicht wird.

Und nun steht das Weib vor dem Wunsche, sich der Frucht zu entledigen, der unangenehmen Bürde, die von Tag zu Tag mehr zu einem Unglück oder einer Last ihres Lebens auswächst!

Der Gemütszustand eines unehelich oder vielleicht gewaltsam geschwängerten Weibes, das die Abtreibung versucht oder ausgeführt hat, sollte bei der Beurteilung der Tat sehr ins Gewicht fallen. Von jeher haben Menschenfreunde auf den verzweiflungsvollen seelischen Zustand eines solchen Weibes hingewiesen, das, falls sie die Frucht austrägt, nicht nur der Schande anheimfällt, sondern auch recht häufig bitterer Not und dem Elend ausgesetzt ist, da sie für den Unterhalt eines zweiten Wesens zu sorgen hat, während sie, vielleicht nur mit Aufwand ihrer ganzen physischen Kraft, den eigenen zu bestreiten imstande ist. Keiner hat dies letztere ergreifender geschildert, als Victor Hugo in der Gestalt der Fantine.

Ist es nicht menschlich, zu verstehen, wenn auch nicht zu entschuldigen, daß ein solches Mädchen in dem Sturm leidenschaftlicher Verzweiflung die wachsende Bürde, auch bei der vollen Einsicht der Gefahr, die sie dabei selbst läuft, zu entfernen bestrebt ist? Und mag es wohl eine geben, die wunschlos und untätig die Frucht wachsen läßt, wenn sie sich ihre Zukunft richtig und klar vorstellt, eine die dann nicht mit der eigenen Hand gegen ihren Leib wütet oder andere dies tun läßt?

Schon im vorigen Jahrhundert mahnte Camper die Richter, hier Milde walten zu lassen. Er fand, daß das Gesetz zu streng vorgehe; die Geber drakonischer Gesetze vergäßen, wie stark der Trieb der Zeugung in der ersten Jugend ist, besonders bei dem weiblichen Geschlecht, das durch seine Jugend zu schwach ist, den Verführungen zu entgehen, durch Geld und Versprechungen bezaubert, öfters berauscht, leicht verführt wird, den unerlaubten Lüsten derjenigen ein Genüge zu leisten, die, nach erfolgter Schwängerung grausam genug sind, wo nicht Spötter, doch wenigstens kalte Zuschauer der Leidenden zu sein, die sie durch List verleitet haben, und die jetzt ihr Blut, das unglückselige Kind, mit vielen Schmerzen unter ihrem Herzen trägt.

Die Mutterliebe kann bei solchen Individuen während der Schwangerschaft nicht vorhanden oder nicht groß sein, da der seelische Kampf, den sie, mehr oder minder stark, je nach dem Grade der Gemüts- und Verstandesbildung, durchzukämpfen hat, die Regungen der mütterlichen Liebe übertönt. Der drohende Verlust der Ehre durch das Unterliegen den Lockungen des Sinnentaumels, die Gefahr, das bisherige Familienglück zu verlieren, die denen droht, die im außerehelichen Leben gefehlt haben, lassen alles wagen um alles zu erhalten, was verloren zu gehen droht. Und vielleicht regt sich bei jeder, die einen Abtreibungsversuch unternimmt, die selbstentschuldigende Vorstellung, die ja im Altertum sogar die Straflosigkeit der Fruchtabtreibung bedingte, daß die Abtreibung der Frucht keine Tötung sei, da der werdende Mensch kein Mensch sei!

Fruchtabtreibung, Kindsmord, Engelmacherei, Aussetzung sind die Wege, die zu einer Befreiung führen, jene Wege, auf denen Tausende von kleinen Herzen zu schlagen aufgehört haben. Das scheinbar Unauffälligste wird gewählt: die Fruchtabtreibung!

Schon der Wunsch läßt Helferinnen oder Helfer entstehen, die berufsmäßig die Vernichtung der Frucht betreiben, und denen oft genug auch die Mutter zum Opfer fällt. Man braucht sie nicht sehr zu suchen. Preisen sie sich doch noch immer so unauffällig und scheinbar harmlos an, daß die Organe der staatlichen Ordnung nicht daraufhin einschreiten können, und doch so leicht für diejenigen auffindbar, die danach verlangen! An sie wendet sich das Weib, oder an vereinzelte Ärzte, die der Gewinn mehr lockt als sie Moral und Gesetz ehren. Ich bin überzeugt, daß nicht jede der Frauen, die sich Fruchtabtreibern in die Hände gibt, oder Männer und Frauen, die bei Ärzten offen oder versteckt um Auskunft über Mittel bitten, die den Abort veranlassen könnten, sich der ganzen Tragweite ihrer Handlungen bewußt sind. Ist es mir doch vorgekommen, daß einer meiner Zuhörer mich nach der Vorlesung mit einer starr machenden Naivetät fragte, welches Mittel wohl eine ihm bekannte junge Dame, die wahrscheinlich schwanger sei, anwenden könne, um zu abortieren!

Es wird niemand behaupten wollen, daß die schweren Strafen, mit denen das Gesetz diejenigen, die sich der Frucht entledigen und ihre Helfer und Helfershelfer bedroht, einen prophylaktischen Einfluß auf die Vornahme oder das numerische Wachsen der Fruchtabtreibung ausübt. Und wenn die Strafe nicht, wie jetzt, auch in Zuchthaus bestünde, sondern, wie es in alter Zeit vielfach der Fall war, der Abtreiber oder die Mutter den Tod dafür erleiden müßten, so würde die Kunst des Verheimlichens des Verbrechens vielleicht Fortschritte machen, das letztere selbst aber sich nicht vermeiden lassen. Denn es gibt Verhältnisse, die mächtiger sind als jedes Gesetz, und dazu gehören manche derer, die die Quellen des kriminellen Aborts sind.

Wo hätten je die Leidenschaften der Menschen haltgemacht angesichts des Verderbens, das ihnen durch dieselben droht? Die Ausbreitung des Opiumgenusses in Ostasien hat sich keinen Augenblick einschränken lassen, obwohl in einigen der Staaten derselbe mit der Todesstrafe belegt war, und der Alkoholismus und der Morphinismus machen unaufhaltsame Fortschritte trotz der Erkenntnis der ihnen fröhnenden Individuen, daß sie durch diese Leidenschaften ihre Existenz in jeder Beziehung untergraben.

Ob die sozialen Verhältnisse, so weit sie einen bestimmenden Einfluß auf die Häufigkeit des kriminellen Aborts haben, sich je so ändern werden, daß dadurch eine Besserung des Übels erzielt wird, ist mehr als zweifelhaft. Bräche je, was jeder Menschenfreund wünschen muß, eine so ideale Zeit an, dann würde vielleicht der Fruchtmord so selten werden, wie der Menschenmord. Aufhören wird er nie, weil seine Ursachen zu mannigfaltig sind.

Mancherlei ist vorgeschlagen und durchgeführt worden, um dem Überhandnehmen der Fruchtabtreibung zu steuern. Drakonische Bestrafungen haben nichts erzielt. Die in dem Edikt Heinrichs II. vom Jahre 1556 zur Pflicht gemachte Anzeige der unehelichen Schwangerschaft, die auch in Deutschland, z. B. in den kurpfälzischen Gebieten, im vorigen Jahrhundert bestand, ja sich teilweise noch in dem „Allgemeinen Landrecht für die Preußischen Staaten" im ersten Drittel unseres Jahrhunderts fand[1]), konnte aus inneren und äußeren Gründen keinen Erfolg haben, ja, bewirkte vielleicht gerade das Gegenteil, da mit einer solchen Anzeige auch schon die Entehrung verbunden war. Man hat auch dem Arzte oder der Hebamme die Pflicht auferlegen wollen,

---

[1]) § 933. „Eine Geschwächte, welche die Entdeckung der Schwangerschaft an Eltern, Vormünder etc. länger als 14 Tage, nachdem sie dieselbe zuerst wahrgenommen hatte, verschiebt, macht sich einer strafbaren Verheimlichung der Schwangerschaft schuldig.

jeden Abort den Behörden anzuzeigen. Dieser Weg kann, wie ich weiterhin noch eingehend darlegen werde, einen schweren Verstoß gegen das ärztliche Berufsgeheimnis in sich schließen und ist auch sonst mit so vielen praktisch unüberwindlichen Schwierigkeiten verknüpft, daß er unbegehbar ist.

Das einzige, wovon ein, wenn auch kleiner Erfolg zu erwarten ist, scheint die Errichtung von genügend zahlreichen Gebärasylen zu sein. In solchen Gebärasylen, in denen jede Frau Unterkommen zu finden berechtigt sein sollte, müßte die Sicherheit der Anonymität der Asylistinnen in jeder Beziehung gewährleistet sein, und eine solche Anstalt müßte auch mit den Mitteln versehen sein, um, falls die Abgabe der Kinder in ein Kinderasyl nicht gewünscht wird, der Mutter für die Erhaltung ihres Kindes beizuspringen. Sache des Staates oder der Gemeinden und nicht privater Initiative ist es, helfend vorzugehen.

Die Dringlichkeit, hier einzugreifen, ist größer als für irgendeinen anderen allgemein hygienischen Zweck, ja selbst größer, als die Bekämpfung chronischer, die Bevölkerung verseuchender Infektionskrankheiten. Was die von mir an dieser Stelle zuerst gegebene Anregung bisher veranlaßt hat, ist völlig ungenügend.

Angesichts der unumstößlichen Tatsache, daß jährlich Tausende von Fruchtabtreibungen, also von Rechtsverletzungen, auf welche schwere Strafe steht, zu einem großen Teile unter dem Zwange der Verhältnisse, unentdeckt begangen werden, kann man sich einem solchen Plane nicht mit der fadenscheinigen Begründung widersetzen, daß seine Verwirklichung die Immoralität sanktionieren oder befördern hieße. Eine solche Anschauung läßt zuvörderst den Geist der Liebe und der ausgleichenden Gerechtigkeit, die die Grundlage aller Religionen und des reinen Menschentums sind, ganz vermissen. Aber auch praktisch ist sie hinfällig. Denn durch solche Institutionen würde wohl kaum eine unrechtmäßige Zeugung mehr zustande kommen, wohl aber eine wesentliche Pflicht staatlicher Fürsorge erfüllt werden: Schutz und Rettung der Embryonen, d. h. von Individuen, die selbst sich nicht schützen können, und Verhütung vieler Verbrechenstaten, die sonst ohne Sühnung ausgeführt worden wären.

So sichtbarlich, von allen gewußt, von niemand verraten, darf das Gesetz, wie es jetzt geschieht, nicht verhöhnt werden. Palliative Abhilfe kann nur die Prophylaxe des Verbrechens liefern und diese besteht, da alles andere unausführbar ist, in der Schaffung sicherer Horte, in denen die Schande und die Not Schutz, die graue Sorge aber keine Heimstätte

finden kann. Auch die geringste Verminderung der Zahl dieser Verbrechen, die dadurch veranlaßt würde, böte reichen Lohn für die Opfer,
die die Allgemeinheit dafür bringt.

Und wenn solche Gebärasyle zum Staunen derer, die die wirklichen
Verhältnisse nicht kennen, stets überfüllt sein werden, und wenn die
Zahl der unehelichen Geburten plötzlich erschreckend hoch gegen früher
sich darstellen würde, dann wolle man annehmen, was der Wahrheit
entspräche, daß dieser Zuwachs kein Zeichen plötzlich gewachsener
Immoralität darstelle, sondern einen Bruchteil der zur Welt gekommenen
Kinder, die ohne solche Einrichtungen in irgend einem Stadium ihres
intrauterinen Lebens vernichtet worden wären.

Es wäre kein geringer Ruhmestitel unseres Jahrhunderts,
hier Mustergiltiges geschaffen zu haben, was vergangene
Jahrhunderte nicht oder nur vereinzelt in unzulänglicher
Form zu leisten vermochten — selbst Findelhäuser wären ein
Fortschritt gegenüber den jetzigen Zuständen.

II. Die Verbreitung der Fruchtabtreibung in alter und neuer Zeit.

A. Die Abtreibung bis zum 19. Jahrhundert.

Griechenland und Rom.

Die Anwendung von einfachen oder zusammengesetzten Mitteln, welche dazu dienen sollen, vor dem normalen Ende der Schwangerschaft eine Ausstoßung der Frucht aus der Gebärmutter zu bewirken, reicht bis weit in das Altertum zurück. Dies gilt sowohl von den mechanisch wirkenden äußerlichen, als auch von den auf den folgenden Blättern eingehend besprochenen innerlichen Abortivmitteln, und nicht allein von denen, welche von seiten des Arztes bei krankhaften Zuständen der Mutter angewandt werden, um die Gesundheit oder das Leben der letzteren zu erhalten, sondern auch von denen, welche aus irgend einem Grunde in verbrecherischer Absicht appliziert werden.

Der kriminelle Abort war im Altertum verhältnismäßig noch mehr in Übung als in unserer Zeit, nicht allein deshalb, weil es in frühen Abschnitten desselben keine Gesetze gab, welche denselben verboten, sondern weil auch die hervorragendsten Geister jener Epoche, z. B. ein Plato und ein Aristoteles, ihn aus nationalökonomischen und sozialen Gründen empfahlen. Die Erhaltung des Gleichgewichts der Bevölkerung sollte dadurch erzielt werden.

„Haben die Frauen und Männer die zum Kinderzeugen bestimmte Zeit überschritten, dann geben wir ihnen frei, der Liebe zu pflegen mit wem sie wollen … indem wir es ihnen ans Herz legen, vor allem keine einzige Leibesfrucht, wenn sie sich bilden sollte, das Licht erblicken zu lassen; sollte aber einmal dies nicht abzuwenden sein, so darüber zu verfügen, als wenn für dieselbe keine Nahrung vorhanden sei[1]).“

---

[1]) Platonis, *Πολιτεια*, Cap. V, 9. Edit. Chr. Schneider, p. 82. „. . . καὶ ταῦτα γ᾽ ἤδη πάντα διακελευσάμενοι προθυμεῖσθαι μάλιστα μὲν μηδ᾽ εἰς φῶς ἐκφέρειν κύημα μηδέ γε ἕν, ἐὰν γένηται, ἐὰν δέ τι βιάσηται οὕτω τιθέναι, ὡς οὐκ οὔσης τροφῆς τῷ τοιούτῳ“.

Noch deutlicher spricht sich Aristoteles aus.

„In Rücksicht auf die Anzahl der Kinder muß, wenn die Gebräuche der Völker es nicht verstatten, kein geborenes Kind ausgesetzt werden, sondern man muß nur dann der Zeugung selbst gewisse Schranken setzen, und wenn es dessen ungeachtet doch unter Eheleuten vorfiele, daß eine Frau, die schon die gesetzmäßige Zahl der Kinder hat, schwanger würde, dann muß man die Frucht, ehe sie Leben und Empfindung hat, von ihr abtreiben lassen"[1].

Hiernach sollte also in jedem Staate die Zahl der zu gebärenden Kinder durch ein Gesetz festgelegt werden, und die Abtreibung des Überschusses pflichtgemäß zu einer Zeit erfolgen, ehe Empfindung und Leben in das Kind eingezogen seien. Diese letzte Einschränkung entspringt der im Altertum, besonders bei den Stoikern, z. B. Empedokles, Diogenes, Hermophilus verbreiteten Meinung, daß ein Embryo, ehe er belebt ist, nur einen Teil der mütterlichen Eingeweide darstelle.

Hippokrates erklärt zwar ausdrücklich, daß keiner Frau ein Abtreibungsmittel, ein $\varphi\vartheta\acute{o}\varrho\iota o\nu$, gereicht werden dürfe, weil es Sache der Heilkunst sei, das von der Natur erzeugte zu beschützen und zu erhalten, und untersagt auch in seinem „Schwure" den Gebrauch abtreibender arzneilicher Bougies oder Pessarien[2]. Andererseits rät er aber, vorausgesetzt, daß der entsprechende Abschnitt wirklich von ihm herrührt, einer Harfenspielerin, die im Hause einer ihm bekannten Dame lebte, mit Männern Umgang hatte, nicht schwanger werden wollte, aber es doch wurde, so zu springen, daß sie mit den Fersen das Gesäß berühre. Sie befolgte seinen Rat und abortierte nach dem siebenten Sprunge[3]. Dieser Widerspruch, der zwischen dem Eide und einem solchen Rate liegt, hat die Kommentatoren viel beschäftigt[4], und vielleicht ist er so zu erklären, daß $\mathring{a}\pi\acute{o}\varphi\vartheta a\varrho\mu a$ und $\varphi\vartheta\acute{o}\varrho\iota o\nu$, Abtreibung und Abtreibungsmittel, sich nur auf Gifte beziehen, die verboten seien, dagegen $\mathring{\varepsilon}\varkappa\tau\varrho\omega\sigma\iota\varsigma$ und $\mathring{\varepsilon}\varkappa\beta\acute{o}\lambda\iota o\nu$ andere Methoden der Fruchtabtreibung umfassen, die erlaubt seien. Wie dem auch sein möge: ein die Abtreibung

---

[1] Aristotelis Politicorum libr. octo Ed. Schneider Vol. I. p. 309. Francof. 1809. „$\varDelta\iota\grave{a}$ $\delta\grave{\varepsilon}$ $\pi\lambda\tilde{\eta}\vartheta o\varsigma$ $\tau\acute{\varepsilon}\varkappa\nu\omega\nu$, $\grave{\varepsilon}\grave{a}\nu$ $\mathring{\eta}$ $\tau\acute{a}\xi\iota\varsigma$ $\tau\tilde{\omega}\nu$ $\grave{\varepsilon}\vartheta\nu\tilde{\omega}\nu$ $\varkappa\omega\lambda\acute{\upsilon}\eta$ $\mu\eta\delta\grave{\varepsilon}\nu$, $\mathring{a}\pi\sigma\tau\acute{\iota}\vartheta\varepsilon\sigma\vartheta a\iota$ $\tau\tilde{\omega}\nu$ $\gamma\iota\gamma\nu o\mu\acute{\varepsilon}\nu\omega\nu$· $\mathring{\omega}\varrho\acute{\iota}\sigma\vartheta a\iota$ $\gamma\grave{a}\varrho$ $\delta\varepsilon\tilde{\iota}$ $\tau\tilde{\eta}\varsigma$ $\tau\varepsilon\varkappa\nu o\pi o\iota\acute{\iota}a\varsigma$ $\tau\grave{o}$ $\pi\lambda\tilde{\eta}\vartheta o\varsigma$. $\mathring{E}\grave{a}\nu$ $\delta\acute{\varepsilon}$ $\tau\iota\sigma\iota$ $\gamma\acute{\iota}\gamma\nu\eta\tau a\iota$ $\pi a\varrho\grave{a}$ $\tau a\tilde{\upsilon}\tau a$ $\sigma\upsilon\nu\delta\upsilon a\sigma\vartheta\acute{\varepsilon}\nu\tau\omega\nu$ $\pi\varrho\grave{\iota}\nu$ $a\mathring{\iota}\sigma\vartheta\eta\sigma\iota\nu$ $\grave{\varepsilon}\gamma\gamma\varepsilon\nu\acute{\varepsilon}\sigma\vartheta a\iota$ $\varkappa a\grave{\iota}$ $\xi\omega\grave{\eta}\nu$, $\grave{\varepsilon}\mu\pi o\iota\varepsilon\tilde{\iota}\sigma\vartheta a\iota$ $\delta\varepsilon\tilde{\iota}$ $\tau\tilde{\eta}\nu$ $\mathring{a}\mu\beta\lambda\omega\sigma\iota\nu$".

[2] Hippocrates, $\H{O}\varrho\varkappa o\varsigma$, Ed. Littré T. IV. p. 630. „$\acute{o}\mu o\acute{\iota}\omega\varsigma$ $\delta\grave{\varepsilon}$ $o\upsilon\delta\grave{\varepsilon}$ $\gamma\upsilon\nu a\iota\varkappa\grave{\iota}$ $\pi\varepsilon\sigma\sigma\grave{o}\nu$ $\varphi\vartheta\acute{o}\varrho\iota o\nu$ $\delta\acute{\omega}\sigma\omega$ . . ."

[3] Hippocrates, $\varPi\varepsilon\varrho\grave{\iota}$ $\varphi\acute{\upsilon}\sigma\iota o\varsigma$ $\pi a\iota\delta\acute{\iota}o\upsilon$, Ed. Littré T. VII, p. 490 . . . „$\varkappa a\grave{\iota}$ $\grave{\varepsilon}\gamma\grave{\omega}$ $\mathring{a}\varkappa o\acute{\upsilon}\sigma a\varsigma$ $\grave{\varepsilon}\varkappa\varepsilon\lambda\varepsilon\upsilon\sigma\acute{a}\mu\eta\nu$ $a\mathring{\upsilon}\tau\grave{\eta}\nu$ $\pi\varrho\grave{o}\varsigma$ $\pi\upsilon\gamma\tilde{\eta}\nu$ $\pi\eta\delta\tilde{\eta}\sigma a\iota$ $\varkappa a\grave{\iota}$ $\grave{\varepsilon}\pi\tau\acute{a}\varkappa\iota\varsigma$ $\mathring{\eta}\delta\eta$ $\grave{\varepsilon}\pi\varepsilon\pi\acute{\eta}\delta\varepsilon\tau o$, $\varkappa a\grave{\iota}$ $\mathring{\eta}$ $\gamma o\nu\tilde{\eta}$ $\varkappa a\tau\varepsilon\varrho\varrho\acute{\upsilon}\eta$ $\grave{\varepsilon}\pi\grave{\iota}$ $\tau\grave{\eta}\nu$ $\gamma\tilde{\eta}\nu$ . . ."

[4] Francisc. Vallesii Commentar., Aureliae 1604. p. 122.

verurteilendes Wort findet man auch an anderen Stellen nicht, in denen klar von der Abtreibung durch Gifte gesprochen wird. Es bezeugen aber gerade diese Bemerkungen, wie gewöhnlich die Abtreibung war und wie sie als etwas teilweise Notwendiges angesehen worden sein muß, wenn man sie vielleicht auch als unsittlich empfand. An einer bisher nur wenig beachteten Stelle findet man sogar die Mittel für die Abtreibung bezeichnet: „Abführmittel oder Getränke oder Nahrungsmittel oder Pessarien oder andere Eingriffe"[1]).

Unter den öffentlichen Mädchen scheint die Abtreibungskunst gut verbreitet gewesen zu sein; denn lakonisch sagt Hippokrates: „Die öffentlichen Mädchen erkennen, wenn sie beim Manne gewesen sind, ob sie empfangen haben. Alsdann treiben sie die Frucht ab"[2]). Und welchen Ausgang eine solche Prozedur auch bei verheirateten Frauen nehmen kann, erfährt man ebenso klar aus einer weiteren Mitteilung dieses Arztes:

„Die Frau des Simos abortierte, nachdem sie irgend ein Getränk hierfür eingenommen hatte, oder freiwillig. Sie bekam Schmerzen, Erbrechen galliger, reichlicher, gelblicher, poreeartiger, schwarzer Massen; am dritten Tage Krämpfe; sie biß sich hierbei in die Zunge. Ich besuchte sie am vierten Tage: Zunge schwarz, dick; das Weiße der Augen rot; Schlaflosigkeit. Am vierten Tage Nachts starb sie"[3]).

Der Eindruck der großen Verbreitung des veranlaßten Aborts im Altertum wird mehr noch als durch die angeführten Stellen des großen griechischen Heilkundigen bestätigt und zur Sicherheit erhoben durch das, was die hervorragendsten Geister späterer Zeiten berichteten.

Plutarch, in dessen Schriften sich so viele wahre Züge aus dem Leben alter Völker, der Griechen, Römer, Ägypter und anderer finden, sagt mit einer gewissen Bitterkeit: „Viele greifen zu verderblichen Arzneien gleich den unzüchtigen Weibern, die, um die Wollust ununterbrochen zu genießen, Abtreibungsmittel gebrauchen"[4]). Es bezieht sich dieses gewiß auch auf römische Verhältnisse.

---

[1]) Hippocrates, *Γυναικείων*, I, 72, Ed. Littré, Tom. VIII. p. 152 . . . „οὐ γάρ ἐστι μὴ οἱ βιαίως φθαρῆναι τὸ ἔμβρυον ἢ φαρμάκῳ ἢ ποτῷ ἢ βρωτῷ ἢ προσθέτοισιν ἢ ἄλλῳ τινί."

[2]) Hippocrates, *Περὶ σαρκῶν*, Cap. XIX. Ed. Littré, T. VIII. p. 610. „αἱ ἑταῖραι αἱ δημόσιαι, αἵτινες αὐτέων πεπείρηνται πολλάκις, ὁκόταν παρὰ ἄνδρα ἔλθῃ, γιγνώσκουσιν ὁκόταν λάβωσιν ἐν γαστρί· κἄπειτ' ἐνδιαφθείρουσιν."

[3]) Hippocrates, *Ἐπιδημιῶν βιβλία ἐπτά*, VII, 74. Ed. Littré, T. V, p. 432. „Τῇ Σίμου τὸ τριηκοσταῖον ἀπόφθαρμα πιούσῃ τι ἢ αὐτόματον· ξυνέβη πόνος, ἔμετος χολωδέων πολλῶν, ὠχρῶν, πρασοειδέων, μελάνων, ὅτε πίοι. Τριταίῃ, σπασμός· τὴν γλῶσσαν κατεμασσᾶτο. Πρὸς τεταρταίην εἰσῆλθον· ἡ γλωσσα μέλαινα, μεγάλη· τῶν ὀφθαλμῶν τὰ λευκά, ἐρυθρά· ἄγρυπνος· τεταρταίῃ ἀπέθανεν ἐς νύκτα."

[4]) Plutarchi, Scripta moralia. Ed. Dübner, Parisiis 1868. Tom. I, p. 160. „καθάπερ ἀκόλαστοι γυναῖκες ἐκβολίοις χρώμεναι καὶ φθορίοις ὑπὲρ τοῦ πάλιν πληροῦσθαι καὶ ἡδυπαθεῖν."

Römer selbst, die Gelegenheit nahmen, die Sittengeschichte ihres Volkes zu beschreiben, haben diese moralischen Defekte des ganzen Volkskörpers noch eingehender und offener dargelegt. Sie zeigten, wie, zumal in den ersten zwei Jahrhunderten des Kaiserreiches, die Fruchtabtreibung, ebensowenig wie früher in Athen, als Mord, sondern höchstens in den Augen moralisch empfindender Menschen als eine unsittliche Handlung angesehen wurde. Rechte des keimenden Menschen gab es damals nicht. Anfangs wurde dieser Eingriff in Rom geheim betrieben, im Laufe der Zeiten wurde er jedoch ein so zulässiger und allgemeiner Gebrauch, daß man davon, z. B. von der Bühne herab, wie von einer gewöhnlichen Angelegenheit sprach.

Selbst im Kaiserpalaste war Fruchtabtreibung gebräuchlich. Denn schon bei Tacitus lesen wir, daß Nero der Octavia neben Ehebruch „abactos partus" vorwirft[1]), und der Wüstling Domitian verführte seine verheiratete Nichte Julia noch bei des Titus Lebzeiten, und nötigte sie, da sie von ihm schwanger geworden war, die Frucht abzutreiben. Sie bezahlte diesen Eingriff mit ihrem Leben[2]). Juvenal[3]) drückte dies, drastisch genug, folgendermaßen aus:

> „. . Ein solcher Mensch hat kürzlich erst
> Durch unheilvolle Buhlschaft sich befleckt,
> Und trotzdem Satzungen aufs Neu erdacht,
> So schlimm, daß Venus selbst und Mars davon
> Erschauern: Als er Julia's Schoß durch Zwang
> Geöffnet, und die Embryonen draus
> Entschlüpften, ihrem Oheim ähnlich . ."

Wie weit dieses Übel in bürgerlichen Kreisen um sich gegriffen haben mußte, geht z. B. daraus hervor, daß ein Seneca in seinem Schreiben an seine Mutter Helvia, die er über seine Verbannung nach der Insel Corsika trösten wollte, ihr nachrühmt:

„Nie hast du dich deiner Fruchtbarkeit, als ob sie dir dein Alter vorrückte, geschämt; nie hast du nach der Sitte anderer, die sich nur durch ihre Gestalt zu empfehlen suchen, deinen schwangeren Leib wie eine unanständige Bürde zu verbergen gesucht, und nie hast du die in deinen Schoß aufgenommene Hoffnung auf Kinder vernichtet"[4]).

---

[1]) Tacitus, Annalen XIV, 63, Ed. Nipperdey 1862, p. 220: „At Nero praefectum in spem sociandae classis corruptum, et incusatae paulo ante sterilitatis oblitus abactos partus conscientia libidinum, eaque sibi conperta edicto memorat insulaque Pandataria Octaviam claudit."

[2]) Suetonii Tranquilli Opera, Domitianus, ed. Roth 1862, p. 253.

[3]) Juvenalis Satir. II.

[4]) Senecae Opera, Ed. F. Haase Lips. 1862, Vol. I, p. 255.

Es mußten schon ganz besondere Verhältnisse vorliegen, die wir heute aus den vorhandenen kurzen Andeutungen nur teilweise zu übersehen vermögen, wenn die Staatsgewalt sich in einem Einzelfalle zum Einschreiten genötigt sah, wie in demjenigen, den Cicero mit folgenden Worten erwähnt:

„Ich erinnere mich, daß ein Milesisches Weib, während ich in Asien war, weil sie sich durch das von Seitenerben angenommene Geld hatte bewegen lassen, die empfangene Frucht abzutreiben, als eine Mörderin verurteilt wurde, und dies nicht mit Unrecht, da sie die Hoffnung des Vaters, den Stammhalter des Namens, die Stütze der Geschlechter, den Erben der Familie, einen dem Staate bestimmten Bürger vertilgt hatte"[1]).

Was dem Weibe in Milet eine Verurteilung, vielleicht nach römischem Recht[2]), eintrug, war nicht die Abtreibung an sich, sondern der erreichte Zweck, das Vermögen ihres Mannes jenen Erben zugewandt zu haben, da ja die Abtreibung in Rom alltäglich vorgenommen wurde; denn in derselben Rede teilt Cicero mit, daß Oppianicus die schwangere Gattin seines verstorbenen Schwagers Cnejus Magius durch Geld bewog, die Frucht abzutreiben und sie selbst fünf Monate nach des Mannes Tode heiratete.

Sind es hier Gründe der materiellen Selbstsucht und der Leidenschaft, die als Ursache der Abtreibung hervortreten, so ergibt sich aus den Bemerkungen anderer Schriftsteller, daß auch die Eitelkeit der Weiber die Triebfeder hierzu sein konnte, wie sie es auch gar nicht selten heute noch ist.

„Wahnsinnig muß es auch erscheinen", ruft Aulus Gellius[3]) aus, „wenn man sich künstlicher und sträflicher Abtreibungsmittel bedient, um die Frucht im Mutterleibe zu vernichten, damit nicht Runzeln auf dem glatten Leibe entstehen und Schwangerschaft und Geburt keine Belästigung erzeugen! Man verdiene öffentlichen Haß und Verabscheuung, wenn man den Menschen in seinem Werden tötet, dann, wann er Form und Seele gewinnt."

Noch dringlicher weist Ovid auf das allgemeine Übel hin, das der Eitelkeit der Weiber entspränge:

„Nunc uterum vitiat, quae vult formosa videri:
Raraque in hoc aevo est, quae velit esse parens."

---

[1]) Ciceronis Opera, Ed. Klotz, Lips. 1866. Vol. II. Oratio pro Cluentio p. 97.

[2]) Wahrscheinlicher scheint zu sein, daß die griechische Anschauung dieses Urteil bedingt hatte; denn Milet war eine Kolonie von Athen, und wird sein Recht wohl nicht mit dem Übergange an Rom aufgegeben haben.

[3]) Aulus Gellius, Noctes Atticae, Lib. XII, Cap. I, § 8. Ed. Herz, II, p. 50.

Er kennzeichnet gleichzeitig die Gefahren, die hierbei der Mutter drohen:

> „Sie, die zuerst es gelehrt hat, die zarte Frucht zu vernichten,
> Hätt' durch ihr eigenes Tun unterzugehen verdient.
> Weil du von häßlichen Runzeln den Leib wolltest frei dir erhalten,
> Soll dir den traurigen Tod schaffen dein sündiger Kampf?
>
> Warum durchwühlt ihr den Leib mit eingebrachten Geschossen
> Und gebt furchtbares Gift noch nicht Geborenen ein?[1]

Und von der Corinna sagt er:)

> „Da sie verwegen die Last des schwangeren Leibes verdarb sich,
> Lieget Corinna jetzt da, matt und in Lebensgefahr"[2].

Aretaeus gibt Zitterzustände als Folge der Beibringung eines abortiven Suppositoriums an[3].

Aber nicht nur Gefahren der Fruchtabtreibung waren den Alten bekannt, sondern auch die Erfahrung, die viele abtreibende Weiber in späteren Jahrhunderten bis in unsere Zeit gemacht haben, daß nämlich die Abtreibungsversuche erfolglos bleiben können[4]:

> „Wachsen schon seh' ich die traurige Last des geschändeten Leibes
> Und die verborgene Frucht drückt mich Kränkelnde schwer.
> Welcherlei Mittel und Kräuter brachte die Amme nicht zu mir,
> Die sie verwegenen Muts mir in den Körper geführt,
> Hoffend dadurch — nur dies eine verschwieg ich bisher Dir — die wachsende
> Frucht meiner Liebe zu dir bannen zu können zur Zeit!
> Ach, das zu kräftige Kind widerstand den arzneilichen Künsten,
> Und dieser grimmige Feind tat keinen Schaden ihm an."

Daß es hauptsächlich reiche Frauen waren, die zu solchen Mitteln griffen, die ihnen von berufsmäßigen Abtreiberinnen geliefert wurden, geht unter anderem aus Juvenal[5] hervor:

> „. . . Solche arme Frauen setzen sich doch noch den Gefahren und Schmerzen der Geburt aus, und übernehmen, hart bedrängt von ihrem Schicksal, alle Mühen, die sonst Ammen übernehmen. Selten sieht auf goldnem Bett man eine Wöchnerin! So viel vermag durch Kunst und Mittelchen das Weib, das unfruchtbar zu machen weiß, und Mord des Kindes im Mutterleib geschäftsmäßig übt. Freue dich, Unglücklicher, und biete selbst deiner Frau den Trank; denn ließe sie sich dehnen den

---

[1] Ovidii Carmina, Amor. Lib. II, XIV, 5 u. 27.
[2] Ibid. Lib. II, XIII, 1.
[3] Aretaei Cappadocii quae supersunt Ed. Ermerins, Traj. ad Rhenum 1847, p. 54 . . . . ἀλλ' ἐξ ὑποθέσιος ἀμβλωθρίδιον.
[4] Ovidii Carmina, Heroidum, XI, 37 u. ff.
[5] Juvenalis Satirae, Lib. II, Sat. VI, 592, erkl. von Weidner, Leipz. 1873.

Leib, worin vielleicht zwei Knäblein hüpfen, wärest du vielleicht der Vater einer Äthiopenbrut.“

Charakteristisch ist auch das Folgende: „Weiber gibt es auch, die der matte Kuß des Eunuchen erfreut, und die dadurch sicher sind, keines Abortivmittels zu bedürfen“[1]).

Um eine Vorstellung von den ungeheuerlichen Beweggründen zu erhalten, die Weiber dem Abtreibungsverlangen zugrunde legten, braucht nur des von O v i d [2]) erwähnten Vorkommnisses gedacht zu werden. Man feierte das Fest der parrhasischen Göttin. Auf dem „Carpentum“, einem zweirädrigen, verdeckten Staatswagen, fuhren sonst Vestalinnen und Matronen zu den Opfern und Spielen. Diese Ehre wurde ihnen aber entzogen. Darauf:

> „. . . . . jede der Hausfrau’n
> Schwur, dem undankbaren Mann nicht das Geschlecht zu erneuen!
> Daß die Geburt nicht folge, verdrängten durch heimliche Schläge
> Sie aus dem inneren Leib, frevelnd die wachsende Last.“

Nachdem die Männer den Frauen Vorwürfe wegen ihres grausamen Tuns gemacht hatten, gaben sie ihnen das Recht in der Staatskutsche zu fahren wieder.

Einen großen Anteil an der Herbeiführung des kriminellen Abortus scheinen neben den Sagae[3]), den Zauberinnen, die in verrufenen Vierteln Roms lebten und sich mit Wahrsagen, Giftverkauf usw. abgaben, die Hebammen gehabt zu haben.

Plato[4]) läßt den S o k r a t e s im Theaetetos sagen:

„Ja es können auch die Hebammen durch Arzneimittel und Zaubersprüche die Wehen erregen, und wenn sie wollen, sie auch wieder lindern und den Schwergebärenden zur Geburt helfen, oder auch das Kind, wenn diese beschlossen haben, sich dessen zu entledigen, so lange es noch ganz klein ist, können sie abtreiben.“

Es wird also hier die Fruchtbeseitigung als ein ganz gewöhnlicher Fall hingestellt.

---

[1]) J u v e n a l, l. c. Vers. 366: „. . . . et quod abortivo non opus est“.

[2]) O v i d, Fastorum lib. I, Vers. 623:

> „ . . . . . matronaque destinat omnis
> Ingratos nulla prole novare viros.
> Neve daret partus, ictu temeraria caeco
> Visceribus crescens excutiebat onus.“

[3]) Von dem Worte „Sagae“ leitet sich das Wort „sages femmes“, Hebamme, ab.

[4]) Platonis Theaetetus rec. M. Wohlrab, Lips. 1869, VI, 149, p. 67: „καὶ μὴν καὶ διδοῦσαί γε αἱ μαῖαι φαρμάκια καὶ ἐπᾴδουσαι δύνανται ἐγείρειν τε τὰς ὠδῖνας καὶ μαλθακωτέρας, ἂν βούλωνται, ποιεῖν, καὶ τίκτειν τε δὴ τὰς δυστοκούσας, καὶ ἐὰν νέον ὂν δόξῃ ἀμβλίσκειν, ἀμβλίσκουσιν.“

Einer Thebanerin Olympias, sowie der Laïs und Elephantis, vielleicht schriftstellernder Hebammen, welche Mittel für den Abort angegeben haben, gedenkt Plinius[1]), der auch für die Abtreibungen selbst ein verurteilendes Wort hat, insofern er von den „schändlichen Mitteln zum Abtreiben der Leibesfrucht" spricht[2]). Ja, Soranus verlangt sogar ausdrücklich von einer guten Hebamme, daß sie nicht schnöden Gewinnes wegen den Frauen Abtreibungsmittel gewähre[3]). Er gestattet, vom Standpunkt des Gynäkologen aus, solche Stoffe dann anzuwenden, wenn die Geburt eine gefährliche Wendung zu nehmen droht, besonders bei zu engem Muttermund, Kleinheit des Uterus usw. Es sei aber vorzuziehen, die Konzeption überhaupt zu verhindern, als den Fötus durch Abortiva zu töten, denn jede Tötung des Fötus sei gefährlich[4]).

Die Ursachen der außerordentlichen Verbreitung des künstlichen Aborts im griechischen und römischen Altertum liegen sowohl in dem gesteigerten allgemeinen Sittenverfall, als auch in dem Mangel einer Bestrafung dieser Prozedur. Beide Ursachen hängen innig mit einander zusammen. Das Bewußtsein der moralischen Unzulässigkeit der Fruchtabtreibung war auch in Rom vorhanden — daß trotzdem gesetzgeberisch nichts dagegen getan wurde, scheint mir hauptsächlich an dem Kreise gelegen zu haben, der an der Gesetzgebung wesentlich beteiligt war. Er und nicht die niedere Bevölkerung war der typische Vertreter der geschlechtlichen und andersartigen Zügellosigkeit, und er hatte somit keinen Grund, eine Änderung des bisherigen Zustandes zu veranlassen. So war die Frucht im Mutterleibe in ihrem Bestande nur noch auf die nimmer ganz auszurottende Mutterliebe angewiesen. Deshalb konnte Plautus[5]) von der Bühne herab die Schauspieler sagen lassen:

---

[1]) Plinii, Histor. mundi, Basil. 1554, Lib. XX, p. 377 und Lib. XXVIII, p. 499.

[2]) Ibidem, Lib. XVIII, p. 498.

[3]) Sorani Ephesii, *Περὶ γυναικείων πάθων*, Ed. Ermerins, Traj. ad Rhen. 1869, Cap. II, p. 7. „*ἀφιλάργυρον, ὡς μὴ διὰ μισθὸν κακῶς δοῦναι φθόριον.*"

[4]) Ibid. Cap. VII, p. 82, 83, 88. „*κινδυνώδης γάρ ἐστι πᾶσα ἐμβρύου φθορά . . .*"

[5]) Plauti Comoediae rec. Ussing, Vol. V, Truculentus, I, 196, p. 351:

Diniarchus.

„Quid ais tu? quae nunquam fuit praegnans qui parere potuit?
Nam equidem illi uterum, quod sciam, nunquam extumere sensi.

Astaphium.

Celabat metuebatque te, ne tu sibi persuaderes
Ut abortioni operam daret puerumque ut enecaret."

Diniarchus.

„– – – – – – – – – – – – Was
Erzählst du da? Sie, die nicht schwanger war,
Wie konnte sie gebären? Denn so viel
Ich mich entsinne, sah ich ihren Leib
Nie aufgetrieben!

Astaphium.

Sie verheimlicht' es,
Weil sie sich vor dir fürchtete, du möchtest
Den Wunsch ausdrücken, daß sie abortiere
Und tödte dieses Kind."

Der Kindermord, resp. das Aussetzen der Kinder, waren, wie auch manche andere Anspielungen beweisen, in Athen gebräuchlich und erlaubt, und das ältere römische Recht gestattete dem Vater die Tötung seines Kindes[1])! Noch zur Zeit des Lactantius war diese in Übung, und diejenigen, die zum Christentume übergetreten waren, glaubten ein frommes Werk zu tun, wenn sie die Kinder nicht töteten, sondern nur aussetzten.

Wie weiterhin noch eingehender gezeigt werden soll, betrachtete das römische Gesetz der späteren Kaiserzeit die Abtreibung als ein „malum exemplum", eine unmoralische Handlung, bestrafte sie aber nur als Handlung zur Erreichung eines unlauteren Zweckes[2]), z. B. die Abtreibung, die eine Frau aus Rache oder Gewinnsucht vornahm, um den Mann der materiellen oder anderer Vorteile zu berauben, die ihm durch die Geburt eines Sohnes entstanden wären, oder sein Vermögen Seitenerben zukommen zu lassen. Und weiter kommt hinzu, daß man die Leibesfrucht entweder nur bis zu einem gewissen Stadium der Ausbildung, oder meistens überhaupt nicht als lebendes Wesen, sondern nur als einen Teil der Mutter ansah, wie die Früchte eines Baumes, ehe sie abfallen[3]).

Die ethische Stellung des Weibes im Altertum kann nicht als Ursache für die Häufigkeit der Abtreibung angesprochen werden; denn wenn sie auch eine niedrigere war, wie in unserer Zeit, wenn sie kaum besser als ein notwendiges Übel angesehen und jedenfalls nur als ein Rechtsgeschäft behandelt ward, dessen sittliches Gepräge auf der allgemeinen Bedeutung beruhte, welche das Recht selbst dieser Vereinigung der Geschlechter für die Grundlagen der bürgerlichen und religiösen Gesellschaft beilegte,

---

[1]) Institut. lib. I, tit. 9.
[2]) Spangenberg, Neues Archiv des Kriminalrechtes. Bd. II, 1818, p. 18.
[3]) Plutarch, De placitis philosophor. V, 15. Ed. Dübner 1856. Tom. II, p. 1108. „. . . ὥσπερ γὰρ τοὺς καρποὺς μέρη τῶν φυτῶν ὄντας πεπαινομένους ἀποῤῥεῖν οὕτω καὶ τὸ ἔμβρυον."

wenn eine Eheschließung aus persönlicher Zuneigung äußerst selten war[1]), so war die Stellung der Frau doch auch nicht so niedrig, daß daraus allein alles erklärt werden kann. Es waren eben außerdem die Triebfedern in jenen Zeiten dafür wirksam, die zum Teil heute noch wirken und die ich in der Einleitung erwähnt habe. Der Einfluß der Religion resp. der Kirche war vielleicht zeitweilig imstande, dieses Übel zu mindern, wenn die äußeren Verhältnisse dem günstig waren, konnte es aber nicht ausrotten.

Schon Polybius schrieb 250 v. Chr. die Verödung der hellenischen Städte nur der Weichlichkeit und Bequemlichkeit ihrer Bewohner zu, welche überhaupt keine Kinder aufziehen wollten oder höchstens eines bis zwei, um ihnen das Vermögen zu hinterlassen. Prämien auf Kinderreichtum waren nicht imstande, die Abtreibungsmittel zu besiegen! Es ist vielleicht nicht zu viel gesagt, wenn man behauptet, daß an dem Untergang von Griechenland und Rom wesentlich das Überhandnehmen des Hetärentums und die Abtreibungsmittel als Ursache gewirkt haben.

Der jüdische Staat. Ägypten. Die ersten Christen.
Die abendländischen Völker.

Im jüdischen Altertum scheint die Fruchtabtreibung unbekannt oder nicht in Übung gewesen zu sein, vielleicht weil das „Seid fruchtbar und mehret euch" und die dem Abraham gemachte Verheißung von der Vermehrung seiner Nachkommenschaft wie die Sterne des Himmels und der Sand am Meere[2]) davon abhielt, und dadurch dem keimenden Menschen stillschweigend ein Recht auf Sein zuerteilt wurde, wie der Geborene es als göttliches Recht besaß. Es ist ferner zu bemerken, daß das jüdische Strafgesetz bei den Bestimmungen über den Mord so ins einzelne geht und ihn so schlimm strafte, daß dies allein schon ausreichte, um anzunehmen, daß es die rechtswidrige, bewußte Fruchtabtreibung nicht erwähnte, weil sie nicht vorkam. Vielleicht ist aber trotz des Gewichtes, das auf Kinder und Nachkommen gelegt wurde — schrieb doch schon Tacitus[3]) von den Juden: Augendae multitudini consulitur — trotz des gerade bei Juden zu allen Zeiten so sehr lebendigen Familiensinnes und des Familienglückes, des einzigen, das sie Jahrtausende hindurch besaßen, der Abort in späteren Zeiten vorgekommen. Die Berührung mit den Römern und Griechen könnte,

---

[1]) Hermann, Lehrb. der griech. Privataltertümer, 3. Aufl. § 30, p. 260.
[2]) Genesis I, 22, 17.
[3]) Tacitus, Historiae, Lib. V, Cap. 5, Ed. Ritter, p. 381. In der folgenden Stelle: „nam et necare quemquam ex agnatis nefas" liest Justus Lipsiüs geistvoll und richtig: ex gnatis. In der Tat war das bei Römern nicht seltene Töten und Aussetzen der Kinder bei den Juden als Mord verboten.

da es immer strebsame Assimilanten unter den Juden gegeben hat, das Ihrige hierzu beigetragen haben, aber nicht minder die Verschärfung sozialer Gegensätze, die zur Zeit der Entstehung des Christentums sich qesonders stark bemerkbar machten und die Lebenshaltung größerer Familien erschwerten. So konnte denn auch Josephus[1]) angeben, was sich sonst weder in der Bibel, noch in talmudischen Schriften bestätigt findet und möglicherweise doch als Tatsache angenommen werden kann:

„Das Gesetz befahl alle Kinder aufzuziehen. Den Weibern verbot es die Frucht abzutreiben oder zu töten; wenn aber dies an den Tag käme, so sollte die Betreffende gleich einer Kindsmörderin sein, die ein Leben zerstört und die Familie vermindert hätte.“

Die christliche Kirche hat in den ersten Jahrhunderten ihres Bestehens oft genug gegen die Fruchtabtreibung Stellung genommen, und vielleicht ist die frühere und zeitweilige relative Abnahme des kriminellen Abortes im Abendlande gegenüber der Häufigkeit ihres Vorkommens in Athen und Rom darauf zurückzuführen. So kommt Augustinus mehrfach auf den Abort in seinen Schriften zurück[2]) und läßt darüber keinen Zweifel, daß derselbe als Mord anzusehen sei.

„Nulla mulier potationes ad abortum accipiat, nec filios aut conceptos aut jam natos occidat: quia quaecunque fecerit hoc, ante Christi tribunal sciat, se illi eorum causam, quos occiderat, esse daturam; sed nec alias diabolicas potationes mulieres debent accipere; quotiescunque parere poterat, tantorum homicidiorum se esse ream cognoscat.“

In diesem Ausspruch, der im wesentlichen sehr an Josephus erinnert, vermißt man die Strafandrohung für den Bereiter des abortiven Trankes, während die Mutter, die durch einen solchen den Fötus abgetrieben, so angesehen wird, als hätte sie ein bereits geborenes Kind getötet.

Die in einem späteren Kapitel angeführten Gesetze gegen die Fruchtabtreibung zeigen indes, daß die letztere auch in den Zeiten nach dem Zusammenbruch der Griechen- und Römerwelt, trotzdem die christlichen Kaiser die bestehenden Verbote nicht nur aufrecht erhielten, sondern noch verschärften, durch das ganze Mittelalter und die neuere Zeit hindurch in den Kulturstaaten reichlich oft vorgenommen worden sein muß. Auch in dem Palaste der christlichen römischen

---

[1]) Flavii Josephi Opera. Contra Apionem Lib. II. Aureliae Allobrog. 1511. p. 1074. „τέκνα τρέφειν ἅπαντα προσέταξεν καὶ γυναιξὶν ἀπεῖπεν μήτ᾽ ἀμβλοῦν τὸ σπαρέν μήτε διαφθείρειν ἀλλά ἢν φανείη τεκνοκτόνος ἃ εἴη ψυχὴν ἀφανίζουσα καὶ τὸ γένος ἐλαττοῦσα.“

[2]) Vergl. auch das Kapitel über Canonisches Recht.

Kaiser kam die Abtreibung vor, wie in dem der heidnischen, so daß
Ammianus Marcellinus[1]) berichten konnte:

„Zu derselben Zeit war auch Helena, des Constantius Schwester
und des Kaisers Julian Gemahlin, von vorgespiegelter Zärtlichkeit
geblendet, in Rom angekommen; ihr stellte die Kaiserin Eusebia,
die unfruchtbar war, nach, und verleitete sie durch Tücke Gift zu
nehmen, das ihr nach jeder Konzeption die Frucht abtrieb."

So glaubte auch Priscianus[2]) gegen das Ende des 4. Jahrhunderts
noch einmal betonen zu müssen: „Niemand habe das Recht, ein Abortivmittel zu verabreichen." Ein Arzt dürfe sich nicht mit solcher Schuld
beladen. Nur wo der Uterus krank sei, oder die Mutter aus anderen
Gründen durch die Geburt eine Gefahr liefe, sei die Abtreibung erlaubt,
„so wie man auch dürre Zweige eines Baumes zweckmäßig zum Heile
des Ganzen entferne, oder wie ein schwer beladenes Schiff im Sturme
nur durch Überbordwerfen der Ladung Rettung findet".

Aëtius von Amida[3]), der Leibarzt des byzantinischen Kaisers
Justinian, berichtet aus der Mitte des 6. Jahrhunderts über eine große
Reihe von schwachen und starken dynamischen und mechanischen
Abortivmitteln, die, wie es scheint, von einer Hebamme Aspasia
angewandt wurden. Nach dieser Darstellung, die ein ganzes System
der Abtreibekunst widerspiegelt, muß trotz der Verbreitung des Christen-
tums der Abort damals oft veranlaßt worden sein, nicht nur in jenen
Fällen, die, wie die Kleinheit des Uterus und die dadurch bedingte
Unmöglichkeit, das Kind auswachsen zu lassen, oder wie Tumoren,
nach der medizinischen Anschauung jener Zeit, eine Indikation für die
Einleitung der Frühgeburt darstellten, sondern auch in jenen, bei denen
es sich um eine rechtswidrige Tat handelte.

Einen weiten Ausblick über den Umfang des kriminellen Abortes
in den Zeiten des neunten bis dreizehnten Jahrhunderts im Orient
und in Spanien gestatten auch die Schriften der arabischen Ärzte.
Dieselben hatten für die Vornahme der künstlichen Frühgeburt, wie
viele ihrer abendländischen Vorgänger, bestimmte Indikationen. Es
scheint aber, als wenn spanische Ärzte, z. B. zur Zeit des Albucasis,

---

[1]) Ammiani Marcellini, Rerum gestar. libri, Ed. Gardthausen, Vol. I,
Lib. XVI, 10, 18, Lips. 1874, p. 94.

[2]) Theodor Prisciani Archiatri ad Salvinam Gynaecia, Lib. III, Cap. VI,
Basileae. 1532, p. 146. „Abortivum dare nulli fas est."

[3]) Aetii Medici Graeci Tetrabiblos per J. Cornarium, Basil. 1542, Sermo IV,
Cap. XVI, XVIII, p. 867, 868. . . „Quaedam mulieres, quamvis concipiant, in
partu tamen periclitantur sive quod totus uterus nimium pusillus sit, ut propterea
factum perficere nequeat, sive quod collum angustissimum habeat, sive quod in
ejusdem ostio condyloma aut tale quiddam partum impediens supervenerit. Hae
quidem optime agent si conceptum cavebunt, sed ubi conceperint satius est foetum
corrumpere quam excidere." Vergl. auch Abtreibungsmittel historisch . . .

auch ohne Indikation, nur um die Frauen von der Frucht zu befreien, den Abort sehr oft veranlaßt haben. Deshalb ermahnt Albucasis[1] die Ärzte, sich nicht von den Weibern täuschen zu lassen, die eine Wiederkehr der ausgebliebenen Menstruation wünschen, und nicht auf die Männer zu hören, „quibus nulla ratio neque lex inest", die den Arzt zur Einleitung eines Abortes bewegen wollen.

Kindesaussetzung und Fruchtabtreibung war auch bei germanischen Stämmen in Übung. Tacitus, der sich ja in so vielen seiner Berichte als ein leichtgläubiger, und, wie es scheint, auch stark voreingenommener Schriftsteller erwiesen hat, gab von den Germanen an, daß sie die Zahl der Kinder zu beschränken für ein Verbrechen hielten. Demgegenüber wies Grimm nach, daß bei ihnen die Sitte, Kinder auszusetzen, herrschte.

Daß auch Deutschland in viel späterer Zeit Weiber besaß, die in der Kunst der Fruchtabtreibung erfahren waren und diese reichlich übten, beweisen die Bemerkungen des Dominikaners Albertus Magnus[2], der als Arzt und später als Erzbischof von Prag wirkte, und reichlich Gelegenheit hatte, dieses Übel praktisch zu beobachten. Hebammen und Bader bewirkten den Abort mit innerlichen und mechanischen Mitteln[3].

Zur Zeit des Papstes Sixtus V. (1588) war die Abtreibung in Italien sehr verbreitet: „Mos scelestissimus abigendi conceptos foetus clericis et laicis familiaris erat."

B. Der kriminelle Abort in unserer Zeit.

1. Das Abendland.

Der kriminelle Abort ist auch im vorigen Jahrhundert geübt worden. Schon zu Beginn desselben klagte Johann Peter Frank darüber, daß nach seiner eigenen Erfahrung „dergleichen Unfug, wenigstens von Medikastern beiderlei Geschlechts, trotz der Einsicht in die Größe des Verbrechens noch häufig genug getrieben und noch so manche Leibesfrucht abgetrieben, noch manche unehelich Schwangere bei solchen Versuchen selbst getötet werde". In Frankreich erschien dieses Verbrechen in einem solchen Umfange, daß ein Arzt[4] seine Zeit in dieser Beziehung mit derjenigen des Juvenal verglich. Der Verfall der Sitten,

---

[1] Albucasis, De Chirurgia, Oxonii 1778, Cap. XVII.
[2] Albertus Magnus, De secretis mulierum. Amstelod. 1669, p. 73.
[3] J. Rueff, De conceptu et generatione hominis . . . Tigur. 1554.
[4] Fodéré, Traité de Médec. légale, Paris 1813, p. 387.

die Kriege der Republik und Napoleons, durch welche so viele Frauen ihrer Männer beraubt wurden, und die Sucht nach Geld, ließen auch ärztliche Abtreiber und Abtreiberinnen mit dynamischen und mechanischen Mitteln zu einer überreichen Tätigkeit kommen. Die Häufigkeit der Abtreibung hat in den letzten fünfzig Jahren beträchtlich zugenommen. Die vor Gericht abgeurteilten Fälle zeigen dieses Anwachsen, geben aber nur einen äußerst schwachen Anhalt für die Erkenntnis des ganzen Umfanges, in dem sie vorgenommen wird. Wenn auch das flache Land und die kleinen Städte daran nicht unbeteiligt sind, so sind es doch gerade die großen Städte, in denen aus vielen Gründen, und nicht am wenigsten wegen der größeren Leichtigkeit des Verbergens des ursprünglichen und des veränderten Zustandes, dieses Verbrechen am häufigsten begangen wird.

Die zivilisierten Länder unterscheiden sich in dieser Beziehung wohl wenig voneinander, und keines kann sich tugendhafter als das andere nennen. Alle umschlingt das Band der meistens harten Not, die oft die Fruchtabtreibung zur Folge hat. Nach einer älteren Statistik aus dem Jahre 1865 wurde das Verbrechen der Fruchtabtreibung entdeckt[1]):

in Österreich	in	7	Fällen jährlich,
„ Großbritannien	„	35	„ „
„ Preußen	„	21	„ „
„ Frankreich	„	20	„ „
„ Bayern	„	20	„ „
„ Hannover	„	12	„ „
„ Spanien	„	10	„ „
„ Sachsen	„	8	„ „
„ Württemberg	„	5	„ „

Die Verhältnisse liegen heute ganz anders; wie sie aber auch sein mögen — die angegebenen Zahlen sind so weit entfernt, ein Bild oder auch nur eine Ahnung der wirklichen Verhältnisse zu geben, daß sie als völlig wertlos anzusehen sind. Sie zeigen indirekt nur die größere oder geringere Geschicklichkeit, mit der die Fruchtabtreibung in einzelnen Ländern verheimlicht wird.

Jeder erfahrene Arzt sah genügend Fälle in seiner Praxis, in denen ein Zweifel über die Ursache des Aborts nicht möglich war. Trotzdem sind absolute Beweise, die zu einem Eingreifen des Richters führen könnten, sehr selten zu geben, und selbst wenn sie sich darböten, nicht

---

[1]) Hausner, Vergleichende Statistik von Europa, 1865, Bd. I, S. 153.

zu verwerten, da die Verpflichtung, das Berufsgeheimnis zu wahren, auch in solchen Fällen meiner Überzeugung nach besteht. Zu allen Zeiten ist es auch so gewesen, daß der Arzt um solche Mittel als Helfer angegangen wurde. Vor 300 Jahren brach ein Arzt darüber in die Klage aus: ,,Et si saepe mulieres inhonestae, hujusmodi remedia a Medico requirant, ut satisfaciant libidini et vituperia fugant, quae omnes refrenandae sunt: haec omnia subjicio sacrosanctae fidei.`` Und diese Erfahrung nebst der sehr einseitigen Auffassung der Gründe für den Abort wurde zu einer Zeit kundgegeben, in der die abtreibenden Frauen geradezu gemartert wurden, wenn ihr Verbrechen bekannt wurde!

Der kriminelle Abort in Deutschland.

Für Preußen ergibt sich für die Jahre 1854—1859 als mittlere Frequenz der wegen Abtreibung Angeklagten 1 : 882 000, die der Verurteilten auf 1 : 1 162 000 Einwohner.

Diese Zahlen geben, wie dies die später anzuführende Statistik des Deutschen Reiches beweist, absolut kein Bild von den heutigen Verhältnissen.

In Bayern diesseits des Rheins wurden von 1851—1861 915 Untersuchungen wegen Verdachtes gewaltsamer Abtreibung angestellt, während nur 67 Verurteilungen erfolgten. Wie ungenügende Auskunft derartige Statistiken über das wirkliche Vorkommen eines solchen Verbrechens liefern, geht daraus hervor, daß hier von je 56 856 geschlechtsreifen Frauen durchschnittlich jährlich eine wegen Kindsmord und von 153 731 eine wegen Abtreibung auf der Anklagebank war. Als wenn die letztere nicht unendlich häufiger wäre als der erstere!

Ein ähnliches Verhältnis ergibt sich für den gleichen Zeitraum aus der Berechnung der kriminellen Fälle in der Pfalz, wo auf 152 900 geschlechtsreife Frauen nur 0,6 mal Aburteilung wegen Abtreibung, dagegen Verurteilung wegen Kindsmord in einem Verhältnis von 1 : 47 780 erfolgte! Alle diese Zahlen haben nur noch ein historisches Interesse.

Einen lehrreichen Beurteilungsanhalt über die seit 1882 in Deutschland zur Aburteilung gekommenen Fälle liefern die ,,Statistiken des Deutschen Reiches``, mit Hilfe derer ich die folgenden Tabellen bearbeitet habe.

Sie zeigen zuvörderst, was ich mehrfach in diesem Werke schon behauptet habe, daß in der Tat dieses Verbrechen, trotz der Möglichkeit des Verheimlichens und trotz bisweilen sogar erheblicher Schwankungen im Gesamtergebnis zunimmt. Schon der sehr kleine Ausschnitt der Wahrheit, die sich in den erfolgten Verurteilungen ausspricht, läßt dies erkennen.

Wie das Anwachsen der Verurteilungen wegen Fruchtabtreibung nach der Bevölkerungszahl sich gestaltet hat, ergibt die folgende Tabelle, deren Berechnung in den angeführten Zeiträumen ich die Zahlen der weitesten Grenzjahre, also der Jahre 1900 bzw. 1914, zugrunde gelegt habe.

In:	Verurteilungen in den Zeiten von	
	1882—1900 auf 1000 Einwohner	1901—1914 auf 1000 Einwohner
Preußen	0,1	0,25
Bayern	0,063	0,17
Sachsen	0,11	0,33
Württemberg	0,1	0,47
Baden	0,165	0,46
Hessen	0,11	0,28
Mecklenburg-Strelitz	0,08	0,28
Mecklenburg-Schwerin	0,08	0,28
Sachsen-Koburg-Gotha	—	0,089
Sachsen-Weimar	—	0,07
Sachsen-Altenburg	—	0,2
Sachsen-Meiningen	—	0,11
Schwarzburg-Sondershausen	—	0,12
Schwarzburg-Rudolstadt	—	0,13
Lippe	—	0,22
Reuß j. L.	—	0,28
Reuß ält. L.	—	0,16
Anhalt	—	0,17
Braunschweig	—	0,41
Oldenburg	0,05	0,22
Lübeck	—	0,27
Bremen	—	0,62
Hamburg	0,16	0,28

Die Zunahme der Verurteilungen erstreckt sich auf nord- und süddeutsche Staaten und beträgt etwa das Zwei- bis Vierfache. Auffällig ist es, daß einzelne der letzteren, wie Baden und Würtemberg, mit einer hohen Quote an der prozentualen Abtreibungsbestrafung beteiligt sind. Ich glaube nicht, daß dies mit einer wachsenden Industrialisierung im Zusammenhang steht.

Liefert die vorstehende Tabelle nur Verhältniszahlen, so gewinnt man aus der folgenden Übersicht ein Bild von dem gerichtsnotorischen Vorgekommensein der Abtreibung in allen deutschen Staaten nach absoluten Zahlen.

Das Verbrechen der Abtreibung

Jahr	Gesamtzahl der Verurteilten im Deutschen Reiche	Stadt Berlin	Preußen	Bayern	Sachsen	Württemberg	Baden	Hessen	Mecklenburg-Schwerin	Mecklenburg-Strelitz	Sachsen-Coburg-Gotha	Sachsen-Weimar
1882	191	9	95	11	40	14	5	12	—	—	1	—
1883	167	6	108	5	21	8	10	—	1	3	—	—
1884	258	16	121	14	7	31	36	9	—	—	—	2
1885	243	11	111	13	18	32	5	—	5	—	—	—
1886	226	23	131	24	12	12	12	6	5	13	—	1
1887	226	33	162	10	5	7	10	7	6	—	—	—
1888	216	23	142	12	20	6	13	3	—	3	—	2
1889	268	19	165	17	22	37	7	5	—	—	—	1
1890	243	26	147	32	23	14	4	4	3	—	1	2
1891	287	53	177	11	34	6	14	5	—	—	—	2
1892	330	48	193	14	57	7	29	—	3	—	—	—
1893	313	21	165	24	24	15	11	12	3	—	—	—
1894	402	95	276	18	28	18	27	12	—	—	—	—
1895	361	96	263	18	29	4	16	2	2	2	—	2
1896	403	92	265	15	33	24	17	21	2	—	—	3
1897	458	107	269	42	29	28	18	8	2	2	—	1
1898	376	61	230	28	29	19	19	4	9	—	—	4
1899	395	70	235	36	32	22	23	15	5	—	2	—
1900	411	67	252	46	30	17	19	7	6	—	—	1
1901	457	74	282	31	49	24	16	12	4	—	—	3
1902	558	72	283	48	101	22	23	13	3	—	1	3
1903	575	105	308	46	66	36	27	19	9	2	2	—
1904	634	93	413	41	60	40	23	7	10	—	—	2
1905	549	70	331	37	59	23	23	17	7	—	4	—
1906	609	75	400	48	39	14	40	16	9	2	1	—
1907	656	82	411	45	54	61	17	4	14	—	—	—
1908	799	107	476	65	82	66	19	8	10	—	1	—
1909	1030	134	589	78	127	77	36	15	12	1	3	—
1910	976	121	617	61	67	65	50	11	11	—	—	—
1911	1028	102	696	56	53	65	40	20	10	—	1	—
1912	1318	76	766	73	152	93	65	33	24	—	—	—
1913	1518	74	822	72	135	116	194	33	7	—	6	—
1914	1755	60	1011	89	141	113	168	17	3	2	—	—
Summa	18236	2121	10912	1180	1678	1136	1036	357	185	30	23	29

Die hohe Gesamtsteigerung, die in den nachbenannten drei Jahrzehnten sich vollzog, geht aus der folgenden Berechnung hervor.

im Deutschen Reiche.

Sachsen-Altenburg	Sachsen-Meiningen	Schwarzburg-Sondershausen	Schwarzburg-Rudolstadt	Lippe	Reuß jüng. Linie	Reuß ält. Linie	Anhalt	Braunschweig	Oldenburg	Lübeck	Bremen	Hamburg	Elsaß-Lothringen
—	—	2	3	—	—	—	—	—	—	—	5	—	—
—	—	—	—	—	—	—	1	1	2	—	—	5	2
1	2	—	2	3	—	—	—	2	2	—	12	11	5
—	—	—	—	—	—	—	—	—	—	—	42	5	9
—	—	—	—	1	—	—	—	3	—	—	2	—	4
—	—	—	—	—	—	—	—	14	—	—	2	2	1
—	—	—	—	2	—	—	—	5	1	2	—	5	—
—	—	—	—	2	4	—	—	—	—	—	1	3	4
—	—	—	—	—	3	—	—	1	—	—	2	—	7
—	—	—	—	—	—	—	5	6	3	—	8	9	7
—	—	—	—	1	—	—	—	5	—	—	5	3	11
—	—	—	—	—	4	—	1	7	2	—	8	20	16
—	—	—	—	—	—	—	1	1	2	—	2	13	4
—	—	—	—	—	—	2	—	—	2	—	—	10	9
—	—	—	1	4	1	—	—	7	—	—	—	6	4
1	2	—	—	2	—	2	5	6	2	—	—	19	20
—	—	—	—	—	—	—	—	3	3	—	4	13	11
2	—	—	—	2	1	—	2	4	—	—	2	9	1
—	—	3	—	—	—	—	3	10	1	3	4	5	3
—	—	2	—	—	1	1	1	4	—	—	4	10	10
—	—	1	—	—	3	1	2	1	6	3	5	16	15
—	—	—	—	—	2	—	1	9	9	—	6	20	20
—	8	—	—	—	—	—	1	—	3	—	2	5	9
—	2	—	—	1	7	2	—	13	3	—	5	—	13
1	—	—	—	2	2	—	—	3	2	2	—	3	—
2	1	—	1	2	1	—	8	5	4	1	3	12	7
—	—	1	—	—	—	4	2	13	9	—	8	5	12
4	6	2	—	—	2	—	2	12	6	—	3	2	48
—	—	—	2	3	—	—	6	18	8	1	7	9	32
11	—	—	2	—	3	—	2	13	2	2	6	14	30
5	4	—	1	6	3	—	10	4	8	7	30	13	15
3	5	—	1	2	5	—	5	16	8	9	8	23	32
13	2	—	—	—	—	—	—	17	22	—	—	—	—
43	**32**	**11**	**13**	**33**	**42**	**12**	**58**	**203**	**110**	**30**	**186**	**270**	**361**

Es wurden verurteilt:

Von 1885—1894 . . . 2754 Individuen
„ 1895—1904 . . . 4628 „
„ 1905—1914 . . . 10238 „

Aus dem statistischen Material des Deutschen Reiches, das bisher nur bis zum Jahre 1914 kundgegeben worden ist, geht noch manches andere Bedeutungsvolle hervor, vor allem, in welchem Umfange Jugendliche, sogar solche unter 15 Jahren, an den Verurteilungen wegen Abtreibung beteiligt sind. Auch hier erscheint trotz Schwankungen in einzelnen Jahren, eine auffällige, verhältnismäßig große Steigerung des Verbrechens. Während aber bei ihnen die Tat fast nur von weiblichen Individuen begangen worden ist, lehren die entsprechenden Feststellungen bei den verurteilten Erwachsenen — berufsmäßige Abtreiber oder Schwängerer — die beträchtliche Beteiligung von Männern an der Abtreibungshandlung. Ihr Anteil beträgt ziemlich typisch in allen Jahren $^1/_4$—$^1/_5$.

Alter und Geschlecht der wegen Abtreibung Verurteilten.

Jahr	Jugendliche von 12 bis unter 18 Jahren		Erwachsene von 18 und mehr Jahren	
	Gesamtzahl	Davon weiblich	Gesamtzahl	Davon weiblich
1884	10	9	248	201
1885	3	2	240	204
1886	12	11	214	168
1887	7	7	219	177
1888	10	10	206	161
1889	12	12	256	209
1890	12	12	231	189
1891	12	12	275	216
1892	10	10	320	257
1893	16	15	297	242
1894	22	20	380	301
1895	13	12	348	290
1896	20	20	383	308
1897	21	20	437	356
1898	31	28	345	284
1899	27	27	368	285
1900	24	24	387	308
1901	26	26	431	332
1902	31	30	527	410
1903	34	33	541	431
1904	34	34	600	463
1905	28	28	521	387
1906	49	48	560	425
1907	41	39	615	460
1908	57	55	742	591
1909	52	52	975	770
1910	65	62	908	692
1911	80	73	948	741
1912	78	76	1240	956
1913	102	94	1416	1041
1914	92	87	1663	1263

Das Verhältnis der zu Zuchthaus Verurteilten zu dem der mit Gefängnis bestraften Personen wechselt in den einzelnen

Jahren außerordentlich. Die folgende Tabelle zeigt, daß Schwankungen von 1 : 4 bis 1 : 12 vorkommen. Im Durchschnitt aus 32 Jahren stellt sich nach meiner Berechnung das Verhältnis wie 1 : 9.

Die Art der Bestrafung für Abtreibung.

Im Jahre	Zu Zuchthaus	Zu Gefängnis	Im Jahre	Zu Zuchthaus	Zu Gefängnis
1883	31	136	1899	39	356
1884	33	225	1900	46	365
1885	44	199	1901	56	401
1886	40	186	1902	60	498
1887	38	188	1903	65	510
1888	38	178	1904	60	574
1889	51	217	1905	45	504
1890	41	202	1906	46	563
1891	48	239	1907	42	614
1892	61	269	1908	48	751
1893	53	260	1909	65	965
1894	65	337	1910	58	918
1895	53	308	1911	79	949
1896	52	351	1912	78	1238
1897	56	402	1913	87	1431
1898	31	345	1914	132	1623

Nicht ohne Interesse ist es, darauf hinzuweisen, daß das Verbrechen der Abtreibung bei Evangelischen und Katholischen im Laufe der Jahrzehnte zugenommen hat — bei Katholischen unverhältnismäßig stärker und kontinuierlicher als bei Evangelischen. Bei Juden war die Gesamtzahl der wegen Abtreibung Verurteilten im letzten Jahrzehnt etwas größer als im vorangegangenen, in einzelnen Jahren aber relativ viel kleiner als bei den Verurteilten anderer Religionen:

Die Religion der wegen Abtreibung verurteilten Personen.

	Evangelisch	Katholisch	Jüdisch		Evangelisch	Katholisch	Jüdisch
1883	115	49	2	1899	277	115	—
1884	190	65	3	1900	285	120	6
1885	170	73	—	1901	316	136	4
1886	148	77	1	1902	411	142	4
1887	162	61	3	1903	433	139	2
1888	136	78	2	1904	459	168	6
1889	193	74	1	1905	394	149	3
1890	157	83	3	1906	407	189	11
1891	231	50	6	1907	471	176	5
1892	221	102	7	1908	584	210	3
1893	202	108	3	1909	724	294	4
1894	294	105	2	1910	662	306	4
1895	280	76	5	1911	683	333	5
1896	295	102	5	1912	663	308	4
1897	356	100	1	1913	1040	461	12
1898	260	114	2	1914	1255	482	4

Zieht man die in der folgenden Tabelle zusammengestellte Reihenentwicklung in Betracht, so macht sich in der zweiunddreißigjährigen Periode 1882—1914 bei Kindesmord und Aussetzung eine Abnahme bzw. ein Stillstand, bei Abtreibung ein Anwachsen bemerkbar. Es tritt dadurch eine stärkere Hinneigung zu den radikaleren Mitteln der Abhilfe der drohenden Schande oder der Erschwerung der finanziellen Lage des Schwängerers resp. der Geschwängerten zutage.

Die Zahl der verurteilten Personen.

Im Jahre:	1882	1883	1884	1885	1886	1887	1888	1889	1890	1891	1892
überhaupt bei Kindsmord	171	175	161	189	187	168	172	191	161	148	222
Abtreibung	191	167	258	243	226	226	216	268	243	287	330
Aussetzung	54	70	65	47	46	31	39	28	38	36	37

Im Jahre:	1893	1894	1895	1896	1897	1898	1899	1900	1901	1910	1914
überhaupt bei Kindsmord	193	167	167	173	185	159	203	163	174	134	130
Abtreibung	313	402	361	403	458	376	395	411	457	976	1755
Aussetzung	34	27	27	27	32	22	30	25	33	22	30

Einen tieferen Einblick in das wirkliche Abtreibungsgeschehen, als jede offizielle Statistik ihn gestattet, liefern gerade auf diesem Gebiete die Erfahrungen von Gynäkologen und die in öffentlichen Kliniken gemachten. Danach sind in Berlin von

100 Aborten etwa 80 kriminell provoziert.

In einer Poliklinik wurde durch ein bestimmtes Fragesystem herausgebracht, daß von 100 hilfesuchenden Frauen 89 zugaben, Abtreibung vorgenommen zu haben[1]). In anderen Kliniken, wie der Hallenser, nahm man einen Prozentsatz von 90 an.

Übertrüge man solche Zahlen auf die Berliner Verhältnisse, so würden von den hier jährlich vorkommenden

10 000 Aborten 9 000

und für das Deutsche Reich von

300 000 Aborten 270 000

kriminell herbeigeführt worden sein. Diese Zahl wird für zu hoch gehalten[1]). Selbst wenn man sie aber noch beträchtlich vermindert, so bleibt noch ein erhebliches Minus von Nichtgeborenen und ein erheblicher Bestand an Gesetzesdurchbrechung übrig.

---

[1]) Bumm, Zeitschr. f. Geburtshilfe 1917, Bd. 79, S. 345.

In kleinen Bezirken bricht sich eine endemische Abtreibungswelle leichter mit Getöse als in einer großen Stadt, weil das Geheimnis nicht so gut gewahrt bleiben kann. So erfährt man dann, daß hier und da mit einem Male eine größere Zahl von Frauen mit den entsprechenden Paragraphen des Strafgesetzbuches in Konflikt gekommen sind[1]. Aber wie viele Tausende von Malen verebben solche Wellen still, ohne daß davon Kunde wird!

Der kriminelle Abort in Frankreich.

Die Abtreibung mit ihrer Gesetzesverletzung trat auch in alter Zeit in Frankreich zutage. Zeitweise ging ihre Woge hoch. Paris war, wie es immer mit Großstädten der Fall ist, voran.

Im Jahre 1660 wurde dort eine Hebamme Constantin, die aus dem Fruchtabtreiben ein Geschäft machte und die Frauen auch zu diesem Zwecke in ihr Haus aufnahm, was durch einen unglücklichen Zufall ans Tageslicht kam, verhaftet. Ein Fräulein, das ihre Schwangerschaft verheimlichen wollte, wurde vermißt, und als man Nachforschungen anstellte, fand man, daß sie sich, wie viele andere, zu jener Hebamme begeben, dort abortiert hatte und umgekommen sei. Die Hebamme wurde gehenkt[2]. Es ließ sich feststellen, daß der Abort auf mechanische Weise durch ein Instrument herbeigeführt worden war. Die „Zauberinnen" zur Zeit Ludwigs XIV., eine Voisin und andere[3], betrieben das Fruchtabtreiben geschäftsmäßig. Sie hatten ihre ständigen Lieferantinnen, Hebammen, die sich bemühten, Mädchen und Frauen ausfindig zu machen, denen daran lag, sich der Früchte des Leichtsinns oder des Ehebruchs zu entledigen.

Die Generalvikare nebst den Beichtvätern erklärten damals dem Präsidenten des Gerichts, daß im Verlauf eines Jahres 600 Frauen das Bekenntnis abgelegt hätten, ihre Früchte nach den erhaltenen Anweisungen vernichtet zu haben.

Schon im Beginne des siebzehnten Jahrhunderts gab die berühmte Hebamme Louise Bourgeois, die Maria von Medici, die Frau Heinrichs IV., von allen ihren Kindern entbunden und auch ihre Erlebnisse dabei niedergeschrieben hat[4], ihrer Tochter, die gleichfalls Hebamme wurde, Ratschläge für ihr Verhalten, unter denen auch der folgende, bezüglich der Aufnahme Schwangerer in ihr eigenes Haus, war: „Ne

---

[1] Im Jahre 1906 wurden in dem Stadtteil Friesenheim von Ludwigshafen 200 Frauen in eine Abtreibungsaffäre hineingezogen.

[2] Guy Patin, Lettres choisies, Paris 1692, Tom. I p. 438, 444, 448, 452, 456, 465.

[3] L. Lewin, Die Gifte in der Weltgeschichte 1920, S. 15. — Dort auch weiteres Geschichtliches.

[4] Observations de Louyse Bourgeois dite Boursier, Livre deuxieme, Paris 1652, p. 156.

receuez en vostre vie, fille ni femme pour accoucher en vostre maison. Je le vous recommande: c'est un maquerellage reuestu de quelque couleur que l'on approprie à charité, et mesme que l'on veut fait croire que votre art vous y oblige ..." Man versteht diese Mahnung, wenn man an das vorstehende denkt. Noch dringender war ihr Rat, für keine Schätze der Welt ein Abtreibungsmittel zu geben[1]). „Verruchte vernichteten dadurch Leib und Seele des Kindes. Grausam und böse seien auch diejenigen, die solche Mittel verlangten. Und nicht nur vor deren Abgabe sollte sie sich hüten, sondern überhaupt in einer solchen Sache einen Rat zu erteilen. Sie dürfte sich auch nicht von denen täuschen lassen, die, als Mittelsperson für angeblich Kranke, derartige Stoffe herauszulocken versuchten."

Man ließ die Apotheker um die Mitte des siebzehnten Jahrhunderts schwören: „De ne jamais donner à boire aucune potion abortive ... De ne jamais essayer de faire sortir du ventre de la mère le fruit, en quelque façon que ce soit, que ce ne soit par avis du médecin."

Es gibt in Paris, wie ja auch in anderen Ländern, sog. Privat-Gebäranstalten, in denen die Abtreibung sehr häufig geübt wird und förmlich geschäftsmäßig organisiert ist. Die Kundschaft für solche Häuser wird durch Frauen von zweideutigem Ruf erworben, welche sich dem Anschein nach mit dem Verkauf von Toilettengegenständen beschäftigen. Sie bieten ihre Objekte einer Klasse von Weibern an, die durch ihre soziale Stellung für jene Zwecke die meiste Aussicht geben. Sie erkundigen sich dabei nach ihrem Befinden, stellen bedeutungsvolle Fragen, und wenn sie auf eine nicht sehr willkommene Schwangerschaft treffen, so sprechen sie von den Mitteln, welche deren Dauer abkürzen. Hat die Betreffende nicht die Absicht, zu solchen Mitteln ihre Zuflucht zu nehmen, so wird sie ersucht, ihren Freundinnen die bezüglichen Mitteilungen zu machen. Hat die Vermittlerin nun endlich eine Unglückliche gefunden, welche die ihr gebotene Hilfe annimmt, so werden die Bedingungen vereinbart, und jene liefert das Mittel, welches zum Ziele führt, oder sie vollführt selbst den mechanischen Eingriff. Es soll in Paris nach Versicherung eines der ausgezeichnetsten Gerichtsärzte vollkommen eingerichtete Abortieranstalten geben, in welche auch Frauen von auswärts, ja selbst aus weiter Ferne, kommen[2]).

Einen Einblick in die Verbreitung des kriminellen Abortes gibt auch die Mitteilung, daß in einem halben Jahre in einem einzigen Krankenhause 20 Weiber sich fanden, die aller Wahrscheinlichkeit nach sich die Frucht abgetrieben hatten, und der Prozeß Thomas-Floury,

---

[1]) „. . . c'est que pour tous les biens qui sont sur la terre, il ne faut que vous adheriez à une seule meschanceté: comme font ces damnées, qui donnent les remedes pour faire auorter."

[2]) Pichler, Allg. Wiener medicin. Zeitung. V. 1860. p. 343.

der durch eine Anzeige der Abtreiberin selbst veranlaßt wurde, in den 118 Personen verwickelt waren, und der schließlich 52 Menschen (26 unverheiratete, 23 verheiratete und 3 Witwen) auf die Anklagebank führte, lieferte ein weiteres Miniaturbild der bestehenden Verhältnisse.

In Paris, wie in allen Großstädten, liegen die Abtreibungsverhältnisse besonders schlimm. Von den im Hospital Boucicaut im Jahre 1904 behandelten Aborten wurden mehr als 50% als kriminell angesehen[1]). Nimmt man diese Prozentzahl an, so wird, angesichts der starken Zunahme der Aborte überhaupt, ein Bild von den verhängnisvollen Verhältnissen gewonnen werden können. In sechs Pariser Krankenhäusern kamen vor:

$$1898 \ldots \quad 376 \text{ Aborte} = 5,6\%$$
$$1903 \ldots 1069 \quad ,, \quad = 14 \ ,,$$
$$1904 \ldots 1341 \quad ,, \quad = 16 \ ,,$$

Diese Summe von 1786 Aborten würde, falls man die Hälfte als proviziert annähme, schon 893 ausmachen. Aber der Prozentsatz wird auch noch höher angenommen. Aus dem Jahre 1906 wurden von den im Hospital Tenon behandelten Aborten 66% als kriminelle angesehen[2]).

Für 1907 und 1908 nimmt man von den Weibern, die in die Pariser Krankenhäuser aufgenommen wurden, um sich wegen Aborts behandeln zu lassen, 4000—5000 solcher an, bei denen Abtreibung vorgenommen worden ist. Bertillon schätzt die Gesamtzahl der in Paris jährlich vorkommenden kriminellen Aborte auf 50 000—70 000, und Lacassagne[3]) für Frankreich, bei einer jährlichen Geburtenziffer von 700 000, auf 400 000—500 000. Selbst wenn diese Zahl um ein beträchtliches kleiner angenommen würde, schüfe diese Ursache allein schon einem Lande eine hohe Gefahr für seinen Menschenbestand. Tatsächlich ist es in Frankreich schon dahin gekommen, daß im Jahre 1909 die Todesfälle die Geburtenziffer übertroffen haben. Dies kann, bei den steigenden Abtreibungen und den Vorbeugungsmaßnahmen gegen Schwangerschaft, nicht wundernehmen.

Auch Provinzialstädte haben jetzt schon eine hohe jährliche Abtreibungsfrequenz. So nimmt man für Marseille eine solche von 12 000—18 000, für Lyon bei einer Bevölkerungszahl von 450 000 von 19 000[4]) an. In der mittelgroßen Stadt Tourcoing sank die Geburtsziffer von 2450 im Jahre 1898 auf 1675 im Jahre 1906, wesentlich durch

---

[1]) Doléris, Annales de Gynécologie, avril 1905, Deux. Sér. I, II, p. 206.
[2]) Brissaud, Société d'Obstétr. 1907, févr.
[3]) Lacassagne, Le Matin 1910, 21 Déc., in: Du Moriez. l. c. p. 28.
[4]) Annal. d'hyg. publ. 1911, p. 269.

die Tätigkeit einer größeren Zahl von Abtreiberinnen. Wie solche ihr Unwesen treiben, geht aus neuen Prozessen in P a r i s hervor. Die Untersuchung gegen die Hebammen Jeanne Simon und Bernard, als Chefs einer Bande, die Kindertötung bzw. Abtreibungen vornahm, ergab, nach deren eigener Liste, für sieben bis acht Jahre eine Kundenschaft von ca. 15 000, allen Ständen angehörenden Mädchen.

Vielleicht trägt zu einer solchen Dreistigkeit bei, daß die Verfolgung wegen Abtreibung in Frankreich verhältnismäßig selten ist.

So wurde eine Untersuchung vorgenommen von:

> 1881—1909 gegen 14 731 Abtreibende.
> Angeklagt wurden davon   715   ,,   = 4,85%,
> Unverfolgt blieben 14 016   ,,   = 95,15 ,, .

Auch F r e i s p r ü c h e werden sehr häufig gefällt. Vor 1890 betrugen sie 40%, stiegen 1894 bis auf 70%, um 1908 80% zu erreichen[1]).

I n g a n z F r a n k r e i c h wurden von 1851—1865 1143 Menschen wegen Fruchtabtreibung angeklagt, und zwar 294 Männer und 849 Weiber. Darunter befanden sich 148 Ärzte und Hebammen. Das Seine-Département, also vorzugsweise P a r i s, ist allein ungefähr mit einem Zehntel an jener Zahl beteiligt. Es ließ sich ferner feststellen, daß die Zahl der Anklagen und der Angeklagten von 1851—1866 größer war als diejenige der vorangegangenen 25 Jahre, d. h. von 1826—1850.

Eine weitere Statistik ergibt für die Jahre 1865—1869 inkl. folgendes: Angeklagte 254 in 101 Anklagen; davon 187 Weiber und 67 Männer. Die folgenden Jahre bis 1880 lieferten aber einen so beträchtlichen Zuwachs, daß die vorangegangenen Perioden dadurch weit übertroffen wurden. Im Jahre 1880 allein wurden 269 Personen wegen Abtreibung angeklagt[2]).

Von 1881 an ist auffälligerweise die Zahl der wegen Abtreibung Angeklagten und Verurteilten b e t r ä c h t l i c h k l e i n e r a l s i n D e u t s c h - l a n d.

Von 1882—1911 einschließlich wurden nach meiner Berechnung insgesamt angeklagt:

> In D e u t s c h l a n d . . . . 13 645 Personen,
> ,, F r a n k r e i c h   2007   ,,

Ich bin weit davon entfernt anzunehmen, daß dies die Folge eines selteneren Vorkommens des Verbrechens ist, s o n d e r n m e i n e, d a ß es n u r e i n Z e i c h e n g r ö ß e r e r K u n s t d e s V e r h e i m l i c h e n s d a r - stellt. Aber auch dort wurde zeitweise eine Zunahme der Anklagen

----

[1]) Du M o r i e z, l. c.
[2]) S o c q u e t, Contribut. à l'étude statistique de la Criminalité en France. Paris, 1884.

beobachtet, besonders stark in den Jahren 1891—1895 — eine Erscheinung, die auch für Deutschland sich feststellen läßt.

Die Gesamtzahl der wegen Abtreibung angeklagten **Städter** ist seit 1851 größer als die der **Landbewohner**, während umgekehrt nach sicheren Feststellungen die Zahl der Kindesmorde auf dem Lande größer als in Städten ist.

Die jährliche Zahl der in Frankreich wegen Abtreibung Angeklagten im Mittel aus je 5 Jahren.

Von 1826—1830 12	Von 1871—1875 54
„ 1831—1835 14	„ 1876—1880 54
„ 1836—1840 22	„ 1881—1885 52
„ 1841—1845 40	„ 1886—1890 58
„ 1846—1850 48	„ 1891—1895 102
„ 1851—1855 88	„ 1896—1900 65
„ 1856—1860 79	„ 1901—1905 50
„ 1861—1865 62	„ 1906—1910 73
„ 1866—1870 45	„ 1911 78

Die Zahl der Anklagen und der Verurteilungen in den Jahren 1880 bis 1911 ist aus der folgenden Tabelle ersichtlich, die ich nach den offiziellen Unterlagen geformt habe.

Das Verbrechen der Fruchtabtreibung vor den Gerichtshöfen der 86 französischen Départements.

Jahr	Zahl der Angeklagten			Zahl der Verurteilten	Jahr	Zahl der Angeklagten			Zahl der Verurteilten
	Gesamtzahl	Davon Frauen	Davon Männer			Gesamtzahl	Davon Frauen	Davon Männer	
1880	46	41	5	28	1896	79	71	8	23
1881	71	51	20	31	1897	49	38	11	24
1882	38	33	5	15	1898	65	59	6	26
1883	46	38	8	20	1899	60	52	8	23
1884	56	49	7	29	1900	73	64	9	28
1885	47	43	4	17	1901	63	60	3	26
1886	63	55	8	13	1902	36	34	2	16
1887	54	43	11	21	1903	48	41	7	16
1888	53	44	9	25	1904	49	43	6	14
1889	68	44	24	23	1905	54	50	4	16
1890	54	46	8	18	1906	56	49	7	16
1891	169	147	22	59	1907	63	52	11	13
1892	97	91	6	35	1908	66	58	8	13
1893	80	69	11	27	1909	77	62	15	20
1894	69	62	7	29	1910	103	90	13	34
1895	94	81	13	26	1911	78	63	15	29

Von 1828 bis jetzt hat die Zahl der angeklagten Männer ab-, die der Frauen zugenommen.

Die Altersstufen der Angeklagten.

Jahr	Zahl der Ange- klagten	Unter 16 Jahren	Von 16—21 Jahren	Von 21—25 Jahren	Von 25—30 Jahren	Von 30—40 Jahren	Von 40—50 Jahren	Von 50—60 Jahren	Von 60 Jahren und darüber
1880	46	—	7	16		9	7	5	2
1881	71	—	6	20		21	11	9	4
1882	38	—	4	5	6	9	5	7	2
1883	46	—	4	7	6	11	8	8	2
1884	56	—	4	9	12	15	11	3	2
1885	47	—	4	7	7	10	10	6	3
1886	63	—	7	4	7	27	15	1	2
1887	54	—	6	9	8	18	9	2	2
1888	53	—	5	8	10	10	13	3	4
1889	68	—	5	6	13	22	12	5	5
1890	54	—	7	5	13	12	6	7	4
1891	169	—	10	19	31	55	34	13	7
1892	97	—	7	14	25	25	17	7	2
1893	80	—	4	18	14	20	18	3	3
1894	69	1	8	8	9	17	13	9	4
1895	94	1	7	11	16	28	22	5	4
1896	79	—	3	16	10	27	10	9	4
1897	49	—	5	7	8	6	16	6	1
1898	65	—	7	11	11	21	11	2	2
1899	60	—	7	9	9	14	11	7	3
1900	73	—	8	11	13	18	13	7	3
1901	63	—	8	8	8	16	14	5	4
1902	36	1	1	9	6	5	8	4	2
1903	48	—	5	9	9	8	9	6	2
1904	49	—	7	3	9	13	10	5	2
1905	54	1	12	10	16	15	6	3	1
1906	56	1	10	6	7	13	7	9	4
1907	63	—	9	13	11	10	12	6	2
1908	66	—	9	12	3	17	18	5	2
1909	77	—	7	14	9	18	18	9	1
1910	103	—	10	21	20	28	11	7	6
1911	78	—	12	12	16	20	10	5	3

Einen interessanten Einblick gewährt auch die folgende Tabelle, in der ich die Beteiligung Unverheirateter und Verheirateter, Kinderhabender und Kinderloser an der Anklage wegen Abtreibung dargestellt habe.

Weshalb hier z. T. jähe Hebungen und Senkungen der Frequenzkurve in einzelnen Jahren eine so absonderliche Gestalt haben, läßt sich nicht erkennen. Wie für alles Geschehen werden auch hierfür zulängliche Gründe vorhanden sein. Die hohe Zahl der Abtreibungen seitens Verheirateter mit Kindern zeigt wohl deutlich, daß das Verbrechen begangen wurde, um den Kinderzuwachs als unerwünscht zu verhindern.

Familienstand der Angeklagten.

Jahr	Zahl der Angeklagten	Unverheiratet	Verheiratet		Witwen	
			Mit Kindern	Ohne Kinder	Mit Kindern	Ohne Kinder
1880	46	23	16	5	2	—
1881	71	36	25	5	5	—
1882	38	8	15	4	10	1
1883	46	20	12	6	6	2
1884	56	26	20	6	4	—
1885	47	19	16	6	6	—
1886	63	15	37	7	4	—
1887	54	27	15	3	7	2
1888	53	25	20	1	6	1
1889	68	17	41	2	7	1
1890	54	25	16	3	10	—
1891	169	63	55	23	24	4
1892	97	53	29	4	9	2
1893	80	35	35	6	3	1
1894	69	27	19	7	9	7
1895	94	34	41	9	9	1
1896	79	33	22	12	11	1
1897	49	23	15	6	5	—
1898	65	28	21	10	6	—
1899	60	21	29	3	4	3
1900	73	29	25	7	10	2
1901	63	23	30	7	2	1
1902	36	18	13	—	2	2
1903	48	23	15	2	6	1
1904	49	11	23	6	6	2
1905	54	24	20	5	4	1
1906	56	22	23	7	3	—
1907	63	26	21	5	6	2
1908	66	20	29	8	5	1
1909	77	27	30	9	9	2
1910	103	47	33	10	9	2
1911	78	35	23	9	8	3

Belgien.

Für Belgien wurde festgestellt, daß die Zahl der illegitimen Tod-
geburten immer viel höher sei als die der legitimen — eine Tatsache, die
das Vorhandensein von professionsmäßigen Abtreibern und Abtreiberinnen
voraussetzt, welche ihr verbrecherisches Geschäft ohne Skrupel ausführen.
Niemals kann man auch nur annähernd die Zahl der veranlaßten Aborte
bestimmen, da nur der Tod der Mutter zuweilen die Entdeckung des Verbrechens erlaubt. Weniger als vier Verurteilungen durchschnittlich jährlich und fast ebensoviel Freisprechungen waren noch vor etwa 30 Jahren
das Fazit der belgischen Justiz[1]). Es ist heute anders geworden.

---

[1]) Janssens, Académie belge de Médecine, Séance du 29 Déc. 1888.

Niederlande.

Aus dem Kreise niederländischer Gynäkologen liegen positive Angaben über eingestandene Abtreibungen von Frauen vor, die dann in den Kliniken Hilfe suchten. Diesen Feststellungen, soweit sie auch auseinanderzugehen scheinen, kommt für die Beurteilung der Ausdehnung der Abtreibung ein nicht geringer Wert zu.

Ort	Zeit	Zahl der Aborte	Davon eingestanden kriminell	Für 100 Aborte waren kriminell	Bemerkungen
Amsterdam (Hebammenschule)	1900—1907	57	19	33	
Amsterdam (Mendez de Leon)	1897—1907	408	62	15	Im Jahre 1906 war die Prozentzahl 50
Amsterdam (Vrouwengasthuis)	1899—1907	409	49	12	
Utrecht (Klinik)	1899—1907	237	33	13,9	
Leiden (Klinik)	1903—1906/07	221	12	5	
Groningen (Klinik)	1901—1908	102	24	24	Von 9 Unverheirateten wurde 8 mal die Abtreibung eingestanden. Die jüngste war 13 Jahre alt, als sie schwanger wurde.

In der Amsterdamer Klinik behandelte man:

Jahr	Aborte	Davon eingestandene kriminelle
1897	116	5
1898	107	4
1899	124	7
1900	102	6
1901	170	11
1902	178	22
1903	233	21
1904	202	26
1905	209	24
1906	265	24
1907	218	52
In 11 Jahren	1924	202 = 10,5 %

Im Jahre 1907 waren es = 24%.

Von den 202 kriminellen Fällen betrafen:

      Ledige. 100
      Verheiratete 97
      Witwen 5

Dem Glaubensbekenntnis nach waren:

Protestantisch 138. Im Verhältnis zur Bevölkerung 141
Katholisch   47 ,,   ,,   ,,   ,,   44
Jüdisch   5 ,,   ,,   ,,   ,,   5

England.

In England blüht die Abtreibung wie anderwärts. Ein Blick auf
die weiter hinten in diesem Werk folgende Besprechung der einzelnen
Abtreibungsmittel genügt schon, um dies erkennen zu lassen. Es gibt
noch andere Hinweise.

Auf Zeitungsannoncen hin, in denen von einem Erpresser zuverlässige ,,Frauenmittel" empfohlen waren, meldeten sich in weniger als
zwei Jahren über 12 000 Frauen, die dann von demselben Individuum
Drohbriefe erhielten, Geld zu zahlen, oder von den Behörden verfolgt
zu werden[1]).

Es wird auch angegeben, daß Engländerinnen in großer Zahl nach
Paris kommen, um hier in Entbindungsanstalten sich die Frucht abtreiben zu lassen.

Trotzdem weist die Statistik der Verurteilungen in England und
Wales so niedrige Zahlen auf, wie vielleicht nirgendwo sonst, auch keinerlei ins Gewicht fallende Steigerung. Die Höchstziffer der Verurteilten
betrug bei Einwohnerzahlen von 22—34 Millionen:

In den Jahren 1870—1880 exkl. 12
,,   ,,   ,,   1880—1890 ,, ... 13
,,   ,,   ,,   1890—1900 ,, ... 12
,,   ,,   ,,   1900—1905 ,, ... 11

Schweden.

Für Schweden sind die folgenden statistischen Feststellungen
von Hedrén gemacht worden:

Die Gesamtzahl der Abtreibungshandlungen, die offiziell bekannt
geworden sind, beträgt, für die Jahre 1851—1903, 1553. Ganz stetig
stieg sie, besonders in den Jahren 1891—1900, in denen je zwischen
90 und 100 Fälle vorkamen.

Auf 100 000 Einwohner kamen 1851—1880 3,04 Fälle
,, 100 000   ,,   ,,   1881—1890 6,66 ,,
,, 100 000   ,,   ,,   1891—1900 19,01 ,,

In den verschiedenen Bezirken des Landes ist die Häufigkeit und
Ausbreitung des Verbrechens sehr verschieden. Es wird in den Städten

---

[1]) The medic. and surgic. Review of Reviews 1898, p. 9.

mehr wie auf dem Lande verübt. Bestimmend für dieses Ergebnis sind aber nur die großen Städte. Schaltet man diese aus der Rechnung aus, dann ist der Unterschied nicht mehr groß.

$$\begin{array}{llll}
\text{Von} & 1394 \text{ Fällen waren} & 1262 & \text{Unverheiratete} \\
\text{,,} & 1394 \text{ ,,} \quad \text{,,} & 86 & \text{Verheiratete} \\
\text{,,} & 1394 \text{ ,,} \quad \text{,,} & 46 & \text{Witwen.}
\end{array}$$

Das Hauptmotiv der Abtreibung bei den 86 Verheirateten war die Beseitigung des außerehelichen Produktes, sodann folgte die Furcht vor einem Familienzuwachs, und in einigen Fällen war der Beweggrund die Beschwerden der Schwangerschaft und die Mühe des Kindaufziehens — also alle jene Gesichtspunkte, die ich, zusammenfassend, schon vor Jahren in diesem Werke dargelegt habe.

Das Alter der eben bezeichneten Abtreiberinnen war:

$$\begin{array}{lr}
15\text{—}20 \text{ Jahre} \dots\dots\dots\dots & 121 \\
21\text{—}25 \text{ ,,} \quad \dots\dots\dots\dots & 399 \\
26\text{—}30 \text{ ,,} \quad \dots\dots\dots\dots & 231 \\
31\text{—}35 \text{ ,,} \quad \dots\dots\dots\dots & 109 \\
36\text{—}40 \text{ ,,} \quad \dots\dots\dots\dots & 47 \\
41\text{—}45 \text{ ,,} \quad \dots\dots\dots\dots & 22
\end{array}$$

In 1018 Fällen wurde die Abtreibung vorgenommen:

$$\begin{array}{lll}
\text{Im} & 1.\text{— } 2. \text{ Schwangerschaftsmonat} & 160 \text{ mal} \\
\text{,,} & 3.\text{— } 4. \qquad\qquad \text{,,} & 291 \text{ ,,} \\
\text{,,} & 5.\text{— } 6. \qquad\qquad \text{,,} & 349 \text{ ,,} \\
\text{,,} & 7.\text{— } 8. \qquad\qquad \text{,,} & 171 \text{ ,,} \\
\text{,,} & 9.\text{—}10. \qquad\qquad \text{,,} & 47 \text{ ,,}
\end{array}$$

Mithin ist die Zeit nach dem vierten Monat die bevorzugte.

Vom Jahre 1902 an vollzog sich eine auffällige Abnahme, so daß 1903 beinahe nur 20 Abtreibungen bekannt wurden. Da sich die Sittlichkeit nicht so schnell zum Besseren gewendet haben kann, müssen andere Umstände dies bewirkt haben. Hedrén sieht sie in der wachsenden Kenntnis und Verbreitung der präventiven Mittel im Geschlechtsverkehr, die allmählich Allgemeingut auch der Landbevölkerung werden. Außerdem wird der Eingriff von gewerbsmäßigen Abtreibern und Abtreiberinnen mit immer größerem Sachverständnis vollzogen.

Zur weiteren Aufklärung der vorstehenden Tabelle ist zu berücksichtigen, daß die strafmündige Bevölkerungsziffer betrug:

$$\begin{array}{lll}
1882 & \dots\dots\dots\dots \text{ ca. } 32 & \text{Millionen} \\
1900 & \dots\dots\dots\dots \text{ ,, } 39 & \text{,,} \\
1906 & \dots\dots\dots\dots \text{ ,, } 43 & \text{,,}
\end{array}$$

Schweiz.

Für den Kanton Zürich liegen die folgenden Bestrafungszahlen vor[1]:

1870—1879	17 Verurteilte	bei	284 786	Einwohnern
1880—1889	22	„	„ 317 574	„
1890—1899	78	„	„ 337 183	„
1900—1909	103	„	„ 430 356	„

Ein Licht fällt auf das weitverzweigte Abtreibungsgeschäft, wenn man erfährt, daß in Zürich im Jahre 1907 bei einer Frau Haussuchung gehalten wurde, die Abtreibungsmittel gewerbsmäßig auch als Exportartikel vertrieb. Bei ihr beschlagnahmte man 59 Bestellbriefe allein aus Meiningen. Die Geschäftsanzeigen erschienen als Inserate auch sonst in Deutschland, was ahnen läßt, wie groß der Betrieb gewesen sein muß.

Von Genf wird angegeben, daß es ein Abtreibungszentrum für die ganze Schweiz, Süddeutschland, das angrenzende Frankreich bis nach Lyon, Saint Etienne und Marseille sei. In einem neueren Prozeß wegen Kindtötung sagte ein Gynäkolog aus, daß 80% der Hebammen Genfs berufsmäßig abtreiben. „Die Abtreibung sei in Genf absolut geduldet[2]."

Italien.

Italien folgt der in allen Ländern vorhandenen, wenn auch nur ganz vereinzelt in der offiziellen Kriminalistik zutage tretenden Abtreibungsflut. Sie geht in allen Landesteilen ziemlich hoch, wie es scheint, besonders im Süden. Dies wird von Sizilien berichtet. In Neapel fand man Entbindungshäuser, in denen die Abtreibung bewerkstelligt wird. In eleganten Vitrinen waren dort Föten, in Alkohol konserviert, sichtbar als Zugmittel für das Geschäft.

Österreich.

Aus den österreichischen statistischen Erhebungen springt ein besonders starkes Anwachsen der Abtreibung hervor.

Wegen Abtreibung wurden verurteilt nach meiner Berechnung in den fünfjährigen Zeiträumen von:

---

[1] v. Liszt, Die kriminelle Fruchtabtreibung, Zürich 1910, I. S. 5.

[2] Lardy, La chronique méd. du 15. Fébr. 1909, p. 23. Cit. bei du Moriez, L'avortement, 1912, p. 28.

$$
\begin{array}{lll}
1880\text{—}1884 \ldots\ldots & 122 & \text{Angeklagte} \\
1885\text{—}1889 \ldots\ldots & 194 & \text{,,} \\
1890\text{—}1894 \ldots\ldots & 277 & \text{,,} \\
1895\text{—}1899 \ldots\ldots & 346 & \text{,,} \\
1900\text{—}1904 \ldots\ldots & 476 & \text{,,} \\
1905\text{—}1909 \ldots\ldots & 597 & \text{,,} \\
1910\text{—}1913 \ldots\ldots & 778 & \text{,,}
\end{array}
$$

In dem letztgenannten nur vierjährigen Abschnitt sind allein in dem Jahre 1913 229 Verurteilungen erfolgt.

Die Fruchtabtreibung in Ungarn.

Das vorliegende offizielle Beurteilungsmaterial habe ich für das bessere Erkennen auf das Wesentliche reduziert und berechnet:

Jahr	Zahl der Verurteilten			Art der verhängten Freiheitsstrafe	
	Insgesamt	Täter oder Anstifter	Mitschuldige	Gefängnis	Kerker
1880	45	—	—	—	—
1900	59	—	—	—	31
1901	78	72	5	39	35
1902	80	75	5	—	—
1903	83	77	6	35	35
1904	86	77	9	46	40
1905	73	65	8	39	34
1906	73	65	8	46	26
1907	109	98	11	72	35
1908	99	92	7	60	37
1909	110	99	11	59	47
1910	117	105	12	71	43
1911	91	80	11	65	26
1912	89	82	7	62	25
1913	139	123	16	84	45
1914	133	123	10	90	43

Rußland.

Für Rußland werden 75% kriminelle Aborte angenommen.

Im Warschauer Gerichtsbezirk kamen in den ersten 10 Jahren dieses Jahrhunderts 880 Prozesse wegen Kindesmord, und nur 47 wegen Fruchtabtreibung zur Verhandlung[1]).

---

[1]) Jacobson, Zentralbl. f. Gynäkologie 1912, S. 396.

Der Orient.

Kleinasien.

Sehr häufig scheint der kriminelle Abort schon in den unteren Donauländern, zumal in Serbien und weiter darüber hinaus im Orient, besonders in der Türkei, zu sein. Vielleicht tritt er aber hier nur mehr zutage infolge einer gewissen nachsichtigen Duldung. Schon im achtzehnten Jahrhundert klagte ein Arzt, der ein Mädchen, das ein Abtreibungsmittel genommen hatte, unter den schrecklichsten Krämpfen nach einem Tage, und eine Frau durch den gleichen Eingriff nach zwei Tagen sterben sah, darüber, daß die Regierung solche Verbrechen unbestraft lasse und es selbst dulde, daß Ärzte sich offen dazu hergäben sie zu begehen[1]). Für Konstantinopel ist die Zahl von 3000—4000 Aborten jährlich noch zu niedrig[2]). Die Hauptanlässe dazu sind Armut, der Wunsch, die Schönheit zu konservieren um der Gefahr einer Ehescheidung zu entgehen, die die Gesetzgebung bei den Muhamedanern ja sehr erleichtert, und Furcht vor den Wehen und dem Wochenbett. In Konstantinopel soll die größere Zahl aller Frauenleiden von Aborten und den Versuchen dazu herrühren. Die kriminellen Abtreibungen wurden als eine der Hauptursachen angesehen, welche langsam aber sicher eine der gesundesten und kräftigsten Rassen der Menschheit zu vernichten droht. An einer mangelhaften Gesetzgebung liegt es hier ebensowenig wie anderwärts, da sich der Koran und die alten muselmännischen Juristen in dieser Beziehung klar und bündig ausdrücken. Sidi Khalil, der große arabische Rechtsgelehrte sagt darüber: „Die Abtreibung ist jedem Weibe untersagt." Es gibt noch Ärzte, die zu dem Verbrechen ihre Hand bieten, vorzugsweise sind es aber Hebammen (Mamy), die ungescheut dieses Handwerk treiben[3]). Abgesehen von einzelnen solcher, die ihre Kunst rechtschaffen ausüben, gibt es verrufene und unwissende Frauenzimmer; diese fordern diejenigen zum Verbrechen auf, die sie vorher zu Fehltritten verleitet haben, und die dann in der Regel damit enden, gänzlich ihre Opfer zu werden.

Ein Appell an die Regierung[3]) konnte keinen Erfolg haben. Im Jahre 1875 erließ die Mutter des Sultans Abdul-Azis eine Verordnung, in welcher sie allen Insassen des Palastes ein bestehendes Gesetz einschärfte, wonach dafür gesorgt werden mußte, daß jede Schwangere innerhalb des Palastes abortieren müsse. Gelänge die Operation nicht, so

---

[1]) Paris, Journ. de méd., chir., pharm. etc. 1776, Vol. I, p. 310.
[2]) Pardo, Berlin. klin. Wochenschr. 1873, p. 118. — Ziffo, Premier congrès des méd. grecs. Constantinople 1883.
[3]) Pardo, l. c.

dürfe bei der Geburt des Kindes die Nabelschnur nicht unterbunden werden.

Aus dem Jahre 1877 wird in einer türkischen Zeitung berichtet, daß 95% der Kinder und viele Mütter durch die Abtreibung zugrunde gehen sollten — was in diesem Umfange kaum wahr sein kann.

In Persien wäre einem unverheirateten Mädchen, einer Witwe oder einer Geschiedenen, die gebären sollte, der Tod gewiß. Der Fall ist aber unerhört. Ein uneheliches Kind (haerum zade) findet sich nirgends unter den Schiiten. Das Wort wird nur zum Schimpf gebraucht. Alle außerehelichen Schwangerschaften enden mit Abortus, in denen man die Eihäute mit einem Instrument sprengt[1]).

Asien.

In Indien soll der kriminelle Abort, der von dem Volke für nichts Unrechtes gehalten wird[2]), ebenfalls stark verbreitet sein, doch scheint dies nicht in allen Theilen des Landes in gleichem Maße der Fall zu sein. Wenigstens wird von den Munda - Kohls in Chota - Nagpore berichtet[3]), daß daselbst nur zuweilen ärmere Ehefrauen, wenn die Schwangerschaften zu rasch aufeinander folgen, zu alten Weibern gehen und Abtreibemittel anwenden. Sie lassen sich auch ohne Wissen der Männer den Uterus verdrücken und verschieben, um Abort herbeizuführen. Es scheint, daß sie diese Unsitte von den niederen Kasten der Hindus gelernt haben. Dieselbe wird übrigens von der öffentlichen Meinung entschieden verurteilt. Die Entrüstung ist aber viel geringer, wenn die gewaltsame Abtreibung kurz nach der Konzeption stattgefunden hat. Als eine Ursache der Häufigkeit der Abtreibung unter den Hindu wird das Heiraten in frühestem Alter angegeben. Junge Witwen sind zum Zölibat verurteilt, obschon sie oft noch unberührt sind. Tritt die Verführung an sie heran und unterliegen sie, so harrt ihrer die Schande, falls die Frucht geboren wird. Als Abtreiberinnen fungieren dann die Frauen von Wäschern (Mainates). Die Schwangere unterliegt nicht selten dem Eingriffe. Das gewöhnlich gebrauchte Abortivum ist Nigella sativa L., das in großen Dosen — 3—5 g — den Zweck erfüllen soll. Ein französischer Arzt hat in den ersten sechs Monaten seines Aufenthaltes in Karikal (Französisch-Vorderindien) fünf gerichtliche Gutachten in bezug auf Abtreibung geben müssen[4]).

In Cutch wurde ein großer Umfang der Abtreibungshandlung gefunden.

---

[1]) Polak, Persien, Das Land und seine Bewohner, 1865, I. S. 217.
[2]) Shortt, Transact. of the Obstetr. Soc. of London. IX. 1868. p. 6.
[3]) Jellinghaus, Zeitschr. f. Ethnologie. III. 1871. p. 365.
[4]) Canolle, De l'avortement. Paris 1881.

Allein in der Präsidentschaft Madras wurden in den Jahren 1863 und 1864 wegen kriminellen Aborts 440 Personen gefänglich eingezogen. Davon wurden 119 verurteilt. Hier dient vielfach Plumbago zeylanica dem Zwecke.

Einer Schätzung eines Brahmanen nach, sollen in Kalkutta im Monat 1000 kriminelle Aborte vorkommen.

In den südlichen Teilen Bengalens, besonders in Tipperah, dem Tributärstaat und nördlich davon in Sylhet, ist Abtreibung ein gewöhnliches Vorkommnis. Hebammen, die dafür 4 Rupien bekamen, und Barbiere vollziehen sie. Es mag übertrieben sein, daß in ganz Bengalen monatlich 10 000 Abtreibungen zustande kommen. Im Manipurgebiet, im Ober-Chindwindistrikt von Burma usw. wird Abtreibung geübt, z. B. bei den Kuki, den Vuite und Thado, bei dem erstgenannten Stamm nicht unhäufig, wenn Witwen schwanger werden.

Telugu-Weiber verrichten in Hyderabad Hebammendienste. Sie und die Barbierfrauen sind professionierte Abtreiberinnen. Das Verbrechen ist hier ziemlich allgemein, und wird von vielen nicht als ein solches angesehen.

In Bombay wird für die Abtreibung ein Holzstäbchen eingeführt, das in der umgelegten Watte ein Bleisalz oder ein Quecksilbersalz enthält.

In Singapur treiben malayische Weiber ab. Abtreibung heißt „Pet phela", die Abtreiberin „Pet phelanee."

Auf Ceylon soll früher eine jede Frau, die vor ihrem 36. Jahre schwanger geworden war, sich die Frucht abgetrieben haben. Macmundo kannte in der indischen Provinz Cutch eine Frau, die nicht weniger als fünfmal diesen Eingriff an sich vorgenommen hatte[1]).

In Hinterindien, z. B. in Cochinchina, gilt bei der Eingeborenenbevölkerung die Abtreibung nicht als verbrecherischer Akt. Man macht von ihr bei außerehelichen Schwangerschaften und auch sonst wohl, wo die Mühe der Kindererziehung abgewehrt werden soll, Gebrauch. Auch in Annam herrscht der Gebrauch.

Hier endet nicht die Zone der Fruchtabtreibung für das ostasiatische Festland. Sie dehnt sich nach Osten in China hinein und nach Norden in das Gebiet der Mongolei. Die Häufigkeit der Abtreibung in China ist trotz der Strafen, die im Si-Yuen-Lu dafür genannt werden, groß. Das dort sich findende Giftgesetz besagt, daß, wer Giftstoffe kauft, um sie verbrecherisch zu gebrauchen, mit hundert Bambushieben und drei Jahren Exil bestraft wird. Trotzdem werden Abortivstoffe mit anderen Indikationen öffentlich angepriesen und reichlich gekauft.

Bei den Mongolen überwiegt die männliche Bevölkerung gegenüber der weiblichen. Die Sterblichkeit des weiblichen Geschlechts ist größer.

---

[1]) Transact. of the lit. Soc. of Bombay T. II. 1920. p. 234.

Schon in sehr jugendlichen Jahren beginnt der Geschlechtsverkehr. Abtreibung ist allgemein verbreitet[1]). Diese und die Syphilis lassen die Mongolin schnell altern.

Auf der Insel Formosa dürfen Weiber vor dem 36. Jahre keine Kinder haben. Daher wird alles, was vorher gezeugt wird, gewöhnlich durch rohe mechanische Insulte, Bauchtrampeln usw., abgetrieben.

Aus alter Zeit wird aus Japan folgendes berichtet, was in dem ersteren Teile auch heute noch zutrifft: „Die schwangeren Frauen bringen entweder durch Gift oder anders ihre Frucht um das Leben; wenn sie nicht viel Mittel haben, die Kinder zu erziehen: sonderlich weil ihre Pfaffen solche Mordtat für keine Sünde halten[2]).“ Auch in neuster Zeit scheint der kriminelle Abort dort in gewissen weiblichen Bevölkerungskreisen nicht selten ausgeübt zu werden. Volkstümlich ist die Einführung einer Pflanzenwurzel oder eines Holzstäbchens in den Uterus, die einige Zeit liegen bleiben sollen und wahrscheinlich durch Verletzung der Eihäute wehenerregend wirken[3]).

Ostasiatische Inselwelt.

Ein Blick auf die ostasiatische Inselwelt wird die gleichen Bilder wie die bisherigen erkennen lassen.

In Niederländisch - Ostindien scheint die Abtreibung auf manchen Inseln nicht häufig vorzukommen. Von den Bewohnern der Insel Engano (westlich von Sumatra) wird dies z. B. ausdrücklich angegeben[4]).

Sehr verbreitet ist die Fruchtabtreibung in den verschiedenen Teilen von Neu - Guinea:

Die Nveforezen auf Manaswari und Doreh und auf Nvefoor in der Geelvinkbai üben die Abtreibung. Die Zahl der Kinder ist gewöhnlich nicht groß. Wenn die Frauen drei bis vier Kinder geboren haben, so erklären sie müde zu sein und nicht mehr gebären zu wollen. Hierfür bedienen sie sich der Fruchtabtreibungsmittel. Außer dem Gebräu, das sie einnehmen, lassen sie sich den Leib mit einem Rohrband fest zusammenschnüren und dann mit den Füßen treten. Bisweilen hilft auch dieses rohe Mittel nicht[5]).

---

[1]) Paquet, Südsibirien, Jena 1909, S. 76.

[2]) Montanus, Denkwürdige Gesandtschaften der Ost-Indischen Gesellschaft. Amsterdam 1669. p. 276.

[3]) Grimm, Zeitschr. f. Geburtsh. u. Gynäkol. Bd. XXX. p. 261.

[4]) v. Rosenberg, l. c. p. 212.

[5]) E. Reclus, Revue internat. des Sciences, T. X, p. 497. — van Hasselt, Zeitschr. f. Ethnol. 1876, Bd. 8, S. 184. — v. Rosenberg, Der malayische Archipel, 1878 p. 454.

Die Kai - Leute, Papuas des waldreichen Hinterlandes von Finschhafen, stimmen mit ihren Frauen in der Abneigung gegen Kinderreichtum überein. Die letzteren scheuen auch die Geburtsschmerzen und versuchen deshalb die Abtreibung. Hierfür schlagen sie mehrere Wege ein. Entweder essen sie die sehr scharfen Wurzeln einer Grasart (Zameng), wodurch der Fötus abgetötet und ausgestoßen werden soll, oder sie essen ein mit dem Fruchtkern aus dem Kote des Kasuars gekochtes Gemüse. Der Kern bleibt zurück. Die letzte Art des Vorgehens besteht darin, daß man das Kind im Mutterleibe durch Klopfen auf den Bauch mit einem Stein totschlägt. Diese Prozedur ist aus begreiflichen Gründen gefürchtet.

Die Bukana oder Bugawa, ein Volksstamm am Nordgestade des Huongolfes, speziell in der Landschaft bei Cap Arkona, bewirken die Abtreibung:

1. Durch einen künstlichen Blutverlust, der etwa die Stelle des in Europa früher benutzten Aderlasses einnimmt;

2. Durch Reiben des Leibes mit Basttüchern und durch Kneten. Alte Frauen führen dies aus.

3. Die Schwangere läßt sich von zwei anderen Frauen im Walde durch eine Baumgabelung hin- und herziehen bis der Erfolg eintritt.

Sie benutzen sogar Mittel für die Schwangerschaftsverhütung. Dafür ißt das Weib eine Zwiebel „mum" oder sie nimmt einen Trank aus dem Saft einer Bananenart und einem Farn „susa ngatequi" oder noch andere Abkochungen.

Auch bei den Tami, Eingeborene des Huongolfes, wird Abtreibung und Kindermord geübt.

Im Bismarck - Archipel ist das Vorkommen der Fruchtabtreibung unter den Eingeborenen anscheinend nicht selten, ebenso wie Kindestötung gleich nach der Geburt vorkommt.

Die Stämme des westlichen Neupommern und der französischen Inseln üben die Abtreibung der Leibesfrucht und die Tötung der Kinder mehr als es irgendwo im Archipel geschieht. Mädchen von der GazellenHalbinsel, welche, ohne verheiratet zu sein, schwanger werden, versuchen zunächst die Leibesfrucht zu zerstören. Gelingt dies nicht, so töten sie das Kind bald nach der Geburt.

Auf Neu - Mecklenburg und Neu - Hannover sehen die Weiber Kinder als ein unbequemes Anhängsel an und gebrauchen die verschiedensten Mittel zur Abtreibung; teils mechanische, wie starkes Kneten des Unterleibes, Herabspringen von einem hohen Steinblock oder Baumstamm, starke Umschnürung des Unterleibes usw., teils auch pflanzliche Stoffe.

Die geschilderten mechanischen Insulte, zumal das Herabspringen von einem hohen Gegenstand, werden auch von den Moánuweibern — Küstenbevölkerung der Admiralitätsinseln — verwendet.

Auf den Salomoinseln, z. B. den Shortlandsinseln, wird Abtreibung vor allem von den Kebsweibern betrieben; doch scheint man keine direkten Mittel zu kennen, sondern nur durch äußere Gewalt einzuwirken. Es werden hauptsächlich starkes Klopfen auf den Bauch, heiße Bäder und heiße Steine angewendet. Der bei vielen melanesischen und polynesischen Stämmen gebräuchliche Kindermord wird auch hier von den Weibern ausgeübt, freilich ohne Wissen und Willen der Männer. Häuptlingsfrauen und wirkliche Frauen werden den Kindermord wohl nie ausüben, denn für dieselben ist es von Vorteil, möglichst viele Kinder zu haben, da alle, was Ansehen und Rechte anbelangt, der Mutter folgen. Anders ist es mit den Sklavinnen; sie wissen, daß ihre Kinder Sklaven bleiben, daß, je mehr Kinder sie haben, desto größer auch ihre Sorge und Mühe ist, und deswegen töten sie die Neugeborenen. Lassen sie sich dabei erwischen, so werden sie häufig mit dem Tode bestraft.

Auf Rubiana nehmen Witwen oder Mädchen dann Abtreibungen vor, wenn sie aus einem illegitimen Verhältnis schwanger geworden sind, was zwar keine Schande ist, aber zu Unzuträglichkeiten für die Ledige führt. Auf Ugi legen die Frauen feste Bandagen um den Leib.

Auf den Santa-Cruz-Inseln ist die Verwendung der Abortiva selbstverständlich in Übung. Außerdem aber lassen die Männer an den Küsten ihre Weiber die Blätter einer bestimmten Pflanze essen, wodurch sie steril werden. Sie verraten den Binnenstämmen die Pflanze nicht, um diese von dem Gebrauche freizuhalten und weiter von ihnen Weiber bekommen zu können. Englische und französische Marineärzte sollen schon, freilich vergeblich, versucht haben, diese malthusianistische Pflanze zu erhalten. Ich halte das Vorhandensein einer solchen für ein Märchen.

Auf Neu-Caledonien bleibt die eingeborene Frau zur Zeit ihrer Schwangerschaft und während des Stillens, welches mindestens drei Jahre dauert, unberührbar. Eine Folge davon ist die geringe Zahl der Kinder und die vielen Abtreibungen. Für diese werden angeblich Abkochungen der roten Schößlinge des Bananen-Blütenstandes oder, wie andere meinen, der noch grünen Früchte genossen.

Besonders häufig werden Abtreibungen auf den Fidschiinseln[1]) vorgenommen, wo fast die Hälfte aller Embryonen teils durch mechanische Mittel und teils durch Genuß von Kräutern, welche die Frau auf Geheiß ihres Mannes verzehren muß, zerstört werden soll. Man hat angegeben, daß auf diesen Inseln sich kaum ein Weib fände, daß nicht anfangs ein Kind abgetrieben bzw. getötet hate.

---

[1]) Williams and Calvert, Fiji and the Fijians. London 1870. I. p. 180. — Wilkes, Die Entdeckungs-Expedit. d. Verein. Staaten. Stuttgart u. Tübingen 1848—50, II. p. 52.

Auf der Insel **Ruk** war der künstliche Abort besonders stark im Schwange.

Auf den **Gilbertinseln** werden selten mehr als zwei bis drei Kinder großgezogen.

Die Abtreibung der Frucht durch mechanische Mittel ist auf **Samoa** sehr verbreitet. Die Ursachen dafür sind Scham, Furcht vor frühem Alter und Trägheit.

Auf den Sandwichinseln sollen die „Zauberer" mit großer Gewandheit den Eihautstich durch Bambusstäbe ausführen.

Australien.

In einigen Gegenden **Australiens** wurde die Abnahme der Eingeborenenbevölkerung auf die Fruchtabtreibung zurückgeführt. Da die Weiber die Kinder auf allen Wanderungen mit herumschleppen müssen, so fürchten sie ein Kind in die Welt zu setzen, wenn ein anderes vorhanden ist, welches ihres Beistandes noch bedarf. Die abortive Operation, deren sie sich, um dies zu verhüten, bedienen, heißt Mibra und besteht darin, daß die Schwangere von mehreren Weibern solange auf den Leib gedrückt wird, bis der Zweck erreicht ist, wobei nicht selten die Mutter selbst zum Opfer fällt[1]).

Auf **Tasmanien** war resp. ist die Fruchtabtreibung in bestimmten Grenzen in Übung[2]).

Afrika.

Ägyptische Frauen nehmen Abtreibungen an sich vor[3]).

Die Zulässigkeit der Fruchtabtreibung wird von den kanonischen Autoritäten der Mohamedaner, sofern sie vor dem Ende des vierten Monats geschieht, verschieden beurteilt, in einem späteren Zeitraum verpönen sie alle. Die Hebammen (Dajah's) in **Mekka** treiben jedoch zu jeder Zeit die Frucht ab. Starke Negerinnen bewirken dies durch wiederholtes Kopfüberstürzen. Feiner organisierte Weiber werden von der Dajah mit Arzneimitteln behandelt, die sie meistens in den Uterus bringt. Des Erfolges ihrer Behandlung sind die Hebammen so sicher, daß sie gewöhnlich Kontrakte abschließen, worin sie sich zur Rückerstattung des Preises verpflichten, falls die Medikamente nicht die

---

[1]) Collins, An account of the english colony in New South Wales. Vol. II. p. 125. — Schayer, Monatsber. d. Ges. f. Erdkunde. Berlin 1846. IV. p. 228. — Vergl. auch Oberländer, Globus. IV. 1863. p. 279. — Tuke, Edinb. Med. Journ. Vol. IX, 2. 1864. p. 725.

[2]) Bonwick, The dayly life of the Tasmanians. London 1870, 1. p. 76.

[3]) Hartmann, Naturgeschichtl.-mediz. Skizze der Nilländer. 1866, 404.

gewünschte Wirkung haben sollten. Jede von ihnen hat ihre eigenen Mittel, deren Zusammensetzung ihr Geheimnis bleibt[1]).

In Massaua ist die Fruchtabtreibung sehr häufig. Die Väter sind verpflichtet, ihre Töchter, die unehelich geboren haben, zu töten. Wie Brehm angibt, werden solche eigenmächtigen Handlungen von niemand gerügt.

Die Suaheli Ostafrikas, die gelegentlich auch versuchen, die Schwangerschaft durch Medikamente zu verhüten, halten das Abtreiben der Frucht bis zum zweiten und vierten Schwangerschaftsmonat für möglich.

Bei den Masai wird die Fruchtabtreibung nicht geübt[2]), wohl aber bei einigen, ihnen benachbarten Stämmen, z. B. den Dschagga. Bei ihnen ist dieser Eingriff sehr verbreitet. Er wird sowohl durch innerliche als durch mechanische Mittel herbeigeführt, um uneheliche Geburten zu verhindern oder die Schwangerschaft einer Frau innerhalb der Säugezeit zu unterbrechen, oder auch dann, wenn ihre verheiratete Tochter bereits ein Kind geboren hat.

Die Frauen der Waboni in Ostafrika treiben sich häufig die Leibesfrucht ab, um auf der Wanderschaft nicht durch zu viele Kinder belästigt zu werden[3]).

In der Landschaft Kiziba am Westufer des Victoria Nyanza ist die Abtreibung den Frauen nicht ausdrücklich erlaubt, ebensowenig Mittel zur Verhütung der Schwangerschaft. Es wird jedoch allgemein vermutet, daß Abtreibungsmittel in weitestgehendem Maßstabe im Gebrauche seien. Den Männern sind diese Mittel nicht bekannt, von den Frauen kennen sie nur die Ärztinnen. Da die gewöhnlichen Heilmittel jedermann bekannt zu sein pflegen, so kann man aus der Geheimhaltung der Abtreibungsmittel schließen, daß ihr Gebrauch als jenseits der guten Sitte liegend angesehen wird. Häufig soll es vorkommen, daß die Mutter ihrer unverheirateten schwangeren Tochter ein Abtreibungsmittel besorgt.

Im Bezirk Bukoba sind die Hebammen, die stets bei dem Geburtsakte zugegen sind, Besitzerinnen der Kenntnis der Abtreibungsmittel.

Die Verminderung der Hottentotten soll u. a. auch durch künstlichen Abort beschleunigt worden sein. Um die Beschwerden der Schwangerschaft, die während der Sklavenarbeit sich doppelt fühlbar machen, zu sparen, benutzen die Hottentottenweiber eine kleine rote Beere von Johannisbeergröße, um den Abort herbeizuführen[4]).

---

[1]) Snouck Hurgronje, Mekka, Haag 1889, Vol. II. p. 130.
[2]) Wer sie ausführt ist straflos.
[3]) v. d. Decken, Reisen in Ostafrika, II, 1871, S. 305.
[4]) Moodie, Ten years in South Africa, 1835, II, p. 350ff.

Den Zulukriegern verbot ihr Führer Tschaka, Kinder zu haben und nötigte sie, bei den schwanger gewordenen Weibern die Abtreibung zu bewerkstelligen.

In Namaland wird ein alter Aufguß aus Klippdachshaaren, wenn nötig, mehrere Tage hintereinander, getrunken, um wirksam abzutreiben. Die Prozedur wird als „ānat“ bezeichnet, d. h. Trinken und Fallen.

Bei den Auin · Buschleuten soll der künstliche Abort manchmal durch Treten auf den Leib von Schwangeren eingeleitet werden.

Das Abtreiben bei den Herero geschieht meistens durch äußerliche Gewalt, durch Schlagen und Stoßen des Unterleibes mit den Fäusten oder mit Steinen. Daß hier auch Motive für die Abtreibung vorkommen, die sogar das römische Recht unter Umständen schwer bestrafte, ergibt sich aus dem Berichte, nach welchem eine Hererofrau aus Ärger darüber, daß ihr Mann sie verstieß, das Kind, das sie von ihm unter dem Herzen trug, zu töten versuchte[1]).

An der Loangoküste scheinen nur ledige Frauenzimmer, namentlich solche, welche längere Zeit ein allzu freies Leben geführt haben und in reiferen Jahren sich vor der Entbindung fürchten, im geheimen die Abtreibung zu bewirken[2]).

Im Kongogebiet wird Abtreibung stark geübt. So ist sie z. B. bei den Boloki häufig. Die Frauen trinken hierfür die Abkochung von Kungubololoblättern, die sehr bitter schmecken soll.

In Kamerun wird, falls sich eine Frau schon im ersten Jahre nach einer Geburt wieder schwanger fühlt, der Abort durch eine Medizin herbeigeführt, deren es unter den Negern viele und erfolgreich wirkende gibt.

In Calabar unterwerfen sich die Negerinnen einem Abtreibungsverfahren, um den dritten Monat der Schwangerschaft herum. Sie nehmen anfangs Mittel hierfür ein, und wenn dadurch Blutungen aus der Vagina bewirkt worden sind, so unterstützen sie diese Wirkung durch Einlegen eines Euphorbiazweiges, aus dem gerade die Milch fließt.

Die Haussa, wie andere Völker Nigerias, verwenden für die Fruchtabtreibung bestimmte pflanzliche Stoffe. Die Abtreibung heißt bei ihnen „ashara“, Abtreibung vollziehen: bata chiki, yasda diya.

Im französischen Sudan muß der größte Teil der recht häufigen Aborte auf bewußte Abtreibungen bezogen werden. An dieser haben Reiche und Arme teil. So z. B. besteht, wie überall, auch in dem großen Djennégebiet die Abneigung, viele Kinder zu haben — zumal bei reichen Leuten.

---

[1]) Büttner, Das Ausland, Bd. 55, 1882, S. 852.
[2]) Pechuel-Loesche, Zeitschr. f. Ethnologie, Bd. 10, 1878, S. 28.

Bei den Mossi ist die Tötung nicht gesunder, mißgestalteter Kinder im Gebrauch. Von Zwillingen wird einer getötet. Die Weiber kennen eine Anzahl von Vorschriften von Abtreibungsmitteln, die sie während einer langen Abwesenheit ihrer Männer verwenden.

In St. Louis (an der Senegalmündung) konnte Rochebrune in einem Jahre allein 88 Fälle von künstlichem Abort nachweisen. Derselbe wird in jenen Gegenden teils durch Arzneien hervorgerufen, teils durch mechanische Mittel, teils durch wilde Tänze, wie bei den Woloffs, wobei intensive Rotationen des ganzen Beckens eine Hauptrolle spielen[1]). Infolge der Häufigkeit der Abtreibung übersteigt die Zahl der Sterbefälle diejenigen der Geburten.

Auf den Kanarischen Inseln wenden Lustdirnen, aber auch Frauen oft Abortivmittel an, um der allzu großen Fruchtbarkeit zu steuern. Es ist kein Mangel an Weibern, die neben der Kuppelei das Abtreibegewerbe üben und die entsprechenden pflanzlichen Mittel kennen[2]).

In den Ländergebieten an der afrikanischen Nordküste wird auch unter den Muhamedanern Abtreibung geübt, von Marokko bis Tripolitanien. Die Beweggründe sind die gleichen wie anderwärts.

4. Amerika.

In den Vereinigten Staaten von Nordamerika und besonders in Newyork ist die Fruchtabtreibung ein gewöhnliches Ereignis, dessen Häufigkeit, wie auch aus allerlei Resolutionen, die hier und da gefaßt wurden, hervorgeht[3]), sehr umfassend ist. Bei einer Bevölkerung von ca. 3,5 Millionen rechnet man mit einer jährlichen Abtreibungsziffer von 80 000. Die Prozentzahl der Abtreibungen wird im Durchschnitt auf 35% angenommen. Auch in den gebildeten Ständen sind die Rechtsbegriffe über die Zulässigkeit der beliebigen Schwangerschaftsunterbrechung getrübt. Überall herrscht die Anschauung: „wo kein Leben, da kein Verbrechen", woraus die Zulässigkeit der Einleitung des Aborts vor Eintritt der Kindsbewegung gefolgert wird. Sogar Geistliche fordern gelegentlich die Unterbrechung der Schwangerschaft bei ihren Frauen. Ärzte machen sich vielfach aus Sucht nach Gelderwerb oder „aus Freundschaft" solcher Eingriffe schuldig, und die Schar der gewerbsmäßigen Abtreiber ist in allen Städten groß. Gleichwohl existieren strenge Gesetze gegen diesen Unfug[4]).

---

[1]) Rochebrune, Revue d'Anthropologie, 2. Sér. T. IV. 1881. S. 283.
[2]) Mac Gregor, Die Canarischen Inseln, S. 74.
[3]) British med. Journ. 1892. II. S. 695.
[4]) Marcy, Ann. of Gynec. and Paed. Philadelph. Bd. VII. S. 64. — Jahresber. über die Fortschritte d. Geburtshilfe. 1893. S. 845.

Die Verhältnisse, die eine Erfolglosigkeit der hindernden Bestrebungen bedingen, sind die gleichen wie anderwärts, und die Gewinnsucht der Abtreiber und Abtreiberinnen sowie der sehnende Wunsch auf Erfüllung baldigster Entleerung der Gebärmutter gehören zu der gleichen Größenanordnung.

Schon vor mehreren Jahrzehnten wurde unter anderem darauf hingewiesen, daß der Staat Massachusetts ein dreizehnmal größeres Verhältnis der Fehlgeburten aufweise, als Newyork. Die Täter dieser Verbrechen seien nicht ausschließlich Personen der Art, die es in Europa ausüben. Es sei eine Klasse von heilkundigen Personen, welche auf der Grenze zwischen berechtigten Ärzten und Pfuschern stehen, die den Abort sowohl anrieten als vollzögen [1]).

Die Zahl der kriminellen Abortfälle in Newyork wird, wie schon angegeben wurde, auf 80000 pro Jahr geschätzt. Nur ein Fall unter 1000 kam zur Kenntnis der Behörde[2]). In Chicago rechnet man mit 6000 bis 10 000 kriminellen Aborten, von denen 75—90% verheiratete Frauen betreffen.

Nach den Mitteilungen einer Ärztin[3]) kommen Frauen und Mädchen in ihre Sprechstunde, um ein Abortivmittel zu erlangen, und von anderer Seite wird darauf hingewiesen, daß Abtreibungsmittel mehr oder weniger offen in den Zeitungen und in den Drogenläden feilgehalten werden. Jedes Schulmädchen kenne die Bedeutung und den Zweck jener Zeitungsanzeigen[4]).

Eine gerichtliche Untersuchung ergab, daß in Newyork mindestens 200 Personen das Abtreiben der Frucht berufsmäßig betreiben, und zwar mit Vorwissen der Polizei. Ein „Abortionist" mußte innerhalb 6 Wochen fast 3000 Dollars Schweigegelder bezahlen[5]).

Mehrfach wurde darüber geklagt, daß in Amerika bei „achtbaren verheirateten Frauen" der Abort jetzt so häufig sei, wie vor dem Freiheitskriege bei den Negerinnen[5]).

Auch in Südamerika hat die kriminelle Fruchtabtreibung in den letzten zwanzig Jahren enorme Fortschritte gemacht, so daß sie in den Anschauungen der breiten Volksmasse jetzt zu einem harmlosen Ereignis geworden ist. Die gewerbsmäßigen Abtreiber gehen sehr geschickt zu Werke, so daß nur selten Infektion oder Uterusruptur vorkommt.

In Uruguay ist die Geburtsziffer von 1904—1914 von 41 auf 32—33% gesunken[6]).

---

[1]) London Medic. Times. 1863, 2. Mai.
[2]) N. York, Medic. Record, Bd. XLIII. S. 691.
[3]) Mary A. Dixon-Jones, Med. Record, New-York 1894, 7. July, S. 9.
[4]) v. d. Warker, New-York Medico-Leg. Society 13. June 1872.
[5]) Kendall, New York Medic. Record, 1892. S. 572.
[6]) Turenne, Zentralbl. f. Gynäkol. 1914, S. 748.

Die Naturvölker Amerikas.

Unter den Naturvölkern Amerikas, die, wesentlich infolge der bei ihnen allgemein üblichen Fruchtabtreibungen, bereits ihren Untergang gefunden haben oder demselben nahe sind, finden sich namentlich Eingeborene Südamerikas, speziell Paraguays. So berichten verschiedene Reisende[1]) aus dem Anfang des achtzehnten Jahrhunderts, daß die Zahl der Guaycurús immer geringer werde durch Kriege und durch die unnatürliche Gewohnheit der Weiber, sich, solange sie noch nicht 30 Jahre alt sind, die Leibesfrucht vor der Geburt zu töten, um so den Sorgen und Mühseligkeiten der Erziehung und den Entbehrungen der Schwangerschaft zu entgehen. Zur Zeit Azaras waren von diesem Stamme nur noch ein einziger Mann und drei Frauen übrig. Von den Guaycurús soll diese Sitte auch auf andere Völkerschaften übergegangen sein, z. B. auf die Lenguas, von denen im Jahre 1794 nur noch 22 Individuen existierten, auf die Machicuys und auf die Mbayas.

Bei den letzteren hatte Azara Gelegenheit, selbst die Vornahme eines künstlichen Abortus mitanzusehen und beschreibt diese Prozedur folgendermaßen: Die Frau legte sich, ganz nackt, der Länge nach mit dem Rücken auf den Boden, und zwei alte Weiber schlugen sie dann mit großer Heftigkeit auf den Bauch, bis Blut abzugehen begann. Noch an demselben Tage kam es zum Abort. Durch eine derartige Manipulation werden die Frauen manchmal für ihr ganzes Leben an ihrer Gesundheit geschädigt, einige sterben auch daran. So sollen es alle Frauen jener Stämme machen, um nicht durch das Austragen der Kinder bis zum normalen Ende der Schwangerschaft deformiert zu werden und um später keine Last mit den Kindern zu haben. Nur das Kind, von dem man annimmt, daß es das letzte der betreffenden Frau sein wird, läßt man zur Geburt kommen.

In ähnlicher Weise lassen sich die Frauen der Payaguas in Paraguay, wenn sie schon mehrere Kinder haben, bei der nächsten Schwangerschaft den Leib mit Fäusten kneten, um eine frühzeitige Niederkunft herbeizuführen, ein Verfahren, das sogar von weißen Mädchen daselbst nachgeahmt werden soll[2]).

Auch am Orinoko sollen nach Humboldt[3]) manche Distrikte dadurch entvölkert werden, daß die Mütter giftige Kräuter gebrauchen,

---

[1]) Azara, Voyages dans l'Amérique méridionale. II. 1809. S. 146. — Eschwege, Journal von Brasilien. II. 1818. S. 274. — Spix und v. Martius, Reise in Brasilien. I. 1823. S. 270. Prinz Max von Neuwied (Reise nach Brasilien) konnte unter den Tapuyas von solchen Gebräuchen nichts finden. Er hält die Angaben von Azara für nicht zuverlässig.

[2]) Rengger, Reise nach Paraguay. Aarau 1835. S. 329.

[3]) A. v. Humboldt, Reise in die Äquinoktial-Gegenden. Herausgegeb. v. Hauff. Bd. III. S. 154ff.

damit sie nicht schwanger werden. Die Tränke sollen der Gesundheit nicht sehr schädlich sein, und Humboldt wünscht bei dieser Gelegenheit den zivilisierten Völkern Europas Glück, daß ihnen bis jetzt „Ecbolia", die der Gesundheit anscheinend so wenig schaden, unbekannt wären, da durch deren Einführung vielleicht die Sittenverderbnis in den Städten noch größer würde. Ebenso führen die Macusis in Britisch - Guyana häufig Abort herbei[1].

Bei manchen Indianerstämmen Nordamerikas kommen artifizielle Aborte gar nicht vor, bei anderen steigt ihre Zahl ins Ungemessene. So erzählt eine fünfundvierzigjährige Crowindianerin, daß sie sich selber dreiunddreißigmal die Frucht abgetrieben habe. Die Methoden schwanken bei den verschiedenen Stämmen vom einfachen Tränkchen bis zum Bauchtrampeln[2].

Die Eingeborenen an der Hudsonbay veranlaßten oft ihre Frauen, sich die Frucht mittels eines Krautes abzutreiben, um der Sorge für den Unterhalt einer zu zahlreichen Familie zu entgehen[3]. Aus demselben Grunde lassen sich auch die Frauen der Pima-Indianer in Arizona häufig durch alte Frauen ihres Stammes die Frucht abtreiben[4]. Berüchtigt wegen Fruchtabtreibung waren die Weiber der Cadowba-Indianer[5]. Auch bei den Indianerinnen von Astoria im Oregongebiete und den Dakotafrauen werden Wege gefunden um sich der Frucht zu entledigen. Auf Vancouver hintertreiben die Aht die Vermehrung oft durch künstliche Mittel[6], und auch in Kalifornien wird sehr häufig von den Eingeborenen der Abort eingeleitet, und zwar besonders durch mechanische Mittel[7].

Daß übrigens Fruchtabtreibung bei den Eingeborenen Amerikas schon zur Zeit der Entdeckung dieses Erdteils bekannt war beweist ein Bericht von Las Casas[8] welcher erwähnt, daß sich auf Cuba einige Frauen durch Gebrauch gewisser Kräuter die Frucht im Mutterleibe töteten.

Die Inuit (Eskimo) des Smith - Sundes morden nicht nur nach der Geburt die Kinder, sondern sie leiten auch Abort ein, was um so eigentümlicher ist, als Kindesmord weder bestraft noch als

---

[1] R. Schomburgk, Reisen in Britisch-Guyana. II. S. 312.
[2] Holder, Americ. Journ. of Obstetr. June, July 1892.
[3] Ellis, Voyage à la Baye de Hudson. Leide. 1750. S. 252.
[4] Grossmann, Smithson. Reports for the year 1871. S. 415.
[5] Smith, A tour in the United States of Am. 1784. I. S. 189.
[6] v. Hellwald, Naturgesch. d. Menschen. Stuttg. 1882. I. S. 286.
[7] Coulter, Journ. of the Royal Geograph. Society of London, V. 1835. S. 67. — Hoffmann, Philadelphia Medic. and surg. Report. 1879, Febr. — Engelmann, Americ. Journ. of Obstetrics, 1881.
[8] Las Casas, Oeuvres, Ed. Llorente Vol. I. 1822. I. S. 224. — Petrus Martyr, De rebus oceanicis, Col. 1574.

etwas Absonderliches angesehen wird. Ähnlich, wie sich im missionarischen Grönland die Schwangere des Kamiutstockes (ein Stück Holz zum Ausweiten der nassen Fußbekleidung) zu diesem Zwecke bedienen, so benutzen die Itanerinnen entweder den Peitschenstiel oder einen anderen Gegenstand und klopfen und pressen sich damit gegen den Leib, welche Prozedur mehrmals des Tages wiederholt wird.

Eine andere Art der Abtreibung der Leibesfrucht durch die Schwangere selbst besteht in der Perforation der Embryonalhüllen. Eine dünn geschnitzte Walroß- oder Seehundsrippe ist an ihrem Ende messerschneidenartig zugeschärft, während das entgegengesetzte stumpf und abgerundet ist. Das erstere trägt einen, aus gegerbtem Seehundsfell genähten zylindrischen Überzug, der an beiden Enden offen ist und dessen Länge derjenigen des schneidenden Teiles des Knochenstückes entspricht. Sowohl an das obere wie an das untere Ende dieses Futterals ist ein etwa 15—18″ langer Faden aus Renntiersehne befestigt. Wird diese Sonde in die Scheide eingeführt, so ist der schneidende Teil durch den Lederüberzug bedeckt. Wenn die Operierende weit genug in die Geschlechtsöffnung eingedrungen zu sein glaubt, so übt sie einen sanften Zug auf den an dem unteren Ende des Futterals befestigten Faden aus. Hierdurch wird die Messerschneide bloßgelegt, worauf eine halbe Umdrehung der Sonde vorgenommen wird, verbunden mit einem Stoß nach oben und innen. Nachdem die Ruptur der Embryonalhüllen erfolgt ist, zieht man das Instrument wieder zurück; zuvor aber wird ein Zug auf den oberen Faden des Messerfutterals ausgeführt, um den scharfen Teil der Sonde zu bedecken[1]).

Die vorstehenden Angaben, die noch weit vermehrt werden könnten, dürften genügen um zu zeigen, wie weitverbreitet die Fruchtabtreibung zu allen Zeiten und in allen Weltteilen unter Kultur- wie unter Naturvölkern verbreitet war und ist[2]).

---

[1]) Bessels, Arch. f. Anthropol. Bd. 8, 1875, S. 112.
[2]) Vergl. auch das Kapitel: Die Abtreibungsmittel historisch und ethnographisch betrachtet.

III. Die Gesetzgebung über die rechtswidrige Fruchtabtreibung.

A. Die Grundlagen, die eine Bestrafung der Fruchtabtreibung heischen.

Aus den auf den folgenden Blättern angeführten mannigfaltigen Formulierungen der gesetzlichen Bestimmungen über die Fruchtabtreibung, die, abgesehen von allen anderen Verhältnissen, je nach der Zeit und dem Orte ihrer Geltung, den kriminalrechtlichen Anschauungen und dem Stande der theoretisch- und praktisch-medizinischen Forschungen verschieden sein mußten, geht hervor, daß diese Materie zu den schwierigsten forensischen Fragen gehört. Es ist dies begreiflich, wenn man die große Zahl der in Betracht kommenden Verhältnisse berücksichtigt, für die alles umfassende, deutungsfreie, gesetzliche Formeln zu finden fast unmöglich ist.

Bestraft wird das Verbrechen an sich, die Auflehnung gegen die Rechtsordnung, gleichgültig welche Beweggründe dazu geführt haben. Die Grundlagen eines kriminalrechtlichen Vorgehens in diesem Falle können vielfältig sein. Fast alle derselben hat man durch mehr oder minder treffende philosophische Deduktionen ihres inneren Wertes zu entkleiden versucht, und doch sind sie in ihrer Gesamtheit so zwingend für eine strafrechtliche Beachtung, daß kein Staatswesen, will es anders seinen Bestand nicht in Frage stellen, eine solche außer acht lassen kann.

1. Die medizinischen Gesichtspunkte für die Auffassung der Fruchtabtreibung als einer Tötung.

a) Die Frucht.

Man hat gegen die Berechtigung, in der Abtreibung die Vernichtung eines Lebens zu erblicken, eingewandt, daß das Leben des Embryo kein menschliches, selbstbewußtes Leben sei. Das erstere ist falsch, das zweite Kriterium nicht erforderlich. Das Leben eines menschlichen Fötus ist ein menschliches Leben mit bestimmten physiologischen Qualitäten. Das Bewußtsein seiner selbst ist zum menschlichen Leben nicht erforderlich, da auch das geborene Kind lange Zeit, trotz seines unbestreitbar menschlichen Lebens Selbstbewußtsein nicht hat, und, wie der Embryo, wesentlich einen Reflexorganismus darstellt. Überdies gibt es genug Geisteskranke, denen das Eigenbewußtsein völlig fehlt und deren Qualität als Menschen niemand bezweifelt.

Hiernach könnte man auch von einem Rechte des Fötus, nämlich vorerst von dem auf Leben, d. h. auf Fortentwicklung und den sich daraus ergebenden Konsequenzen sprechen, und man würde hiermit den Boden der Realität nicht verlassen haben, da, soweit nicht rein zivilrechtliche Umstände mitsprechen, nicht der Schutz tierischen oder pflanzlichen Lebens, sondern nur derjenige des menschlichen Lebens, gleichgültig in welcher Gestalt sich dasselbe darbietet, Gegenstand gesetzlicher Bestimmungen ist. Das Recht des Fötus hat dieselben Wurzeln wie das Recht des Geborenen auf Weiterleben, d. h. Fortentwicklung in einem der beiden möglichen Sinne. Ob dem zivil- oder strafrechtliche Anschauungen entgegenstehen, berührt die Wesenheit dieser, wie ich glaube, richtigen Auffassung nicht. Ja, es verwirrt sogar die Frage, wenn man in der rechtswidrigen Verletzung des Fötus, die Verletzung einer zukünftigen Persönlichkeit erblicken will; denn mit Recht kann dagegen eingewandt werden, daß Zivil- oder Strafrecht zukünftige Persönlichkeiten als rechtliche Objekte oder Subjekte nicht kennen.

Der menschliche Fötus ist trotz seines Werdeganges ein Individuum. Sein körperliches Sein ist, ungeachtet der andersartigen Nahrungsaufnahme, denselben wesentlichen Gesetzen der Stoffumsetzung unterworfen, die beim Geborenen herrschen. Bei ihm werden die gleichen Gewebe aus seinem, von der Mutter gelieferten Ernährungsmaterial neu gebildet, die bei dem Geborenen nach der Eigentätigkeit der Nahrungsaufnahme durch stetige partielle Neubildung erhalten werden.

Sein Gebundensein an die Gebärmutter, den Mutterkuchen usw. ist kein Widerspruch gegen sein eigenes, spezifisches Leben. Der Begriff des individuellen Lebens setzt nicht an und für sich schon die volle Selbständigkeit voraus; denn es gibt ja sogar tierische Lebewesen, die als Individuen bestimmter Art aufgefaßt werden und die doch als Existenzbedingung einen Wirtskörper voraussetzen. Ohne ihn gehen sie zugrunde, und in ihm bleiben sie immer. Das körperliche Sein des Fötus ist ein selbständiges, da er einen selbständigen Stoffwechsel hat. Er produziert z. B. für sich Wärme, die sogar um etwas höher als die seiner Mutter ist. Etwa in der sechszehnten Woche seines Daseins macht der Fötus schon Bewegungen. Sein Herz schlägt schon frühzeitig. Schluckbewegungen werden gemacht und wahrscheinlich auch Atembewegungen. Er reagiert auf Reize durch Abwehräußerungen und kann auch Unlustbewegungen zeigen. Der Geschmacksinn ist nachweisbar.

Aus diesen Gründen kann der Fötus die gleichen Rechte auf seine Anerkennung als Mensch und seine Erhaltung beanspruchen, wie nach seiner Geburt.

Befremdlich klingt es, wenn man von juristischer Seite neuerdings wieder auf die alte römische Rechtsanschauung zurückgreift und den Fötus nicht als „Person", sondern als „pars viscerum" ansieht, und diesen Standpunkt formal auch im Bürgerlichen Gesetzbuch innegehalten sieht.

Der § 1 desselben lautet: „Die Rechtsfähigkeit des Menschen beginnt mit seiner Geburt", und § 1912: „Eine Leibesfrucht erhält zur Wahrung ihrer künftigen Rechte, soweit diese einer Fürsorge bedürfen, einen Pfleger."

Der Fötus ist nicht eine „pars viscerum" im anatomischen oder klinischen Sinne, sondern ein Mensch. Wäre er dies nicht, so müßte seine Entfernung, wie die irgendeines anderen innerlichen normalen oder pathologischen Gebildes, das Beschwerden macht, erlaubt sein und jedem Arzte müßte das Recht hierfür zustehen, wenn die Leidende es wünscht.

Ein Teil der Eingeweide kann nicht Gegenstand der Strafrechtspflege sein, weil jeder Mensch mit seinen Eingeweiden, als seinem Besitz, machen oder machen lassen kann, was ihm gutdünkt. Kein Dritter hat danach zu fragen, ob eine Frau sich einen Eierstock entfernen, oder der Mann das Anhängsel der Eingeweide, die Hoden, sich beseitigen läßt. Der Fötus ist aber ein Mensch: darum ist ein Angriff gegen ihn, der seine Existenz bedroht, ein straffälliger Eingriff in seine Rechte.

Ich erblicke in der Verletzung des Menschtums des Fötus das wichtigste, wenn nicht das einzige wahre Prinzip für die Bestrafung. Es ist ganz gleichgültig, ob es sich juristisch stützen läßt, wenn es nur biologisch zutrifft. Und dies ist meines Erachtens der Fall. Es ist unbegreiflich, wie ein Arzt in unserer Zeit drucken lassen konnte, daß das römische Gesetz (sic!): „Infans pars viscerum est" ein Segen gewesen wäre, und daß man die Menschen in ihrem Privatleben in Ruhe lassen sollte. Diskussionen über solche Fragen sind nur mit biologisch gebildeten Medizinern möglich.

Der absolute Radikalismus in der Auffassung der Abtreibung spiegelt sich in einer Resolution des Kongresses der russischen Gruppe der Internationalen kriminalistischen Vereinigung aus dem Jahre 1914 wieder. Nach ihr soll jede Fruchtabtreibung, ob aus egoistischen Motiven oder im Zustande der Verzweiflung, von der Schwangeren selbst oder von Kurpfuschern gegen Entgelt ausgeführt, straflos sein. Hier,

wie in anderen, zahlreichen Auslassungen von Juristen, Tages-
schriftstellern, jungen und weniger jungen Damen wird
der Fötus nur als Inhaltsstoff der Gebärmutter angesehen und auf
ihn als Mensch keinerlei Rücksicht genommen. Diese Qualität scheint
gar nicht diskutabel zu sein. Er muß hinaus wie der Polyp aus der
Nase oder wie ein festverhakter Botriocephalus latus, der fast
zur pars viscerum geworden ist.

Als eine Oase in der sterilen Sandwüste aller gekennzeichneten
Emanationen über diese Frage ist das hervorzuheben, was E. v. Liszt[1]
darüber hat verlauten lassen, obschon es sich auf einem retrograden
Pfade bewegt. Er will den ausgebildeten Menschen in der
Gebärmutter nicht ungestraft töten lassen. Kaum ist dieser
Satz ausgesprochen, so stellt sich schon der Erkenntnis Not ein. Wann
ist das Kind im mütterlichen Leibe „ausgebildet“? Die Frage, die vor
anderthalb Jahrtausenden, als Augustinus sich mit ihr beschäftigte,
schon mehr als fünfhundert Jahre alt war: Wann ist der Fötus „formatus“ oder „non formatus“? hat in allen ihren Beantwortungsformen, die
ich an anderer Stelle zusammenfassend kritisch zuerst beleuchtet habe[2]),
nur Unheil angerichtet, sobald eine positive Beantwortung erfolgte.
Wenn sie v. Liszt jetzt wieder aufwirft, und, ohne als Laie eine sichere
Zeitgrenze angeben zu wollen, meint, daß es die Zeit sei, in der der
Embryo menschliche Form annimmt, vielleicht die zweite Hälfte des
zweiten Monats, eine Entscheidung darüber aber der „medizinischen“
und „physiologischen“ Wissenschaft überlassen will, so würde das
Handeln auf einer solchen Basis zu den mittelalterlichen Zuständen
führen, in denen die Willkür in breitestem Umfange darüber entschied,
ob der abgetriebene Fötus ein formierter Mensch gewesen sei oder nicht.
Wir sind heute in der Feststellungsmöglichkeit des Embryonenalters
sehr weit vorgerückt. Und doch, wer wollte, falls eine gesetzliche, zeitliche Begrenzung der Abtreibungsfreiheit gegeben wäre, sagen, ob das
Alter der abgetriebenen Frucht genau in die festgesetzte Lebenswoche
fiele? Solchen Schwierigkeiten bezüglich der sicheren Diagnose, für die
ja nur ein Gynäkologe in Frage käme, gesellen sich viele, viele andere
hinzu, auf die ich, weil es sich hier um der Verwirklichung niemals
zugängliche Meinungen handelt, nicht eingehen will. Hervorgehoben
sei nur das bittere Unrecht, das denen zugefügt würde, die eine Frucht
abgetrieben hätten, die irgendeine kleine Zeitspanne älter als ein
anderes gewesen ist, das mit Erlaubnis ein Lebensende gefunden hat.
In beiden Fällen — ob erlaubt oder unerlaubt aus der Gebärmutter
entfernt — ist es eine Tötung.

---

[1]) v. Liszt, l. c. S. 385.
[2]) Vgl. weiter hinten.

Bei einer Gelegenheit hat das Reichsgericht richtig zum Ausdruck gebracht, daß Abtreibung zu den Tötungsverbrechen gehört: „Durch die Strafandrohung für die Fälle der Abtreibung ist vermöge einer Fiktion die Leibesfrucht als Rechtsobjekt geschützt, dem ein ständiger Anspruch auf Leben zukommt. Diese Fiktion ist nicht weiter verwendbar als die Notwendigkeit des Schutzes begründet ist."

Es wäre besser gewesen, hier nicht von einer Fiktion zu sprechen, obschon es in den Konsequenzen gleichgültig ist, ob etwas durch eine Fiktion oder durch Wirklichkeitsanerkennung mit einem Recht umkleidet ist. Da aber der Fötus ein menschliches Lebewesen ist, dessen Tötung bestraft wird, dem Grunde nach wie die Tötung eines extrauterin Lebenden, so ist damit allein schon der Rechtsschutz für ihn begründet. Es bedarf also keiner Fiktion für dessen Anerkennung. Eine Fiktion kann man nicht töten, sondern nur ein lebendes Wesen, das ein schlagendes Herz, empfindende Nerven und sich bewegende Muskeln hat. Ein solches ist der Fötus. Daß sein zeitlicher Aufenthalt zufällig in der Gebärmutter ist, nimmt ihm nichts von seiner Menschenqualität.

b) Die Schädigung der Mutter.

Die künstliche Abtreibung ist für die Mutter, gleichgültig ob der Embryo lebt oder intrauterin abgestorben ist, in der Regel mit größeren akuten Gefahren verbunden als die natürliche Geburt, und kann noch spätere funktionelle Ausfallserscheinungen am Zeugungsapparat, sowie chronische anderweitige Erkrankungen zur Folge haben. Die Einwilligung der Schwangeren zur Abtreibung befreit den Abtreiber ebensowenig von Schuld, als denjenigen, der für irgendeine andere, eventuell tödliche Körperverletzung die Einwilligung des zu Verletzenden besitzt.

2. Anderweitige Beurteilungsglieder.

a) Der Staat.

Die Abtreibungen können dem Staate einen Nachteil zufügen:

a) durch die Durchbrechung der Rechtsbestimmungen, die jedem Individuum Schutz gewähren sollen;

b) durch Infragestellung seines Bestandes bzw. der Minderung seines Bestandwertes, wenn durch die Abtreibungen die Zahl seiner Bestandstützen abnimmt.

Das letztere Prinzip lag, falls man dem Ausspruche des Josephus folgen will, in Judäa der Bestrafung zugrunde. Gestraft wurde, „weil durch eine solche Fehlgeburt das Volk um einen Menschen verringert wird". Viele, die in den folgenden fast zwei Jahrtausenden, bis zu unseren modernen Gesetzverfertigern, der Frage nahegetreten sind, haben auch diesen Gesichtspunkt verwertet. Der Entwurf zu dem neuen Strafgesetzbuch von 1919 hat dafür die Formel gewählt: „die Schädigung des Volkswohls". Dagegen bestreiten manche Juristen ein Recht des Staates auf das kommende Kind. v. Liszt[1] faßt die Gegengründe klar zusammen. Er gibt zu, daß es im Interesse des Staates liegt, daß nicht abgetrieben wird, daß aber dadurch kein Recht des Staates verletzt wird. „Wäre ein solches Recht des Staates konstruierbar, so würde sich daraus ergeben, daß der Staat nicht erst die Grundlegung zur Erfüllung seiner Wünsche dem Willen seiner Untertanen anheimstellen, sondern einfach jedem Weibe oder doch jeder verheirateten Frau bei sonstiger Strafe die Pflicht auferlegen würde, ein oder nach ihrem Belieben mehrere Kinder auf die Welt zu bringen." Und gegenüber der juristischen Verirrung: die Pflicht der Mutter zur Austragung der Leibesfrucht als eine Art Kriegsdienst, die sie der Gesellschaft schulde, anzusehen, hebt v. Liszt richtig hervor, daß in Konsequenz einer solchen drolligen Anschauung das Weib sogar zur Lieferung eines Kindes und folglich auch zur Empfängnis und in erster Linie zum Beischlaf verpflichtet sei.

Als Grund für einen gerichtlichen, d. h. staatlichen Eingriff bei einer vollzogenen Abtreibung könnte evtl. die Schädigung eines Dritten in zivilrechtlicher Beziehung in Frage kommen. Die vorhandenen Möglichkeiten könnten jedes der Eltern oder deren nächste erbberechtigte Verwandte umfassen. Auch jetzt noch, wie im Altertum, mag eine solche beabsichtigte Schädigung gelegentlich ein Abtreibungsgrund sein.

b) Die Ethik.

Der ethischen bzw. religiösen Gesichtspunkte gibt es genug, die an und für sich für viele Menschen ausreichen, um die Verwerflichkeit der Fruchtabtreibung zu begründen. Ich habe bereits in der Einleitung zu diesem Werk meinen billigenden Standpunkt zu diesem Stück subjektiven Empfindungsurteils zum Ausdruck gebracht. Nur eines muß hier noch hinzugefügt werden. Wenn in der Neuzeit der Versuch gemacht worden ist, die Unsittlichkeit der Abtreibung in dem Christentum, „in der christlich-ethischen Anschauung" begründet zu sehen, so muß er als ganz abwegig bezeichnet werden und begründeten Widerspruch hervorrufen. Es geht mit einer solchen Auffassung von der Leistung des Christentums wie mit mancher anderen behaupteten, z. B. der angeblichen Veredelung der Liebe oder der Veredelung des Verhältnisses vom Mann zum Weib. „Nicht das Christentum hat dieses veredelt, sondern die trotz des Christentums vorschreitende moderne Kultur"[2].

---

[1] v. Liszt, Die kriminelle Fruchtabtreibung 1910, Bd. I, S. 41.
[2] Johannes Scherr, Farrago, S. 47 u. 76.

Die Kirchenväter haben, wie ich es dartat, das jüdische Gesetz und die diesbezüglichen jüdischen Anschauungen vorgefunden, übernommen und paraphrasiert. Für das letztere dienten ihnen, schon allein genügend, die vorhandengewesenen Äußerungen ungetaufter oder getaufter Römer. Die verurteilende Auffassung der Fruchtabtreibung hat absolut nichts mit christlich-ethischer, sondern nur mit allgemein menschlicher Ethik zu tun.

Zu dieser gehört auch, daß durch das unentwickelt aus dem Uterus gestoßene Kind eine Verletzung des Zweckes der Ehe veranlaßt wird, als derjenigen Institution, die in allererster Reihe für die Erhaltung der Art bestimmt ist.

Vielfach findet man der Meinung Ausdruck gegeben, daß Gesetze gegen die Fruchtabtreibung mit dem Volksgefühl in Widerspruch stünden, daß eine Kluft zwischen dem Standpunkt des Gesetzgebers und der sittlichen Beurteilung der Abtreibung durch das Volk vorhanden wäre usw. Ich glaube annehmen zu dürfen, daß von einer solchen Warte aus das Volk diese Frage überhaupt nicht betrachtet. Ihm liegt der Zwang zur Unterlassung der Tat schwer auf sowie das Gefühl der Gefahr, die eine Durchbrechung dieses Zwanges mit sich bringt. Solcher Zwangsauflagen gibt es viele andere im Strafgesetzbuch, gegen die propagandistisch nicht vorgegangen worden ist. Wie viele Menschen haben z. B. die Gesetze gegen die Verletzung der Wehrpflicht als schwersten Zwang, als Eingriff in ihre persönliche Bewegungsfreiheit und als Verhinderung des Dispositionsrechtes über sich selbst empfunden und sie doch ertragen und ertragen müssen. Vernünftigerweise, obschon sie dadurch in eine harte Notlage kamen. Der Wehrpflicht wegen straft der Staat ja sogar die Selbstverstümmelung — die zu den selbstverständlichen Rechten eines jeden Menschen gehört — falls damit die Untauglichmachung zum Heeresdienst bezweckt worden ist, unter Umständen sogar mit Verlust der bürgerlichen Ehrenrechte.

Das Volksempfinden sollte durch die Aufklärung geweitet werden, daß Abtreibung Tötung bedeutet, weil das Kind im Mutterleibe lebt, und es kein „Recht zur Beseitigung des Lebens", wie es eine Propagandistin des „Volksempfindens" verlangt, geben darf. Die biologischen Gründe, die ich für diese Auffassung zuerst dargelegt habe, sind nicht widerlegt worden.

Auch noch ein weltschmerzlicher Grund ist zugunsten der straffreien Fruchtabtreibung herangezogen worden: „Das verzweifelte lebenslängliche Ringen des geborenen Kindes mit dem Leben"[1]. Wenn dies auch nur um ein Gran ins Gewicht fallen sollte, dann müßte die stärkste Propaganda für eine erlaubte Kindestötung einsetzen.

---

[1] v. Liszt, l. c. § 10, S. 31.

B. Elemente für die strafrechtliche Beurteilung der Abtreibung.

Um eine Vorstellung von dem Umfange der Schwierigkeiten zu geben, die hier in Frage kommenden Umstände strafrechtlich festzulegen, seien die folgenden Elemente, die in den verschiedenen Gesetzgebungen zutage treten, für die Beurteilung angeführt:

I. Subjekte des Verbrechens können sein:

1. Die Schwangere:
    a) indem sie allein tätig ist;
    b) indem sie sich duldend, aber dadurch mithelfend verhält.

2. Ein Dritter:
    a) als Ehemann;
    b) als unehelicher Schwängerer;
    c) als gelegentlicher unbezahlter Abtreiber;
    d) als bezahlter oder persönlich interessierter Abtreiber;
    e) als gewerbsmäßiger bezahlter Abtreiber;
    f) als unabsichtlicher Verursacher;
    g) als Medizinalperson, die über die Methoden der Abtreibung resp. die dazu geeigneten Mittel unterrichtet ist oder solche besitzt, oder leichter als ein anderer sich beschafft, also: Ärzte, Arztgehilfen, Hebammen, Apotheker, Chemiker usw. in Verletzung ihrer Berufspflicht.

II. Jeder von den angeführten Verbrechern kann bei dem versuchten resp. vollendeten Verbrechen beteiligt sein als:

    a) Anstifter,
    b) Mithelfer,
    c) Mittäter,   mit dem äußerlich betätigten Willen auf Ver-
    d) Täter,   übung der Handlung.

III. Als Objekt des Verbrechens kommen in Frage:

1. Die Frucht[1]):
    a) vor der gehörigen Reife und nicht lebensfähig;
    b) intrauterin tot;
    c) lebensfähig, aber nach der Abtreibung weiterlebend.

---

[1]) Nach den obigen Ausführungen ist die Einstellung der Frucht in diese Rubrik entgegen der Ansicht von Hrehorowicz begründet.

2. Die Mutter:

   a) als wirklich Schwangere;

   b) als irrtümlich für schwanger gehalten;

   c) als ihrer freien Willensbestimmung durch Geisteskrankheit beraubte Schwangere.

In allen Fällen können bei ihr als Folgen der Abtreibung entstehen:

   a) akute Gesundheitsbeschädigung, auch da, wo der Fötus bereits abgestorben ist;

   b) chronischer körperlicher oder geistiger Nachteil;

   c) der Tod.

IV. Beweggründe der Abtreibung seitens der Gehilfen, Mittäter oder Täter:

   a) Rettung der Ehre durch Beseitigung des Objekts der Schande;

   b) Beseitigung einer zukünftigen Last für die Mutter und den unehelichen resp. ehelichen Vater;

   c) Erlangung materieller oder anderer Vorteile;

   d) rechtswidrige Vermögensbenachteiligung Dritter oder Vermögensbeschaffung für Dritte.

V. Die Abtreibung kann vorsätzlich oder unabsichtlich begangen werden:

1. Der Vorsatz der Handlung kann gerichtet sein:

   a) seitens der Mutter:

      α) auf Abtreibung resp. Tötung resp. Lockerung der Leibesfrucht;

      β) auf Ermöglichung der von einem Dritten zu begehenden Handlungen.

   b) seitens eines Dritten:

      α) auf Abtreibung resp. Tötung resp. Lockerung des Embryo;

      β) auf Ermöglichung der von der Schwangeren allein oder mit Komplizen zu begehenden Handlungen.

2. Die Unabsichtlichkeit der Handlung kann zur Grundlage haben:

   a) seitens der Mutter:

      α) dynamische oder mechanische Mittel,

      β) den Selbstmordversuch.

    b) seitens eines Dritten:

        α) mechanische Gewalt, dynamische Mittel oder psychische Einflüsse;

        β) einen ärztlichen Eingriff ohne Erkennnung der Schwangerschaft.

VI. Die Abtreibung kann vollendet oder nur versucht sein.

VII. Die Abtreibung kann rechtswidrig oder als medizinisch geboten ausgeführt werden.

VIII. Die Abtreibung kann zustandekommen oder versucht werden:

    a) mit Wissen und Willen der Mutter;

    b) ohne Wissen und Willen der Mutter;

    c) unter der irrtümlichen Annahme des Einverständnisses der Mutter.

IX. Begehungsarten des Verbrechens:

    1. Beschaffenheit der Mittel:

        a) innerliche   vollkommen untaugliche, relativ taugliche,
        b) äußerliche   taugliche;
        c) psychische Einflüsse.

    2. Nutzbarmachung der Mittel:

        durch Hinweisen, Empfehlen (mündlich oder schriftlich oder durch Druckschriften), Verschreiben, Verschaffen, Verkaufen, Verabfolgen, Zureden anzuwenden, Anwenden, Beibringen.

    3. Ausführung des Verbrechens:

        a) als Versuch;

            α) durch unzweckmäßige Anwendung der Mittel;
            β) durch nicht genügend langen Gebrauch der Mittel infolge freiwilliger Abstandnahme;
            γ) durch individuelle Widerstandsfähigkeit des Organismus gegenüber den Mitteln.

        b) als vollendete Tat.

C. Spezielle Gesetze gegen die Abtreibung.

1. Jüdisches Recht.

Die älteste gesetzliche Bestimmung über die gewaltsame Unterbrechung der Schwangerschaft findet sich in der Bibel[1]):

„Und wenn Männer miteinander streiten und sie stoßen ein schwangeres Weib, daß ihr die Frucht abgeht, aber es ist keine Lebensgefahr: so werde er am Gelde gebüßt, soviel ihm der Gatte des Weibes auferlegt[2]), und er zahle nach der Richter Erkennen. Wenn aber Lebensgefahr ist, so gebe er Leben um Leben, Auge um Auge, Zahn um Zahn, Hand um Hand, Fuß um Fuß, Brandmal um Brandmal, Wunde um Wunde, Strieme um Strieme."

Dem Sinne nach übereinstimmend, gibt Josephus[3]) die Stelle wieder:

„Wer eine schwangere Frau durch einen Stoß trifft und ihr eine unzeitige Geburt verursacht, soll von den Richtern mit einer Geldstrafe bestraft werden, weil durch diese Fehlgeburt das Volk um einen Menschen vermindert wurde; auch dem Manne der Frau soll er eine Geldstrafe zahlen. Stirbt die Frau aber durch den Stoß (Schlag), so soll er auch sterben; denn nach dem Gesetze soll man Leben um Leben geben."

Diese Bestimmungen, die auf alle kirchlichen sowie nachrömischen Gesetze europäischer Staaten bis zum vorigen Jahrhundert einen bestimmenden Einfluß ausübten, haben die verschiedenartigsten Deutungen gezeitigt, da, wie manche Ausleger meinten, der Wortlaut es zweifelhaft sein ließe, ob von der Schädigung der Mutter oder des Embryo die Rede ist. Die Vulgata[4]), sowie der Talmud[5]) nahmen, entsprechend dem vorliegenden Wortlaut, an, daß für die durch die mechanische Gewalt abgetriebene Frucht eine Geldbuße erlegt werde, der Tod der Mutter aber die Todesstrafe nach sich

---

[1]) Exodus, XXI, 22—25.

[2]) Die jüdischen Exegeten verlangen als Übersetzung, was auch besser paßt: „insofern ihm der Gatte des Weibes solches auferlegt".

[3]) Fl. Josephi, Opera, Antiquitat. Judaic. Lib. IV, 8, 33. Aurel, Allobr. 1611, S. 128: „ὁ γυναῖκα λακτίσας ἔγκυον ἂν μὲν ἐξαμβλώσῃ ἡ γυνή, ζημειούσθω χρήμασιν ὑπὸ τῶν δικαστῶν ὡς παρὰ τὸ διαφθαρὲν ἐν τῇ γαστρὶ μειώσας τὸ πλῆθος· διδόσθω δε καὶ τῷ ἀνδρὶ τῆς γυναικὸς παρ᾽ αὐτοῦ χρήματα· θνησκούσης δ᾽ ἐκ τῆς πληγῆς καὶ αὐτὸς ἀποθνησκέτω, ψυχὴν ἀντὶ ψυχῆς καταθέσθαι δικαιοῦντος τοῦ νόμου."

[4]) „Si rixantes viri percusserint praegnantem, ut foetus ejus exierit, nec tamen mors fuerit secuta (mulieris), mulctentur pro multa, quam eis imponat vir mulieris eamque dens apud judices: si vero mors fuerit secuta, animam pro anima dabit."

[5]) Kethubot 33a, Sanhedrin 74a. Alle späteren Kommentatoren, wie Raschi, Raschbam, Abraham ibn Esra, Ramban teilen diese Auffassung.

ziehe. Die Vulgata hat, wie man aus der Fußnote ersieht, in Übereinstimmung mit der altjüdischen Überlieferung statt des Wortes „Lebensgefahr“ (אסון) das Wort „Tod“ gesetzt. Viel weiter geht aber noch die Septuaginta, die, vielleicht auf Grund eines anderen ihr vorgelegen habenden, wie manche irrigerweise glauben, verdorbenen Textes, oder, wie ich annehme, auf Grund einer zu ihrer Zeit bestehenden neuen, hier zuerst, freilich ohne autoritative Berechtigung kodifizierten, Rechtsanschauung[1]), den Sinn des Textes, speziell des Wortes אסון, so geändert hat, daß der durch die Gewalt entstandene Schaden statt auf die Mutter auf das ausgestoßene Kind Bezug hat. Sei es ein unausgebildetes und damit lebensunfähiges Kind, so solle dem Täter eine Geldstrafe auferlegt werden, er solle aber sterben, wenn das Kind ausgebildet gewesen sei[2]).

Die gleiche Anschauung äußert auch Philo[3]) und nach ihm viele Kirchenväter, die die Septuaginta als zuverlässig anerkannten. Damit ist sie auch in das kanonische Recht übergegangen und hat durch die mannigfaltigen falschen Schlußfolgerungen, die theoretisch und praktisch daraus gezogen wurden, im Laufe der Zeit erkenntnishemmend und strafrechtlich unheilvoll gewirkt. Die Karäer lehrten das gleiche, während das talmudische Kriminalrecht bezüglich der Bibelstelle sich an den masoretischen Text hält, die Frage der rechtswidrigen bewußten Fruchtabtreibung aber gar nicht in Erwägung zieht[4]).

Es ist wichtig, darauf hinzuweisen, daß die älteste halachische Auslegung zu Exodus, die Mechilta des Rabbi Ismael, die Bibelstelle durchaus nach dem vorhandenen Urtext benutzt. Sie bezieht richtig

---

[1]) Hugo Grotius, Annot. in vetus Testament. T. I. Halae 1775, S. 98, meint, daß die Verfasser der Septuaginta mit Rücksicht auf griechische Gesetze, die damals auch in Ägypten in Geltung waren, den Text so wie er ist, gefaßt hätten. Für beide Behauptungen gibt es keine Belege.

[2]) Vetus Testamentum graece juxta LXX Interpretes, ed. de Tischendorf. Ed. V, T. I, Lips. 1875, p. 88:

„ἐὰν δὲ μάχωνται δύο ἄνδρες καὶ πατάξωσι γυναῖκα ἐν γαστρὶ ἔχουσαν, καὶ ἐξέλθῃ τὸ παιδίον αὐτῆς μὴ ἐξεικονισμένον, ἐπιζήμιον ζημιωθήσεται· καθότι ἂν ἐπιβάλῃ ὁ ἀνὴρ τῆς γυναικός, δώσει μετὰ ἀξιώματος· ἐὰν δὲ ἐξεικονισμένον ᾖ, δώσει ψυχὴν ἀντὶ ψυχῆς, ὀφθαλμὸν ἀντὶ ὀφθαλμοῦ ὀδόντα ἀντὶ ὀδόντος . . .“

[3]) Philonis Judaei Opera, ed Manguey, 1742, Vol. I, De congressu quaerendae erudition. gratia p. 539. Ἐὰν μαχομένων ἀνδρῶν δύο, πατάξῃ τις γυναῖκα ἐν γαστρὶ ἔχουσαν, καὶ ἐξέλθῃ τὸ παιδίον αὐτῆς μὴ ἐξεικονισμένον ἐπιζήμιον ζημιωθήσεται, καθ᾽ ὅ, τι ἂν ἐπιβάλῃ ὁ ἀνὴρ τῆς γυναικὸς καὶ δώσει μετὰ ἀξιώματος· ἐὰν δὲ ἐξεικονισμένον ᾖ, δώσει ψυχὴν ἀντὶ ψυχῆς.

[4]) Ich habe auf diese Verhältnisse zuerst an dieser Stelle hingewiesen und die Erklärung für die Auffassung der Septuaginta gegeben. Daraus haben schlecht Begreifende den Schluß gezogen, daß die ganze Bestrafung der Abtreibung auf einem Irrtum der Septuaginta beruhe, und sekundäre Nachschreiber haben dieser Verkehrtheit Verbreitung gegeben.

den „Unfall" auf das Weib und erachtet die Geldstrafe als Sühne für den zustande gekommenen Abort oder besser für den Verlust des Kindes, den der Mann durch den Abort erfährt. Es wird sogar auch die Möglichkeit berücksichtigt, daß das Wort „Lebensgefahr" sich auf die Frucht im Mutterleibe bezieht, aber als nicht begründet wieder verworfen[1]).

Mit Ausnahme des bereits erwähnten Ausspruches von Josephus, der von einem gesetzlichen Verbote der Kindsabtreibung und deren Bestrafung wie Kindesmord spricht, ist schlechterdings keine Angabe im frühen jüdischen Altertum über dieses Verbrechen zu finden. Es ist anzunehmen, daß Josephus dies geschrieben habe, weil wahrscheinlich zu seiner Zeit unter anderen lasterhaften griechischen und römischen Sitten auch diese hier und da bereits Eingang in die jüdische Gemeinschaft gefunden hatte. Oft genug mag die Abtreibung verheimlicht worden sein; deswegen hebt er ausdrücklich hervor: „Wenn sie an den Tag käme, so würde sie wie Mord bestraft."

Unter der klar ausgesprochenen Annahme, daß durch die Abtreibung ein Leben vernichtet werde, bedurfte es keiner besonderen Bestimmungen über Abtreibung; denn der Richter urteilte nun nach den Gesetzesbestimmungen über Kindesmord.

Es ist aber auch nicht ausgeschlossen, daß in der jüdischen Diaspora, z. B. in Rom, Griechenland und den römischen Kolonien, also in jenen Zentren, in denen ethische Anschauungen und Rechtsauffassungen herrschten, die denen des Judentums z. T. widersprachen, sich eine Jurisdiktion für besondere, vom mosaischen Gesetze nicht direkt namhaft gemachte Fälle herausgebildet hatte, die kennenzulernen Josephus in Rom selbst Gelegenheit hatte, oder von der er durch Hörensagen Kenntnis erhielt.

---

[1]) Mechilta de Rabbi Ismael, herausg. von M. Friedmann, Wien 1870 S. 84b:

ולא יהיה אסון באשה עונש יענש בוולדות אתה אומר כן או אינו אלא אסון בוולדות ועונש באשה תלמוד לומר ואם אסון יהיה הא מה תלמוד לומר לא יהיה אסון באשה עונש יענש בוולדות או לא יהיה אסון לא באשה ולא בוולדות אלא אם אמרת כן אף צריך ליתן שכר דמי חיה • הא מה תלמוד לומור לא יהיה אסון באשה עונש יענש בוולדות •

In einer vorhergehenden Erläuterung zu den Worten: „Wenn Männer miteinander streiten" wird von der Mechilta scheinbar eine der Wiedergabe der Septuaginta günstigere Auffassung ausgesprochen, die darin gipfelt, daß die Strafandrohung der Bibel, die auf Tötung geht, nur für den Fall Geltung habe, daß ein lebensfähiges Kind durch den Stoß getötet wird.

ומה תלמוד לומר וכי ינצו אנשים , לפי שהוא אומר ואיש כי יכה נפש אדם שומע אני אף בן שמונה תלמוד לומר וכי ינצו אשנים מגיד שאינו חייב עד שיהרג בן שלקיימא •

Der ganze Verlauf der in der Mechilta wiedergegebenen Diskussion und manches andere, was aufzuführen hier nicht der Ort ist, widerspricht einer bewußten Übereinstimmung dieses Satzes mit dem Sinne, den die Septuaginta mit ihrer Fassung verband.

Nicht viel anders verhält es sich mit einem Passus, den J o s e p h u s auf seine Ausführungen über ein angebliches Verbot der Fruchtabtreibung unmittelbar folgen läßt.

„Kein Israelit soll G i f t oder sonst etwas Schädliches bei sich tragen, und wofern man etwas dergleichen bei ihm findet, so soll er sterben und dasselbe Schicksal erleiden, das er anderen zugedacht hatte.‟

Auch ein solches Verbot findet sich nirgends in der Bibel, und die Vermutung hat vielleicht eine Berechtigung für sich, daß dieser Passus gedanklich zu dem vorhergehenden in bezug stehe und mit ihm unter anderem auch die „p o c u l a   a b o r t i o n i s‟ gemeint seien, die J o s e p h u s in Rom aus allernächster Nähe hat gebrauchen sehen können.

Finden sich auch in talmudischen Schriften keine kriminalrechtlichen Bestimmungen über die Fruchtabtreibung, offenbar, weil im Bedarfsfalle die vorhandenen ausreichten, so war doch die Abtreibung durch Gifte, die ja allenthalben, wo die Juden zerstreut unter den Völkern lebten, geübt wurde, auch diesen bekannt. Im Talmud wird an verschiedenen Stellen generell ein Abtreibungsmittel als סמא דנפצתא bezeichnet[1]), aber nur an einer Stelle kommt ein solches Mittel rechtlich, und auch da nur zivilrechtlich in Frage[2]). Dort wird es als ein Grund für die Scheidung angesehen, wenn der Ehemann seiner Frau die Abtreibung anbefiehlt. Die Auffassung ist jedoch auch zulässig, daß es sich nicht um Abtreibung, sondern Verhütung der Konzeption handele, ein Verfahren, das zu allen Zeiten und wohl bei allen Völkern bis in die Gegenwart hinein in verschieden großem Umfange geübt wurde und auch durch kirchliche Verordnungen, wie später noch auseinandergesetzt werden soll, verboten war. Es versteht sich von selbst, daß die Beteiligten allein Beurteiler der Zulässigkeit ihres Verfahrens sein können.

Die Tötung eines Fötus im Mutterleibe sowohl d u r c h   G i f t als durch Zerstückelung war für medizinische Zwecke dann erlaubt, wenn eine Lebensgefahr für die Mutter bestand; es war jedoch unerlaubt, dies zu tun, wenn der Kopf bereits aus dem Uterus ausgetreten war. M a i m o n i d e s[3]), der selbst ein hervorragender Arzt war, führt diese Bestimmung, als aus alter Zeit von den jüdischen Weisen herstammend, an.

2. Babylon.

In dem etwa um das Jahr 2000 vor unserer Zeitrechnung in B a b y l o n Geltung habenden Rechte wird, wie in dem jüdischen, nur die Möglichkeit in Betracht gezogen, daß durch mechanische Gewalt die Fehlgeburt zustande gekommen ist. Ist aber in der Bibel, deutlich genug,

---

[1]) N i d d a 30 b und in den Erläuterungen hierzu.
[2]) K e t u b o t 72 a.
[3]) M a i m o n i d e s, Halach. Rozeach I.

hierbei nur von einem Zufallsereignis die Rede, nämlich wenn zwei Männer bei Gelegenheit ihres Streites absichtslos eine Schwangere gestoßen haben, so hat in dem Gesetze des Hammurabi das Zustandekommen des Fruchtabganges die rohe, bewußte Mißhandlung einer Schwangeren zur Grundlage. Schon dadurch allein kann von einer inneren Übereinstimmung des babylonischen mit dem biblischen Gesetze keine Rede sein:

§ 209. Wenn ein Mann eine Freigeborene schlägt und ihr dadurch eine Fehlgeburt verursacht, zahlt er zehn Schekel Silber wegen der Fehlgeburt.

§ 210. Wenn diese Frau stirbt, tötet man seine (des Totschlägers) Tochter.

§ 211. Wenn er einer Armenstiftlerin (Pfründnerin) durch einen Schlag eine Fehlgeburt verursacht, zahlt er fünf Schekel Silber.

§ 212. Wenn diese Frau stirbt, zahlt er eine halbe Mine Silber.

§ 213. Wenn er, nachdem er eines Mannes Sklavin geschlagen hat, ihr eine Fehlgeburt verursacht, zahlt er zwei Schekel Silber.

§ 214. Und wenn die Sklavin gestorben ist, zahlt er ein Drittel Mine Silber.

Die schlimmste Klassenjustiz tritt hier zutage. Derartiges ist der Bibel fremd. Auch die Talion für die durch die Mißhandlung gestorbene Freigeborene — und nur bei dieser kommt eine solche in Frage — ist weit abweichend von der biblischen.

Die neuesten Forschungsergebnisse nach jetzt gefundenen Tontafeln lehren im übrigen, daß der Codex des Hammurabi auf sumerische Vorbilder sehr alter Zeit zurückgeht.

3. Griechisches und römisches Recht.

Nach altem griechischen und römischen Rechte hatte das Kind im Mutterleibe gar keine menschlichen Rechte und war, ebenso wie das neugeborene Kind, ausschließlich Privateigentum des Vaters, der damit machen konnte, was ihm beliebte. Nur der Zensor, dem die Fürsorge für die „Proles augenda" und für gute Sitten oblag, hätte eingreifen können, wenn der Ehegatte, was gewiß nicht häufig vorkam, an der Fruchtabtreibung beteiligt war. Aber mit Recht bemerkt schon Petrus Aërodius: „Quem pater potuit jubere ne natus educaretur: homicidium sit prohibere nasci?" Die freie Verfügung über das Leben des Neugeborenen ist so viel mehr als die Abtreibung eines Embryo, daß, das erstere vorausgesetzt, den Vater für die Fruchtabtreibung keine Strafe treffen konnte.

Einer gewissen Rücksichtnahme auf den Fötus begegnet man hier und da in den alten gesetzlichen Bestimmungen. So enthalten die dem Numa Pompilius zugeschriebenen „Leges regiae" (§ 12) den folgenden Satz:

„Mulierem, si praegnans mortua fuat, nisi exciso partu, ne humato: qui secus faxit, quasi spem animantis peremerit reus esto."

Wird hier das sittliche Widerstreben in eine Verordnung gekleidet, ein evtl. noch lebendes Kind mit der toten Mutter zu beerdigen, so kommt eine solche moralische Empfindung doch gesetzlich klar und einwandfrei weder bei Griechen noch bei Römern bis zum Ende der Republik, und noch lange über jene Zeit hinaus, zum Ausdruck, sobald es sich um die vorzeitige Entfernung der Frucht aus dem Leibe der gesunden Mutter handelt. Und doch bedeutet eine solche ebenfalls den Tod des Embryo! Galen[1]) behauptet zwar, daß Lykurg und Solon den kriminellen Abort mit Strafe bedroht haben, indessen ist dies unwahrscheinlich, weil anderweitig keinerlei positive Nachricht uns hierüber zukam, das Negative aber, was hierüber vorhanden ist, geradezu das Gegenteil beweist. Denn es berichtet Plutarch[2]), daß, nachdem Lykurg zur Regierung gekommen war, ohne zu wissen, daß die Witwe seines verstorbenen Vorgängers und Bruders schwanger sei, diese ihm insgeheim den Antrag machen ließ, sie wolle ihr Kind abtreiben unter der Bedingung, daß er als König sie zu seiner Gemahlin nähme. So sehr nun auch Lykurg eine solche Denkungsart verabscheute, gab er ihr doch nicht gerade eine abschlägige Antwort, sondern stellte sich, als wenn er den Vorschlag annähme, und ließ ihr sagen, sie brauchte durch Abtreibung der Frucht und durch gefährliche Arzneimittel ihrem Körper keinen Schaden zu tun; er wolle schon dafür sorgen (was er nicht tat), daß das Kind gleich nach der Geburt beiseite geschafft würde. Die Verurteilung, die Lykurg diesem Vorschlage zuteil werden ließ ($\tau \grave{o} \ \mu \grave{e} \nu \ \tilde{\eta} \vartheta o \varsigma \ a \mathring{v} \tau \tilde{\eta} \varsigma \ \mathring{e} \mu \acute{\iota} \sigma \eta \sigma \varepsilon$), gründete sich nicht auf einer von jener Frau gewollten Gesetzesübertretung und richtete sich auch nicht gegen die Abtreibung als solche, sondern gegen die Benachteiligung des präsumptiven Thronerben, resp. des verstorbenen Vaters, dem auch noch nach dem Tode ein Recht auf das Kind allein zukam.

Auch das, was aus der verlorengegangenen, von einigen alten Grammatikern als unecht bezeichneten Rede des Lysias „$\varkappa a \tau$' $'A \nu \tau \iota$-$\gamma \acute{e} \nu o \nu \varsigma \ \mathring{a} \mu \beta \lambda \acute{\omega} \sigma \varepsilon \omega \varsigma$" noch bekannt ist, läßt uns keinen bestimmten Schluß über die rechtlichen Ansichten der Athener in bezug auf die Abtreibung ziehen. Wollte man sich aber daraus eine Vorstellung bilden, so könnte es nur die sein, daß der Abort nicht als Tötung angesehen wurde.

Denn es wurde nach den übereinstimmenden vorhandenen Berichten darüber in der Rede die Frage erörtert, ob das Kind im Mutterleibe

---

[1]) Galeni Opera, Basil. 1572, p. 660. An animal sit quod in utero est... „Nisi enim animalia essent (foetus) non in ipsos abortus auctores legibus aperte proposita poena animadvertissent. Quoniam vero animalia esse dicebant idcirco poenam instituerunt.“

[2]) Plutarchi Vitae. Lycurgus III, 3. Ed. Doehner, Vol. I, Paris. 1846.

rechtlich als ein menschliches Wesen zu betrachten sei[1]). Die Auffassung der Alten widerstrebte aber durchaus einer solchen Meinung, und damit war es unmöglich, die Abtreibung an sich zu bestrafen.

Deutlicher spricht eine andere alte Bemerkung des Musonius: „Deswegen untersagten die Gesetzgeber den Weibern sich der Frucht zu entledigen und belegten die Zuwiderhandelnden mit Strafe"[2]). In demselben Satze wird aber weiter noch hinzugefügt, daß es auch verboten gewesen sei, Sterilität durch Medikamente zu erzeugen oder den empfangenen Samen zu entfernen — also Eingriffe, die auch heute noch nicht verboten sind und auch gar nicht verboten werden könnten. Die Unwahrscheinlichkeit dieser Behauptung läßt den gleichen Rückschluß auf die erstere machen.

Es läßt sich tatsächlich aus den vorhandenen Angaben über die rechtlichen Institutionen von Griechenland und Rom der früheren Epochen keine Stütze dafür finden, daß das allgemeine Rechtsbewußtsein bezüglich der Fruchtabtreibung auch nur entfernt auf der Höhe der moralischen Verurteilung stand, die viele denkende Männer diesem Eingriffe zuteil werden ließen.

Es ist ein müßiges Spiel mit Worten, wenn man trotz aller vorliegenden Beweise einerseits die prinzipielle Straflosigkeit der Abtreibung in Rom leugnet, andererseits aber die tatsächliche zugeben muß. Das Schweigen aller Schriftsteller, die den kriminellen Abort erwähnten, über gesetzliche Bestrafungen desselben ist beredt genug, und es würden sich, da die Besten der Nation diese Praxis verurteilten, schnell Ankläger gefunden haben, falls eine gesetzliche Handhabe zum Eingreifen vorhanden gewesen wäre. Es ist denkbar, daß gelegentlich einmal Verbrechen einer bestimmten Person nicht geahndet wurden, wie z. B. die Schandtaten des Oppianicus, von denen Cicero spricht, aber es ist undenkbar und schlösse ein geordnetes Staatswesen aus, wenn bei Vorhandensein von Gesetzen diese offenkundig täglich verletzt würden.

Erst im Beginne des 3. Jahrhunderts n. Chr. erscheinen, wie aus dem Justinianischen Rechtsbuche zu ersehen ist, Verfügungen gegen die Abtreibung, aber keineswegs gegen die von Unverehelichten an sich

---

[1]) Theonis Sophistae Progymnasmata Stuttg. 1834, Cap. 2, 14, p. 34: „ . . . ἐν θατέρῳ δὲ εἰ τὸ ἔτι ἐγκνούμενον ἄνθρωπός ἐστι, καὶ εἰ ἀνύθυνα τὰ τῶν ἀμβλώσεων ταῖς γυναιξὶ . . ."

Sopater, Schol. in Hermogenem in Walz, Rhetores graeci, Vol. V, 1833, S. 3. „ . . . καὶ ἰατρικοῦ μὲν ζητήματος παράδειγμα, ὅ καὶ μεμέληται τῷ Λυσίᾳ· εἰ ὁ ποιήσας ἐξαμβλῶσαι γυναῖκα φόνον ἐποίησεν· δεῖ γὰρ γνῶναι πρῶτον, εἰ ἔζη, πρὶν ἐτέχθη."

[2]) Musonius bei Stobaeus Florilegium rec. A. Meineke, Vol. III, LXXV, 15, 1856, p. 74: „ . . . ζημίαν ἐπέθεσαν· τοῦτο δὲ ἀτοκίᾳ προστίθεσθαι καὶ τὴν κύησιν εἴργειν ἀπηγόρευσαν αὐταῖς . . ."

selbst herbeigeführte, sondern nur gegen die durch Eheweiber provozierte, und, wie es scheint, anfangs auch hier nur dann, wenn sie aus Gewinnsucht oder einer boshaften Absicht gegen den Mann vollführt worden war. Die erste Bestimmung geht von den Kaisern Alexander Severus (222—235) und Antoninus aus, trägt die Bezeichnung eines Reskriptes und auch in bezug auf seine Halbheit den ganzen Stempel eines Gelegenheitsgesetzes, das vielleicht einer direkten Klage eines Benachteiligten bei jenen Kaisern sein Entstehen verdankte.

„Divus Severus et Antoninus rescripserunt, eam quae data opera, abegit, a Praeside in temporale exilium dandam; indignum enim videri potest, impune eam maritum liberis fraudasse"[1]).

Diese Verfügung weist sprechender als alle Konjekturen darauf hin, 1. daß die Straflosigkeit, die bis dahin für abtreibende Ehefrauen bestand, als ein „unleidlicher Zustand" angesehen wurde, der nunmehr „extra ordinem" mit einer Strafe belegt wurde, und 2. daß nur diejenigen Weiber bestraft werden sollten, die in Erfüllung eines gehässigen Zweckes so gehandelt hätten.

Auf dieses Reskript bezieht sich auch Tryphoninus, der dasselbe noch begründen zu müssen glaubte durch jene von Cicero mitgeteilte Verurteilung eines Weibes in Milet, die sich, weil sie von Seitenverwandten bestochen war, die Frucht abgetrieben hatte.

„Cicero in oratione pro Cluentio Avito scripsit Milesiam quandam mulierem cum esset in Asia, quod ab heredibus secundis accepta pecunia partum sibi medicamentis ipsa abegisset, rei capitalis esse damnatam. Sed et si qua visceribus suis post divortium, quod praegnans fuit, vim intulerit, ne jam inimico marito filium procrearet: ut temporali exilio coerceatur, ab optimis imperatoribus nostris rescriptum est[2]).

Die Heranziehung der Bemerkung des Cicero konnte nur den Zweck haben, die Bestrafung der noch zu jener Zeit straflosen und im Volke als erlaubte Handlung angesehenen Abtreibung für diejenige Gruppe von Fällen, in denen die schändliche Absicht der Schädigung eines dritten zutage trat, plausibler zu machen. Wäre die Abtreibung schon damals ein Kapitalverbrechen gewesen, so würde, wie Rein[3]) mit Recht bemerkt, Cicero nicht unterlassen haben, dies geltend zu machen und nicht auf einen fremden Rechtsfall hingewiesen haben, der von einem Provinzialstatthalter an einer Nichtrömerin nach irgendeinem, nur nicht römischen Rechte entschieden worden war.

---

¹) Marcianus, libr. I regular. Digest. Lib. XLVII, 11. De extraord. criminib. recogn. Th. Mommsen, Vol. II, p. 784.

²) Tryphoninus, Digest. Lib. XLVIII, 19. De poenis, 39, rec. Mommsen, Vol. II, p. 854. Siehe auch S. 12.

³) Rein, Das Criminalrecht der Römer. Leipzig 1844, S. 447.

Durch die beiden angeführten Stellen der Digesten wurde die Bestrafung der verehelichten und der geschiedenen Abtreiberinnen geregelt, und deswegen ergänzen sie sich.

Während Marcian und Tryphoninus nur von einer zeitweiligen Verbannung sprechen, findet sich im Justinianischen Rechtsbuch, eigentümlicherweise unter dem Titel „Ad legem Corneliam de sicariis et veneficiis" eine Stelle aus dem Ulpian[1]), die eine dauernde Verbannung als Strafe festsetzt:

„Si mulierem visceribus suis vim intulisse, quo partum abigeret, constiterit: eam in exilium Praeses provinciae exiget."

Trotzdem kann es keinem Zweifel unterliegen, daß diese Bestimmung eine vielleicht später verstümmelte Wiedergabe des Reskripts der beiden genannten Kaiser darstellt; denn in dem lib. 33 ad Edict., dem die Stelle entnommen ist, handelt Ulpian von einem Verhältnis zwischen Mann und Frau nach der Scheidung, wie er im lib. 34 von der „custodia ventris post divortium" handelt[2]). Das Wort „mulier" kann deswegen nicht auf jedes Weib bezogen werden, vielmehr ist der Ausdruck gewählt worden statt des für eine geschiedene Frau nicht mehr passenden Wortes „uxor". Immer handelt es sich um eine verheiratete oder geschiedene Frau, nie um eine unehelich Geschwängerte. Dies geht auch aus der Bestimmung des Justinian hervor, daß die Abtreibung als Ehescheidungsgrund gelten solle.

Ob Teilnehmer an der Abtreibung bestraft wurden, läßt sich nach dem Wortlaut nicht entscheiden.

Wie sehr der Widerstreit zwischen der Straflosigkeit des Abortes und dem Wunsche, dem Überhandnehmen desselben als einer moralisch schändlichen, das Volkswohl untergrabenden Handlung zu steuern bestand, läßt sich aus der viel zitierten Stelle des Paulus[3]), eines der Berater des Alexander Severus, ersehen:

„Qui abortionis, aut amatorium poculum dant, etsi dolo non faciant; tamen quia mali exemplum res est, humiliores in metallum, honestiores in insulam, amissa parte bonorum relegantur; quod si eo mulier vel homo perierit, summo supplicio adficiuntur."

Liebes- und Abortivtränke werden hier gleichgestellt. Beide werden nicht als „crimen" oder „delictum" sondern als ein „malum exemplum" bezeichnet, und nur demjenigen werden Strafen angedroht — den Leuten aus dem Volke Strafarbeit in Bergwerken, den „feinen Leuten" Verbannung nach einer Insel —, der auch ohne vorsätzliches, böswilliges

---

[1]) Ulpianus, libr. 33 ad Edict. Dig. XLVIII, 8, ad leg. Corn. de sicar. et venef. 8, recogn. Mommsen, Vol. II, p. 820.

[2]) Hrehorowicz, Das Verbrechen der Abtreibung der Leibesfrucht. Dorpat 1876, S. 52.

[3]) Paulus, Digest. XLVIII, 19, de Poenis 38, rec. Mommsen, Vol. II, p. 853.

Handeln, d. h. ohne die Absicht schaden zu wollen, z. B. durch Bitten anderer bewogen, einen solchen Trank verabfolgte. Gerade die Gleichstellung des ein Leben vernichtenden Abortivmittels mit dem vielleicht eine gesteigerte Geschlechtslust oder nur eine Erektion des Penis veranlassenden Liebestranke beweist mehr wie jede andere Beweisführung, wie gering die Abtreibung an sich, trotz des Bestrebens, ihren Umfang einzudämmen, eingeschätzt wurde. Und weiter verdient besonders hervorgehoben zu werden, daß die ihr Kind selbst abtreibende Mutter durch diese Verordnung nicht getroffen wurde. Was schon zu eines Ovids Zeiten in Rom bestand, nämlich eine ausgedehnte Fabrikation von Abtreibungsmitteln, wird in den späteren Jahrhunderten sich notwendig weiter ausgedehnt und vielleicht auch vervollkommnet haben. Diesem Betriebe sollten durch diese Bestimmung die Adern unterbunden werden. Daher blieb die Mutter, was sonst gar nicht zu begreifen wäre, als Abtreiberin schuldfrei, vorausgesetzt daß familienrechtlich dadurch nicht gesündigt wurde.

Die Todesstrafe sollte auch nicht eintreten, wenn das vielleicht schon lebensfähige Kind abgetrieben und zugrunde gegangen war, sondern nur, wenn die Mutter durch das Abortivmittel getötet oder der Mann, der einen vergifteten Liebes- resp. Hassestrank erhalten hatte, dadurch zugrunde gegangen war. Das Wort „homo" ist natürlich auf diesen Mann und nicht auf die Frucht zu beziehen. Was Martial dem Onanisten Pontius zurief:

„Hoc quod tu digitis, Pontice, perdis homo est"

ist eine philosophisch-dichterische Freiheit und kann nicht für die Wertbestimmung des Embryo nach alter Auffassung dienen. Nach römischer Anschauung war der Fötus kein Mensch. Der Partus in utero wurde von den römischen Rechtsgelehrten nie „infans" sondern „spes animantis"[1] oder „homo speratus" genannt, und als Grundsatz ausgesprochen; „partus nondum editus homo non recte dicitur"[2], oder „partus antequam edatur mulieris portio est, vel viscerum"[3].

Als Mensch, Volk, Nation faßt die Bibel die mütterliche Frucht auf[4] und diese Anschauung ist naturgemäß in die christliche

---

[1] Marcellus, Digest. Lib. XI, 8, De mortuo inferendo, 2, rec. Mommsen, Vol. I, p. 356.

[2] Papinianus, Digest. Lib. XXXV, 2, Ad legem Falcidiam 9, rec. Mommsen, Vol. II, p. 203.

[3] Ulpianus, Digest. Lib. XXV, IV, De inspiciendo ventre, 1, rec. Mommsen, Vol. I, p. 740.

[4] Genesis, Cap. XXV, 23: „Der Ewige sprach zu ihr (Rebekkah): Zwei Völker sind in deinem Leibe und zwei Stämme aus deinem Schoße werden sich scheiden."

Gemeinde übergegangen, so daß Tertullian[1]), der am Ende des zweiten christlichen Jahrhunderts lebte, sagen konnte: „Homo est et qui est futurus: etiam fructus omnis jam in semine est."

Haben die angeführten Bestimmungen noch eine Beziehung zu der Frucht im Mutterleibe, so ist dies nicht der Fall mit dem Gesetze der Kaiser Valentinian (364—375), Valens (364—378) und Gratian (367—383):

„Si quis necandi infantis piaculum aggressus aggressave sit erit capitale istud malum[2]).

Diese Verfügung bezieht sich auf ein „infans", d. h. ein geborenes Kind, und will demnach nur dem Kindesmorde wehren.

Das gleiche bezweckte schon vorher Constantin (323—337) mit dem Gesetze „de parricidio", das in grausamster Weise den Verwandtenmörder dadurch strafte, daß man ihn zusammen mit Schlangen in einen Sack nähte und ins Meer oder in einen Fluß warf[3]).

Auf rein zivilrechtliche Verhältnisse bezieht sich dagegen die einleitende Bemerkung zu dem Edikt der Kaiser Theodosius und Valentinian: De paternis et maternis bonis, die folgenden Wortlaut hat: „Officium est Imperatoriae majestatis iis etiam qui nondum nati sunt providere[4])."

Charakteristisch ist auch eine Verfügung des Kaisers Leo, daß, wenn das Weib, um den Mann zu kränken, durch Abortieren die Frucht vernichtet, der Mann sie verstoßen müsse, weil dies das deutlichste Zeichen der Feindschaft der Frau gegen den Mann sei. Eine andere Bestrafung der Frau wird nicht erwähnt[5]).

Es bedarf keiner weiteren Beweise, daß die mit der Zunahme der allgemeinen Demoralisation zu einer öffentlichen Kalamität angewachsene

---

[1]) Tertulliani Opera, Lutet. Paris 1664, Apologeticus, Cap. IX, p. 9.

[2]) Codicis Theodosiani, Lib. IX, Tit. XIV. Ad legem Corneliam de sicariis. ed. G. Haenel 1837, p. 862.

[3]) Codicis Theodosiani Lib. IX, Tit. XV, Edit. cit. p. 865: „Si quis in parentis aut filii aut omnino affectionis ejus, quae nuncupatione parricidii continetur, fata properaverit, sive clam sive palam id fuerit enisus, neque gladio, neque ignibus, neque ulla alia solenni poena subjugetur, sed insutus culeo et inter ejus ferales angustias comprehensus serpentum contuberniis misceatur et ut regionis qualitas tulerit, vel in vicinum mare, vel in amnem projiciatur, ut omni elementorum usu vivus carere incipiat, ut ei coelum superstiti, terra mortuo auferatur."

[4]) Codex Theodosianus, Leges Novellae, Ed. Gothofredus, Lugd. 1665, T. IV, tit. VII, p. 3.

[5]) Imperatoris Leonis Augusti Constitutiones Novellae 1560, Constit. XXX, p. 70: „Quum de muliere, quae propter inimicitias, quas cum marito habet, de industria abortando, neque in vitae lucem foetum producendo, seminis ipsius fructum opprimit, duae leges latae sint, quarum una repudiare injuria affectum maritum jubeat, altera vero non permittat: nos legi divortium suadenti assentientes illi ut multo utiliori autoritatem attribuimus."

Fruchtabtreibung schließlich gesetzliche Maßnahmen erheischte und in gewissen engen Grenzen auch damit bedacht wurde. Daß diese staatlichen Eingriffe das Übel nicht beseitigten, weil sie es nicht an der Wurzel angriffen, weil sie die römische Volksanschauung von der Zulässigkeit der Abtreibung im allgemeinen und im besonderen nicht bei unverheirateten Weibern aufhoben, geht aus manchen zeitgenössischen Aufzeichnungen, besonders von zum Christentum bekehrten Männern hervor. Der um das Jahr 170 lebende Athenagoras schrieb: „Qui mulieres medicamentis abortivis utentes homines occidere et rationem reddituras Deo dicimus". Als Strafe wird hier also nur die Ablegung der Rechenschaft vor Gott angegeben. Und später ruft Minucius Felix[1]), der zur Zeit des Alexander Severus schrieb, also gerade dann, als die erste wirkliche, wenn auch eingeschränkte Verordnung gegen den kriminellen Abort erschien, den Römern auf die Beschuldigung, daß die Christen mit dem Morde und Blute eines Kindes eingeweiht werden, zu:

„Von Euch sehe ich, daß Ihr neugeborene Söhne bald wilden Tieren und Vögeln aussetzt, bald die durch elendigliche Todesart erwürgten aus dem Wege schafft. Es gibt Personen, welche durch eingenommene Arzneimittel in ihrem Leibe selbst die Entstehung des künftigen Menschen vernichten und einen Kindermord begehen, ehe sie gebären."

Dieser Erguß deckt sich mit der Anschauung des Tertullian[2]), der in seinem, unter Septimius Severus (193—211) geschriebenen „Apologeticus" die gleichen Vorwürfe gegen die Römer erhebt, den Christen aber die Ansicht zuspricht, keinen Unterschied zwischen dem Morde eines Erwachsenen oder einer Frucht des Mutterleibes zu machen.

Diese Auffassung ist aber keine originelle und das Urheberrecht kommt weder dem Tertullian noch einem anderen Kirchenvater zu, denn sie ist jüdischen Ursprunges, wie der oben wiedergegebene Ausspruch des Josephus[3]) beweist.

4. Kanonisches Recht.

Hatten auch die erörterten Erlasse der römischen Kaiser gegen die Fruchtabtreibung, wie aus den Entrüstungsworten der Kirchenväter hervorgeht, keinen sonderlichen praktischen Erfolg, auch nicht als späterhin noch manche Strafverschärfungen hinzugefügt worden waren, so bedeuteten sie doch vom reinen Rechtsstandpunkt aus, trotz ihrer Beschränkungen, einen Fortschritt gegen frühere Zeiten. Das

---

[1]) M. Minucii Felicis Octavius, Edit. Lübkert, Cap. XXX, Leipzig 1836, p. 62.

[2]) Tertullian, l. c.

[3]) Vid. p. 18.

kanonische Recht, das sich in den folgenden Jahrhunderten bildete und allmächtig wurde, hat, wenn es auch bestrebt war, den breiten Volksmassen die Überzeugung beizubringen, daß die Abtreibung an sich unmoralisch sei, und dies auch in gewissen Grenzen erreichte, doch in vielen Beziehungen jenen alten zivilen Rechtsboden verändert, und durch seine Bestimmungen bis in die neue Zeit hinein die Kriminalität der Fruchtabtreibung zum Gegenstand unsubstantiierter, meistens willkürlicher Auffassung gemacht.

Die ältesten Kirchenväter waren bestrebt, die Frage des kriminellen Abortes vom ethischen und strafgerichtlichen Standpunkte aus radikal zu behandeln, d. h. sie erblickten in ihm, ja sogar in der Fruchtabtreibung den Kindesmord. Der Frucht im Mutterleibe erkannten sie, nach der Anschauung der „Akademie“, die zur Zeit des Severus und Antoninus populär wurde, und im Gegensatze zu der Auffassung der Stoiker, in einer bestimmten Periode eine Seele zu. Wie diese Anschauung auch in spezifisch römischen Kreisen verbreitet war, ersieht man aus einer Stelle des Talmud[1]).

Antoninus Pius, der mit dem berühmten jüdischen Gelehrten Rabbi in sehr freundschaftlichem Verkehr stand, warf einst die Frage auf: zu welcher Zeit die Seele der werdenden menschlichen Leibesfrucht zuteil werde, ob schon während der Befruchtung des Eies[2]) oder nach Ausbildung des Embryo[3])? Der Kaiser behauptete das erstere, weil sonst der lebenlose Samen verderben würde, während Rabbi das letztere glaubte.

In der Didaskalia, der Grundschrift der apostolischen Konstitutionen, die seit dem dritten Jahrhundert nicht nur in ihrem Vaterlande in Geltung war, sondern auch in Oberitalien Eingang gefunden hatte und dort als apostolische Schrift und kirchliches Recht gegolten hat, ist die Frage der Abtreibung durchaus in jüdischer Auffassung behandelt — wie ich glaube — weil der Verfasser, wie aus allen Einzelheiten deutlich genug hervorgeht, ein übergetretener Jude gewesen ist. Es wird als Vorschrift gegeben, weder die Frucht im Mutterleibe noch das geborene Kind zu vernichten; weil nicht ungestraft das Ausgebildete und von Gott mit einer Seele Versehene getötet werden könne[4]). Die Beseelung der ausgebildeten Frucht erinnert auch dem Worte *ἐξεικονισμένον* nach an die Septuaginta.

---

[1]) Sinedr. 91, 2.

[2]) משעת פקידה.

[3]) משעת יצירה.

[4]) Constitutiones apostolicae ed. Ueltzen, Suerini 1853, Lib. VII, cap. 3, p. 162: „*Οὐ φονεύσεις τέκνον σου ἐν φθορᾷ, οὐδὲ τὸ γεννηθὲν ἀποκτενεῖς· πᾶν γὰρ τὸ ἐξεικονισμένον, ψυχὴν λαβὸν παρὰ θεοῦ, φονευθὲν ἐκδικηθήσεται, ἀδίκως ἀναιρεθέν.*

Nach der Meinung der Kirchenväter erhielte die Frucht die Seele nicht erst beim Geborenwerden. „Anima non est aër ore conceptus, quia multo prius gignitur anima quam concipi aër possit[1]). Sie fanden ferner die Macht, die das römische Recht den Vätern über ihre Kinder einräumte, zu groß, trotz der Einschränkungen, die dieselbe zu den Zeiten Trajans, Hadrians und der Antonine erfahren hatte. Das Ankämpfen gegen die väterliche Gewalt über die Geborenen mußte aber notwendig die Anschauungen über das unbedingte Recht auf die Frucht im Mutterleibe aufheben.

In der ersten Zeit hatte dieser Standpunkt keinen sichtbaren Einfluß auf das staatliche Recht; denn selbst der christliche Justinian fand sich noch nicht veranlaßt, ihn bei der Kodifizierung des römischen Rechts zu berücksichtigen.

Die ethisch und faktisch klare, einschränkungslose Stellungnahme der frühen Kirche fand auf vielen Konzilien ihren Ausdruck. Für die Beurteilung der Natur des Verbrechens der Fruchtabtreibung hatte auch der Umstand eine sehr wichtige Bedeutung, daß dem Fötus die zur Seeligkeit notwendige Taufe entzogen wurde[2]).

Das Konzil zu Elvira verbot schon im Jahre 305, den des Abtreibens schuldigen Müttern auch in der Todesstunde das Abendmahl zu reichen: „si qua mulier per adulterium absente marito conceperit, idque post facinus occiderit; placuit, neque in finem danda esse communionem; eo quod geminaverit scelus“.

Das Konzil zu Ancyra im Jahre 314 bestrafte die Abtreiberin milder, nämlich mit einer zehnjährigen Buße.

Das Konzil zu Lerida im Jahre 524 bestimmte eine siebenjährige Buße und siebenjährige Verweigerung des Abendmahls:

„ut in utroque sexu adulteris post septem annorum curricula communio tribueretur; ita tamen ut omni tempore vitae suae fletibus et humilitate insisterent, ipsis veneficiis autem in exitu tantum, si facinora suaeomni tempore vitae suae deflevissent, communio tribueretur“.

---

[1]) Lactantius, De opific. Dei, Oxonii, C. 17, p. 833.

[2]) Dagobert. Cap. III, Tit. VII, Cap. 20: „Quod sine sacramento regenerationis (anima infantis) abortivo modo tradita sit ad inferos.“ Ferner Menochius, De arbitrar. judic. quaestionib. et causis Colon. Agr. 1599, p. 518 „ . . . ratione sacrosancti baptismatis habenda est major ratio animati foetus quam inanimati“. — Hieron. Florentini: Von zweifelhaften Menschengeburten etc. 1658, behauptete, was alle theologischen Fakultäten damaliger Zeit beschäftigte und bis an den Papst ging, daß die Taufe allezeit und auch dann einem Fötus nötig werde, wenn er kaum eines Gerstenkorns Größe hätte. Bullarium magnum, Lugd. 1655, T. II, p. 648. Bulle des Papstes Sixtus V. — Zachias, Quaest. medico-legal. Lips. 1630, Tit. II quaest IX, p. 202.

Hier wird also scharf unterschieden zwischen denjenigen, die ein Abortivmittel nehmen, und denjenigen, die es bereiten und geben. Die letzteren werden viel härter bestraft.

Das Konzil zu Konstantinopel (692) setzte Abtreibung und Totschlag gleich, „weil es keinen Unterschied mache, ob jemand einen erwachsenen Menschen töte oder ein Wesen in den Anfängen seiner Bildung, in der Zeit seiner Beseelung, wenn es sich noch in den Händen des Schöpfers befinde[1]).

Ein im Jahre 847 zu Mainz abgehaltenes Provinzialkonzilium stellte das Verbrechen der Abtreibung der Leibesfrucht zwischen Parricidium und Homicidium[2]).

Ebenso deutlich sprach sich das Konzil zu Worms im Jahre 868 aus. Es heißt im 31. Canon desselben: „Mulieres igitur, quae ante temporis plenitudinem conceptos utero infantes voluntate excutiant, ut homicidae procul dubio habendae sint."

Die Synoden zu Bamberg und Würzburg in den Jahren 1298, 1446 und 1491 und die „Casus reservati" 1687 exkommunizieren und verweisen diejenigen, welche „sterilitatem vel abortum mulierum quomodolibet procurant" unter die „Casus episcopo reservati".

Aber sicherlich schon lange vor dem Konzil von Konstantinopel war, wie man rückwärts aus den ältesten deutschen Gesetzen schließen kann, in die klare kirchliche Auffassung des Aborts als Mord ein dieselbe trübender Faktor eingetreten. Augustinus, der gegen Unfruchtbarmachung und Abort eiferte, hatte sich so darüber geäußert: „Soweit ist diese grausame Leidenschaft schon gediehen, daß man sich Gifte für die Sterilität besorgt und, wenn diese nicht helfen, man die empfangene Frucht auf irgendeine Weise innerhalb der Eingeweide tötet oder austreibt. Der Untergang des Embryo wird mehr gewünscht als sein Leben; wenn er bereits im Uterus gelebt hat, will man ihn nicht geboren lassen werden[3])."

Die Frage, wann der Fötus lebt oder beseelt ist, beantwortet er nicht, ja er bezweifelt an einem anderen Orte[4]), ob Menschen dies je werden feststellen können. Die Lösung dieser Frage wird aber doch

---

[1]) Petr. Aerodius, Lib. 8, rerum Judic. tit. 5, de venificiis.

[2]) Concilium Moguntinum I: Canon 20: „Parricidius severius poenitentia injungatur." — Canon 21: „Idem de mulieribus partum necantibus." — Canon 22: „Idem de homicidiis."

[3]) Augustini Opera, Paris. 1690. T. X, lib. I de Nupt. et concupiscentia. Cap. XV, p. 289.

[4]) Opera, T. VI, Enchirid. de fide spe et caritate. Cap. LXXXVI, p. 228. „Ac per hoc scrupulosissime quidem inter doctissimos quaeri ac disputari potest, quod utrum ab homine inveniri possit ignoro, quando incipiat homo in utero vivere, utrum sit quaedam vita et occulta quae nondum motibus viventis appareat."

auf Grund seiner Erläuterung der Bücher Mosis gegeben[1]). Die Verwendung der Übersetzung der Septuaginta, die zwischen einem Foetus formatus und non formatus unterscheidet, führt dazu, das durch Gratian (1150) im Decret[2]) formulierte Dogma auszusprechen: Derjenige begehe keinen Kindesmord, der den Abort veranlaßt, bevor die Seele dem Körper eingehaucht sei. Es sei aber die Seele (Leben) nicht früher im Fötus als der Körper gebildet sei, da ja auch Adam erst geformt und dann belebt worden sei. Daß Augustinus die Wertigkeit des geformten und ungeformten Fötus auch noch anderweitig hervorhob, beweisen seine Ausführungen über die Wiederauferstehung, die er der geformten Frucht noch gerade zukommen lassen will, der ungeformten aber ebensowenig wie vergossenem Samen[3]).

Selbstverständlich mußten, einer solchen Auffassung entsprechend, auch die für die Abtreibung festgesetzten Strafen sich wesentlich voneinander unterscheiden. Auch hier folgte man nicht eigener Überlegung, sondern der Tradition, die sich wiederum auf die eigentümliche Übersetzung der Septuaginta und die Erläuterung des Philo stützte:

„Wenn das Abgetriebene ungestaltet war, soll der Täter mit Geld bestraft werden, sowohl wegen der Mißhandlung, als auch wegen des Hindernisses, das er der Natur bei Gestaltung des Menschen, des schönsten Lebewesens, bereitet hat. War aber das Abgetriebene schon mit Gestalt versehen, besaß es bereits ordnungsmäßig seine Gliedmaßen und seine menschlichen Qualitäten, so soll der Übeltäter sterben."

Man erkennt, daß Philo zu dem Texte der Septuaginta noch ein begründendes Rankenwerk hinzutat, das weiter Zweifel erregen konnte.

---

[1]) Augustini Opera, Paris. 1680, T. III, Lib. II, Quaestion. in Exod., Quaest. LXXX, p. 448. Zugrunde gelegt wird folgende Bibelübersetzung nach der Septuaginta (vide vo her): „Si autem litigabunt duo viri et percusserint mulierem in utero habentem, et exierit infans ejus nondum formatus detrimentum patietur quantum indixerit vir mulieris et dabit cum postulatione." Alsdann fährt er folgendermaßen fort: „Quod vero non formatum puerperium noluit ad homicidium pertinere, profecto nec hominem deputavit quod tale in utero geritur. Hic de anima quaestio solet agitari (hiernach ist dies also eine alte Streitfrage) utrum quod formatum non est ne animatum quidem possit intelligi, et ideo non sit homicidium quia nec examinatum dici potest si adhuc animam non habebat."

[2]) Corpus juris canonici, Pars I, Decretum Gratiani, ed. Richter, Lips. 1836, Pars II, Causa XXXII, Quaest. II cap. VIII, IX, X, p. 974. ... „Si ergo illud informe puerperium jam quidem fuerit, sed adhuc quodammodo informiter animatum (quoniam magna de anima est quaestio) non est, praecipitanda indiscussa temeritate sententiae, ideo lex noluit ad homicidium pertinere, quia nondum dici potest anima viva in eo corpore, quod sensu caret."

[3]) Opera, T. VII, Cap. LXXXV, p. 228: „Si enim resurrecturos eos dixerimus, de iis qui jam formati sunt tolerari potest, utcunque quod dicitur: informes vero abortus quis non proclivius perire arbitretur, sicut semina quae concepta non fuerint?

Besonders zu bemerken ist jedoch, daß, während sich sowohl die Septuaginta als Philo nur auf den zufälligen, durch mechanische Gewalt bewirkten Abort beziehen, aber weder die beabsichtigte mechanische noch dynamische Fruchtabtreibung berücksichtigen, die Kirche jede Art des Zustandekommens von Abort mit der Erläuterung der Septuaginta deckte.

Das kanonische Recht nahm die Auffassung des Augustinus an. Um dieselbe praktisch durchzuführen, bedurfte es aber noch einer genauen Fixierung des Zeitpunktes, wann die Beseelung der ausgebildeten Frucht erfolge. Ein Knäuel willkürlicher Annahmen wurde hier von den Glossatoren des Justinianeischen und kanonischen Rechtes gewickelt, das zu zerstören erst spät, im vergangenen Jahrhundert gelang.

Hippokrates hielt für die Gestaltung des männlichen Embryo 30, des weiblichen 42 Tage für erforderlich. Aristoteles, der nicht von der Beseelung, sondern von der Bewegung des Fötus spricht, ist der Meinung, daß sich diese bei einem männlichen Fötus am 40., bei dem weiblichen am 90. Tage der Schwangerschaft einstelle, will dies aber nicht als sicher angesehen wissen. Diese Angabe wiederholt auch Plinius, und der Talmud[1]) meint: „Wenn jemandes Weib schon schwanger ist und er wollte dann erst Gott bitten, daß sie einen Sohn gebäre, dessen Gebet wäre vergeblich; doch dürfe man darum noch bitten bis zum 40. Tage." Auch Galen[2]) glaubte, die Frucht werde am 40. Tage nach der Konzeption belebt.

Wesentlich kam für die Festsetzung des Beseelungstermines wieder die Bibel[3]) in Frage. Eine Mutter solle nach derselben, wenn sie einen Knaben geboren hatte, nicht vor dem 40., und wenn sie ein Mädchen geboren, nicht vor dem 80. Tage im Tempel erscheinen.

Und zu dieser, zweifellos aus rein hygienischen Ursachen gegebenen Vorschrift, macht Johannes Teutonicus, der Glossator des Dekrets[4]) die „erklärende" Bemerkung, dies sei angeordnet, „quia tot diebus (40) mortuus est infans ante infusionem animae sed foetus femineus 80 diebus" und fügt ferner hinzu: „Die Seele wird dem männlichen Embryo früher als dem weiblichen eingehaucht."

Die Gelehrten des Talmud sehen diese Termine nur als für die definitive Ausbildung des Geschlechtes maßgebend an. Der größere Teil war sogar der Meinung, daß beide Geschlechter mit 41 Tagen differenziert seien.

---

[1]) Mischna Berachot c. 9, M. 3.
[2]) Galeni Opera, Lugduni 1643, lib. XV, cap. 5.
[3]) Leviticus Cap. 12, Vers 2.
[4]) Decretum Gratiani c. gloss. Basileae, pars I, dist. V.

Dem einzig widersprechenden R. Ismael wird in der Gemara ein historisches Experiment zur Widerlegung vorgehalten. Die Königin Cleopatra ließ zwei Mägde, die zum Tode verurteilt waren, schwängern, und als man die Früchte nach 41 Tagen untersuchte, war die eine männlich, die andere weiblich. Auf den Einwurf des R. Ismael, daß die mit dem weiblichen Kinde Schwangere dann wahrscheinlich schon 40 Tage vorher schwanger gewesen war, wurde ihm erwidert, daß die Magd der Sicherheit des Experimentes wegen vorher ein Abtreibungsmittel erhalten habe. Darauf erwiderte R. Ismael sehr richtig, daß manche Frau auf ein solches Mittel nicht reagiere.

Der Glossator des Justinianeischen Rechtsbuches, Accursius, kennt nur einen Termin der Beseelung, den 40. Tag. Er bemerkt zu der Stelle des Ulpian[1]): „Wenn es erwiesen ist, daß ein Weib ihrem Leibe Gewalt angetan und dadurch die Frucht abgetrieben hat, so solle sie verbannt werden": ante 40 dies, quia antea non erat homo; postea de homicidio tenetur secundum legen Moysis, vel legem Pompejam de parricidiis.

Die späteren Rechtslehrer folgten mit sehr wenigen Ausnahmen[2]) in der Berücksichtigung nur eines Termines für die Beseelung, der Accursischen Glosse. Freilich ist dieser Zeitpunkt nicht immer festgehalten und für ihn auch der 60.[3]) oder 80. oder 90. Tag, oder der Beginn der zweiten Hälfte der Schwangerschaft, wie z. B. in Sachsen, angenommen worden.

Die Unterscheidung zwischen belebter und unbelebter Frucht mit ihrer außerordentlichen Tragweite, fand selbstverständlich auch in den Dekretalen Platz, die auf der Höhe des Mittelalters das Weltrecht darstellten und ging in die weltlichen Gesetze, z. B. das fränkische über. Aber auch Widerspruch erhob sich gegen sie von seiten Denkender, die ihrer Zeit um Jahrhunderte voraus waren, z. B. vom heiligen Basilius, der sie ganz verwarf. Er begründete die unterschiedslose Bestrafung der Abtreiberinnen auch dadurch, daß meistens bei den Abtreibungsversuchen auch die Mütter zugrunde gingen[4]). Weder er noch Benedictus Levita, der auf die Vulgata zurückging, noch der

---

¹) Ulpian, l. c.

²) Menochius, l. c. Cas. CCCLVII, p. 518, hält die doppelten Termine für die Beseelung mit einer „anima rationalis" für richtig, und diese Bestimmung fand sich auch in der Const. Mediolanensis.

³) Zachias, l. c. Tit. II, quaest. IX, p. 205.

⁴) Basilius (Opera, Parisiis 1638, T. III, p. 22) in Epistola ad Amphilochium: „Quae de industria foetum corrupit caedis poenas luat; formati vel informis subtilitas a nobis non attenditur. Hic enim non solum quod nasciturum fuit vindicatur, sed etiam ipsa quae sibi insidias paravit, quoniam ut plurimum ejusmodi inceptis unaquoque mulieres intereunt."

Canon Wormatiensis, der sogar die Verhinderung der Konzeption bestrafte[1]), richteten mit ihrer Anschauung etwas aus.

Selbst der kluge Sixtus V. (1585—1590), der ganz allgemein den kriminellen Abort und die Unfruchtbarmachung, die damals häufig vorgekommen sein müssen, in einer besonderen Bulle[2]), soweit die Strafhöhe in Frage kommt, mit der für Tötung bestehenden gleichstellte, erreichte mit seiner Anschauung keinen dauernden Erfolg. Als Gründe der Strafbarkeit führt er an: das Ungetauftsein der Seelen, die Beleidigung Gottes, der von einem Geschöpf weniger angebetet wird, die Schädigung der Eltern, deren Hoffnung auf Nachkommenschaft dadurch betrogen wird und der Mord des Fötus, der ein der Welt nützliches Wesen und ein Gläubiger hätte werden können.

Schon drei Jahre später (1591) wurde das Wesentliche dieser Bulle, die Beseitigung des Strafunterschiedes, ob der Fötus belebt oder unbelebt sei, in Übereinstimmung mit der älteren kirchlichen Auffassung, wie sie z. B. durch Innocenz III. (1198—1216) in einer speziellen Entscheidung zum Ausdruck kam[3]), durch Papst Gregor XIV. wieder beseitigt[4]).

---

[1]) Concilii relat. Cap. V. „... Si aliquis... hominii aut mulieri aliquid fecerit vel ad potandum dederit, ut non possit generare aut concipere ut homicida teneatur." Vgl. auch die späteren Auseinandersetzungen hierüber.

[2]) Bullarium magnum roman. Luxemb. 1742. T. II, p.702, Bull. LXXXVII. Contra abortum quovis modo procurantes.

„Omnes et quoscunque, tam viros, quam mulieres, cujuscunque status, gradus, ordinis et conditionis, etiam clericos seculares, vel cujusvis ordinis regulares, quavis dignitate et praeeminentia, ecclesiastica vel mundana fulgentes, qui de cetero per se aut interpositas personas abortus, seu foetus immaturi, tam animati quam inanimati, formati vel informis ejectionem procuraverint, percussionibus, oneribus, laboribusque mulieri praegnanti impositis, ac aliis etiam incognitis vel maxime exquisitis rationibus ita ut re ipsa abortus inde secutus fuerit, ac etiam praegnantes ipsas mulieres, quae scienter praemissa fecerint, poenas tam divino, quam humano jure, ac tam per canonicas sanctiones et Apostolicas constitutiones quam civilia jura adversus veros homicidas, qui homicidium voluntarium actu et re ipsa patraverint, propositas et inflictas eo ipso incurrere hac nostra perpetuo valitura constitutione statuismus et ordinamus, ipsasque poenas, leges et constitutiones ad causas praefatos extendimus."

[3]) Innocentius III Priori et fratribus Carthusiensium. Sicut ex literarum vestrarum tenore accepimus, cum quidam presbyter vestri ordinis, qui prius fuerat niger monachus, quandam mulierem praegnantem, cum qua contraxerat consuetudinem inhonestam, et quae adserebat, se concepisse ex eo, per zonam adripuerit quasi ludens, ipsa per hoc sic se adseruit esse laesam, quod occasione hujus modo abortivit: propter quod idem presbyter proborum virorum usus consilio se ipsum duxit ab altaris ministerio sequestrandum (quare nobis humiliter supplicastis, ut cum eo agere misericorditer dignaremur): Nos vero devotioni vestrae insinuatione praesentium respondemus, quod si nondum erat vivificatus conceptus, ministrari poterit, alioquin debet ab altaris officio abstinere."

[4]) Bullarium magnum rom. T. II, p. 766. Bull. Moderatio constitution. a Sixto V edit.

Bis in das vorige Jahrhundert hinein haben diese falschen, zum Teil auf rein kirchlichen Beweggründen sich aufbauenden Anschauungen Geltung gehabt, und wenn hier und da der Versuch gemacht wurde, statt der willkürlichen Festsetzung eines Termins für die Beseelung die erste Bewegung des Fötus als Kriterium des beginnenden Lebens zu nehmen, so war damit ebensowenig der Boden gegeben, auf dem das Strafrecht, falls es seinen Zweck erfüllen soll, losgelöst von allen tendenziösen Rücksichten, auf Grund sicherer objektiver Ergebnisse die Übeltat ahnden konnte.

Es wurde bereits der außerordentlichen Macht gedacht, die das kanonische Recht über die Rechtsanschauungen der Welt beinahe 1500 Jahre hindurch gehabt hat. Es zeigt sich dieser Einfluß auch darin, daß die „leges Barbarorum", soweit sie den Abort behandeln, entweder bald durch das kanonische Recht verdrängt wurden und auf die weitere Gestaltung der Frage über die Fruchtabtreibung ohne jeden Einfluß blieben, oder Bestimmungen resp. Begriffe aufnahmen, die aus dem kanonischen Recht, d. h. in diesem Falle aus der Bibel stammten.

Die kirchlichen Strafen für den Abort waren stellenweis andere als die weltlichen und standen entweder allein in Geltung oder zusammen mit den weltlichen. In dem ältesten alemannischen Sakramentarium[1]), ungefähr aus dem Jahre 1000, finden sich in den Bestimmungen „de homicidio et sanguinis effusione sine morte, et qui parvulos oppressos hic qui sine baptismo moriuntur, et abortus et qui membra sua abscindunt et qui praebent ducatum barbaris" folgende Festsetzungen:

„Mulieres qui fornicantur et partes suas negant, et eas quae agunt ut uteros conceptos excutiant, antiqui patres instituerunt usque ad exitum vitae, nunc humanius adfinitum est, X annos peniteant."

„Mulier si occiderit filium suum in utero ante XL dies, annum I peniteat; si vero XL dies a conceptione, ut homicida peniteat III annos."

Die Strafen werden in der letzten Bestimmung nach dem Tage der Konzeption bestimmt — also vollkommen willkürlich, und als Mord nur der Abort nach dem 40. Tage angesehen!

An der Hand der folgenden Bestimmungen wird man die interessante Tatsache leicht verfolgen können, wie allmählich die materialistische, einer gewissen Geistesrichtung genehmste Auffassung der Abtreibung als einer Sachbeschädigung, die eine Restitution des beschädigten Objektes ausschließt, und deswegen entsprechend durch materiellen Ersatz gesühnt werden muß, der höheren rechtlichen und ethischen Auffassung des Embryo als Menschen wich, wie sie unsere Zeit geschaffen hat. Nicht etwa als ob ich meinte,

---

[1]) Monumenta veteris liturgiae alemannicae ed. Gerbertus 1779, Tom. II. Judicium poenitentis, p. 20.

daß die Empfindung breiter Volksschichten sich im Laufe der Jahrtausende trotz Religion und wachsender allgemeiner Kultur in bezug auf die Rechte des Fötus oder das Unethische der Abtreibung viel geändert habe — nur das Strafrecht an sich hat, bis zu einer gewissen Grenze, in der Auffassung des Verbrechens und des Objektes des Verbrechens erhebliche Fortschritte gemacht!

5. Das alte germanische, angelsächsische und das deutsche Recht alter und neuester Zeit.

Salische Gesetze[1]).

Diese unter den ersten Merovingern erlassenen Gesetze bestimmten bezüglich der Fruchtabtreibung:

XXVI. § 4. Si quis feminam genuinam gravidam trabattit et ipsa femina fuerit mortua XXVIII M. den., qui faciunt sol. DCC culpabilis judicetur.

§ 5. Si quis vero infantem in ventre matris suae occiderit VIII M. den., qui faciunt sol. CC.

Charakteristik: Voraussetzung des durch Gewalt verübten, beabsichtigten oder unbeabsichtigten Verbrechens ist, daß das Kind gelebt habe. Geldstrafen. Die Mutter ist dreiundeinhalbmal soviel als das Kind bewertet.

Alemannische Gesetze[2]).

Tit. XCI. Si quis mulieri praegnanti abortivum fecerit, ita ut jam cognosci possit, utrum vir an femina fuit; si vir debuit esse cum XII solidis componat; si autem femina cum XXIV. Si neutrum cognoscere potest, et jam non fuit formatus in lineamenta corporis cum XII sol. componat. Si amplius requiratur, cum sacramentalibus suis se idoniet.

Tit. LXXVII. Si qua mulier gravida fuerit et per factum alterius infans natus mortuus fuerit aut si vivus natus fuerit et octo dies non vivit, cui imputatum fuerit XL solidis solvat aut cum XII mediis electus juret.

Charakteristik: Abort durch mechanische oder dynamische Gewalt, die ein Dritter angewandt hat. Anklänge an den Begriff des Foetus formatus und nondum formatus des kanonischen Rechtes. Ein lebensfähiger Fötus kommt im ersten Gesetz nicht, wohl aber im zweiten in Frage, das ebenfalls teilweise an die bekannte Bibelstelle erinnert. Die Beschädigung der Mutter wird gar nicht in Betracht gezogen. Geldstrafen.

---

[1]) Lindenbrog, Codex legum antiquar. Francof. 1613, Lex Salica, p. 324. In Cap. XXI, § IV, wird auch eine Strafe für den ausgesetzt „qui mulieri herbas dederti ut infantes habere non possit.“

[2]) Ibid. Lex Alamannorum (ca. 600), p. 387.

Ripuarische Gesetze[1]).

Tit. XXXVI. § 10. Si quis partum in foemina interfecerit seu natum priusquam nomen habeat, C. solidis culpabilis judicetur. Quod si matrem cum partu interfecerit, septingentis solidis mulctetur.

Charakteristik: Herbeiführung des Aborts nur durch einen Dritten. Bedingung für die Geldstrafe ist ein tot zur Welt gekommenes Kind. Tod der Mutter wird siebenmal so hoch gesühnt als der der Frucht.

Longobardische Gesetze[2]).

Lib. I, Tit. VIII, cap. 18. Si quis percusserit ancillam gravidam et abortum fecerit, componat solid. tres. Si autem ex ipsa percussura mortua fuerit, componat eam, simul et quod in utero ejus mortuum fuerit.

Lib. I, Tit. IX, cap. 4. Si infans in utero matris suae nolendo ab aliquo occisus fuerit, si ipsa mulier libera est, et evaserit, appretietur ut libera secundum nobilitatem suam: medietatem quo ipsa valuit, et infans ipse componatur. Nam si ipsa mortua fuerit, comp. ipsam secundum generositatem suam: excepto qui in utero ejus mortuus fuerit, comp. ut supra cessante faida, quia nolendo fecit.

Charakteristik: Abort nur durch äußere Gewalt. Unterscheidung des Standes der Schwangeren (Unfreie und Freie) für die Höhe der Geldstrafe. Die fruchtabtreibende Mutter unberücksichtigt. Der erste Teil erinnert auch in der Fassung an das biblische Gesetz, in dem zweiten findet die Unabsichtlichkeit der Tat ausdrückliche Berücksichtigung.

Bajuvarische Gesetze[3]).

Tit. VII, cap. 18. Si qua mulier alii potionem dederit, ut avorsum faceret, si ancilla est, CC. flagella suscipiat, et si ingenua, careat libertate, servitio deputanda cui Dux jusserit.

T. VII, cap. XIX. 1. Si quis mulieri ictu quolibet avorsum fecerit, si mulier mortua fuerit, tanquam homicida teneatur.

2. Si autem tantum partus extinguitur, si adhuc partus vivus non fuit, XX sol. componat.

3. Si autem jam vivens fuit, weregildum persolvat LIII solid. et tremissem.

4. Si avorsum fecerit, in primis XII solid. cogatur exsolvere: deinde ipse et posteri sui per singulos annos, id est, autumnos singulos sol. usque in septimam propinquietatem de patre in filio.

5. Et si neglectum unius anni fecerint, tunc iterum XII solid. solvere cogantur et deinceps ordine praefato, donec series rationabilis impleatur.

T. VII, cap. XX. Propterea diuturnam judicaverunt antecessores nostri compositionem et judices, postquam religio christianitatis inolevit in mundo. Quia diuturnam, postquam incarnationem suscepit anima, quamvis ad nativitatis lucem minime pervenisset, patitur poenam; quia (anima) sine sacramento regenerationis abortivo modo tradita est ad inferos.

T. VII, cap. XXI. 1. Si vero ancilla a quacunque persona debilitata fuerit, ut avorsum faceret, si adhuc vivus non fuit, cum IV solid. componat.

2. Si autem jam vivus, X solid. componat. Ancillae domino reformentur.

---

[1]) Lindenbrog, Lex Ripuariorum, p. 456.

[2]) Lindenbrog, l. c. Leges Longobardorum (ca. anno 643), p. 525 u. 526.

[3]) Ibid. Lex Bajuvariorum (ca. 7. Jahrh.), p. 416, 417.

Charakteristik: Beeinflussung durch die Konzilbeschlüsse. Schwerere Bestrafung sowohl der durch ein Weib herbeigeführten vorsätzlichen Abtreibung durch Gifte (Körper- und Freiheitsstrafen), als auch der unabsichtlichen, durch äußere Gewalt entstandenen (einmalige oder fortdauernde Geldbuße bis zum siebenten Gliede der Nachkommenschaft). Tod der Mutter ist Mord. Unterscheidung zwischen Foetus animatus und nondum animatus. Fruchtabtreibende Mutter unberücksichtigt.

Westgothische Gesetze[1]).

Lib. VI, Tit. III, cap. 1. Si quis mulieri praegnanti potionem ad avorsum aut pro necando infante dederit, occidatur: et mulier quae potionem ad avorsum facere quaesivit, si ancilla est, CC flagella suscipiat; si ingenua, careat dignitate personae et cui jusserimus servitura tradatur.

Tit. III, cap. 2 (Antiqua). Si quis mulierem gravidam percusserit quocunque ictu, aut per aliquam occasionem mulierem ingenuam avortare fecerit et exinde mortua fuerit, pro homicidio puniatur. Si autem tantummodo partus excutiatur, et mulier in nullo debilitata fuerit, et ingenuus ingenuae hoc intulisse cognoscitur, si formatum infantem extinxit, CCL solidos reddat: si vero informem, centum solidos pro facto restituat.

Tit. III, cap. 3 (Antiqua). Si mulier ingenua per aliquam violentiam aut occasionem ingenuae partum excusserit, aut ex hoc debilitasse cognoscitur, sicut et ingenui superioris dampni poena mulctetur.

Tit. III, cap. 4 (Antiqua). Si ingenuus ancillam avorsum fecerit pati, XX solidos domino ancillae cogatur inferre.

Tit. III, cap. 5 (Antiqua). Si servus ingenuae partum excusserit, ducentenis flagellis publice verberetur, et tradatur ingenuae serviturus.

Tit. III, cap. 6 (Antiqua). Si ancillam servus avortare fecerit, decem solidos dominus servi, ancillae domino dare cogatur; et ipse servus ducenta insuper flagella suscipiat.

Tit. III, cap. 7[2]). Nihil est eorum pravitate deterius, qui pietatis immemores, filiorum suorum necatores existunt. Quorum quia vitium per provincias regni nostri sic inolevisse narratur, ut tam viri quam feminae scleris hujus auctores esse reperiantur. Ideo hanc licentiam prohibentes decernimus: ut seu libera seu ancilla natum filium filiamve necaverit; sive adhuc in utero habens, aut potionem ad avorsum acceperit, aut aliquo quocunque modo extinguere partum suum praesumpserit, mox provinciae judex, aut territorii, ut tale factum repererit, non solum operatricem criminis hujus publica morte condemnet: aut si vitae reservare voluerit, omnem visionem oculorum ejus non moretur extinguere. Sed etiam si maritum ejus talia jussisse vel permisisse patuerit, eundem etiam vindictae simili subdere non recuset.

Charakteristik: Teilweise Beeinflussung durch römische und kirchliche Auffassung. Schadenersatz neben barbarischen Abschreckungsstrafen.

---

[1]) Lindenbrog, l. c. p. 126. Leges Wisigothorum (ca. 600—700). Tit. III. De excutientibus partum hominum.

[2]) Gesetz des Königs Chindaswind († 652), der in dem von den Westgothen unterworfenen Teile Spaniens herrschte.

Alte Gesetze: Todesstrafen für den Abtreiber durch Gifte, Körper- resp. Freiheitsstrafe für die die Abtreibung wünschende Mutter. Besonders ist darauf aufmerksam zu machen, daß die Abtreibung an sich, d. h. auch einer lebensfähigen Frucht, bestraft wird, wie die Abtreibung einer getöteten resp. tot zur Welt kommenden. Abort durch mechanische Gewalt, je nachdem es sich um verursachende oder leidende Freie oder Unfreie handelte, mit Geld-, Körper- oder Freiheitsstrafe, der Tod der Mutter wie Mord gesühnt. Foetus formatus ist zweieinhalbmal so hoch wie non formatus bewertet.

Neueres Gesetz: Subjekt des Verbrechens: die Mutter oder ein Dritter. Dolus der verheirateten Frau vorausgesetzt. Gleichstellung aller Abtreibungsmethoden. Strafbarkeit des Versuches. Veranlassender oder mitwissender Mann ebenso mit Tod oder Blendung bestraft.

Friesisches Recht[1]).

Obschon das friesische Recht eingehende Verordnungen gegen das homicidium hat, berücksichtigt es die Verletzung der Schwangeren gar nicht. Ja, es rechnet sogar „infantem ab utero sublatum et enecatum" zu den Lebewesen, die ohne Sühne getötet werden können.

Fränkisches Recht[2]).

Die Kapitularien der fränkischen Könige enthalten eigentümlicherweise keine originären Bestimmungen gegen die Fruchtabtreibung. Soweit Verfolgung und Bestrafung derselben überhaupt eintraten, wird wohl das kanonische und römische Recht angezogen worden sein. In dem von Benedictus Levita verfaßten sechsten Buche der Kapitularien, mit der Überschrift: „Nonnulla capita legis divinae", findet sich die bekannte Bibelstelle der Vulgata ähnlich übersetzt:

Lib. VI, cap. XII. Si rixati fuerint homines et percusserit quis mulierem praegnantem, et abortivum fecerit, si ipsa vixerit, subjacebit damno, quantum expetierit maritus mulieris, et arbitri judicaverint.

Lib. VI, cap. XIII. Si autem mors ejus fuerit subsecuta, reddet animam pro anima, oculum pro oculo dentem pro dente, manum pro manu, pedem pro pede, adustionem pro adustione, vulnus pro vulnere, livorem pro livore.

Angelsächsisches Recht[3]).

Unter allen noch vorhandenen angelsächsischen Gesetzen, von denen des Heiden Aethebirht (560) an bis zu denen Wilhelms des Eroberers (1066—1087), findet sich nur eine Bestimmung, die auf Abort

---

[1]) Lindenbrog, l. c., p. 493, Lex Frisonum. Titul. V.

[2]) Ibid. p. 984. Karoli Magni (768—814) et Hludovici Pii (814—840) Capitula ab Ansegiso Abbate et Benedicto Levita.

[3]) Schmid, Die Gesetze der Angelsachsen. 2. Aufl. 1858, S. 77.

Bezug hat, in des Königs Aelfreds Gesetzen (871—901). Der Einfluß der Kirche ist daran sichtbar, daß denselben der Dekalog und fast alle sozialen Gesetze der Bibel vorgesetzt sind.

Cap. 18. Einleitung. Wenn jemand im Streite ein schwangeres Weib verletzt, so büße er den Schaden, wie ihm die Richter verschreiben. Wenn sie tot ist, gebe er Seele um Seele.

Leges Anglicae. Cap. IX. Si quae femina praegnans occidatur, dum puer in ea sit, solvatur ipsa pleno gildo, secundum weram patris, et partus dimidio gildo, secundum weram patris.

Charakteristik: Reiner Geldersatz für die Tötung der schwangeren Frau und ihres Fötus. Trotz der Kenntnis der Bibelstelle wurde also diese Tötung nicht mit dem Leben des Mörders gesühnt.

Die Sammlung Fleta[1]).

Lib. I, cap. 23, § 10. Qui etiam mulierem praegnantem oppresserit, vel venenum dederit vel percusserit ut faciat abortivum, vel non concipiat, si foetus erat jam formatus et animatus, recte homicida est.

§ 12. Item facit homicidium mulier quae puerum animatum per potationem et hujusmodi in ventre devastaverit.

Charakteristik: Subjekt des Verbrechens: Ein Dritter oder die Mutter selbst. Objekt, wie nach strengem kanonischen Recht, nur ein Foetus formatus und animatus. Gleichstellung dynamischer und mechanischer Mittel. Bestrafung des Abortes wie Mord. Geldstrafe ganz ausgeschlossen.

Das Schweigen des Sachsen- und Schwabenspiegels über die Kindesabtreibung erklärt sich wohl zwanglos aus der Lückenhaftigkeit des dargestellten Materials. Ein Nichtvorkommen dieses Verbrechens wegen hoher Volkssittlichkeit ist auszuschließen, da die früheren und späteren Gesetze mit ihren zum Teil sehr harten Strafbestimmungen für dasselbe erkennen lassen, daß in der dazwischenliegenden Zeitenklave eine solche Hebung der Ethik und Moral bei wenig veränderten sozialen Verhältnissen nicht plötzlich entstanden und wieder verschwunden sein kann.

Ähnlich verhält es sich mit den Gesetzen des Kaiser Friedrich II. (1212—1250), der in der Constitutio Sicularum[2]) sogar den Verkauf, Kauf und das Verabfolgen von Liebestränken oder von Medikamenten „ad alienandos animos" oder schädlichen Speisen schwer ahndet, aber die Abtreibung unberücksichtigt läßt. Erst viel später (1533) wird in der Carolina eine Strafnorm, die der Bambergischen peinlichen Gerichtsordnung wörtlich entnommen ist, hierfür aufgestellt.

---

[1]) Fleta, seu Commentar. Juris anglicani, Londini 1647, p. 34; soll die englischen Gesetze unter Eduard I. (1272—1307) umfassen.

[2]) Constitutionum Napolitanar. sive Sicularum libri tres, Lib. III, Tit. XLI u. Tit. XLII, cap. 1—3.

Bambergische Peinliche Hals - Gerichtsordnung[1]).

Art. CLVIII. Item / So jemannd einem Weibsbilde durch Bezwang / Essen oder Trinken / ein lebendig Kind abtreibt . . . so solches Uebel ein Mannsbild thut / der ist mit dem Schwerdt (als ein Todtschläger) zum Todt zu straffen / so der eines williger bosshafftiger Weis geschieht / thäte es aber ein Weibsbild / an ihr selbst oder einer andern / die soll ertränkt / oder sonst zum Tode gestrafft werden / so aber ein Kind (das noch nicht lebendig wäre) von einem Weibsbilde getrieben wurde / sollen die Urtheyler der Straff halb Raths pflegen.

Peinliche Gerichtsordnung Kaisers Carl V.

Art. CXXXIII. Item so jemandt eynem weibssbild durch bezwang, essen und drincken, eyn lebendig kindt abtreibt, wer auch mann oder weib unfruchtbar macht, so solch übel fürsetzlicher vnd bosshafftiger weiss beschieht, soll der Mann mit dem Schwert, als eyn todschläger, vnd die fraw so sie es auch an jr selbs thette, ertrenckt oder sunst zum todt gestrafft werden. So aber eyn kind, das noch nit lebendig wer, von eynem weibssbild getriben würde, sollen die vrtheyler der straff halber bei den rechtuerstendigen oder sunst wie zu end dieser Ordnung gemelt, radts pflegen.

Charakteristik: Keine wesentlich neuen strafrechtlichen Gesichtspunkte. Subjekt des Verbrechens die Mutter selbst oder ein Dritter (Mann oder Weib). Dolus vorausgesetzt. Kulpöse Abtreibung straffrei. Es wird ein Foetus animatus und nondum animatus des kanonischen Rechtes, oder vielleicht besser ein Foetus vivificatus und nondum vivificatus nach der Auffassung des Decretale des Papstes Innocenz unterschieden. Versuch des Verbrechens sowie Beihilfe unberücksichtigt.

Man sieht in dieser gesetzlichen Bestimmung der Carolina außer manchen Unklarheiten, die bereits in den Leges Wisigothorum beseitigt worden waren, noch die gleichen Hindernisse für die Rechtsprechung wie vordem bestehen. Da die Abtreibung an sich, d. h. die Unterbrechung des Werdeprozesses eines Menschen hier nicht bestraft werden soll, sondern nur die vorzeitige Austreibung eines lebendigen Kindes, so war dem Richter die freie Entscheidung darüber gestattet, sich den Zeitpunkt der Belebung nach eigener Auffassung zu konstruieren, oder diejenige des kanonischen Rechtes resp. eine Modifikation desselben anzunehmen. Das letztere wird wohl stets der Fall gewesen sein, und er den 40. Tag als Belebungstermin oder, wie es später geschah, den Beginn der zweiten Hälfte der Schwangerschaft als Termin dafür angenommen haben. Damit ist aber dieser Bestimmung der Carolina der Stempel einer gewissen Rückständigkeit aufgedrückt, die noch Jahrhunderte lang nachgewirkt hat, und die hätte vermieden werden können, wenn z. B. nur die Auffassung des heiligen Basilius berücksichtigt worden wäre:

„Quae de industria foetum corrumpit, caedis poenas luat; formati vel informis subtilitas a nobis non attenditur."

---

[1]) Bamberg. Peinl. Halsgerichts-Ordnung, 1580, S. 77.

Auch die Feststellung einer arbiträren Strafe für ein nicht lebendiges Kind konnte der Willkür Tür und Tor öffnen. Es haben besonders ältere Juristen[1]) versucht, den klaren Sinn dieser Grundlage der Bestimmung über den Abort durch Deuteln zu verändern, indem sie meinten, daß zum Tatbestande des Verbrechens hiernach nur gehöre, daß das Kind tot zur Welt gekommen sei. Es kann dies nicht richtig sein, wenn man die historische Entwicklung der strafrechtlichen Anschauungen über den belebten und unbelebten Fötus verfolgt. Die Carolina steht mitten in dem Bannkreis der alten Anschauungen darüber. Daß die dynamischen Abortivmittel berücksichtigt wurden, ist nicht als Fortschritt anzusehen. Selbst diese Feststellung hat Präzisionsmängel; denn die Ausdrücke „essen und drincken“ konnten sowohl auf feste und flüssige Gifte als auch auf Nahrungs- und Genußmittel bezogen werden, und auch dadurch unsubstantiierte Anklagen erhoben werden, falls Böswilligkeit eine Anklage wegen doloser Abtreibung veranlaßte, wo die Absicht einer solchen nicht vorhanden war.

Inwieweit die Carolina in späterer Zeit die partikularen Gesetzgebungen in Deutschland beeinflußt hat, wird aus den folgenden Mitteilungen zu ersehen sein.

Die Kurpfälzische Malefitz-Ordnung von 1582, Tit. XXI, übernahm die Bestimmung der Carolina ganz, ebenso das Markgräflich baaden-durlachische Landrecht (Th. VII, Tit. XIX), ferner die Nassau-Catzenelnbogische Policey-Ordnung (Th. I, § 54).

Kurfürstlich Sächsische vierte Konstitution[2]).

Pars IV, Constit. IV. Wann vorsetziglich durch Getränke oder sonsten Leibesfrüchte, die da im Mutterleibe lebendig gewesen, abgetrieben, so soll die Missethäterin am Leben, und die, so darzu mit Tränken oder in anderer Gestalt geholffen, mit dem Schwerdt gestraffet werden. Da aber die Frucht nicht gelebt, und solches noch unter der Helffte nach der Empfängnüss geschehen, oder aber das, was zum Abtreiben genommen, keine Würckung gehabt, oder das Abgetriebene kein Kind gewesen, so soll sie willkührlich mit Stauppenschlägen, Verweisung oder Gefängnüss nach gestalt der Verbrechung, gestrafft werden.

Charakteristik: Ein kriminalistischer Fortschritt der Bestrafung der Abtreibung an sich, der Berücksichtigung der Qualität des Mittels und der Austreibung einer Mole, trotz der Beibehaltung eines Termins für das „Lebendigsein“ des Fötus, der durch die gefühlte Bewegung des letzteren gegeben ist. Dolus vorausgesetzt. Tat und Beihilfe zum vollendeten Verbrechen mit dem Tode, das unvollendete gleichfalls geahndet.

---

[1]) Spangenberg, l. c., S. 45 u. ff.

[2]) Erläuterungen hierzu in Carpzow, Jurisprud. Forensis Romano-Saxonica, Lips. 1694, S. 1303.

Reformierte Brandenburgische Peinliche Halß - Gerichts-Ordnung (1709).

CLIX 132. Straff der jenen / so schwangeren Weibsbildern Kinder abtreiben. Item / so jemand einem Weibsbild durch Bezwang / essens oder drinkens / ein lebendig Kind abtreibt: Wer auch Mann oder Weib unfruchtbar macht / so solches Uebel ein Mannsbilde thut / der ist mit dem Schwerd (als ein Todtschläger) zum Tod zu zustraffen / so der eines williger / boßhafftiger Weiß geschieht. Thäte es aber ein Weibsbilde / an ihr selbst / oder einer andern / die soll ertränckt / oder sonst zum Tode gestrafft werden. So aber ein Kind / das noch nicht lebendig wäre / von einem Weibsbilde getrieben würde, / sollen die Urtheiler der Straff halben Raths pflegen.

Ordinationes Medicae Borussicae.

In der Ordnung, wonach die Hebeammen sich zu verhalten. No. 8.

Wiewol die Hebeammen ihr eigenes Gewissen dessen belehren sollte, jedennoch weil es leider die Erfahrung giebt, dass solches von vielen aus den Augen gesetzet wird: als wird denenselben nochmals aufs schärfste untersagt, keines weges sich zu unterstehen einiger Person, sie sey ledig oder everehliget einig medicament, Tranck, Pulver oder wie dasselbe Namen haben mag, dadurch eine Frucht im Mutterleib könnte gefehret, getödtet früh oder spat, lebendig oder todt abgetrieben werden, zu bereiten oder bereiten zu lassen, auszugeben oder Rath dazu zu geben, bei Verlust ihrer Bedienung, Ehren und anderwärter schwerer unnachlässiger Strafe an Geld und Gut, ja nach befinden an Leib und Leben.

Statuta und Willkür des Reiches Stadt Mülhausen (1692).

Buch V, Art. 15. § 1. Wenn eine Weibsperson von ihr selbst zubereitete oder andern ihr gegebene Kräuter und Getränke zur Abtreibung ihrer Leibes-Frucht genommen und gebraucht, solche aber keine Wirkung gehabt, sondern sie das Kind gleichwohl lebendig zur Welt geboren, so soll die, welche die Kräuter oder Getränke, zu obigem Ende bereitet, und gegeben, wie auch die, so selbige, oder auch die selbst angeschafte, willig genommen und gebrauchet, nach Erkändniss mit oder ohne Staupenschlag, solcher Misshandlung halber verwiesen werden.

§ 2. Thäte es das Weib an ihr selber soll sie gleiche, oder auch wohl die Ertränckungs-Straffe zugewarten haben.

§ 3. Da es aber noch unter fünf Monaten, und die Frucht vermuthlich noch nicht lebendig gewesen so soll die Misshandelnde Person nach Erkänntnüss der Rechts-Verständigen darumb gestraffet werden.

Charakteristik: Feststellung des 5. Schwangerschaftsmonats als Belebungstermin des Fötus. Arbiträre Bestrafung der Abtreibung vor diesem Termin. Bestrafung des Versuches und der Beihilfe, evtl. schwerer, wenn die Mutter selbst den Abort herbeigeführt hat.

Gegen Ende des 17. Jahrhunderts strafte man auch schon die intellektuellen Urheber des Abortes, z. B. die Mutter, die die Tochter durch ihre Autorität zur Ausführung veranlaßte.

Codex Juris Bavarici criminalis (1751).

Th. 1, Cap. 3. § 20. Jenen, welche ihre lebendige Leibesfrucht nach halber Zeit der Schwangerschaft, und da sie von dem Leben des Kindes durch Rührung desselben, bereits genugsame Zeichen gehabt, durch Arzeney oder andere Mittel fürsetzlich oder boshafter Weis abtreiben und todt zur Welt bringen, werden mit dem Schwert bestrafft. Kommt aber das abgetriebene Kind gleichwohl lebendig zur Welt, so greifft nur eine willkührliche Straffe Platz, welches auch statt hat, wo die Abtreibung vor halber Zeit, oder zwar nach derselben; jedoch mehr aus Versehen als bösen Fürsatz, geschiehet.

§ 22. Wer sein Eheweib, oder auch eine von ihm ausser der Ehe bekanntlich geschwängerte Person, in gefährlicher Meinung und Absicht auf die Leibesfrucht dergestalt hart schlagt, wirft, stosset oder übel tractiret, dass das Kind dadurch abgetrieben, und todt zur Welt gebracht wird, der ist als ein Kindesmörder mit dem Schwerdt hinzurichten.

Charakteristik: Subjekt des Verbrechens ist das Eheweib oder eine außerehelich Geschwängerte. Feststellung der Belebung durch die Aussage über die wahrgenommene Bewegung. Todesstrafe bei erfolgter doloser Abtreibung eines toten Kindes, eine arbiträre Strafe, wenn das Kind lebendig geboren wird. Arbiträr strafbar ist hier zum ersten Male der versehentliche Abort durch dynamische Mittel, ebenso wie der Abort vor der halben Schwangerschaft.

Peinliche Gerichts-Ordnung Maria Theresia's (1768).

Art. 88. § 1. Die vorsetzliche Abtreibung der Leibesfrucht ist in der Folge ebenfalls dem Todtschlag gleich zu achten, und hiemit Landgerichtlich zu verfahren, wenn nämlich erstlich: eine Weibsperson ihre selbst eigene Leibesfrucht, es seye auf was Weise es immer wolle; oder andertens: eine andere Person einem schwangeren Weibsbild durch Zwang, Essen, Trinken, Aderlassen, Arzneyen, und dergleichen eine lebendige Frucht vorsetzlich abtreibt — nicht weniger viertens: da wer wissentlich darzu Arzneyen verkauffet, oder sonst gefährlicher Weise mit Rath und That zu solchen — Entzweck beywirket.

§ 4. Zur Bestraffung dieser Missethat setzen, und ordnen Wir, dass nach erhaltener Bekanntniss, oder rechtlicher Ueberweisung, und aller Orten eingeholtgenugsamer Erkundigung die oben § 1 angemerkte Thätern, es seye ein Manns- oder Weibsbild, wenn sie in der gerichtlichen Bestättigung darauff beharren, mit dem Schwerd hingerichtet werden sollen.

Charakteristik: Bestrafung der Abtreibung an sich ohne Rücksicht auf den Zustand des Fötus. Als Subjekt des Verbrechens gilt hier zuerst, außer der abtreibenden Mutter oder einer anderen direkt, d. h. leiblich beteiligten Person, noch jeder, der wesentlich Beihilfe zu dem vollendeten Verbrechen der Abtreibung sowohl einer lebenden als toten Frucht durch Rat und Tat — eine gefährliche Fassung — geleistet hat. Alle trifft die Todesstrafe. Weitgehendste und grausamste aller Gesetzbestimmungen über Abtreibung, die in jener Zeit bestanden.

Neue Criminalordnung für Toskana (1786).

Art. 71. Die Mütter, welche die empfangene Frucht abgetrieben haben, und alle ihre Gehülfen und Mitschuldige, so auch diejenigen, die ihnen Gewalt angethan, oder andere Mittel angewandt haben, in der sträflichen Absicht sie abortieren zu machen, wenn diese Wirkung in der That erfolgt ist, und es sich ergiebt, dass der Abortus durch Veranlassung desjenigen, der darauf abgezweckt hat, geschehen sey, sollen der Strafe der Mörder unterworfen werden.

Erfolgte aber der Abortus nicht, oder es bliebe, wenn er auch erfolgt wäre, noch ein Zweifel übrig, ob die darauf abgezielte Thatsache ihn wirklich verursacht habe, so soll die Strafe dafür, weil es dann nur für ein attentirtes Verbrechen zu halten wäre, bei Weibspersonen in der Einkerkerung auf gewisse Zeit, und bei Mannspersonen in der Verbannung, auch auf gewisse Zeit bestehen. Auch soll es nur als ein homicidium culposum angesehen werden, wenn Jemand eine Weibsperson schlägt, oder ihr aus Unerfahrenheit irgend eine Speise, Getränk oder Arznei giebt, wodurch ohne seine Absicht ein Abortus verursacht worden.

Charakteristik: Unterschiedslosigkeit ob das Rechtsgut tot oder lebendig war, oder tot oder lebendig zutage trat. Der zweite Absatz ist kritiklos und öffnet der Willkür der Beurteilung Tür und Tor. Drakonische Härte bei mangelnder scharfer Umgrenzung und innerer Begründung der Treffweite der Strafe.

Mit dem Erscheinen der Josephiana, des Strafgesetzbuches Josephs II., beginnt die strafrechtliche Auffassung der Fruchtabtreibung teilweise in eine neue Bahn gelenkt zu werden. Die Bestimmungen sind nicht mehr summarisch.

Allgemeines Gesetz über Verbrechen und deren Bestrafung (13. Januar 1787).

§ 112. Eine Weibsperson, welche weiss, dass sie schwanger ist und geflissentlich was immer für eine Handlung unternimmt, welche die Abtreibung der Frucht verursachen oder ihre Entbindung auf eine solche Art bewirken kann, dass das Kind todt zur Welt kömmt, macht sich eines Kriminalverbrechens schuldig, was für ein Beweggrund immer dieses Laster veranlasset habe.

§ 113. Die Strafe der Abtreibung ist im ersten Grade zeitliches aber hartes Gefängniss und öffentliche Arbeit. Diese Strafe ist bey verehelichten Weibspersonen stets zu verschärfen.

§ 114. Mitschuldige an diesem Verbrechen sind, die die Mittel zur Abtreibung angerathen, solche zu dieser Absicht herbeygeschaffet, oder sonst auf was immer Art mit Wissen dazu beigetragen haben. Diese Mitschuld mag auf Verlangen der Weibsperson, oder ohne dasselbe geschehen seyn.

§ 115. Die Strafe der Mitschuld an diesem Verbrechen ist im ersten Grade zeitliches gelinderes Gefängniss (1 Monat bis 5 Jahre nach § 23), und öffentliche Arbeit. Diese Strafe ist zu verschärfen, wenn der Theilnehmer der Vater des abgetriebenen Kindes zu seyn überwiesen wird.

Charakteristik: Humanere, rationelle Auffassung der Abtreibung. Ausschluß der Todesstrafe. Bestrafung nur des vollendeten Verbrechens, das in der Abtreibung und in dem Zutagefördern einer toten Frucht besteht. Tauglichkeit der Mittel vorausgesetzt. Beihilfe besteht in aktuellem oder auch konsultativem Eingreifen.

Allgemeines Preussisches Landrecht (1794).

Th. II, Tit. 20. § 985. Weibspersonen, welche sich eines Mittels bedienen, die Leibesfrucht abzutreiben, haben schon dadurch Zuchthausstrafe auf 6 Monate bis auf 1 Jahr verwirkt.

§ 986. Ist durch solche Mittel eine Leibesfrucht innerhalb der ersten 30 Wochen der Schwangerschaft wirklich abgetrieben worden, so soll die Thäterin mit Zuchthausstrafe auf 2 bis 6 Jahre belegt werden.

§ 987. Hat aber eine Weibsperson durch dergleichen oder andere gewaltsame Mittel den Tod nach der 30. Woche ihrer Schwangerschaft befördert, so soll dieselbe 8 bis 10 jährige Zuchthausstrafe leiden.

§ 988. Wer durch schädliche Medizinen oder auf andere Art zur Abtreibung eines Kindes vorsätzlich Hülfe leistet, wird mit gleicher Strafe wie die Mutter selbst bestraft.

§ 989. Personen, welche sich schon mehrere solcher Verbrechen schuldig gemacht haben, sollen, wenn sie auch dafür noch nicht bestraft worden, zur Staupe geschlagen und lebenslang auf die Festung gebracht werden.

§ 990. Ist die Abtreibung ohne Wissen und Willen der Mutter veranstaltet, so hat der Thäter 10 jährige bis lebenswierige Festungsstrafe verwirkt.

Charakteristik: Rückschritt gegenüber der Josephina. Ausschließung der Todesstrafe. Dauer der im ganzen schweren Freiheitsstrafen bei vollendetem Verbrechen verschieden lang, je nach dem Alter des Fötus. Dolose Beihilfe zum vollendeten Verbrechen wird wie dieses, und Rückfälligkeit, sowie Abtreibung ohne Einwilligung der Schwangeren schwerer wie die einmalige Handlung bestraft. Auch der folgelose Versuch ist strafbar.

Gesetzbuch Franz II. (1803).

Die gesetzlichen Bestimmungen über Abort decken sich bis auf die Festsetzung der Strafe, die hier im Detail durchgeführt ist, mit der Josephina. In den §§ 128—132 wird der Versuch der Abtreibung mit Kerker von 6 Monaten bis zu 1 Jahre, die wirklich stattgefundene Abtreibung mit Kerker von 1—5 Jahren bestraft. Dieselbe Strafe, jedoch mit Verschärfung, trifft den Vater des Kindes, wenn derselbe an dem Verbrechen beteiligt war. Wer ohne Wissen der Mutter oder wider ihren Willen Abort hervorruft oder den Versuch dazu macht, wird mit hartem Kerker von 1 bis zu 5 Jahren, und wenn dadurch Gefahr für ihr Leben oder ein Nachteil an ihrer Gesundheit verursacht ist, mit hartem Kerker von 5 bis zu 10 Jahren bestraft.

Strafgesetzbuch für das Königreich Bayern (1813).

2. Buch. 1. Tit. 1. Kap. Art. 172. Wenn eine Mutter, welche mit einem unzeitigen oder todten Kinde niedergekommen ist, zuvor äussere oder innere Mittel, welche eine zu frühzeitige Entbindung oder den Tod der Frucht im Mutterleibe bewirken können, in rechtswidrigem Vorsatze angewendet hat, so ist dieselbe der Strafe vier- bis achtjährigen Arbeitshauses unterworfen.

Art. 173. Gleicher Strafe macht sich theilhaftig I. jeder Andere, welcher an einer Schwangeren solche Handlung (Art. 172) vorgenommen hat. Wenn aber II. eine solche Handlung wider Willen der Mutter geschehen ist, so soll der Verbrecher schon wegen der blossen Anwendung abtreibender Mittel ohne Erfolg, mit der im Art. 172 angedrohten Strafe; und III. wenn zugleich die Mutter dadurch in Lebensgefahr gesetzt, oder ein andauernder Nachteil an ihrer Gesundheit gestiftet worden, mit sechzehn- bis zwanzigjährigem Zuchthause bestraft werden. Ist endlich IV. der Tod der Mutter daraus entstanden, so hat der Täter das Leben verwirkt.

Art. 57. Ein Versuch ist vorhanden, wenn eine Person, in der Absicht, ein Verbrechen zu begehen, äusserliche Handlungen vorgenommen hat, welche auf Vollbringung oder Vorbereitung desselben gerichtet sind.

Art. 58. Der Versuch ist von aller Strafe frei: wenn der Handelnde an der Vollbringung nicht durch äussere Hindernisse, durch Unvermögenheit oder Zufall verhindert wurde, sondern freiwillig, aus Gewissensregung, Mitleid oder auch Furcht vor Strafe von dem Unternehmen abgestanden ist; welches Letztere jedoch nicht vermutet wird. Wer·zwar die Vollbringung freiwillig, jedoch in dem Vorsatze aufgegeben hat, zu anderer Zeit, an anderen Orten, an einer anderen Person, oder auf andere Art die Übertretung auszuführen, ist ebenso zu strafen, als wenn er wider Willen an der Vollbringung wäre verhindert worden.

Charakteristik: In den Grundzügen der Typus für die modernsten Gesetzbestimmungen. Subjekt des Verbrechens die Mutter oder ein Dritter. Rechtsgut ein vorzeitiges oder totes Kind; Straffälligkeit demnach auch beim Weiterleben des vorzeitigen Kindes nicht ausgeschlossen. Qualität der Abtreibemittel als solcher verlangt. Beihilfe zum Verbrechen und Versuch bestraft. Lebensgefahr der Mutter oder andauernde Gesundheitsbeschädigung schwerer als das Verbrechen bestraft. Diese Bestimmung ist im ersten Teile unzulässig, da jede Abtreibung mit Lebensgefahr der Mutter verbunden ist. Rückständig ist die Fortsetzung der Todesstrafe für den Abtreiber beim Tod der Mutter.

In einem Falle stand den bayerischen Gerichten der folgende Tatbestand zur Verfügung. Ein Mädchen, das ausgetragene und reife Zwillinge geboren hatte, wurde angezeigt, daß sie im fünften Monate ihrer Schwangerschaft in der Absicht, ihre Leibesfrucht abzutreiben, ein weiniges Absud von Sabina getrunken habe. Sie gab es zu, behauptete aber, aus Gewissensregung vom wiederholten Gebrauche des Mittels abgestanden zu sein. Die erste Instanz sprach sie frei. Das Appellationsgericht verurteilte sie in einer Begründung, die außerordentlich den Anschauungen des Reichsgerichts ähnelt: bei dem vorliegenden Verbrechen könne von einem straflosen Versuche nicht die Rede sein, wenn das zur Erreichung des beabsichtigten Zweckes gewählte Mittel in der Absicht, das Verbrechen zu bewirken, bereits angewendet worden. Bei dem Versuche, bei welchem lediglich die Absicht und Willensrichtung des Handelnden entscheide, komme es weder darauf an, ob das gewählte und angewendete Mittel zur Erreichung des beabsichtigten Zweckes tauglich gewesen, noch darauf, ob die Betreffende geglaubt habe, es sei eine größere Quantität und ein mehrmaliger Genuß des fraglichen Mittels zur Abtreibung der Leibesfrucht notwendig.

Das Oberappelationsgericht hob die Verurteilung auf und sprach die Angeklagte frei, wesentlich, weil das genommene Mittel keinen Schaden erzeugt habe, und weil sie freiwillig aus Gewissensregung von weiteren Versuchen zurückgetreten sei.

Neues Criminal-Gesetzbuch Sachsens vom Jahre 1838.

Art. 128. Wenn eine Schwangere durch äußere oder innere Mittel ihre Frucht im Mutterleibe tötet, oder vor der gehörigen Reife abtreibt, so ist sie mit Arbeitshausstrafe von einem bis zu drei Jahren, oder Zuchthausstrafe zweiten Grades bis zu drei Jahren zu belegen.

Dieselbe Strafe trifft denjenigen, welcher bei der Anwendung von dergleichen Mitteln der Schwangeren behilflich gewesen ist.

Art. 129. Ist die Anwendung solcher Mittel von einer anderen Person ohne oder wider den Willen der Schwangern erfolgt, und dadurch der Tod der Leibesfrucht, oder die unzeitige Entbindung, oder der Tod der Mutter verursacht worden, so ist der Täter mit Zuchthaus zweiten Grades von zwei Jahren bis zu Zuchthaus ersten Grades von acht Jahren zu bestrafen.

Charakteristik: Ein weiterer kriminalrechtlicher Fortschritt auch gegenüber dem bayerischen Gesetze. Grundlage für die moderne Gesetzgebung. Rechtsgut: eine nicht ganz reife oder tote Frucht. Fehlen der Zeitbegrenzung für das „nicht ganz Reifsein". Schon die Beihilfe bei der Anwendung von Abortivmitteln wie die Abtreibung selbst bestraft. Strafhöhe für Täter und Helfer unter allen angezogenen Verhältnissen angemessen groß und doch human.

Das Württembergische Strafgesetzbuch von 1839

folgt im wesentlichen dem bayerischen vom Jahre 1813.

Die kleinen deutschen Staaten

legten zum größten Teil ihren Strafgesetzbüchern das sächsische zugrunde.

Gesetzbuch für das Herzogtum Braunschweig (1840).

Der auf Fruchtabtreibung sich beziehende § 155 desselben lautet:

Wer die Frucht einer Schwangeren in deren Leibe oder durch vorzeitige Abtreibung tötet, soll

1. wenn dies ohne Einwilligung der Schwangeren geschieht, Kettenstrafe bis zu zehn Jahren;

2. wenn es mit ihrer Einwilligung geschieht, oder wenn sie selbst die Täterin ist, Zwangsarbeit nicht unter einem Jahr erleiden.

Gewerbsmäßige Beihilfe zu diesem Verbrechen ist mit Zuchthaus zu bestrafen.

Strafgesetzbuch für das Großherzogtum Hessen (1841).

Tit. XXXIII. Art. 281. Wenn eine Schwangere in rechtswidriger Absicht durch äußere oder innere Mittel ihre Frucht im Mutterleibe tötet, oder vor der gehörigen Reife abtreibt, oder wenn das Kind infolge der angewendeten Mittel nach der Geburt stirbt, oder wenn die Schwangere dieses durch andere bewirken läßt, so wird sie bestraft:

1. mit Korrektionshaus von 6 Monaten bis zu 4 Jahren, wenn die Zeugung außer der Ehe;

2. mit Korrektionshaus von 1 bis 6 Jahren, wenn die Zeugung in der Ehe geschehen war.

Art. 282. Die gleiche Strafe trifft auch den Mitschuldigen, der mit der Einwilligung oder auf Verlangen der Schwangeren die Mittel angewendet hat.

Art. 283. Verübte ein Schuldiger der im vorhergehenden Artikel bezeichneten Art das Verbrechen gewerbsmäßig, so findet Zuchthausstrafe von 4 bis 10 Jahren statt.

Art. 284. Geschah die im Art. 281 mit Strafe bedrohte Handlung durch einen anderen ohne oder wider den Willen der Schwangeren, so wird, insofern die Tat nicht als Körperverletzung oder Tötung strafbarer ist, der Täter folgendermaßen bestraft:

1. mit lebenslänglichem Zuchthaus, wenn dadurch der Tod der Schwangeren verursacht ist und dem Täter bekannt war, daß die angewendeten Mittel diesen Erfolg haben konnten;

2. mit Zuchthaus von 8 bis 16 Jahren, wenn die Schwangere ohne die in vorhergehender Nr. 1 angeführte Voraussetzung dadurch das Leben verloren hat, oder wenn sie durch die angewendeten Mittel in eine gewiß oder wahrscheinlich unheilbare Geisteszerrüttung oder Krankheit versetzt worden ist;

3. mit Zuchthaus von 4 bis 10 Jahren, wenn die Schwangere dadurch in Lebensgefahr gesetzt, oder wenn sie mit einem toten oder einem unreifen, nicht lebensfähigen Kinde niedergekommen, oder das Kind nach der Geburt infolge der durch die angewendeten Mittel erlittenen Mißhandlung gestorben ist;

4. mit Korrektionshaus von 1 bis 4 Jahren in allen anderen Fällen, auch wenn die angewendeten Mittel keinen nachteiligen Erfolg gehabt haben.

Art. 285. Bei Zumessung der in den Art. 282, 283 und 284 bestimmten Strafen wird es als Erschwerungsgrund betrachtet, wenn eine der im Art. 256 genannten Personen (Ärzte, Hebammen usw.) der schuldige oder mitschuldige Teil war, und muß dann gleichzeitig auf bleibende Entziehung der Befugnis zur Ausübung seiner Kunst erkannt werden.

Charakteristik: Rechtsgüter: eine tote oder nicht gehörig reife (also evtl. lebensfähige) Frucht, oder ein durch die Abtreibungsmittel nach der Geburt gestorbenes, oder ein totes oder unreifes, nicht lebensfähiges Kind. Höhere Strafe bei Abtreibung ehelicher als unehelicher Kinder. Fortschritt dieses Gesetzes: Gewerbsmäßige Abtreibung wird strenge gesühnt, ebenso die Abtreibung durch Ärzte und Hebammen. Abstufungen der Strafen, wenn ohne oder wider den Willen der Mutter die Abtreibung vorgenommen wurde, nach dem Grade der akuten oder chronischen Schädigung der Mutter oder des Kindes. Versuch ohne nachteilige Folgen strafbar.

Strafgesetzbuch für das Großherzogtum Baden (1845).

Tit. XIII. § 251. Wenn eine Schwangere, nachdem sie innere oder äußere Mittel, welche eine zu frühe Entbindung oder den Tod der Frucht im Mutterleibe bewirken können, mit rechtswidrigem Vorsatze selbst angewendet, oder durch andere an sich hat anwenden lassen, mit einem unzeitigen, nicht lebensfähigen oder einem toten Kinde niederkommt, oder wenn das Kind infolge der angewendeten Mittel nach der Geburt stirbt, so soll sie mit Arbeitshaus bestraft werden.

§ 252. (Strafe der Mitschuldigen oder Anstifter.) Die gleiche Strafe trifft auch:

1. den Mitschuldigen, der mit Einwilligung oder auf Verlangen der Schwangeren die Mittel angewendet, und ebenso

2. denjenigen, der eine Schwangere mit rechtswidrigem Vorsatz zur Verübung des Verbrechens bestimmt hat (§§ 119 und 120).

Im Falle Nr. 1 wird der Mitschuldige, wenn er das Verbrechen gewerbsmäßig verübt, mit Zuchthaus bis zu 12 Jahren bestraft.

§ 253. (Fälle des Versuchs.) Ist eine zu frühe Entbindung, oder ein Nachteil für das Leben des Kindes, nachdem die Mittel angewendet worden sind (§§ 251
und 252) nicht erfolgt, oder ist die zu frühe Entbindung, oder der Nachteil für
das Leben des Kindes Wirkung einer anderen Ursache, so tritt Gefängnisstrafe ein.

Jedoch wird der Mitschuldige auch in diesem Falle, wenn er das Verbrechen
gewerbsmäßig verübt, mit Arbeitshaus bis zu zwei Jahren bestraft.

§ 254. (Verübung ohne Wissen oder wider Willen der Schwangeren.)
Geschah die rechtswidrige vorsätzliche Anwendung von Mitteln der im § 251 be-
zeichneten Art durch einen anderen, ohne Wissen oder wider Willen der
Schwangeren, so wird der Täter folgendermaßen bestraft:

1. mit lebenslänglichem oder zeitlichem Zuchthaus nicht unter acht
Jahren, wenn dadurch der Tod der Schwangeren verursacht wurde;

2. mit Zuchthaus bis zu zwölf Jahren, wenn der Schwangeren dadurch
ein bleibender Nachteil an der Gesundheit des Geistes oder des Körpers zugefügt, oder dieselbe in Lebensgefahr gesetzt worden ist; oder wenn die Schwangere mit einem toten oder einem unreifen, nicht lebensfähigen Kinde niedergekommen, oder das Kind nach der Geburt infolge der durch die angewendeten
Mittel erlittenen Mißhandlung gestorben ist;

3. mit Arbeitshaus nicht unter einem Jahre in allen anderen
Fällen, auch wenn die angewendeten Mittel keinen nachteiligen Erfolg gehabt
haben.

Charakteristik: Rechtsgut ein unzeitiges, nicht lebensfähiges,
oder ein totes Kind, oder ein durch die angewandten Mittel nach der
Geburt gestorbenes Kind. Subjekte des Verbrechens: die Mutter
oder ein Mitschuldiger, oder ein Anstifter. Vollendetes Verbrechen mit
Einwilligung der Schwangeren mit Zuchthaus, der Versuch mit Gefängnis, die gewerbsmäßige Übung bei vollendeter Tat mit Zuchthaus
und beim Versuch mit Arbeitshaus bestraft. Abtreibung ohne Zustimmung der Mutter verschiedenfach bestraft, je nach dem der Mutter
oder dem Kinde zugefügten Schaden, und der Versuch hierbei mit
Arbeitshaus gesühnt.

Strafgesetzbuch für die preußischen Staaten
vom 14. April 1851.

§ 181. Eine Schwangere, welche durch äußere oder innere Mittel ihre Frucht
vorsätzlich abtreibt oder im Mutterleibe tötet, wird mit Zuchthaus bis zu fünf
Jahren bestraft.

Derjenige, welcher mit Einwilligung der Schwangeren die Mittel angewendet
oder verabreicht hat, wird mit der nämlichen Strafe belegt.

§ 182. Wer die Leibesfrucht einer Schwangeren ohne deren Wissen oder Willen vorsätzlich abtreibt oder tötet, wird mit Zuchthaus von fünf bis zu zwanzig
Jahren bestraft.

Wird dadurch der Tod der Schwangeren herbeigeführt, so tritt lebenslängliche Zuchthausstrafe ein.

7*

Charakteristik: Baut sich auf dem sächsischen Gesetze von 1838 auf. Fehlen der erhöhten Strafe für die Abtreibung gegen Entgelt und des schon im Allgem. preuß. Landr. von 1794, deutlicher im hessischen (1841) und badischen (1845) Gesetze berücksichtigten berufsmäßig geübten Verbrechens.

Strafgesetzbuch für das Königreich Bayern vom Jahre 1861.

Art. 243. Eine Schwangere, welche rechtswidrig durch äußere oder innere Mittel ihre Frucht im Mutterleibe tötet oder vor der gehörigen Reife abtreibt, soll mit Gefängnis nicht unter 3 Jahren bestraft werden.

Wer in rechtswidriger Absicht einer Schwangeren die Mittel zur Tötung oder Abtreibung der Frucht verschafft, oder mit ihrer Einwilligung solche Mittel an ihr angewendet hat, wird, wenn dadurch der bezeichnete Erfolg herbeigeführt worden ist, mit der nämlichen Strafe belegt.

Der Versuch des im Absatz 2 bezeichneten Vergehens ist strafbar.

Neben jeder auf Grund des gegenwärtigen Artikels erkannten Gefängnisstrafe kann auf die im Artikel 28 bezeichneten Straffolgen oder auf einzelne derselben erkannt werden.

Art. 244. Wer aus eigennütziger Absicht in mehr als zwei Fällen schwangeren Personen Mittel zur Tötung oder Abtreibung der Frucht verschafft oder mit ihrer Einwilligung solche Mittel an ihnen angewendet hat, ist wegen gewerbsmäßiger Kindesabtreibung mit Zuchthaus bis zu 12 Jahren zu bestrafen.

Art. 245. Wer die Leibesfrucht einer Schwangeren ohne deren Einwilligung rechtswidrig tötet oder abtreibt, ist mit Zuchthaus bis zu 16 Jahren zu bestrafen.

Wenn infolge der angewandten Mittel der Tod der Mutter oder ein bleibender Nachteil an Körper oder Gesundheit derselben eingetreten ist, so soll auf Zuchthausstrafe nicht unter 12 Jahren erkannt werden.

Charakteristik: Das Reat in Artikel 243 wird nur als Vergehen aufgefaßt. Milde Strafbestimmungen für die Abtreibung; der Versuch seitens der Schwangeren wie im Code pénal straflos. Zweckmäßige Fassung der gesetzlichen Voraussetzungen der Straflosigkeit, bis auf den Begriff der „gehörigen Reife" (Artikel 243). Schwere Ahndung der gewerbsmäßigen und wider den Willen der Schwangeren vorgenommenen Abtreibung. Schon der Versuch der ersteren wird mit Zuchthaus bestraft.

6. Strafgesetzbuch für das Deutsche Reich (1871).

§ 218. Eine Schwangere, welche ihre Frucht vorsätzlich abtreibt oder im Mutterleibe tötet, wird mit Zuchthaus bis zu 5 Jahren bestraft.

Sind mildernde Umstände vorhanden, so tritt Gefängnisstrafe nicht unter 6 Monaten ein.

Dieselben Strafvorschriften finden auf denjenigen Anwendung, welcher mit Einwilligung der Schwangeren die Mittel zu der Abtreibung oder Tötung bei ihr angewendet oder ihr beigebracht hat.

§ 219. Mit Zuchthaus bis zu 10 Jahren wird bestraft, wer einer Schwangeren, welche ihre Frucht abgetrieben oder getötet hat, gegen Entgelt die Mittel hierzu verschafft, bei ihr angewendet oder ihr beigebracht hat.

§ 220. Wer die Leibesfrucht einer Schwangeren ohne deren Wissen und Willen vorsätzlich abtreibt oder tötet, wird mit Zuchthaus nicht unter zwei Jahren bestraft.

Ist durch die Handlung der Tod der Schwangeren verursacht worden, so tritt Zuchthaus nicht unter zehn Jahren ein.

a) Betrachtungen über das deutsche Strafgesetzbuch von 1871.

Das Strafgesetzbuch für das Deutsche Reich hat sich nur zum Teil die gesetzgeberischen Leistungen früherer Zeiten in bezug auf die Fruchtabtreibung zu eigen gemacht. Manche Bestimmungen in den vorher angeführten älteren Gesetzen sind besser und klarer. Durch gewisse Unklarheiten sind im Laufe der Zeit Schwierigkeiten entstanden, die nur durch die autoritative Interpretation des Reichsgerichtes beseitigt werden konnten. Es ist selbstverständlich, daß die Fassung eines Gesetzes unmöglich alle in Betracht kommenden Möglichkeiten berücksichtigen kann, da diese in der Wirklichkeit so vielfältig sein können, wie sie auch ein umfassender Verstand a priori nicht zu ersinnen vermag. Aber die Interpretationskunst hat auch da ihre Grenze, wo das geschriebene Wort durch seine Klarheit sprachliche und deduktiv philosophische Deutungen ohne Zwang nicht mehr verträgt. So hat sich neben dem unvollständigen Gesetzestexte ein zweiter ergänzender Kanon herausgebildet, der, wie die folgenden Ausführungen zeigen werden, die einfach begriffliche Gesetzesfassung den zahlreichen Vorkommnissen des Lebens nicht mehr nur durch Interpretation, sondern durch wesentliche Ergänzungen und Erweiterungen angepaßt hat.

Hierbei trat und tritt ein Umstand als Hemmnis für besseres Erkennen und als Förderer von Irrtümern hervor, auf den nicht dringend genug hingewiesen werden kann: die auffällige Vernachlässigung von Medizinern bei der Gesetzgebung und der Rechtsprechung. Gegen diesen Vorwurf spricht nicht, daß bei der Vorberatung des neuen Strafgesetzbuches die Zuziehung von Ärzten — wie ich glaube auf Verlangen — stattgefunden hat, die mehr das allgemeine Standesinteresse zu vertreten als den Inhalt der überhaupt medizinisch in Frage kommenden Gesetzesparagraphen mitbestimmend zu beeinflussen hatten. Wäre es anders gewesen, so würde manches in diesen ein anderes Aussehen gewonnen haben.

Gewisse Entscheidungen des Reichsgerichts wären nicht so ausgefallen wie sie schließlich zutage traten, wenn Mediziner gefragt worden wären. So gibt es z. B. ein neueres Urteil, das die Frage behandelt, was der Gesetzgeber im § 218, Abs. 3, StGB., mit den Ausdrücken

„anwenden" und „beibringen" gemeint habe. Wenn bei der Gesetzgebung medizinischer Rat Einfluß gehabt hätte, so würde wahrscheinlich diese sonderbare, uralte und dann modernisierte Fassung im Gesetz nicht eine Stätte gefunden haben. Nun gibt das Reichsgericht hierfür die folgende, ganz unhaltbare Erläuterung:

„Dem Zweck und dem Sinn des Gesetzes nach sollen die beiden Ausdrücke nur die Gesamtheit der überhaupt denkbaren körperlichen Eingriffe umfassen, indem bei ‚Anwenden‘ mehr an den Gebrauch äußerer, d. h. nicht in die körperlichen Gewebe oder überhaupt in den Leib gelangender, bei ‚Beibringen‘ mehr an den Gebrauch innerer, d. h. unmittelbar oder mittelbar dort eindringender Mittel gedacht sein mag. Folgerichtig erscheint als Grenzgebiet, für das die beiden Ausdrücke mehr oder weniger zutreffen, die Einführung von Mitteln in eine nach außen offene Körperhöhle."

Kaum etwas von alledem ist richtig; denn auch ein „äußerlich angewendetes" Mittel, z. B. ein in die Scheide eingespritztes, dringt „in die körperlichen Gewebe" und kann, ganz unabhängig von allen örtlichen Veränderungen, eine Allgemeinvergiftung erzeugen, die den Fötus und die Mutter hinrafft. Dies vermögen alle Gifte zuwege zu bringen. Auch die Annahme, daß für beide Ausdrücke als Grenzgebiet die Einführung von Stoffen in eine nach außen offene Körperhöhle zutrifft, ist nur teilweise richtig, weil z. B. die Einspritzung in das Unterhautgewebe nicht in eine offene Höhle erfolgt. Auch von der Einspritzung in die Bauchhöhle durch die Bauchwand hindurch kann man dies nicht behaupten. Solche Sätze dürften nicht in Entscheidungen des höchsten Gerichtshofes stehen.

In dem folgenden sollen hauptsächlich diejenigen Gesichtspunkte dargelegt werden, die durch die Entscheidungen des Reichsgerichtes jetzt zu integrierenden Bestandteilen des Gesetzes über die Fruchtabtreibung geworden sind.

Das Strafgesetzbuch unterscheidet 4 Fälle:

1. Die Abtreibung durch die Mutter.
2. Die unentgeltliche Abtreibung durch einen Dritten mit Einwilligung der Mutter.
3. Dasselbe Verbrechen gegen Entgelt.
4. Die Abtreibung durch einen Dritten ohne Wissen und Willen der Mutter.

Außerhalb des Rahmens dieser durch die §§ 218—220 festgelegten Delikte kommen noch die Paragraphen des Strafgesetzbuches in Frage, die auf Seite 104 und 105 angeführt sind.

Die Mitberücksichtigung dieser Paragraphen erweitert selbstverständlich den Kreis der Bestrafungsmöglichkeiten der Fruchtabtreibung. Da nach der Kombinationslehre sich die Zahl der möglichen Fälle durch die Vermehrung der Elemente sehr vergrößern muß, so würde man über das Resultat erstaunt sein, wenn man rechnerisch durch Kombination, Permutation oder Variation die Möglichkeiten zur Darstellung brächte, unter denen eine Anklage aus §§ 218—220 und 43—49 erfolgen könnte. Die Entscheidungen des Reichsgerichtes lassen dies erkennen. Manche derselben haben, weil sie sich auf abstrakten kriminalrechtlichen Deduktionen aufbauen und dadurch zu eigentümlichen praktischen Schlußfolgerungen gelangen, bei Laien Befremden erregt. Sie entsprechen nicht dem natürlichen Rechtsempfinden, d. h. dem natürlichen Menschenverstande. Begriffe, die für den Verstand von Laien und Medizinern absolut eindeutig sind, wie z. B. der Begriff „Schwangere", sind so interpretiert worden, daß auch das Gegensätzliche, d. h. eine Nichtschwangere in ihm noch Platz fand. Aller Voraussicht nach werden aber diese rein juristischen Grundlagen für die forensische Beurteilung der Abtreibung noch lange Gültigkeit bewahren, auch für die Neubearbeitung des Strafgesetzbuches. Für dieses liegen mehrere Entwürfe vor.

b) Der Entwurf zu einem neuen Strafgesetzbuch vom Jahre 1919.

Dieser letzte Entwurf weist nicht unwesentliche, auch von medizinischem Standpunkte aus anzuerkennende Verbesserungen der alten Gesetzesfassungen über die Fruchtabtreibung auf. Er ist jedoch hierin noch verbesserungsfähig. Er lautet:

§ 286. Eine Schwangere, die ihre Frucht im Mutterleibe oder durch Abtreibung tötet, oder die Tötung durch einen anderen zuläßt, wird mit Gefängnis bestraft. In besonders schweren Fällen ist die Strafe Zuchthaus bis zu fünf Jahren.

Ebenso wird ein anderer bestraft, der die Frucht einer Schwangeren im Mutterleibe oder durch Abtreibung tötet; der Versuch ist strafbar. Handelt der Täter ohne Einwilligung der Schwangeren, so ist die Strafe Zuchthaus; die gleiche Strafe trifft den, der die Tat gegen Entgelt begeht oder einer Schwangeren zur Tötung ihrer Frucht dadurch Beihilfe leistet, daß er ihr gegen Entgelt die Mittel oder Gegenstände zur Tötung der Frucht beschafft.

§ 287. Wer öffentlich oder durch Verbreitung von Schriften, Abbildungen oder Darstellungen, wenn auch in verschleiernder Weise, Mittel, Gegenstände oder Verfahren zur Abtreibung (§ 286) ankündigt oder anpreist, oder solche Mittel oder Gegenstände an einem allgemein zugänglichen Orte ausstellt, wird mit Gefängnis bis zu zwei Jahren oder mit Geldstrafe bestraft.

Ebenso wird bestraft, wer in gleicher Weise seine eigenen oder fremde Dienste zur Vornahme oder Förderung von Abtreibungen anbietet.

§ 288. Wer gegen den Willen einer Schwangeren ihre Frucht oder ihr in der Geburt begriffenes Kind tötet, um von ihr eine nicht anders abwendbare schwere Gefahr für Leben oder Gesundheit abzuwenden, wird mit Gefängnis bis zu drei Jahren oder mit Geldstrafe bestraft.

Die Tat wird nur auf Antrag verfolgt. Der Antrag kann zurückgenommen werden.

Jetziges Strafgesetzbuch.

a) Von dem Versuche §§ 43—46, besonders:

§ 43. Wer den Entschluß, ein Verbrechen oder Vergehen zu verüben, durch Handlungen, welche einen Anfang der Ausführung dieses Verbrechens oder Vergehens enthalten, betätigt hat, ist, wenn das beabsichtigte Verbrechen oder Vergehen nicht zur Vollendung gekommen ist, wegen Versuches zu bestrafen. Der Versuch eines Vergehens wird jedoch nur in den Fällen bestraft, in welchen das Gesetz dies ausdrücklich bestimmt.

§ 46. Der Versuch als solcher bleibt straflos, wenn der Täter
1. die Ausführung der beabsichtigten Handlung aufgegeben hat, ohne daß er an dieser Ausführung durch Umstände gehindert worden ist, welche von seinem Willen unabhängig waren, oder
2. zu einer Zeit, zu welcher die Handlung noch nicht entdeckt war, den Eintritt des zur Vollendung des Verbrechens oder Vergehens gehörigen Erfolges durch eigene Tätigkeit abgewendet hat.

b) Von der Anstiftung § 48.

Als Anstifter wird bestraft, wer einen anderen zu der von demselben begangenen strafbaren Handlung durch Geschenke oder Versprechungen, durch Drohung, durch Mißbrauch des Ansehens oder der Gewalt, durch absichtliche Herbeiführung oder Beförderung eines Irrtums oder durch andere Mittel vorsätzlich bestimmt hat.

Die Strafe des Anstifters ist nach demjenigen Gesetze festzusetzen, welches auf die Handlung Anwendung findet, zu welcher er wissentlich angestiftet hat.

c) Von der Beihilfe § 49.

Als Gehilfe wird bestraft, wer dem Täter zur Begehung des Verbrechens oder Vergehens durch Rat oder Tat wissentlich Hilfe geleistet hat.

Die Strafe des Gehilfen ist nach demjenigen Gesetze festzusetzen, welches auf die Handlung Anwendung findet, zu welcher er wissentlich Hilfe geleistet hat, jedoch nach den über die Bestrafung des Versuches aufgestellten Grundsätzen zu ermäßigen.

d) Von der Mittäterschaft § 47.

Wenn mehrere eine strafbare Handlung gemeinschaftlich ausführen, so wird jeder als Täter bestraft.

Die Bestimmung über die Aufforderung § 49a könnte für die Abtreibung wohl nicht angezogen werden.

Entwurf zu einem neuen Strafgesetzbuch von 1919.

Versuch.

§ 23. Wer den Vorsatz, eine Straftat zu begehen, durch Handlungen betätigt, welche die Tat zur Ausführung bringen sollen, ist, wenn die Tat nicht vollendet wird, wegen Versuches zu bestrafen.

Der Versuch eines Vergehens wird nur bestraft, wenn dies ausdrücklich bestimmt ist.

§ 24. Der Versuch ist milder zu bestrafen als die vollendete Tat.

Konnte der Versuch nicht zur Vollendung führen, so darf das Gericht die Strafe nach freiem Ermessen mildern. Ist nach den besonderen Umständen des Falles eine Bestrafung nicht geboten, so darf davon abgesehen werden.

§ 25. Wegen Versuches wird nicht bestraft, wer freiwillig die Ausführung aufgegeben hat.

Wegen Versuches wird ferner nicht bestraft, wer freiwillig den Eintritt des zur Vollendung gehörigen Erfolges abgewendet hat. Konnte der Versuch nicht zur Vollendung führen, so genügte das ernstliche Bemühen, den Erfolg abzuwenden.

Anstifter.

§ 28. Anstifter ist, wer vorsätzlich einen anderen zu der von diesem vorsätzlich begangenen Straftat bestimmt hat. Anstiftung liegt auch dann vor, wenn sich nachträglich ergibt, daß der Angestiftete in Wahrheit nicht vorsätzlich gehandelt hat oder nicht zurechnungsfähig war.

Der Anstifter wird gleich einem Täter bestraft.

Gehilfe.

§ 29. Gehilfe ist, wer vorsätzlich einen anderen, der den Tatbestand eines Verbrechens oder vorsätzlichen Vergehens verwirklicht hat, hierzu durch Rat oder Tat Hilfe geleistet hat. Ob der andere das Verbrechen oder Vergehen vorsätzlich begeht und ob er zurechnungsfähig ist und ob der Gehilfe dies weiß, ist für die Strafbarkeit des Gehilfen ohne Bedeutung.

Der Gehilfe ist milder zu bestrafen als der Täter.

Mittäter.

§ 27. Mittäter ist, wer mit einem anderen den Vorsatz, gemeinsam eine Straftat zu begehen, gemeinsam verwirklicht.

Jeder Mittäter wird als Täter bestraft.

Täter und Teilnehmer.

§ 26. Täter ist, wer eine Straftat selbst begeht.

Mittelbarer Täter ist, wer vorsätzlich veranlaßt, daß eine Straftat durch einen anderen zur Ausführung gelangt, der diese Tat nicht selbst vorsätzlich begeht oder der nicht zurechnungsfähig ist. Mittelbare Täterschaft liegt auch dann vor, wenn sich nachträglich ergibt, daß der andere in Wahrheit die Straftat vorsätzlich begangen hat und zurechnungsfähig war.

Der mittelbare Täter wird als Täter bestraft.

c) Kritische Erläuterungen zu den vorstehenden Gesetzparagraphen nach der Denkschrift zu dem Entwurfe von 1919[1]).

Als allgemeinen Grund für die Strafbarkeit der Abtreibung bezeichnet die Denkschrift die schweren Schädigungen, die aus dem Umsichgreifen derselben für das „Volkswohl" erwachsen. Es wäre vorzuziehen gewesen, diesen Ausdruck, der an die Stelle des sonst gebräuchlichen „Staatswohl" getreten ist, vor allem nicht als einzigen Gesichtspunkt für die Verfolgungsnotwendigkeit der Abtreibung zu bezeichnen. Die Gesetze über die Abtreibung stehen unter dem Abschnitt „Tötung". Deshalb kann der erste und wesentlichste Grund der Verfolgung nur die Tötung sein. Es gibt genug schwere, auch umsichgreifende Schädigungen des „Volkswohls", wie z. B. die Konventionen, Trusts oder wie sonst noch derartige Assoziationen bezeichnet werden, die wie ein Alb dem Volkswohl aufliegen und doch nicht bestraft werden.

Die Strafandrohungen für die Abtreibung sind in diesem Entwurfe erfreulicherweise beträchtlich gemildert worden. Für die „Regelfälle" ist die Strafe Gefängnis ohne Mindestgrenze und nur in Ausnahmefällen Zuchthaus. In dem Zeitraum von 1905—1914 ist in Deutschland in 96,4% aller gerichtlich verfolgten Abtreibungen schon nur auf Gefängnis erkannt worden. Die Abtreibungshandlung wird daraufhin, wie die Denkschrift es zum Ausdruck bringt, „nicht mehr als Verbrechen, sondern nur als Vergehen gewertet". Als Begründung für diesen Standpunkt wird angeführt, daß die Tat „oft nur unter dem Drucke äußerer Einflüsse" verübt wird. Welcher Art diese seien, wird nicht gesagt. Vielleicht sollen soziale Verhältnisse hiermit gemeint sein. Die Denkschrift nimmt an, daß überwiegend die Abtreibung zur Verhinderung einer unehelichen Geburt begangen wird. Diese Anschauung halte ich für abwegig. Die weitaus größte Zahl derselben — einschließlich der in ihrem großen Umfange nur ahnbaren, zum Teil durch die Hände der Ärzte, aber nicht des Strafrichters gehenden, also geheimbleibenden — kommt aus dem Wunsche zustande, die Kinderzahl beschränkt zu halten.

Ein weiteres, was zu der neuen juristischen Stellungnahme gegenüber der Abtreibung in der Denkschrift angeführt wird, ist die mangelnde Einsicht der, zumal in der ersten Zeit der Schwangerschaft, Abtreibenden in die Qualität ihres Tuns. „Der Gedanke sei in ihnen nicht immer lebendig, daß es sich um eine der Kindestötung nahe verwandte Tat handele." Dieses Motiv für eine mildere Bewertung der Abtreibung entspricht sicherlich bei einem Teil der Abtreibenden der Wirklichkeit. Es wäre nur zu wünschen, daß die nachsichtsvolle Verwendung einer

---

[1]) Entwürfe zu einem deutschen Strafgesetzbuch. 3. Teil. Entwurf von 1919. Berlin 1921.

solchen psychologisch richtigen Auffassung nicht nur in diesem Falle, sondern auch an mancher anderen Stelle des Strafgesetzbuches zum Ausdruck und zur praktischen Verwertung käme.

Das spezielle Eingehen der Denkschrift auf die einzelnen Gesetzparagraphen des Entwurfes führt zu den folgenden Erläuterungen.

§ 286, Abs. 1. Eine Schwangere, die ihre Frucht im Mutterleibe oder durch Abtreibung tötet. „Hierunter ist nur eine Handlung zu verstehen, bei der die Frucht getötet wird." Dieser Fassung des wichtigsten Paragraphen ist, medizinisch, ebensowenig beizustimmen wie der entsprechenden des jetzt noch geltenden Strafgesetzbuches.

Der Zweck des Gesetzes ist: Die unerlaubte Tat, die zu einem vorzeitigen Ende eines lebenden Wesens führt, zu bestrafen. Es ist praktisch gleichgültig, durch welche Mittel und auf welchen Wegen dies geschieht, ob durch innerlich gereichtes Gift oder durch Röntgenstrahlen, oder Radiumemanationen, oder durch in die Gebärmutter eingeführte Instrumente oder durch Bauchklopfen usw. Sobald der Fötus durch irgendeinen Vorgang getötet worden ist, wird er über kurz oder lang ausgestoßen. Dies deckt sich medizinisch mit dem Begriff „Abtreibung".

Man könnte sich eine Abtreibung denken bei der primär der Fötus nicht stirbt, sondern nur die mütterlichen Lebensverhältnisse so krankhaft durch einen unerlaubten Eingriff geändert worden sind, daß ein normales Verweilen der Frucht in der Gebärmutter unmöglich wird. Dann können Wehen mit dem Erfolge der Ausstoßung einsetzen. Aber auch dieses Ereignis führt zum Tode der Frucht.

Für den endlichen Erfolg besteht hiernach kein Unterschied in dem einen oder dem anderen Vorgange. Der Begriff „Abtreibung" ist der weitestgehende und umfaßt alle Möglichkeiten. Es müßte deswegen der Absatz 1 richtiger heißen:

„Eine Schwangere, die ihre Frucht durch Abtreibung tötet."

Unter der als richtig anerkannten Voraussetzung, daß das Vorgehen nur in der Tötung der Frucht besteht, Abtreibung mithin identisch mit Fruchttötung ist, muß es juristisch gleichgültig sein, weil es in der Wirklichkeit zu dem gleichen Ziele führt, ob die Frucht schon im Mutterleibe gestorben ist oder auf dem Wege durch die Geburtsteile oder in einer Zeit nach dem Austritt aus diesen stirbt[1]).

---

[1]) Würde die Abtreibung in einem lebensfähigen Alter der Frucht erfolgen und diese durch eine mangelnde Versorgung sterben, so lägen meines Erachtens die Kriterien des § 221 StGB. vor, der von der Aussetzung handelt.

Danach wird, wer eine wegen jugendlichen Alters, Gebrechlichkeit oder Krankheit hilflose Person aussetzt, oder wer eine solche Person, wenn dieselbe unter seiner

Bestrafung tritt auch ein, wenn die Schwangere die Tötung ihrer Frucht durch einen anderen zuläßt. Durch diese Worte „werden Zweifel darüber abgeschnitten — so sagt die Denkschrift — ob eine Schwangere, die eine von ihr nicht veranlaßte Abtreibung bloß duldet, stets als Täterin oder unter Umständen nur wegen Beihilfe zu bestrafen ist".

Ein anderer, der die Frucht durch Abtreibung tötet, wird ebenso bestraft, schwerer derjenige, der ohne Einwilligung der Schwangeren dies tut.

„Ohne Einwilligung handelt der Täter nicht nur, wenn die Schwangere ausdrücklich oder durch schlüssige Handlungen ihre Zustimmung versagt hat, sondern auch dann, wenn eine Willensäußerung der Schwangeren überhaupt nicht vorliegt. Die Annahme, daß die Schwangere gegen die Beseitigung nichts werde einzuwenden haben, nutzt dem Täter nicht. Andererseits genügt es, um den Täter der milderen Strafe des Abs. 1, Satz 1 teilhaft werden zu lassen, wenn die Schwangere sich überhaupt mit der Abtreibung einverstanden erklärt hat. Daß sie zur Zeit der Abtreibung gewußt hat, die Tat solle jetzt geschehen, ist nicht erforderlich. Hat die Schwangere nicht eingewilligt, so liegt ein besonders schwerer Eingriff nicht nur in die Rechte des werdenden Kindes, sondern auch in die Rechte der Mutter vor. Hier ist deshalb als ordentliche Strafe wie bisher Zuchthaus geboten."

„Mit der gleichen Strafe wie die Abtreibung ohne Einwilligung der Schwangeren bedroht der Entwurf die sog. Lohnabtreiberei. Hat der Täter die Mittel angewendet oder der Schwangeren beigebracht, so hat er die Frucht getötet; hat er die Mittel verschafft, so hat er dadurch zur Tötung Beihilfe geleistet. Die Strafe bemißt der Entwurf, da hier ein besonders verwerfliches und schändliches Verhalten in Frage steht, mit Zuchthaus bis zu 15 Jahren; andererseits ergibt sich eine

<hr>

Obhut steht, oder wenn er für die Unterbringung, Fortschaffung oder Aufnahme derselben zu sorgen hat, in hilfloser Lage vorsätzlich verläßt, mit Gefängnis nicht unter drei Monaten bestraft.

Wird die Handlung von leiblichen Eltern gegen ihr Kind begangen, so tritt Gefängnisstrafe nicht unter sechs Monaten ein.

Ist durch die Handlung eine schwere Körperverletzung der ausgesetzten oder verlassenen Person verursacht worden, so tritt Zuchthausstrafe bis zu zehn Jahren, und, wenn durch die Handlung der Tod verursacht war, Zuchthausstrafe nicht unter drei Jahren ein.

Auch die neue Fassung des § 289 des Entwurfs von 1919 läßt für diese meine Auffassung Raum. Sie lautet:

Wer einen anderen aussetzt und dadurch in hilflose Lage bringt, wird mit Gefängnis bestraft. Ebenso wird bestraft, wer einen Hilflosen, der unter seiner Obhut steht oder für dessen Unterbringung, Fortschaffung oder Aufnahme er zu sorgen hat, in hilfloser Lage läßt. In besonders schweren Fällen ist die Strafe Zuchthaus.

Milderung der Strafandrohung durch die allgemeine Zulassung mildernder Umstände. Der Versuch ist strafbar."

Der Auffassung von der Straftat, die in dem Absatz 2 des § 286, sowie in den vorstehenden Erläuterungen dazu zutage tritt, kann man beipflichten. Vorzuziehen wäre, wenn es statt „Mittel oder Gegenstände", die der Lohnabtreiber anwendet, nur „Mittel" hieße. Damit wird alles umfaßt und nicht nur, was es wahrscheinlich in dem Gesetzentwurf bedeuten soll, innerliche Mittel, d. h. Gifte. Unter den Begriff „Mittel" in meiner Auffassung fallen auch die Elektrizität, die Strahlenwirkung, die mechanische Gewalt u. a. m.

§ 287. Der Paragraph ist dem zuerst im Gesetzbuch des Staates Newyork über den gleichen Grundgedanken zum Ausdrucke gebrachten wesensgleich, mit dem Unterschiede, daß der letztere, wie ich es charakterisiert habe[1]), eine strafrechtliche Utopie darstellt, die praktisch ohne jeden Erfolg geblieben ist. Die vorliegende Fassung des Entwurfs ist ebenfalls unbrauchbar und zur Sterilität verurteilt. Was will es praktisch bedeuten, daß derjenige bestraft werden soll, der die Kenntnis von Wegen, die zur Abtreibung führen, in irgendeiner Weise bekannt gibt, oder dafür geeignete „Mittel oder Gegenstände an einem allgemein zugänglichen Orte ausstellt" gegenüber der Tatsache, daß

1. zu solchen „Mitteln" Drogen gehören, die, wie z. B. Sadebaum oder Lebensbaum auf jedem Kirchhofe reichlich stehen oder als Heckenpflanzen bei Gärtnern käuflich sind, und viele andere von denen, die ich weiterhin anführe, medizinische bzw. technische Handelsartikel von großer Bedeutung darstellen, die in Apotheken oder Drogenläden offen signiert stehen und erwerbbar sind, daß

2. zu solchen „Gegenständen" ärztliche Katheter, Bougies, Irrigatoren, Spritzen der verschiedensten Art, Gummibälle usw. mit irgendwie geformten Ansatzstücken gehören, die direkt ärztlich oder auf ärztliche Verordnung für die Krankenpflege oder für die Hygiene der Frau usw. gebraucht werden müssen, daß

3. nicht der Fabrikant oder der Verkäufer derartiger Waren unter das Gesetz fallen soll, weil man sonst dem zweifellos befugten Handel eine Wunde schlagen würde, sondern nur derjenige, der solche Dinge ausstellt, mithin der Vertrieb derselben seinen Weg weitergeht, wenn man nur nicht das letztere tut, und daß

4. die Hinweise über die Bewerkstelligungsarten der Fruchtabtreibung sich hundertfach in bereits vorhandener populärer Literatur finden, so daß es wahrlich keiner öffentlichen Belehrung dafür bedarf.

Meiner Ansicht nach wird der § 287 in dieser Gestalt nicht den erstrebten Nutzen bringen. Es wird sich noch mehr wie bisher um die

---

[1]) Vgl. weiter hinten.

Bewerkstelligung der Tat in allen ihren Phasen das Dunkel des Geheimnisses legen. Dagegen ist unbedingt dem Absatz dieses Paragraphen zuzustimmen, der Strafe für denjenigen eintreten läßt, der betriebsmäßig sein Abtreibungskönnen verwertet.

§ 288. Dieser Paragraph des Entwurfes bezieht sich im wesentlichen auf die von der Schwangeren nicht gewollte Nothilfe. Wer trotz der Nichteinwilligung die Frucht tötet, wird mit Gefängnis oder Geldstrafe bestraft. Dazu bemerkt die Denkschrift: „Ein solcher Eingriff zu Heilzwecken fällt, wenn er nach den Regeln der ärztlichen Wissenschaft geboten ist, zwar nicht unter den Begriff der Körperverletzung. Er erfüllt aber den Tatbestand der Abtreibung und wäre als solcher strafbar, soweit nicht wegen Nothilfe die Rechtswidrigkeit ausgeschlossen ist.

Nothilfe ist gegeben (§ 22 Abs. 3), wenn die Tötung der Frucht oder des in der Geburt begriffenen Kindes unter pflichtmäßiger Berücksichtigung der sich gegenüberstehenden Interessen erfolgt, um von der Schwangeren die gegenwärtige, nicht anders abwendbare Gefahr eines erheblichen Schadens abzuwenden, den die Schwangere zu tragen rechtlich nicht verpflichtet ist und wenn die Handlung nicht gegen den Willen der Schwangeren begangen wird. Ist die Handlung gegen den Willen der Schwangeren begangen, so wäre an sich der Tatbestand der Abtreibung erfüllt, die Strafe aber nach § 22 Abs. 5¹) zu mildern. Gegen den Willen der Schwangeren handelt der Täter, wenn er weiß, daß die Schwangere dem Eingriff ausdrücklich widersprochen hat, oder wenn er nach Lage der Verhältnisse wußte oder wenigstens damit rechnete, daß die Schwangere, wenn sie Gelegenheit hätte, ihre Willensentschließung kundzugeben, dem Eingriff widersprechen würde.

Es ist zu befürchten, daß dieser Paragraph, trotz der weit offen gelassenen Türen für ein Strafloslassen — nämlich, daß die Tat nur auf Antrag verfolgt wird, und daß der Antrag zurückgenommen werden kann — für den Arzt, der in bester, humaner Absicht schnell glaubte eingreifen zu müssen, unerfreuliche Folgen haben wird. Es erübrigt hier, auf die Konstruktion solcher Fälle einzugehen. Sie ergeben sich bei einigem Nachdenken von selbst. Es ist vielleicht auch angebracht, darauf hinzuweisen, daß in dem vorliegenden Entwurfe der § 291 besagt:

„Wer es unterläßt, einen anderen aus Lebensgefahr zu retten, obwohl er ihn ohne erhebliche Gefahr für sein eigenes Leben oder seine eigene Gesundheit retten kann, wird mit Gefängnis bis zu sechs Monaten bestraft. Die Tat ist nur strafbar, wenn der Gefährdete in der Gefahr

---

¹) „Liegt Notstand oder Nothilfe nur deshalb nicht vor, weil der Täter die Gefahr verschuldet oder weil er gegen den Willen des Gefährdeten gehandelt hat, so kann die Strafe gemildert werden."

sein Leben verloren oder eine schwere Körperverletzung erlitten hat.“ Diese Bestimmung über unterlassene Lebensrettung steht, wie mir scheinen will, nicht in Harmonie mit dem § 288.

d) Bisherige prinzipielle Entscheidungen des Reichsgerichts.

α) Allgemeine Rechtsgrundsätze über die Abtreibung und ihre Begeher.

Der Versuch der Fruchtabtreibung.

Der Ausdruck „eine Schwangere“ im § 218, Abs. 1 bezeichnet nicht, wie der Ausdruck „Beamter“ usw., eine aus der Eigenschaft der Schwangerschaft abgeleitete, besondere Deliktskategorie, bei welcher die Verübung des Deliktes in allen Stadien des Versuches und der Vollendung notwendig in einer Täterin diese Eigenschaft voraussetze und ohne dieselbe nicht denkbar sei, so daß bei tatsächlichem Nichtvorhandensein dieser Eigenschaft die Strafandrohung für den Versuch und die Vollendung in Fortfall kommen.

Deshalb kann eine Frauensperson, die in Wirklichkeit nicht schwanger ist, aber es zu sein glaubt, sich des strafbaren Versuches der Abtreibung schuldig machen nach §§ 218, 43[1]).

Für den Versuch im Gegensatze der Vollendung ist nur die Vorstellung des Täters, welche die Ausführung des Entschlusses veranlaßte, entscheidend, und die Möglichkeit oder Unmöglichkeit der Vollendung aus der objektiven Beschaffenheit des durch das Verbrechen betroffenen Gegenstandes gleichgültig[2]).

Eine Angeklagte war von der Anklage, sich eines Versuches der Abtreibung schuldig gemacht zu haben, deshalb freigesprochen worden, weil nach dem Wortlaut des § 218, Abs. 1, StGB. („eine Schwangere“) die wirklich vorhandene Schwangerschaft in derselben Art ein notwendiges Merkmal des Verbrechens bilde wie die Beamteneigenschaft bei dem Amtsvergehen, hier jedoch bewiesen sei, daß sich die Angeklagte irrtümlicherweise für schwanger gehalten habe.

Das Reichsgericht wies die Sache in die Instanz zurück. In der Begründung wird u. a. angegeben:

Die Freigebung der jede Möglichkeit einer Vollendung ausschließenden Handlungen von der Strafbarkeit als Versuch würde die Straf-

---

[1]) Entscheidungen Bd. 8, 1883, S. 198. — Bd. 29, S. 421. — Ähnliche Anschauungen und Bestrafungen auf Grund derselben findet man schon vor 50 Jahren in der sächsischen Rechtsprechung. Vgl. Egidy in Schletters Annalen der Kriminalrechtspflege 1854.

[2]) Entscheidungen Bd. 1, 1880, S. 452.

losigkeit jedes Versuches zur Folge haben. Besteht aber der Versuch nicht in der durchgeführten Verletzung des Rechtsgutes und auch nicht in einer objektiven Gefährdung desselben, so kann er nur in der Kundgebung eines auf die Verletzung gerichteten Willens durch eine äußere Handlung bestehen, welche über die Grenze der bloßen Vorbereitung hinausgegangen ist.

Das letztere ist der Fall bei Handlungen, welche bestimmt sind, unmittelbar den Tatbestand der Straftat selbst zu realisieren; daher es keinen Zweifel leidet, daß eine Person, die ein Mittel einnimmt, oder bei sich anwenden läßt, wodurch sie die Leibesfrucht abtreiben oder töten will, nicht mehr im Stadium der Vorbereitung des Verbrechens der Abtreibung bleibt, sondern, wenn es nicht an sonstigen Erfordernissen des Versuchs fehlt, bereits in das Stadium des letzteren übergeht.

Es ist rechtlich gleichgültig, ob die Vollendung des Verbrechens daran scheiterte, daß zwar ein Objekt vorhanden war, in welchem das Rechtsgut hätte verletzt werden können, daß jedoch die vom Verbrecher angewandten Mittel zur Herbeiführung dieses Erfolges nicht ausreichten, oder daran, daß es in dem gegebenen Falle an einem solchen Objekte fehlte.

Hält die Schwangere eine schon abgestorbene Frucht für noch lebend, so kann sie sich des Versuches der Tötung schuldig machen, ganz wie derjenige, der auf eine menschliche Leiche schießt. Das gleiche muß von dem Falle der sog. Mole gelten, auch wenn sie nicht ein lebendes Wesen ist, und von einer sonstigen anormalen Bildung im Körper einer Frauensperson, die den Schein einer normalen Schwangerschaft erzeugt, oder von anormalen Zuständen anderer Art, welche diesen Schein hervorbringen, aber auch dann, wenn objektiv nicht einmal ein derartiger anormaler Zustand vorhanden ist, sondern die Täterin aus anderen Ursachen zu dem Irrtum schwanger zu sein veranlaßt wird.

Auch hier, wie bei dem Verbrechen der Tötung gelangt man von dem Irrtum, der einem reellen, jedoch für das vollendete Verbrechen völlig ungeeigneten, Gegenstande der Handlung die Eigenschaft eines dazu tauglichen Objektes beilegt, zu demjenigen Irrtume, welcher das Unreelle, oder doch das in der vorausgesetzten Beziehung nicht reell Existierende für ein taugliches Objekt des Verbrechens nimmt. Bedarf es zum strafbaren Versuche nicht eines Gegenstandes, an welchem das Verbrechen vollendet werden könnte, genügt es vielmehr, wenn der Handelnde nur glaubt, ein solcher Gegenstand sei vorhanden und wenn er in diesem irrigen Glauben seinen verbrecherischen Willen durch eine nicht mehr bloß vorbereitende äußere Handlung an den

Tag legt, so ist nicht abzusehen, wie die zufällige Veranlassung eines Irrtumes darüber zu entscheiden haben könnte, ob die Handlung, wie abgemacht, zu strafen sei oder nicht[1]).

***

Der Versuch ist auch dann strafbar, wenn nicht erwiesen ist, ob die zur Herbeiführung des beabsichtigten Erfolges angewendeten Mittel, welche die beabsichtigte Wirkung nicht gehabt, überhaupt den beabsichtigten Zweck zu erfüllen geeignet gewesen sind.

Eine angeklagte Schwangere nahm während ihrer Schwangerschaft, zu dem Zwecke ihre Leibesfrucht abzutreiben, mehrmals eine ihr von dem Mitangeklagten zugestellte bittere Flüssigkeit, welche sie zur Herbeiführung des beabsichtigten Erfolges für geeignet hielt, zu sich. Der Mitangeklagte hatte die angeklagte Schwangere zur Begehung des Verbrechens der Abtreibung dadurch vorsätzlich bestimmt, daß er ihr, während sie, wie er wußte, schwanger war, mehrmals eine Flüssigkeit, welche er zur Abtreibung der Leibesfrucht für geeignet hielt, zustellte und sie überredete, dieselbe zur Erreichung dieses Zweckes einzunehmen.

Das Landgericht hat auf Grund dieser Tatsachen die Schwangere wegen Versuchs der Abtreibung der Leibesfrucht im Sinne der §§ 218 und 43, den Mitangeklagten wegen Anstiftung zu diesem Verbrechen nach § 48 StGB. verurteilt.

Die Revision der Angeklagten gründete sich auf das Nichterwiesensein, ob das angewendete Mittel, welches die beabsichtigte Wirkung nicht gehabt, überhaupt den beabsichtigten Zweck zu erfüllen geeignet gewesen sei. Sie fanden in dem Urteil eine Verletzung der Vorschriften des Strafgesetzbuches über den Versuch, da nach der Rechtsnorm der Versuch mit absolut untauglichen Mitteln straflos sei.

Das Reichsgericht führte folgendes aus: Zur Strafbarkeit des Versuches gehört nach dem entsprechenden Gesetzesparagraphen, der aus der französischen Gesetzgebung stammt, eine Betätigung des Entschlusses, das Verbrechen zu begehen durch Handlungen, welche einen Anfang der Ausführung dieses Verbrechens enthalten. Die Meinungen darüber sind geteilt, ob Handlungen gemeint seien, die imstande sind, oder die man für geeignet hält, den zur Vollendung des Verbrechens gehörenden Erfolg herbeizuführen.

Die Entscheidung hierüber wird lediglich aus den inneren Gründen für diese Strafbarkeit überhaupt zu entnehmen sein. Im Versuche richtet sich das Strafgesetz gegen den verbrecherischen Willen. Die

---

[1]) Entscheidungen, Bd. 8, 1883, S. 198.

Lewin, Fruchtabtreibung durch Gifte usw. 3. Aufl. 8

Theorie ist zu verwerfen, wonach nur solche Handlungen strafbar sein sollen, die, wenn die Vollendung nicht durch selbständige, vom Willen des Täters unabhängige Umstände gehindert worden wäre, die Vollendung zur Folge gehabt haben würden. Jeder auf den endlichen Ausgang Einfluß äußernde Umstand gibt stets als einzelner Kausalitätsfaktor nur eine größere oder geringere Möglichkeit oder Wahrscheinlichkeit des letzteren, niemals die Gewißheit seines Eintritts oder Nichteintritts. Die Freigebung der jede Möglichkeit einer Vollendung ausschließenden Handlung von der Strafbarkeit als Versuch würde die Straflosigkeit jeden Versuches zur Folge haben. Es gibt im allgemeinen derartige Handlungen, die unter allen Umständen ungeeignet sind, den beabsichtigten Erfolg hervorzurufen in Wirklichkeit gar nicht, im Einzelfalle hat sich dagegen jede Handlung, die nicht zum Erfolge geführt hat, als eine zu dessen Hervorbringung absolut ungeeignete erwiesen. Auf den Unterschied zwischen Handlungen mit absolut untauglichen oder mit nur relativ untauglichen Mitteln kann die Strafbarkeit oder Straflosigkeit des Versuches nicht gegründet werden. Auch bei der Anwendung untauglicher Mittel hat der Täter das getan, was er als zur Verwirklichung seines verbrecherischen Entschlusses geeignet angesehen hat und damit seine Auflehnung gegen die Rechtsordnung betätigt. Daß das beabsichtigte Verbrechen bei dem Versuche stehenblieb, hat jedesmal in irgend einem Irrtum des Täters seinen Grund, weil er die, das Ausbleiben des Erfolges bewirkenden Umstände bei seinem Plane zur Verwirklichung des gefaßten Entschlusses nicht richtig in Anschlag gebracht hat[1]).

Der zur Anstiftung oder Hilfeleistung erforderliche Dolus ist bei demjenigen nicht gegeben, welcher einen anderen vorsätzlich bestimmt hat, zu der von demselben versuchten strafbaren Handlung Mittel von einer, zu deren Ausführung, wie jener weiß, nicht geeigneten Beschaffenheit zu gebrauchen, oder welcher dem Täter zur Förderung der Begehung der verbrecherischen Handlung Mittel ebensolcher, jenem bekannten, Art verschafft hat.

[1]) Entscheidungen, Bd. 1, 1880, S. 439. — Merkwürdigerweise wird der Dolus bei der Anstiftung oder Hilfeleistung zu einem Verbrechen mit untauglichen Mitteln nicht angenommen (Entscheidungen, Bd. 15, S. 315).

In § 218 Abs. 3 kann als Anwendung von „Mitteln zu der Abtreibung oder Tötung" auch eine psychische, absichtliche Beeinflussung verstanden werden. (Oppenhoff, Das Strafgesetzbuch f. d. Deutsche Reich 1888, S. 500.)

Deshalb ist derjenige nicht zu strafen, der bewußt einer Schwangeren unschädliche, unwirksame Mittel zur Abtreibung gegen Entgelt überläßt.

Eine Frauensperson war wegen Anstiftung zur Fruchtabtreibung und wegen Hilfsleistung bei einem solchen Versuche verurteilt worden, obschon gerichtlich festgestellt war, daß sie bestimmt gewußt habe, daß die Mittel, welche sie die Mitangeklagten anzuwenden bestimmte oder ihnen zum Gebrauche zukommen ließ, zur Abtreibung einer Leibesfrucht völlig untauglich gewesen seien.

Das Urteil wurde aufgehoben.

Das Reichgericht führte aus: Man könnte nach dem Wortlaut der §§ 48 und 49 StGB. meinen, daß zur strafbaren Anstiftung in subjektiver Beziehung oder zur Beihilfe nichts weiter erfordert werde als der Wille zur Begehung einer strafbaren Handlung, gleichgültig ob der Wille des Anstifters auf Ausführung der Tat oder nur auf Herbeiführung eines strafbaren Versuches gerichtet sei, und daß es auch genügen würde, daß der Gehilfe wüßte, der Täter sei willens, die Tat auszuführen und daß die Tat oder ein strafbarer Versuch erfolgt sei.

Dies würde dahin führen, daß auch derjenige wegen Teilnahme durch Anstiftung oder Beihilfe gestraft werden müßte, welcher gar nicht den Willen gehabt hat, daß eine Straftat zur Ausführung gelange, welcher z. B. wußte, daß wegen absoluter oder relativer Untauglichkeit der anzuwendenden Mittel die Tat unmöglich sei. Ja, es würde sogar derjenige wegen Teilnahme strafbar sein, welcher gerade in der Absicht, die Straftat zu verhindern, gehandelt hätte.

Diese Ergebnisse sind nicht mit den Grundprinzipien des Strafrechts vereinbar.

Der Wille des Anstifters und des Gehilfen muß auf die Verübung einer Handlung gerichtet sein. Der bloße Wille, den erfolglosen Versuch einer solchen Handlung herbeizuführen oder zu unterstützen, kann nicht strafbar sein. Das Gesetz straft bei dem Versuche lediglich den durch Versuchshandlungen betätigten Willen; es wäre aber prinziplos, beim Anstifter und Gehilfen auch von diesem Willen ganz abzusehen, also Strafe zu verhängen wo beides fehlt — Willen und Tat.

Das Wort „wissentlich" im § 49 StGB.: „Wer dem Täter zur Begehung des Verbrechens oder Vergehens durch Rat und Tat wissentlich Hilfe geleistet hat" bezeichnet, daß der eigene Wille des Gehilfen auf die Straftat selbst gerichtet sei, daß er das Bewußtsein haben müsse, Hilfe zur wirklichen Ausführung der Straftat zu leisten, es daher nicht genügen könne, wenn sein Wille lediglich auf die Unterstützung eines erfolglosen Versuches gerichtet sei.

Ähnlich verhält es sich mit der Anstiftung. Das Wort „vorsätzlich" im § 48 StGB. kann nicht nur den Sinn haben, daß der Anstifter den Willen des Täters vorsätzlich bestimmt habe, die Ausführung der Tat herbeizuführen, sondern muß weiter gefaßt werden. Da dem Anstifter die gleiche Strafe wie dem Täter angedroht wird, so kann es nicht die Absicht des Gesetzes sein, einer Person die volle Strafe des Versuches zu geben, von welcher die Ausführung der Tat gar nicht gewollt ist[1]).

Der § 218, Abs. 1 verlangt nicht mehr als ein vorsätzliches, auf Herbeiführung des strafbaren Erfolges gerichtetes Handeln, welches sowohl in einer positiven Tätigkeit wie in einem Dulden und Unterlassen bestehen kann.

Eine Frauensperson hatte sich zum Zwecke der Abtreibung dreimal einen Katheter in die Geschlechtsteile einführen lassen. In den beiden ersten Fällen hatte sie das Instrument bald nach der Einführung herausgenommen, und zwar im ersten Falle, weil es sie genierte, in dem dritten Falle aber dasselbe beim Gehen auf der Straße verloren. Weitere Versuche vorzunehmen hat sie sich angeblich geweigert.

Sie wurde auf Grund des § 218 Abs. 1 StGB. verurteilt und die Revision vom Reichsgericht verworfen mit der vorangestellten Begründung. Daß sich die Angeklagte zur Einführung des Katheters hergegeben und denselben eine Zeitlang getragen habe, stelle eine positive Tätigkeit dar[2]).

Der Tatbestand der ersten Alternative des § 218 Abs. 1 StGB. erfordert, daß durch die Bewirkung des vorzeitigen Abganges der Frucht der Tod der letzteren oder des etwa lebend zur Welt kommenden Kindes hat herbeigeführt werden wollen oder auch herbeigeführt wird.

Es wurde festgestellt, daß die Schwangere mit dem Mitangeklagten die Tötung ihrer Leibesfrucht durch Ausstoßung derselben aus dem Mutterleibe hat bewirken wollen, und daß ferner die von der Schwangeren angewendeten Manipulationen zur Frühgeburt der etwa 7 Monate alten Frucht geführt haben, daß die Frucht bis vor der Geburt gelebt hat und vor der Geburt durch Vorfallen der Nabelschnur erstickt ist.

Der Mitangeklagte wurde wegen Anstiftung der Angeklagten zur vorsätzlichen Abtreibung der Leibesfrucht verurteilt.

---

[1]) Entscheidungen, Bd. 15, 1887, S. 315.
[2]) Entscheidungen, Bd. 29, 1897.

Nach der Auffassung des Reichsgerichts fordert der Tatbestand der vollendeten Abtreibung, daß der Vorsatz auf Tötung der Frucht im Mutterleibe, worauf die Ausstoßung folgt, oder auf Tötung durch Bewirkung vorzeitigen Abganges gerichtet gewesen ist, und daß der Tod der Frucht oder des Kindes in Folge des vorzeitig bewirkten Abganges eingetreten ist, so daß ein Versuch vorliegt, wenn zwar die Abtreibung bewirkt worden, aber das Kind, weil es die zum Fortleben erforderliche Reife hat, am Leben geblieben ist.

Da in dem vorliegenden Falle nicht festgestellt wurde, daß das Vorfallen der Nabelschnur, welches als nächste Todesursache der Frucht erscheint, eine Folge der vorzeitig bewirkten Entbindung gewesen ist, und es aus den Urteilsgründen nicht ersichtlich war, ob es sich um eine Frucht gehandelt hat, welche wegen der mangelnden Reife nicht außerhalb des Mutterleibes hätte fortleben können, so war durch diese Lücke der Kausalzusammenhang zwischen dem Unternehmen der Abtreibung und dem Tode der Frucht so erschüttert, daß die Annahme einer vollendeten Abtreibung ausgeschlossen erschien.

Das Urteil wurde aufgehoben[1]).

Es liegt der Fall des § 218 Abs. 1 StGB. auch dann vor, wenn die Schwangere die Abtreibung ihrer Leibesfrucht nicht durch von ihr selbst angewendete Mittel bewirkt hat, sondern die Mittel mit ihrer Einwilligung durch einen anderen bei ihr angewendet sind.

So kann eine Schwangere nach § 218 Abs. 1 bestraft werden, wenn sie sich von einem Dritten einen Katheter zum Zwecke der Abtreibung hat einlegen lassen.

Eine Frauensperson wurde durch den Spruch der Geschworenen für schuldig erklärt, im zweiten Monat ihrer Schwangerschaft vorsätzlich ihre Frucht abgetrieben oder im Mutterleibe getötet zu haben und nach § 218 Abs. 1 bestraft. Mit ihrer Einwilligung oder auf ihre Anregung hatte der Mitangeklagte gegen Entgelt einen Katheter in ihre Scham eingeführt und denselben auf ihre Gebärmutter wirken lassen. Er wurde nach § 218 Abs. 3 und § 219 verurteilt.

Das Reichsgericht entschied, daß die entsprechenden Gesetzesbestimmungen richtig in diesem Falle angewendet worden seien. Der Fall des § 218 Abs. 1 liegt auch dann vor, wenn die Schwangere die Abtreibung ihrer Leibesfrucht nicht durch von ihr selbst angewendete Mittel bewirkt hat, sondern die Mittel mit ihrer Einwilligung durch

---

[1]) Entscheidungen, Bd. 1, 1880, S. 380.

einen anderen bei ihr angewendet worden sind. Die Benutzung des zur Abtreibung gebrauchten Mittels lasse sich ohne „ein sich Darbieten", also einer eigenen Tätigkeit, nicht denken.

Gegen den Einwand, daß in dem gegen die Angeklagten ergangenen Spruche insofern ein Widerspruch enthalten sei, als die alleinige Täterschaft der Angeklagten und des Mitangeklagten bejaht seien, betont das Reichsgericht, daß die manuelle Vornahme der Handlung, durch welche der verbrecherische Erfolg zum Abschlusse gebracht ist, durch einen anderen den Kausalzusammenhang dieses Erfolges mit der von der Schwangeren selbst zu dessen Herbeiführung entwickelten Tätigkeit nicht unterbricht. Sie führt nur zu der Annahme eines bewußten und gewollten Zusammenwirkens beider Personen zu dem verbrecherischen Erfolge. Für den Begriff der beiderseitigen Täterschaft ist es in diesem Falle gleichgültig, in welcher Art und in welchem Verhältnisse die von dem einen oder dem anderen vorgenommenen, aber von beiden gewollten Handlungen zur Erreichung des gemeinsamen Zweckes beigetragen haben. Die Angeklagte kann deshalb nicht nur als Gehilfin beurteilt werden[1]).

Das In-den-Mund-Nehmen eines Abortivmittels und sein Wiederausspeien kann evtl. nach § 46, 1 StGB. straflos sein.

Auf Grund der Feststellung, daß die Angeklagte, in dem Glauben schwanger zu sein, ein zur Abtreibung der Leibesfrucht geeignetes Mittel in den Mund genommen habe, hatte die Strafkammer wegen Versuches der Abtreibung auf Strafe erkannt, dabei aber unentschieden gelassen, ob die Angeklagte nicht das in den Mund genommene Mittel sofort wegen widerlichen Geschmackes ausgespieen habe.

Das Urteil wurde vom Reichsgericht aufgehoben, weil aus den Feststellungen nicht zu entnehmen war, ob der Angeklagten nicht nur ein nach § 46 Nr. 1 StGB. straflos zu lassender Versuch zur Last fiel.

Hat die Angeklagte das zur Abtreibung der Leibesfrucht für geeignet gehaltene Mittel in den Mund genommen, um es zu verschlucken, das letztere zu tun aber aus freier Entschließung wieder aufgegeben, so liegen alle Voraussetzungen für Anwendung des § 46, 1 vor. Auf den Beweggrund, durch welchen die Angeklagte bestimmt worden ist, die Ausführung der beabsichtigten Tat aufzugeben, kommt es nicht an, sondern nur darauf, ob nicht Umstände, welche von dem Willen

---

[1]) Entscheidungen, Bd. 1, 1880, S. 263; Bd. 29, S. 10.

der Angeklagten unabhängig waren, sie an der Ausführung der Tat gehindert haben. Daß der widerliche Geschmack des in den Mund genommenen Mittels der Angeklagten unmöglich gemacht habe, das in den Mund Genommene zu verschlucken, ist nicht festgestellt[1]).

Unter Abtreibung wird nicht schon eine innerliche Lockerung der Frucht von ihren Ernährungsorganen verstanden, sondern die Herbeiführung eines dem natürlichen Verlaufe nicht entsprechenden, verfrühten Abganges der Frucht aus dem Mutterleibe[2]).

Es wurde festgestellt, daß eine Hebamme eine Frau von einer etwa vier Monate alten, in der Gebärmutter gelockerten Leibesfrucht befreit habe, und daß diese Lockerung zuvor durch Einspritzungen von warmem Seifenwasser herbeigeführt worden war.

Es wurde vom Vorderrichter § 218 StGB. auf den ermittelten Sachverhalt angewendet und die Vollendung der von der Hebamme verübten strafbaren Handlung auf den Zeitpunkt verlegt, in welchem durch die Einspritzung eine Lockerung der Frucht in der Gebärmutter bewirkt worden war.

Das Reichsgericht hält mit den §§ 218—220 die Abtreibung einer Frucht und deren Tötung im Mutterleibe scharf auseinander. Die innerliche Lockerung der Frucht von ihren Ernährungsorganen ist noch nicht eine Abtreibung. Zu einer solchen gehört der verfrühte Abgang der Frucht aus dem Mutterleibe, der in dem vorliegenden Falle erst später eintrat unter Mitwirkung der Hebamme.

Mithin konnte das Urteil nicht unter dem Gesichtspunkte aufrechterhalten werden, daß darin als Abtreibung ein Vorgang rechtsirrig bezeichnet wird, der sich nach dem Gesetz als Tötung im Mutterleibe darstellt[3]).

β) Die Anstiftung zu der Abtreibung.

Anstiftung der Schwangeren zur Abtreibung ihrer Leibesfrucht ist strafbar, auch wenn die Abtreibung in den Grenzen des Versuches geblieben war (§§ 48, 218, 1).

Anstiftung zur Anwendung von Abtreibungsmitteln an der Schwangeren (§§ 48, 218, 3) und Anstiftung des Verbrechens aus § 219 sind nur strafbar, wenn die Abtreibung Erfolg gehabt hat[4]).

---

[1]) Entscheidungen, Bd. 35, 1902, S. 102.
[2]) Entscheidungen, Bd. 20, 1890, S. 368.
[3]) Entscheidungen, Bd. 20, 1890, S. 367.
[4]) Entscheidungen, Bd. 3, 1881, S. 162.

Sowohl der Anstifter als auch der Gehilfe sind nur strafbar zu erachten, wenn und insoweit ihr Wille auf Ausführung der Straftat gerichtet ist, bei welcher Voraussetzung Strafe allerdings auch dann eintritt, wenn die Ausführung nur zu einem strafbaren Versuche gediehen ist.

Der Dolus des Täters und der Dolus des Anstifters und Gehilfen brauchen sich nicht überall zu decken[1]).

Der zur Anstiftung oder Hilfeleistung erforderliche Dolus ist bei demjenigen nicht vorhanden, welcher einen anderen wissentlich oder vorsätzlich bestimmt hat, zu der von demselben versuchten strafbaren Handlung ein ungeeignetes Mittel zu gebrauchen[2]).

Die an eine Schwangere gerichtete mündliche Aufforderung zur Abtreibung ihrer Leibesfrucht, ist, selbst wenn derselben gleichzeitig die Abtreibungsmittel gegeben werden, nicht strafbar.

Der § 49a StGB. bedroht das lediglich mündlich ausgedrückte Auffordern oder Erbieten, sowie die Annahme eines solchen nur dann, wenn die Aufforderung oder das Erbieten an die Gewährung von Vorteilen irgendwelcher Art geknüpft worden ist[3]).

γ) Die Beihilfe und die Mittäterschaft an der Abtreibung.

Ein Arzt war aus § 218 Abs. 1, 43, 49 StGB. verurteilt worden. Er hatte wenigstens dreimal eine Sonde bis an die Öffnung der Gebärmutter unter Schmerzen der Schwangeren und Blutigfärbung des Instrumentes eingeführt. Drei oder fünf Wochen später ging eine 5—6 Monate alte Frucht, von der unverletzten Eihaut umschlossen, ab. Es konnte nicht festgestellt werden, daß diese Frühgeburt in ursächlichem Zusammenhange mit den Einwirkungen des Angeklagten stehe, und das Urteil nimmt auch nicht an, daß die Absicht des Angeklagten darauf gerichtet gewesen sei, die Abtreibung zu bewirken.

Der Arzt behauptete, daß er bei der Schwangeren die Sonde nur in unschädlicher Weise zum Scheine und zu dem Zwecke angewendet habe, um derselben glaubhaft zu machen, es werde hierdurch ihre Frucht getötet, um so dieselbe zu beruhigen.

----

[1]) Entscheidungen, Bd. 15, 1887, S. 315.
[2]) Entscheidungen, Bd. 15, 1887, S. 315. S. auch vorher unter „Versuch der Abtreibung".
[3]) Entscheidungen, Bd. 3, 1881, S. 30.

Die Strafkammer nahm an, daß der Angeklagte, obwohl er nicht beabsichtigt habe, die Abtreibung zu bewirken, zum Versuche solcher Hilfe geleistet, weil er sich der von der Schwangeren gewollten Tat durch sein Vorgehen förderlich gezeigt hat.

Das Reichsgericht erachtete diese Ansicht als auf irriger Beurteilung der Voraussetzungen der Beihilfe beruhend. Es führte aus, daß es nicht genüge zur Erfüllung des Tatbestandsmerkmales wissentlicher Hilfeleistung, daß der tätig werdende Gehilfe weiß, es wolle der Täter die strafbare Handlung begehen, welche von diesem auch wirklich ausgeführt oder begonnen wird. Der § 49 verlangt vielmehr, daß auch der Wille des Gehilfen auf das Zustandekommen des Verbrechens oder Vergehens gerichtet ist, zu dessen Förderung er tätig wird. Das Bewußtsein, durch die eigene Tätigkeit diese Förderung herbeizuführen, ist aber da nicht möglich, wo der Gehilfe dem Täter bei Begehung der von diesem beabsichtigten strafbaren Handlung mit der vollen Gewißheit irgendwie behilflich wird, daß der Täter jene in Wirklichkeit niemals werde zustande bringen können. Da ferner der Versuch einer strafbaren Handlung seinem Begriffe nach unerläßlich voraussetzt, daß der Handelnde jene auszuführen beabsichtigt, so kann der Gehilfe, welcher weiß, daß die Handlung des Täters die Grenze des Versuchs nicht zu überschreiten vermag, auch seinerseits sich nicht der Hilfeleistung zu einem Versuche schuldig machen, weil er sich bei solcher Sachlage von Anfang an der Unmöglichkeit der Vollendung der Haupttat bewußt ist und somit seine Absicht auf diese nicht gerichtet sein kann.

Derjenige, welcher die Absicht nicht hat, daß aus seiner Tätigkeit der Tatbestand eines Verbrechens entspringe und welcher auch durch die Art seiner Tätigkeit eine Bedingung des Erfolges selbst nicht setzt, ist demjenigen hinsichtlich der Strafbarkeit in keiner Weise gleichzustellen, welcher das Verbrechen will und auf dessen Verwirklichung hinwirkt[1]).

Wenn das Strafgesetzbuch den Anstifter und den Gehilfen straft, so geschieht dies nicht etwa deshalb, weil dieselben Schuld oder Mitschuld daran tragen, daß ein anderer sich strafbar macht und verurteilt wird, sondern weil sie dazu mitwirken, daß eine der gemeingefährlichen Handlungen, welche als solche im Teil II des Strafgesetzbuches mit Strafe bedroht sind, verübt werde; ihr Wille muß also folgerichtig auf Verübung einer solchen Handlung gerichtet

---

[1]) Entscheidungen, Bd. 16, 1888, S. 25.

sein. Der bloße Wille, den erfolglosen Versuch einer solchen Handlung herbeizuführen, bzw. zu unterstützen, kann unmöglich genügen; es fehlt jeder gesetzgeberische Grund, diesen Willen für strafbar zu erklären[1]).

Es war Verurteilung des Angeklagten O. und der F. wegen gemeinschaftlich ausgeführten Versuches eines Verbrechens wider das Leben aus den §§ 218 Abs. 1, 47, 43f. StBG. erfolgt.

Der Angeklagte O. erachtete diese rechtliche Beurteilung seiner Tat für verfehlt. Er führte in der Revision Beschwerde über die Anwendung des § 47 StBG., weil der § 218 Abs. 1 nur „eine Schwangere" als Täterin kenne und deshalb seine Mittäterschaft bei diesem speziellen Delikte völlig ausgeschlossen sei.

Das Reichsgericht hob das Urteil gegen O. auf durch folgende Begründung:

Mit der rechtlichen Natur der Mittäterschaft (§ 47) ist es nicht zu vereinen, daß der bei der Abtreibung beteiligte Dritte als Mittäter angesehen wird. Mittäter müssen nicht nur den gesamten Tatbestand des ins Werk zu setzenden Deliktes in ihren Willen aufgenommen und ihre zur Erfüllung des Tatbestandes zusammenwirkende Tätigkeit gewollt haben, sondern der Vorsatz jedes einzelnen Täters muß auch auf die Ausführung der Tat als der eigenen gerichtet gewesen sein. Mit der Unmöglichkeit einer solchen Beschaffenheit der Willensrichtung fällt die Möglichkeit der Konstruktion der Mittäterschaft. Als Subjekt erfordert § 218 Abs. 1 eine Schwangere oder (beim strafbaren Versuche) eine Person, die schwanger zu sein glaubt. Diese Voraussetzung ist bei dem Dritten, der sich wissentlich bei der Abtreibung der Schwangeren oder vermeintlich Schwangeren beteiligt, nicht vorhanden, und er kann ihre Tat unmöglich als seine eigene wollen, weil die Selbstbegehung bei ihm durch die Unmöglichkeit der Erfüllung eines wesentlichen Begriffsmerkmals des Deliktes ausgeschlossen ist[2]).

Die Mitwirkung der Schwangeren im Falle des § 218, Abs. 3, ist nicht nur immer Mittäterschaft, sondern kann auch als Beihilfe zu der durch den Dritten bewirkten Abtreibung aufgefaßt werden.

---

[1]) Entscheidungen, Bd. 15, 1887, S. 315.
[2]) Entscheidungen, Bd. 29, 1897, S. 419.

Eine schwangere Frauensperson war wegen Beihilfe zur Abtreibung in vier Fällen aus §§ 218 Abs. 3, 49 StGB. und nicht vielmehr wegen Abtreibung aus § 218 Abs. 1 verurteilt worden.

Die Revision wurde damit begründet, daß, indem ein Dritter der Schwangeren die Mittel zur Abtreibung mit ihrer Einwilligung beigebracht habe, die Schwangere zugleich vorsätzlich ihre Frucht abgetrieben habe.

Das Reichsgericht verwarf die Revision, weil diese Ansicht dazu führen würde, daß unter den Voraussetzungen des § 218 Abs. 3 die Schwangere stets als Mittäterin aus § 218 Abs. 1 zu bestrafen wäre.

Die Möglichkeit einer durch die Schwangere selbst im Falle des § 218 Abs. 3 geleisteten Beihilfe muß um so mehr anerkannt werden, als der Unterschied zwischen Mittäterschaft und Beihilfe nicht in Art und Maß der aufgewandten Tätigkeit, sondern in der Willensrichtung begründet ist und sehr wohl Fälle denkbar sind, in denen der Vorsatz der Schwangeren nicht auf Begehung, sondern lediglich auf Ermöglichung der von dem Dritten beschlossenen und ausgeführten Tat gerichtet ist. Es kommen hier namentlich diejenigen Fälle in Betracht, in denen ein Dritter, insbesondere der Schwängerer, die Geburt eines Kindes im eigenen Interesse verhindern will und die Einwilligung sowie sonstige Mitwirkung der Schwangeren nur in einem Dulden gefunden wird[1]).

***

Hat ein Dritter mit Einwilligung der Schwangeren Mittel behufs einer Abtreibung gegen Entgelt oder unentgeltlich angewendet oder beigebracht, beziehentlich gegen Entgelt verschafft, die Schwangere jedoch auf diese Weise ihre Frucht nicht abgetrieben, sondern nur abzutreiben versucht, so kann nur von einer Teilnahme des Dritten an dem Abtreibungsversuche der Schwangeren, also an dem im § 218, Abs. 1 vorgesehenen Verbrechen die Rede sein.

Ein solcher Angeklagter ist nicht wegen versuchten Verbrechens gegen das Leben aus § 218 Abs. 3, sondern als Teilnehmer an einem versuchten Verbrechen gegen das Leben aus § 218 Abs. 1, §§ 43, 44, 49 StGB. zu verurteilen und wenn er es gegen Entgelt tat, hat eine Strafverschärfung einzutreten[2]).

Eine Mitangeklagte D. sollte gegen Entgelt von 6 Mark der Angeklagten H., welche sich in schwangerem Zustande befand, und sich jener zu ihren diesfälligen Manipulationen darbot, Einspritzungen von einem an sich zur Herbeiführung eines Abortus geeigneten Mittel

---

[1]) Entscheidungen, Bd. 28, 1896, S. 164.
[2]) Entscheidungen, Bd. 4, 1881, S. 307.

beigebracht, die H. aber die Abtreibungsversuche aufgegeben und ein Kind geboren haben.

Es erfolgte Verurteilung beider Angeklagten wegen versuchten Verbrechens gegen das Leben, und zwar der H. aus §§ 43, 218 Abs. 1 und 2 StGB. zu sechs Monaten Gefängnis und der D. aus §§ 43 und 218, Abs. 3 zu drei Jahren Zuchthaus und drei Jahren Ehrverlust.

Die Revision der D. stützte den Antrag darauf, daß § 218, Abs. 3 die geschehene Abtreibung oder Tötung der Frucht voraussetze, sie demnach nur als Teilnehmerin beurteilt werden könne.

Aus den eingangs angeführten Gründen erkannte das Reichsgericht nach dem Antrage der D.[1]).

Auch ein Dritter kann wegen Beteiligung an der im § 218, Abs. 1 vorgesehenen Abtreibung der Leibesfrucht, welche, gleichviel aus welchen Gründen, in den Grenzen des strafbaren Versuches geblieben ist, als Anstifter (§ 48) oder als Gehilfe (§ 49) strafbar werden, aber nicht als Mittäter (§ 47)[2]).

Wer einer Schwangeren, welche ihre Frucht vorsätzlich abtreibt, oder abzutreiben versucht, das Mittel ohne Entgelt verschafft hat, ist nur der Beihilfe zu jener Tat schuldig[3]).

Eine Schwangere hatte eingestanden, daß die Mitangeklagte sie „aufgefordert“ habe, ein von ihr selbstbereitetes Mittel zu trinken — was sie auch getan habe — und daß, als sie der Mitangeklagten das Ausbleiben der Reinigung nach erfolgtem Beischlafe mitteilte und um Hilfe bat, diese ihr „kein Abortivmittel gereicht haben würde, wenn sie nur an eine Unregelmäßigkeit der Periode gedacht hätte“.

Die Mitangeklagte wurde als Täterin oder Mittäterin des Versuches der Abtreibung der Leibesfrucht verurteilt.

In ihrer Revision verlangt sie nur als Gehilfin beurteilt zu werden. Dem gab das Reichsgericht statt mit der Begründung, daß nach dem Wortlaut des § 218, Abs. 1 und 2 die Strafvorschriften auf denjenigen Anwendung finden, welcher mit Einwilligung der Schwangeren die Mittel zu der Abtreibung bei ihr angewendet oder ihr beigebracht hat. Die Aufforderung, das Abortivmittel zu trinken und das Darreichen desselben kann weder als Anwendung noch als

---

[1]) Entscheidungen, Bd. 4, 1881, S. 307.
[2]) Entscheidungen, Bd. 3, S. 162; Bd. 4, S. 302; Bd. 29, S. 421.
[3]) Entscheidungen, Bd. 1, 1880, S. 270.

Beibringen betrachtet werden. Es liegt nur eine Teilnahme an der Tat durch Hilfeleistung nach §§ 49, 218 StGB. vor[1]).

Die Freisprechung des Haupttäters von dem Verbrechen des Versuches auf Grund der Annahme seines freiwilligen Abstandes von der Ausführung der Handlung, schließt die Verurteilung des der Beihilfe zu diesem Versuche Angeklagten nicht aus.

So wurde eine Schwangere unter der Annahme eines straflosen Versuches freigesprochen, weil sie den Entschluß, jene Getränke, die ihr der Angeklagte mit der Weisung gegeben hatte, sie zum Zwecke der Abtreibung der Leibesfrucht zu gebrauchen, zwar bereits ausgeführt (also eine Handlung, welche einen Anfang der Ausführung dieses beabsichtigten Verbrechens darstellte) bereits begangen, aber sodann nicht fortgesetzt hatte, sondern die weitere Ausführung der Handlung, ohne daß sie daran durch Umstände, welche von ihrem Willen unabhängig waren, gehindert worden wäre, aufgegeben hatte.

Der Darbieter der Getränke wurde aber wegen Beihilfe zu dem Verbrechen verurteilt[2]).

Die festgestellte Beihilfe zu einer vermeintlichen Abtreibung seitens einer Schwangeren begründet nicht die Bestrafung aus § 220.

Eine Frauensperson wurde von der Anklage des Versuches der Abtreibung freigesprochen, weil nicht erwiesen sei, daß sie sich für schwanger gehalten habe, und der der Beihilfe Angeklagte, weil er zwar den Willen offenbar gehabt habe, zu dem Verbrechen der Abtreibung Beihilfe zu leisten, dieses Verbrechen jedoch nicht in Existenz getreten sei.

Die Revision des Staatsanwalts, die eine Verletzung des § 220 StGB. behauptete, weil der Mitangeklagte, wenn er ohne Wissen und Willen der Angeklagten den Versuch gemacht, die Leibesfrucht derselben abzutreiben, den Tatbestand dieses Verbrechens erfüllt habe, wurde zurückgewiesen. Wenn die Gehilfenhandlung zu einem Verbrechen nach § 218, Abs. 1 feststeht, findet der § 220 dann keine Anwendung, wenn jenes Verbrechen nicht begangen ist, weil der der Tat Angeklagten der Wille gefehlt habe; denn der auf den Erfolg und die Unterstützung des Täters gerichtete Wille deckt sich nicht mit dem Willen der Tat als einer eigenen[3]).

---

[1]) Entscheidungen, Bd. 1, S. 270.
[2]) Entscheidungen, Bd. 3, S. 249.
[3]) Entscheidungen, Bd. 18, 1889, S. 229.

Es besteht der Dolus eventualis im Falle des § 218, Abs. 3, wenn dem Täter die Gefährlichkeit eines Mittels als Abtreibungsmittel bekannt war und er dennoch dasselbe angewendet hat. Dadurch wird die Tat·der vorsätzlichen gleichgestellt[1]).

Das Verbrechen der Abtreibung ohne Wissen und Willen der Schwangeren (§ 220) wird für einen so erheblichen Eingriff in die Existenz einer anderen Person gehalten, daß eine strenge, den Rahmen des § 218 weit überragende Strafe für gerechtfertigt gelten müsse[2]).

Erfolglose Abtreibung bei einer geisteskranken Schwangeren auf deren Verlangen: Versuch aus § 220 oder Straflosigkeit, je nachdem die Abtreibung ohne den Willen der Schwangeren vorgenommen wird oder zur Zeit der Anwendung die freie Willensbestimmung bereits aufgehoben ist.

Bei einer geisteskranken Schwangeren wurde auf ihr Verlangen ein Abtreibungsmittel ohne Erfolg angewendet.

Der Vorderrichter unternahm die rechtlich nicht mögliche Konstruktion eines Versuches des im § 218, Abs. 3 mit Strafe bedrohten Verbrechens seitens dessen, der bei dieser Kranken das Mittel angewendet hatte.

Nur bei wirklich eingetretenem Erfolge der Abtreibung kann nach wiederholten Entscheidungen des Reichsgerichts[3]) die Tat des Dritten, welcher die Mittel mit Einwilligung der Schwangeren angewendet hat, als ein selbständiges Delikt angesehen werden.

Die Tätigkeit des Angeklagten, der der geisteskranken Schwangeren eine Einspritzung gemacht hat, konnte nur als Beihilfe zu der von der Schwangeren versuchten Abtreibung ihrer Leibesfrucht rechtlich in Betracht gezogen werden. Die nach § 49 StGB. strafbare Beihilfe setzt jedoch die rechtliche Existenz der Haupttat voraus und diese Voraussetzung ist nicht vorhanden, wenn der Täter zur Zeit der Begehung der Handlung sich in einem Zustande von krankhafter Störung der Geistestätigkeit befand, durch welchen seine freie Willensbestimmung ausgeschlossen war[4]).

[1]) Entscheidungen, Bd. 16, 1887, S. 28.
[2]) Entscheidungen, Bd. 18, 1889, S. 230.
[3]) Entscheidungen, Bd. 1, S. 350; Bd. 3, S. 162; Bd. 4, S. 302; Bd. 16, S. 25.
[4]) Entscheidungen. Bd. 21, 1891, S. 14.

ε) Strafausschließungsgründe für die Fruchtabtreibung. Nothilfe.

Hat auch das Reichsgericht bis heute an den grundsätzlichen Auffassungen, die für die kritisierte Rechtsprechung maßgebend waren, streng festgehalten, und Strafausschluß- oder Milderungsgründe bei diesem Verbrechen nur außerordentlich bedingt walten lassen, so muß doch anerkannt werden, daß ein ergangenes Urteil die Neigung erkennen läßt, bei bestimmten tatsächlichen Feststellungen solche Gründe gelten zu lassen. Die entsprechende Entscheidung hat an sich eine so hohe Bedeutung und auch praktisch eine so große Tragweite, daß sie hier besonders besprochen werden muß.

Der § 54 des Deutschen Strafgestzbuches lautet:

„Eine strafbare Handlung ist nicht vorhanden, wenn die Handlung außer dem Falle der Notwehr in einem unverschuldeten, auf andere Weise nicht zu beseitigenden Notstande zur Rettung aus einer gegenwärtigen Gefahr für Leib oder Leben des Täters oder eines Angehörigen begangen worden ist.‟

Durch eine ähnliche Begründung ist von juristischer Seite vor Jahren mit Recht die Straflosigkeit der Perforation und ähnlicher ärztlicher Eingriffe am Kinde in der Gebärmutter gerechtfertigt worden. Die vorbeugende Verhütung von Gefährdung des Lebens und der Gesundheit der Mutter soll hier die Schuldlosigkeit des Arztes bewirken[1]).

Ein solcher Strafausschließungsgrund ist, soviel ich weiß, zum ersten Male vom Reichsgericht auf die Fruchtabtreibung angewendet worden[2]).

Die Tatsachen sind folgende:

1. Der Angeklagte behauptet, daß seine Frau nach der letzten Entbindung (vor etwa 2 Jahren) eine schwere Bauchfellentzündung durchgemacht, und daß sich als Folge dieser Entzündung eine „Verknorpelung im Innern‟ gebildet habe, die den zugezogenen Arzt zu der Erklärung veranlaßt habe, daß eine weitere Entbindung für seine Frau mit einer ernsten Lebensgefahr verbunden sei.

2. Eine zweite Angeklagte behauptete unter Berufung auf Zeugnis und Gutachten eines Arztes darüber, daß ihre letzte Entbindung vor sechs Monaten außerordentlich schwer und mit nachfolgender Krankheit (Schwäche, Blutarmut, unregelmäßiger Periode) verbunden gewesen sei. Es habe die Besorgnis bestanden, daß eine neue Schwangerschaft ihr Leben gefährde oder doch wenigstens ihre Gesundheit völlig untergraben werde.

---

[1]) v. Lilienthal, Die pflichtmäßige ärztliche Handlung und das Strafrecht. Berlin 1899. — [2]) Entscheidungen in Strafsachen, Bd. 36, Heft 3, 1903, S. 334.

3. Nach dem Zeugnisse des Arztes ist bei der Frau F. die erste Entbindung vor fünf Monaten durch regelwidrige Lage des Kindes außerordentlich schwierig und langwierig gewesen — 48stündige Geburtsdauer — und ist gleich nach der Geburt eine das Leben gefährdende Blutung eingetreten, die nur dadurch beseitigt werden konnte, daß die Nachgeburt sofort und deshalb trotz der außerordentlichen, hiermit verbundenen Schmerzen ohne Narkose herausgeholt werden mußte.

In allen drei Fällen erkannte die Strafkammer des Landgerichts I Breslau die Tatsachen als gegeben an. Sie nahm danach auch an, daß die Angeklagten die Abtreibung der Leibesfrucht als das einzige Mittel erachten konnten, um eine gegenwärtige Gefahr für Leib und Leben abzuwenden. In allen drei Fällen wurde aber der Notstand verneint, weil die Schwangerschaft aus dem Beischlafe mit dem Ehemann herrührt, dieser Beischlaf in Kenntnis der nahen Möglichkeit der Schwangerschaft und der damit verbundenen Gefahren dem Ehemanne freiwillig gestattet worden war, die Gefahr, aus der die Angeklagte sich durch Abtreibung der Leibesfrucht retten wollte, also von ihnen fahrlässig verursacht und nicht unverschuldet war.

Das Reichsgericht beschloß die Aufhebung und Zurückverweisung des Urteils.

Aus den Begründungen dieses Beschlusses sei das Folgende als besonders wichtig hervorgehoben. Es werden dadurch auch die Gedankengänge offengelegt, die das mitgeteilte Endergebnis notwendig machten.

„Selbstverständlich kann ein Notstand im Sinne des § 54 StGB. ebensowohl für die Abtreibung der Leibesfrucht einer Schwangeren seitens ihrer selbst oder eines ihrer Angehörigen (§ 52, Abs. 2 StGB.) Straflosigkeit begründen, als auch für die zu diesem Zwecke unternommenen vorbereitenden, aber zur selbständigen Straftat erhobenen Schritte, also auch für die nach § 49a StGB. strafbare Aufforderung zur Beschaffung eines Abtreibungsmittels.“

„Die Annahme einer solchen Straflosigkeit wegen Notstandes setzt aber nach § 54 voraus, daß:

a) eine ‚gegenwärtige Gefahr für Leib und Leben‘ der Schwangeren vorlag,

b) daß der Notstand auf andere Weise als durch Abtreibung nicht zu beseitigen war,

c) daß er ‚unverschuldet‘ war.“

Bezüglich der Bedingungen a und b wird festgestellt:

„Dasjenige Maß der mit einer Schwangerschaft und Entbindung verbundenen Leiden und Gefahren, das je für die Konstitution der einzelnen Frauenspersonen als das Natürliche und Gewöhnliche zu betrachten ist[1]), ist unter den Begriff einer Notstandshandlung rechtfertigenden ‚Gefahr für Leib und Leben' überhaupt nicht zu bringen, vielmehr muß, wenn von letzterer die Rede sein soll, dieses Maß in einer nicht nur unwesentlichen Weise überschritten sein. Inwieweit außerhalb der bezeichneten Grenzen liegende, aber vorübergehende Leiden dabei einen Notstand zu begründen vermögen, ist nach den konkreten Umständen abzuwägen und grundsätzlich nicht bloß um des voraussichtlichen Vorübergehens des Zustandes willen zu verneinen.

Ob für die Annahme einer ‚Gefahr' als solcher schon jede entfernte Möglichkeit des Eintritts eines Übels hinreicht, ist hier nicht zu untersuchen. Für die Annahme einer gegenwärtigen Gefahr jener konkreten Art muß jedenfalls eine solche Wahrscheinlichkeit dieses Eintritts erfordert werden, welche diesen nach dem erfahrungsmäßigen Lauf der Dinge als nahe und nicht vermeidbar erscheinen läßt."

In einem früheren Urteil des II. Strafsenats vom 25. April 1899[2]) war auseinandergesetzt worden, daß da, wo durch Entbindung einer Schwangeren Gefahr für Leib und Leben droht, die Gegenwärtigkeit dieser Gefahr nicht um deswillen zu verneinen ist, weil das schädigende Ereignis — die Entbindung — zur Zeit der Anklagetat noch nicht unmittelbar bevorstand, und es wurde darauf hingewiesen, daß da, wo Leib und Leben der Schwangeren bereits durch Bestehen der Schwangerschaft gefährdet war, es der Annahme einer gegenwärtigen Gefahr nicht entgegenstehe, wenn die Entbindung auch erst nach Monaten zu erwarten sei.

„Mit diesem negativen Ausspruche wird aber nicht gesagt, daß in jedem Falle, wo die Entbindung jene über das Maß des gewöhnlich zu Duldenden hinausgehende Gefährdung birgt, schon mit dem Eintritt der Schwangerschaft eine gegenwärtige Gefahr drohe. Von solcher, die den straflosen Eingriff in fremde Rechtsgüter rechtfertigen soll, wird noch nicht überall da die Rede sein, wo die Verhältnisse nicht darauf hindrängen, alsbald mit Abwehrhandlungen vorzugehen, ohne daß durch das Zögern das das Übel verwirklichende Ereignis unabwendbar wird oder die Gefahr unverhältnismäßig wächst. Es gewinnt diese Erwägung auch aus dem Gesichtspunkte der Frage, ob es sich um eine auf andere Weise nicht zu beseitigende Gefahr handelt, besondere Bedeutung in

---

[1]) Es wäre besser gewesen die „Konstitution" als Begriff fortzulassen, weil durch sie eine Quelle für verkehrte Auffassungen geschaffen werden kann, die das Reichsgericht mit diesem einschränkenden Wort gewiß nicht beabsichtigt hat.

[2]) Juristische Wochenschrift 1899, S. 788.

Fällen, wo nach den Erfahrungen der ärztlichen Wissenschaft gewisse ungünstige Verhältnisse in der Leibesbeschaffenheit Schwangerer, die an sich bei der Entbindung eine Schädigung derselben an Leib und Leben gewärtigen lassen, durch eine geeignete und jenen zuzumutende Behandlung ihrer gefahrbringenden Eigenschaft zu entkleiden sind."

Zu der dritten Bedingung des „unverschuldeten Notstandes" führt das Reichsgericht aus:

„Daraus allein, daß der die Schwangerschaft verursachende Beischlaf zwischen den Ehegatten freiwillig vollzogen ist trotz Kenntnis der nahen Möglichkeit einer Befruchtung und der durch erneute Entbindung für die Frau verursachten Lebensgefahr, wird (seitens des die drei obigen Fälle aburteilenden Landgerichtes) die Annahme hergeleitet, daß diese Gefahr von den Ehegatten fahrlässig verschuldet sei."

„Verschuldung des Notstandes, die die Straflosigkeit ausschließt, ist zunächst nicht identisch mit Verschuldung der Gefahr, insofern ersterer Begriff nicht nur den Eintritt der Gefahr, sondern auch den Umstand in sich schließt, daß die Rettung aus ihr nur mittels Eingriffes in fremde Rechte möglich sein werde."

„Aber auch abgesehen hiervon, kann in dem bloßen ‚freiwilligen Vollzug des Beischlafes' zwischen Ehegatten selbst bei Voraussehbarkeit der in Rede stehenden Folgen ein zureichendes ‚Verschulden' nicht erblickt werden."

„Ein Verhalten, das nicht die Merkmale der Pflichtwidrigkeit an sich trägt, kann als ein die Unanwendbarkeit des § 54 StGB. herbeiführendes ‚Verschulden' nicht in Frage kommen."

„Ob die normale Vollziehung des Beischlafes unter Ehegatten bei Vorliegen besonderer Umstände geeignet sein konnte als pflichtwidriges Handeln charakterisiert zu werden, erfordert grundsätzlich ein Eingehen auf die konkreten Umstände; es kann auch nicht genügen, daß eine oder die andere Tatsache, die bei dem Handeln eine Rolle gespielt hat — wie die Freiwilligkeit jenes Vollzugs — zur Begründung der Pflichtwidrigkeit herausgerissen wird, ohne daß erkennbar wird, es seien die Umstände, unter denen sich im Einzelfalle das Tun und jene Tatsache abspielte, in ihrer Gesamtheit der kritischen Würdigung des Gerichts unterzogen worden. Von ihr kann grundsätzlich nicht um deswillen abgesehen werden, weil der Versuch eines Eindringens in die Intimitäten des Ehelebens zur Feststellung, unter welchen äußeren Verhältnissen und durch welche Motive bestimmt der einzelne Akt ehelicher Beiwohnung sich vollzogen habe, an sich mißlich wäre und wohl praktisch kaum Aussicht auf Erfolg bieten würde. Die Unübersehbarkeit der konkreten Umstände dürfte nicht zu einer Präsumption der Pflichtwidrigkeit, sondern angesichts dessen, daß ein an sich vom Rechte erlaubtes Tun den

Gegenstand der Würdigung bildet, nur zu ihrer Unbeweisbarkeit
führen."

„Und ganz vornehmlich darf fernerhin nicht unberücksichtigt
bleiben, daß auch nicht unter allen Umständen darin allein, daß
jemand in der Voraussicht der möglichen Verursachung eines schaden-
stiftenden Ereignisses handelt, die Erfordernisse des Verschuldens gegeben sind. Es muß hinzukommen, daß die Vornahme der Handlung
im gegebenen Falle eine Nichterfüllung desjenigen Maßes von Aufmerksamkeit und Rücksicht auf das Allgemeinwohl in sich schließt,
dessen Leistung vom Handelnden billigerweise gefordert werden
darf ... Es würde den Anschauungen auch der gesunden Moral
im Volksbewußtsein widersprechen und deshalb unbillig erscheinen,
im Verhältnisse zwischen Ehegatten, die in ehelicher Lebensgemein-
schaft leben, unterschiedslos die höchsten Anforderungen an deren
Willenskraft zu stellen, selbst im Falle möglicher Gefährdung der
Frau oder einer etwaigen Leibesfrucht absolute geschlechtliche Ent-
haltsamkeit zu fordern und schon in jeder Nachgiebigkeit gegen
Regungen der Sinnlichkeit ohne Vorhandensein von Umständen, die
diese Nachgiebigkeit als Ausfluß besonderen Leichtsinns oder besonderer Gleichgültigkeit gegen die Gefährdung erkennbar machen,
ein „Verschulden" zu erblicken."

Diese geistreichen, und die Verhältnisse des Lebens dennoch nüchtern
beurteilenden Auseinandersetzungen geben auch dem Arzte einen
größeren Rückhalt wie bisher, wenn er — natürlich unter strenger
Berücksichtigung der absolut erforderlichen Maßnahmen
zu seinem Selbstschutze gegenüber etwaigen Vorwürfen
Dritter — das Leben einer Frau, z. B. einer Schwindsüchtigen, deren
Lebenszeit durch eine Geburt verkürzt werden würde, durch die Einleitung der künstlichen Frühgeburt verlängern will.

e) Kritische Bemerkungen zu den Entscheidungen des Reichsgerichts.

Aus der ganzen reichsgerichtlichen Rechtsprechung leuchtet allenthalben als Richtschnur für die endliche Entscheidung die Grundanschauung hervor, daß nur „der in die Erscheinung tretende äußere
verbrecherische Entschluß ohne Rücksicht auf die Möglichkeit seiner
objektiven Verwirklichung" strafbar ist. Es ist unzweifelhaft hierdurch
den Begriffen „Schwangere" und „Frucht" die den §§ 218, 219, 220
als Grundlage dienen, ein Zwang angetan worden, den der Gesetzgeber ebensowenig durch seine Formgebung beabsichtigt hatte oder
voraussehen konnte, wie die medizinische Wissenschaft ihn billigen
kann und heute auch schon Strafrechtslehrer und Richter ihn billigen.
Jeder Versuch von Gerichtshöfen, Entscheidungen zu treffen, die die

reichsgerichtliche Auffassung praktisch durchbrachen, ist bisher erfolglos geblieben. Das Reichsgericht will den betätigten bösen Willen strafen. Seine Rechtsprechung ist nichts anderes als die Verwirklichung des Rechtsgrundsatzes, den Kaiser Hadrian aussprach: „in maleficis voluntas spectatur non exitus".

Zu dieser Stellungnahme gegenüber dem untauglichen Versuch mag gerade hier noch der Wunsch hinzugekommen sein, die oft sehr weit auseinandergehenden Gutachten von Ärzten über die Tauglichkeit von Mitteln als Schädigern überhaupt auszuschalten. Und doch hat der Richter mit der letzteren Schwierigkeit allenthalben da zu kämpfen, wo Sachverständigengutachten zur Unterlage einer Entscheidung gemacht werden müssen, sowohl in zivil- als strafrechtlichen Fällen. Man kann wohl dreist behaupten, daß es zu den Ausnahmen gehört, daß eine Übereinstimmung auch selbst über scheinbar einfache, greifbare Objekte zu erzielen ist, soweit z. B. deren Massen- oder Wirkungsbewertung in Frage steht. Die Schwierigkeit wächst, wenn Wirkungsäußerungen der Gehirntätigkeit zum Gegenstand strafrechtlicher Untersuchung gemacht werden. So kann die Frage der verminderten Zurechnungsfähigkeit eines bestimmten Individuums so sehr verschiedene Beantwortung erfahren, daß der Richter eine wirkliche Aufklärung nicht dadurch bekommen kann, und in seiner endlichen Entscheidung entweder der sehr trügerischen „größeren Autorität" eines der Gutachter sich anschließt, oder nach seinem ureigensten Empfinden Recht spricht, wodurch ebenfalls leicht den Wirklichkeitsverhältnissen Unrecht geschehen kann.

Vermag man nun auch vom wissenschaftlichen Standpunkte aus zu verstehen, daß über die Tauglichkeit eines Mittels zur Herbeiführung der Fruchtabtreibung die Anschauungen auseinander gehen können, und kann man auch mit dem Richter mitempfinden, der, um sich aus dem Wirrsal kontradiktorischer gutachtlicher Auffassungen den richtigen Weg zu bahnen, sie deshalb alle unberücksichtigt läßt und nur wegen des kundgegebenen verbrecherischen Willens straft, so liegen dem gegenüber die Verhältnisse bei der Beurteilung des Objektes, an dem das Verbrechen versucht oder vollendet ist, ganz anders. Der Zustand der Schwangerschaft ist erkennbar. Er ist auch noch eine Zeitlang nach dem erfolgten Abort als vorhanden gewesen feststellbar. Er ist von dem äußerlich sich ähnlich gebenden Zustande der Geschwulstbergung zu unterscheiden.

Das Gesetz will nur das Verbrechen gegen die Frucht strafen, die bestimmte Ansprüche auf Menschsein besitzt, und nicht eine Mole oder eine Geschwulst schützen. Ist diese Voraussetzung richtig, dann kann irgend etwas, was nicht eine Frucht ist, diesen Schutz nicht genießen.

Hiernach muß es auch dem Staate, resp. seinen recht-
sprechenden Organen, als Schützern der öffentlichen Moral,
ganz gleichgültig sein, ob eine Frau, die glaubte schwanger
zu sein, es aber nach ärztlicher Feststellung nicht war,
irgend etwas getan hat, um den eingebildeten Zustand aufhören zu lassen; denn da nach einer Entscheidung des Reichsgerichts[1]) der Versuch einer Abtreibung auch dann angenommen werden
kann, wenn objektiv nicht einmal ein organisch abnormer Zustand
der Gebärmutter vorliegt, „sondern die Täterin aus anderen Ursachen
zu dem Irrtum, schwanger zu sein, veranlaßt wird, vorausgesetzt, daß
dann ein solcher Irrtum überhaupt vorkommen kann“, so wäre es
denkbar, daß eine Frau angeklagt würde, weil sie, in dem Glauben
schwanger zu sein, ein innerliches Mittel dagegen gebraucht hat,
während tatsächlich irgendein Fremdkörper, z. B. ein Bandwurm, in
ihrem Leibe sich befand. Hier wurde nichts getan, was als eine Auflehnung gegen die Rechtsordnung angesehen werden kann, weil die
Rechtsordnung belebte oder unbelebte Fremdkörper nicht zum Gegenstande des Rechtsschutzes gemacht hat.

Neben den angeführten grundsätzlichen Beanstandungen der bisherigen Auffassung des Reichsgerichts von den Begriffen „Schwangere“
und „Frucht“ verlieren manche andere, vom medizinischen Standpunkte aus nicht anzuerkennende Entscheidungen an Bedeutung.

Es wird die Pflicht des Gesetzgebers sein, dem in Zukunft die
Aufgabe gestellt wird, die §§ 218, 219, 220 zu ändern, die Fassung so
zu gestalten, daß die Jurisdiktion sich mehr auf das Gesetzeswort als
auf philosophische Interpretationen desselben stützt. Der verbrecherische Wille und die verbrecherische Tat gehören in diesem Falle zum
geeigneten Objekt. Das Objekt muß so beschaffen sein,
daß Wille und Tat an ihm den geeigneten Angriffspunkt
finden.

Wie ich es schon zum Ausdruck brachte: ich glaube, daß selbst
Engelzungen nicht imstande sein werden, den gekennzeichneten Standpunkt des Reichsgerichts zu ändern. Es hat in einer Entscheidung
vom 14. März 1901[2]), den Freispruch einer Strafkammer aufgehoben,
der sich auf den Versuch der Abtreibung an einer Nichtschwangeren
mit untauglichen Mitteln bezog, und hat dafür folgende Belehrung
gegeben:

„Die Bedenken der Strafkammer gegen den Anschluß an die
Rechtsprechung des Reichsgerichts sind unbegründet. Vergeblich
beruft sie sich darauf, einen Standpunkt zu vertreten, auf welchem

[1]) Entscheidungen Bd. 8, 1883, S. 198.
[2]) Entscheidungen, Bd. 34, Nr. 64, S. 217 ff.

„im allgemeinen auch die Rechtswissenschaft" stehe. Sieht man von denjenigen Theorien ab, die mit jenen Entscheidungen übereinstimmen, so kann von einer herrschenden Theorie überhaupt keine Rede sein. Um so willkommener sollte es der Praxis sein, in der Rechtsprechung des Reichsgerichts mit dem Beschlusse der vereinigten Strafsenate des Reichsgerichts vom 24. Mai 1880 und dessen folgerechter Durchführung endlich festen Boden für eine einheitliche, wissenschaftlich begründete und zwar angegriffene, aber nicht widerlegte Auffassung gewonnen zu haben." Das landgerichtliche Urteil wird schließlich abermals als „rechtsirrig" bezeichnet.

Mir will scheinen, als wenn das Wort „rechtsirrig" nicht gerade das am richtigsten gewählte in dieser Replik sei. Die Richter am Reichsgericht verfügen über juristischen Verstand, der in seiner formalen und virtuellen Feinheit und Schärfe als Wert hoher Ordnung angesprochen werden soll. Aber über solche Werte verfügen außerdem noch andere Menschen, vor allem Fachgenossen der reichsgerichtlichen Urteilsprecher, darunter auch solche, die die Auffassung des Reichsgerichts über den untauglichen Versuch nicht teilen. Sind diese alle auch „rechtsirrig"? Dies läßt sich wohl ohne weiteres nicht annehmen. Der Ausdruck „irrig" setzt voraus, daß derjenige, der ihn in bezug auf das Urteil eines anderen gebraucht, eine positive Stütze, eine reale Erkenntnisunterlage, einen induktiven oder deduktiven Beweis dafür vorbringen kann. Ist dies nicht möglich, so ist ein solches Diktum einer Glaubenssentenz, einer kirchlichen Entscheidung, einem Konzilbeschluß, aber nicht einer Beweisführung zum Besseren gleichzuordnen. Solche unanfechtbaren Grundlagen gibt es aber hierbei nicht. Auch nicht die zarteste Stütze erwächst dafür aus dem geschriebenen Gesetz. ·Mithin können Entscheidungen wie die angeführte landgerichtliche oder andere ebenso gerichtete nicht „rechtsirrig" sein, sondern nur anders als die beweisunkräftige, dogmatische des Reichsgerichts.

f) Der Selbstmordversuch der Schwangeren.

Wie sich das Reichsgericht zu der Frage stellen würde, ob der Selbstmordversuch einer Schwangeren straflos ist, läßt sich in Ermangelung von entsprechenden Entscheidungen schwer beantworten. Da jedem Menschen das Recht zusteht, einen Selbstmord zu begehen, so könnte billigerweise dies den Schwangeren nicht entzogen werden. Nach v. Liszt ist ein Selbstmordversuch der Schwangeren in keinem Falle als vollendete oder verursachte Abtreibung strafbar[1]).

---

[1]) F. v. Liszt, Lehrb. d. Deutschen Strafrechts, 6. Aufl., 1894, S. 296. — So auch Holtzendorff in Holtzendorffs Handbuch 3, S. 459. — Finger, Österr. Strafrecht 1914, II, S. 125.

Es ist leicht einzusehen, daß medizinisch eine Grenze zwischen Selbstmord- und Abtreibungsversuch einer Schwangeren schwer oder gar nicht zu ziehen ist; denn jeder Abtreibungsversuch mit einem Gifte — und fast immer handelt es sich hierbei um so charakterisierte Substanzen — kann sich sowohl nach der Stärke der dadurch erzeugten allgemeinen Symptome, als nach deren Verlauf mit denjenigen decken, die durch Gifteinnahme zu Selbstmordzwecken veranlaßt werden. Auch die etwaige Ausstoßung eines Fötus ist weder für die eine noch die andere Ursache der Vergiftung zu verwerten.

Hieraus ergeben sich für die juristische Behandlung der Frage ganz außerordentliche Schwierigkeiten. Meines Wissens ist in einem einzigen solchen Falle in vorreichsgerichtlicher Zeit trotz erfolgten Aborts Freisprechung erfolgt. Die betreffende Person hatte zu einem Selbstmord aus Verzweiflung Schwefelsäure in den Mund genommen, aber, weil sie brannte, wieder ausgespieen[1]). Sie würde vielleicht nach der heutigen Rechtsprechung des Reichsgerichts verurteilt werden, weil selbst, wenn die Frucht nicht abgegangen wäre, der starke, durch die Schwefelsäure erzeugte Schmerz als eine von ihrem Willen unabhängige Hinderung für das Verschlucken der ganzen Menge angesehen werden könnte.

Die Selbstmordfrage ist in einer neueren Entscheidung des Reichsgerichts gestreift worden, die verdient, hier erwähnt zu werden. Eine Schwangere war von ihrem Liebhaber dazu bestimmt worden, Nitrobenzol zu trinken. Er wollte sie nach dem erfolgten Abort heiraten. Mutter und Frucht starben. Der Liebhaber wurde wegen Anstiftung zum vollendeten Verbrechen im Sinne des § 218 Abs. 1 StGB. verurteilt, während das Reichsgericht entschied, daß nur Anstiftung zum Versuche vorläge. Bei dieser Gelegenheit kam das Folgende zum Ausdruck:

„Das Gesetz beschränkt die Schwangeren in ihrer Verfügung über ihre eigene Person in Hinblick auf ihren Schwangerschaftszustand grundsätzlich nicht. Ein von ihr unternommener Selbstmordversuch ist nicht mit Strafe bedroht, ihr ernstliches Verlangen, sich zu töten, gewährt dem Täter die mildere Bestrafung aus § 216 StGB.[2]) ohne daß das Gesetz daraus einen Unterschied herleitet, daß sie schwanger ist."

Diese Auffassung verdiente vollen Beifall, wenn sie auch auf den Fall Anwendung fände, daß die Schwangere, die in der laut geäußerten Absicht, sich vergiften zu wollen, zur Tat schreitet,

---

[1]) Vgl. die Kasuistik unter „Schwefelsäure".

[2]) § 216: Ist jemand durch das ausdrückliche und ernstliche Verlangen des Getöteten zur Tötung bestimmt worden, so ist auf Gefängnis nicht unter drei Jahren zu erkennen.

und als Vergiftete leidet, mit dem Leben davon kommt, während die Frucht abgegangen ist. Hier könnte begreiflicherweise die Annahme Platz greifen, daß der Selbstmordversuch nur ein Deckmantel für den Abtreibungsversuch gewesen sei. Man dürfte meinen, daß die Art des genommenen Giftes auf den Beweggrund seines Einnehmens leiten könnte. Für einige Gifte wäre in der Tat eine Entscheidung zu treffen möglich, aber nicht für alle.

7. Gesetzbestimmungen fremder Länder gegen die Fruchtabtreibung.

Frankreich.

In bezug auf die Apothekerwaren und die Warenhandlungen war in Frankreich eine, wahrscheinlich erste Verordnung im Jahre 1336 erschienen, die im Jahre 1353 eine Erweiterung erfuhr. In ihr findet sich folgender Passus: „qu'ils ne vendront ne baillerons aucunes medecines venimeuses, perilleuses ou qui puissent faire abortir, simples ou composées, à nulles gens qui soient hors de la foy Chrestienne, ne à aucunes gens, s'ils ne cognoissent bien, qu'il ne soit Maistre ou licencié ou expert en la science de medecine et bien cogneu ..."

Seit den Zeiten Heinrichs II. bestrafte das französische Recht die Abtreibung eines Kindes, „das weder getauft noch beerdigt werden konnte", mit dem Tode. In dem entsprechenden Edikt dieses Königs (1556) wurde dargelegt, daß er, um sich des Namens des „allerchristlichsten Königs" würdig zu erweisen, diejenigen Geschöpfe, welche Gott in seinem Königreich, Landen, Gütern usw. geboren werden lasse, mit den Sakramenten und andern heiligen Gütern versehen läßt. Es gäbe aber auf unerlaubte Art geschwängerte Weiber, die ihre Schwangerschaft verbergen, ihre geborenen Kinder töten oder unreife abtreiben. Von jetzt ab soll jede solche Frauensperson, wenn sie auch behauptet, das Kind sei tot gewesen, falls sie ihre Schwangerschaft oder ihre Niederkunft verhehlt und beides nicht angezeigt hätte, und das Kind der Taufe verlustig gegangen wäre, die Todesstrafe erleiden. Diese Verordnung mußte unter anderem sonntäglich auch von den Kanzeln verlesen werden, und sie wurde unter Heinrich III. (1586), Ludwig XIV. (1708), Ludwig XV. (1731 und 1735) aufrechterhalten und vierteljährlich öffentlich von allen Geistlichen des Königreichs verkündet. Auch alle diejenigen verfielen der Todesstrafe, welche bei der Abtreibung mitgeholfen hatten, und verschiedene Parlamentsbeschlüsse überlieferten Hebammen dem Strange, welche unehelich Schwangeren die Frucht abgetrieben hatten[1]). Voltaire und Rous-

---

[1]) Verdier, La jurisprudence particulière de la chirurgie en France T. II, p. 614.

seau protestierten schon gegen die übermäßige Strenge einer solchen Strafe.

Das Gesetz von 1791 bestimmte dagegen unter Nichtberücksichtigung der verbrecherischen Mutter und unter Außerachtlassung der Frage, ob der Schuldige mit oder ohne Einwilligung der Schwangeren die Abtreibung vorgenommen hatte:

P. I., tit. 2, art. 17: Quiconque sera convaincu, d'avoir, par breuvage, par violence, ou par tout autre moyen, procuré l'avortement d'une femme enceinte, sera puni de vingt ans de fers.

Vollkommener ist der Code pénal.

Code pénal (1810) von Frankreich.

L'art. 317. Quiconque par aliments, breuvages, médicaments, violences, ou par tout autre moyen, aura procuré l'avortement d'une femme enceinte, soit qu'elle y ait consenti ou non, sera puni de la reclusion.

La même peine sera prononcée contre la femme qui se sera procuré l'avortement à elle-même, ou qui aura consenti à faire usage des moyens à elle indiqués ou administrés à cet effet, si l'avortement s'en est suivi.

Les médecins, chirurgiens et autres officiers de santé, ainsi que les pharmaciens qui auront indiqué ou administré ces moyens, seront condamnés à la peine des travaux forcés à temps, dans le cas où l'avortement aurait eu lieu.

Es versteht sich von selbst, daß der Wille auf den verbrecherischen Erfolg gerichtet sein muß. Fahrlässige Abtreibung ist straflos. Der Versuch der Fruchtabtreibung und die Teilnahme an dem Versuche werden nach den allgemeinen Bestimmungen des Versuches bestraft.

Der Art. 2 des Code pénal, dem der entsprechende deutsche Paragraph nachgebildet ist, besagt:

Toute tentative de crime qui aura été manifesté par des actes extérieurs et suivie d'un commencement d'exécution, si elle n'a été suspendue ou n'a manqué son effet que par des circonstances fortuites ou indépendantes de la volonté de l'auteur, est considérée comme le crime même.

Hiernach muß auch der Versuch des kriminellen Abortes strafbar sein, und ist es auch in bezug auf alle Menschen, ausgenommen die Mutter, die in dem Absatz 2 des Gesetzes ausdrücklich davon ausgenommen ist, und die deswegen nicht belangt werden kann.

Die Frau wird nach der angezogenen Gesetzesstelle nur bestraft, wenn die Abtreibung Erfolg gehabt hat. Es wird vorausgesetzt, daß der Gesetzgeber damit jede andere erfolglose Tätigkeit derselben als straflos angesehen haben wollte. Der Kassationshof hat in vielen Entscheidungen seit 1817 diese Auffassung vertreten. Er kam stets zu dem Schlusse:

„Que les dispositions de l'article 2 du Code pénal sont générales, qu'elles s'appliquent à tous les crimes; qu'elles ne peuvent être restreintes que dans les cas ou la loi a exclu son application; que l'article 317 ne renferme aucune expression qui excepte formellement la tentative du crime d'avortement des dispositions de l'article 2, si ce n'est relativement à une femme enćeinte; que cette exception ainsi limitée en faveur de la femme enceinte démontre évidemment que la même tentative commise par d'autres individus est assimilée au crime même."

Der Kassationshof hat aber auch, um nicht die extremsten Konsequenzen dieser letzteren Auffassung zu ziehen, bestimmt, indem er ein Urteil des Assisenhofes von Ain (27 janv. 1864) umstieß, und indem er sich auf den Art. 59 des Code pénal stützte, wonach der Komplize die Strafe des Täters zu erwarten habe, daß die Teilnahme an einem Abtreibungsversuche nicht bestraft werden darf, wenn die Schwangere selbst den Versuch unternommen hat.

Der Tatbestand war folgender: Ein Mann hatte einer Schwangeren Instrumente und Anweisungen für den Gebrauch derselben zum Zwecke der kriminellen Fruchtabtreibung geliefert. An Umständen, die unabhängig von seinem Willen waren, scheiterte der Erfolg. Der Assisenhof von Ain verurteilte den Mann unter Zubilligung mildernder Umstände zu 5 Jahren Gefängnis. Der Kassationshof sprach den Verurteilten frei mit der folgenden Begründung:

„Attendu que la dérogation à l'article 2 du Code pénal se trouve formellement écrite dans le 2ᵉ § de l'article 317 qui ne prononce de peine contre la femme enceinte, quand elle a cherché à se faire avorter, qu'autant que l'avortement s'en est suivi, ce qui exclut pour ce cas spécial la criminalité de la simple tentative; attendu d'autre part, que l'article 59 punit le complice de la même peine que l'auteur principal, qu'il ne peut donc y avoir de complicité punissable que quand le fait principal est lui-même qualifié crime ou délit et puni par la loi; d'ou il suit que la complicité d'une tentative d'avortement ne peut exister dans le cas où c'est la femme enceinte qui a commis cette tentative" a cassé l'arrêt de la cour d'Ain (Cass., 3 mars 1864).

Der Absatz 3 des Artikels 317 des Code pénal verurteilt Sanitätspersonen zu Zwangsarbeit, wenn sie mit Erfolg Mittel zur Abtreibung angezeigt oder angewendet haben. Der Assisenhof von Deux-Sèvres war der Meinung, daß deshalb auch diese Personen für den Versuch der Abtreibung straflos ausgehen müßten. Der Kassationshof dagegen entschied, daß für den Versuch des Verbrechens die Medizinalpersonen allen denen zuzurechnen seien, die der Absatz 1 des Artikels 317 umfaßt.

Nach der französischen Rechtsprechung werden demnach der Versuch der Fruchtabtreibung und die erfolgreiche Tat folgendermaßen beurteilt:

1. Der seitens einer Schwangeren unternommene Versuch der Abtreibung ist straflos.

2. Alle Menschen, außer der Schwangeren und außer den Sanitätspersonen, werden für die erfolgreiche Tat oder für den Versuch mit Zuchthaus bestraft.

3. Sanitätspersonen werden zu Galeerenstrafe verurteilt, wenn die Abtreibung Erfolg hatte, mit Zuchthaus, wenn nur ein Versuch vorliegt.

4. Der Gehilfe beim Abtreibungsversuch ist schuldfrei, wenn die Schwangere selbst den Versuch machte, schuldig wenn ein anderer ihn unternahm.

5. Der nichtärztliche Gehilfe bei der erfolgreichen Abtreibung, die eine Medizinalperson oder eine Hebamme ausführte, wird mit Galeeren bestraft[1]).

Code pénal von Belgien (1867).

Tit. VII, cap. 1. Art. 348. Celui qui, par aliments, breuvages, médicaments, violences ou par tout autre moyen, aura, à dessein, fait avorter une femme qui n'y a point consenti, sera puni de la reclusion. Si les moyens employés ont manqué leur effet, l'article 52 sera appliqué.

Art. 349. Lorsque l'avortement a été causé par des violences exercées volontairement, mais sans intention de le produire, le coupable sera puni d'un emprisonnement de trois mois à deux ans et d'une amende de 26 à 300 francs.

Si les violences ont été commises avec préméditation ou avec connaissance de l'état de la femme, l'emprisonnement sera de six mois à trois ans, et l'amende de 50 francs à 500 francs.

Art. 350. Celui qui, par aliments, breuvages, médicaments ou par tout autre moyen, aura fait avorter une femme qui y a consenti, sera condamné à un emprisonnement de deux ans à cinq ans, et à une amende de 100 francs à 500 francs.

Art. 351. La femme qui, volontairement, se sera fait avorter, sera punie d'un emprisonnement de deux ans à cinq ans, et d'une amende de 100 francs à 500 francs.

Art. 352. Lorsque les moyens employés dans le but de faire avorter la femme, auront causé la mort, celui qui les aura administrés ou indiqués dans ce but sera condamné à la reclusion, si la femme a consenti à l'avortement, et aux travaux forcés de dix ans à quinze ans si elle n'y a point consenti.

Art. 353. Dans les cas prévus par les articles 348, 350 et 352, si le coupable est médecin, chirurgien, accoucheur, sage-femme, officier de santé ou pharmacien, les peines respectivement portées par ces articles seront remplacées par la reclusion, les travaux forcés de dix ans à quinze ans, ou de quinze ans à vingt ans, selon qu'il s'agit de l'emprisonnement, de la reclusion ou des travaux forcés de dix ans à quinze ans.

Charakteristik: Rechtsgut: die Schwangere; Subjekt: die Mutter, ein Arzt, Chirurg, Geburtshelfer, Hebamme, Apotheker oder ein anderer Dritter. Tauglichkeit des Objektes vorausgesetzt. Tötung des Kindes in der Abtreibung inbegriffen. Strafen im allgemeinen milde; schwer bei absichtlicher Abtreibung wider den Willen der Schwangeren,

---

[1]) **Briand** et **Chaudé**, Manuel complet de Médec. lég. Paris 1874.

bei Tötung der Mutter durch verabfolgte oder bezeichnete Mittel und wenn die Abtreiber Medizinalpersonen sind (Ärzte, Hebammen, Apotheker usw.).

Spanisches Strafgesetzbuch (1870).

Lib. II, Tit. VIII, Cap. VI (Abort). Art. 425. Wer absichtlich einen Abort verursacht, wird bestraft:

1. Mit zeitlichem Zuchthaus (reclusion temporal, d. h. von 12 Jahren 1 Tag bis zu 20 Jahren), wenn er Gewalt gegen die Person der Schwangeren anwendet.

2. Mit schwerem Gefängnis (prision mayor), wenn er zwar ohne Anwendung von Gewalt, aber ohne Zustimmung der Frau handelt.

3. Mit korrektionellem Gefängnis (prision correccional, d. h. 6 Monat 1 Tag bis zu 6 Jahren) im mittleren und stärksten Grade, wenn die Frau ihre Zustimmung gegeben hat.

Art. 426. Mit korrektionellem Gefängnis im schwächsten und mittleren Grade wird der gewaltsam hervorgerufene Abort bestraft, wenn keine Absicht vorlag, denselben zu veranlassen.

Art. 427. Die Frau, welche Abort bei sich veranlaßt oder einwilligt, daß ein anderer denselben bei ihr hervorruft, wird mit korrektionellem Gefängnis im mittleren und stärksten Grade bestraft.

Hat sie ihn hervorgerufen, um ihre Schande zu verbergen, trifft sie die Strafe des korrektionellen Gefängnisses im schwächsten und mittleren Grade.

Art. 428. Der Arzt, der seine Kunst mißbraucht, um Abort zu bewirken oder dazu mitzuhelfen, verfällt den im Art. 425 bezeichneten Strafen, und zwar im schärfsten Grade.

Der Apotheker, welcher ohne vorschriftsmäßiges ärztliches Rezept ein Abortivmittel verabfolgt, verfällt einer Gefängnisstrafe (arresto mayor, d. h. von 1 Monat 1 Tag bis zu 6 Monaten) und einer Geldstrafe von 125—1250 Pesetas.

Charakteristik: Bezweckter und nicht bezweckter, auf irgendeine Weise hervorgerufener Abort wird mit sehr verschiedenartig abgestufter, bei Sanitätspersonen höherer, bei der Mutter, die abtrieb, um ihre Schande zu verbergen, geringerer Strafe belegt. Der Erfolg wird vorausgesetzt. Der Abs. 2, § 428 ist unverständig, da im Handverkauf auch nicht heroische Arzneimittel abgegeben werden, die evtl. abortiv wirken können.

Das portugiesische Strafgesetz[1]).

Art. 358. Wer vorsätzlich einer schwangeren Frau die Frucht abtreibt, indem er zu diesem Zwecke Gewalt oder Getränke, oder Arzneien oder ein sonstiges Mittel anwendet, wird, wenn das Verbrechen ohne Einwilligung der Frau begangen worden ist, zu Zuchthaus von zwei bis acht Jahren, oder wahlweise zu zeitiger höherer Gefängnisstrafe verurteilt.

§ 1. Wenn das Verbrechen mit Einwilligung der Frau begangen wird, so tritt Zuchthaus von zwei bis zu acht Jahren, oder wahlweise zeitige höhere Gefängnisstrafe ein.

---

[1]) Das Portugiesische Strafgesetzbuch, übersetzt von F. Zander, Berlin 1903.

§ 2. Zu derselben Strafe wird die Frau verurteilt, die einwilligt und von dem verschafften Mittel Gebrauch macht, oder die für sich selbst absichtlich die Abtreibung versucht, wenn diese tatsächlich erfolgt.

§ 3. Wenn jedoch im Falle des vorhergehenden Paragraphen die Frau das Verbrechen begeht, um ihre Unehre zu verbergen, so tritt Besserungshaft ein.

§ 4. Der Arzt, Wundarzt oder Arzneihändler, der unter Mißbrauch seines Berufes absichtlich zu der Ausführung dieses Verbrechens beiträgt, indem er die Mittel angibt oder verschafft, verfällt denselben, nach den allgemeinen Regeln verschärften Strafen.

Charakteristik: Ein weitschweifiges und in einzelnen Teilen unscharfes Gesetz gegen Abtreibung. In keinem Teil eindeutig. Strafen hart, bis auf die im § 3 ausgesprochene. Nur die bedingungslose Abtreibung kommt in Frage. Der Arzt, der ein Abtreibungsmittel „angibt" ist strafbar — eine unhaltbare Bestimmung, weil solche Mittel in medizinischen Büchern angegeben sind, z. B. in dem vorliegenden.

Projekt eines allgemeinen Strafgesetzes für die Schweiz (1896).

T. H. Art. 56. Die Schwangere, die sich vorsätzlich die Frucht abgetrieben hat, wird mit Zuchthaus bis zu 5 Jahren bestraft.

Wer mit Einwilligung einer Frau an ihr Abtreibungseingriffe ausgeführt oder zu solchem Tun seinen Beistand geleistet hat, wird mit Zuchthaus bis zu 5 Jahren bestraft.

Die Strafe beträgt 2—10 Jahre Zuchthaus, wenn der Verüber der Abtreibung ein Arzt, oder ein Apotheker, oder eine Hebamme ist, oder wenn er dafür Bezahlung erhalten hat.

Wer ohne Einwilligung einer Frau an ihr Abtreibungseingriffe ausgeführt hat, wird mit Zuchthaus von 3—12 Jahren bestraft.

Die Strafe beträgt mindestens 5 Jahre Zuchthaus, wenn die Frau infolge der Abtreibungseingriffe gestorben ist und wenn der Verüber diesen Ausgang hätte voraussehen können.

In allen Fällen kann der Gerichtshof zu der Freiheitsstrafe noch eine Geldstrafe bis zu 10 000 Francs hinzufügen[1]).

Schweizerisches Strafgesetzbuch (Vorentwurf April 1908).

68. Abtreibung.

1. Treibt eine Schwangere ihre Frucht ab, um sie zu töten, oder läßt sie ihre Frucht abtreiben, so wird sie mit Zuchthaus bis zu fünf Jahren oder mit Gefängnis bestraft.

2. Wer einer Frau mit ihrem Willen die Frucht, um sie zu töten, abtreibt, oder ihr dazu Hilfe leistet, wird mit Zuchthaus oder Gefängnis bis zu fünf Jahren bestraft; handelt der Täter gegen Entgelt, so ist die Strafe Zuchthaus bis zu zehn Jahren.

3. Wer einer Frau ohne ihren Willen die Frucht, um sie zu töten, abtreibt, wird mit Zuchthaus von drei bis zu zehn Jahren bestraft.

---

[1]) van Swinderen, Esquisse du droit pénal 1894, T. IV, 1898, S. 73.

4. Die Strafe ist Zuchthaus nicht unter drei Jahren:
   wenn der Täter aus dem Abtreiben ein Gewerbe macht;
   wenn die Frau an den Folgen der Abtreibung stirbt und der Täter
   diesen Ausgang voraussehen konnte.
5. Das Verbrechen verjährt in zwei Jahren.

Strafgesetzbuch für den Kanton Zürich (1871).

§ 134. Eine Schwangere, welche rechtswidrig durch äußere oder innere Mittel
ihre Frucht vorsätzlich im Mutterleibe tötet, oder vor der gehörigen Reife abtreibt, ist des Verbrechens der Abtreibung der Leibesfrucht schuldig und wird
mit Arbeitshaus bis zu 5 Jahren oder mit Gefängnis bestraft.

Mit der gleichen Strafe, jedoch verbunden mit Buße, wird derjenige belegt,
welcher mit Einwilligung der Schwangeren rechtswidrig solche Mittel gegeben
oder angewendet hat.

§ 135. Wer die Leibesfrucht einer Schwangeren ohne deren Wissen und Willen vorsätzlich und rechtswidrig tötet oder abtreibt, soll mit Zuchthaus bis zu
10 Jahren bestraft werden. Ist dadurch, ohne daß der Täter dieses beabsichtigte,
der Tod der Schwangeren oder ein bleibender Nachteil an dem Körper oder der
Gesundheit derselben herbeigeführt worden, so kann die Strafe bis auf 15 Jahre
Zuchthaus erhöht werden.

Charakteristik: Nachbildung der Bestimmungen des bayrischen
Strafgesetzbuches von 1861. Rechtsgut: ein totes oder ein nicht gehörig reifes Kind. Lebt das Kind nach der Geburt, so soll nach vorhandenen Erläuterungen nur ein Versuch vorliegen. Tauglichkeit
des Objektes und der Mittel wird zur Strafbarkeit des
Versuches von vornherein angenommen oder im letteren
Falle dem richterlichen resp. sachverständigen Ermessen überlassen..
Die gewerbsmäßige Abtreibung ist nicht als strafverschärfend berücksichtigt. Die Strafen sind mäßig hoch. Das Minimum für die Abtreibung durch die Schwangere beträgt ein Tag Gefängnis. Die Verletzung einer Berufspflicht wird nicht besonders berücksichtigt, doch
kann diese nach allgemeinen strafgesetzlichen Bestimmungen außer
Geldstrafen (bis 15000 Fr.) noch gesühnt werden.

Die partikularen strafgesetzlichen Bestimmungen über
den Abort in den schweizerischen Kantonen schließen sich im
wesentlichen an die vorhandenen Bestimmungen anderer Länder an,
sind aber untereinander recht verschieden.

So findet man im Gesetz von Thurgau die zweckmäßige Berücksichtigung
der gewerbsmäßigen Abtreibung und Strafandrohung auch für den Fall des
Fehlens einer schädlichen Wirkung der angewandten Mittel.

Aargau berücksichtigt als Subjekt des Verbrechens in bezug auf die Strafhöhe auch den Vater des Kindes, einen Arzt und den gewerbsmäßigen Abtreiber.

Graubünden erhöht die Strafe für die Abtreibung bei einer verheirateten
Frau.

Schaffhausen hat noch den Begriff der Lebensfähigkeit oder Nicht-Lebens-
fähigkeit der abortierten Frucht als strafbeeinflussend beibehalten und läßt auch
Strafe bei Nichtwirkung des Mittels eintreten.

Bern setzt für die Strafbarkeit den eingetretenen Erfolg der Schädigung von Mutter oder Kind voraus. Gewerbsmäßige Abtreibung wird berücksichtigt.

Glarus bestraft die Tötung und Abtreibung eines Kindes vor seiner vollendeten Entwicklung.

Obwalden berücksichtigt bei der Strafabmessung u. a. auch die Mittäterschaft des Vaters des Kindes und die größere oder geringere Gefährlichkeit der angewandten Mittel.

In Zürich ist, wie das zuvor angeführte Gesetz zeigt, auch das Verabfolgen abtreibender Mittel straffällig. Physische oder psychische Erkrankung der Mutter infolge der angewandten Mittel bedingt die höchste Strafe.

Appenzell läßt im Falle der Nichtwirkung der angewandten Mittel Gefängnis- oder Geldstrafe eintreten.

In Schwyz erhält der Mithelfer die gleiche Strafe wie die abtreibende Mutter.

Neuchâtel bestraft den Versuch der Abtreibung ausdrücklich nicht.

Genf schließt sich an das französische Gesetz an.

Strafgesetzbuch für das Königreich Italien (1889)[1]).

Tit. IX, Cap. IV, Art. 381. Die Frauensperson, welche mit irgendeinem von ihr oder von einem andern mit ihrer Einwilligung angewendeten Mittel (adoperato da lei o da altri col suo consenso si procura l'aborto) sich die Leibesfrucht abtreibt, wird mit Gefängnis von einem bis zu vier Jahren bestraft.

Art. 382. Wer einer Frauensperson mit deren Einwilligung die Leibesfrucht abtreibt, wird mit Einschließung von dreißig Monaten bis zu fünf Jahren bestraft.

Tritt infolge der tatsächlichen Abtreibung (in consequenza del fatto dell' aborto) oder der zur Vornahme derselben angewendeten Mittel (o dei mezzi adoperati per procurarlo) der Tod der Frauensperson ein, so besteht die Strafe in Einschließung von vier bis zu sieben Jahren, und von fünf bis zu zehn Jahren, wenn der Tod infolge der angewendeten Mittel eintritt, welche gefährlicher waren, als diejenigen, in welche dieselbe eingewilligt hatte.

Art. 383. Wer bei einer Frauensperson ohne deren Einwilligung oder wider deren Willen auf die Abtreibung gerichtete Mittel (mezzi diretti a procurare l'aborto) anwendet, wird mit Einschließung von dreißig Monaten bis zu sechs Jahren bestraft, und mit sieben bis zu zwölf Jahren, wenn die Abtreibung erfolgt.

Ist infolge der tatsächlichen Abtreibung oder der zur Vornahme derselben angewendeten Mittel der Tod der Frauensperson eingetreten, so besteht die Strafe in Einschließung von fünfzehn bis zu zwanzig Jahren.

Die im gegenwärtigen Artikel festgesetzten Strafen werden um den sechsten Teil erhöht, wenn der Täter der Ehemann ist.

Art. 384. Ist der Täter eines der in den beiden voraufgehenden Artikeln vorgesehenen Vergehen eine Person, welche einen Sanitätsberuf oder eine andere, aus Gründen der öffentlichen Gesundheitspflege einer Aufsicht unterstellte Profession oder Kunst betreibt, und hat derselbe die Mittel, durch welche die Abtreibung bewirkt oder der Tod erfolgt ist, angegeben, verschafft oder angewendet, so werden die in diesen Artikeln festgesetzten Strafen um ein Sechstel erhöht.

Die Verurteilung hat immer die Untersagung der Ausübung des Gewerbes oder der Kunst für eine Zeit zur Folge, welche der auferlegten Einschließung gleichkommt.

Für den Fall, daß die Abtreibung vorgenommen worden ist, um die eigene Ehre oder die Ehre der Ehefrau, der Mutter, der Verwandten absteigender Linie, der Adoptivtochter oder

---

[1]) Stephan, Strafgesetzbuch f. d. Königr. Italien, 1890, S. 161.

der Schwester zu retten, werden die in den voraufgehenden Artikeln festgesetzten Strafen um ein bis zwei Drittel ermäßigt, und an Stelle der Einschließung tritt Gefängnis.

Charakteristik: Gesetzliche Bestimmungen unklar und deutungsreich. „Infolge der tatsächlichen Abtreibung“ (§ 382, Abs. 2) kann der Tod der Mutter nicht eintreten, sondern logisch immer nur infolge der „angewendeten Mittel“. Was der Gesetzgeber gemeint hat, mußte ganz anders gefaßt werden. Rechtsgüter sind: die Schwangere und die Leibesfrucht. Die Tauglichkeit des Objektes ist nicht Voraussetzung. Auch der Abtreibungsversuch an einer Nichtschwangeren ist strafbar. Dies geht aus § 383, Abs. 1 und 2 hervor. Aus derselben Stelle ließe sich auch die Strafbarkeit des Versuches mit untauglichen Mitteln deduzieren. Neu ist, daß die Abtreibung zur Ehrenrettung eine wesentliche Strafminderung veranlaßt, und daß der Gatte strenger als ein anderer Abtreiber bestraft wird, der wider den Willen der Schwangeren das Verbrechen begangen hat.

Dänisches Strafgesetz (1866).

§ 195. Eine Schwangere, die sich vorsätzlich die Frucht abtreibt, oder ihr Kind im Mutterleibe tötet, wird mit Strafarbeit bis zu 8 Jahren bestraft.

Dieselbe Strafe trifft denjenigen, der mit der Einwilligung der Mutter ihr absichtlich Mittel verabfolgte, die den gleichen Erfolg gehabt haben.

Geschah dies ohne Wissen und Willen der Schwangeren, so trifft den Schuldigen eine Strafe von 4—16 Jahren Strafarbeit, und unter besonders erschwerenden Umständen (og under særdeles skjeerpende Omstændighede) lebenslängliche Strafarbeit.

Charakteristik: Rechtsgut: Die Frucht im Mutterleibe. Verbrechen: Abtreibung oder Tötung im Mutterleibe. Strafeintritt bei Erfolg. Tauglichkeit der Mittel und Vorhandensein des Rechtsgutes erforderlich.

Das Strafgesetzbuch für das Königreich Norwegen[1]).

§ 245. Eine Frauensperson, die durch Abtreibungsmittel oder auf andere Weise rechtswidrig ihre Leibesfrucht, mit der sie schwanger geht, tötet oder dazu mitwirkt, wird wegen Fruchtabtreibung mit Gefängnis bis zu drei Jahren bestraft.

Macht ein anderer als die Mutter sich der Fruchtabtreibung oder der Mitwirkung dazu schuldig, so wird er mit Gefängnis bis zu sechs Jahren bestraft. Hat er ohne die Einwilligung der Mutter gehandelt, so tritt Gefängnis nicht unter zwei Jahren und, wenn die Mutter infolge des Verbrechens ums Leben kommt oder eine schwere Körperverletzung oder Gesundheitsbeschädigung erleidet, Gefängnis nicht unter sechs Jahren oder lebenslängliches Gefängnis ein.

---

[1]) Entwurf vom Jahre 1885. Sammlung außerdeutscher Strafgesetzbücher 1898, Nr. 11.

Charakteristik: Rechtsgut: Die Frucht im Mutterleibe. Verbrechen: Tötung derselben im Mutterleibe. Strafeintritt bei Erfolg. Ein lebend abgetriebenes Kind bringt den Täter nicht zur Strafe. Vorhandensein des Rechtsgutes erforderlich. Strafen teilweis milde.

Schwedisches Strafgesetzbuch.

Die schwedischen Strafgesetze über Abort (Strafflag. Cap. XIV) lauten in französischer Übersetzung[1]) folgendermaßen:

§ 26. Si une femme qui dans l'intention de donner la mort à son enfant ou d'avorter emploie des remèdes à usage externe ou interne susceptibles de produire cet effet, elle sera punie, si l'enfant est mort-né ou non viable, des travaux forcés d'un à six ans, et dans les autres cas, de la même peine ou d'un emprisonnement de six mois au plus.

§ 27. Celui qui, du consentement de la femme, cherche à faire périr son enfant ou à la faire avorter de la manière indiquée au § 26, sera puni, si l'enfant naît sans vie ou non viable, des travaux forcés de deux à six ans, et dans les autres cas, de la même peine pendant un an au plus.

§ 28. Si quelqu'un, sans le consentement de la femme, tente de faire périr son enfant ou de la faire avorter de la manière indiquée au § 26, il sera puni, si l'enfant naît mort-né ou non viable, des travaux forcés de six mois à dix ans et dans les autres cas, de la même peine de six mois à deux ans. S'il en est résulté pour la femme une grave lésion corporelle, la peine sera celle des travaux forcés à perpétuité ou pendant dix ans; si la femme vient à mourir, le coupable sera condamné à mort ou aux travaux forcés à perpétuité.

§ 29. Si quelqu'un exerce contre une femme qu'il sait être enceinte de telles violences que l'enfant vienne à périr ou naisse non viable, sans cependant avoir eu l'intention de nuire à l'enfant, il sera puni, en cas de préméditation, des travaux forcés de deux à quatre ans, et au cas contraire, de la même peine pendant six mois au moins et deux ans au plus; cependant, en cas de circonstances très atténuantes, la peine peut être abaissée dans le premier cas à six mois, et dans le second à deux mois ou à une peine d'emprisonnement.

Charakteristik: Auch hier wird der Kausalzusammenhang zwischen der Tat und dem Erfolge als sicher nachgewiesen verlangt, um eine Verurteilung aussprechen zu können. Beim Fehlen eines solchen Nachweises kann Strafe wegen Abtreibungsversuches ausgesprochen werden, aber nur wenn das angewandte Mittel wirksam ist.

Englisches Strafgesetzbuch.

Im vorigen Jahrhundert lautete das englische Gesetz gegen den Abort:

„Wenn eine Frau ein lebendiges Kind im Leibe hat und es durch einen Trank oder auf andere Art tötet, oder wenn eine andere Person sie schlägt, so daß das Kind im Mutterleib stirbt, und sie von einem toten Kind entbunden wird, so

---

[1]) Collection de Codes étrangers. XI. Les Codes Suédois par R. de la Grasserie. Paris 1895, S. 157 f.

ist das zwar kein Mord, aber, wie es die alten Gesetze nennen, ein homicidium oder unvorsätzlicher Totschlag."

Die späteren Gesetze hingegen sahen diese Tat nicht so streng an, sondern betrachteten sie bloß als ein boshaftes Vergehen (misdemeanour). Wird aber das Kind lebendig geboren und stirbt nachher infolge des Getränks oder der Mißhandlung, so ist es ein Mord. Durch ein 1803 gegebenes Gesetz (Ellenbourough-Acte) wurde verordnet, daß „wenn irgendeine Person absichtlich und boshafter Weise irgendeine Arznei, ein Mittel oder etwas anderes was es auch sei, in der Absicht, den Abortus einer Frau zu bewirken, anwendet, oder bewirkt, daß es angewendet wird, so soll, wenn das Kind zu der Zeit der Begehung dieser Tat noch nicht lebte oder sein Leben noch nicht bewiesen war, die Person, welche die Tat beging, wer ihr beirätig war, ihre Gehilfen und Mitverbrecher, als eines Verbrechens (felony) schuldig betrachtet werden; sie können mit Geld bestraft werden, mit Gefängnis, an den Pranger kommen, öffentlich oder im Gefängnis ausgehauen, oder über die See auf irgendeine Zeit, die aber 14 Jahre nicht übersteigen darf, verbannt werden."

Dieselbe Acte verordnet, daß das Eingeben von Arzneien, Mitteln u. dgl., mit der Absicht, einen Abortus nach der ersten Bewegung des Kindes zu bewirken, mit dem Tode bestraft werden soll.

Das jetzige englische Recht bestraft nicht die Abtreibung selbst, sondern die Vorbereitungshandlungen, welche dieselbe zu bewirken beabsichtigen, nämlich:

a) die rechtswidrige und vorsätzliche Anwendung von gesundheitsgefährlichen Mitteln oder von Instrumenten, in der Absicht, eine Fehlgeburt zu bewirken, gleichviel, ob die weibliche Person, bei welcher diese Mittel oder Instrumente angewandt werden, tatsächlich schwanger ist oder nicht (unlawfully administering or causing to be taken by her, whether she be with child or not with intent to procure her miscarriage, any poison or any other noxious thing, or using for the same purpose any instrument or other means whatsoever; also the use of the same means with same intent by any woman being with child). Strafe: lebenslängliches Zuchthaus.

b) die rechtswidrige Lieferung oder Beschaffung gesundheitsgefährlicher Mittel oder Instrumente in Kenntnis ihrer Bestimmung als Mittel zur Bewirkung einer Frühgeburt, gleichviel ob die weibliche Person, bei welcher diese Mittel oder Instrumente angewandt werden sollen, schwanger ist oder nicht. Strafe: 5 Jahre Zuchthaus [1]).

Der Mitwisser eines begangenen Abortes ist nicht zur freiwilligen Aussage genötigt, und dem mitwissenden Arzte ist es durch das Berufsgeheimnis sogar verboten, eine freiwillige Aussage zu machen. Als Zeuge ist aber jedermann verpflichtet, die Wahrheit zu bekennen [2]).

Charakteristik: Die Tauglichkeit der abtreibenden Instrumente wird vorausgesetzt, nicht aber die dafür erforderliche Tauglichkeit des Objektes. Somit sind die Frau und evtl. ihr Kind die zu schützenden Rechtsgüter. Strafe trifft den Anwender, Lieferer oder Beschaffer der Mittel, aber nicht den Anrater und ist teilweis überaus schwer.

---

[1]) F. v. Liszt, Das Strafrecht der europ. Staaten. Bd. I, 1894, S. 652.
[2]) British med. Journ. 1892, II, S. 718.

Schottisches Strafgesetz.

Die widerrechtliche Anwendung von Arzneimitteln oder Instrumenten, in der Absicht der Abtreibung, ist mit Zuchthaus oder Gefängnis strafbar[1]).

Niederländisches Strafgesetzbuch (1881)[2]).

Tit. XIX. Art. 295. Die Frau, welche vorsätzlich die Abtreibung oder den Tod ihrer Leibesfrucht verursacht, oder durch einen anderen verursachen läßt (of door een ander laat veroorzaken), wird mit Gefängnis bis zu 3 Jahren bestraft.

296. Wer vorsätzlich die Abtreibung oder den Tod der Leibesfrucht einer Frau ohne ihre Einwilligung verursacht, wird zu Gefängnis bis zu 12 Jahren verurteilt.

Hat die Handlung den Tod der Frau zur Folge, so tritt Gefängnis bis zu 15 Jahren ein.

297. Wer vorsätzlich die Abtreibung oder den Tod der Leibesfrucht einer Frau mit ihrer Einwilligung verursacht, wird mit Gefängnis bis zu 4 Jahren und 6 Monaten bestraft.

Hat die Handlung den Tod der Frau zur Folge, so tritt Gefängnis bis zu 6 Jahren ein.

298. Wenn ein Arzt, Hebamme oder Apotheker an dem Verbrechen des Art. 295 teilnimmt, oder eines der in den Art. 296 und 297 bezeichneten Verbrechen als Täter oder Teilnehmer begeht, können die in den Artikeln bestimmten Strafen um $1/_3$ erhöht, und es kann ihm die Ausübung des Berufes, in welchem er das Verbrechen begeht, entzogen werden.

Charakteristik: Subjekt des Verbrechens: Mutter, Arzt, Hebamme, Apotheker oder ein anderer. Rechtsgut: Mutter oder Kind. Mittel und Objekt müssen tauglich für das Verbrechen der Abtreibung sein. Die Straferhöhung für Medizinalpersonen ist gerechtfertigt. Es ist bemerkenswert, daß Zuchthausstrafe in den Bestimmungen sich nicht findet.

Österreichisches Strafgesetz (1852).

§ 144. Eine Frauensperson, welche absichtlich was immer für eine Handlung unternimmt, wodurch die Abtreibung ihrer Leibesfrucht verursacht oder ihre Entbindung auf solche Art, daß das Kind tot zur Welt kommt, bewirkt wird, macht sich eines Verbrechens schuldig.

§ 145. Ist die Abtreibung versucht, aber nicht erfolgt, so soll die Strafe auf Kerker zwischen 6 Monaten und einem Jahre ausgemessen, die zustande gebrachte Abtreibung mit schwerem Kerker zwischen einem und fünf Jahren bestraft werden.

§ 146. Zu eben dieser Strafe, jedoch mit Verschärfung, ist der Vater des abgetriebenen Kindes zu verurteilen, wenn er mit an dem Verbrechen Schuld trägt.

---

[1]) F. v. Liszt, Das Strafr. d. europ. Staaten. Bd. I, S. 686. Es scheint noch kein Fall vorgekommen zu sein, in welchem die Schwangere selbst wegen Anwendung abtreibender Mittel bestraft wurde.

[2]) van Swinderen, Esquisse du droit pénal actuel dans les Pays-Bas et à l'Etranger, 1894, T. II, p. 61. — Zeitschr. für das gesamte Strafrecht, 1881, Beilage, S. 50.

§ 147. Dieses Verbrechens macht sich auch derjenige schuldig, der aus was immer für einer Absicht, wider Wissen und Willen der Mutter, die Abtreibung ihrer Leibesfrucht bewirkt oder zu bewirken versucht.

§ 148. Ein solcher Verbrecher soll mit schwerem Kerker zwischen einem und 5 Jahren, und wenn zugleich der Mutter durch das Verbrechen Gefahr am Leben oder Nachteil an der Gesundheit zugezogen worden ist, zwischen 5 und 10 Jahren bestraft werden.

Österreichischer Strafgesetzentwurf (1874).

§ 229. Eine Schwangere, welche ihre Frucht abtreibt oder im Mutterleibe tötet oder dies durch einen anderen tun läßt, wird mit Zuchthaus bis zu 5 Jahren oder mit Gefängnis nicht unter 6 Monaten bestraft.

§ 230. Dieselbe Strafe trifft denjenigen, welcher mit Einwilligung der Schwangeren ihre Frucht abtreibt oder im Mutterleibe tötet; hat er dieses gegen Entgelt getan, so ist auf Zuchthaus bis zu 10 Jahren zu erkennen.

§ 231. Wer die Leibesfrucht einer Schwangeren ohne deren Wissen und Willen abtreibt oder tötet, wird mit Zuchthaus von 2 bis zu 15 Jahren bestraft. Ist durch die Handlung der Tod der Schwangeren verursacht worden, so tritt Zuchthausstrafe nicht unter 10 Jahren ein.

Charakteristik: Ist fast vollkommen den Bestimmungen des Deutschen Strafgesetzbuches nachgebildet und teilt deren Vorzüge und Mängel.

Österreichisches Strafgesetzbuch, Regierungsentwurf 1912.

§ 292. 1. Wer eine fremde Leibesfrucht abtreibt oder im Mutterleibe tötet, wird mit Kerker von einem bis zu fünf Jahren oder mit Gefängnis von drei Monaten bis zu fünf Jahren bestraft.

2. Der Täter, dem mehr als eine Abtreibung zur Last fällt, der wiederholt rückfällig ist oder die Tat ohne Einwilligung der Schwangeren begeht, wird mit Kerker von einem bis zu zehn Jahren bestraft.

3. Auf dieselbe Strafe ist zu erkennen, wenn die Tat mit Gefahr für das Leben oder schwerer Gefahr für die Gesundheit der Schwangeren verbunden war.
Neben der Freiheitsstrafe kann in allen Fällen Geldstrafe bis zu zehntausend Kronen verhängt werden.

§ 293. 1. Die Schwangere, die ihre Leibesfrucht abtreibt oder im Mutterleibe tötet, wird mit Gefängnis von drei Monaten bis zu drei Jahren bestraft.

2. Die Schwangere, die infolge schwerer Notlage oder, um ihre Entehrung zu verheimlichen, die Tat verübt, wird mit Gefängnis von zwei Wochen bis zu zwei Jahren bestraft.

§ 294. Wer in einer Druckschrift eine Ankündigung veranlaßt oder veröffentlicht, die in offener oder verhüllter Form eine Anbietung zur Abtreibung enthält, wird mit Gefängnis bis zu sechs Monaten bestraft. Neben der Freiheitsstrafe kann Geldstrafe bis zu zweitausend Kronen verhängt werden.

§ 295. Der Arzt, der eine Leibesfrucht abtreibt oder im Mutterleib tötet, um eine anders nicht abwendbare Lebensgefahr oder Gefahr dauernden schweren Schadens an der Gesundheit von der Schwangeren abzuwenden, ist wegen Abtreibung nicht strafbar.

Charakteristik: Rechtsgut: Die Schwangere und das Kind. Tauglichkeit des Objekts vorausgesetzt. Strafe festgesetzt für Abtreibung zum Tötungszweck. Die Höhe der Strafen für die selbst abtreibende und die in Notlage handelnde Schwangere ist sehr human und nachahmenswert.

Strafgesetz für Bosnien und die Herzegowina (1881).

§ 220. **Abtreibung der eigenen Leibesfrucht.**

Eine Frauensperson, welche absichtlich was immer für eine Handlung unternimmt, wodurch die Abtreibung ihrer Leibesfrucht verursacht oder ihre Entbindung auf solche Art, daß das Kind tot zur Welt kommt, bewirkt wird, macht sich eines Verbrechens schuldig.

§ 221. Ist die Abtreibung versucht, aber nicht erfolgt, so soll die Strafe auf Kerker zwischen sechs Monaten und einem Jahre ausgemessen, die zustande gebrachte Abtreibung mit schwerem Kerker zwischen einem und fünf Jahren bestraft werden.

§ 222. Zu eben dieser Strafe, jedoch mit Verschärfung, ist der Vater des abgetriebenen Kindes zu verurteilen, wenn er mit an dem Verbrechen Schuld trägt.

§ 223. **Abtreibung einer fremden Leibesfrucht.**

Dieses Verbrechens macht sich auch derjenige schuldig, der aus was immer für einer Absicht wider Wissen und Willen der Mutter die Abtreibung ihrer Leibesfrucht bewirkt oder zu bewirken versucht.

§ 224. Ein solcher Verbrecher soll mit schwerem Kerker zwischen einem und fünf Jahren, und wenn zugleich der Mutter durch das Verbrechen Gefahr am Leben oder Nachteil an der Gesundheit zugezogen worden ist, zwischen fünf und zehn Jahren bestraft werden.

Charakteristik: Nach dem Wortlaut dieser Bestimmungen ist derjenige nicht zu bestrafen, der mit Einwilligung einer Schwangeren an ihr die Abtreibung ausgeführt oder auszuführen versucht hat. Bestraft werden nur die Mutter oder der Erzeuger eines Kindes oder ein Dritter, der ohne Wissen und Willen der Mutter die Frucht abgetrieben hat.

Das bulgarische Strafgesetz[1]).

Art. 259. Eine Mutter, die ihre ungeborene Leibesfrucht tötet, wird mit Gefängnis nicht unter einem Jahr bestraft.

War die Leibesfrucht unehelich, so tritt Gefängnis nicht unter sechs Monaten ein.

Art. 260. Wer die Leibesfrucht tötet, wird mit Zuchthaus bis höchstens zu fünf Jahren verurteilt.

Wurde die Frucht ohne Einwilligung der Schwangeren getötet, so tritt Zuchthaus von drei bis sechs Jahren ein.

War in diesem Falle der Tod der Schwangeren die Folge, so tritt Zuchthaus von zehn bis zu fünfzehn Jahren ein.

Ist der Täter ein Arzt oder ein Apotheker oder eine Hebamme, so kann auf Untersagung der Berufsausübung erkannt werden.

---

[1]) Vom Februar 1896.

Charakteristik: Rechtsgut nur der Fötus. Verletzung oder Tod der Mutter unberücksichtigt. Strafbar ist nicht die Abtreibung, sondern nur die Tötung des Fötus im Mutterleibe. Subjekt des Verbrechens: die Schwangere oder ein Dritter. Strafminderung bei unehelicher Frucht, Straferhöhung bei Medizinalpersonen als Verbrechern.

Strafgesetzbuch für Serbien[1]) (Vorentwurf).

§ 136. Eine Schwangere, welche ihre Frucht vernichtet, soll mit Zuchthaus bis zu drei Jahren bestraft werden.

§ 137. Wer einer Schwangeren auf ihren Wunsch Abtreibungsmittel gibt oder ihr zu der Abtreibung Beihilfe leistet, soll mit Zuchthaus bis zu fünf Jahren bestraft werden.

Wenn dies ein Arzt, ein Apotheker oder eine Hebamme tun, oder wenn der Täter ein Entgelt dafür erhält, sollen jene mit Zuchthaus bis zu zehn Jahren bestraft werden.

§ 138. Wer einer Schwangeren ohne deren Wissen und Willen Abtreibungsmittel gibt, soll mit Zuchthaus bis zu zehn Jahren bestraft werden.

Ist durch den Gebrauch des Abtreibungsmittels der Tod der Frau verursacht worden, und hat der Täter eine solche Folge voraussehen können, so soll er mit Zuchthaus bis zu fünfzehn Jahren bestraft werden.

Charakteristik: Überaus harte Strafbestimmungen. Rechtsgüter: Mutter und Kind. Textlich stellenweis unexakt, so z. B. der § 138. Wie man einer Frau ohne ihr Wissen und Willen ein Abtreibungsmittel „gibt", ist nicht leicht zu verstehen. Auch nicht wie das „Geben" straffällig sein kann.

Das russische Strafgesetz[2]).

§ 465. Eine Mutter, welche ihre Frucht tötet, wird bestraft mit Korrektionshaus nicht über drei Jahre.

§ 466. Wer die Frucht einer Schwangeren tötet, wird bestraft mit Korrektionshaus.

Ist die Tötung der Frucht durch einen Arzt oder eine Hebamme begangen, so ist es dem Gericht anheimgestellt, dem Schuldigen die Ausübung der Praxis für die Dauer von einem bis zu fünf Jahren zu untersagen und das Urteil zu veröffentlichen.

Ist die Tötung der Frucht ohne Zustimmung der Schwangeren selbst begangen, so wird der Schuldige bestraft mit Zwangsarbeit nicht über acht Jahre.

Charakteristik: Rechtsgut nur die Frucht. Strafbar ist nur die Tötung der Frucht im Mutterleibe. Subjekt des Verbrechens die Mutter oder ein Dritter. Die Strafe für diesen ganz arbiträr. Der Apotheker als Verursacher wird scheinbar weniger stark bestraft als Arzt und Hebamme. Strafen besonders hart.

---

[1]) Sammlung außerdeutscher Gesetzbücher Nr. 31. Berlin 1911.

[2]) Das neue russische Strafgesetzbuch, übers. von O. Bernstein. Berlin 1916.

Finnländisches Strafgesetzbuch[1]).

Kap. 22. § 5. Eine Frau, welche ihre Frucht vorsätzlich abtreibt oder im Mutterleib tötet oder töten läßt, wird mit Zuchthaus bis zu vier Jahren oder Gefängnis nicht unter sechs Monaten bestraft.

Gleiche Strafe trifft denjenigen, der mit Einwilligung der Frau ihre Frucht vorsätzlich abtreibt oder im Mutterleibe tötet. Tat er es gegen Vergütung, so ist auf Zuchthaus bis zu sechs Jahren und Verlust der bürgerlichen Ehrenrechte zu erkennen.

Der Versuch der in diesem Paragraphen genannten Verbrechen ist strafbar.

§ 6. Wer ohne Einwilligung der Frau ihre Frucht vorsätzlich abtreibt oder im Mutterleibe tötet, wird mit Zuchthaus von zwei bis zu acht Jahren und Verlust der bürgerlichen Ehrenrechte bestraft.

Der Versuch ist strafbar.

§ 7. Wer, ohne die Absicht, das Kind zu töten, durch vorsätzliche Mißhandlung der Frau, die er schwanger wußte, den Tod des Kindes verschuldet, wird mit Zuchthaus bis zu drei Jahren oder Gefängnis nicht unter drei Monaten bestraft.

Charakteristik: Die Gesetzbestimmungen decken sich mit den deutschen. Die fahrlässige Tötung des Kindes im Mutterleibe durch Mißhandlung unterliegt einem besonderen Gesetzparagraphen, der unscharf ist, weil der Begriff „Mißhandlung" außerordentlich dehnbar ist, und weil die hier bestrafte „Tötung" der Frucht notwendig die Ausstoßung zur Folge hat.

Türkisches Strafgesetz[2]).

Art. 192. Eine Frau, die ihre Leibesfrucht abtreibt, indem sie entweder selbst dazu geeignete Mittel anwendet oder ihre Einwilligung dazu gibt, daß ein anderer sie bei ihr anwendet, wird mit Gefängnis von sechs Monaten bis zu drei Jahren bestraft.

Wer mit Einwilligung einer Frau durch Verschaffung geeigneter Mittel die Abtreibung ihrer Leibesfrucht veranlaßt, wird zu Gefängnis von einem Jahr bis zu drei Jahren verurteilt. Ist infolge der Abtreibung oder durch die hierzu verwendeten Mittel der Tod der Frau eingetreten, so wird auf Zwangsarbeit von vier bis zu sieben Jahren erkannt.

Mit Zwangsarbeit von drei bis zu zehn Jahren wird bestraft, wer die Leibesfrucht einer Frau, die um ihre Schwangerschaft weiß, ohne deren Einwilligung durch Anwendung geeigneter Mittel oder durch Schlagen, Verletzen oder sonstige Handlungen abtreibt. Ist infolge einer solchen Abtreibung oder durch die hierzu verwendeten Mittel der Tod der Frau eingetreten, so wird auf Zwangsarbeit nicht unter fünfzehn Jahren erkannt.

Sind diese Handlungen von Ärzten, Sanitätsbeamten oder Personen, wie Hebammen, die ihr Gewerbe unter staatlicher Aufsicht betreiben, begangen worden, so wird die darauf stehende Strafe um ein Sechstel erhöht.

Art. 193. Wer einer Schwangeren mit oder ohne deren Einwilligung zum Zwecke der Abtreibung Mittel einflößt oder sonstige Mittel und Wege zur Erreichung dieses Zweckes angibt und dadurch eine Frühgeburt herbeiführt, wird mit

---

[1]) Das Strafgesetz für das Großfürstentum Finnland vom 19. Dezember 1889, übers. von Oehgvist. Berlin 1891.

[2]) Das türkische Strafgesetzbuch vom 4. April 1911, in Sammlung außerdeutscher Strafgesetzbücher Nr. 34.

Gefängnis von sechs Monaten bis zu zwei Jahren und, wenn er Arzt, Chirurg oder Apotheker ist, mit zeitiger Festungshaft bestraft.

Charakteristik: Unvollkommen durchgearbeitete Gesetzesparagraphen. So bestraft z. B. der Absatz drei denjenigen, der durch äußere Gewalt die Schwangerschaft unterbricht. Der Bedingung, daß der Täter wissen mußte, ob die Frau schwanger sei, wird nicht gedacht. Er könnte mithin zu fünfzehn Jahren Zwangsarbeit verurteilt werden, wenn er durch zufälligen Stoß den Erfolg herbeigeführt hat.

Ägyptisches Strafgesetz.

Tit. IV. § 5. Wenn ein Weib eine Fehlgeburt tut infolge eines mit ihrem Willen oder gegen denselben eingegebenen Arzneimittels, so ist der Schuldige nach Aburteilung nach dem religiösen Gesetz, auch nach dem weltlichen Gesetz zu bestrafen.

Tunesisches Strafgesetz.

Art. 374. Tout individu qui frappera volontairement une femme enceinte et occasionnera l'avortement et la mort de la femme sera condamné à la peine prescrite à l'article 303; mais si le coup a été involontaire et qu'il ait produit la mort de la femme et celle de l'enfant après la naissance, le coupable paiera le prix du sang de la mère et de l'enfant. Si le coup occasionne la mort de la mère et qu'après décès elle accouche d'un enfant mort, le coupable ne paiera que le prix du sang de la mère. Si le coup n'a occasionné que l'avortement, il ne paiera que le prix du sang pour l'enfant, de quelque sexe qu'il soit, formé ou non formé.

Art. 375. Quiconque effraiera une femme enceinte et lui occasionnera l'avortement, même sans lui porter des coups, sera condamné à payer le prix du sang de l'enfant.

Art. 376. Toute femme enceinte qui prendra médecine ou emploiera un moyen quelconque pour avorter, sera condamné à payer le prix du sang de l'enfant, duquel elle n'héritera pas, et à cinq ans de prison.

Charakteristik: In Frage kommen seitens eines Dritten nur mechanische oder psychische Insulte. Strafen als Blutgeld leicht. Selbstabtreibung durch die Mutter läßt nur diese zur Strafe kommen. Helfer bleiben unberücksichtigt. Der Versuch fällt nicht unter Strafe.

Strafgesetz des Kongo-Staates.

Livre second, Sect. XXIII.

69. Celui qui, par aliments, breuvages, médicaments, violences ou par tout autre moyen aura fait avorter une femme, sera puni de deux à dix ans de servitude pénale.

70. La femme qui volontairement se sera fait avorter sera punie d'une servitude pénale de deux à cinq ans.

Strafgesetzbuch des Staates Newyork (1881).

Kap. IV. § 294. Begriff der Abtreibung. Wer in der Absicht, die Fehlgeburt einer Frauensperson herbeizuführen, ohne daß dieselbe zur Erhaltung des Lebens derselben oder des Kindes notwendig ist, mit welchem sie schwanger geht, entweder:

1. einer Frauensperson, mag sie schwanger sein oder nicht, eine Arznei, eine Arzneiware oder einen anderen Stoff verschreibt, verschafft oder eingibt, oder ihr anrät oder sie veranlaßt, einen solchen Stoff zu nehmen; oder
2. irgendein Instrument oder ein anderes Werkzeug anwendet oder dessen Anwendung veranlaßt,

ist der Abtreibung schuldig und mit Einsperrung in einem Strafgefängnis bis zu vier Jahren oder in einem Bezirksgefängnis bis zu einem Jahre zu bestrafen.

§ 295. Versuch der Abtreibung seitens einer schwangeren Frauensperson. Eine schwangere Frauensperson, welche eine Arznei, eine Arzneiware oder einen anderen Stoff einnimmt oder irgendein Instrument oder ein anderes Werkzeug anwendet oder anwenden läßt, um dadurch eine Fehlgeburt herbeizuführen, ohne daß diese zur Erhaltung ihres oder des Lebens ihres Kindes, mit welchem sie schwanger geht, notwendig wäre, ist mit Einsperrung von 1 bis 4 Jahren zu bestrafen.

§ 190. Die absichtliche Tötung eines ungeborenen lebenden Kindes mittels einer an der Mutter desselben verübten Verletzung ist Totschlag im ersten Grade (5—20 Jahre Einsperrung).

§ 191. Wer einer Frauensperson, mag dieselbe schwanger sein oder nicht, eine Medizin, Arzneiware oder Substanz gibt, liefert oder eingibt, oder wer ihr vorschreibt oder anrät oder zuredet, dergleichen zu nehmen, oder wer irgendein Instrument oder andere Mittel in der Absicht gebraucht oder anwendet oder deren Gebrauch oder Anwendung veranlaßt, um dadurch die Fehlgeburt bei einer Frauensperson zu veranlassen, ohne daß dieselbe notwendig ist, um deren Leben zu erhalten, ist im Falle des Todes der Frauensperson oder eines lebenden Kindes, mit welchem sie schwanger ist, eines Totschlages im ersten Grade schuldig.

§ 194. Wenn eine Frauensperson, welche mit einem lebenden Kinde schwanger geht, Arzneimittel, Medizinen oder Substanzen oder Instrumente oder andere Mittel in der Absicht nimmt oder gebraucht oder an sich anwenden läßt, um ihre Fehlgeburt herbeizuführen, ohne daß dieselbe für die Erhaltung ihres eigenen oder des Lebens des Kindes, mit welchem sie schwanger geht, nötig ist, so ist sie des Totschlags im zweiten Grade schuldig, wenn der Tod des Kindes dadurch herbeigeführt wird.

§ 297. Wer ein Instrument, eine Arznei oder Arzneiware oder irgendeinen anderen Stoff in der Absicht anfertigt, gibt oder verkauft, daß derselbe ungesetzlicherweise zur Herbeiführung einer Fehlgeburt gebraucht werde, ist eines Verbrechens im engeren Sinne schuldig.

Kap. VII. Unzüchtige Ausstellungen und Schaustellungen, Bücher und Drucksachen usw.

§ 318. Wer ein Werkzeug oder einen Gegenstand oder eine Arzneiware oder eine Medizin zur Verhinderung der Empfängnis oder zur Verursachung einer ungesetzlichen Fehlgeburt verkauft, ausleiht, weggibt oder irgendwie ausstellt oder zum Verkauf, Ausleihen oder Weggeben anbietet, oder wer eine Karte, ein Zirkular, ein Schriftstück, eine Anzeige oder Bekanntmachung irgendeiner Art niederschreibt oder druckt oder deren Niederschrift oder Druck veranlaßt oder mündlich darüber Auskunft erteilt, wann, wo, wie, von wem oder mit welchen Mitteln ein solcher Gegenstand oder eine solche Medizin angekauft oder erlangt werden kann, oder wer einen solchen Gegenstand oder eine solche Medizin anfertigt, ist eines Vergehens schuldig.

Charakteristik: Eine der weitschweifigsten und unklarsten aller modernen Bestimmungen über Fruchtabtreibung, die stellenweise sogar widersinnig resp. komisch ist. Objekt des Verbrechens: eine Schwangere und Nichtschwangere sowie das im Uterus lebende Kind. Verbrecher: die Schwangere oder ein Dritter, der ein geeignetes Mittel verschreibt, verschafft, eingibt, anrät, zu nehmen veranlaßt, anfertigt, gibt, verkauft, ausleiht, ausstellt, oder in Drucken oder Schriften erwähnt, wann, wo wie, von wem solche Mittel zu erlangen sind. Totschlag ist die absichtliche mechanische Verletzung der Mutter, die den intrauterinen Tod des Kindes zur Folge hat. Die §§ 295 und 194 besagen teils dasselbe, da mit der Abtreibung fast immer der Tod der Frucht verbunden ist, und die Mutter nicht zu jedem gegebenen Zeitpunkte vor der Zeit der ersten Bewegung wissen kann, ob ihr Kind lebt. Die Fassung ist so unklar, daß man aus § 194 nicht einmal ersehen kann, ob das Kind intrauterin oder extrauterin gestorben sein muß, damit der Mutter die höhere Strafe zugemessen werden soll. Der § 297 ist unfaßbar, da jedes evtl. für die Abtreibung dienliche Mittel noch andere Bestimmungen hat. Keines wird für den verbrecherischen Zweck allein hergestellt. So könnte ein Instrumentenmacher, der Katheter und Bougies verkauft, belangt werden. Auf den § 318 einzugehen, verlohnt nicht, da seine Bestimmungen strafrechtliche Utopien darstellen.

Das Strafgesetzbuch der Republik Chile[1]).

Art. 342. Wer in böswilliger Absicht einen Abort verursacht, soll bestraft werden:

1. Mit Zuchthaus I im Mindestmaße, wenn er Gewalt gegen die Person der schwangeren Frau angewandt hat.

2. Mit Zuchthaus II im Höchstmaße, wenn er zwar keine Gewalt angewandt, aber ohne Einwilligung der Frau gehandelt hat.

3. Mit Zuchthaus II im Mittelmaße, wenn die Frau einwilligte.

Art. 343. Mit Zuchthaus II im Mindest- bis Mittelmaße soll bestraft werden, wer mit Gewalt einen Abort verursacht hat, auch wenn er nicht die Absicht, denselben zu verursachen, hatte, unter der Voraussetzung, daß der Zustand der Schwangerschaft der Frau offenbar dem Täter bekannt war.

Art. 344. Die Frau, welche ihren Abort verursacht oder einwilligt, daß eine andere Person ihn verursacht, soll mit Zuchthaus II im Höchstmaße bestraft werden.

Wenn sie es tat, um ihre Entehrung zu verbergen, soll die Strafe Zuchthaus II im Mittelmaße sein.

Art. 345. Der Sachverständige, welcher unter Mißbrauch seines Amtes den Abort verursacht oder dazu verhilft, soll entsprechender Weise den Strafen verfallen, welche im Art. 342 bezeichnet sind, jedoch sind diese um ein Maß zu erhöhen.

Charakteristik: Die Frau, die sich ihrer Frucht entledigt oder bewußt entledigen läßt, wird strenger bestraft als ein abtreibender

---

[1]) Strafgesetzbuch der Republik Chile, übers. von Hartwig, S. 67; Samml. außerdeutscher Strafgesetzbücher. Berlin 1900.

Dritter — eine Bestimmung, die als eine ganz unbegründete Härte angesehen werden muß. Die Abtreibung gegen Entgelt ist unberücksichtigt geblieben. Die Fassung des einleitenden Artikels 342: „Wer in böswilliger Absicht…" läßt die Auffassung zu, daß ein Dritter, der die Abtreibung nicht in böswilliger Absicht, sondern aus Mitleid, z. B. mit einer entehrten Angehörigen ausgeführt hat, straffrei ausgeht. Der Artikel 343 zeigt ein Verkennen des Begriffes „Abtreibung". Er ruft die Erinnerung an die biblische Gesetzgebung wach. Er gehört zu dem Kapitel „Körperverletzung" und nicht zu dem über Abtreibung.

Das mexikanische Strafgesetzbuch[1]) (1871).

Kap. IX. Art. 569. Abtreibung heißt im Strafrecht die Entfernung des Produktes der Empfängnis und dessen durch irgendein Mittel bewirktes Heraustreiben, gleichviel in welchem Abschnitt der Schwangerschaft es sei, sobald es ohne Notwendigkeit geschieht.

Wenn bereits der 8. Monat der Schwangerschaft begonnen hat, wird auch die Bezeichnung „künstlich verfrühte Geburt" angewandt: aber die Strafe ist dieselbe wie für Abtreibung.

570. Als notwendig gilt eine Abtreibung nur, wenn bei ihrer Nichtvornahme die schwangere Frau nach dem Urteil des sie behandelnden Arztes Gefahr läuft, zu sterben, wobei dieser das Gutachten eines anderen Arztes zu hören hat, sobald dies möglich und der Verzug nicht gefahrbringend ist.

571. Abtreibung wird nur bestraft, wenn sie vollendet ist.

572. Abtreibung nur aus Fahrlässigkeit seitens der schwangeren Frau ist nicht strafbar.

Die durch die Fahrlässigkeit einer anderen Person verursachte Abtreibung wird nur, wenn die Verschuldung eine grobe ist, und alsdann mit den in Artikel 199—201 angedrohten Strafen bestraft, es sei denn, daß der Täter Arzt, Wundarzt, Geburtshelfer oder Hebamme ist, denn alsdann gilt dieser Umstand als erschwerender 4. Klasse, und dem Schuldigen wird die Ausübung seines Berufes auf ein Jahr untersagt.

573. Absichtliche Abtreibung wird mit 2 Jahren Gefängnis bestraft, wenn die Mutter sie willentlich unternimmt oder deren Vornahme durch einen anderen zustimmt, insofern folgende 3 Umstände zutreffen:

1. daß sie nicht schlechten Leumund hat,
2. daß es ihr gelungen ist, ihre Schwangerschaft zu verbergen,
3. daß die Schwangerschaft die Folge einer unehelichen Verbindung ist.

574. Fehlen der erste oder zweite Umstand des vorigen Artikels oder beide, so wird für jeden derselben ein Jahr Gefängnis der Strafe zugefügt.

Fehlt der dritte Umstand, weil die Schwangerschaft die Folge einer Ehe ist, so beträgt die Strafe 5 Jahre Gefängnis, gleichviel ob die beiden anderen Umstände zutreffen oder nicht.

575. Wer ohne physische oder moralische Vergewaltigung einer Frau die Frucht abtreibt, erhält 4 Jahre Gefängnis, gleichviel welches Mittel er anwendet, und auch wenn es mit ihrer Zustimmung geschieht.

576. Wer die Abtreibung mittels physischer oder moralischer Vergewaltigung veranlaßt, erhält 6 Jahre Gefängnis, wenn er diesen Erfolg vorhersah oder vorhersehen mußte. Andernfalls erhält er 4 Jahre Gefängnis.

---

[1]) Zeitschr. f. die gesamte Strafwissenschaft, Bd. 14, 1894, Beilage S. 95.

577. Die in den vorigen Artikeln behandelten Strafen werden auf die Hälfte vermindert:

1. wenn bewiesen wird, daß die Frucht bereits tot war, als die Mittel zur Abtreibung angewendet wurden;
2. wenn die Abtreibung statthat unter Bewahrung des Lebens der Mutter und des Kindes.

578. Wenn die von jemand zur Abtreibung bei einer Frau benutzten Mittel deren Tod herbeiführten, wird der Schuldige nach den Regeln für Häufung bestraft, sofern er die Absicht hatte, beide Vergehen zu verüben oder aber diesen Erfolg vorhersah oder vorhersehen mußte.

Im gegenteiligen Falle gilt der Mangel dieser drei Umstände als mildernder Umstand 4. Klasse bei einfacher Tötung.

579. Wenn derjenige, der absichtlich die Abtreibung einer Frau in den Fällen der Artikel 575 und 576 bewirkt, Arzt, Wundarzt, Geburtshelfer, Hebamme oder Apotheker ist, so werden die Strafen, welche jene Artikel androhen, um ein Viertel vermehrt, verhängt.

Im Falle des Artikels 578 wird Todesstrafe verhängt, (!!) und 10 Jahre Gefängnis in dem Falle des zweiten Teiles dieses Artikels.

580. In jedem Falle absichtlicher Abtreibung wird der Täter, wenn es eine der im vorigen Artikel erwähnten Personen ist, unfähig zur Ausübung seines Berufes und dies ist im Urteil zum Ausdruck zu bringen.

Charakteristik: Umfangreichstes aller Gesetze gegen Abtreibung. Gegenstand des Verbrechens: Mutter und Frucht, die letztere in jedem Stadium der Entwickelung. Physische, moralische und dynamische Mittel werden vorausgesetzt, und der Erfolg muß eingetreten sein. Fahrlässige Abtreibung durch die Mutter straffrei, seitens eines anderen, besonders Medizinalpersonen strafbar. Eigentümlich ist das geringere Strafmaß, wenn die Schwangerschaft unehelich, die Schwangere gut beleumundet ist, oder sie ihre Schwangerschaft gut verheimlichte, wenn ferner das Kind bereits intrauterin tot war, oder wenn trotz Abtreibung Mutter und Kind am Leben blieben. Straferhöhung erfolgt beim Tode der Mutter oder wenn der Verüber eine Medizinalperson ist. Meines Wissens das einzige Gesetz, in dem sich die Todesstrafe für Abtreibung bei erfolgtem Tod der Schwangeren findet.

Das indische Strafgesetzbuch.

In Ostindien gibt es Stämme, bei denen die Fruchtabtreibung gewohnheitsmäßig vorgenommen wird. Es ist anzunehmen, daß hier auch ein schwere Strafen kündendes Gesetz in der Auffassung der Abtreibung und also auch in der Betätigung wenig ändern kann. Das Indische Gesetz bestimmt unter anderem:

§ 312. Wer bei einer Schwangeren absichtlich die Abtreibung verursacht, ohne dabei die Absicht zu haben, ihr Leben zu retten (if such miscarriage be not caused in good faith, for the purpose of saving the life of the woman), wird mit Gefängnis bis zu drei Jahren oder mit Geldstrafe oder mit beidem bestraft. War die Frau hochschwanger, so erhöht sich die Strafe bis auf sieben Jahre. Ebenso wird die Abtreibung durch die Schwangere selbst bestraft.

§ 313. Wer ohne Einwilligung der Schwangeren ihr die Frucht abtreibt, wird mit lebenslänglicher Deportation oder mit Gefängnis bis zu 10 Jahren und zu Geldstrafe verurteilt.

§ 314. Wer durch die Abtreibung den Tod der Schwangeren verursacht, erhält als Strafe bis zu zehn Jahren Gefängnis, und wenn die Abtreibung ohne Einwilligung der Schwangeren bewerkstelligt wurde, lebenslängliche Deportation oder zehnjährige Gefängnisstrafe.

§ 315. Wer das Kind im Mutterleibe durch ein Mittel tötet oder wer dessen Tod gleich nach der Geburt verursacht, wird, falls es nicht zur Errettung der Mutter geschieht, mit Gefängnis bis zu zehn Jahren oder mit Geldstrafe oder mit beidem bestraft.

Japanisches Strafgesetz [1]).

§ 212. Eine schwangere Frauensperson, welche ihre Leibesfrucht durch Anwendung von Arzneimitteln oder durch andere Mittel abtreibt, wird mit Zuchthaus bis zu einem Jahre bestraft.

§ 213. Wer auf Verlangen oder mit Zustimmung der Frauensperson die Abtreibung bewirkt, wird mit Zuchthaus bis zu zwei Jahren bestraft.

Wird hierdurch der Tod, die Körperverletzung oder Gesundheitsbeschädigung der Frauensperson verursacht, so wird der Täter mit Zuchthaus von drei Monaten bis zu fünf Jahren bestraft.

§ 214. Ärzte, Hebammen, Apotheker oder Drogisten, die auf Verlangen oder mit Zustimmung der Frauensperson die Abtreibung bewirken, werden mit Zuchthaus von drei Monaten bis zu fünf Jahren, und wenn hierdurch der Tod, die Körperverletzung oder Gesundheitsbeschädigung der Frauensperson verursacht wird, mit Zuchthaus von sechs Monaten bis zu sieben Jahren bestraft.

§ 215. Wer ohne Verlangen oder Zustimmung einer Frauensperson deren Leibesfrucht abtreibt, wird mit Zuchthaus von sechs Monaten bis zu sieben Jahren bestraft.

Der Versuch des in diesem Paragraphen erwähnten Verbrechens ist strafbar.

§ 216. Wenn durch Begehung des im vorigen Paragraphen erwähnten Verbrechens der Tod oder die Verletzung der Frauensperson verursacht wird, so ist nach den Vorschriften über die Körperverletzung und Gesundheitsbeschädigung zu bestrafen, wenn deren Strafen schwerer sind.

Charakteristik: Rechtsgüter: Mutter und Kind. Die Strafe für die abtreibende Mutter oder Dritte, die auf Verlangen oder mit Einwilligung der Mutter den abtreibenden Eingriff vornehmen, sind nicht gering. Strafverschärfend wirken Schädigungen der Mutter. Da dies mehr oder minder stark immer eintritt, so ist die betreffende Bestimmung praktisch ohne Wert und wissenschaftlich haltlos.

---

[1]) Strafgesetz für das Kaiserlich japanische Reich vom 23. April 1907, in Samml. außerdeutscher Strafgesetzbücher Nr. 23.

IV. Die Verhütung der Empfängnis.

Weit zurück in die Menschheitsgeschichte gehen wie so viele andere auf den geschlechtlichen Verkehr Bezug habende Maßnahmen auch diejenigen, die sich auf die Konzeptionsverhütung beziehen.

Schon bei Hippokrates findet sich die folgende Bemerkung: „Mittel zur Verhütung der Schwängerung. Wenn eine Frau nicht schwanger werden soll, so lasse man ein bohnengroßes Stück Misy[1]) in Wasser zergehen und gebe ihr dies ein. Ein Jahr lang wird sie dadurch nicht schwanger."

Um der Übervölkerung vorzubeugen, schlug Plato für seinen Musterstaat die Einschränkung der Zeugung vor. Mittel hierfür waren bekannt. Später haben Ärzte eine Fülle von antikonzeptionellen Stoffen, darunter auch wirksame — nicht nur theoretisch — angegeben, weil sie millionenfach benutzt worden sind. Manche dieser chemischen Mittel, wie Alaun, das vor dem Beischlaf in geeigneter Form an den Muttermund gelegt werden sollte, haben sich viele Jahrhunderte lang im Gebrauch erhalten, obschon manches Mädchen infolge der Wirkungsinkonstanz derselben zur Mutter geworden ist. Eine Bemerkung aus dem Beginne des ersten Jahrhunderts unserer Zeitrechnung deutet auf die Vielfältigkeit der Stoffe hin:

„Eine Art von Giftspinne (Phalangium) hat angeblich in ihrem großen Kopf zwei Würmchen, welche in einer Hirschhaut den Weibern vor Sonnenaufgang angebunden bewirken sollen, daß sie nicht empfangen. Diese Kraft sollen sie ein ganzes Jahr lang haben, und ich habe mir nicht versagen können, von den vielen Mitteln für Unfruchtbarkeit wenigstens dieses eine zu nennen, weil ich in der allzugroßen Fruchtbarkeit mancher Frauen, welche das Haus mit Kindern anfüllt, einen hinreichenden Entschuldigungsgrund zu finden glaube."

Über welches Arsenal von antikonzeptionellen Stoffen — ἀτόκια — Soranus verfügte, habe ich an anderer Stelle angeführt[2]). Die

---

[1]) Das Wort „μίσυ" hat viele Deutungen erfahren, so z. B. Kupfersulfat, Eisensulfat, Schwefelkies u. a. m.

[2]) Vgl. im Namensverzeichnis „Soranus".

seinigen und andere reproduzierte Aëtius von Amida aus dem sechsten Jahrhundert, darunter vieles Abergläubische. So sollte die Frau in dem Augenblicke des Beischlafes, wenn der Mann sein Sperma ejakulieren will, den Atem anhalten und zu verhindern suchen, daß das Sperma in die Uterushöhle eindringe, dann schleunigst aufstehen, sich niederhocken und Niesen hervorzurufen suchen und schließlich die Scheide so gründlich wie möglich reinigen. Auch könne man den Muttermund vorher mit Honig oder Balsam oder Zedernharz oder mit Bleiweiß oder gelöstem Alaun oder mit Galbanum mit Wein bestreichen. Ein ganzes Bündel von Vorschriften über Stoffe, mit denen Tampons zu versehen seien, läßt er folgen. Dieselben sollten vor dem Beischlafe eingeführt werden. Wesentlich ist es adstringierende und ätherische Öle enthaltendes Material, wie Galläpfel, Wermut, Raute usw.

Von irgend welcher Warnung vor deren Gebrauch aus ethischen Gründen ist im griechischen und römischen Altertum nirgends etwas zu finden. Erst in späterer Zeit wurde, zumal von Juden in der Diaspora, die Empfängnisverhütung zum Gegenstande mehr oder minder strenger Verbote gemacht. Im Talmud finden sich folgende Angaben: „Ein Weib, dem es nur auf Huren ankommt, bedient sich des Lappens, damit es nicht schwanger werde ... ein Weib, dem es nur auf Huren ankommt, gibt sich eine unnatürlich verkehrte Lage[1].‟

In dem dritten Teil der unter dem Namen Schulchan Aruch bekannten jüdischen Gesetzsammlung, im Eben Haeser, findet sich die folgende Bemerkung:

„Eine große Sünde für Mann und Frau ist es, die Geschlechtsorgane zu schädigen, um keine Kinder zu bekommen. Der Mann hat dafür die Strafe von 40 Schlägen zu bekommen. Den Frauen ist es erlaubt, Ikrin[2] zu trinken, um keine Kinder zu bekommen, aber erst wenn sie Kinder geboren haben. Für Männer dagegen ist Ikrin zu trinken verboten.‟

Auch hier ist es nicht ganz klar, ob es sich um ein Abtreibungsmittel oder ein Mittel gegen die Konzeption gehandelt habe, um einem überreichen Kindersegen vorzubeugen, sehr wahrscheinlich das letztere. An der gleichen Stelle, im Kapitel Frauenrecht, werden die Onanie und der Coitus interruptus als schwerste Sünde und deswegen als verboten bezeichnet[3].

---

[1] Jebamot 35a, Ketubot 37a. — Schulchan Aruch Joredea 235₄. — Jebamot 12b. — Mischneh Thora, Hilchus Ischus 14. 5.

[2] Angeblich ein Getränk aus alexandrinischem Harz, Alaun und Crocus.

[3] Eisenstadt, Zeitschr. f. Sexualwissensch. Jahrg. 6, H. 5, 1910.

Maimonides hebt hervor, daß es einer Frau unerlaubt sei, aus unlauteren Motiven den beim Coitus empfangenen Samen durch geeignete Maßnahmen (Bewegungen) wieder herauszubefördern.

Das kanonische Recht sieht Ehegatten, die die Konzeption verhindern, als Hurer an, indem es sich auf Augustinus stützt[1]). In der Bulla contra abortum des Papstes Sixtus V. (1575—1590) werden Strafen wie für Totschlag denjenigen angedroht: „qui sterilitatis potiones propinaverint, et quominus foetum concipiant impedimentum praestiterint", und in dem bekannten, von schamhafter Zurückhaltung in der Besprechungsform intim geschlechtlicher Fragen freien Werke des jesuitischen Kasuisten Th. Sanchez[2]) wird diejenige Frau mit einer der Todesstrafe werten Schuld belastet, die durch irgendein Verfahren, ja schon durch Entleerung von Harn nach dem Beischlafe, den Eintritt des Samens in den Uterus zu verhindern bestrebt ist. Solchen kirchlich strengen, meistens von Coelibatären ausgehenden Anschauungen begegnet man in späterer Zeit im Wirklichkeitsleben kaum noch, weil man darüber anders dachte.

Die Konzeptionsverhütung kann nicht der Abtreibung an die Seite gestellt werden, weil der männliche Samen an sich nur den Charakter eines Einzelzellebens besitzt, wie es deren Millionen im menschlichen Körper gibt, wie einer Flimmerepithelzelle, oder eines weißen Blutkörperchens usw. Keinerlei Konstruktion kann zu dem Schlusse führen, daß die Verhinderung des Zusammentreffens der energetischen Samenzelle mit dem Ei ethisch oder aus einem sonstwie gearteten Grunde Bedenken errege. Da es einen Zeugungszwang nicht geben kann, so kann auch die Zeugungsverhütung nicht tadelnswert sein, gleichgültig ob sie außerhalb des ehelichen Lebens oder in einem solchen sich vollzieht. Es steht überdies keiner Macht der Welt zu, in die Intimität solcher Leben einen Blick werfen zu wollen, oder aus der Kinderlosigkeit oder der Kinderarmut der Ehen irgendwelche Schlüsse zu ziehen. Für jeden Dritten muß es gleichgültig sein, ob solche Zustände in sozialen oder individuellen Gründen ihre Wurzel haben.

Gilt dies schon für Menschenpaare, die allem Ermessen nach körperlich gesunde Kinder zu erzeugen versprechen, so noch um einen viel höheren Betrag mehr für alle diejenigen, die, weil sie selbst dem Normaltypus Mensch aus irgendeinem Grunde nicht zugehören oder zuzugehören glauben, nicht zeugen wollen. Selbst wenn solche Menschen sich in ihren diesbezüglichen Vorstellungen täuschen sollten, und die Furcht,

---

[1]) Decretum Gratiani, ed. Richter, Causa XXXII, quaestio II, cap. VII.
[2]) Sanchez, Disputatio de sancto matrimonio. Antverp. 1617, p. 223.

nicht wünschenswerte Menschen zu zeugen, bei ihnen unbegründet wäre, so kann ihnen aus ihrem Tun kein Tadel seitens denkender Menschen erwachsen. Um so weniger, als es wohl nicht viele Menschen geben wird, die, obschon mit dem vollen Segen der Fruchtbarkeit ausgestattet, das „Mehret euch" der Bibel bis zur letztmöglichen Erfüllung bringen.

Der Wege, die mehr oder minder sicher zum Ziele führen, gibt es viele. Insoweit sie Objekte darstellen, können sie selbstverständlich der staatlichen Aufsicht unterstellt werden. Dies soll jetzt geschehen in Nachahmung des § 318 des Strafgesetzbuches für New York. Der Grund ist: Die Bekämpfung des Geburtenrückganges. Es soll die gewerbsmäßige Herstellung, der Verkauf, die Ankündigung, die Anpreisung oder Ausstellung solcher Mittel verboten werden. Es kann keinem Zweifel begegnen, daß, so wie es ein Individualrecht ist der Empfängnis des Weibes entgegenzuwirken, es der Staat unternehmen darf, einer bedrohlichen Schädigung des Staatsbestandes, die sich aus dem Sinken der Bevölkerungszahl ergeben könnte, in irgendeiner Erfolg versprechenden Weise zu begegnen. Ich möchte aber darauf aufmerksam machen, daß zuvor die Bekanntmachung des Reichskanzlers vom 30. Januar 1903[1]), betreffend den Betrieb von Anlagen zur Herstellung von Präservativen, Sicherheitspessarien usw. aufgehoben werden müßte, weil ja dadurch die gesetzliche Billigung für die Herstellung solcher Mittel direkt ausgesprochen worden ist.

Hofft der Staat, auf diesem formal zulässigen Verbotswege das erstrebte Ziel zu erreichen, so ist dagegen keine Einwendung zu erheben, weil das Staatsinteresse im Augenblicke scheinbar besonders stark dabei ins Gewicht fällt. Ich glaube indessen nicht an einen Erfolg. Trotz strengster Vertriebsbeschränkung oder Verbots solcher gesundheitsschädlicher und nicht gesundheitsschädlicher Mittel werden sie — vielleicht sogar von gar manchem Gesetzgeber für eigenen Bedarf — gesucht werden und erlangbar sein. Manche von ihnen werden ja schon deswegen hergestellt werden müssen, weil der Arzt in die Lage kommen kann, auf Grund seiner medizinischen Erwägungen sie anzuordnen. Und dies muß unter allen Umständen einem Arzte erlaubt sein — vielleicht nicht in Amerika, dem Lande unbegrenzter Unmöglichkeiten[2]), wohl aber bei uns.

---

[1]) Reichs-Gesetzblatt, 1903, S. 3.

[2]) Ein Arzt, der auf zwei briefliche Anfragen — noch dazu Spitzelbriefe — geantwortet hatte, erhielt eine Strafe von 10 Jahren Gefängnis und 10 000 Dollar, weil er die Verbreitung der Kenntnis von Mitteln zur Konzeptionsverhütung gefördert habe. (Robinson Americ. Journ. of Clinic. Medecine N. York, refer. in Sexual-Probleme 1913, Bd. 9, S. 424.)

V. Die Dynamik der Abtreibungsmittel.

Während beinahe 1800 Jahre lang bei den Besprechungen über die Fruchtabtreibung die Frage unerörtert blieb, ob es wirklich Arzneimittel oder Gifte gäbe, die diese Wirkung sicher nach Wunsch entfalten, wurde erst im vorigen Jahrhundert auch für die forensische Beurteilung der Größe des Verbrechens bzw. der Strafabmessung die Qualität des zur Abtreibung verwandten Mittels als Gegenstand der Berücksichtigung gefordert, und man sah es als selbstverständlich an, daß, wenn Sachverständige ein für den versuchten Abort verwandtes Mittel als untauglich bezeichneten, dann auch eine Verurteilung nicht erfolgen dürfe.

Nun kann es keinem Zweifel unterliegen, daß, seitdem die Menschen den Abort herbeizuführen versucht haben, er auch unzählige Male mit Erfolg ausgeführt worden ist, ja daß in den ersten drei Jahrhunderten des römischen Kaisertums der toxische Abort handwerks- oder kunstmäßig geübt wurde und die Abtreiber Erfolge genug gehabt haben müssen. Beweis dafür: die Gesetze gegen die Pocula abortionis. Ging auch vielleicht in späterer Zeit manches von dieser spezialistischen Kunst verloren, so weisen doch die nie endenden Klagen über die Zunahme des Abortes und die gesetzgeberischen Maßnahmen dagegen auf genügend erfolgreiche Ergebnisse hin.

Anderseits ist es auch schon in römischer Zeit bekannt gewesen, daß die Abortivmittel versagen können. Es beweisen dies die Worte[1]):

> „Ach, das zu kräftige Kind widerstand den arzneilichen Künsten
> Und dieser grimmige Feind tat keinen Schaden ihm an.“

Weitere Äußerungen über solche Mißerfolge werden in späteren Jahrhunderten vielfach angetroffen. Sie führten schon um die Mitte des vorigen Jahrhunderts dazu, überhaupt zu leugnen, daß es innerliche, abtreibende Mittel, „stricte sic dicta remedia abortum promoventia“[2]), gäbe.

Ein solches Versagen wiesen und weisen aber nicht nur von Laien angewendete innerliche, sondern oft auch von Ärzten vorgenommene

---

[1]) Vgl. S. 13.
[2]) Teichmeier, Instit. med. legal. 1761, p. 75.

äußerliche Eingriffe auf, wenngleich zugegeben werden muß, daß die modernen derartigen Prozeduren sehr viel sicherer in dem Enderfolge sind, als die innerlichen Mittel. Seit dem Gebrauche des Aderlasses, der Bauchbinden, des gewaltsamen Springens, übermäßiger mechanischer Arbeit, oder des von Tertullian erwähnten Instrumentes „ἐμβρυοσφάκτη" i. e. „spiculum aeneum", d. h. eines Eisenpfeiles, bis zu den modernen mechanischen Hilfsmitteln, den Kathetern, Sonden, Nadeln, Einspritzungen, Scheidenduschen usw., sind häufig genug wohl Verletzungen der Mutter, aber nicht die Abtreibung der Frucht dadurch erzielt worden. Es sind genug Fälle vorgekommen, in denen auch nach Einlegen und tagelangem Liegenlassen von Katheter und Bougie die vorzeitige Entbindung nicht zu erreichen war, und in denen die Injektion nach Cohen, die Scheidendusche u. a. m. versagten.

Es ist eine aus den vorhandenen Tatsachen notwendig sich ergebende Folgerung, was einmal bezüglich der künstlichen Frühgeburt ausgesprochen wurde: „Die wenigsten der Methoden sind imstande gewesen, sich einen dauernden, allgemein anerkannten Platz in der praktischen Geburtshilfe zu erringen, und auch diese wenigen sind noch weit davon entfernt, den wünschenswerten Grad von Vollkommenheit für sich in Anspruch nehmen zu können. Denn leider steht uns bis heute noch kein Mittel zu Gebote, welches die beiden notwendigen Eigenschaften: prompte Hervorrufung ausreichender Wehentätigkeit und Gefahrlosigkeit für Mutter und Kind, völlig in sich vereinigen, und wir müssen uns vorerst damit begnügen, individualisierend vorzugehen[1]."

Die Wissenschaft hat zu der Frage der inneren Abortivmittel theoretisch und praktisch Stellung zu nehmen. Die Grundlage des Urteils kann nicht allein der Tierversuch sein, weil, wie hoch oder wie niedrig das Tier auch organisiert sein mag, dasselbe einen zutreffenden Vergleich in dieser Frage mit den menschlichen Verhältnissen nicht gestattet. Es ist nicht nur die Organisation der verschiedenen Gebärmuttern an sich, die hier die Resultate beeinflussen, z. B. die Dünnwandigkeit der tierischen Tragsäcke gegenüber dem dickwandigen muskulösen Uterus des Menschen, es sind, um nur einiges andere anzuführen: die Verschiedenartigkeit der Haltung zwischen Tier und Mensch, ferner die nervöse Beeinflussung des Uterus, die beim Menschen durch mancherlei Affekte zustande kommen kann, und vor allem die Ungleichheit der Reizbarkeit, d. h. des in seiner Wesenheit nicht zu analysierenden Widerstandskoeffizienten des Gesamtorganismus oder dieses Organs gegen akute oder chronische Störungen, die

---

[1] Sarwey, Die künstliche Frühgeburt bei Beckenenge. Berlin 1896, S. 60.

schlußreife experimentelle Vergleiche nicht zustande kommen lassen. **Der Nichterfolg einer mit einem inneren Mittel versuchten Abtreibung beweist nicht die Untauglichkeit desselben, überhaupt den Fruchttod bzw. den Abort zu veranlassen.**

Anhaltspunkte für ein Urteil über die Zuverlässigkeit der Wirkung abtreibender innerer Mittel kann auch nicht die Statistik geben, weil eine solche in genügender Breite nimmer zu erlangen sein wird. Die Pharmakologie kann jedoch auf einer anderen Basis Rat erteilen. Sie, die Lehre von der Beeinflussung des tierischen Körpers durch chemische Stoffe, stellte seit beinahe zwei Jahrtausenden fest, daß es absolut sichere Wirkungen von solchen nicht im Sinne einer Heilwirkung, ja, in gewissen Grenzen auch nicht einmal im Sinne einer Giftwirkung gäbe. Selbst da, wo Beziehungen eines Heilmittels zu Krankheitsstellen im Körper vorhanden sind, die durch andere Stoffe nicht im gleich günstigen Sinne beeinflußt werden können, kann von sicheren, nach Wunsch zu erreichenden Wirkungen nicht die Rede sein. So lassen das Chinin gegen Malaria und das salizylsaure Natrium gegen Gelenkrheumatismus mehr als erwünscht im Stich, ohne daß man doch deshalb diesen Stoffen eine überlegene Wirkung bei den genannten Krankheiten abzusprechen wagen dürfte.

Nicht in jedem Falle läßt sich der Nichteintritt der Wirkung eines Heil- oder Giftkörpers auf die wahren Ursachen zurückführen, ebensowenig wie der nicht seltene Eintritt einer zu starken oder einer andersartigen als der erwarteten Wirkung. Die Höhe der Dosen, die Art und der Ort der Beibringung und vieles andere kann hierbei beteiligt sein — im wesentlichen ist es aber **die individuelle**, natürliche oder erworbene, zeitliche oder dauernde, auch durch Krankheiten gegebene **Disposition**, die derartige Abweichungen von dem als Norm erkannten Verhalten zuwege bringt. Dieses bei solchen Anlässen zutage tretende Geheimnis der Individualität ist weder an sich, noch in seinen mannigfaltigen stofflichen Beziehungen bisher zu entschleiern gewesen. Seine Bedeutung ist sehr groß, aber doch nicht so groß, daß dadurch die Begriffe eines Heilkörpers oder eines Giftes ihre Bedeutung verlieren könnten. So kann es kommen, daß **eine** Schwangere nicht auf die stärksten **Drastica**, die **andere** bei einer vorhandenen Disposition schon auf eine Dosis **Manna** mit Abort reagiert. Dies ist zu allen Zeiten als eine Wahrheit erkannt worden.

„Wie denn manche lose Metze durch heftige Purgantien, allerhand starktreibende Arzneien und wiederholte Venaesektionen sich bis an den Tod ausgemergelt hat, und dennoch eine gesunde Leibesfrucht hat gebären müssen".[1]

---

[1] Zittmann, Medicina forensis 1706.

Und nicht anders verhält es sich mit den mechanischen ärztlichen Methoden der künstlichen Frühgeburt. Auf jede von ihnen gibt es reaktive und nicht reaktive Frauen. Selbst die modifizierte Kiwischsche Scheidendusche wirkt, trotzdem 60—120 Liter Wasser in einer Sitzung durch die Vagina fließen und alle 2—3 Stunden die Manipulation wiederholt wird, bei manchen Frauen gar nicht. Ja, selbst bei den reaktiven Frauen schwankte die Zahl der Duschen zwischen 1 und 21[1]).

Grobe mechanische Einwirkungen, die in einem Falle schnell eine Trennung des Eies von der Gebärmutter veranlassen, hindern in einem anderen, selbst wenn es sich um einen Sturz aus großer Höhe, bei dem selbst Glieder gebrochen wurden[2]), oder um direkte Insulte des Leibes, um eingreifende Operationen, ja selbst um Überfahrenwerden mit Zerreißung der Eihäute[3]), oder um Getroffenwerden vom Blitze handelt, die Frucht trotz Verletzung nicht am Ausgetragenwerden. Manche Schwangere gleitet nur mit dem Fuße aus und im Augenblick entsteht eine Blutung und darauf Abort, während andere wagen, was sie wollen, und alles aufbieten, um die Verbindung zwischen dem Ei und seinem Behälter mehr oder weniger aufzuheben, ohne daß ein Erfolg eintritt.

Aus solchen Beobachtungen sind früher ganz falsche Schlüsse gezogen und oft nachgedruckt worden. Man sah dieselben als den Ausdruck der Norm an und verstieg sich z. B. zu solchen Äußerungen:

„Können Sprünge über einen Graben oder von einer Höhe herab und überhaupt alle Bewegungen und Anstrengungen, von welchen eine mechanische Trennung des Uterus von seinem Einwohner zu fürchten steht, von Schwangeren in ihrem Berufe und ihrer Schwangerschaft uneingedenk unternommen, weniger schaden, als wenn sie in der Absicht, eine Schwangerschaft gewaltsam zu beenden, angestellt werden? Möchte daher auch eine Schwangere behufs der zu frühen Entledigung ihres Uterus vornehmen, was sie wollte, wie rasend tanzen, oder sich sonst zu Pferde, zu Wagen oder zu Fuß tummeln, schwere Lasten heben, ziehen oder tragen, heftiges Erbrechen, Niesen oder Husten hervorrufen, oder sich an den Leib stoßen lassen, sie würde sich vielleicht mehr oder weniger krank machen, aber ihre Frucht forttragen“.

---

[1]) Sarwey, l. c., S. 104.

[2]) Thomson, Vorles. aus der ger. Arzneiwissenschaft, übers. von Behrend, S. 204. Eine Schwangere sprang bei einer Feuersbrunst aus dem dritten Stock ihres Hauses, brach sich den Arm, abortierte aber nicht.

[3]) Schenk, Journ. of Amer. med. Assoc. 1888, S. 593. — Centralbl. f. Gynäkologie. 1889, S. 534.

Man vergaß hierbei ganz, oder wollte es nicht sehen, daß die Disposition für das Ertragen solcher Insulte nicht viel größer sein kann, als die Disposition für das Nichtertragen.

Noch in anderer Weise hat die Nichtbeachtung einer solchen besonderen Disposition Ärzte zu Irrtümern veranlaßt. Um zu beweisen, daß die Einbildungskraft Abort veranlassen könne, wurde oft folgender Fall angeführt[1]): Ein Mädchen verlangte von einem Arzte ein Abtreibungsmittel. Der Arzt gab ihr aber, um ihr „gottloses Unternehmen zuschanden zu machen", ein „Kräftigungsmittel" für den Fötus (verum antidotum ex iis miscuit quae foetui robur ac firmitudinem adjicerent). Nicht lange danach abortierte sie. Hier wird sehr wahrscheinlich einer der Bestandteile des „Kräftigungsmittels" den Abort auf Grund einer besonderen Disposition veranlaßt haben.

Diejenigen, die die Forderung absolut zuverlässig wirkender innerer Abtreibungsmittel aufstellen und ohne die Erfüllung einer solchen die Bezeichnung „Abtreibungsmittel" überhaupt für ungerechtfertigt halten, vergehen sich gegen die elementaren Grundlagen pharmakologischer und toxikologischer Theorie und Praxis. Es gibt eben nicht nur nicht absolute Heil- bzw. Giftstoffe, sondern es kann aus den angeführten und anderen Gründen nicht einmal zuverlässige derartige Stoffe geben. Und doch spricht man mit Recht vom Morphin als einem Schlafbringer und Schmerzstiller, der Digitalis als einem Herzregulator, dem Rhabarber als einem Darmbeweger und dem Wacholder als einem Harntreiber.

Nun könnte man dagegen einwenden, daß die inneren Abortivmittel nicht mit dem Grade der Sicherheit die endliche Ausstoßung des Fötus veranlassen, wie z. B. der Rhabarber den Inhalt des Darms. Dies ist richtig, zeigt aber nur auf einen graduellen Unterschied. Solche Unterschiede lassen sich eben überall in den Arzneigruppen konstatieren. Die Sicherheit des Abtreibungserfolges eines Bandwurmmittels unterscheidet sich von der eines Schlafmittels, wie des Morphin, ganz außerordentlich, und doch wird niemand behaupten wollen, daß es keine Bandwurmmittel gäbe. Nur auf die Beantwortung der Frage kommt es an, ob die „Abortivmittel" in der wissenschaftlich als genügend bezeichneten Breite primär oder sekundär, direkt oder indirekt die Gebärmutter bzw. das in ihr enthaltene Ei mit der Frucht schädlich beeinflussen können. Diese Frage muß für sehr viele dieser Stoffe bejaht werden.

Man erkennt sofort, daß diese Fragestellung sich nicht mit dem deckt, was gemeinhin unter einem Abtreibungsmittel verstanden wird,

---

[1]) Fortun. Fidelis, De relationib. medicor. Lips. 1674, p. 316.

nämlich einem Mittel, das nur durch Anregung von Gebärmutterbewegungen die Frucht austreibt.

Wohl gibt es, wie später erläutert werden soll, einen dem natürlichen Geburtsvorgange analogen, durch gewisse Gifte in Tätigkeit zu versetzenden Mechanismus, der in der Erregung von Zusammenziehungen der Gebärmutter besteht, wodurch das Ei oder der Fötus von der Gebärmutterwand losgelöst wird, aber alle Stoffe, die derartiges veranlassen könnten, sind gleichzeitig für Mutter und Kind parallel wirkende Gifte, d. h. Stoffe, mit der Fähigkeit versehen, gewisse Funktionsstörungen in Körpersystemen hervorzurufen. Ja, schon die vorzeitige Erregung der Uterusmuskulatur stellt den leichtesten Grad einer Vergiftung dar, die in höheren Graden einen Muskeltetanus veranlaßt.

Hiernach wird die Abtreibung so zu definieren sein, wie ich es seit Jahren in meinen Vorlesungen tue:

> „Abtreibung ist die zu irgend einer Zeit zustande kommende Ausstoßung der in der Bildung begriffenen oder ausgebildeten menschlichen Frucht aus dem Mutterleibe, als Folge von krankmachenden oder tödlichen, die Mutter und ihre Frucht treffenden, unerlaubten Eingriffen irgend welcher Art.“

Es ist theoretisch und praktisch nicht richtig, von Abtreibungsmitteln nur im Sinne einer bald erfolgenden Ausstoßung der Frucht durch einfache Erregung von Wehen zu sprechen. Die Ausstoßung kann etwas ganz Sekundäres sein. Das Wesentliche ist die Schädigung evtl. die Tötung der Frucht. Ein Mittel, das dem Fötus indirekt die Nahrung entzieht — z. B. dadurch, daß es die Mutter krank oder selbst moribund macht, Blutungen erzeugt, das Ei von der Innenfläche des Uterus loslöst — oder ihn direkt erkranken läßt, oder ihn schnell oder langsam tötet, wird dadurch indirekt zu einem Abtreibungsmittel, daß der Uterus sich seines Inhaltes entledigt. Diese sekundäre Abtreibung kann schnell oder langsam geschehen, erfüllt aber den einzigen vom Abtreiber gewünschten Zweck, die Frucht nicht zur weiteren Entwicklung kommen zu lassen, ganz. Kann doch sogar die Frucht zugrunde gehen und das Ei sich weiter zu einer Mole entwickeln.

Die Fassung des deutschen Strafgesetzbuches: „Eine Schwangere, welche ihre Frucht vorsätzlich abtreibt oder im Mutterleibe tötet“, entspricht deswegen auch nicht den realen Verhältnissen. Denn die erfolgte Abtreibung setzt gewöhnlich ein kürzeres oder längeres Kranksein des Fötus evtl. seinen Tod voraus. Dies ist somit der Regel nach das Primäre, die Ausstoßung das Sekundäre. Selbst wenn der Fötus aber trotz seiner Schädigung noch lebend geboren wird, so ist sein endliches Schicksal dann, wenn er nicht in der Entwicklung weit vorgeschritten ist, in demselben Sinne besiegelt. Die Fassung des Gesetzbuches „im Mutterleibe töten" ist daher mit der eben gemachten Einschränkung praktisch bedeutungslos.

Daß Individuen so häufig Dinge erfolglos anwenden, die sie fälschlich für Abtreibungsmittel gehalten haben, und die vielleicht doch bei Laien als solche gelten, hat hauptsächlich dazu beigetragen, die Frage, ob es Abtreibungsmittel gäbe, bisher nicht in dem angegebenen Sinne beantworten zu lassen. Die Pharmakologie kennt genügend Stoffe, denen, falls individuelle Verhältnisse dies nicht hindern, bei zweckentsprechender Beschaffenheit, Dosierung und Anwendung, die Eigenschaft zukommt, die Abtreibung des Fötus in der weiteren, eben erläuterten Auffassung zu veranlassen. Und selbst wenn eine solche Erkenntnis nicht direkt zu erlangen gewesen wäre, so würde eine geläuterte, toxikologische Auffassung akuter und chronischer Infektionskrankheiten, die Abort veranlassen, dazu führen, einen solchen Abort auf die Wirkung der entsprechenden Krankheitsgifte zurückzuführen. Die späteren Kapitel dieses Buches sind wesentlich deswegen geschrieben worden, um diesen Satz zu erhärten.

Man hat auch gemeint, gegen die Zulässigkeit der Bezeichnung „Abtreibungsmittel" einwenden zu müssen, daß die dafür ausgegebenen Stoffe nicht primär, sondern, wenn überhaupt, erst durch Erkrankenlassen der Mutter wirken, daß der durch sie hervorgerufene Abort immer eine Teilerscheinung einer durch sie veranlaßten Vergiftung des mütterlichen Organismus darstellt.

Auch dies ist nur mit Einschränkungen richtig. Ein in die Mutter eingeführtes Gift mit allgemeinen Wirkungen kann diese parallel mit einem nur kleinen Zeitunterschiede auch in der Frucht äußern. Es stellen dies also zwei koordinierte Einwirkungen dar, die bei dem einen und dem anderen Objekte in sehr verschiedenartiger Schwere, abhängig von mannigfaltigen äußeren oder inneren Umständen zum Ausdruck kommen können.

Die Abtreibung kann so vor sich gehen, daß die Mutter nicht mehr leidet, als wenn sie eine bestehende Malaria durch Chinin bekämpfen wollte und dabei als Nebenwirkungen Ohrensausen oder Sehstörungen oder einen Ausschlag mit Fieber bekäme. Doch sind dies immerhin nicht häufige Fälle. In dem größten Teile der erfolgten oder nicht erfolgten Abtreibungen durch innere Mittel, die ja gewöhnlich in übermäßigen Mengen genommen werden, erkrankt tatsächlich die Mutter evtl. tödlich. Solche Vorkommnisse kennt man seit des Hippokrates Zeiten. Gerade dieser Umstand ist es, den das Strafrecht für die Ahndung des Verbrechens der Abtreibung, wenn auch unausgesprochen, sehr in Betracht zieht.

Daß die Schädigung der Mutter in mehr oder minder großem Umfange zustande kommen muß, ist so selbstverständlich, daß eine weitere Erörterung dieser Notwendigkeit unterbleiben kann. Dies ist schon von Soranus und vielen Späteren richtig erkannt worden. Vor 300 Jahren faßte man diese Erkenntnis in den Satz: „Corruptiva foetus, sunt venena et corruptiva et inimica mulieri." Der Fötus lebt in der Mutter und durch die Mutter. Jede in ihre allgemeinen oder örtlichen Stoffwechselvorgänge verändernd eingreifenden Einflüsse müssen auch in ihm zu einem Ausdruck kommen, und zwar nicht um so größer, wohl aber um so erkennbarer, je weiter er in der Entwicklung vorgeschritten ist. Fötus und Mutter sind zwei gleichartige Wesen, und es ist auch undenkbar, daß ein Gift, das sie schädigt, nicht in ihm die gleichen Angriffspunkte für eine Schädigung benutzen sollte, vorausgesetzt, daß diese Angriffspunkte so weit auch in ihrem chemischen Bau entwickelt sind, um auf das Gift reagieren zu können. Jede chemische Substanz muß durch die Blutgefäße und die Organe der Mutter gehen, um zu denen des Fötus zu gelangen. Eine reine Abhängigkeitserkrankung des Fötus von der Erkrankung der Mutter an sich kann es deshalb nicht geben, auch nicht einmal, wenn Gifte genommen wurden, die, primär örtlich wirkend, den Magen und Darm der Mutter verätzen und dadurch ihre akute Erkrankung veranlaßt haben; denn auch solche Gifte werden von der Mutter alsbald resorbiert und gelangen in den Fötus.

Es besteht bei denjenigen, die das Nichtvorhandensein von Abtreibungsmitteln auch damit begründen, daß solche Stoffe nicht primär auf den Fötus, sondern sekundär durch die Erkrankung der Mutter wirken, ein Widerstreit gegen pharmakologische Erkenntnis. Bei ihnen herrscht die Vorstellung, daß ein wahres Abtreibungsmittel nur zum Uterus zu eilen und diesen etwa so in Erschütterung zu versetzen habe, wie man einen Fruchtbaum schüttelt, um die Fruchtstiele von den Zweigen zu lockern, oder zum Fötus direkt strömen müsse, um diesen tot oder lebendig von seinem Sitze loszulösen. Eine derartige spezifische Beziehung eines Medikamentes oder eines Giftes zu irgendeinem Gewebe oder Körperteil gibt es nicht, und selbst diejenigen Stoffe, die die ausgesprochenste Wahlverwandtschaft zu gewissen Teilen oder Bestandteilen des menschlichen Organismus aufweisen, lassen diese doch nicht so ausschließlich sein, daß sie nicht noch ein oder das andere Gewebe oder irgendein anderes Organ noch in Mitleidenschaft ziehen[1]). Aus diesen Gründen läßt sich wissen-

---

[1]) L. Lewin, Die Nebenwirkungen d. Arzneimittel. 3. Aufl. 1899. Einleitung.

schaftlich ein Abtreibungsmittel nicht einmal denken, dem die Fähigkeit zukommen könnte, die Mutter gar nicht zu schädigen. Die bei
ihr erzeugten Funktionsstörungen können, wie dies oben erwähnt
wurde, gelegentlich geringfügig sein — entstehen müssen sie aber
immer.

Es liegen die Verhältnisse bei der Fruchtabtreibung durch innere
Mittel bezüglich der Beteiligung der Mutter genau so wie bei dem
spontanen Abort. Auch bei diesem ist stets ein Leiden der Mutter
vorhanden, und selbst der habituelle Abort wird ja in der Neuzeit
nicht mehr auf eine individuelle erhöhte Reizbarkeit des Uterus, sondern
auf materielle Erkrankungen der Mutter zurückgeführt. Nähme man
aber selbst an — was auch aus Analogiegründen richtiger zu sein
scheint —, daß eine solche erhöhte Reizbarkeit bestehen und Abort
bedingen könne, so würde eben sie den pathologischen Zustand der
Mutter darstellen.

Das Überwiegen des habituellen Abortes im 3. und 4. Monat auf
Grund einer individuellen Disposition kannte übrigens schon Hippokrates.

„Es gibt Weiber, die leicht empfangen, aber unfähig sind, auszutragen; sie abortieren im 3. oder 4. Monat ohne von außen einwirkende Gewalt und ohne Aufnahme schädlicher Nahrungsmittel[1].“

Somit sind die Angriffspunkte der inneren Abortivmittel immer
sowohl die Mutter als die Frucht. Ob die letztere schnell oder langsam zugrunde geht und dann ausgestoßen wird, oder noch lebend
eliminiert wird, hängt von vielerlei Umständen ab, unter denen ihr
Alter, die Art und die Menge des in die Mutter eingeführten
Stoffes eine Rolle spielen.

Nach der Regel, daß die gefäßreichsten Gewebe von dem eingeführten
Gifte am meisten aufnehmen, muß auch in der Plazenta mit ihren
so weiten mütterlichen und fötalen Gefäßverzweigungen der Giftaus-
tausch zwischen Mutter und Kind am besten vor sich gehen. Gleichgültig wie man sich das Verhalten der fötalen zur mütterlichen Blut-
zirkulation vorstellt, gleichgültig auch wie schließlich die Aufnahme
von Nahrungsmaterial seitens des Fötus aus den mütterlichen Säften
vor sich geht, ob in den intervillösen Räumen Blut, oder Gewebs-
flüssigkeit evtl. mit beigemischtem Blut zirkuliert, immer bedingt
das Einströmen von mütterlichen Säftebestandteilen
auch eine Aufnahme von fremdartigen, in diesen gelösten oder ihnen beigemischten Stoffen.

---

[1] Hippokrates, Γυναικείων, lib. I, cap. 21, Ed. Littré, VIII, p. 60:
„Εἰσὶ δὲ γυναῖκες αἵτινες λαμβάνουσι μὲν ῥηϊδίως ἐν γαστρὶ, ἐξενεγκεῖν δὲ οὐ δύνανται, ἀλλὰ σφέων τὰ παιδία διαφθείρονται ἅμα τῷ τριτῷ μηνὶ ἢ τῷ τετάρτῳ, οὐδεμιῆς
βίης ἐπιγενομένης, οὐδὲ βορῆς ἀνεπιτηδείου.“

Es ist sehr wahrscheinlich, daß die Resorptionsverhältnisse fremder Stoffe seitens des Fötus in der Plazenta nicht andere sind als im Unterhautzellgewebe oder sonstwo. Auch hier sind gewisse, bisher nicht analysierbare Eigenschaften des lebenden Gewebes, vereint mit physikalischen Vorgängen der Diffusion, die treibenden Kräfte für den Eintritt von Blutbestandteilen, normalen und abnormen, in den kindlichen Organismus. Die Hypothese, die ich gelegentlich aufstellte, daß die Saugwirkung des fließenden Blutes bei der Resorption aus dem zellularen oder interzellularen Gewebe beteiligt sein könnte, würde bei der Resorption aus den intervillösen Räumen besonders leicht zu verstehen sein.

Was nun von der Mutter an Giften resorbiert ist, kann trotz der getrennten Gefäßsysteme und der Nichtmischung des mütterlichen und fötalen Blutes in den Fötus übergehen. An der Richtigkeit dieser Voraussetzung darf trotz einiger negativer Befunde nicht gezweifelt werden, da der Fötus in Hinsicht darauf ein zeitliches Schaltstück in die Unterleibsorgane der Mutter darstellt. Auch für diejenige Zeit muß dies Geltung haben, in der die Zotten noch gefäßlos sind. Aber nicht nur das, was die Mutter an von außen ihr zukommenden Stoffen resorbiert, sondern auch was sie an metabolischen, ungiftigen oder giftigen Stoffen infolge krankhafter Stoffwechselvorgänge selbst produziert hat, geht notwendig in den Fötus über.

Zwei Wege gibt es hierfür. Der eine geht über das Fruchtwasser. Die Amnionflüssigkeit ist im wesentlichen ein Produkt der Mutter, das aus ihren Gefäßen durch das Amnion in den Sack desselben transsudiert ist. Es gleicht in der Art seiner Zusammensetzung dem Blutserum[1]). Die verschiedenartigsten Gifte, besonders Salze, deren endosmotisches Äquivalent hierfür günstig liegt, können so in das Fruchtwasser gelangen und vom Fötus entweder durch Hautresorption oder durch Verschlucken aufgenommen werden. Der zweite Weg geht über das Zottenepithel. Es liegt absolut kein Hinderungsgrund vor, daß von diesem nicht jedes mit den mütterlichen Säften heranströmende Gift, das diffusionsfähig ist, aufgenommen wird. Diffusions- und Druckverhältnisse begünstigen dies.

Es kann davon Abstand genommen werden, die große Zahl der erwiesenermaßen in den Fötus oder das Fruchtwasser übergehenden Stoffe hier aufzuzählen, z. B. Kohlenoxyd, Kupfer — nach Beibringung des essigsaueren Salzes in fünf Kaninchenföten nachgewiesen —, Blei, Arsen, Phosphor, Salizylsäure, Ferrozyan-

---

[1]) Törngreen, Jahresber. über d. Fortschr. d. Geburtshilfe. 1889, S. 62.

kalium, Jod, Quecksilber[1]), Chloroform, Chloralhydrat, Äthylbromid — in der Exspirationsluft des Neugeborenen will man den eigentümlichen Geruch dieses Mittels wahrgenommen haben, wenn die Mutter größere Mengen desselben bei der Entbindungsnarkose eingeatmet hatte —, Morphin und andere Opiumalkaloide, Safran, Atropin, Strychnin, Curare u. a. m. Der Übergang von Metallen in das Fruchtwasser kann rasch erfolgen. So wies ich in diesem bei einem durch Natriumsulfantimoniat vergifteten und nach 32 Minuten gestorbenen Tiere Antimon nach[2]). Wichtig ist die Tatsache, daß der Alkohol im fötalen Organismus erscheint. Es genügt, der Mutter eine Stunde vor der Entbindung 25 g reinen Alkohol zu geben, um davon im Blute der Nabelschnur 0,037[3]) bzw. 0,0053 in 100 g Blut zu finden.

Es gehen Farbstoffe, wie derjenige von Crocus oder Rubia tinctorum (Färberröte, Krapp) in die Frucht über. Das letztere ist an Tieren erwiesen worden. Bekannt ist, daß von einer ikterischen Mutter Gallenfarbstoffe auf dem Wege durch die Plazenta in den Fötus gelangen können.

Auch Fette und Eiweißkörper können so resorbiert werden. Es ist durchaus irrtümlich, einen solchen Vorgang zu leugnen, da Eiweiß, auch ohne vorherige Peptonisierung, von Schleimhäuten, z. B. des Rectums, resorbiert werden kann. Nach Versuchen von Czerny und Latschenberger an einem Kranken mit einem Anus praeternaturalis an der Flexura sigmoidea, wurden z. B. von dem in das Rectum eingeführten Eiweiß etwa 70 v. H. resorbiert. Die Eiweißkörper können direkt durch die Kapillarwände in das Blut gehen.

Was für den Darm nachgewiesen ist, braucht nicht auch notwendig für den intervillösen Raum zu gelten, aber es liegt absolut kein Grund vor, der dagegen spräche. Diese Anschauung, die ich zuerst an dieser Stelle bestimmt genug aussprach, erfuhr in mehrfacher Hinsicht eine Bestätigung. Man stellte nicht nur anatomisch die völlige Übereinstimmung des synzytialen Grenzsaumes mit dem freien Ende der Epithelzellen des Dünndarms fest, sondern

---

[1]) Schauenstein u. Späth (Jahresb. f. Kinderheilk. 1859, Bd. II, S. 13) fanden in dem eingeäscherten Meconium der Kinder von zwei Schwangeren, die Jodkalium und Quecksilber fünf Wochen lang gebraucht hatten, Jod, aber nicht Quecksilber. Dies ist aber nicht die Regel. Der Nachweis ist erbracht worden, daß der Übergang von Quecksilber von der Mutter zum Fötus durch die Placenta hindurch erfolgt. Man fand es in der Placenta und im Fötus. In den Nieren des letzteren zeigten sich durch das Quecksilber erzeugte Veränderungen.

[2]) L. Lewin, Archiv f. pathol. Anatomie Bd. 74, 1878.

[3]) Nicloux, Société de Biologie 1900.

erwies auch, daß bei beiden für die Aufnahme bestimmter Stoffe mindestens ähnliche, wahrscheinlich aber die gleichen Faktoren maßgebend sind. Es konnte auch gar nicht anders sein, weil so viele schon bekannt gewesene Tatsachen dafür sprachen, daß die wenigen neuen, die als weitere Stütze für meine Angaben, aber unter Verschweigung meines Werkes als Quelle, mitgeteilt wurden, dagegen ganz belanglos sind. Die Toxikologie liefert außerdem noch einen Beweis für die Analogie zwischen Zotten- und Darmepithel. Die Schwermetalle, die erfahrungsgemäß in den Fötus übergehen, können nur als Albuminatverbindungen im mütterlichen Blute zirkulieren, gelöst durch dessen Alkalien oder Chloralkalien. Ihr Übergang in den fötalen Kreislauf kann nur in demselben Zustande erfolgen, ohne daß es notwendig ist, eine Erkrankung des Zottenepithels anzunehmen. Wenn so Blei- oder Quecksilberalbuminat resorbiert wird, so ist nicht abzusehen, weshalb Eiweiße nicht denselben Gesetzen der Resorption unterworfen sein sollen.

Bei den eigenartigen anatomischen Verhältnissen ist es vielleicht nicht einmal erforderlich, daß die Eiweißkörper, wie sie es gewöhnlich tun, langsam diffundieren.

Nicht nur gehen gewisse Eiweißkörper, z. B. „Hämolysine", von der Mutter auf den Fötus über, sondern auch umgekehrt[1]). Diphtheritisgift geht von dem Muttertier in das Blut der Frucht und verursacht in dem Leben und im Organismus derselben die gleichen Veränderungen wie in der Mutter. Ihre Stärke hängt von der Menge des beigebrachten Giftes ab, die Schnelligkeit ihrer Entwicklung beim Fötus übertrifft die bei der Mutter beobachteten. Zum Übergange des Giftes aus dem mütterlichen Saftstrom in den fötalen, der sich nur in der Plazenta vollziehen kann, gehört eine nur kurze Zeit[2]). Auch die sogenannten „Antitoxine" gehen beim Menschen regelmäßig von der Mutter auf das Kind durch die intakte Plazenta hindurch, sowohl bei passiver wie auch aktiver und natürlicher Immunität der Mutter[3]).

Die moderne Anschauung, daß das syphilitische Gift von der Mutter durch die Plazentarscheidewand nicht auf die Frucht übergeht, muß in dieser Fassung falsch sein. Wird eine gesunde Frau nach der Konzeption von einem gesunden Manne syphilitisch und die Frucht nicht, so müssen besondere Verhältnisse vorliegen, die das syphilitische Gift nicht in den Kreislauf gelangen lassen, sondern irgendwo in Geweben festhalten. Wäre es in der Blutbahn der Mutter, so müßte eine Vergiftung des Fötus stattfinden, genau so wie

---

[1]) Kreidl u. Mandl, Sitzungsber. d. Akad. d. Wissensch. Wien 1904, Nr. 15.
[2]) Schmidlechner, Zeitschr. f. Geburtshilfe Bd. 52, 1904.
[3]) Polano, Zeitschr. f. Geburtshilfe u. Gynäkologie Bd. LIII, 1904, H. 3.

erfahrungsgemäß auch andere Infektionskrankheiten, chronische Vergiftungen und gewisse sonstige genuine Leiden der Mutter dies zuwege bringen. Die ganze Schar der Autointoxikationen infolge akuter, fieberhafter oder andersartiger Erkrankungen und alle chronischen, leichteren oder schweren Ernährungsstörungen, müssen diejenigen Stoffe, die sich während ihres Bestehens bilden, auch zeitweilig in den Fötus gelangen lassen, ehe ihnen die Möglichkeit einer vollkommenen Ausscheidung aus dem mütterlichen Organismus geboten wird. Es ist begreiflich, daß die bei chronischen Krankheiten erzeugten Gifte im allgemeinen deletärer durch die fortdauernde Neubildung und Hineinschwemmung in den Fötus wirken müssen, als die bei akuten Erkrankungen in relativ kurzer Zeit zur Wirksamkeit auch in ihn gelangenden, und von der Mutter relativ schnell und endgültig durch ihre Ausscheidungsorgane eliminierten Schädlichkeiten.

Handelt es sich um metallische Stoffe, die als Albuminatverbindungen im Blute der Mutter kreisen, so wird wohl, wie dies auch von anderen parenchymatösen Organen gilt, zeitweilig ein kleiner Teil in der Plazenta deponiert bleiben, um bei irgendeiner Gelegenheit wieder löslich zu werden. Der größte Teil geht in die Frucht und kann in ihr akuten Schaden erzeugen, oder einen chronischen durch Einlagerung in Organen, wie die Leber usw.

Was von gelösten Stoffen gilt, muß in erhöhtem Maße von Gasen Geltung haben, deren Penetrationsfähigkeit auch unabhängig von der Lösung im Blute sich äußern kann. Bei ihnen kommt die elektive Kraft der Zellen gar nicht in Frage.

Korpuskuläre, nicht gelöste Stoffe können bei einem gewissen Kleinheitsgrade trotz des Satzes: „corpora non agunt nisi soluta" von den Endigungen der Lymphgefäße aufgenommen, in diese selbst geschwemmt und von ihnen in die Blutbahn gebracht werden. Es liegen trotz negativer Versuche mit Zinnober und chinesischer Tusche auch positive vor. Nach Einbringung von Zinnober in die Jugularvene eines trächtigen Kaninchens fand man die Partikelchen nicht nur im Uterus und in der Plazenta, sondern auch im Blutkoagulum aus dem Herzen des Fötus und besonders deutlich in den kapillaren Gefäßen des Gehirns. Fast in jedem Tropfen des Nabelvenen- und Herzblutes erschien er. Nach Injektion von Ultramarin bei schwangeren Tieren fand man unter 61 Früchten 46mal die fötalen Gewebe mit blauen Körnchen durchsetzt. Auch ich sah grünes und blaues Ultramarin im Tierkörper sich weit verbreiten[1]). Ebenso nehmen den Weg auch in

---

[1]) L. Lewin, Archiv f. exper. Pathologie u. Pharmakol. Bd. XL, 1897, und nach noch unveröffentlichten Versuchen.

den Fötus kleinste pflanzliche Lebewesen, Milzbrandbazillen[1]), Typhusbazillen[2]), Bazillen der Hühnercholera[3]), Staphylokokken, Streptokokken usw. oder Protozoen, z. B. der Malaria in den Körper der Frucht. Ob es sich um einen einfachen Durchgang dieser Lebewesen durch die unversehrte Plazenta handelt, oder ob der Übergang auf den Fötus nur möglich wird, wenn Veränderungen an den Gefäßwänden stattgefunden haben, muß jetzt noch dahingestellt bleiben.

Fasse ich das Vorstehende zusammen, so würden sich die Erfahrungen über Aufnahme von Stoffen in den mütterlichen Organismus so darstellen lassen:

1. Schleimhäute, seröse Häute, Wunden, Unterhautgewebe können gelösten oder unlöslichen durch Zellen bzw. Körpersäfte löslich gemachten Stoffen den Eintritt in die Säftebahnen und das Weitervordringen ermöglichen. Dies vollzieht sich unter sonst gleichen Umständen um so stärker, je größer und wärmer die resorbierende Fläche ist und je inniger die Berührung der betreffenden chemischen Substanz mit der resorbierenden Fläche sich gestalten kann. So erklärt es sich wohl auch, daß die Rektalschleimhaut und die des Uterus so umfänglich und schnell Stoffe aufnehmen. Eine Ausnahme macht die Schleimhaut der Harnblase. Diese nimmt in gesundem Zustand nichts auf — eine leicht begreifliche Zweckmäßigkeitseinrichtung.

2. Die Haut gestattet fremden Stoffen nicht den Eintritt in die Säftebahnen, solange nicht ihre chemische und konstruktive Schutzeinrichtung ausgeschaltet wird. Das erstere geschieht durch Lösen des Hautfettes durch flüchtige Stoffe wie Alkohol, Äther, Benzol, Nitrobenzol. Mit ihnen können sich darin gelöste Stoffe den Eingang erzwingen. Der konstruktive Bau wird durch Entzündung erzeugende Stoffe verändert. So können Lösungen von Karbolsäure, Lysol usw. von der entzündet gemachten Fläche in den Körper dringen.

Es scheint mir sicher zu sein, daß auch aus dem Fötus Stoffe in die Mutter gelangen können. Injiziert man z. B. Salizylsäure Jodkalium, Methylenblau direkt in den Fötus, so lassen sie sich im Harn der Mutter nachweisen. Vielleicht geben auf diese Weise bei Erkrankungen der Frucht von ihr erzeugte Gifte sogar Anlaß zur Erkrankung der Mutter.

---

[1]) Arloing, Cornevin, Thomas, Compt. rend. de l'Ac. des sciences. 1882, T. XCII, p. 789. — Strauss et Chamberland, Compt. rend. de la Soc. de Biol. 1882, 14 déc. — Oberdieck (Ist die Placenta durchgängig für Mikroorganismen? Göttingen 1888) konnte den Übergang von Milzbrandbazillen nicht nachweisen.
[2]) Eberth, Fortschr. d. Medizin. Bd. 7, S. 161.
[3]) Malvoz, Annal. de l'Inst. Pasteur. 1888, 25 mars.

Die Höhe der Giftdosis ist selbstverständlich für Mutter und Frucht bedeutungsvoll. Der Fötus ist ein Individuum im Individuum, und man könnte demnach geneigt sein, die giftige bzw. letale Dosis, die auf sein Körpergewicht entfällt, für sich allein in Rechnung zu stellen, und würde dadurch sehr leicht falsche Schlüsse ziehen. Rechnete man z. B. das Gewicht der Mutter zu 50 kg, so beträgt das Gewicht des Fötus im dritten Monat weniger als $^1/_{3000}$ desselben. Sind für die Erkrankung dieser 50 kg Mutter von einem Gifte 0,2 g erforderlich, so kommen auf den Fötus absolut 0,00006 g. Man könnte meinen, daß in den Fällen, in denen die Abtreibung des letzteren nicht erfolgt, die Kleinheit der Dosis die Ursache sei, und würde vergessen, daß die größte Menge des Giftes nach den bisherigen Auseinandersetzungen auch ihn durchströmen muß.

Je kleiner die Frucht ist, um so sicherer sind Vergiftung oder Tod, weil auf ihr Gewicht relativ sehr viel mehr Gift kommt als auf das Gewicht eines älteren Fötus. Es kommen ferner für die leichtere Schädigung eines jungen Eies in Frage: seine nicht sehr feste Verbindung mit der Schleimhaut des Uterus, seine Zartheit und seine große Empfindlichkeit gegen direkte oder indirekt einwirkende Ernährungsstörungen.

Schon Hippokrates sagte über die Föten in den ersten Wochen: „Die kleinen Föten besitzen im allgemeinen keine Widerstandskraft[1]). Ein ungewohnter Einfluß kann sie töten."

---

[1]) Hippokrates, *Γυναικείων*, lib. I, cap. 25, Ed. Littré, T. VIII, p. 68: „*κάρτα γὰρ τὰ πολλὰ, σμικρὰ ἐόντα, ἔστιν ἄγυια*", und: „*ἢν γὰρ τῷ παιδίῳ παρὰ τὸ ἔθος τι γένηται, καὶ ἢν σμικρὸν ἔτι ᾖ, θνήσκει . . .*"

VI. Die speziellen Ursachen des Fruchttodes und der erfolgten Abtreibung.

Der künstliche, durch innere oder äußere Mittel herbeigeführte und der spontane Abort, bzw. der Fruchttod können durch die gleichen Vorgänge innerhalb oder außerhalb der Gebärmutter zustande kommen. Die Feststellung der Ursache, z. B. in jedem einzelnen Falle von spontanem Abort, hat mit Schwierigkeiten zu kämpfen, die sich sehr oft nicht überwinden lassen. Bereits Hippokrates[1]) versuchte die Ursache wissenschaftlich festzulegen, ohne zum Ziele zu gelangen. Äußere Einflüsse, individuelles allgemeines oder spezielles zeitliches und angeborenes Verhalten machte er dafür verantwortlich. Mehrgebärende scheinen solchen Einflüssen leichter als Erstgebärende zu unterliegen.

Es sind drei Akte zu unterscheiden:

I. Die allgemeine oder uterine Schädigung der Mutter und konsekutiv der Frucht, oder die parallel laufende schädliche Beeinflussung beider.

II. Die Lockerung bzw. die Loslösung des Eies oder der Frucht von ihren Ernährungsorganen.

III. Die Ausstoßung des Eies oder der Frucht.

Die zeitliche Aufeinanderfolge der einzelnen Vorgänge, die zu der endlichen Ausstoßung führen, kann verschieden sein. Bald ist die Uteruskontraktion bzw. die Loslösung des Eies das Primäre, und der Fruchttod das Sekundäre, oder der letztere geht dem ersteren voran.

A. Die Schädigung von Mutter und Frucht.

Viele Störungen, die den Fötus durch die entsprechende akute oder chronische, extrauterine oder intrauterine Erkrankung der Mutter treffen, können ihn in größerem oder geringerem Umfange krank machen evtl. seine Fortentwicklung unterbrechen oder ihn bzw. das Ei von dem Uterus durch Erregung von Kontraktionen lösen, ebenso wie gewisse Gifte ihn, gleich der Mutter, oft sogar stärker zu schädigen imstande sind.

---

[1]) Hippokrates, *Γυναικείων*, lib. I, cap. 21, 25.

Die folgenden Ursachen kommen in Frage:

1. Innervationsstörungen.

a) Durch Erregung des im Lendenabschnitte des Rückenmarkes oder des im Gehirn (Kleinhirn, Medulla oblongata), oder wenn es ein solches gibt, des im Zervikalteile des Uterus selbst gelegenen Zentrums für die Bewegung der Gebärmutter. Die motorische Leitung wird durch Nervenfasern hergestellt, die in den Bahnen des Plexus aorticus verlaufen. Nach Basch und Hofmann verlaufen die Impulse vom Zentralnervensystem in zwei Bündeln zum Uterus; der eine besteht aus Nerven, welche vom unteren Mesenterialganglion zum Plexus hypogastricus gehen. Reizung derselben hat kreisförmige Kontraktionen des Uterus, Senkung des Zervix und Erweiterung des Orificium zur Folge. Das andere ist aus Zweigen zusammengesetzt, welche von den Kreuzbeinnerven quer durch das Becken zum Plexus hypogastricus gehen und die Nervi erigentes darstellen. Der Uterus zieht sich, wenn sie gereizt werden, im Längsdurchmesser zusammen, der Zervix steigt in die Höhe und das Orificium schließt sich.

> Solche zentralen Reizungen können u. a. veranlassen: Secale cornutum, Pilokarpin, Fiebergifte.

b) Innervationsstörungen, die auf reflektorischem Wege durch Reizung anderer nervöser, auch psychomotorischer Zentren oder zentripetaler Nerven zustande kommen:

> Entzündungsgifte für den Magen, Darm, Vagina. Massage, Elektrizität (Galvanismus, Induktionselektrizität) und vielleicht auch ungewöhnliche Strahlen (Kathoden- bzw. Radiumstrahlen). Fremdkörper, die in den Genitalapparat eingebracht werden. Wie schon Hippokrates mitteilt, wurden Pessarien, d. h. Pfröpfe aus Honig, Nieswurz oder auch aus Euphorbium, zur Erzeugung von Kontraktionsreizen tief in die Scheide gebracht. Tamponade der Scheide. Kohlensäuredusche für die Vagina. Heiße Duschen. Zervix-Dilatation. Zervikalrisse. Eihautstich. Zu stürmischer Coitus und übermäßiger Geschlechtsgenuß, den auch Hippokrates neben anderem als Ursache von Abort anschuldigt[1]). Operationen an den nervenreichen äußeren Genitalien, Mammareizung. Krämpfe, Eklampsie, Chorea, sowie Neuralgien in verschiedenen Nervenbahnen.

---

[1]) Hippokrates, *Γυναικείων*, lib. I, cap. 25, Ed. Littré, T. VIII, p. 66.

Hierher ist auch der ebenfalls bereits von Hippokrates[1]) gekannte Einfluß heftiger Gemütsbewegungen (Schreck, Furcht, Eifersucht, tiefer Kummer) zu rechnen, die, neben zirkulatorischen Störungen Reflexkontraktionen der Gebärmutter veranlassen können. Die Wirkung solcher Gemütsbewegungen ist wesentlich von dem Grade der Reizbarkeit und der individuellen Stimmung des Menschen in dem Augenblicke der Einwirkung abhängig.

Plutarch erzählt, daß Julia, die Gemahlin des Pompejus, abortiert habe infolge des Schreckens, den sie beim Anblick der blutigen Gewänder ihres Mannes bekam.

Sind vorher Abortivmittel gebraucht worden, die eine Lockerung des Eies veranlaßt haben, so kann eine darauf folgende psychische Erregung besonders leicht zur Loslösung und Ausstoßung der Frucht beitragen.

Eine Schwangere, die im 2. Monate Raute und Mutterkorn genommen hatte, bekam im 3. Monate Blutungen. Im 5. Monate wurde sie von ihrem Schwängerer auf dem Abtritt tödlich bedroht. Darauf erfolgte die Frühgeburt. Daß Affekte den abortiven Erfolg auch nicht hervorrufen, beweist jener Fall, in dem einer Schwangeren das Todesurteil ohne jeden abortiven Einfluß mitgeteilt wurde.

c) Reizung der glatten Muskulatur unabhängig von den nervösen Zentren.

2. Zirkulatorische Störungen.

Die Kreislaufstörungen der Mutter bedingen eine Schädigung des Fötus durch Behinderung oder Aufhebung des Gasaustausches und der Aufnahme von Ernährungsmaterial aus den mütterlichen Blut- bzw. Safträumen. Plazentare Apoplexien z. B. bedingen schnell den Tod der Frucht, während die herbeigeführte Unmöglichkeit, Sauerstoff aufzunehmen, bei sehr jungen Früchten nicht schnell den Tod veranlaßt, da diese den einmal aufgenommenen Sauerstoff nur langsam verbrauchen. Es kommen folgende Umstände in Frage:

a) Akute oder chronische Funktionsstörungen des Herzens. Zeitliche Herzstillstände können ebenfalls leichte Uterusbewegungen hervorrufen:

Digitalis, Nikotin, Morphin usw. Herzklappenfehler.

---

[1]) Ibidem: „*ἢ διδίσσηται καὶ πτύρηται* . . .“

b) **Vasomotorische Störungen zentralen oder peripherischen Ursprungs, als Gefäßkrampf oder Gefäßlähmung.** Nikotin, Secale cornutum, Chloralhydrat, Salizylsäure. Psychische Affekte.

c) **Jähes Sinken des Blutdrucks kann auf die Frucht tödlich wirken**[1]): Morphin, tiefe, protrahierte Narkose, akute Alkoholvergiftung, Kohlensäurevergiftung.

d) **Anämie, besonders akute:** Blutverluste, Aderlässe, besonders am Fuße, Blutegel, Schröpfköpfe an und in der Gegend der Geschlechtsteile und Fußbäder mit reizenden Ingredienzen, z. B. Senfpulver. Daß die Aderlässe auch vertragen werden können, wird dadurch bewiesen, daß Frauen 48—90 mal während der Schwangerschaft diese Eingriffe ohne Schaden an sich haben vornehmen lassen[2]). Hippokrates[3]) war der Ansicht, daß der Aderlaß ein Abortivmittel sei: „Bei einer zur Ader gelassenen Schwangeren kann Abort entstehen, und zwar um so leichter je älter der Fall ist". Celsus läßt mit Recht Wirkung bzw. Nichtwirkung dieses Eingriffes von dem Kräftezustand des Individuums abhängen.

e) **Gefäßzerreißungen.** Die Blutungen kommen zustande zwischen den Eihäuten, seltener in der Eihöhle oder in der Plazenta und bewirken eine Lockerung bzw. Lösung des Eies oder der Frucht. Sie entstehen:

α) **durch Hyperämie infolge von hohem oder schnell ansteigendem Fieber. Bisweilen Blutergüsse in die Decidua durch akute Endometritis decidualis. Gleichzeitig oder unabhängig davon kann Vergiftung des Fötus durch die Gifte der entsprechenden Fieberzustände und durch Wärmestauung entstehen.** Schon seit langer Zeit kennt man die Beobachtungen, daß mit dem Ansteigen der mütterlichen Temperatur die Herzaktion des Fötus an Frequenz parallel wächst. Die Gefahr für das Kind beginnt bei der Temperatur von 40° und wächst mit jedem Zehntel-Grad. Vorübergehende hohe Temperaturen (40—40,5°) vermag der Fötus zu ertragen; eine Temperatur von 39° wird erst nach längerem Bestehen gefährlich. Dem Tode des Kindes geht Undeutlichkeit des 2. Herztones und endlich eine tumultuarische Herzaktion voraus. Die Plazenta

---

[1]) Runge, Arch. f. exper. Pathol. u. Pharmakol. Bd. X, S. 348.
[2]) Mauriceau in Capuron, La médecine légale. 1821, p. 307. — Vgl. auch Albrecht, Ephemer. Nat. Curios. 1689, Obs. CLXV, p. 384.
[3]) Hippokrates, Aphorismi, libr. V, 31, Ed. Littré, T. IV, p. 542.

zeigt Hyperämie und Extravasate, die Kindesleiche: Petechien, Hyperämie von Leber, Milz, Gehirn. Die Ausstoßung erfolgt meist erst nach mehreren Tagen in der Rekonvaleszenz. Die Föten von Tieren, die fieberhaft gemacht worden sind, sterben stets vor der Mutter ab, wenn die Steigerung der Körperwärme über 42,5° geht. Die Gefahr für die Frucht liegt hauptsächlich in der Steilheit der Fieberkurve[1]).

β) durch Hyperämie in entfernteren Organen der Mutter, bzw. Entzündung des Eies und seiner Adnexen infolge von aufgenommenen entzündungserregenden Giften, deren Wirkung sich hauptsächlich primär besonders auf den Darm, und konsensuell auch auf andere Beckenorgane erstreckt.

Ähnlich wirkende Stoffe hatte wohl auch Hippokrates im Sinne, als er schrieb: „Es gibt Frauen, die nach dem Essen oder Trinken von scharfen oder bitteren Stoffen abortieren, wenn der Fötus noch klein ist; denn er stirbt, wenn ihn etwas ihm Ungewöhntes trifft. Dies tritt auch ein, wenn das Weib Dinge ißt oder trinkt, die ihr sehr den Magen angreifen.[2])"

Auch der abgestorbene Fötus kann Zirkulationsstörungen in den Dezidual- bzw. Uteroplazentargefäßen veranlassen.

Drastika, Seife, Kanthariden, ätherische Öle, wie von der Sabina, Thuja, Ruta, ferner Spaltpilze, z. B. Bacterium coli oder andere, die an dem seuchenhaften Abort der Tiere beteiligt sind, Rostpilze, Brandpilze. Enteritis[3]). Fluxionäre Stauung in den Uteroplazentargefäßen und Blutungen in die Eihäute durch stürmischen Coitus usw.

---

[1]) Hippokrates, Epidem. lib. I, cap. VIII, Ed. Littré, T. II, p. 648: „ἧσι δὲ ξυνεκύρησεν ἐν γαστρὶ ἐχούσῃσι νοσῆσαι πᾶσαι ἀπέφθειραν, ἃς καὶ ἐγώ οἶδα." Unrichtig übersetzt Fuchs „ἀπέφθειραν" mit „starben". Ferner: Hippokrates, Epidem. lib. IV, cap. 25, Ed. Littré, T. V, p. 166: „Ἡ τούτου γυνὴ ἐξέβαλε θῆλυ ἑβδόμῃ ἑβδόμῳ μηνί· ἐφάνη δέ τετάρτῃ:" Dessen (des Temenes) Frau (die fieberte) abortierte am 7. Tage ihrer Krankheit im 7. Monat. Vid. auch: Γυναικείων lib. I, cap. 25: „καὶ πῦρ ἐπιλαμβάνει αὐτὴν βληχρόν..." — Hohl, Die geburtshilfl. Exploration. T. 1. 1833, S. 85. — Winckel, Klin. Beobachtungen zur Path. der Geburt. 1868, S. 196. — Kaminski, Deutsche Klinik. 1866, S. 424. — Runge, Arch. f. Gynäkol. 1877, S. 16; 1878, S. 123; 1884, S. 1. Volkmanns Sammlung klin. Vortr. 1879, Nr. 174. — Räther, Centralbl. f. Gynäkol. 1888, S. 331.

[2]) Hippokrates, Γυναικείων, lib. I, cap. 25, Ed. Littré, T. VIII, p. 68: „Εἰσὶ δὲ αἲ φθείρουσι τὰ ἔμβρυα, ἢν δριμύ τι ἢ πικρὸν φάγωσι παρὰ τὸ ἔθος τι γένηται, καὶ ἢν σμικρὸν ἔτι ᾖ, θνήσκει, καὶ ἢν τοιαῦτα φάγῃ ἢ πίῃ ἡ γυνὴ, ὥστε οἱ ἰσχυρῶς ταραχθῆναι τὴν κοιλίην νηπίου ἐόντος τοῦ παιδίου."

[3]) Hippokrates, Aphorism. VII, 27, Ed. Littré, Tom. IV, p. 584: „Ἐν γαστρὶ ἐχούσῃ τεινεσμὸς ἐπιγενόμενος ἐκτρῶσαι ποιέει", und Aphorism. V, 34 Ed. Littré, p. 544: „Γυναικὶ ἐν γαστρὶ ἐχούσῃ ἢν κοιλίη πουλλὰ ῥυῇ, κίνδυνος ἐκτρῶσαι."

γ) durch Blutdrucksteigerung infolge von Brech-, Niese- oder Hustenmitteln, besonders bei bereits krankhaft veränderten Blutgefäßen. Auch Nephritis kann durch Hypertrophie des Herzens und Blutdruckerhöhung zu uteroplazentaren Blutungen Anlaß geben.

δ) durch Erkrankung der Gefäßwände und Degeneration der Chorionzotten infolge von fettiger, amyloider oder andersartiger Veränderung der Muskelschicht und sonstiger funktioneller Gewebe:

> Phosphor, Antimon, Alkohol usw. Syphilitisches Gift. Purpura haemorrhagica, Purpura variolosa u. a. m.

3. Veränderung des zirkulatorischen und des Organeiweißes.

a) Spektroskopisch oder mikroskopisch erkennbare Veränderungen des Blutes:

Blutgifte im engeren Sinne: Methämoglobin-, Hämatin-, Sulfhämoglobin-, Kohlenoxydhämoglobin-, Hämatoporphyrinbildner oder Blutgifte, die ohne oder mit Veränderung des Blutfarbstoffes die morphotischen Bestandteile des Blutes alterieren:

> Kloakengas, Kohlenoxyd, Kaliumchlorat, Antifebrin, Anilin, Nitrobenzol und andere Nitrokörper, Pyrodin, Hydroxylamin u. a., Quecksilber (?), Phosphor usw.

b) Chronische Alkalientziehung des Blutes und dadurch bedingte Stoffwechselstörungen:

> Trinken von Säuren, z. B. Salpetersäure, Essig usw.

c) Entziehung von Sauerstoff, Überladung mit Kohlensäure.

Verhinderung der Luftzufuhr durch Verengerung des Tracheallumens oder Unterbindung der Trachea, lassen die Jungen früher als das langsam erstickende Muttertier sterben. Vasomotorische Lähmung kann zur Sauerstoffarmut und dadurch zur Erregung der motorischen Zentra führen. Secale cornutum kann den Gasaustausch an der Plazentarstelle dadurch behindern, daß es gleichmäßig andauernde tetanische Kontraktionen der Uterusmuskulatur erzeugt, bei denen die für die Frucht notwendigen Pausen fehlen. Es entsteht Asphyxie der Frucht.

d) Funktionsbehinderungen in Organen durch Stoffwechselgifte.

α) Akute und chronische Vergiftungen und Stoffwechselleiden der Mutter und des Fötus:

Quecksilber, Blei, Chrom, Tuberkulose, Rhachitis, chronische Eiterungen, Karzinom, syphilitisches Gift usw. Beim syphilitischen Abort geht vielleicht der Fruchttod in den ersten Monaten der Eilösung voran, in den späteren Monaten kann er sekundär erfolgen durch Veränderungen in den Eihäuten.

Mehrfach wurde der Versuch gemacht, durch Hungern allein oder in Verbindung mit schwächenden Mitteln das Ziel des Aborts zu erreichen. Es ist dies sehr wohl möglich. Die Frucht kann allmählich durch die Ernährungsstörungen verkümmern und absterben. Unter allen Umständen wird aber die Mutter subjektiv und objektiv unendlich viel mehr leiden als das Kind, dem der so außerordentlich blutreiche Uterus zur Verfügung steht. Viele Beobachtungen sprechen dafür, daß bei der spärlichsten, oft kaum zur Erhaltung des Lebens hinreichenden Ernährung, Schwangere ihre Leibesfrucht nicht nur richtig ausgetragen, sondern auch kräftige, gut genährte Kinder geboren haben.

Einer Frau, bei der wegen Enge der Konjugata die Entfernung des Fötus bereits sieben Male hatte vorgenommen werden müssen, wurden Laxantien, karge Diät und starke Blutentziehung verordnet. Vergeblich versuchte man dann in der 36. Schwangerschaftswoche die künstliche Frühgeburt zu bewirken. Der endlich durch abermalige Perforation entwickelte Fötus war statt mager und klein, dick und stark.

β) Flüchtige Gifte für das Zentralnervensystem, die dessen Bau chemisch verändern, in realer Konkurrenz mit plötzlicher Blutdruckerniedrigung:

Chloroform, Äther, Alkohol usw. Bei dem letzteren kommt außerdem noch seine chronische Entzündung erregende Eigenschaft in Frage, evtl. Hämorrhagien in das Endometrium.

γ) Nicht flüchtige Gehirngifte, die die Funktion nervöser automatischer Zentren stören oder aufheben können:

Opium, Morphin, Chloralhydrat, Santonin, Karbolsäure usw.

4. Abnorme physikalische Vorgänge im Körper der Mutter und der Frucht.

a) Wärmestauung im Fötus bei akuter, schwerer fieberhafter Erkrankung der Mutter kann den ersteren töten, und primär auch vorzeitige Uteruskontraktionen anregen. Konkurrierend wirken hierbei auch die entsprechenden Fiebergifte und die Uteruskongestion.

So kommt Abort vor: fast immer bei Febris recurrens, ferner bei Typhus abdominalis in 60—80 %.[1]), bei Malaria, Pneumonie — vielleicht ist hieran die Respirationsbehinderung beteiligt — Variola, Scarlatina, Erysipelas usw.

b) **Vorzeitige Atmung des Fötus.**

Nach einer akuten Säurevergiftung finden sich bei den Föten subpleurale Ecchymosen und Blutfülle der Lungen, wahrscheinlich infolge vorzeitiger Atmung[2]).

c) **Einwirkung des elektrischen Stromes.**

Starke Ströme können die Frucht töten. In einem Falle geschah dies einen Tag, nachdem einer Frau ein Strom von 60 großen Daniellschen Elementen fünf bis zehn Minuten lang vom Kreuzbein nach dem Introitus vaginae durchgeleitet worden war. Zuvor war eine Hämatokele entstanden[3]).

Schon im achtzehnten Jahrhundert wurde die Möglichkeit der Tötung der Frucht durch „elektrische Stöße" behauptet, besonders da Bonaciolus von einem Falle berichtet hatte, in dem eine schwangere Römerin vom Blitz getroffen, nur ein leichtes Übelfinden empfand, ihre Frucht aber zugrunde ging.

Es kam aber auch vor, daß eine im vierten Monat schwangere Frau vom Blitze getroffen, davon betäubt wurde und längs des Rückens mit Sugillationen bedeckt war und doch zur rechten Zeit ein Kind gebar, das sich vollkommen normal entwickelte und am Leben blieb.

B. Die Lockerung resp. die Lösung des Eies oder der Frucht von ihren Ernährungsorganen.

Fast alle vorgenannten Einflüsse, die die Uteruswand oder die Zwischenstücke zwischen Mutter und Fötus, die Mutter selbst oder den Fötus erkranken lassen, können durch Nervenreizung Kontraktionen der Gebärmutter auslösen und damit eine Trennung des Eies von seinem Sitze durch direkte Abtrennung der Chorionzotten in den ersten Schwangerschaftsmonaten oder der Plazenta in späterer Zeit herbeiführen. Außerdem können dies veranlassen:

a) Brechmittel[4]), Niesemittel, Husten erzeugende Stoffe, die eine Lösung des Eies durch die Tätigkeit der Bauch-

---

[1]) Gusserow, Berl. klin. Wochenschr. 1880, S. 237.

[2]) Runge, Arch. f. exper. Pathol. Bd. X, S. 325.

[3]) Rosenstirn, Jahresber. f. d. ges. Medizin. 1881, II, S. 562.

[4]) Eine Frau bekam nach einem starken Brechmittel Wehen und abortierte nach 24 Stunden (Hufelands Journal für praktische Heilkunde, 1822, Bd. 2, Stück 5, S. 8).

presse bei heftiger, häufig wiederholter Einwirkung verursachen können.

Hierher zu rechnen sind auch Verkleinerungen des Bauchinnern, die durch andere Ursachen entstehen. Neben großer Ermüdung wird das Schnüren des Leibes bereits von Hippokrates[1]) als eine Ursache des Abortes angesehen, mit der Begründung, daß das erstere den Fötus „erhitzt", das zweite ihn preßt.

Es ist gar nicht so selten, daß Schwangere versuchen, durch ein festes Zusammenschnüren und Einzwängen des Unterleibes den Raum, welchen das Ei zu seiner Entwicklung im Uterus nötig hat, zu verringern und auf diese Weise das Ei abzutreiben. Dies Verfahren belästigt die Schwangere mehr als ihre Frucht; denn diese weicht zugleich mit ihrem Träger dem äußeren Drucke mehr aus und senkt sich entweder tiefer in das Becken hinab, oder steigt auch höher gegen die Brusthöhle hinauf. Es läßt sich aber nicht leugnen, daß durch eine solche Manipulation die Frucht unter Umständen geschädigt wird, besonders dann, wenn die Uteruswand durch dieses Verfahren stark geneigt resp. entzündet wird.

Auch das Heben von Lasten mit großer Anstrengung, das Empfangen von Stößen oder Schlägen und das Springen können nach Hippokrates den gleichen Erfolg haben[2]), ebenso übermäßiges Schreien und ein Sturz[3]).

Außerdem können dadurch Erhöhung des Blutdruckes und Blutungen in die Dezidua und Plazenta entstehen.

b) Einbringen von Fremdkörpern zwischen Ei und Uterus:

Katheterisation des Uterus. Ablösung der Eihäute. Intrauterine Einspritzungen.

C. Die Ausstoßung.

Die künstlich herbeigeführte Lösung des Eies von der Anheftestelle bei unvollkommener oder genügender Reife des Fötus, schließt noch nicht die unbedingte Notwendigkeit des sofortigen Antriebes zu einer erkennbaren Uterustätigkeit ein. Die Zeit der Ausstoßung des Eies oder der Frucht hängt unter anderem auch von den Ursachen ab, die den Abort veranlaßt haben. Bisweilen erfolgt sie schnell,

---

[1]) Hippokrates, *Γυναικείων*, lib. I, cap. 52, Ed. Littré, T. VIII, p. 68: „Καὶ ἢν ταλαιπωρήσῃ ἡ γυνὴ πλέονα τοῦ καιροῦ καὶ οἱ ἡ κοιλίη ἐρχθῇ ἢ καὶ μεγάλη γένηται, ἀπογίνεται καὶ οὕτω τὸ παιδίον οἷα θερμανθέν ὑπὸ τῆς ταλαιπωρίης καὶ πιεζεύμενον ὑπὸ τῇ κοιλίης."

[2]) Hippokrates, ibid., p. 66: „. . . καὶ ἄχθος βίῃ ἀείρῃ, ἢ πληγῇ, ἢ πηδήσῃ . . ."

[3]) Hippokrates, Epidem. lib. VII, cap. 41, Edit. Littré VIII, p. 408.

z. B. bei größeren Blutungen, während in manchen Fällen, z. B. nach dem Absterben des Fötus, auch durch Gifte, das Ei stunden- bis wochen- und monatelang getragen wird. In den Eihäuten gehen dann degenerative und atrophierende Veränderungen vor sich.

In der Regel erfolgt der Abgang der Frucht nach Anwendung von inneren Abtreibungsmitteln auf der Höhe der durch das Mittel bedingten Vergiftungserscheinungen oder bald darauf, meistens in der Zeit zwischen 5 Stunden und 13 Tagen, aber gelegentlich noch viel später. Nach Anwendung von mechanischen Abtreibungsmitteln erfolgte unter 940 Fällen der Fruchtabgang kürzestens nach 2 Stunden, längstens nach 16 Tagen. Doch kommen auch Zeiträume von 29 resp. 37 Tagen und noch größere vor. Es ist wichtig, gerade diesen Umstand hervorzuheben, weil er zeigt, welchen bestimmenden Einfluß die Individualität selbst auf die Zeit des Erfolges solcher mechanischer Abtreibungsverfahren ausübt, und wie falsch es ist, zu verlangen, daß für die Beweisführung eines geschehenen Abortes durch innere Mittel, der Fötus auf der Höhe der erzeugten Störungen oder kurz darauf ausgestoßen werden muß, während er doch abgestorben sein und tot eine geraume Zeit retiniert werden kann.

Sehr viele mit dem Tode der Mutter endende Fruchtabtreibungen durch übermäßig hohe Giftdosen würden nicht so, sondern mit dem Tode des Fötus und seiner zeitlichen Retention endigen, wenn kleine Dosen bestimmter Gifte häufig gegeben würden, durch die die Mutter nur geschädigt, aber nicht getötet wird.

Da die Sicherung des Eies im Uterus in den ersten Monaten geringer als später und das junge Ei auch empfindlicher ist, so fällt der größte Teil der veranlaßten Aborte auch in die Zeit des 2. bis 5. Monats. Nach Lex stellen sich die Verhältnisse etwa so:

$$
\begin{array}{llll}
24 & \% \text{ auf den} & 5. \text{ Monat,} \\
21 & ,, \quad ,, \quad ,, & 4. & ,, \\
20 & ,, \quad ,, \quad ,, & 2. & ,, \\
14 & ,, \quad ,, \quad ,, & 6. & ,, \\
11 & ,, \quad ,, \quad ,, & 3. & ,, \\
5^1/_2 & ,, \quad ,, \quad ,, & 7. & ,, \\
3 & ,, \quad ,, \quad ,, & 1. & ,, \\
1^1/_2 & ,, \quad ,, \quad ,, & 9. & ,,
\end{array}
$$

Der Mechanismus der endlich erfolgenden Austreibung des Eies aus der Gebärmutter deckt sich mit dem der normalen Geburt. Es wird die Frucht vor oder mit dem Ei ausgestoßen.

VII. Diagnostisches zum kriminellen Abort.

Ebenso leicht wie aus inneren oder äußeren Gründen der Abort gewollt oder nicht gewollt zustande kommen kann, ebenso schwer ist sein Nachweis besonders in einer frühen Zeit. Schon Zachias sagte: „Junioris abortus signa perquirere inanis labor mihi videtur." Nicht geringer als für den Nachweis der Abtreibung des Eies durch Gifte können die Schwierigkeiten für die Beurteilung und Feststellung eines angeblich durch ein mechanisches Abortivmittel herbeigeführten Abortes sein. Ja, im einzelnen Falle können diese Schwierigkeiten unüberwindlich sein, wenn das Ei nicht zur Untersuchung gelangt oder sich in einem solchen Zustande befindet, daß ein sicheres Resultat von der Untersuchung nicht zu erzielen ist, oder wenn, wie es in keineswegs seltenen Fällen geschieht, zufällig eine oder mehrere Ursachen gleichzeitig vorhanden waren, welche erfahrungsgemäß den spontanen Abort herbeiführen[1]). Das gleiche gilt natürlich auch vom kriminellen Abort.

Für die Diagnose einer stattgehabten Fruchtabtreibung kommen in Frage[2]):

1. etwaige Veränderungen an dem Körper der Mutter, die bald nach der Abtreibung oder später untersucht wird,
2. das abgegangene Ei bzw. die Frucht,
3. Giftreste oder Instrumente, mit denen der Abort bewerkstelligt wurde, evtl. Leichenteile, die der chemischen Untersuchung auf Gifte unterworfen werden.

1. Veränderungen an der Mutter.

Um so unauffälliger wird die Ausstoßung der Frucht vor sich gehen, je kleiner das Ei ist. In einer nicht geringen Zahl von Fällen von spontanem oder absichtlich herbeigeführtem Abort vollzieht sich der Vorgang unter dem Bilde einer sehr reichlichen und schmerzhaften Menstruation. Besonders gilt dies von Mehrgeschwängerten, bei denen

---

[1]) v. Säxinger in Maschkas Handb. d. ger. Med. Bd. 3, S. 271.
[2]) v. Säxinger, Fruchtabtreibung und Abort in Maschkas Handb. Bd. 3, S. 235. — Kleinwächter, Realenzyklopäd. d. ges. Heilk. Bd. I, S. 97 und Bd. VIII, S. 57. — Hofmann, ibid., S. 120 und Lehrb. d. ger. Medizin, l. c.

Zervix und Muttermund, sobald einmal das losgelöste Ei an sie herangekommen ist, dem Durchgange keinen oder nur einen geringen Widerstand entgegensetzen, während bei Erstgebärenden sehr kräftige Wehen dazu gehören, um sowohl den Zervikalkanal so zu weiten, daß das Ei passieren kann, als auch den Muttermund genügend zu erweitern. Bei solchen Aborten findet man nicht selten das Ei eine Zeitlang in dem ballonartig aufgetriebenen Kanal, während der Muttermund nicht geöffnet ist.

Der Abgang des Eies in den ersten Monaten der Schwangerschaft braucht keine Verletzungen am Genitalapparat zu setzen, und selbst das Hymen kann erhalten bleiben. Es wurde in einigen Fällen bestimmt nachgewiesen[1]), daß trotz Durchtritts des Eies dasselbe an seiner Basis überall intakt und nur an seinem freien Ende eingerissen war.

Nach dem Abgang des Eies in den ersten 12 Wochen geht die Rückbildung der Gebärmutter schon nach wenigen Tagen so gut vor sich, daß dieselbe nur gering vergrößert erscheint, und auch etwaige Veränderungen an den anderen weichen Geburtsteilen schwinden schnell. Die Schwellung der Brüste und ihr Gehalt an Kolostrum kann gering und die Veränderungen an der Bauchdecke unauffällig sein, so daß, selbst wenn eine kleine, bei Mehrgebärenden ja meist vorhandene Erweiterung des Muttermundes nachgewiesen ist, die Diagnose nicht sichergestellt werden kann, vorausgesetzt, daß nicht Eihautreste im Uterus zurückgeblieben sind und durch mangelhafte Uteruskontraktionen noch Blutungen zustande kommen. Die Blutungen allein stützen jedoch in keiner Weise die Diagnose.

Der Abortus in späteren Monaten (4.—7.) verursacht im allgemeinen die gleichen Erscheinungen wie eine normale Geburt. Doch kann auch hier die Diagnose zu stellen auf unüberwindliche Schwierigkeiten stoßen, weil Einrisse am äußeren Muttermunde fehlen können, und solche an der Scheidenschleimhaut, am Frenulum usw. sogar meistens fehlen. Schwangerschaftsnarben werden in der Regel vermißt; dagegen kann der Uterus als vergrößert erwiesen werden, und die übrigen Schwangerschaftszeichen (Pigmentierung der Warzen und Warzenhöfe: ein gelbbrauner Ring um den dunkler pigmentierten Warzenhof, in welchem eine größere Zahl weißer, rundlicher oder ganz runder bis linsengroßer Flecke liegen) noch einige Zeit nach dem Abort vorhanden sein.

Die Untersuchung nach Wochen oder Monaten wird jedoch auch diese Zeichen nicht mehr auffinden lassen.

Somit ist die Diagnose der stattgehabten Fruchtabtreibung aus dem Befunde an der Mutter, zumal wenn man alle jene konkurrierenden

---

[1]) v. Säxinger, Maschkas Handb. Bd. 3, S. 239.

genuinen Leiden oder die Menstruation, die mit Blutungen und anderen materiellen Veränderungen in dem Geschlechtsapparat einhergehen, berücksichtigt, nur unter besonders günstigen Verhältnissen zu stellen. Haben große Insulte die Geburtsteile so verändert, daß Stichverletzungen, .große Epitheldefekte, Sugillationen, Zerreißungen zustande gekommen sind, so wird dadurch ein Hinweis auf die vorgenommenen Abort-Manipulationen geliefert werden. Für die Unterscheidung der instrumentell verursachten Uterusruptur von einer, nur sehr selten in den ersten Schwangerschaftsmonaten, gewöhnlich gegen das Ende der Schwangerschaft krankhaft entstandenen, liegen einige Anhaltspunkte vor: die spontane Ruptur sitzt meist im Zervix oder an der Grenze desselben zum Uteruskörper, die traumatische an beliebig anderen Stellen, meist in der Achse des Genitalkanals. Bestimmte Schlüsse können aber weder aus der Form, noch dem Sitz der Verletzung gezogen werden, es sei denn, daß anliegende Organe, z. B. der Darm, mitverletzt sind.

Wenn Gifte in die Vagina resp. den Zervikalkanal eingeführt wurden, denen die Fähigkeit zukommt, grobe örtliche anatomische Läsionen zu erzeugen, so wird der Rückschluß auf einen dadurch erzeugten Abort leichter sein.

War die Mutter durch den Abort zugrunde gegangen, so sind etwaige Veränderungen in ihrem Genitalapparat sinnfälliger und ein Corpus luteum verum in den Ovarien kann sogar über den Schwangerschaftspunkt Auskunft geben, in dem der Abort vor sich ging.

Für den Fall, daß die Mutter infolge der zur Herbeiführung des Abortes verwandten toxischen Eingriffe zugrunde gegangen ist, muß eine chemische Untersuchung des Mageninhaltes, evtl. des Erbrochenen, der Niere und der Blase, der Gebärmutter usw. vorgenommen werden.

Wie man hier durch eine sorgfältige Untersuchung zu Resultaten gelangen kann, die sonst nie zu erhalten sind, beweisen manche Vorkommnisse, wie z. B. jenes, in dem aus Leichenteilen der Mutter durch Extraktion und geeignete weitere Behandlung auf spektroskopischen Wege Mutterkorn erwiesen wurde. Ich habe sogar die Überzeugung, daß es in vielen Fällen gelingen kann, auch jene Abortivmittel nachzuweisen, die, wie Sabina, Thuja, Ruta, nicht durch einfache chemische Reaktionen erkennbar sind. Hier wird es erforderlich sein, die vom Chemiker gelieferten, mit peinlicher Rücksichtnahme auf die evtl. Flüchtigkeit des betreffenden Giftes hergestellten gereinigten Extrakte evtl. am Menschen, auf ihre örtlichen und allgemeinen Eigenschaften zu prüfen. Nur in derartigen Untersuchungen geschulte Ärzte sollten eine solche Prüfung vornehmen.

Daß bei der Sektion der Mutter auch skrupulös auf die Beschaffenheit des Magen- und Darminhaltes zu achten ist,
und evtl. Kräuterteile der botanischen Untersuchung zu unterwerfen sind, versteht sich von selbst. Die Pflanzenteile, besonders
die von Koniferen stammenden, halten sich sehr lange unverändert,
und deswegen erkennbar, im Darmkanal.

2. Das Ei und die Frucht.

Da beim spontanen Abort in den ersten drei Monaten der Schwangerschaft das Ei stets als Ganzes ausgestoßen wird, es seien denn besondere Erkrankungen der Eihäute vorhanden, so nahm man an, daß
die Ausstoßung der Frucht vor derjenigen der Eihäute auf einen vorangegangenen direkten Insult, d. h. eine künstliche Eröffnung des Frucht-
sackes zu beziehen sei[1]). Dieser Behauptung wird von den erfahrensten
Geburtshelfern nur eine sehr bedingte Bedeutung beigemessen, da zwar
in den ersten sechs Wochen das Ei in der Regel beim spontanen Abort
unversehrt den Körper verläßt und in der 6.—10. Woche unversehrter
Austritt und vorherige Zerreißung etwa gleich oft vorkommen, aber
doch verschiedene Umstände, z. B. sehr starke Uteruskontraktionen,
ein starrer Zervikalkanal u. a. m. den Abort so verlaufen lassen
können, als wäre er ein durch manuelle Eingriffe bewerkstelligter.

Auch ein etwaiger, die Eihäute krankmachender Einfluß innerlich genommener Mittel ist diagnostisch nicht zu verwerten, da,
selbst wenn die gesetzten Veränderungen (Blutungen, Verfettungen,
Gefäßveränderungen usw.) erkennbar vorliegen, sie auch auf patho-
logische Zustände nicht toxischen Ursprungs bezogen werden können,
die ähnliche Veränderungen zeitigen.

Liegen dem Untersucher nur noch membranöse Gebilde vor, so
kann auch hier ein unbedingter Schluß auf die Identität derselben
mit Eihautresten nicht gemacht werden, da solche vom Uterus auch
ohne Schwangerschaft unter wehenartigen Schmerzen und Blutungen,
z. B. bei der Dysmenorrhoea membranacea, abgestoßen werden. Die
Abstoßung, die bei der letzteren gewöhnlich habituell vorkommt, kann
auch nur während einer Menstruation eintreten. Die Unterscheidung
einer solchen Decidua menstrualis, d. h. der geschwollenen Uterusschleimhaut, die in Stücken oder ganz abgeht, von einer Decidua
vera ist, wenn der Abort in früher Zeit erfolgte, mit Sicherheit kaum
zu liefern. Die letztere ist nur zu erreichen, wenn Chorionzotten
nachgewiesen werden. Vom 3.—4. Monat an sind die Eihüllen
als solche erkennbar. Organisierte fibrinöse Ausgüsse des Uterus

---

[1]) Gallard, De l'avortement au point de vue médico-légal. Paris 1878.

sowie Epithelstücke der Vaginalportion oder der Scheidenschleimhaut kommen gelegentlich ebenfalls vor. Sie können u. a. durch Ätzmittel oder Jequirity, d. h. die Samen von Abrus precatorius, oder durch genuine Erkrankungen der genannten Stellen entstehen. Wird das Ei in toto oder der Embryo gefunden, so ist nicht nur die Diagnose des Abortes gesichert, sondern auch die Bestimmung des Alters nach den folgenden Angaben[1]) möglich.

Erster Monat. Am Schlusse der ersten 14 Tage ist das Ei etwa 6,5 mm und die Fötusanlage 2,5 mm lang. Das Amnion ist bereits gebildet, die Allantois jedoch fehlt noch. In der dritten Woche hält das Ei 13 mm und der Fötus 4 mm im Durchmesser. Letzterer trägt noch einen großen Dottersack mit Gefäßen. Die Allantois ist mit ihren Gefäßen bereits bis zur Eiperipherie herangewuchert, doch erstrecken sich die Gefäße noch nicht bis in die Chorionzotten hinein. Am Ende der vierten Woche ist das Ovum etwa taubeneigroß und beiläufig 2 cm lang. Der Fötus wiegt 2,5 g und ist durchschnittlich 7—8 cm lang. Ihrer Form und Anlage nach gleicht die Fötusanlage bekanntlich jener der Säugetiere. Der Embryo ist stark gekrümmt, hat Kiemenbogen und einen deutlichen Schwanz. Die Extremitäten sind nur schwach angedeutet. Der Nabelstrang besitzt bereits seine Gefäße, ist aber kurz und dick. Das Amnion beginnt sich mit Flüssigkeit zu füllen, liegt aber dem Chorion noch nicht an.

Zweiter Monat. Die Amnionhöhle ist mehr gefüllt. Das Amnion hebt sich von der Frucht ab und legt sich dem Chorion an. Der Fötus wächst im Verlaufe dieses Monates von 8—9 mm bis zu etwa 2,5 cm und sein Gewicht steigt bis auf etwa 4 g an. Am Ende des Monats mißt das Ei 3—4 cm. In der sechsten Woche beginnt die Bildung der Plazenta. Die Nabelblase ist bereits klein. Von der Allantois sind nur noch die zum Chorion ziehenden Vasa umbilicalia zu sehen. Der Nabelring ist enge, enthält aber noch Darmschlingen. Der Unterkiefer und die Schlüsselbeine zeigen die ersten Ossifikationspunkte. Der Kopf grenzt sich viel schärfer ab. Die Augen stellen Punkte dar. Mund und Nase sind angedeutet. An den Extremitäten bemerkt man die Andeutung der späteren drei Teile. Die fast geschwundenen Primordialnieren scheiden sich bereits in die Harn- und Geschlechtsteile.

Dritter Monat. In der zwölften Woche ist das Ei 9—11 cm und der Fötus 7—9 cm lang. Er wiegt 5—20 g. Die Deziduaplatten sind miteinander verschmolzen. Die an der Chorionoberfläche befindlichen Zotten beginnen zu atrophieren. Die Plazenta hat einen Durchmesser von 5—8 cm und ist etwa 1 cm dick. Die Amnionflüssigkeit hat bedeutend an Menge zugenommen. Der Nabelstrang ist länger

----

[1]) Kleinwächter, l. c., S. 57.

als der Fötus und beginnt sich zu winden. Er inseriert sich tief unten am Bauche. Der Darm hat sich aus der Nabelöffnung zurückgezogen. Die meisten Knochen zeigen Ossifikationskerne. Der Hals hat sich mehr entwickelt, so daß der Kopf vom Rumpfe abgegrenzter erscheint. Man erkennt bereits die Rippen. Der Gaumen ist gebildet und scheidet den Mund von der Nasenhöhle. Der Mund ist durch die Lippen geschlossen. Es beginnt die Zahnanlage. Die Finger und Zehen sind differenziert. Man bemerkt die Anlage der Nägel. Es beginnt die Bildung des Hodensackes und der Schamlippen, doch ist der Penis äußerlich schwer von der Clitoris zu unterscheiden, da beide Organe noch die gleiche Länge besitzen.

Vierter Monat. Der Fötus ist 10—17 cm lang und bis 120 g schwer. Die Dezidua verdünnt sich immer mehr. Die Plazenta hat sich entsprechend vergrößert. Das Chorion besitzt an der übrigen Peripherie keine funktionierenden Zotten mehr, sie sind bereits alle atrophiert. Die Nabelschnur wird länger. Die Wharton'sche Sulze beginnt sich in ihr zu bilden. Die Länge des Kopfes beträgt etwa ein Viertel der gesamten Körperlänge. Seine Knochen sind verknöchert, stehen aber noch weit von einander ab. Das Gesicht fängt an sich mehr zu entwickeln, die einzelnen Teile desselben erhalten die ihnen zukommende Form. Es zeigen sich Haare. Das Geschlecht ist zu unterscheiden. Ein um diese Zeit geborener Fötus bewegt sich, in lauwarmes Wasser gebracht, einige Zeit hindurch und macht Inspirationsbewegungen, ohne daß aber Luft in die noch mangelhaft entwickelten Lungen treten würde.

Fünfter Monat. Die Fötuslänge beträgt 18—27 cm, das Gewicht 280—385 g. In diesem und dem nächstfolgenden Monat ist die Menge des Fruchtwassers relativ am bedeutendsten. Die mehr entwickelte Haut trägt die sogenannten Wollhaare, die Lanugo und die sogenannte Hautschmiere, die Vernix caseosa. Letztere besteht aus den abgestoßenen Epithelzellen der Haut, feinen Wollhaaren und dem Sekrete der Talgdrüsen. Der Kopf ist im Vergleich zum Rumpfe noch sehr groß. Die Brust beginnt sich zu wölben. Das Gesicht hat ein seniles Aussehen, weil das subkutane Bindegewebe noch kein Fett enthält. Die Augenlider trennen sich voneinander. Der Darminhalt wird dunkel gefärbt, weil die Gallensekretion begonnen hat. Er führt den Namen Kindspech, Meconium. Um die Mitte dieses Monats fühlt die Mutter gewöhnlich die ersten Fruchtbewegungen.

Sechster Monat. Die Fötuslänge ist 28—34 cm und das Gewicht im Mittel 670 g. Der Kopf ist im Vergleiche zum Rumpfe noch sehr groß. Die Brust wölbt sich. Die Muskeln des Gesäßes entwickeln sich mehr. Die Nabelschnur inseriert sich im mittleren Drittel zwischen

Symphyse und Processus xyphoideus. Die Augenlider haben sich schon getrennt. Im Unterhautbindegewebe beginnt die Fettablagerung. Die Kopfhaare werden länger. Die Testikel nähern sich dem Leistenring. Die Nymphen überragen die Labien. Ein um diese Zeit geborener Fötus bewegt sich, macht Inspirationsbewegungen, wimmert, geht aber stets binnen wenigen Stunden zugrunde.

Siebenter Monat. Die Länge des Fötus beträgt 35—38 cm und das Gewicht desselben 1200—1220 g. Die Sylvische Furche des Gehirnes liegt noch frei. Die Haut ist ebenfalls noch rot und stark gerunzelt. Der Kopf wird konsistenter, ist aber verhältnismäßig noch sehr groß. Der Körper ist mit Wollhaaren bedeckt, die namentlich im Gesicht sowie auf den Schultern dicht stehen. Die Kopfhaare werden dunkler und sind etwa 0,5 cm lang. Die Hoden steigen bis zum äußeren Leistenringe herab. Da eine am Ende dieses Monats geborene Frucht unter gehöriger Pflege und ganz besonderer Sorgfalt zuweilen am Leben erhalten werden kann, so pflegt man einen Fötus aus dieser Zeit als lebensfähig zu betrachten.

Achter Monat. Der Fötus ist 39—42 cm lang und wiegt 1800 bis 1900 g. Die Oberhaut ist noch stark gerötet, das Aussehen des Gesichtes, wegen des mangelhaft angesetzten Fettes im Unterhautbindegewebe, greisenhaft. Die Kopfhaare werden dunkler und sind 1 cm lang. Die Nägel werden wohl etwas härter, überragen aber noch nicht die Spitzen der Finger und Zehen. Der Nabel ist höher hinaufgerückt. Ein Hode ist meist schon im Skrotum. Die Labien überragen aber noch nicht die Nymphen. Aus der Vagina entleert sich reichlicher Schleim. Die Pupillarmembran schwindet. Die untere Epiphyse des Femur beginnt zu verknöchern.

Bei entsprechender Pflege kann ein Achtmonatkind am Leben erhalten bleiben. Ein solches Kind schläft sehr viel. Seine Körperfunktionen gehen langsamer und schwächer vor sich. Das Kind bewegt sich wenig, atmet schwach, hat eine schwache Stimme, öffnet schwer die Augen und kann kaum saugen. Es dauert längere Zeit, bevor es den ersten Harn und Kot absetzt und auch späterhin sind diese Entleerungen seltener als bei einem ausgetragenen Kinde. Der Nabelschnurrest fällt erst nach 7—8 Tagen oder noch später ab, während dies beim reifen, ausgetragenen Kinde bereits am 3.—5. Tage geschieht. Die Körpertemperatur ist niedriger als beim reifen, ausgetragenen Kinde, sie mißt 36—37°.

Neunter Monat. Der Fötus wiegt zwischen 2000—2400 g und ist 43—46 cm lang. Die Körperformen runden sich, das Gesicht wird voller. Die Haut ist nur mehr an den Genitalien stark gerötet. Die Wollhaare fangen an sich abzustoßen. Die Kopfhaare sind über 1 cm lang. Die Nägel der Finger und Zehen sind noch nicht vollständig ausgebildet, die Kopfknochen noch eindrückbar. Die Sylvische Furche des Gehirnes ist bereits von den Stirn- und Schläfelappen bedeckt. Bis zum Ende dieses Monats sind nur Hauptfurchen am Großhirne, erst von da an bilden sich zahlreiche Nebenfurchen.

Bei gehöriger Pflege können Kinder aus dem neunten Monat am Leben erhalten bleiben, doch ist ihr Sterbesatz immer noch ein hoher. Ihre Stimme ist schwach, und sie können nicht so kräftig saugen wie ausgetragene.

Zehnter Monat. In den ersten Wochen dieses Monats ist der Fötus 45—47 cm lang und besitzt ein Gewicht von 2400—2500 g. Die Wollhaare stehen noch auf den Schultern und Wangen. Die Nägel überragen noch nicht die Fingerspitzen. Die Ohr- und Nasenknorpel fühlen sich noch häutig und weich an. Allmählich nimmt der Fötus die Eigenschaften des ausgetragenen, reifen Kindes an.

Die angeführten, den einzelnen Monaten zukommenden Maße und Gewichte haben nur die Bedeutung von Durchschnittswerten, die durch die Rasse, die erbliche Anlage, angeborene Krankheiten und dergleichen mehr im einzelnen Falle nicht unwesentlich beeinflußt werden. Ahlfeld gibt nach den einzelnen Wochen folgende Durchschnittswerte an:

27. Woche	1142 g Gewicht und	36,3 cm Länge
28. „	1635 „ „ „	40,4 „ „
29. „	1576 „ „ „	39,6 „ „
30. „	1868 „ „ „	42,0 „ „
31. „	1972 „ „ „	43,7 „ „
32. „	2107 „ „ „	43,4 „ „
33. „	2084 „ „ „	43,88 „ „
34. „	2424 „ „ „	46,07 „ „
35. „	2753 „ „ „	47,3 „ „
36. „	2806 „ „ „	48,3 „ „
37. „	2878 „ „ „	48,3 „ „
38. „	3016 „ „ „	49,9 „ „
39. „	3321 „ „ „	50,6 „ „
40. „	3168 „ „ „	50,5 „ „

Die Gewichtsverhältnisse der Plazenta sind ungefähr folgende:

Gewicht der Plazenta im	3. Monat	23,5 g
„ „ „ „	4. „	30—50 „
„ „ „ „	5. „	125—300 „
„ „ „ „	6. „	225—455 „
„ „ „ „	7. „	210—450 „
„ „ „ „	8. „	400—700 „
„ „ „ „	9. „	700—850 „
„ „ „ „	10. „	450—750 „

Die Plazenten Mehrgebärender sind durchschnittlich um 100 g schwerer als die Erstgebärender.

Lebensfähigkeit oder Lebensunfähigkeit der nicht ausgetragenen Frucht: Eine solche, die weniger als 2800 g, aber mehr als 1700 g wiegt, kann, vorausgesetzt, daß sie nicht von einer kranken Mutter stammt oder nicht selbst an einer angeborenen schweren Krankheit (wie z. B. an Syphilis) leidet, bei sorgsamer Pflege, unter halbwegs günstigen äußeren Verhältnissen in der Regel am Leben erhalten werden, während eine noch leichtere nur ab und zu ausnahmsweise am Leben bleibt.

Zu einer weiteren Sicherung des Alters der Frucht sind einige Angaben von Toldt über die Beschaffenheit der embryonalen Knochen, besonders des Schädels, anzufügen[1]).

Ein embryonaler Schädel, der die Kriterien eines solchen trägt (rauhe poröse Beschaffenheit der Knochen, radiär, faseriges Gefüge, feine ausgefaserte Ränder der Knochen des Schädeldaches) und dessen Horizontalumfang nicht mehr als 18—19 cm beträgt, und an dem nur die Zahnscheibchen für die mittleren Schneidezähne vorhanden sind — oder selbst diese fehlen —, hat den 6. Embryonalmonat noch nicht überschritten. Beträgt hingegen der Horizontalumfang mehr als 20 cm und sind schon die Spitzen des ersten Milchmahlzahnes und etwa auch die der Eckzähne ossifiziert, so ist mit größter Wahrscheinlichkeit auszusagen, daß er mindestens in den 7. Monat eingetreten ist.

In den späteren Monaten der Fötalperiode erfolgt unter anderem die Glättung der Knochen am Schädeldache, besonders an den Höckern des Stirn- und Scheitelbeines, und ferner die Bildung des karotischen Kanals an dem Felsenbein, welcher noch im 7. Monat nur durch eine seichte Furche angedeutet war.

Ein Schädel, an dem die Scheitelbeine in der Pfeilnaht noch durch einen beträchtlichen Zwischenraum getrennt sind, an dem die dreieckige und die vordere Schläfenfontanelle noch weit offen sind und die Kronenfläche des ersten Milchmahlzahnes noch nicht fertig gebildet ist, kann, wenn der Horizontalumfang weniger als 30 cm beträgt, nicht als der einer ausgetragenen, reifen Frucht angesehen werden.

Im letzten Fötalmonat verschwindet die radiär-faserige Beschaffenheit der Oberfläche an den platten Schädelknochen mehr und mehr, namentlich in der Nähe der Ränder und an den Höckern. Die Knochenränder berühren sich in der Mehrzahl der Nähte. Die beiden Keilbeinkörper sind in der Regel verschmolzen.

Findet man an einem Schädel die Ränder der platten Knochen von der angegebenen Beschaffenheit und ganz nahe aneinander gerückt

---

[1]) **Toldt**, Die Knochen in gerichtsärztlicher Beziehung, in Maschkas Handbuch d. ger. Medizin. Bd. 3, S. 483.

(mit Ausnahme an der großen und an den Schläfenfontanellen), ist die Intersphenoidalfuge geschlossen, der Paukenring mit der Schläfenbeinschuppe verschmolzen, und ist die Kronenfläche des zweiten Milchmahlzahnes mindestens teilweise gebildet, so kann ein Schädel selbst bei einem Horizontalumfang von 31—32 cm als der einer reifen, ausgetragenen Frucht angesehen werden.

Die Altersbestimmung am Rumpf- und Extremitätenskelett hat für die hier in Frage kommenden Embryonen folgende Grundlage:

Im Fersenbein fällt die erste Einleitung zur Verknöcherung, d. h. die Entstehung des Verkalkungspunktes, in das Ende des 6. oder in den Anfang des 7. Monats, und der eigentliche Beginn der Verknöcherung in den Anfang oder in die Mitte des 7. Monats. Der Knochenkern wächst dann stetig und beträgt in der Mehrzahl der Fälle im längeren sagittalen Durchmesser:

im   8. Monat . . . . zwischen 4,2 und   7,5 mm
„   9.   „   . . . .   „   7,5 „   9,5 „
„   10.   „   . . . .   „   8,0 „   10,5 „
„ ausgetragenen Kind   „   9,5 „   13,0 „

Im Sprungbein beginnt die Verknöcherung gewöhnlich um die Mitte des 7. Monats. Der Knochenkern mißt im sagittalen Durchmesser:

im   8. Monat . . . . zwischen 2,0 und   5,0 mm
„   9.   „   . . . .   „   3,2 „   5,7 „
„   10.   „   . . . .   „   6,5 „   9,0 „
„ ausgetragenen Kind   „   7,0 „   10,0 „

Im Würfelbein entwickelt sich ein Verkalkungs- und ein Verknöcherungspunkt in der Mehrzahl der Fälle kurz vor der Geburtsreife. Im 9. Monat oder früher sah ihn Toldt nie, doch fehlt er nicht selten bei entschieden ausgetragenen Früchten.

Der Knochenkern der proximalen Epiphyse des Schienbeins scheint sich ausnahmslos erst im 10. Monat zu entwickeln. Sein Wachstum vor der Geburt scheint erheblichen individuellen Schwankungen zu unterliegen.

Der Knochenkern der distalen Epiphyse des Oberschenkels entsteht in äußerst seltenen Fällen im 8., öfters aber im 9. Embryonalmonat, und pflegt während des 10. Monats zwischen 2,5 und 5 mm, an reifen Neugeborenen zwischen 3 und 7 mm längsten Durchmesser zu besitzen.

Zusammenfassend sieht Toldt folgende Sätze als berechtigt an:

1. Ein Knochenkern von mehr als 3 mm längstem Durchmesser im Fersenbein läßt mit größter Wahrscheinlichkeit darauf schließen, daß die Frucht den 6. Monat überschritten hat. Der Schluß ist um

so sicherer, wenn sich gleichzeitig im Sprungbein der Beginn der Verkalkung oder Verknöcherung nachweisen läßt.

2. Ein Knochenkern im Würfelbein oder in der proximalen Epiphyse des Humerus gestattet mit größter Wahrscheinlichkeit den Schluß, daß die Frucht sich mindestens im 10. Embryonalmonat befunden hat. Weniger sicher würde sich dies aus dem Vorhandensein des Knochenkerns in der proximalen Epiphyse der Tibia schließen lassen.

Für die Sicherung der Diagnose auf Abort muß auch auf grobe Verletzungen des Fötus geachtet werden. Für gewöhnlich werden solche nicht zu finden sein. Die Untersuchung des Eies in einem mit Wasser gefüllten Gefäß schlägt schon Hippokrates vor[1]).

Ein besonderes Gewicht ist auf die chemische Untersuchung des Abortiveies zu legen, für den Fall, daß an eine Abtreibung durch Gifte gedacht wird. Da der Austausch von Giften — man kann sagen von allen Giften — zwischen Mutter und Kind anstandslos vor sich geht, so ist die Möglichkeit vorhanden, durch Verarbeitung des ganzen Materials, einschließlich des noch erhältlichen Blutes, das Gift zu erkennen. Es sind hierbei die Kautelen zu beachten, die ich oben bezüglich der Untersuchung mütterlicher Leichenteile hervorgehoben habe.

3. Die Untersuchung von Giftresten hat auf chemischem bzw. botanischem Wege vor sich zu gehen, und wird meistens genügende Aufklärung liefern.

---

[1]) **Hippokrates,** *Περὶ σαρκῶν,* Ed. Littré, T. VIII, p. 70. „*ταύτην τὴν σάρκα ἐς ὕδωρ ἐμβαλὼν, σκεπτόμενος ἐν τῷ ὕδατι εὑρήσεις ἔχειν πάντα μέλεα . . .*“

VIII. Die Abtreibungsmittel historisch und ethnographisch betrachtet.

Die zur Hervorrufung von Abort bei den verschiedenen Völkern in den verflossenen Zeiten benutzten medikamentösen Stoffe sind sehr verschiedenartig. In der neueren Zeit werden vielfach ganz andere Mittel zu diesem Zwecke gebraucht als im Altertum. Fast jedes Land und jedes Volk hat seine besonderen Abortivmittel, wobei, da es sich hier wesentlich um Pflanzen handelt, die Flora der betreffenden Länder eine Hauptrolle spielt.

Es kann keinem Zweifel unterliegen, daß wenn auch Aberglaube und falsche kausale Beobachtungen oft genug früher Veranlassung dazu gegeben haben, in harmlosen Einflüssen die Erreger von Wehen zu erblicken, doch den folgenden Angaben in vielen Fällen zuverlässige praktische Erfahrungen zugrunde lagen. Nicht schwer dürfte es fallen, bei solchen Gifteinflüssen die Art des Zustandekommens der Fruchtabtreibung auch wissenschaftlich zu konstruieren.

Bei den nahen Beziehungen zwischen Orient und Okzident, und den okzidentalen Ländern, vor allem Rom und Griechenland, zu einander, wird es leicht verständlich, daß viele Arzneimittel der Volksmedizin und solche der ärztlichen Wissenschaft als gemeinsamer Besitz in den alten Mitteilungen zu finden sind. Trotzdem ergänzen sie sich in vieler Beziehung und sind deshalb in ihrer Vollständigkeit anführungswert.

1. Abtreibungsmittel im Altertum.

a) Asien.

Die Indier gebrauchten, wie Susrutas[1]) uns überlieferte, folgende, für die einzelnen Schwangerschaftsmonate geeignete Stoffe:

Für den 1. Monat: Glycyrrhiza glabra, die Samen von Tectona grandis, Asclepias rosea, Pinus Dévadáru.

Für den 2. Monat: Oxalis (asmantasa), Sesamum orientale, Piper longum, Rubia manjista, Asparagus racemosus.

---

[1]) Susrutas, Ayurvedas Ed. Hessler, Erl. 1847, T. II, p. 47.

Im 3. Monat: Hedysarum gangeticum, Asclepias rosea, Cardiospermum halicacabum und Echites frutescens.

Im 4. Monat: Panicum dactylon, Echites frutescens, Mimosa octandra, Hibiscus mutabilis und Glycyrrhiza glabra.

Im 5. Monat: Solanum Jacquini mit Gmelina arborea, Kelche und Rinde von Mimusops Kauki und Butter.

Im 6. Monat: Hedysarum lagopodioides, Pavonia odorata, Moringa guilandina, Flacourtia cataphracta und Lycopodium imbricatum.

Im 7. Monat: Trapa bispinosa, Fasern und Früchte der Nymphaea odorata, Scirpus Kysoor, Glycyrrhiza glabra und Saccharum candidum.

Im 8. Monat: Crataeva valanga, Solanum Jacquini, Aegle Marmelos, Trichosantes dioica, Saccharum officinarum, die Wurzeln von Solanum nigd'hakam, mit Milch zubereitet.

Im 9. Monat: Glycyrrhiza glabra, Panicum dactylon, Asclepias rosea, Echites frutescens.

Im 10. Monat: Milch mit Zingiber aridum und Asclepias rosea, Glycyrrhiza glabra und Pinus Dévadarú.

b) Europa.

Was im alten Griechenland an Mitteln verwendet wurde, die auf den Uterus, entweder zur Beförderung der Menstruation oder zur vorzeitigen Entfernung des lebenden oder abgestorbenen Fötus oder auch zur schnellen Beseitigung der Nachgeburt wirken, lehren uns die **Hippokratischen Werke.** Es ist zweifellos, daß die große Fülle der in ihnen niedergelegten Stoffe und ihre immer wieder durch neue Kombinationen, Dosierungen oder Anwendungsformen überraschende Mannigfaltigkeit nicht von einem einzelnen Manne ersonnen sein können. Sie stellen vielmehr das zusammengefaßte endliche Ergebnis einer uralten Volks- und Ärzte-Therapie dar, von der vieles wohl nicht ursprünglich auf griechischem Boden erwachsen, sondern von fern her, besonders aus Kleinasien, herangebracht wurde.

Von menstruationstreibenden Stoffen sollen nur einige erwähnt werden, um zu zeigen, daß die Wirkungsrichtung derselben die gleiche wie bei denjenigen ist, die als wehenerregende angeführt werden. So wird z. B. ein weiniges Getränk aus Peucedanum (Peucedanum officinale), Panakes (Ferula Opoponax) und Päonienwurzel empfohlen. Lorbeeren, Ochsengalle, Safran, Castoreum, Nesselsamen sollen dem gleichen Zwecke dienen.

Zur Einbringung in die Vagina werden mit eingehenden Vorschriften für die Herstellung u. a. angegeben[1]): eine Mischung von Koloquinthen, Silphium, (Ferula-Arten), Nitrum und Myrrha oder zerriebene Rauten- und Kohlblätter in entsprechender Zurichtung, ferner Koloquinthen, Artemisia, Zypressenfrucht, Weihrauch, Abrotanum (Artemisia Abrotanum resp. Santolina Chamaecyparissus), Elaterium, Myrrha, Canthariden, Ricinus — wahrscheinlich dessen Samen — u. a. m.

Für die Abtreibung der toten Frucht wird u. a. vorgeschrieben innerlich einzunehmen: Stiergalle in Wein, Rubia (Krapp) und Wachholder mit Wasser, oder zerriebene Flußkrebse mit Ampher (Rumex), Raute und Ofenruß in Honigwasser zu nehmen[2]), oder Ranunculus und Elaterium in dünnem Weinessig, oder gelbe Veilchen und Portulac-Samen mit Weißwein. Zur Herausbeförderung eines lividen Kindes soll ein weiniges Getränk von Veratrum nigrum und Myrrhe dienen.

Abtreibungen sollen auch bewirken: ein mit Essig hergestelltes Getränk aus Ranunculus ($\beta\alpha\tau\varrho\acute{\alpha}\chi\iota o\nu$ — Ranunculus asiaticus oder eine andere Art) und Elaterium, oder ein mit Wein oder Hundemilch bereitetes Getränk aus Silphium und Kresse (Lepidium sativum), oder Staphisagria (Delphinium Staphisagria) in Wasser, oder Populus nigra cretica in Wein, oder Portulac-Samen in Wein, oder ein mit Galbanum und Myrrhe durch Kochen hergestellter weiniger Auszug eines harzigen Kienspans, oder ein Trank aus Porree-Saft mit Conyza (Erigeron viscosum oder eine andere Art), oder ein weiniger Auszug von Helxine (Convolvulus arvensis), oder ägyptisches Salz mit Koloquinthe und Honig.

Den gleichen Zweck wie die innerlichen sollen zahlreiche, äußerlich anzuwendende einfache oder zusammengesetzte Mittel erreichen. Sie tragen fast alle den Charakter der Reizung bzw. Entzündung erregenden, die auch wirklich geeignet sind, bei entsprechender Disposition den gewünschten Erfolg herbeizuführen.

Eingebracht sollten u. a. werden: Korianderwurzel mit Netopos (Bittermandelöl?), oder Galbanum in Leinwand gewickelt und in Wachholderöl getaucht, Eingießungen von Porree- und Petersiliensaft mit Fett und Harzlösungen, oder von Crocus mit Gänsefett, oder das Innere von Kürbis mit Wachholdertee verrieben, auf Wolle gestrichen und mit Hilfe einer Feder eingeführt, oder schwarze Nieswurz in Wolle gewickelt, oder schwarze Nieswurz,

---

[1]) Hippokrates, Opera omnia Ed. van der Linden, Lugd. Bat. 1665. $\Pi\varepsilon\varrho\grave{\iota}$ $\gamma\nu\nu\alpha\iota\varkappa\varepsilon\acute{\iota}\eta\varsigma$ $\varphi\acute{\nu}\sigma\iota o\varsigma$, Cap. LXVI, p. 402; Cap. CIV, p. 411; Cap. XXIX, p. 375 u. 377.

[2]) Ibid. $\Pi\varepsilon\varrho\grave{\iota}$ $\gamma\nu\nu\alpha\iota\varkappa\varepsilon\acute{\iota}\omega\nu$, Cap. CXXVIII, p. 519; Cap. CIX, p. 502; Cap. CX, p. 503; Cap. CVIII, p. 498.

Canthariden und Conyza (Berufkraut, Erigeron) als Zäpfchen, deren Spitze mit Wachholderharz bestrichen wurde, oder eine in Maza (eine Art Teig) eingeknetete Dosis Elaterium als Mutterzäpfchen, oder auch Zäpfchen aus Alaun, Myrrha, Veratrum nigrum und Wein, oder aus Kupferfeilspänen ($\chi\alpha\lambda\varkappa o\tilde{v}$ $\varrho\iota\nu\eta\mu\alpha\tau\alpha$), die in weiches Leinen gewickelt an den Muttermund gelegt werden sollten, oder Nitrum (Soda) mit Harz gekocht und mit Hühnerfett gemischt, oder Koloquinthen mit Mäusedreck usw.

Zum Austreiben der Nachgeburt werden empfohlen: äthiopischer Kümmel in Wein zu trinken und Seseli (Seseli tortuosum), ein weiniger Auszug aus fünf Canthariden, denen Flügel, Beine und Kopf abgerissen worden sind, mit Tribulus (Trapa natans), Kamillen und Tintenfisch-Eiern, Seeigel, verrieben in Wein, oder Vitex alba ($\check{\alpha}\gamma\nu o\varsigma$ $\lambda\varepsilon\nu\varkappa\tilde{\eta}$, Vitex agnus castus), Conyza oder Galbanum mit Cedernöl äußerlich.

Die angeführten Mittel stellen nur einen kleinen Teil der bei Hippokrates verzeichneten dar. Sie lassen auch schon durch die Sorgfalt der Durcharbeitung der Dosen und der Bereitungsmethoden erkennen, daß sie nicht ein theoretisches Dasein führten, sondern recht häufig praktisch verwertet wurden.

Dioskorides, der bedeutendste Pharmakolog des ganzen Altertums, der mit dem naturwissenschaftlichen Wissen auch therapeutische Erfahrungen verband, führt in reicher Zahl Abortiva auf, die er wahrscheinlich nicht nur in Rom, sondern auf seinen mannigfachen Zügen als römischer Militärarzt kennen gelernt hatte.

Es ist wahrscheinlich, daß er, wie Plinius, sich auch auf andere frühere Mitteilungen, die uns leider verloren gingen, und nicht allein auf Hippokrates stützt.

Eine nicht unwesentliche Rolle spielen bei ihm die äußerlichen Mittel, die entweder an den Genitalapparat befestigt, oder in ihn in Form von Zäpfchen eingebracht, oder zu Räucherungen an ihm benutzt wurden.

In letzterer Anwendungsform begegnet man bei ihm dem Schwefel, der für diesen Zweck verbrannt wurde, also als schweflige Säure wirkte. „Partus usti nidore extrahit."

Von anorganischen Stoffen wurde noch Alaun in die Vagina resp. an den Muttermund gebracht, sowohl um die Empfängnis zu verhüten, als auch um Abort zu veranlassen.

Unter den pflanzlichen Mitteln wird den folgenden eine abortive oder die Menstruation treibende Wirkung zugeschrieben[1]):

---

[1]) Dioskorides, comm. ab Egnatio Veneto, 1516. Cap. 958, 103, 397, 415, 432, 433, 417, 475, 484, 524, 554, 590, 632, 688, 23, 97, 120, 160, 153, 460, 461, 468, 480, 485, 536, 539, 564, 568, 577, 597, 729.

Lupinen mit Myrrhe und Honig im Stuhlzäpfchen. Cyclamen soll, aufgebunden, sicher die Geburt beschleunigen. Die Blattstiele des Efeu, mit Honig bestrichen, und in die Vagina eingeführt, wirken fruchttreibend, ebenso das geschabte Centaureum majus oder sein Saft und Centaureum minus, ferner die Enzianwurzel als Kollyrium eingelegt, die zarten Wurzeln der Baccharis (Gnaphalium sanguineum oder Echium), die man in die Scheide bringt, Pastinaca (Daucus Carota) in derselben Anwendungsart, Galbanum als solches oder als Räucherung eingeführt, Artemisia, von welcher Abkochungen zu Bähungen benutzt wurden, um schneller Kind und Nachgeburt herauszubefördern, Rubia (Rubia lucida), die in irgend einer Form äußerlich an den Genitalien gebraucht, Monatsfluß, Kind und Plazenta treiben sollte, die ähnlich wirkenden Anchusa (A. tinctoria) und Heliotropium (H. villosum) und schließlich die Mandragora, die für sich allein äußerlich angewendet die Frucht austreibt (per se appositus locis semiobolo menses trahit atque partus).

Noch zahlreicher sind die innerlichen Mittel, denen abortive Wirkungen zugeschrieben werden. Soweit wir auch heute noch durch sie eine solche Wirkung als erzielbar annehmen, ist sie auf Erzeugung einer stärkeren Blutfülle im Unterleibe, besonders in den Organen des kleinen Beckens zurückzuführen. Die folgenden stellen die wesentlichen der von Dioskorides angegebenen dar:

Periclymenum (eine Lonicera-Art), Ammoniacum, Castoreum (zu 2 Drachmen) mit Pulegium genommen, Cicer sativum, die Blätter von Sium (Anagallis aquatica oder Sium latifolium), Dracontia (Arum Dracunculus), von der 30 Körner in saurem Wein getrunken Abort machen sollen (triginta ejus grana si in posca bibantur abortus inferunt), oder auch äußerlich anzuwendende Collyrien, Pfeffer, Pulegium (Mentha Pulegium), Dictamnus (Origanum Dictamnus), der besonders die tote Frucht in jeder innerlichen oder äußerlichen Anwendungsform ausstoßen soll, ebenso Thymus (Satureja capitata), Panaces Heracleum (Ferula Opopanax), von der die Tötung der Frucht bewirkt werden soll, Ruta, Seseli (Seseli tortuosum), Clinopodium (Cl. vulgare) ‚Chamaedrys (Teucrium Chamaedrys), Conyza (Erigeron-Arten), deren Blüten und Blätter stockende Menstruation und die Ausstoßung befördert, und deren Saft in die Geschlechtsteile gebracht, ähnlich wirkt, Leucoium (Cheirantus Cheiri, Goldlack), die das gleiche erzeugt, wenn 2 Drachmen Samen in Wein innerlich genommen oder mit Honig äußerlich verwandt werden, Onosma (Lithospermum purpureocoeruleum oder Anchusa undulata), die ähnlich wirken soll, wenn die Blätter mit Wein eingenommen werden, Anagyris (Anagyris foetida), von der eine wehentreibende Wirkung in Dosen von einer Drachme behauptet wird, Myrrhis (Myrrhis odorata) und schließlich der Kot der Bergziegen, der mit Gewürz genommen Menstruation und Fötus treiben, und der Geierkot, der als Räucherung das Gleiche tun soll.

Eine besondere Stelle fand die Angabe, daß ein Abortiv-Wein (vinum phtorion, φϑόριος ἐμβρύων οἶνος)[1]) dadurch entstehen könne, daß man neben die Weinstöcke Nieswurz, Scammonium oder die Purgierwinde pflanze. Die Weinstöcke nähmen dann die Kräfte dieser Pflanzen auf. Ein aus solchen Trauben bereiteter Wein töte die Frucht, wenn die Schwangere, die vorher erbrochen haben muß, nüchtern davon 8 Becher verdünnt tränke.

In einem Korollar zum Dioskorides aus späterer Zeit wird auch der viel befabelte „Lepus marinus‟, der Meerhase, d. h. Aplysia depilans L. als Abortivmittel, im Anschluß an eine entsprechende Angabe des Plinius genannt. Eine Schwangere sollte bei dessen Anblick abortieren[2]).

Aus Rom werden uns nicht in vollem Umfange die Mittel und sonstigen Eingriffe mitgeteilt, die von den berufsmäßigen Abtreibern benutzt worden sind. Es würde sonst ein interessanter Einblick dadurch zu erlangen gewesen sein in den Grad der Sicherheit, mit der die Abtreibung bewerkstelligt wurde.

Eine genügende Anschauung von dem Umfange und den Vorstellungen, die man damals mit der Wirkungsart der hierhergehörigen Mittel verband, liefern jedoch außer denen des Dioskorides die Mitteilungen des **Plinius**, der in seinen Darstellungen medizinischen und andersartigen Wissens, wenn ihm auch manches Falsche mit unterlaufen ist, dennoch den Anspruch auf Beachtung, besonders auf therapeutischem Gebiete, erheben darf.

Drei Gruppen von abtreibenden Mitteln lassen sich auch aus seinen Berichten konstruieren, die vielfach die gleichen wie bei Dioskorides sind:

1. Mittel, die auf Aberglauben beruhen und die er teilweis auch als solche auffaßt,

2. solche, die äußerlich an und in den Genitalapparat eingebracht, wirken sollten, und

3. Stoffe, die innerlich aufgenommen die Frucht abtreiben.

---

[1]) „Vinum phtorion dictum quoniam abortus committat, partusque perimat.‟

[2]) Chermolai Barbari Corollarii ad Dioscoridem, libr. II, Cap. CCXX. „Venenum, id est aliis cibo aliis potu, aliis contuitu. Siquidem gravidae si feminam, ex eo genere adspexerint: confestim nausea et redundatione stomachi vitium fatentur, ac deinde abortum faciunt.‟

Er, wie nach ihm viele andere, machte eine Unterscheidung zwischen der abtreibenden Wirkung auf die lebende und die tote Frucht, resp. die Plazenta.

1. Um die erste Gruppe zu kennzeichnen, werden die folgenden Zitate genügen:

„Was die Lais und Elephantis[1]) Widersprechendes von abtreibenden Mitteln berichten, z. B. von der im Menstrualblut abgelöschten Kohle, der Wurzel der Brassica, Myrte, Tamarix usw. und was sie sonst noch für wunderbare Dinge erzählen, worüber sie selbst noch im Streite sind, indem die eine das als fruchtbarmachend bezeichnet, was nach der anderen Unfruchtbarkeit bewirkt — alles dies tut man besser gar nicht zu glauben[2]).

Geht eine Schwangere über eine Viper, so wird sie abortieren[3]).

Nicht weniger wunderbar ist das, was über den Meerhasen berichtet wird. Wenn Schwangere denselben und namentlich ein Weibchen, auch nur erblicken, so fühlen sie bald nachher Übelkeit, müssen erbrechen und abortieren alsdann[4]).

Wenn eine Schwangere über die Wurzel von Cyclamen (Cyclamen graecum Lamark.) hinwegschreitet, so soll sie abortieren[5]).

Um die Nachgeburt herauszubringen, reicht man Castoreum mit Panax in vier Bechern Wein. Wenn aber eine Schwangere über Castoreum oder einen Biber geht, soll sie abortieren[6])."

Auch der Geruch ausgelöschter Lampen ist sehr oft die Ursache unzeitiger Geburten.

2. Zu der zweiten Gruppe gehören manche recht energische Mittel, deren Wirkung in der angegebenen Anwendungsmethode gelegentlich wohl auch durch Erregung einer auf das Innere des Uterus sich fortpflanzenden Entzündung zu einer abortiven werden kann.

„Nach griechischen Angaben soll das Riechen an den Samen von Arum (Arum Dracunculus) schon Abort machen. Legt man Arum um die Geschlechtsteile herum, so schafft es die Früchte aller Tiere heraus[7]).

---

[1]) Wahrscheinlich zwei schriftstellernde Hebammen.

[2]) Plinii Historiae Mundi, Basileae 1554. Lib. XXVIII, C. VII, p. 499.

[3]) Ibid. Lib. XXX, C. XIV, p. 543: „Viperam mulier praegnans si transcenderit abortum faciet."

[4]) Ibid. Lib. XXXII, C. I, p. 558.

[5]) Ibid. Lib. XXV, C. IX, p. 458: „Suum tamen venenum ei est, traduntque si praegnans radicem transgrediatur abortum fieri."

[6]) Ibid. Lib. XXXII, C. X. p. 570: Auch wer Onosma echioides L. äße, oder über sie wegschritte, sollte abortieren (Lib. XXVII, C. XII, p. 488).

[7]) Ibid. Lib. XXIV, C. XVI, p. 443: „Partus omnium animalium extrahit naturae circumlitum."

Die Sabina treibt auch in Zäpfchen und in Räucherungen tote Leibesfrüchte ab[1]).

Die Wurzel der Panax wird eingebracht, um den Abgang der Nachgeburt und toter Kinder zu befördern[2]).

Elelisphacos (Salvia pomifera) in die Geschlechtsteile eingebracht, befördert den Abgang toter Kinder[3]).

Durch Räuchern mit der Rinde der Palme Elate wird das Haar geschwärzt und die Leibesfrucht abgetrieben[4])".

3. Die dritte Gruppe umfaßt vorzugsweise Pflanzen mit ätherischen Ölen oder scharfstoffigen Harzen.

In Achaja, besonders um Cerynia soll der Wein die Frucht abtreiben, auch selbst wenn Schwangere nur eine Traube essen. Die Trauben unterscheiden sich im Geschmack nicht von anderen.

Die Sapa, ein auf $1/_3$ eingekochter Most, treibt mit Zwiebel eingenommen, tote Leibesfrüchte und unzeitige Geburten ab.

Die Zichorie (Cichorium Intybus) zeigt sich zur Reinigung der Frau so wirksam, daß sie sogar im Dekokt tote Früchte abführt.

Das Kauen des rohen Stengels der Brassica (oleracea) befördert auch den Abgang toter Föten[5]).

Nach der Olympias aus Theben[6]) treibt die Wurzel der Malva mit Gänsefett gereicht, die Leibesfrucht ab[7]).

Elaterium bewirkt bei schwangeren Frauen Abort[8]).

Mit schwarzem, süßem Wein getrunken, treibt die Raute nach Hippokrates Nachgeburt und tote Kinder ab[9]).

Pulegium treibt abgestorbene Früchte ab[10]).

Thymian eignet sich für tote Leibesfrüchte, wenn man ihn mit Wasser auf $1/_3$ eingekocht, eingibt[11]).

Anthemis (A. tinctoria, A. rosea u. a. m.) treibt tote Kinder ab und befördert als Trank auch die Menstruation[12]).

---

[1]) Ibid. Lib. XXIII, C. XI, p. 439: „Partus emortuos apposita extrahit et suffitu." Ich glaube, daß hier wie an anderer Stelle „adponere" das Einbringen in die Scheide voraussetzt.

[2]) Ibid. Lib. XXVI, C. XV, p. 477.

[3]) Ibid. Lib. XXII, C. XXV, p. 413.

[4]) Ibid. Lib. XXIII, C. V, p. 424: „Capillum denigrat suffitu et partus extrahit."

[5]) Ibid. Lib. XX, C. IX, p. 365: „Crudus quidem caulis si mandatur, partus quoque emortuos pellit."

[6]) Eine literarische Hebamme.

[7]) Ibid. Lib. XX, C. XXI, p. 377. Die Pflanze scheint als Ecbolicum, mit Wein gekocht, gebraucht worden zu sein.

[8]) Ibid. Lib. XX, C. II, p. 359.

[9]) Ibid. Lib. XX, C. XIII, p. 369. Hippokrates, De morbis mulierum I, 128.

[10]) Ibid. Lib. XX, C. XIV, p. 371.

[11]) Ibid. Lib. XXI, C. XXI, p. 396.

[12]) Ibid. Lib. XXII, C. XX, p. 404.

Das wilde Sisymbrium (Nasturtium officinale) dürfen Schwangere nicht essen, denn es tötet die Leibesfrucht; sogar aufgelegt, treibt es dieselbe[1]).

Ganz besonders kräftig wirkt der Dictamnus. Er befördert die Menstruation und treibt tote oder verkehrt liegende Kinder ab[2]).

Die Myrrhis treibt die Menstruation und die Frucht, wenn sie mit Wein genommen wird[3]).

Galbanum treibt mit Myrrhe und Wein tote Früchte aus. Legt man es auf oder räuchert man damit, oder legt man damit bestrichene Stengel der Nieswurz unter, so befördert es den Abgang unzeitiger Geburten[4]).

Chamaepitys (Ajuga Iva L.) heißt bei uns „Treibekraut" wegen ihrer abtreibenden Wirkungen. Ein mit Essig bereiteter Trank soll die tote Leibesfrucht sogleich abtreiben[5]).

Die beiden Arten der Filix dürfen Frauen nicht gereicht werden, weil sie bei den Schwangeren Abort, bei den übrigen Unfruchtbarkeit machen[6]).

Von den in etwas späterer Zeit benutzten, meist mit den Mitteln des Hippokrates und Dioskorides sich deckenden Abortivmitteln, erhalten wir durch **Soranus von Ephesus**, dem Gynäkologen, Kunde[7]). Er scheint nur dasjenige wiederzugeben, was er selbst angewendet hat[8]), warnt vor zu starken Mitteln und beurteilt sehr richtig die Wirkungsrichtung aller damals gebrauchten Abortiva als Entzündung erregender dadurch, daß er den Rat gibt, nach der erfolgten Abtreibung dasjenige anzuwenden, was als entzündungswidrig in Frage kommt.

Als ersten Eingriff, um die erfolgte Konzeption zunichte zu machen, empfiehlt er starke passive Bewegungen, Salbungen und Reibungen der Unterbauch- und Lendengegend, Bäder, scharfe Klistiere, Genießen saurer Speisen. Es folgen dann arzneiliche Sitzbäder mit Foenum graecum, Malve, Althee, Artemisia oder auch Kataplasmen, Einspritzungen von altem Öl mit und ohne

---

[1]) Ibid. Lib. XX, C. XXII, p. 379. — Vielleicht handelt es sich hier um Mentha aquatica.

[2]) Ibid. Lib. XXVI, C. XV, p. 477. — Die Bemerkung, daß auch abnorme Kindslagen, die ein Geburtshindernis darstellen, durch ein solches Mittel beeinflußbar sein könnten, findet sich außerordentlich selten.

[3]) Ibid. Lib. XXIV, C. XVI, p. 444.

[4]) Ibid. Lib. XXIV, C. V, p. 432.

[5]) Ibid. Lib. XXIII, C. VI, p. 433: „Chamaepitys latine abiga vocatur propter abortus."

[6]) Ibid. Lib. XXVII, C. IX, p. 485. — Gemeint ist Aspidium Filix mas und Pteris aquilina.

[7]) Sorani, Περὶ γυναικείων παθῶν, Ed. Ermerins, Traj. ad. Rhen. 1869.

[8]) „Πολλὰ δὲ καὶ ἄλλα παρ' ἄλλοις εἴρηται", l. c., p. 90

Rautensaft, Iris- und Wermutöl, Opoponax usw., oder Umschläge aus Bohnenmehl gemischt mit Stiergalle und Wermut,
oder Pflaster aus Zyklamen, Waldgurke, Absinth je 20 g,
Koloquinthen 12 g, Samen von Daphne Gnidium 20 Stück,
Lupinen, Chelidonium, Viola alba 24 g und Ol. cyprinum.
In die Vagina sollen jedoch vorher Feigen mit Nitrum (Soda) eingeführt werden oder „etwas Ähnliches".

Verschlügen auch die genannten Mittel nicht, dann müßten im
dritten Monat der Schwangerschaft — nicht im zweiten und vierten —
nach einer diätetischen Vorkur mit Bädern und Blutentziehungen
folgende Mittel gereicht werden: Sicher sei ein Pessar aus Iris, Galbanum, Grana Cnidii, Terebintina, āā 1 dr., mit Rosen-, Zy-
pern-[1]) oder Susinusöl[2]). Dasselbe müsse die Nacht hindurch in der
Vagina verweilen und am folgenden Morgen sollten Vaginalbähungen
von Dekokten aus Foenu graecum oder Artemisia folgen und im
Bedarfsfalle alle Prozeduren wiederholt werden.

Andere Pessare könnten aus Viola alba, Nitrum (Soda), Absinth oder aus Folia Rutae, Baccae Lauri und Myrrha mit Wein
hergestellt werden[3]).

Besonders hervorzuheben ist die Angabe, daß jede Anwendung
eines Abortivums mit Umsicht zu geschehen habe, weil jede gefährlich sei, und besonders bei gesunden kräftigen Frauen mit „dich-
tem, festem Uterus"[4]).

Moschion[5]), der Schüler des Soranus, lieferte keine neuen Angaben über die hierher gehörigen Mittel. Gegen die Unterdrückung
der Menstruation führt er die bereits angegebenen Stoffe an, die innerlich oder als Pessare zu gebrauchen seien.

Im zweiten Jahrhundert griff man im Morgen- und Abendlande im wesentlichen noch auf die bereits angeführten Abortiva zurück.
Etwas weniger leichtgläubig schien man geworden zu sein.

---

[1]) Aus Lawsonia alba, der Hennapflanze, hergestellt.
[2]) Das susische Öl — nach der Stadt Susa genannt — wurde aus Lilium
candidum hergestellt.
[3]) l. c., p. 90.
[4]) l. c., p. 88: „$\varkappa\iota\nu\delta\nu\nu\dot\omega\delta\eta\varsigma$ $\gamma\dot\alpha\varrho$ $\dot\epsilon\sigma\tau\dot\iota$ $\pi\tilde\alpha\sigma\alpha$ $\dot\epsilon\mu\beta\varrho\dot\nu\sigma\nu$ $\varphi\vartheta\sigma\varrho\dot\alpha$ . . ."
[5]) Moschionis de mulierum passionibus Liber. ed. Dewez, Vienn. 1793,
Cap. CXXVI, p. 169. — In einer von Wolphius hergestellten Sammlung: Gynae-
ciorum siv. de mulierum affectibus commentarii, Basil. 1586, p. 13, findet sich,
als angeblich von Moschion stammend als Indikation für die Einleitung des
Aborts folgendes angegeben: „Wenn ‚Condylomata' oder andere Hindernisse am
Muttermund sich finden und die Frau schwanger wurde, ist es besser, die
Schwangerschaft durch Abortivmittel zu beenden, als zu
warten, bis die Gefahr des Todes für Mutter und Kind eintritt."

Galen, der große Geist, der die ganze Medizin umfaßte und dessen Scharfsinn anderthalb Jahrtausende lang allem medizinischen Forschen und Tun die Richtung gab oder als Basis diente, hatte wahrscheinlich reichlich Gelegenheit, in seiner kleinasiatischen Heimat und noch mehr in Rom, Abtreibungen üben zu sehen oder gar sie selbst verordnen zu müssen. Die abergläubischen Angaben, die man noch bei Plinius und Dioskorides findet, sind hier fast ganz unterdrückt und angeblich abortive Einwirkungen mancher Pflanzen, z. B. der Palme Elate und des Panax trotz Besprechung dieser Produkte nicht mehr erwähnt. Hippokratische Mittel spielen aber auch hier die Hauptrolle.

Als Abortiva gibt er an[1]):

Conyza (Erigeron viscosum resp. E. graveolens), von der Blüten und Blätter in Wein den Fötus austreiben sollen, Centaureum majus et minus, deren erstere für menstruationstreibend und für ein die tote Frucht ausstoßendes Abortivum gehalten wird, Lupinus, die zusammen mit Myrrha eine solche Wirkung äußern soll, Thlaspi (Capsella bursi pastoris), deren Samen als fruchttötend bezeichnet werden u. a. m.

Wie schon bei Soranus finden sich auch bei Galen reichlich Mittel, die äußerlich als Abortiva verwandt werden sollen, z. B. Zyklamen (Cyclamen graecum), dessen Wirkungen als so heftig bezeichnet werden, daß es, auf den Leib eingerieben, den Fötus töte, und das gleiche auch als Tampon veranlasse. Das Zedernöl solle den Fötus töten und den getöteten zur Ausstoßung bringen.

Von anderweitigen äußerlichen Mitteln seien hervorgehoben: Zypressenblätter mit Wasser verrieben und auf den Unterleib gebunden. Oft erprobt sei (in multis expertum) ein Kollyrium aus Opoponax; auch Artemisiablätter, ferner Feigen mit Soda oder Rautensamen[2]).

Oribasius (360 n. Chr.) gibt in seiner auf Befehl des Kaisers Julian unternommenen Sammlung nur einige Bemerkungen seiner Vorgänger über Abort erzeugende Mittel an, nämlich die Angabe des Dioskorides, daß ein Wein aus Helleborus entsprechend wirke, und eine weitere des Rufus von Ephesus (100 n. Chr.), daß gewisse stark reizende Suppositorien die Frucht austreiben[3]).

---

[1]) Galeni Opera, Basileae 1561, Quinta Classis. De simplic. med. facultatib., p. 105, 102, 97, 108.

[2]) Galeno adscriptus liber de Medicinis facile parabilibus, Basileae 1561, Cap. LI, p. 313.

[3]) Oeuvres d'Oribase trad. par Bussemaker et Daremberg, T. I, p. 405: „τοῦτο καὶ βρέφη ἐκτιτρώσκει“, und T. II, p. 255: „φθείρουσι γὰρ ταῖς ἀναδάκνουσιν ἰσχυρῶς βαλάνοις.“

Theodorus Priscianus[1]) (390 n. Chr.) führt eine große Zahl von Stoffen auf, die auch in späteren Jahrhunderten, und selbst noch in unserer Zeit als Abortiva eine Rolle gespielt haben und spielen, z. B. Aristolochiasamen, Rautensamen und Saft der grünen Raute, oder grüne Raute mit ranzigen Nüssen und Honig als Pessarium geformt, ferner in verschiedenartiger Mischung, teils innerlich, teils als Pessarien: Myrrha, Artemisia, Veilchensamen zu gleichen Teilen mit Minzesaft, Diptam[2]), Radix Panaces, Aloe, Foenu graecum, Galle u. a. m. Die Zahl der Pessarienbestandteile ist groß. Ochsengalle, Ysoppulver, Nitrum (Soda), Zyminum, Feigen, Helleborus, Myrrha, Galbanum spielen in deren Zusammensetzung eine Rolle. Auch Niesemittel, in denen Helleborus (wohl Veratrum, der im Altertum als weißer Helleborus bezeichnet wurde) das Wesentliche war, fanden Verwendung.

2. Abtreibungsmittel im Mittelalter.

Aëtius von Amida, der am byzantinischen Hofe lebte, berichtet aus der Mitte des 6. Jahrhunderts über eine ganze Reihe abortiver Mittel, die zum größten Teil mit denen identisch sind, die auf den vorstehenden Blättern verzeichnet sind[3]). Den Soranus hat er zum Teil abgeschrieben. Auch bei ihm kann man, vielleicht noch mehr betont, unterschieden finden die Fruchttötung in der Gebärmutter, die Abtreibung der toten und der lebenden Frucht. Von den Mitteln hebe ich die folgenden hervor:

Thymus, Centaureum majus, die als menstruationstreibend, die lebende Frucht tötend und die tote ausstoßend bezeichnet wird. Das gleiche wird von Cedrus angegeben, während Zyklamen den Fötus nur töten soll.

Von der Farnwurzel gab er an, daß sie in einer Menge von 4 Drachmen Bandwürmer und die lebende Frucht tötet und die abgestorbene herausbringt. Dasselbe soll auch ein Trank aus Viola alba erzeugen. Besonders gut scheint er die Wirkungen der innerlich aufgenommenen Sabina gekannt zu haben, da er nicht nur die fruchttötende und fruchttreibende, sondern auch die Nierenblutungen erzeugende anführt[4]).

---

[1]) Theodorus Priscianus Archiat. Basil. 1532, p. 146.

[2]) „Nam dictamnum cum vino tritum, post balneas potui dabant: et continuo pene jam maturas animas excludebant.“

[3]) Aetii Amidensis, Libri medicin. sexdecim. Venetiis 1534, Lib. I, p. 40, 11, 15, 17, 42, 43, 12.

[4]) Ibid. p. 38: „Savina menses potenter ducit, perque urinas sanguinem citat, vivos foetus interficit, mortuos extrudit.“

Äußerlich angewandt soll Cucumis agrestis den Fötus töten, ebenso die Viola alba mit Honig an oder in die Vagina gebracht. Besonders scheint er ein Epithema aus Veratrum, Ammoniacum, Nitrum, Pfeffer, Terpentin, deren Mengen er angibt, und ein Pflaster für den Unterleib aus Coccognidium (Daphne Gnidium), Veratrum, Euphorbium, Ochsengalle, Lupinen, Absynth usw. gebraucht zu haben[1]).

In dem 16. Buch seines Werkes[2]) faßte Aëtius das Vorgehen zur Herbeiführung des Abortes zusammen, und zwar nach früheren Angaben der Aspasia. Die Begründung zu einer solchen Anweisung wird in den ersten Worten gegeben: „At si mulier foetui generando inutilis ob negligentiam conceperit..." Welche Frau für die Kindserzeugung ungeeignet sei, wurde ebenfalls bezeichnet. Es handelte sich im wesentlichen um Leiden des Uterus. Gelänge es nicht, bei solchen Frauen die Empfängnis durch im einzelnen aufgeführte, zum Teil abergläubische Mittel zu verhindern, dann solle sie außer forcierten aktiven und passiven Bewegungen, Abkochungen von Pflanzen einnehmen, durch die Harnsekretion und Menstruation angeregt würden, oder Bäder mit Foenum graecum, Althee, Artemisia gebrauchen. Sollte hiernach keine Wirkung eintreten, so werden Einreibungen von Lupinenmehl mit Ochsengalle, oder pflasterartige Umschläge aus Zyklamen (C. graecum), Elaterium, Artemisia, Absynth, Coccognidium‑Samen (Daphne Gnidium), Nitrum (Soda), Chelidonium, Lupinen, Opoponax (Ferula Opoponax, Steckenkraut) u. a. mehr, und die gleichzeitige Einführung von Feigen mit Nitrum in die Scheide empfohlen — das letztere wohl als das Wichtigste.

Versagt diese Therapie, dann sollen Zäpfchen mit Stoffen eingeführt werden, die stärker entzündungserregend wirken, wie z. B. Iris, Galbanum, Beeren von Daphne Gnidium, Terpentin oder aus Rautenblättern, Myrrha, Lorbeerfrüchten, oder auch mit Samen von Nasturtium, Viola alba (vielleicht Levkoje, wahrscheinlich aber Cheiranthus, der Jahrhunderte hindurch als wehenbeförderndes Mittel gebraucht wurde), Myrrha, Absynth. Dieses letztere Zäpfchen sollte einen dreimonatigen Fötus sicher austreiben, ohne Beschwerden wenn man noch hinterdrein eine Akbochung von Polei (Mentha Pulegium) trinken ließe.

In derselben Weise sollte ein Leinwandtampon, mit einem abgedampften Dekokt von Abrotanum (vielleicht Chamaecyparissus aquosus oder Artemisia arborescens oder die oben angeführten Pflanzen) sich nützlich erweisen.

---

[1]) Ibid. Lib. III, p. 113 u. 117.
[2]) l. c., Lib. XVI, C. XVIII, p. 307.

Es ist selbstverständlich, daß nach dem Vorgang des Hippokrates auch reichliche Aderlässe empfohlen wurden. Zwei bis drei Tage später sollte Blättersaft von Mercurialis nüchtern genommen werden. Andere innerliche Mittel seien: Agaricus (Boletus laricis), Viola alba, Artemisia, Dictamnus (Origanum dictamnus), Enzian, Castoreum, Rindergalle.

Schon aus diesen Mitteilungen ist ersichtlich, daß Aëtius resp. die Aspasia keine neuen Wege auf diesem Gebiete wandelten. Sogar die Erkenntnis, daß jeder Abtreibungsversuch eine Gefahr in sich schließe, wird mit den gleichen Worten, wie sie sich bei Soranus finden, zum Ausdruck gebracht.

Neues Material über Abortiva erschien in den nächsten Jahrhunderten nicht. Bei einem oder dem anderen Schriftsteller ist das Bestreben unverkennbar, möglichst wenig sich über Abortiva auszulassen. Bei abendländischen oder arabischen Ärzten findet man wohl lange Auseinandersetzungen über Mittel, denen eine Anregung der Menstruation zuzuschreiben sei, aber keine oder nur wenige Bemerkungen über abtreibende.

So gibt z. B. **Paulus von Aegina** um die Mitte des siebenten Jahrhunderts ausführliche Vorschriften, um die Unterdrückung der Menstruation zu beheben — zweifellos auf Grund eigener Erfahrungen. Innerlich und äußerlich werden Raute, Polei, Myrrhe, Absynth, Aristolochia, Veratrum, Galbanum, Centaureum u. a. mehr empfohlen und nur als Schluß dieser Auseinandersetzung findet sich die Bemerkung: „Eadem vero et foetus solent educere"[1]).

Vom 9. Jahrhundert an findet man bei den arabischen Ärzten, die in diesem und den folgenden Jahrhunderten richtunggebend auf die Medizin wirkten, in bezug auf die Abortiva keine oder nur wenig neue Angaben. Meistens sind es die Mittel des Hippokrates, Dioskorides oder Galen, die von ihnen als wirksam bezeichnet werden.

Vereinzelt taucht auch eine richtige, allgemeine pharmakologische Sentenz auf. So faßt **Serapion der Ältere**[2]) im 9. Jahrhundert die Wirkungsart der die Menstruation treibenden Mittel in den Satz zusammen: „Alles was die Harnabsonderung anregt und Verstopfung behebt, ruft auch, wenn es getrunken wird, die menstruelle Blutung hervor." Die Stoffe, die für diesen Zweck empfohlen werden, wie Euphorbium, Castoreum, Epithymum (Cuscuta Epithymum L.), Nigella, Sinapis, Serpentaria, Pulegium, Oponax u. a. sind bereits auf den vorigen Blättern erwähnt, oder finden sich, wie z. B. Epithymum, als Drastica bei Hippokrates. Eine

---

¹) Pauli Aeginetae Medici Opera, Lugduni 1551, p. 233.
²) Serapionis medici arabici practica, Venet. 1550, Cap. XXXI, p. 62 u. ff.

reiche Fülle von Rezeptformularen läßt erkennen, daß auch zu damaliger Zeit Bedarf an solchen Mitteln vorhanden war.

Bei **Averroes**[1]), der gegen Ende des 12. Jahrhunderts über Arzneimittel schrieb, finden sich im ganzen wenige als Abortiva bezeichnet. Selbst von solchen, die bei älteren Schriftstellern als besonders stark wirkend in dieser Beziehung angegeben werden, erwähnt er höchstens menstruationstreibende Eigenschaften, wie z. B. von **Pulegium**. Man erhält den Eindruck, als wenn nicht ohne Absicht relativ häufig nur die emmenagoge Wirkung hervorgehoben wird, die übrigens einer großen Zahl von Stoffen zukommen soll. Die meisten derselben beschrieb schon **Dioskorides**. Vom **Juniperus** wird angegeben: „Provocat menstrua fortius alia re. Et facit aborsum et extrahit foetum mortuum." Von der **Centaurea** sagt er: „abortire facit".

Haly Abbas[2]) (**Ali Ben-el Abbas**), der wohl gegen Ende des 10. Jahrhunderts sein „Almaleki" verfaßte, lehrt für die Abtreibung des toten Fötus oder der Nachgeburt eine Reihe von Mitteln innerlich oder als Pessarien gebrauchen, die sich auch bei **Dioskorides** und **Rhazes** finden, z. B. **Diptam**, **Lupinus**, **Origanum**, **Aristolochia**, **Asarum**, **Opoponax**, **Fel tauri**, **Castoreum** u. a. mehr. Bei Frauen, denen die Geburt gefährlich werden könnte „propter parvas matrices aut vulvas strictas", empfiehlt er, die Austragung der Frucht zu verhindern.

Avicenna, „der Fürst der Ärzte", der weit über das 11. Jahrhundert hinaus, in dessen Beginn er wirkte, einen Einfluß auf das ärztliche Tun ausübte, läßt auf dem uns hier interessierenden Gebiete Originalität vermissen. Er war von **Dioskorides** und **Galen** durchaus beeinflußt.

Außer den bekannten nicht arzneilichen Einflüssen, wie **Aderlässen** (an der Saphena oder Basilica), **Hunger**, **Durst**, **Springen**, **Erbrechen**, **Niesen**, **Tragen schwerer Lasten** und Einführen von festen Gegenständen, polierten Holzstücken, Zweigen der **Raute**, **Usne** u. a. mehr empfahl er einfache und zusammengesetzte Arzneimittel. Das Leben der Mutter muß seiner Meinung nach durch Anwendung solcher Mittel erhalten werden, wenn das Kind im Uterus abgestorben ist: „quare occupatus sis in vita matris et non occuperis in vita foetus, immo stude in extractione illius". Die Stoffe, durch welche die Menstruation angeregt wird, können auch Abort erzeugen.

Die meisten der von ihm auch in Dosierung angegebenen finden sich schon bei **Rhazes** (860—922 n. Chr.).

---

[1]) **Averrois** Colliget, Libri VII, Venetiis 1553, Cap. XLII.
[2]) **Haly filius abbas**, Liber totius medicinae necessar. 1523, fol. 267.

Es wird genügen, die wichtigsten, innerlich oder äußerlich angewendeten hier anzuführen[1]):

Scilla, deren diuretische Wirkung betont wird, und von der ein Essig oder ein Sirup abortiv wirken sollen. Canthariden wirken ebenso[2]). Usne persicum[2]) zu 3 Drachmen genommen, ruft noch an demselben Tage Abort hervor. Von Folia Rutae (3 Drachmen) mit Myrrha (1 Drachme) soll mit einer Abkochung von Sabina früh und abends eine Dose genommen werden. Ebenso sollen wirken: Raute und Bockshorn mit Feigen und Origanum, oder ein Gemisch aus gleichen Teilen Arsitolochia longa, Gentiana, Baccae Lauri, Myrrha, Costus marinus (Costus speciosus), Cassia, Absynthsaft, Piper und Cordumenum, ferner der Theriac diatesseron, der Absynth und Fumus terrae (Fumaria officinalis), Seitaragi-Samen, die dem Nasturtium ähneln, oder Cordumenum (Elettaria Cardamomum) 3 Drachmen, Cinnamomum mit Rubea (Rubia lucida?) oder Arum[3]).

Von Mitteln, die als solche oder in Auszügen eingespritzt, oder als Zäpfchen oder in anderen Formen allein oder in Kombination mit anderen eingelegt werden, werden die folgenden angeführt: Succus Cucumeris asinini (Elaterium) mit Ochsengalle für den toten und lebenden Fötus, Zyklamen[4]), Abkochungen von Pulpa Colocynthidis[5]), ferner Vitis alba oder Asa foetida, auch Galbanum oder Ol. Balsami. Stark wirkt ein Pessar mit Helleborus niger, Staphisagria, Aristolochia rotunda, Koloquinthen, Ammoniacum und Bachurmariem (Cyclamen europaeum). Dieser letzteren Pflanze wird eine ganz besondere Wirksamkeit zugeschrieben. Sie solle innerlich und äußerlich, ja schon wenn eine Schwangere sie überschreitet, Abort erzeugen. Auch Salmiak (10 Drachmen) mit Ammoniacum (1 Drachme) soll als Pessar sehr stark wirken, wenn die Frau mit erhöhten Beinen die Nacht hindurch liegt, und nachher eine Einspritzung entweder von Absynth- oder Rauten- oder Sabina-Abkochung oder Anchusa-Zäpfchen erhält. Räucherungen von Eselsmist oder Eselsklauen an den Genitalien, werden ebenfalls für sehr wirkungsvoll gehalten[6]), ebenso wie die Einleitung des Laudanum-Dampfes in die Vagina[7]).

---

1) Avicennae Liber Canonis, Venetiis 1582, Lib. II, Tract. II, p. 122.
2) Lib. III, Fen. XXI, Tract. II, p. 387, E.
3) Lib. II, Tract. II, C. 432, p. 142.
4) Lib. II, Cap. 6, p. 99, E.
5) Lib. III, Cap. 12, p. 387, E.
6) Lib. III, Cap. 12, p. 387, E.
7) Lib. II, Cap. 422, p. 141.

Um die Mitte des 13. Jahrhunderts stellte einer der letzten großen arabischen Ärzte, **Ebn Baithar,** in seiner Collectio magna[1]) alles das zusammen, was vor ihm, vor allen Dioskorides und Galen und seine Landsleute, an pharmakologisch und therapeutisch Wissenswertem gekannt und angewendet hatten. Auch eigene Erfahrungen fehlen nicht.

Juniperus Sabina (Abuhul). Dieses Mittel treibt wegen seiner flüchtigen Bestandteile den Monatsfluß stärker als jedes andere, macht Blutharnen, tötet den lebenden Fötus und treibt den toten ab.

Calendula officinalis (Asdriun). Ishak ben Amrân hält sie für eine Art Parthenium. Nach Elgâfaki soll sie, wenn schwangere Frauen sie in den übereinandergeschlungenen Händen halten, dem Fötus sehr großen Nachteil bereiten, und wenn sie dieses Festhalten und Beriechen lange fortsetzen, sollen sie abortieren.

Gummi ammoniacum (Oschak). Nach Maserdschawia befördert es den Monatsfluß, und nach Ebn Sina treibt es den Fötus lebendig oder tot ab.

Herba Alkali, Salsola Kali (?) (Uschnân). Eine halbe bis zu einer ganzen Drachme (2—4 g) treibt den Monatsfluß, 5 Drachmen (20 g) treiben den Fötus lebend oder tot ab.

Epimedium alpinum (Afimedion). Die Blätter und Wurzeln sollen, wenn man sie genießt, die Schwangerschaft verhindern.

Anagyris foetida (Anaguros) wurde nach dem Vorgang von Dioskorides zum Wegtreiben der Nachgeburt und des Fötus und als Emmenagogum gebraucht.

Iris florentina (Irisa). Wird sie mit Wein getrunken, so treibt sie den Monatsfluß. Wenn man aus der Wurzel mit Honig ein Pessar bereitet und es trägt, so zieht es den Fötus an und entfernt ihn aus der Gebärmutter.

Cyclamen europaeum (Bachur Mariam). Wenn der Nabel, die Unterleibsgegend und die Hypochondrien damit eingerieben werden, so erweicht es den Leib und treibt den Fötus ab. Auch der Saft kommt unter Arzneien, die den Fötus töten.

Artemisia arborescens (Barandschasaf). Wenn die Frauen sich in ein Dekokt der Pflanze setzen, so treibt es den Monatsfluß. Es nützt bei verschlossenem Muttermund.

----

[1]) Ebn Baithar, Zusammenstellung einfacher Heil- und Nahrungsmittel, übers. von Sontheimer, 1840.

Die von Pfaff, Deutsche Zeitschr. f. Staatsarzneikunde 1868, Bd. VI, S. 125, angeblich nach arabischen Originalen zusammengestellten Abortiva sind im wesentlichen nichts weiter als ein dreister, wörtlicher Auszug aus dieser Übersetzung.

Adianthum Capillus Veneris (Barsiâwuschân). Nach Ebn Sina entfernt die Pflanze die Nachgeburt und befördert die Reinigung der Wöchnerinnen.

Amyris Gileadensis (Balasân). Nach Dioskorides treibt der Balsam die Nachgeburt und den Fötus ab. Die Balsamkörner öffnen den Gebärmuttermund, wenn die Frauen sich in ein Dekokt derselben setzen.

Lumbrici. Blattae (Banât elwardân). Nach Ebn Sina treiben sie den Urin und den Monatsfluß und befördern den Abort, wenn sie in Olivenöl oder Eigelb und Wachs gereicht werden.

Lupinus Termes (Tarmus) treibt mit Raute und Pfeffer genommen den Monatsfluß, und mit Honig und Myrrhe als Pessar getragen den Fötus.

Panaces Heraclion (Ferula opoponax) (Dschâwschir). Nach Ebn Hozâr treibt es einen seit 3—4 Tagen im Uterus toten Fötus ab, wenn man ein aus dem Gummi bereitetes Zäpfchen in die Scheide der Frauen bringt.

Daucus carota (Dschazar). Die Samen sollen nach Dioskorides den Fötus abtreiben, wenn die Frauen sie in der Vagina tragen.

Nux abyssinica (?) (Dschawz elschark). Eine an beiden Enden zugespitzte, ingwerartig schmeckende Nuß soll nach Elscherif, mit Wasser genommen, den Monatsfluß und den Fötus abtreiben.

Lepidium sativum (Hurf). Die Samen sollen, innerlich genommen, oder in der Scheide getragen, nach Elthabari den Fötus abtöten.

Cucumis Colocoynthis (Hantsal). Nach Dioskorides soll das Mark, in der Scheide getragen, den Fötus töten.

Cheiranthus Cheiri (Chiri). Nach Galen und Dioskorides erzeugt der Saft als Pessar, oder ein Dekokt im Sitzbad, oder der Saft innerlich Abtreibung.

Aspalathus. Cytisus laniger (Dâr schischân) soll nach Dioskorides den Fötus abtreiben.

Abrotani Oleum (Dhun elkaisum) treibt den Monatsfluß und entfernt die Nachgeburt.

Iris. Das Öl der blauen Lilie (Dhun elirisâ) treibt den Fötus ab, wenn es mit Essig, Raute, Mandeln und Myrrhe angewendet wird.

Lytta vesicatoria oder eine Meloë-Art (Dsazâridsch) soll die Menstruation treiben, wenn man sie in Pessaren braucht.

Crocus sativus (Zafarân). Der Safran, der in alter Zeit in dem Rufe stand, starken Blutandrang nach dem Kopfe und evtl. auch Minderung der Sehkraft zu erzeugen, soll nach Honain die Geburt erleichtern und nach Rhazes den Abgang der Nachgeburt befördern.

Gnaphalium sanguineum (Zahrat). Die Angabe des Dioskorides wird wiederholt, daß die Wurzel innerlich abortiv wirkt, ebenso wenn sie in die Scheide gelegt wird.

Aspidium Filix mas (Sarachs). Die Farnwurzel tötet den lebendigen Fötus und treibt den toten ab.

Seseli tortuosum (Sisâli). Wurzeln und Samen treiben den Monatsfluß und entfernen den Fötus.

Saponaria officinalis (Sthrution). Die Wurzel als Pessar getragen tötet offenbar den Fötus. Nach Abul Abbas Elnabâti gebrauchten die Andalusier die Wurzel zum Reinigen der Gebärmutter.

Stachys germanica (Sthâchis) treibt den Urin und den Monatsfluß und bewirkt Abort sowie Entleerung der Nachgeburt (Dioskorides).

Laurus Cassia (Salichat) treibt nach Mohararis kräftig den Fötus ab. In dem „Buche der Erfahrungen" wird auch angegeben, daß auch die Nachgeburt dadurch herausbefördert wird.

Schlangenhaut (Silch elhaijat) soll nach Rhazes, wenn sie um die Hüften während der Geburtswehen gebunden wird, die Geburt beschleunigen. Demokrates gab an, daß, wenn man mit dieser Haut bei Frauen Räucherungen macht, die Nachgeburt abgeht oder das Kind im Mutterleibe stirbt. Die Räucherungen treiben, nach Erfahrungen alles in der Gebärmutter enthaltene schnell aus.

Sesamum orientale (Simsim). Maserdschavia gibt an, daß ein Aufguß von Sesam den Monatsfluß treibt und Abort verursacht.

Alumen (Schabb). Die Angabe des Dioskorides von der konzeptionsverhindernden und abortiven Wirkung des Alaun wird hier wiederholt.

Pinus Cedrus (Scharbin). Das flüssige Pech dieses Baumes, als Pessar getragen, ist nach Galen ein Mittel, um den lebendigen Fötus zu töten und den toten auszutreiben, und, auf die männliche Eichel vor dem Beischlaf gestrichen, um die Konzeption zu verhindern. Klistiere sollten ebenfalls den Fötus abtreiben.

Anchusa tinctoria (Schandschâr). Das Öl dieser Pflanze treibt, als Pessar getragen oder getrunken, stark den Monatsfluß.

Strobili Pini (Sanawbar). Der Rauch der Tannenzapfen in die Vagina geleitet, soll nach Dioskorides Fötus und Nachgeburt wegtreiben.

Inula (Thubâck) soll den Monatsfluß treiben, und nach Galen auch den Fötus entfernen.

Laurus nobilis (Gâr). Wenn man von der Wurzelrinde des Lorbeerbaums 36 Gran nimmt, wird der Fötus getötet.

Bryonia dioica (Fâschirâ) tötet, zu 2 Drachmen genommen, den Fötus. Eines Dekoktes als abortiven Sitzbades erwähnt auch Dioskorides.

Marrubium plicatum (Frasiûn) soll den Monatsfluß treiben.

Rubia tinctorum (Fuwwat) soll als Pessar getragen den Fötus, und in dieser Form und, nach Badigoras, innerlich auch den Monatsfluß treiben.

Mentha (Fudandsch) treibt, mit Wein genommen, den toten Fötus ab, ebenso tötet sie den Fötus, wenn sie als Pessar getragen wird oder man mit ihr räuchert.

Costus arabicus (Kusth). Wenn man den Rauch des Costus vermittelst eines Trichters an die weiblichen Genitalien leitet, so treibt er den Monatsfluß und tötet den Fötus (Filihatmâ).

Hedera Helix (Kissus) wirkt, wie Dioskorides angab, abtreibend, wenn die Zweige als Pessarien getragen würden.

Centaurium majus und minus (Kanthurium Kabir und K. sagir). Von diesen beiden gaben die Griechen die abortive Fähigkeit an. Von Centaurium minus sagt Elthabari, daß es im Dekokt den toten Fötus abtreibt.

Galbanum (Kinnah). In den „Büchern der Erfahrung" wird angegeben, daß, wenn man diese Substanz in Honig reicht, sie den Abgang des Fötus erleichtert.

Apium petroselinum (Karafs) wurde für ein zum Beischlaf reizendes Mittel gehalten. Die Pflanze sollte nach Ebn Amrân auch dem in der Gebärmutter befindlichen Fötus nachteilig sein. Galen meinte, wie Ebn Samhun von ihm mitteilte, daß, wenn eine Schwangere zu viel davon nähme, das Kind Blasen und Geschwüre bekäme. Andere meinten, daß es dadurch geistesschwach würde.

Bubon macedonicum (?) (Kamâschir). Dieses Gummi treibt den Monatsfluß und den Fötus ab. Nach Elhur solle es kein anderes Mittel geben, das diese Wirkung so stark entfalte.

Daphne Gnidium (Mathanân). Elhur sagt, daß die Frauen die Beeren dieser Pflanze anwenden, um ihre Genitalien zu erhitzen. Tragen Frauen die Blätter als Pessar, so wird der Fötus getötet.

Myrrha (Murr) befördert, innerlich genommen, den Abgang der Nachgeburt und des Fötus.

Thymus serpyllum (Nammâm) entfernt nach Ebn Sina den toten Fötus.

3. Abtreibungsmittel in der Neuzeit.

Aus dem 16. und 17. Jahrhundert liegen mancherlei Äußerungen über Abortiva vor.

In der ersten zusammenfassenden Darstellung der Lehren der Geburtshilfe von **Roesslin**[1]) aus dem Anfange des 16. Jahrhunderts werden zur Herausbeförderung einer lebenden oder toten Frucht aus der Gebärmutter meist die Mittel vergangener Jahrhunderte empfohlen.

Wenn das Kind, wie dort angegeben wird, tot ist, so kann die Mutter nicht am Leben bleiben, wenn ihr schwindlig oder ohnmächtig wird, das Gedächtnis schwindet, wenn sie wenig oder gar keine Antworten gibt, sobald man ihr zuruft, wenn sie nicht essen mag, die Glieder ihr schwer sind und der Aderschlag klein und zitternd wird. Dann vermag man das Kind auf zweierlei Weise vom Mutterleibe zu bringen, entweder durch Arzneien, oder mittelst Haken und Zangen.

Die Arzneien teilt er in innere und äußere.

Innere Mittel sind: Asa foetida, Myrrhe und Raute 4g in weißem Wein, oder ein Infusum Sabinae, oder 4g Diptampulver in weißem Wein, oder 4g Galbanum in 4 Lot Geißmilch oder Triakes. Auch wenn die Schwangere die Milch einer anderen Frau trinkt, geht das Kind ab.

Die äußerlichen Mittel zerfallen in solche, die als Räucherungen, Salben und Bäder Verwendung finden.

Zu Räucherungen werden gebraucht: Natterbalg, Myrrhe, Castoreum, Opoponax, Färberröte, Habicht- oder Tauben-„geschmeiß"; man mache daraus nußgroße Kügelchen, welche auf glühende Kohlen geworfen werden. Der sich entwickelnde Rauch wird durch ein Rohr in das Gemächt der Frauen geleitet.

Statt jener Mischung kann man auch wählen: Thymian, Opoponax, Galbanum und Schwefel, oder auch Zimt, Myrrhe, Galbanum und Castoreum.

Als Salbentampon dient ein Zäpflein aus Baumwolle mittelfingerlang, welches getaucht in eine Mischung von Myrrhe, Ammoniacum, Opoponax, Helleborus, Staphisagria, Osterluzei, Koloquinthen und Rautensaft in das Gemächte der Frauen gelegt wird.

Eine andere Komposition ist: Holwurz, Sabina, Gartenkresse und Kuhgalle, ferner Scammonium mit Rautensaft oder Opoponax.

---

[1]) Roesslin, Der Swangeren Frawen und Hebeammen Rosengarten. Worms 13, S. E 111 u. J.

Das Bad wird bereitet aus Wasserminz, Gartwurz, Beifuß, Judenpech, Röte, Kamillen, Bienensaug und Foenum graecum. Nachdem die Schwangere das Bad verlassen, wird ihr Haupt mit Dillenöl, Hühner- und Entenschmalz gesalbt, außerdem ein Trunk aus Dattelkernen und Safran gereicht. Ein Pflaster aus Galbanum, Beifußsaft und Wachs legt man auf den Unterleib von der linken zur rechten Seite vom Nabel bis zu den Genitalien.

Matthiolus, der Interpret des Dioskorides, führt außer dessen Mitteln noch folgende an, die den Fötus heraustreiben sollen:

Balsamum factitium, die Wurzel von Sabina, Dictamnus albus mit Pulegium, Calamintha innerlich oder äußerlich, Botrys (Chenopodium botrys) äußerlich, Chamaepitys (Ajuga chamaepitys) in Essig gekocht, Chrysocolla mineralis (Borax) mit Sabina[1]).

Nach Hieronymus Bock[2]) wirkt ein Pessar, das mit dem Wurzelsaft von Aquilegia getränkt ist, als Emmenagogum und treibt auch tote Früchte ab. Auch Clusius[3]) erwähnt die emmenagogische Wirkung der Aquilegia.

Fernel[4]) († 1588) kannte folgende Abortiva, die sich, wie man erkennt, mit dem von den Alten angegebenen im wesentlichen decken.

Chamaemelum foetus evocat. — Artemisiae duae species foetus extrahunt. — Pulegium foetus pellit. — Rubiae majoris radix et semen foetus subditum trahit, sumptumque pellit. — Polium montanum mortuum foetum ejicit. — Seseli foetum utero excludit. — Dauci semen foetus pellit. — Calamintha conceptum interimit et ejicit. — Sabina foetum viventem enecat et mortuum ejicit. — Dictamni radix mortuos foetus educit. — Aristolochia foetus cum myrrha et pipere pota pellit. — Gentianae radix foetus excludit. — Iridis radix glandis modo cum melle apposita foetus evocat. — Asari radix subdita conceptus trahit. — Smyrnii (Smyrnium perfoliatum) radix herba aut semen abortum facit. — Myrrha partus celeriter extrahit, ebenso Styrax und Bdellium. — Castoreum cum Pulegio potum partus ejicit. — Sagapenum (Ferula persica) ex hydromelite sumptum foetum exanimat. — Galbanum sumptum et admotum partus evocat. — Opoponax foetum enecat. —

Nach Schröder[5]) sollen Semen Thlaspi, Coagulum leporis, Cantharides, Lapis hystericus Malaccensis (pedra del porco) den Fötus töten.

---

[1]) Matthiolus, Commentarii in VI libros Dioscoridis, Venetiis 1570. Einl.
[2]) Hieron. Tragus, De stirpium historia. Lib. I, C. 42, S. 139.
[3]) Carol. Clusius, Rar. plantar. historia. Lib. VI, C. 26, S. 205.
[4]) Fernel, Methodus medendi. Lib. V, C. 26.
[5]) Schröder, Pharmacopoeia medico-chymica. Ulm 1641.

Vom Lycopodium Selago L. (Selago tertia Thalii) wurde angegeben[1]:

„Vis ei ad foetus depellendos efficacissima, meretricibus, infanticidium saepius eadem committentibus, plus satis nota inest."

Nach Rolfink[2] soll die Nachgeburt von Menschen, Schafen und Ziegen gepulvert in Wein genommen von manchen als Abortivmittel hoch geschätzt werden.

Riverius[3] erwähnt als Mittel, welche den abgestorbenen Fötus herausbefördern sollen:

Fol. Sabinae sicc., Rad. Aristolochiae rotund., Troch. de Myrrha, Castoreum, Cinnamomum und Krokus, oder Dictamnus creticus, Sabina, Borax, Myrrha, Rad. Asari. Zugleich sollen äußerlich Emollientia appliziert werden, mit Rad. Bryotiae, Cucumis agrestis, Iris Florentina, Aristolochia rotunda, Flor. Genistae. Darauf soll eine Einreibung folgen mit einer Salbe aus Aristolochia rot., Colocynthis, Agaricus, Ammoniacum in vino solut., Fel tauri, Ol. Cherinum. Ferner empfiehlt er ein Pessar aus rad. Aristolochiae rot., Iris, Helleborus niger, Colocynthides, Myrrha, Galbanum, Opoponax, Fel bovis, oder aus Ammoniacum, Opoponax, Castoreum, Serap., Helleborus niger, Staphis, Aristolochia rot., Pulp. Colocynthidis, Scammonium, Euphorbium, Succus Rutae, Cyclamen, Cucumis agr., Fel tauri.

In einzelnen deutschen Kräuterbüchern, wie z. B. von **Tabernaemontanus**, werden manche der mehrfach vorher schon angeführten Abortiva so eingehend geschildert, daß man annehmen muß, sie wären ärztlich nicht selten verwendet worden, wenn auch nur als stark wehentreibende oder emmenagoge Mittel. Einige seien zur Charakteristik hier angeführt.

„Beyfuss in Wein oder Bier gesotten / und getrunken / ist sehr dienlich den gebärenden Frawen / dann er fürdert die Geburt. Dessgleichen auch Beyfuss zu Pulver gestossen / und 1 Loth mit warmem Wein oder Bier getrunken / thut dessgleichen.

Wann ein Weibsperson ihre Zeit oder Monatblum nicht recht hat / die nehm ein Handvoll Beyfuss / lass den in einer halben Elsasser Mass Weins den drittentheil einsieden / und trincke davon Abends und Morgens / jedesmal ein guten Becher voll warm / und beharr das zween Tag / es hilfft sehr wol.

Die Wurtzel von Beyfuss zu Pulver gestossen und mit Wein getruncken / treibt so gewaltig / dass es auch beyde die lebendige und

---

[1] Breynius, Miscell. cur. Acad. Leopold, Dec. I, Annus 4, 1676, S. 192.

[2] Rolfink, Ordo et Methodus medicinae specialis consultat. Jenae 1669, S. 906. — [3] Riverius, Opera medica ed. Horstius. 1674, S. 482.

todte Frucht ausstreibt / derowegen in schwerer Geburt und gleichen Fällen die Hebammen ihnen solche Artzney sollen lassen befohlen seyn"[1]).

„Gesäubert Galbensafft (Galbanum) einer Bonen gross in gutem weissen Wein zerlassen / und warm getruncken / hilfft wider die schwere Geburt / und macht leichtlich gebären.

Der Dampff des angezündeten Galbensaffts in die Scham der Weiber empfangen / bringet die verhaltene Monatblumen der Weiber / und treibet fort die Frucht. Dergleichen Wirkung hat auch / wenn man ein Mutterzäpfflein daraus machet / und in die Mutter thut."

„Weinrautensafft (Ruta) / IIII untzen / darinn 1 Loht der Lattwergen Trypherae magnae zerrieben ist / getruncken / bringet wider die verstandene Monatsblumen der Weiber / treibet fort die Nachgeburt und die todte Frucht. Das thut auch der Rautensafft allein getruncken / oder wie ein Klistir durch den Hindern eingenommen.

Die todte Frucht aus dem Leibe zu treiben: Nimm Weinrauten / Bergwermuth / Rheynfarn / Pfefferkörner / jedes gleichviel nach deinem gefallen / mach daraus ein reines Pulver / schlage es durch ein härin Sieblein / davon gieb eines Quintleins schwer mit einem Trüncklein Weins zerrieben / warm zu trincken.

Die Monkinder / Muttergewächs und todte Frucht ausstreiben: Nimm Weinrauten / III quintlein / rohten auserlesenen Myrrhen / ein halb Loht / des stinckenden Lasersaffts / sonst mit einem anderen Namen Teufelskaat genannt / ein halbes quintlein / stosse gemeldte Stück zu einem subtilen Pulver / und gib davon anderthalb quintlein mit Wein zerrieben / warm zu trincken. Das thut auch die Weinrauten von sich selbst / so man die zu Pulver stösset / und deren anderthalb quintlein mit einem Trunck der gesottenen Brühe von Fönigreck und Datteln zerrieben zu trincken gibt[2])".

4. Abtreibungsmittel in der Gegenwart.

a) Europa.

In **Frankreich** sind außer Sabina, Thuja, Ruta usw. als Abortiva gebräuchlich[3]): Scilla maritima, Artemisia Absinthium, A. vulgaris, Cheiranthus cheiri (Goldlack), Krokus, Apiol, Vanille, Wachholder, Kamillen, Melissen, Jod und Jodpräparate, Kalium sulfuricum. Von andersartigen Mitteln: Heiße

---

[1]) Tabernaemontanus, Neu Vollkommen Kräuter Buch, Basel 1687, S. 33.
[2]) Ibid. S. 392.
[3]) Gallard, De l'avortement au point de vue médico-légal, Paris 1878.

Fußbäder oder Vollbäder, Senfteige auf Schenkel und Brust, Schröpfen, Blutegel an die Vulva, Einschnürung des Unterleibes, Gebrauch von Sonden, Preßschwamm, Laminaria, Injektionen in den Uterus.

In **England** scheinen Mentha Pulegium (Pennyroyal), Veratrum album (white Hellebore), Dekokte von Aspidium filix mas und von Spartium scoparium, ferner Helleborus niger, Taxusblätter, Tanacetum u. a. zu Abtreibungen benutzt zu werden[1]).

In **Deutschland** unterscheiden sich die Abortivmittel wieder nach den einzelnen Gegenden.

Im Frankenwalde kennt und nennt man Schädlichkeiten, die der Schwangerschaft besonders feindlich sein sollen, z. B. hohes und weites Hinauslangen mit den Armen, schweres Heben, holpriges Fahren, Belastung des Leibes, sich treten lassen und besonders das Auswringen von nasser Wäsche mit einiger Kraft.

Mutterkraut wird jedes Kraut genannt, von dem man glaubt, daß es treibende, die Tätigkeit der Gebärmutter anregende Kräfte besitze, so zunächst: Melisse, dann Minze, Raute. Fast durchweg kennt man die Sabina, seltener das Mutterkorn. In mäßigem Rufe stehen Brech- und Abführmittel, besonders Aloe, ferner starker Kaffee, Zimt, Safran, Sennesblätter (Mutterblätter). Gebraucht werden auch Schießpulver, Perubalsam („Stern- und Planetenbalsam"), Essig, Kochsalz, Branntwein und „scharfe, giftige Sachen"[2]).

In Schwaben benutzt man Beifuß und Haselwurz (Asarum) zu kinderabtreibenden Tränken. Der Sevebaum (Sabina) ist der Strauch, aus dessen Zweigen die Palmen für den Palmensonntag gemacht werden. Der geweihte Seve wird u. a. zum Hervortreiben der ausgebliebenen Monatsblume benutzt. Wozu man den ungeweihten gebrauchen kann, wissen nur allzuviel schwangere Mädchen. Auch räuchert man die Frau von unten herauf mit Roßschmalz, um die tote Geburt fortzutreiben[3]).

In Oberbayern finden als Abortiva Verwendung: Safran, Sevelbaum (Sabina), Schafgarbe (Achillea Millefolium), die Wurzelknollen der Pfingstrose (Paeonia officinalis), Schwindwurz (Chelidonium majus), ferner die Wurzel vom Farnkraut, die auch unfruchtbar machen soll, die Mondraute (Botrychium Lunaria), ferner das Mutterkorn (Secale cornutum), im Zillertale auch Vaterkorn genannt. Drei Körner werden jedesmal von den Weibern genommen.

---

[1]) Taylor, Medical Jurisprudence, S. 782 u. 791.

[2]) Flügel, Volksmedizin und Aberglaube im Frankenwalde. München 1863, S. 47.

[3]) Buck, Medizinischer Volksglauben und Volksaberglauben aus Schwaben. Ravensburg 1865, S. 33ff., 40, 48.

Auch Eisenfeile, ferner das Schmiede-Wasser, in dem Eisen abgelöscht wird, sowie das Schleifwasser[1]) — der Schliff — finden Verwendung.

Auch im übrigen Bayern wird vorzugsweise Sabina gebraucht, die früher unter dem Namen Mägdebaum überall kultiviert wurde, infolge des vielfachen Mißbrauches aber beinahe ganz ausgerottet worden ist. Man mengt sie oft mit Juniperus virginiana, mit dem Lebensbaum Thuja occidentalis, Cupressus sempervirens und Taxus baccata. Diesen Teespezies wird noch Mutterkorn und Borax, anderwärts Zimt, Safran, Kreuzbeere, Aloe, Beifuß und Baldrianwurzel hinzugesetzt. Hin und wieder machen nicht allein Unverheiratete, sondern auch Eheweiber öfters von solchen Abortivmitteln Gebrauch, oder suchen durch anstrengende Leibesbewegungen, Heben schwerer Lasten, Abführmittel, Aderlässe den Abgang der Frucht herbeizuführen, um ihre drückende Lage und tägliche Nahrungssorgen durch die Geburt eines Kindes nicht noch mehr zu steigern[2]).

In Schleswig verordnete eine Abtreiberin regelmäßig gewisse Mittel in folgender Reihenfolge: zuerst Abkochungen von Hopfen- und Brombeerblättern (Rubus fruticosus), dann Thymian (Thymus Serpyllum), Rosmarin und Kamillen; ferner Geil (Spartium scoparium). Darauf stärkere Mittel, nämlich Thuja occid. und Sabina. Das Hauptmittel war Crocus sativus, von dem die Schwangere ca. 4 g mit einer Flasche Wasser unter Zusatz von etwas Stärke gekocht früh und abends zu sich nehmen mußte. Die Folgen waren nach einer halben Stunde: Übelkeit mit Würgen, Müdigkeit, Eingenommensein, Schmerzen im Leibe und Reißen in allen Gliedern. Wurde hierdurch keine Wirkung erzielt, so wurden mechanische Mittel angewandt. Andere Mittel, die in jener Gegend gebraucht werden, sind: Artemisia vulgaris, Brechmittel und Abkochungen der Blüten von Paeonia[3]) (Pfingstrose).

In der Magdeburger Gegend steht das Mirbanöl (Nitrobenzol) in dem Rufe eines guten Abortivmittels[4]).

In der Mark Brandenburg werden außer Sabina, Thuja, Seife, Borax, Aloe, auch Arnika und Rosmarin gebraucht[5]).

In Ostpreußen zwischen Proekuls und Memel gebrauchen, nach

---

[1]) Höfler, Volksmedizin und Aberglaube in Oberbayern. München 1888, S. 115, 175, 197.

[2]) Lammert, Volksmedizin u. medizin. Aberglaube in Bayern. Würzburg 1869, S. 162.

[3]) Thomsen, Vierteljahrsschr. f. gerichtl. Med., N. F. 1864, I, S. 315.

[4]) Schild, Berl. klin. Wochenschr. 1895, S. 187.

[5]) Wichura, Beitr. zur Lehre vom krimin. Abort. Berlin 1898.

Mitteilungen, die mir zukamen, die Litauerinnen, Ehefrauen sowohl als auch Mädchen, ca. 3 g und mehr metallisches, mit Schmalz oder grüner Seife verriebenes Quecksilber zur Abtreibung[1]). Dieser Gebrauch findet sich auch noch weiter nördlich.

In Wolfenbüttel fand man in der Wohnung einer Abtreiberin Menyanthes trifoliata, Origanum vulgare, Achillea ptarmica, A. Millefolium, Tanacetum vulgare, Hypericum perforatum, Matricaria Chamomilla, Juniperus Sabina, Juniperus communis, Thymus Serpyllum, Russ, gepulvertes Glas[2]).

Schon in alter Zeit wurden in Braunschweig die roten Beeren von Daphne Mezereum L., dem Seidelbast, zur Hervorrufung des Abortus benutzt.

Im Hannöverschen wurden, so wird aus dem Ende des 18. Jahrhunderts berichtet, zu Abtreibungszwecken benutzt: Merkurialpillen oder Rosmarin mit Spiritus extrahiert oder ein alkoholischer Auszug aus Papaver Rhoeas oder Kupferrot.

In Thüringen wurde aktenmäßig festgestellt, daß in 194 Fällen benutzt worden sind: Tees von Kamillen, Erythraea centaurium (Tausendgüldenkraut), Achillea Millefolium (Schafgarbe), Menyanthes trifoliata (Dreiblatt), Epheublätter, Johannesblätter, Faulbaumrinde, Wachholderspitzen, Heidelbeerkraut, Anthemis nobilis, die römische Kamille, die von 67 der Abtreibenden auch unter dem Verkaufsnamen „Japanpulver", „Japanol", „Gloriapulver" eingenommen wurden, Frondes Thujae (Lebensbaum), Zypressen, Summitates Sabinae, Extractum Filicis maris (Farnwurzelextrakt), Crocus sativus (Safran), Urtica urens (Brennessel), Asperula odorata (Waldmeister). Ferner: Heißer Kaffee, Aloepillen, Aloetinktur, Sulzberger Tropfen, alkoholische Getränke — besonders warmer Rotwein mit Nelken — Zimt, Kümmel, Muskatnuß, Kampfer, Lysol, Petroleum, Schmierseife, Hefe, Nitrobenzol. Als Zusätze zu Einspritzungen: Essig, Seife, Lysol, Eichenrindenabkochung, essigsaure Tonerde. Einmal wurde Jauche getrunken[3]).

In Oldenburg wird u. a. der Blütenstaub von Pinus silvestris als Abtreibungsmittel gebraucht[4]).

In Westfalen sollen sich Aufgüsse von Kirschenstengeln eines gewissen Ansehens als Abortivum erfreuen.

Volkstümliche Abortiva in **Österreich** sind vor allem die Sabina (die vielfach auch „Segenbaum" heißt), ferner Juniperus vir-

---

[1]) L. Lewin, Berl. klin. Wochenschr. 1899, März.
[2]) Schütte, Henkes Zeitschr. f. d. Staatsarzneik. 46. Erg.-H. 1855, S. 111.
[3]) Leubuscher, l. c.
[4]) Correspondenz-Bl. f. d. Ärzte d. Großh. Oldenburg. 1861, I, S. 12.

giniana, Thuja - Arten, Calluna vulgaris (wohl nur wegen der an Sabina und Thuja erinnernden Sprossen), Taxus baccata, Bernsteinöl, Secale cornutum, Lycoperdon Bovista (in Galizien), Lycopodium Selago (im Kolomeaer Kreise), Phallus impudicus, der auch bei Tieren leicht Abort hervorruft[1]), Atropa Belladonna in der Bukowina[2]), Armoracia rusticana („Kren"): man tut eine gehörige Portion geriebenen Krens in $^3/_4$ l Rotwein und läßt denselben 48 Stunden an einem warmen Orte stehen. Der Krenwein wird dann abgeteilt und in 2 Dosen getrunken. Man wiederholt dies viermal. Bis zum dritten Monat soll dies untrüglich helfen.

Ferner benutzt man: Safran (man löst etwa 20 g in warmer Milch auf oder zerkocht ihn in Rotwein), rote Zwiebeln, die man in Rotwein an einem warmen Orte 48 Stunden lang digerieren läßt, Kampfer, die Haselwurz Asarum europaeum (in Tirol), Eisen (man digeriert es in Form von Feilspänen 24 Stunden lang an einem warmen Orte mit Wasser; manche sollen auch die Feilspäne hinunterschlucken), Kochsalz, Kreide, Magnesia, Soda, wahrscheinlich auch Phosphor. Salz, Magnesia und Soda werden, wie auch Senfmehl, als Zusatz zu heißen Fußbädern gebraucht; ferner Canthariden und vielleicht auch die Mauerraute Asplenium Ruta muraria, A. Trichomanes („Widritat"), Thymus („Kudelkraut") und andere Pflanzen[3]).

In Steiermark sind Abtreibungen der Leibesfrucht, insofern sie zur Beurteilung des Strafrichters gelangen, nicht weniger häufig als anderswo. Als Abortiva werden vorwiegend Teeaufgüsse der Zweige und Blätter von Rosmarin und Juniperus Sabina verwendet und ferner scharfstoffige Abführmittel und Mutterkorn. Hebammen mit und ohne Diplom sollen in jener Gegend für Geld und gute Worte Hilfe und Verschwiegenheit denen geloben, welche vor der Welt etwas zu verbergen wünschen[4]).

In Obersteiermark wird der in den Ländern um das Mittelländische Meer heimische immergrüne, buschige Halbstrauch Santolina Chamaecyparisuss L., die Gartenzypresse, Heiligenpflanze, Heiligenkraut, eine Komposite, auch in Töpfen gezogen. Sie hat eine gewisse Ähnlichkeit mit Rosmarin und wird fälschlich so dort bezeichnet. Sie wird für die Fruchtabtreibung benutzt. Wie manche andere Pflanze, die als Abortivum gilt, besitzt auch diese wurmtreibende Eigenschaften. Sie entfaltet solche durch ein ätherisches Öl, das an

---

[1]) Kosteletzki, Medizin.-pharmazeut. Flora. 1831, I, S. 9.
[2]) Hoelzl, Verh. d. zoolog.-botan. Ges. Wien 1861, S. 149—160.
[3]) Kronfeld, Wien. med. Wochenschr. 1889, Nr. 44 u. 45.
[4]) Fossel, Volksmedizin und medizinischer Aberglaube in Steiermark, Graz 1886, S. 48.

Rainfarnöl im Geruch erinnert. In ihm finden sich zwei Ketone $C_{10}H_{16}O$, α- und β-Santolineon.

Frauen der Ostromanen, Moldauer und Wallachen verwenden Scopolia atropoides Link als Abortivmittel.

In Böhmen wurden wiederholt, doch ohne Erfolg, mit Paeonia, Asarum europaeum, Dekokten von Ruta und mit Glaubersalzlösung Abtreibungsversuche vorgenommen[1]). Auch Evonymus europaeus, das Pfaffenkäppchen, scheint Verwendung zu finden. Bei einer des Verbrechens der Abtreibung Angeklagten fand man fünf Früchte dieser Pflanze und 15 g Oleanderblätter. Beiden Stoffen wurde zwar gutachtlich die Wirkungsmöglichkeit zugesprochen, jedoch verneint, daß denselben „eine spezifische und sichere Fruchtabtreibungsfähigkeit zukomme". Viel weniger falsch konnte das Gutachten wohl nicht ausfallen!

In **Schweden** ist der Phosphor das gebräuchlichste Abortivum. In den Jahren 1873—1892 kamen daselbst 1896 Vergiftungen mit Phosphor vor; in 616 Fällen war er zum Zweck der Fruchtabtreibung genommen worden[2]).

Türkei. Auch in diesem Lande suchen Frauen eine zu zahlreiche Familie teils aus finanziellen, teils aus kosmetischen Gründen zu vermeiden. Die Befruchtung verhindern sie durch Einlegen eines in Limonade getauchten Schwammes vor der Begattung. Zur Fruchtabtreibung gebrauchen sie auch nach vollzogenem Beischlafe eine aus Aloe, Ruta graveolens und Gummi verfertigte Paste, die an den Muttermund gebracht wird, oder man bestreicht diesen mit Tabaksaft. Fast sichere Wirkungen werden einem Gemische der Tinctura Hellebori (24 g) mit Tinctura Opii crocata (8 g), zu 20 Tropfen täglich einzunehmen, zugeschrieben. Auch das alte Elixir proprietatis Paracelsi (Aloe, Myrrhe, Krokus mit Schwefelsäure und Alkohol) genießt in dieser Beziehung Ansehen. In gleicher Weise werden verwendet: Sabina, Anis, bittere Mandeln, und häufig die Folia Aurantiorum mit der Jalapen-Wurzel, die mit kochendem Wasser infundiert und als Tee getrunken werden. Dieses Mittel soll das sicherste sein, aber häufig lebensgefährliche Blutungen im Gefolge haben. Ferner gebraucht man Einspritzungen, Waschungen und Zäpfchen aus Tabak, Aloe, Myrrhe, Zimt, Ambra, Moschus, Bezoar, Ingwer, Sabina im Infus und zu Einstreuungen als Pulver, in letzter Form auch mit Aloe gemischt und Suppositorien von Dextrin und Tabak.

---

[1]) Ploss, Zur Geschichte, Verbreitung und Methode der Fruchtabtreibung. Leipzig 1883, S. 44.

[2]) Wallis, Nord. med. ark., N. F., VIII, 2., Nr. 27, 1897. — Vgl. auch die Kasuistik.

Als mechanische Mittel finden Verwendung: Epheustengel oder Tabak- oder Olivenstengel, die in den Mutterhals gebracht werden. Um den 6. bis 7. Monat wird sogar die Punktion gemacht. Die niedrige Bevölkerung soll weniger an solchen Gebräuchen teilhaben[1]).

In Mazedonien sollen viele Frauen der Anwendung der Koloquinten als Abortivum zum Opfer fallen[2]).

In **Griechenland** sind am gebräuchlichsten: Opium oder Belladonna, das die Frauen gewaltsam in die Scheide einführen. Ferner Ruta odorans, Sabina und Bernstein.

In **Rußland** verwendet man innerlich: Sublimat, Sabina, Secale cornutum und den frisch ausgepreßten Saft von Chelidonium majus. Zur Verhütung der Schwangerschaft wird ein Aufguß von Lycopodium annotinum (sprossender Bärlapp), oder morgens bei nüchternem Magen ein Glas warmen Wassers genommen[3]). Ledum palustre gilt bei vielen Stämmen als Abortivum, ebenso wie Schießpulver mit stark gewürztem Glühwein.

Als wehenbeförderndes Mittel wird Artemisia vulgaris mit Erfolg gegeben, und zur Beförderung der Menstruation ein Tee von Tanacetum vulgare oder Ol. Terebinthinae zu 12—15 Tropfen morgens und abends mit einem starken Aufguß von Artemisia. In südlichen Gouvernements gebraucht man den Splint des Kirschbaumes, der von oben nach unten abgeschabt wird.

Die Tartarinnen gebrauchen zur Erzielung einer Fehlgeburt Bernstein, Bernsteinwasser und Bitterklee.

Die Volksärzte im Kaukasus geben behufs Einleitung des Abortus einen weinigen Aufguß nachstehender Pflanzen:

Eupatorium cannabinum L., vier ganze Pflanzen auf eine Flasche Wein; Ruscus aculeatus L. oder Pulmonaria officinalis L., vier Wurzeln auf eine Flasche Wein, früh und abends ein Weinglas[4]).

In Kleinrußland gelten als Abortiva: Bryonia alba und Juniperus Sabina. Zur Beförderung der Menstruation wird ein Aufguß von Lathraea squamaria mit Wasser oder Branntwein zu einigen Spitzgläsern täglich getrunken.

Die schwarze Seife spielt als Abortivmittel auch in Rußland eine Rolle.

---

[1]) Ziffo, l. c. — Oppenheim, Zustände der Heilkunde in der Türkei. Hamburg 1883, S. 65. — Rigler, Die Türkei. Bd. 1, S. 372.

[2]) Kraus u. Pichler, Staatsarzneikunde, S. 877 f.

[3]) Krebel, Volksmedizin verschiedener Stämme Rußlands. Leipzig 1858, S. 134.

[4]) Demic, Über Volksmedizin in Rußland. Wiener klin. Wochenschr. 1889, S. 902.

Die Esthinnen gebrauchen Quecksilber mit Fett gemischt[1]), wie dies oben auch von den Litauerinnen angegeben wurde. Nach v. Luce soll nie ein Erfolg eintreten (?).

b) Asien.

In Sibirien benutzt man als Abortiva die Wurzeln von Adonis vernalis (Frühlings-Teufelsauge) und A. appennina[2]). Zur Verhütung der Schwangerschaft soll man jedesmal, wenn die Menstruation sich einstellt, ein bestimmtes Gewicht Bleiweiß einnehmen, wodurch diese unterdrückt und bis zum nächsten Eintritt derselben die Empfängnis aufgehoben werde. Beim Aussetzen des Mittels kehre die Empfänglichkeit zurück. Es erinnert dies an die schon aus römischer Zeit stammende Angabe von der Unfruchtbarkeit erzeugenden Eigenschaft des Bleis.

Zur Beförderung der Menstruation wird ein gesättigter Aufguß von Geranium pratense getrunken.

Auch in Kamtschatka treiben Frauen, „die einen rechten Abscheu vor der Niederkunft haben", die Frucht mit allerhand giftigen Stoffen ab, jedoch ist es allbekannt, daß dies nie ohne Gefahr ihres eigenen Lebens geschehen kann[3]). Die Frauen der Itälmenen z. B. trinken das Dekokt von Thapsia Kamtschatica (Kutáchschu), um die Schwangerschaft zu hintertreiben[4]).

In Japan wird von manchen Hebammen auf folgende Weise Abort erregt: Eine mehr als einen Fuß lange flexible Wurzel von Achyranthes aspera Thunb. (A. bidentata Blume var. japonica Miq.) von der Dicke eines Gänsefederkiels wird zwischen Uteruswand und Eihäute geschoben und dort 1—2 Tage liegen gelassen. Die Wurzel wird vor dem Einführen mit Moschus bestrichen und auch innerlich wird Moschus gegeben. Der Erfolg ist sicher. Auch schiebt man Seidenfäden, die mit Moschus imprägniert sind, in den Muttermund oder stößt spitze Bambusstäbe oder Zweige von Sträuchern, besonders von einer „Nanten" (Nandina domestica Thunb.) genannten Pflanze in den Uterus[5]).

Andere Hebammen schieben die ca. 20 cm langen Blattstiele von Ligularia Kaempferi Sieb. et Zucc. (Tussilago japonica Thb.,

---

[1]) Krebel, l. c. — Vgl. auch L. Lewin, Berlin. Klin. Wochenschrift, 1899, März.

[2]) Pallas, Reise durch versch. Prov. d. russ. Reiches. Bd. II, S. 56.

[3]) Kraschenninikow, Beschreibung des Landes Kamtschatka. Lemgo 1776, S. 262.

[4]) Steller, Kamtschatka. 1774, S. 349.

[5]) Mitteil. d. deutsch. Ges. f. Natur- u. Völkerkunde Ostasiens, I, 1874, Heft 4, S. 28.

japan. Tsuwa-fuki oder Tsuwa-buki) in den Muttermund und geben zugleich innerlich Moschus. Der Erfolg soll auch hier sicher sein, doch oft entstehen dadurch tödliche Blutungen aus dem Uterus[1]).

Ferner wird metallisches Quecksilber mit ein wenig Hanföl gekocht, bis eine zähe Masse entsteht. Davon werden mit oder ohne Zufügung von Moschus Pillen gemacht und dieselben innerlich genommen. Der Erfolg ist nicht ganz sicher, deshalb wird dieses Mittel weniger häufig angewandt. Es soll dabei keine Gefahr für das Leben der Mutter vorhanden sein. In Japan sollen übrigens auch die Priester mit Abtreibungsmitteln Handel treiben[2]).

In **China** benutzt man vielfach den Moschus (Sha-heung) als Abortivum. Aus älterer Zeit wird angegeben[3]), daß dann, wenn man sicher ist, die Frucht sei bereits im Leibe der Mutter abgestorben, die Arznei Fo-schu-san eingegeben werden müsse. Durch diese ginge die Frucht sehr leicht ohne Schmerzen von der Mutter ab. Sollte jedoch dieses Mittel nicht die gewünschte Wirkung hervorbringen, dann mische man einen Teil der Arznei Pin-wei-san und 3 Teile Pu-si-uh-jem und lasse diese Mischung die Mutter einnehmen. In Peking werden besonders Pediculus bovis und getrocknete, pulverisierte Blutegel, beides an die Cervix uteri appliziert[4]).

In **Siam** findet nach Rob. Schomburgk ein geheimes vegetabilisches Abortivum Verwendung.

In **Persien** wo alle außerehelichen Schwangerschaften mit Abortus endigen, braucht man zur Abtreibung außer mechanischen Mitteln: Brechmittel aus Cuprum sulfuricum, Drastica oder die Sprossen von Dattelkernen. Die Hebammen sollen dort mit großer Geschicklichkeit die Eihäute mittels Haken sprengen, um Abort bei außerehelichen Schwangerschaften herbeizuführen, und viele dieser Abtreiberinnen sollen deswegen in Teheran sehr bekannt und gesucht sein. Die Sache wird ziemlich öffentlich getrieben und ihr kein Hindernis in den Weg gelegt. Nur einzelne unglückliche Geschöpfe wollen sich selbst helfen; sie setzen massenhaft Blutegel an, machen Aderlässe an den Füßen, nehmen Brechmittel und andere Dinge ein, und fruchtet alles dieses nicht, so lassen sie sich den Unterleib walken oder treten. Viele gehen an den Folgen dieser rohen Behandlung zugrunde[5]).

---

[1]) Ibid. I, 1874, Heft 5, S. 39.

[2]) Golownin, Recollections of Japan. London 1819, p. 93, 97, 222.

[3]) v. Martius, Abhandlung über die Geburtshilfe. Aus dem Chinesischen. Freiberg 1820 S. 58. — Aus derselben Abhandlung (S. 68) geht auch hervor, daß Kindermord in China geübt wurde: „Was aber noch weit ruchloser ist, so bringen viele ihre Neugeborenen bloß deshalb um, weil es kein Knabe, sondern ein Mädchen ist."

[4]) Martin, Gazette hebdom. 1872, Nr. 14, S. 209.

[5]) Polak, Persien und seine Bewohner. Leipzig 1865, I, S. 216.

In **Indien** sind gegenwärtig folgende Abortiva in Gebrauch[1]):

Abrus precatorius L. Ein Infus der Wurzel wird als Abortivmittel im Hoshiarpur Distrikt (Panjáb) gebraucht.

Acacia Catechu Willd. Das Extrakt ruft Abort hervor.

Achyranthes aspera L. Der Saft in das Os uteri injiziert, soll schnell Wehen hervorrufen. Häufiger wird die Pflanze als mechanisches Abortivmittel gebraucht.

Ananas sativa L. Die unreife Frucht und der Saft werden, weil sie Uteruskontraktion auslösen sollen, zum kriminellen Abort benutzt; ebenso der Saft der Blätter in den Gebieten an der Straße von Malakka. Er soll besonders wirksam bei schwachen Frauen sein.

Anona squamosa L. Die Samen an das Os uteri gebracht sollen Abort bewirken.

Aristolochia bracteata Retz und A. indica L. Die Wurzel gilt als mächtiges Abortivum — was pharmakologisch verständlich ist.

Calotropis gigantea R. Br. und C. procera R. Br. Mit dem Milchsaft der Pflanzen wird das Os uteri bestrichen, um Abort zu bewirken, oder es wird ein Stück Holz mit Watte umgeben, dieses mit dem Milchsaft imprägniert und das Ganze in das Os uteri eingeführt und dort belassen bis Uteruskontraktionen entstehen. Wenn der Operateur nicht geschickt ist, kommt es hierbei auch zur Durchbohrung der Uteruswand. Eine andere Methode besteht darin, einen geglätteten Zweig der Calotropis in das Os uteri einzuführen, oder es werden auch Pessare mit dem Milchsaft appliziert[2]).

Kampfer wird in Indien oft mit der Pisangfrucht zur Hervorrufung von Abort gebraucht. Es sollen davon ca. 1,2 g zu diesem Zweck genügen.

Carica Papaya L. Der Saft bewirkt, innerlich genommen oder an das Os uteri appliziert, Abort. Er wird viel in Südindien benutzt. Wie es scheint, auch die Samen.

Daucus Carota L. Die Samen dienen als Abortivum.

Dendrocalamus strict. Nees. Der Saft der Blätter wird in Dosen von 60 g im nordwestlichen Teile Indiens als Abortivum gebraucht.

Derris elliptica.

Dracontium polyphyllum L. Wird als starkes Emmenagogum hochgeschätzt und bisweilen benutzt, um Abort hervorzurufen.

Euphorbia Lathyris L.

---

[1]) Watt, Dictionary of the economic products of India. Calcutta 1889.

[2]) Hooper, Pharmacographia Indica, Vol. II, S. 436. — Über die Wirkung dieser Calotropis-Arten ist zu vergleichen: L. Lewin, Arch. f. exper. Pathologie u. Pharmakologie, Bd. 71, 1913.

Gloriosa superba L. Die Wurzel hat den Sanskritnamen „gar-bhaghátini“, der bedeutet „die Droge, die Abort bewirkt“.

Momordica Cymbalaria Fenzl. Die Knollen sollen abortiv wirken.

Moringa pterygosperma Gaertn. Das Gummi und die Rinde werden verwendet. Von der letzteren werden in Bengalen Dosen von 15 g genommen. Auch die Wurzel wird gebraucht. Sie erregt Schwindel, Übelkeit, Erbrechen und choleraartige Symptome.

Myrica Nagi Thunb., die in Indien, China, Japan kultiviert wird, benutzt man, und zwar innerlich als Rindenabkochung oder auch als Pessare, als Ersatz von Mutterkorn. **Myrica gale L.**, die in Europa und Nordamerika vorkommt, scheint auch diesem Zwecke gelegentlich zu dienen.

Nerium odorum Soland (Wurzel).

Plumbago rosea L. und **P. zeylanica L.** (Chitra moolum. Chitra-mulam.) Die Wurzelrinde wird innerlich benutzt. Sie wird zu 8—16 g ein- bis zweimal täglich in einem Bissen mit Wasser genommen und gilt als starkes und erfolgreiches Mittel. Auch wird die Wurzel in das Os uteri eingeführt, wodurch häufig der Tod eintritt. Indische Ärzte, die direkte Beobachtungen darüber gemacht haben, geben an, daß es kaum ein Dorf in Indien gebe, in dem die abortive Wirkung der Plumbago zeylanica nicht bekannt sei. Ihr kommen — wie ich aus eigenen Versuchen auch mit dem wirksamen Prinzip weiß — starke, auch entzündliche Reizwirkungen am Gewebe zu. Es wird ausdrücklich hervorgehoben, daß die Mutter mit dem Leben davonkommen kann, nachdem sie abortiert hat.

Ocimum basilicum L.[1]).

Plumeria acutifolia Poiret. Abgestumpfte Zweige werden in den Uterus eingeführt. Auch die Rinde wird innerlich als Drasticum und Abortivum gebraucht und tötete dabei die Mutter öfter unter Erbrechen, Verminderung der Herztätigkeit und Pupillenerweiterung[2]).

Polygonum flaccidum[1]).

Prangos pabularia Lindl. Die Frucht soll die Austreibung des Fötus befördern.

Rubus moluccanus L. Die Blätter sind ein starkes Emmenagogum und Abortivum.

Ruta graveolens L. wird von den Hindus als gefährlich für Schwangere angesehen.

Sapindus trifoliatus L. soll Abort machen.

Semecarpus Anacardium L. Der Saft wird als lokales Irritans gebraucht, um Abort hervorzurufen.

---

[1]) **Ridley**, Malayische Mat. medica. 1898.
[2]) **Lewin**, Lehrb. der Toxikologie, 2. Aufl., S. 328.

Sesamum indicum D. C. Die Samen wirken emmenagogisch und können Abort veranlassen.

Trianthema pentandra L. soll abortiv wirken.

Lepidium sativum L. wird im Pandjáb in der Weise als Abortivum benutzt, daß man die in Milch gekochten Samen der Pflanze genießt.

Von sonstigen Abortivmitteln in Indien sind noch zu nennen: der Saft der frischen Blätter von **Bambusa arundinacea**[1]) (3 mal täglich 1 Eßlöffel, wirkt in 2—3 Tagen), der Milchsaft von **Euphorbia Tirucalli, E. tortilis, E. antiquorum**, die, an das Os uteri appliziert, manchmal schon nach 12—24 Stunden wirken, und **Asa foetida**, vermischt mit wohlriechenden und gewürzigen Substanzen[2]).

Nigella sativa L. ist in Kerikal das von den Indierinnen am häufigsten gebrauchte Emmenagogum und Abortivum. Die Hauptwirkung ist eine Stimulation des Zirkulationsapparates, Vermehrung von Schweiß-, Urin-, Milchsekretion, Erregung des Utero-Ovarial-Apparates. Es werden 15 g der Samen als Emmenagogum gebraucht, höhere Dosen als Abortivum. Zu diesem Zwecke werden die Samen zwischen zwei Steinen zerrieben und das so erhaltene Pulver mit Palmenzucker gemischt (tamul.: „caroupoutty"), so daß eine Paste entsteht. Zu hohe Dosen des Mittels bewirken Erbrechen[3]).

Auf **Ceylon**, wo die eingeborenen Frauen nach den dortigen Gesetzen verpflichtet sein sollen, bis zu ihrem 37. Lebensjahre sich alle Früchte abzutreiben[4]), soll als Abortivum die Pflanze **Adhatoda Vasica Nees** gebraucht werden[5]).

Auf dem Malaiischen Archipel sind u. a. folgende Gewächse unter den Eingeborenen als Abortiva in Gebrauch[6]): Blätter und Blüten von **Baeckea frutescens** L., der gepulverte Wurzelbast von **Michelia Champaca** L. und **Phyllantus Niruri** L.

Schon **Rumphius**[7]) gab an, daß malaiische Weiber sich des Saftes von **Ananas** bedienen, um Abort hervorzurufen.

Neuere Angaben über malaiische Arzneimittel besagen, daß als Abortiva gebraucht werden: **Bambusschößlinge mit Pfeffer, Avicennia officinalis** L., **Polygonum flaccidum, Ocimum basilicum** L., **Derris elliptica Benth.** und **Plumbago rosea.**

---

[1]) Ridley, Malayische Mat. med. 1898.

[2]) Shortt, Transact. of the Obstetrical Soc. of London Vol. IX, 1868, p. 6.

[3]) Canolle, Du cumin noir, ou nigella sativa de Linné, comme substance emménagogue ou abortive en usage parmi les Indiennes. Thèse de Paris. 1881. Bull. gén. de thérap. T. CI, p. 332. 1881.

[4]) Bierbaum, Henkes Zeitschr. f. d. Staatsarzneik. Bd. 63, 1852, S. 7.

[5]) Ribeyro, Histoire de l'île de Ceylon. Amsterdam 1719.

[6]) Grevelink, Planten van Nederlandsch-Indie. 1883, p. 141.

[7]) Rumphius, Herbar. amboinense, Vol. V, p. 228.

Nachprüfenswert ist besonders die Wirkung von Aristolochia indica, die einen dem Secale ähnlich wirkenden Stoff enthalten soll. Es werden ferner in Niederländisch-Indien gebraucht, und zwar meistens in Teeform: die Blätter von Coleus atropurpureus, die Kerne von Carica Papaya, die Rinde von Alyxia stellata, die Blätter von Nothopanax cochleatum, die Blätter von Nyclanthes arbortritis, Blätter und Saft von Braganthia tomentosa und Blüten und Blätter von Hibiscus rosa sinensis mit Essig.

Auf **Süd-Celebes** wird die Wurzel von Croton Tiglium L. feingeraspelt, mit Wasser gemengt, je nach dem Monat der Schwangerschaft in kleinerer oder größerer Menge getrunken.

In den **Strait-Settlements** ist „Aker Sindarah" ein sehr beliebtes Abtreibungsmittel. Die Droge besteht aus den Wurzelteilen von Goniothalamus macrophyllus. Diese strauch- bis baumartige Anonacee mit cremefarbigen Blüten strömt einen feinen Duft aus.

Auf den **Fidschi-Inseln** werden unter anderem benutzt der Saft der Blätter von Pharbitis insularis Chois. mit dem einheimischen Namen Wairuti, einer blaublühenden Küstenschlingpflanze, sowie die Grevia prunifolia A. Gray.

c) Afrika.

In **Algerien** nimmt, wenn das Kind im Uterus abgestorben ist, die Schwangere zur Abtreibung ein Getränk aus Honig und warmer Milch zu sich, in dem ein Pulver von Kupfervitriol (Zdadj) aufgelöst ist. Sollte es aber noch nicht ganz tot sein, so würde es sich auf die Seite wenden und dann bestimmt ausgetrieben werden. Andere Mittel bei den Arabern sind: Trinken der sauren Milch einer Hündin, vermischt mit zerquetschten und geschälten Quitten, oder dreitägiges Trinken einer Abkochung der Spargelwurzel und der Wurzel der Färberröte.

Ein „Taleb" schreibt auf den Boden einer Tasse zwei Worte aus dem Koran, und man wäscht dann diese Worte ab mit einer Mischung von Wasser, Öl, Kümmel, Raute und Rettich; diese Substanzen muß die Frau selbst auf dem Boden der beschriebenen Tasse zerquetschen und hin und her reiben, dann drei Tage lang davon trinken; hierauf soll das Kind in ihrem Leibe eine solche Lage bekommen, daß es abgeht. Auch muß die Frau zehn Tage lang fünfmal täglich eine Mischung von Milch und Salz trinken; nützt dies nichts, dann soll ein Schluck süße und saure Milch von zwei Kühen mit Essig gemischt sie vom Kinde befreien. Ferner mischen sie Spargel und Tafarfarat (?), setzen Mehl zu und kochen es mit Wasser; hiervon essen sie drei Tage lang und trinken gleichzeitig Wasser aus einer Tasse, auf deren Boden Anrufungen von Gott und Engeln geschrieben sind[1]).

Beachtenswert ist die Erfahrung, daß arabische Frauen die Wurzel von Atractylis gummifera L., „el Haddad", die im ganzen Mittelmeergebiet verbreitet ist, wie Mutterkorn, als Abortivmittel gebrauchen und sich wohl auch einmal dadurch ihrer Männer zu entledigen suchen, indem sie diese eine Abkochung in Milch nehmen lassen. Es entstehen durch die Wurzel irritierende und narkotische Wirkungen: Gastroenteritis, Brechdurchfälle, an die sich Symptome wie bei der asphyktischen Cholera schließen: tiefes Koma, verfallenes Gesicht, Zyanose, kleiner, seltener Puls, Atemnot, Harnverhaltung usw.

Andere in Algerien gebrauchte Abortiva sind Infuse von Daphne Gnidium, Ruta, Sabina, Scilla maritima, Oleander, ferner Kupfersalze. Ein wegen Hervorrufung von Abort angeklagter arabischer Arzt pflegte folgende Mittel anzuwenden: Grünspan (zendjoar) in einem Glase Wasser aufgelöst, mit Fragmenten von einer ton- und eisenhaltigen Erde (Teubtil), sodann Samenkörner von Nigella sativa (Sarroudj) und darauf Räucherungen an der Vulva mit Benzoe (djavu), vermischt mit einer Kugel von fassoukh (bestehend aus Asa foetida und Styrax). Die Behandlung, am Morgen angefangen, hatte am Abend vollständigen Erfolg gehabt. Grünspan, das ebenso wie Kupfersulfat eine große Rolle als Abortivum spielt, wird meist in Dosen von 0,5 g gegeben; es bewirkt schmerzhafte Urinsuppression, Magenkrämpfe, grünliches Erbrechen, blutige Diarrhöe.

Vielfach wird auch als Abortivmittel die Inokulation mit Variola angewandt[2]).

In Tunis werden Abtreibungen reichlich geübt. Von pflanzlichen Mitteln finden z. B. die Sabina, die Raute, Scilla maritima, die Meerzwiebel, oder der Seidelbast in Aufgüssen Verwendung. Von anorganischen Stoffen: Grünspan zu etwa 0,5 g und von tierischen Präparaten: Aufgüsse von halbkalzinierten Hühnerknochen, von halbkalzinierten Fledermausknochen oder von Oberkiefern von halbverbrannten Schlangen u. a. m.

In das Collum uteri werden Fremdkörper, z. B. ein geeignetes Stück Holz, oder, um gleichzeitig örtliche Entzündung zu erzeugen, ein Stückchen Seidelbast eingeführt.

Sogar die Impfung mit Pockenlymphe steht bei arabischen Frauen in dem Rufe, Abort herbeizuführen. Wenn alle Mittel versagt

---

[1]) Bertherand, Médecine et hygiène des Arabes, p. 545.
[2]) Kocher, De la criminalité chez les Arabes. Paris 1884, p. 224.

haben, dann stellt man wohl auch eine arabische steinerne Mahlmühle auf den Bauch der Schwangeren und dreht sie so lange, bis der Abort erfolgt.

In **Fezzan** besorgen alte Weiber den Abort mittels Kügelchen von Rauchtabak oder von Baumwolle mit dem Safte des Oschar Calotropis procera R. Br.[1]); innerlich sollen Ruß irdener Kochgeschirre und eine Henna-Mazeration dieselbe Wirkung haben[2]).

In **Alexandrien** gelten Pfeffer, auch Lorbeer und andere Mittel als Abortiva.

In **Äthiopien** wird Holz und Harz der Zeder und des Sadebaums als Abortivum benutzt[3]).

In **Massaua** gebraucht man nach Brehm einen Absud einer Thuja-Art.

In **Loango** wenden zuweilen ledige Weiber zur Fruchtabtreibung außer Kneten und Drücken des Leibes auch übermäßige Gaben von rotem Pfeffer an[4]).

Die Negerinnen in **Old-Calabar** nehmen im 3. Schwangerschaftsmonat Abortiva ein. Zuerst durch den Mund und durch den After; wenn dann eine blutige Ausscheidung aus der Vagina erfolgt, so werden die Arzneien auch an den Muttermund appliziert. Zu letzterem Zwecke nehmen sie eine Euphorbia, eine Leguminose oder ein Amomum. Das Stengelende des Blattstiels der Euphorbia, welches seinen Saft ausschwitzt, wird in die Vagina geschoben; zu demselben Zwecke wird die Schote einer Hülsenfrucht eingelegt oder eine kleine Menge Guineapfeffer mit Speichel zu einer Masse verrieben. Nach wenigen Tagen tritt Abort ein. Oft ist die Wirkung zu stark; es entstehen konstitutionelle Störungen und organische Leiden, und es folgt der Tod. Der siebente Monat gilt bei ihnen als ein schlechter, insofern viele Aborte in ihm vorkommen[5]).

Im südlichsten **Französisch-Guinea** etwa unterhalb des 10. Breitengrades, im Mellacoree-Gebiete, benutzen die Negerinnen die Abkochungen der Kolanuß (Sterculia acuminata) zu abtreibenden Einspritzungen.

Bei den **Herero** gilt Pfeffer als Abortivmittel.

Die **Hottentotten** gebrauchen zur Fruchtabtreibung eine kleine rote Beere, ähnlich einer Johannisbeere, gehüllt in ein Blatt, das einem solchen von der Cap-Stachelbeere gleicht.

---

[1]) L. Lewin, Arch. f. exper. Pathologie u. Pharmakologie, Bd. 71, 1913.
[2]) Nachtigal, Sahara und Sudan, I, S. 153.
[3]) R. Hartmann, l. c., S. 357.
[4]) Pechuel-Loesche, Zeitschr. f. Ethnologie, X, 1878, S. 28.
[5]) Hewan, Edinb. med. Journ. 1864, Septemb., S. 223; 1865, I, S. 857.

In **Südwestafrika** sollen auch Salpeter oder viel Kochsalz neben Fußtritten vor den oben mit einem Strick geschnürten Bauch zur Kindesabtreibung gebraucht werden.

d) Amerika.

In den **Vereinigten Staaten von Nordamerika** ist neben Secale, Sabina u. a. das verbreitetste Abortivmittel Tanacetum vulgare. Von weniger bekannten Mitteln sind daselbst noch Zedernöl[1]) (von Juniperus virginiana), Hedeoma pulegioides (Pennyroyal) und, besonders in den südlichen Staaten, Extr. Gossypii in Gebrauch.

In **Westindien** wird folgendes Mittel viel benutzt: Von den Blättern von Cajanus indicus Spr., Jatropha gossypifolia, Rauwolfia Lamarckii DC, Heliotropium parviflorum und Persea gratissima Gaertn. und der Wurzel von Petiveria alliacea wird ein Dekokt bereitet, das glasweise morgens und abends genommen wird, bis dann unter dem Bilde einer starken Menstruation in kurzer Zeit die Wirkung eintritt. Die meisten der genannten Pflanzen enthalten stark drastisch wirkende Stoffe[2]).

Auf **Jamaika** wird von den Negern Stachytarpheta jamaicensis L. als Abtreibungsmittel gebraucht.

Auf **Trinidad** wird den jungen Trieben und Blüten des Kalebassenbaumes eine abortive Wirkung nachgerühmt.

Walsura piscidia Roxb. ist auf den **Antillen** als gefährliches Brechmittel und Emmenagogum bekannt[3]).

Ebenso gilt die Wurzel von Trichilia trifoliata L. in Westindien als Abortivum; das Mittel führt indessen meist zum Tode der Frauen unter den heftigsten Schmerzen und Uterinblutungen[4]). Auch die unreife Frucht von Ananas sativus wird auf dem Indischen Archipel als starkes Emmenagogum und Abortivum benutzt.

In **Brasilien** werden Guarea purgans St. Hil. und G. Aubletii Juss. (G. trichilioides L.) in größeren Dosen[5]), ferner der ätzende Saft von Colocasia antiquorum Schott. var. acris Engl. sowie der Saft von Ananas silvestris[6]), der Brechdurchfall und blutige Diarrhöen verursacht, als Abortiva angewandt. Gelegentlich soll auch hierzu Statice brasiliensis Boiss., die Uteruskontraktionen veranlaßt, gebraucht werden.

---

[1]) Med. and surg. Reports of the Boston City Hospital. 2. S., 1877, p. 270.
[2]) Wissing, Hospitals-Titende, I, Nr. 6.
[3]) Watt, l. c., VI, 4, S. 299.
[4]) Grevelink, l. c., S. 494.
[5]) Spix und v. Martius, Reise in Brasilien, II, S. 547.
[6]) Peckolt, Pharmazeut. Rundschau 1895, S. 237.

In **Surinam** werden die Samen von Poincinia pulcherrima L. von den Eingeborenen benutzt.

Die Papuaweiber auf **Neu-Kaledonien** verschlingen zur Fruchtabtreibung gekochte grüne Bananen siedend heiß. Da die Bananen völlig unschädlich sind, so dienen sie wohl nur zur Verschleierung des wahren, bis jetzt noch unbekannten Abortivmittels. Sie huldigen diesem Gebrauche, um der Mühe des Säugens zu entgehen und um die Körperreize länger zu erhalten[1]).

Von sonstigen, in verschiedenen Ländern vereinzelt als Abortiva gebrauchten Mitteln sind noch anzuführen: Barium- und Strontiumpräparate[2]), Kalium permanganicum, Bleiessig als Bleiwasser[3]), Ferratinpulver, Daphne Cneorum L.[4]), Cucumis trigonus Roxb.[5]), Arnica montana L., Arctostaphylus Uva ursi Spr. und Sabadilla, Ebereschenmus, Lavendel, ferner Colchicum autumnale L., Rhamnus cathartica L., Trifolium sowie der Aderlaß u. a. m.

---

[1]) Das Ausland. 1862, S. 1092.
[2]) Henkes Zeitschr. f. d. Staatsarzneik. 1855, S. 59.
[3]) Puppe, Monatsschr. f. Geburtsh. u. Gynäkol. 1905.
[4]) Rosenthal, Synopsis plantarum diaphoricarum. 1862, S. 241.
[5]) Lewin, Toxikologie, 2. Aufl., 1897, S. 297.

IX. Mitteilungen über versuchte und vollzogene Abtreibungen durch Gifte.

1. Anorganische Stoffe.

Die folgenden Mitteilungen über versuchten und ausgeführten Abort sollen eine Vorstellung davon geben:

1. in welchem Umfange Fälle von kriminellem Abort bisher in der Weltliteratur mitgeteilt sind,

2. in welchem Umfange durch die beliebtesten Abortivmittel der Abtreibungszweck wirklich erreicht worden ist, wobei freilich hervorzuheben ist, daß die Zahl der mitgeteilten Fälle verschwindend klein gegenüber den wirklich vorkommenden ist. Sie liefern gleichzeitig einen Beitrag zur Toxikologie, wie er bisher niemals zur Darstellung gebracht worden ist. Von jetzt an werden die toxikologischen Sammeldarstellungen dieses Kapitel nicht mehr aus Mangel an Material umgehen können. Wie viele Ärzte haben bisher vergeblich nach derartigen Angaben gesucht, wenn sie vor Gericht wissenschaftliche Aussagen über Abortivmittel zu machen hatten! Ich kann dies beurteilen, weil genug derartige Anfragen im Laufe von beinahe 40 Jahren an mich gerichtet wurden. Die kümmerlichen Hinweise in den Büchern über gerichtliche Medizin, die sich zudem noch fast insgesamt auf ältere, aber in jeder Beziehung unvollkommene Darstellungen stützen, konnten eine wirkliche Belehrung über diesen Gegenstand nicht liefern.

Das was ich auf den folgenden Blättern zuerst methodisch dargestellt habe, stammt aus dem praktisch-ärztlichen Erfahrungsleben in den zivilisierten Ländern der Welt. Der einzelne kann immer nur einen sehr beschränkten Kreis von erlebten Tatsachen sein eigen nennen. Die Toxikologie dagegen vereint die Ergebnisse und beurteilt sie in der Gesamtheit kritisch nach vorhandenen Grundsätzen. Der erste beste kann ein derartiges toxikologisches Wissen nicht von heute auf morgen zu beherrschen lernen[1]).

---

[1]) L. Lewin, Zeitschr. f. angew. Chemie 1910, XXXIII, S. 529; und Revue scientifique, 14 janvier 1910, p. 34. —

Der Arzt, der über die abortiven Eigenschaften irgendeines Mittels ein Gutachten abgeben soll, wird sich, nach den Ausführungen in den vorangegangenen Kapiteln, selbst dann, wenn ein hier berichteter, adäquater Fall ebenso ergebnislos verlief wie der seinige, nicht auf den alten Standpunkt stellen dürfen, das negative Ergebnis als der Wahrheit letzten Schluß anzusehen. Hat das betreffende Mittel die Mutter in irgendeiner Weise geschädigt, so konnte es auch den Fötus schädigen, oder hat ihn zeitweilig geschädigt. Damit sind aber die ersten Bedingungen erfüllt, die zu einer Abtreibung erforderlich sind. Die nicht erfolgte Abtreibung gibt kein Recht, die Möglichkeit einer solchen zu leugnen und am wenigsten ist es angebracht da, wo die Mutter dem Mittel erlag, ohne daß zuvor die Ausstoßung des Fötus erfolgte, von einer Nichtwirkung des Abtreibungsmittels zu sprechen.

Gerade diese Grundanschauung wird wohl am besten durch die folgenden kasuistischen Belege bewahrheitet, deren Ergebnisse den Wert des exakten Experimentes für sich in Anspruch nehmen dürfen. Denn sie lehren nicht nur eine wenig oder gar nicht gekannte Symptomatologie mancher Gifte, und geben neue Stützen für die Erkenntnis der Bedeutung individueller Widerstandsfähigkeit, sondern legen dem Denkenden nahe, den Nichterfolg der Ausstoßung bei einer schweren oder irreparablen Erkrankung der Mutter auf die Höhe der eingeführten Dosis zu schieben, die das Substrat in akutem Ansturme schädigen mußte, ehe der Mechanismus der Ausstoßung in Gang gesetzt werden konnte. Schnelle Regulation der akuten mütterlichen Störungen kann auch die des Fötus wieder begleichen, während dagegen kleine, häufig zugeführte Giftmengen krankhafte Veränderungen veranlassen, die den Fötus dadurch schwerer treffen, daß die Regulation chronischer Erkrankung sich erst in längerer Zeit vollzieht, dadurch ist aber auch eine Gefährdung des fötalen Lebens drohender.

Bei manchen der mitgeteilten Mittel könnte man den Eindruck haben, daß weil kein Erfolg eintrat, sie als harmlos zu betrachten seien. Man wolle demgegenüber bedenken, daß wenn tausende Abtreibungen durch Gifte zustande kommen, nur kaum einzelne bekannt werden, unter den ersteren aber genügende Bestätigungen für die Wirksamkeit einzelner solcher Stoffe vorhanden sein könnten, und wahrscheinlich auch vorhanden sind. Mit um so größerer Sicherheit wird eine solche Annahme gemacht werden können, wenn die Toxikologie den betreffenden Stoffen und den gebrauchten Dosen Giftwirkungen zuzuschreiben imstande ist.

Für die Vertiefung in der Erkenntnis mancher hier noch ungelöster wissenschaftlicher Fragen wird es in Zukunft auch erforderlich sein, den Einfluß von Giften auf das gewerblich damit arbeitende schwangere und nichtschwangere Weib und auf den sexuellen Gesundheitszustand des in Giftbetrieben — im weitesten Sinne — arbeitenden Mannes viel besser kennen zu lernen, als es bisher geschehen ist. Auch aus sozialen und Humanitätsgründen. Was ich von einigen der Gifte, wie Blei und Quecksilber, kritisch beleuchte[1]), ist nur ein Bruchteil des zu Erforschenden. Richtlinien für dieses lassen sich schon heute geben. Man denke z. B. nur an die Zinkhüttenarbeiterinnen mit ihrer hochgradigen Anämie, ihren monatelangen Menstruationsstörungen, ihren Nierenleiden usw. Hier werden vorzeitige Geburten, oder falls der Mann durch eine solche Arbeit wesentlich gelitten hat, lebensschwache Kinder die Folgen einer Giftwirkung darstellen. Durch Giftarbeit der Mütter oder Väter gehen jährlich viele Kinder im Keime oder ausgebildet zugrunde.

Schwefelsäure.

Innerliche Aufnahme.

An der abtreibenden Wirkung der Schwefelsäure können beteiligt sein:

1. eine durch die Magenätzung bedingte reflektorische Wirkung der Säure auf den Uterus,

2. die infolge der Resorption des Giftes als Salz, wie in der Niere, im Herzen usw. so auch sehr wahrscheinlich in den Eihäuten bzw. deren Gefäßen relativ schnell zustande kommenden örtlichen Veränderungen (Trübung, fettige Degeneration), die zu Blutergüssen und vielleicht auch zu einer direkten Schädigung des Fötus führen können, und

3. die Alkalientziehung aus dem mütterlichen Organismus, die jäh in den ersten Stunden der Vergiftung zustande kommt.

1. Eine 38jährige, im 9. Monat schwangere Frau, die an „Bluthusten und Faulfieber" litt und seit 11 Tagen verstopft war, erhielt außer entleerenden Klistieren von Öl und Seife mit Wasser innerlich noch Cremor tartari und ein Chinadekokt mit Baldrian und Kampfer. Außerdem sollte sie Schwefelsäure, mit Wasser verdünnt, trinken. Nachdem diese letztere Therapie 3 Tage lang fortgesetzt worden war, wurde in der Nacht des 4. Tages ein lebendes Kind geboren[2]).

2. Eine im 2. Monat Schwangere nahm zwei reichliche Eßlöffel Nordhäuser Schwefelsäure. Sie stürzte unter Konvulsionen zu Boden. Häufiges, auch blutiges Erbrechen folgte. Nach Verabfolgung von Milch usw., Ansetzen von Blutegeln in die Magengegend ließen Erbrechen und Schmerzen nach. Am Abend ging unter Wehen eine zweimonatige Frucht ab.

---

[1]) L. Lewin, Berlin. klinische Wochenschrift, 1904, Nr. 41.
[2]) Schlegel, Material f. d. Staatswissensch. I, 1800, S. 140.

Bis zum 7. Tage kehrten Appetit und Schlaf zurück. Blutige Stühle bestanden noch fort[1]).

3. Eine 26jährige, im 9. Monat Schwangere nahm abends in selbstmörderischer Absicht konzentrierte Schwefelsäure. Sie erkrankte unter Erbrechen und anderen Symptomen, bekam in der Frühe des folgenden Tages Wehen, um $1/_2$10 Uhr vormittags ging das Fruchtwasser ab, und mittags wurde das Kind geboren. Sie selbst starb $2^1/_2$ Tage nach der Vergiftung.

Die Säure schien sich „selbst dem Liquor Amnii mitgeteilt zu haben"[2]).

4. Eine Frau hatte einem schwangeren Mädchen zur Abtreibung der Frucht eine braune, sauer schmeckende Flüssigkeit gegeben. Gleich nach dem Einnehmen derselben trat Erbrechen ein. Die Haut war blaß und feucht, die Patientin war sehr unruhig, ein nicht sehr starker Druck auf Magen und Kehlkopf erregte Schmerzen. Dieser Zustand dauerte 2 Tage, worauf sie von einem toten Knaben im Ei entbunden wurde. Am folgenden Tage starb sie selbst.

Die chemische Analyse ergab, daß die genossene Flüssigkeit ein Gemisch von roher Schwefelsäure mit Brennöl war. Es muß angenommen werden, daß diese Flüssigkeit als Abtreibungsmittel gewirkt habe[3]).

Bei der Angeschuldigten fand man außerdem noch: Tinct. comp., Resina Jalapae und Kreosot.

5. Eine 44jährige unverheiratete Frau, die schon sechs lebende Kinder geboren hatte, nahm, als sie sich wieder schwanger fühlte, im 2. Schwangerschaftsmonat ein Getränk von konzentrierter Schwefelsäure und Wasser zu gleichen Teilen(?). Nach einigen Tagen trat Blutung aus der Scheide ein und bald danach folgte eine hühnereigroße Frucht. Besonders schlecht hat sie sich weder vorher noch nachher gefühlt[4]) — was mich mehr als bezweifeln läßt, daß die angegebene Säurekonzentration zutreffe.

6. Eine Dienstmagd, die nach ärztlicher Anschauung in 3—4 Wochen niederkommen sollte, versuchte zum Selbstmord einen halben Eßlöffel voll Vitriolöl hinunterzuschlucken, spie aber des dadurch verursachten heftigen Brennens im Munde wegen den größten Teil davon wieder aus. Es traten nur heftige Hals- und Brustschmerzen sowie Erbrechen ein. Der herbeigerufene Arzt stellte fest, daß die Geburt im Gange sei. Es wurde ein unreifes Kind geboren, das nach 7 Tagen starb.

Es kann nicht zweifelhaft sein, daß in diesem Falle etwas von dem Gifte verschluckt worden ist. Die vom Gericht zugezogenen Sachverständigen waren der Meinung, daß ein unmittelbarer ursächlicher Zusammenhang zwischen der Entbindung und dem genommenen Vitriolöl mit Gewißheit oder Wahrscheinlichkeit nicht anzunehmen sei. Die psychische Erregung und die somatischen Störungen, die

[1]) Claudi, Österr. Med. Wochenschr. 1841, Nr. 18.
[2]) Carus, Gemeins. deutsche Zeitschr. f. Geburtsk. 1828, II, S. 37.
[3]) Casper, Klinische Novellen zur gerichtl. Medizin 1863, S. 441.
[4]) Hedrén, l. c.

sich in der letzten Zeit gezeigt hätten, seien mit größerer Berechtigung als Ursache der Frühgeburt anzusprechen.

Diese Auffassung kann ich nicht teilen, weil die Stärke der Vergiftungssymptome nicht in einem direkten Verhältnis zu der Möglichkeit der Austreibung des Fötus steht. Das Mädchen wurde freigesprochen [1]).

Auch **Nichtausstoßung des Fötus** und der Tod der Mutter können vorkommen.

7. Ein Mädchen erhielt zur Abtreibung der Leibesfrucht eine braune, scharf schmeckende Flüssigkeit und starb nach einigen Tagen. Die Sektion ergab Vergiftung durch konzentrierte Schwefelsäure. Ausstoßung des Fötus hatte nicht stattgefunden [2]).

8. Eine 30jährige Dienstmagd kaufte sich Mitte Juli 1881 in einer Apotheke Schwefelsäure, wohl nur um sich die Frucht abzutreiben. Nachdem sie einige Tage gekränkelt hatte und bettlägerig gewesen war, starb sie am 31. Juli. Bei der Sektion fand sich Gravidität im 3. Monat. Die Ausstoßung des Fötus war nicht erfolgt [3]).

Äußerliche Beibringung.

9. In einem Falle wurde Schwefelsäure, um Abort herbeizuführen, in die Vagina eingeführt, wodurch der Tod eintrat. Eine 36jährige, zum fünften Male schwangere Frau spritzte sich, um Abort herbeizuführen, $1/_2$ Liter Schwefelsäure in die Vagina. Es entstanden: eine heftige Entzündung der Geschlechtsteile, ein eitriger und blutiger Ausfluß und Abstoßung mehrerer Schorfe. Nach der Heilung war die Vagina derartig kontrahiert, daß die Frau später bei der Geburt starb. Durch den Kaiserschnitt wurde das Kind extrahiert, jedoch war dasselbe bereits tot [4]).

Schwefel.

Aus fein verteiltem Schwefel entsteht im Darm, durch das Alkali, Schwefelalkali. Diesem kommen starke örtliche Reizwirkungen zu, die zu Hyperämie auch im Uterus und dadurch evtl. zu Plazentarapoplexie führen können. Wichtiger ist, daß aus dem gebildeten Schwefelalkali durch die Kohlensäure des Darms Schwefelwasserstoff entsteht, der, falls er in größeren Mengen sich entwickelt, in das Blut übertreten und den Fötus vergiften kann. Abtreibungsversuche mit Schwefel sind wiederholt vorgenommen worden.

Daß die aus ihm durch Verbrennung entstehende schweflige Säure seit Jahrhunderten Abtreibungszwecken dienstbar gemacht wurde, habe ich wiederholt in diesem Werke erwähnt.

---

1) Vgl. S. 137.
2) Ricker, Henkes Zeitschr. f. d. Staatsarzneikunde, 32. Erg.-H., 1843, S. 284.
3) Fagerlund, Vierteljahrschr. f. ger. Medic. VIII, 1894, S. 55.
4) Journ. de Chimie méd., de Pharm. et de Toxicol., T. VII, 1831, Nr. 9. et 10, p. 312.

Salzsäure.

Ein Schwängerer goß, als er die Schwangerschaft seiner Geliebten merkte, Salzsäure in ihre Scheide. Es entstand dadurch eine hochgradige Atresie der gesamten Scheide und eine Verwachsung der kleinen Labien, aber kein Abort. Am Ende der Schwangerschaft mußte wegen der örtlichen, trotz der Dilatation der Scheide für eine Geburt ungenügenden Verhältnisse die Perforation des Kindes vorgenommen werden[1]).

Auch innerlich wurde die Salzsäure zur Abtreibung eingeführt. In Mengen, wie sie arzneilich benutzt werden, kann die Salzsäure ohne Schaden gereicht werden. Die Herabsetzung der Alkaleszenz des mütterlichen Blutes ist in diesem Falle ohne Einfluß auf das fötale Blut. Dagegen zeigte sich im Tierversuch, daß nach Einführung tödlicher Dosen von Salzsäure die Jungen unmittelbar nach dem Tode des Muttertieres, und selbst schon in dessen letzten Stadien der Agonie, stets abgestorben waren.

Eine im 8. Monat Schwangere nahm in selbstmörderischer Absicht ein Schnapsglas voll der konzentrierter Säure. Vier Tage wurde sie zu Hause wegen Blutbrechens ärztlich behandelt und starb nach zwölf Tagen im Krankenhause. Acht Tage nach der Vergiftung hatte sie ein Kind geboren, das bald nach der Geburt starb.

Bei der Obduktion der Mutter fand man den größten Teil der Magenschleimhaut bis auf einige Inselchen nahe dem Pylorus glatt von der Muscularis losgelöst. Sie lag als ein etwa 15 cm langes, 9—10 cm breites braunschwarzes Gewebsstück im Magen. Die Gefäße waren mit braunschwarzem, hämatinhaltigem Blut gefüllt. An Pharynx, Mandeln, Gaumen waren weiße Veränderungen sichtbar[2]).

Es scheint, daß auch Eau de Javelle (Nariumhypochlorit) gelegentlich dem Abtreibungszweck dienstbar gemacht wird. Die Möglichkeit des Erfolges ist zuzugeben, aber sicher sind gleichfalls schlimme Reiz- und Ätzfolgen an allen davon berührten Schleimhäuten und eventuell Atmungsstörungen, die durch freiwerdendes Chlor bedingt werden.

Salpetersäure.

In manchen Gegenden Deutschlands steht das Scheidewasser in dem Rufe, die Regeln zu befördern und die Frucht abzutreiben.

Schauenburg teilt mit, daß ihm eine Hebamme erzählt habe, der Name „Scheidewasser" rühre daher, daß es das Regelblut resp.

---

[1]) Blenk, Ein Fall von erworbener Scheidenatresie. München 1893. — Jahresber. üb. d. Fortschr. d. Geburtsh. 1893, S. 858.

[2]) Ziemke, Münch. med. Wochenschr. 1905, Nr. 29.

die kindliche Frucht zum „Scheiden von dem weiblichen Körper" veranlasse.

1. Ein schwangeres Mädchen vergiftete sich mit Scheidewasser und starb 3 Monate nach der Vergiftung. Die Frucht war nicht ausgestoßen[1]).

2. Eine 34jährige Negerin nahm, um das Kind, mit dem sie sich schwanger glaubte, zu töten, 8 g Salpetersäure ein. Sie starb nach 15 Tagen[2]).

3. Eine Schwangere vergiftete sich mit Scheidewasser und starb 30 Stunden nach dem Einnehmen. Fünfzehn Minuten nach dem Tode wurde mittels Kaiserschnitts ein sechsmonatiges totes Kind extrahiert.

Bei der Obduktion fand man Verdickung und Gelbfärbung der Schleimhäute vom Mund bis zum Magen, ferner Pseudomembranen am Rachen, Kehldeckel, Kehlkopf, seröse Infiltration des Kehldeckels, und auch gelben Schleim in der Luftröhre[3]).

4. Ein 27jähriges Mädchen hatte für den Abortivzweck etwa am 14. September Scheidewasser genommen. Die nächsten Tage danach klagte sie über Unwohlsein und am 17. September wurde sie bettlägerig. Am 22. September trat Abort eines toten Fötus ein. Die Sektion ergab Salpetersäurevergiftung[4]).

Von acht öffentlichen Mädchen, die, um zu abortieren, chronisch Salpetersäure in Mengen von mehrmals täglich 15—20 Tropfen oder einen Teelöffel oder gar ein Schnapsglas voll in einem Glase voll Wasser eingenommen hatten, abortierten vier. Die Vergiftungserscheinungen, die nach 5—6 Wochen auftraten, bestanden in großer Blässe des Gesichts und der Schleimhäute, Übelkeit, Erbrechen, Meteorismus, Verstopfung, ikterischer Färbung der Conjunctivae, allgemeiner Schwäche, Zittern der Glieder, Schlaflosigkeit, Verminderung der Harnabsonderung[5]).

Im ersten Falle: Abort im 3. Monat, Genesung. Im zweiten Falle: Abort im 3. Monat, unvollständige Genesung, schlechte Ernährung, bleibender Leibschmerz. Die dritte Kranke wurde im Spital geisteskrank. Bei der vierten: Abort im 4. Monat und Genesung. Die fünfte abortierte nicht; Genesung. Die sechste vergiftete sich infolge der starken Schmerzen mit Zündhölzchen: Abort einen Tag vor dem Tode. Die siebente, syphilitische, brauchte das Mittel 2 Monate lang ohne zu abortieren, und die achte, syphilitische, brauchte es 5 Wochen lang im 2. und 3. Monat und abortierte im 6. Monat eine macerierte Frucht. Sie wurde bald darauf geisteskrank.

---

[1]) Schauenburg, Vierteljahrsschr. f. gerichtl. Med., N. F. 16, 1872, S. 52.
[2]) Warren, Amer. Journ. of the Med. Soc. July 1850, p. 36.
[3]) Fritz, Österr. med. Wochenschr. 1847, Nr. 32.
[4]) Hedrén, l. c.
[5]) Bellin, Jahresber. üb. d. Fortschr. auf d. Geb. d. Geburtshilfe. Bd. 3, 1890, S. 159.

Stickstoffoxydul.

Infolge der Lachgasnarkose wurde neben anderen Symptomen in einem Falle auch Abort bei einer im 5. Monate Schwangeren beobachtet. Der Fötus war tot[1]).

Ammoniak und Amoniaksalze.

Der Ammoniaksalze scheint man sich in früherer Zeit häufiger als jetzt zur Hervorrufung künstlichen Abortes bedient zu haben. Dies beweist folgende Beschreibung einer Operationsmethode seitens eines unbekannten Autors:

Tubulus Glauberi, s. instrumentum, instar pollicis longum et crassum, in superiori parte capitulum habens, foraminibus pertusum, quod sale armoniaco volatili repletur, vel mixtura salis armoniaci, cum calce viva et spiritu vini humectata vaginae uteri intruditur[2]).

Ein 25jähriges, im 7. Monate schwangeres Mädchen trank in selbstmörderischer Absicht 90 g Ammoniak. Sie bekam sofort Milch und Essigwasser als Gegenmittel, worauf Erbrechen, später Prostration, Kollaps und andere Erscheinungen auftraten. Nachts entstand Blutbrechen, Diarrhöe mit schwarzrotem Stuhl und Konvulsionen. Seit Mitternacht fühlte sie keine Kindsbewegungen mehr. Es traten Wehen ein. In der nächsten Nacht normale Geburt eines toten Fötus, dessen Epidermis leicht mazeriert war. Sechs Tage später, also ca. 8 Tage nach der Vergiftung, erfolgte der Tod des Mädchens[3]).

Nach Röhrig entstanden nach Einspritzung von 5 ccm einer 2proz. Ammoniaklösung in die Vena jugularis eines trächtigen Kaninchens sofort äußerst lebhafte, rasch auf einander folgende Bewegungen des Uterus, und nach 20 Minuten war der Fötus in die Vagina übergeschoben. Die Uteruskontraktionen werden hier im Gegensatz zum Strychnin, Pikrotoxin, Nikotin und zur Karbolsäure durch direkte Reizung der glatten Uterusmuskeln hervorgerufen. Ebenso wirken auch kohlensaures Ammoniak und Chlorammonium.

Auch zu intrauteriner Ausspülung zum Zwecke der Fruchtabtreibung ist Ammoniaklösung benutzt worden. Dies tat eine dreiunddreißigjährige, viertgebärende, im vierten Monat Schwangere. Nach 24 Stunden stellten sich Wehen und starker Durchfall ein, am 2. Tage Schüttelfrost mit 39,6° Fieber, Blutung und kleiner Puls. Man

---

[1]) Laffont, Compt. rend. de l'Acad. des Sciences, T. CII, p. 176.
[2]) Discursus med. de abortu et medicamentis abortivis ab Anonymo ed. p. 35.
[3]) Français, Annales d'Hygiène publ. 2. S., T. 47, 1877, p. 556.

räumte die Plazenta aus. Sonst war der Uterus leer. Trotz aller Eingriffe: antiseptische Ausspülungen, Kochsalzinfusion, Blutstillung stieg das Fieber weiter, der Puls wurde kleiner und am 4. Tage erfolgte der Tod.

Bei der Obduktion wurde das Blut lackfarben befunden. Die linke Tube und das linke Ovarium waren dunkelschwarzrot, ebenso die Scheidenschleimhaut. Wahrscheinlich hatte sich der Vorgang so abgespielt, daß die Frau mit der bekannten langen Spritze in den Uterus gegangen war, wobei sich die Spitze in der Uteruswand an der langen Tubenecke verfing. Hier war in der Leiche auch eine tiefgehende Läsion der Uteruswand. Durch den ausgeübten Druck ist die Flüssigkeit durch die Tuben gedrungen und hat das Ovarium doucheartig übergossen. Ein Teil der Flüssigkeit ist durch den Uterus zurückgeflossen und hat die hintere Scheidenwand verletzt. Die geätzten Partien sind weich und gequollen und die Wirkung geht in die Tiefe — charakteristisch für die Ätzalkalien[1]). Die hämorhagische Nekrose der linken Adnexe muß als unmittelbare Folge der chemischen Wirkung, und der Tod als Vergiftung aufgefaßt werden. Peritonitis fehlte[2]).

Phosphor.

Die mißbräuchliche Anwendung des gelben Phosphors als Mittel zur Abtreibung der Leibesfrucht war in Deutschland bereits zu einer Zeit bekannt, in welcher die Phosphorzündhölzer noch nicht allgemein im Gebrauche waren.

Zur Orientierung sei erwähnt, daß nach exakten Untersuchungen ein Zündholzköpfchen 0,2—2 mg Phosphor besitzt, und daß am häufigsten ein Gehalt von 0,5—1 mg gefunden wird[3]).

Der Tierversuch wie die Vorkommnisse bei Menschen beweisen, daß dem Phosphor abortive Wirkungen zukommen können.

Im wesentlichen wird es sich hierbei, abgesehen von den allgemeinen Störungen, die Mutter und Fötus treffen, um akut eintretende fettige Gefäßveränderungen handeln, die zu Blutungen in die Eihäute führen.

Hochträchtige Kaninchen und Meerschweinchen, die mit Phosphoröl gefüttert und dann getötet wurden, zeigten regelmäßig in der Leber des Fötus „fettige Entartung" der Zellen, ferner Hyperämie und zahlreiche kleine Ecchymosen in verschiedenen Organen, so daß als sicher angenommen werden kann, daß der Phosphor

---

[1]) L. Lewin, Klin. Monatsbl. f. Augenheilk. 1911, XLIX.
[2]) Tosetti, Zeitschr. f. Geburtshilfe u. Gynäkol. Bd. 79, 1917, S. 445.
[3]) Smita, Friedreichs Blätter f. ger. Med. 1895, S. 134.

durch die Plazenta in den Fötus übergeht[1]). Der Tod des Fötus erfolgt hierdurch direkt.

Einer schwangeren Hündin wurden 4 Tage lang 8 ccm Phosphoröl, insgesamt 0,4 cg Phosphor in den Magen injiziert. Das Tier starb nach der 4. Injektion. Bei der Sektion fanden sich 8 reife Föten im Uterus. Die Eihäute waren durch einen großen Bluterguß losgelöst[2]).

Die Befunde am schwangeren mit Phosphoröl vergifteten Meerschweinchen besagen, daß bereits nach etwa 48 Stunden Fetttröpfchen in den fötalen Geweben der Leber, des Herzens und der Nieren vorkommen. Gleichzeitig damit treten Blutungen an serösen Häuten auf, zuerst an den Meningen und dann am Herzbeutel. Erst am 4. Tage fand sich Gelbfärbung am Muttertier und der Frucht. Schrittweis erfolgt mit der Vergiftung des Muttertiers die der Frucht[3]).

Bei einer durch Phosphorvergiftung getöteten schwangeren jungen Frau fand man Phosphor, in Organen des Fötus nur in Spuren, dagegen in größeren Mengen phosphorige und Phosphorsäure — was genügend für den Übergang des Phosphors spricht.

Abtreibungshandlungen an Schwangeren.

Die Vorliebe, die zeitweilig in einzelnen Ländern für dieses oder jenes Abtreibungsmittel herrscht, tritt besonders deutlich für den Phosphor zutage, der lange Zeit hindurch, zumal in Schweden, für diesen Zweck benutzt wurde. Von 1851—1903 kamen allein zur öffentlichen Kenntnis 1408 durch ihn bewerkstelligte Abtreibungshandlungen, d. h. 90,6 % aller während dieses Zeitraumes überhaupt beobachteten Fälle. Aber auch in anderen Ländern, wie Finnland, England, Preußen, Österreich kamen diese Abtreibungs-Vergiftungen vor. Sie werden sich jetzt nicht mehr so häufig ereignen, da die Zündhölzchen mit gelbem Phosphor durch staatliche Übereinkommen in zivilisierten Ländern nicht mehr hergestellt werden. Es ist jedoch darauf hinzuweisen, daß das zur Streichholzfabrikation jetzt u. a. verwandte Phosporsesquisulfid ebenfalls vergiften kann.

Außer den Zündholzköpfchen, die, abgelöst und mit Wasser aufgeschwemmt, genommen werden, diente auch die als Rattengift verwendete Phosphorlatwerge diesem Zweck.

Die Verlaufsarten der Phosphorvergiftung zum Zwecke der Abtreibung sind die üblichen. Von den 1408 schwedischen Frauen, die

---

[1]) Moritzi Miuras, Arch. f. path. Anat. Bd. XCVI.

[2]) Corin et Ansiaux, Vierteljahrsschr. f. gerichtl. Med., 3. Folge, Bd. 7, 1894, S. 80.

[3]) Wassmuth, Vierteljahrsschr. f. gerichtl. Med., 3. Folge, XXVI, 1903.

hierfür den Phosphor einnahmen, kamen nur 10 mit dem Leben davon. Dies ist ein Prozentsatz, der auch für andere Länder anzunehmen ist. Die besonders hohe Mortalität ist auf die großen Dosen zu beziehen, die von den unter allen Umständen zum Ziel gelangen wollenden Schwangeren genommen wurden.

a) Amlebenbleiben der Mutter. Abort.

Es kommt vor, daß der Phosphor Abort hervorruft, ohne zugleich schwere Intoxikation und Tod der Mutter zu verursachen. In einem dieser Fälle erfolgte der Abort erst 12 Tage nach der Einführung des Phosphors, nachdem vorher nur äußerst leichte Vergiftungserscheinungen beobachtet waren. Es waren hier die Köpfe von einer halben Schachtel Zündhölzer genommen worden, eine Dosis, welche die gewöhnlich als letal angesehene Phosphormenge von 0,05 g nicht überschreitet, da die Schachtel in der Regel 75 Stück Zündhölzchen enthält, von denen jedes ca. 0,5—1 mg gewöhnlichen Phosphors entspricht. In den meisten Fällen war die doppelte Menge, der Inhalt einer ganzen Schachtel, manchmal weit mehr, z. B. die Köpfchen von 10 Schachteln genommen worden. Daß solche kolossale Mengen den Tod nicht zur Folge haben, erklärt sich aus dem fast regelmäßig eingetretenen sehr intensiven Erbrechen unmittelbar nach dem Einnehmen des Abortivums, wodurch offenbar die größte Menge des Phosphors rasch unwirksam gemacht wird. Der Abort trat meist nach 3—5 Tagen ein, manchmal nach 12 Stunden, zuweilen auch erst nach 5—6 Wochen. Einzelne Beobachtungen lehren, daß auch Fälle mit sehr schweren Vergiftungserscheinungen und Abortus nicht tödlich zu verlaufen brauchen. Auf die spätere Gesundheit und auf spätere Graviditäten war ein schädlicher Einfluß nicht erkennbar.

Die Zeiten für den Eintritt des Aborts nach der Giftaufnahme sind in solchen Fällen des Gelingens verschieden — im allgemeinen aber lang. Ich stellte fest, daß sie sich zwischen 7 Tagen und 4 Wochen bewegen.

Die Vergiftungssymptome tragen das bekannte Gepräge. Die gastrischen Symptome können nur angedeutet sein, oder auch stark, mit Magen- und Unterleibsschmerzen, Übelkeit und Erbrechen hervortreten. Der Ikterus, der sonst nach etwa 24 Stunden kommt, erscheint hier auch erst nach drei, vier oder gar erst nach 19 Tagen und kann bis zu vier Wochen bestehen bleiben. Ich kenne nur einen Fall, in dem er überhaupt nicht vorhanden war, obschon die Vergiftete starb. Ganz vereinzelt stellt sich einmal ein renaler Hydrops ein.

Blutungen, bedingt durch die Veränderungen in den Gefäßwänden, die der Phosphor veranlaßt, kommen an den Lidern und auch sonst an Hautstellen, z. B. in der Kniebeuge oder vom Nabel abwärts an der ganzen Hautdecke, als Flecke oder größere Extravasate vor und fehlen nur selten aus dem Uterus bezw. der Vagina.

Es gibt eine Reihe von Varianten der allgemeinen Vergiftungssymptome wie Ohnmacht, Kollaps, oder Erregungszustände auch im Bereiche der Bewegungssphäre.

Die tödlichen Dosen lassen sich nur sehr selten feststellen. Einmal starb ein 19jähriges Mädchen, nachdem sich am dritten Tage ausgedehnte Hauthämorrhagien, Blutbrechen und Uterusblutungen eingestellt hatten, nach $5^1/_2$ Tagen durch 3,6 g einer 4prozentigen Phosphorlatwerge, also ungefähr durch 0,14 g Phosphor. Für das Gelingen der Fruchtabtreibung dürften schon 0,008—0,01 g ausreichen.

1. Eine Schwangere hatte abends ein Bund Phosphorzündhölzchen in einer halben Tasse Flüssigkeit (aus Kaffee, einer wahrscheinlich quecksilberhaltigen Salbe und einer Tinktur aus Sassafras, Juniperus, Santalum und Guajak mit Tinct. Asae foetidae bestehend) gelöst und die Mischung getrunken. Am anderen Morgen heftige Schmerzen im Unterleibe, starkes Erbrechen; später Abort. Der Phosphorgehalt war genügend, um Abort herbeizuführen und die Frucht zu töten.

2. Ein Mädchen hatte am 31. Dezember den Phosphor von 16 Phosphorzündhölzchen genommen. Am folgenden Tag erbrach sie und am dritten stellten sich Ikterus und allgemeines Übelbefinden ein. Am 7. Januar heftige Schmerzen im Unterleib und Abort von einer toten siebenmonatigen Frucht[1].

3. Eine Dienstmagd hatte in drei verschiedenen Portionen die Köpfe von zwei Bündeln Phosphorzündhölzern eingenommen. Etwa vier Wochen später gebar sie einen toten, stark mazerierten, etwa sechsmonatigen Fötus.

4. Eine 24jährige Dienstmagd nahm die Köpfe von zwei Bündeln Phosphorzündhölzern in Milch ein. Am Abend erkrankte sie mit heftigem Erbrechen. An den beiden folgenden Tagen hatte sie Magenbeschwerden und allgemeine Schwäche. Am vierten Tage stellten sich Erbrechen, Ikterus und Unterleibsblutungen ein. Außerdem schwoll sie am ganzen Körper an. Nach 17 Tagen stieß sie einen viermonatigen Fötus aus. Sie genas vollständig.

5. Ein schwangeres Mädchen hatte die Köpfchen von zwei Pack Zündhölzern mit Wasser verrührt und davon getrunken, den dicken Phosphorbodensatz aber in der Tasse belassen. Sie erbrach alsbald und erzeugte, aus Furcht vor der kommenden Vergiftung, bei sich durch Trinken von Seifenwasser noch mehrmals Erbrechen. Überdies machte ein hinzugerufener Arzt noch Magenausspülungen. Sie blieb sechs Tage im Bett, befand sich während dieser Zeit wohl und arbeitete danach wie gewöhnlich. Vier Wochen später gebar sie einen viermonatigen, ein wenig mazerierten Fötus.

6. Eine 22jährige Dienstmagd hatte zwecks Fruchtabtreibung einige Tage vor Weihnachten den Phosphor von 16 Zündhölzern in Wasser genommen. Danach will sie keine Störungen empfunden haben. Erst am 8. Januar traten —

---

[1] Hedrén, l. c.

wahrscheinlich hatte sie kurz zuvor eine neue Phosphordosis genommen — Erbrechen und Magenbeschwerden auf. Am 10. Januar wurde sie mit schweren Phosphorvergiftungsymptomen in ein Krankenhaus aufgenommen, und am 11. Jauuar gebar sie einen viermonatigen Fötus.

Wie schon aus einem der vorstehenden Berichte hervorgeht, kann trotz wiederholter Phosphoraufnahme die Mutter mit dem Leben davonkommen. Dies beweisen auch die folgenden Vorkommnisse.

7. Eine Dienstmagd hatte wiederholt Phosphor von Zündhölzern eingenommen, danach Brechzustände bekommen und war so krank geworden, daß sie für einige Tage bettlägerig wurde. Nach etwa 9 Wochen erkrankte sie wieder mit Erbrechen. Das Erbrochene roch nach Phosphor. Danach wurde sie wieder für drei Tage bettlägerig. Am Abend des dritten Tages gebar sie zwei tote, sechsmonatige Früchte.

8. Nach vergeblichen Versuchen, sich die Frucht mit Sabina und Sabinapräparaten abzutreiben, fing eine Magd am 15. April an 4—5 Köpfchen von Phosphorzündhölzern in Wasser zu nehmen. Nach und nach stieg sie mit den Dosen, so daß sie am 4. und 6. Mai den Phosphor von je einem ganzen Bündel verschluckte. Jedesmal war sie nach dem Einnehmen krank geworden, am stärksten am 6. Mai. Am 7. Mai stieß sie eine Frucht aus[1]).

Ebenso hartnäckig wie im letztgeschilderten Fall verfolgte eine andere Schwangere ihr Ziel. Sie nahm 10—12 Zündholzköpfe mit 5—6 Löffel Wasser je 5—6 mal ein. Erst nach dieser so hohen Dosis stellte sich Gelbsucht ein. Nach acht Tagen begann sie von neuem, nahm drei Tage lang, an jedem zweimal, wieder die genannte Menge und gebar nach 13 Tagen ein anfangs lebendes Kind, das dann aber schnell starb[2]).

Auch das Verschlucken von Phosphor bei der irrtümlichen Annahme einer Schwangerschaft kann zur Genesung führen. So nahm eine Magd, bei der die Menstruation ausgeblieben war, auf Anraten anderer Mägde so viel Phosphor ein als sich durch zweistünd'ge Extraktion von 270 Phosphorzündhölzchen in Wasser löste. Sie wurde typisch vergiftet, kam aber mit dem Leben davon.

Daß eine wiederholte Phosphoraufnahme, selbst wenn die Mutter bereits schwere Symptome davongetragen hat, doch nicht notwendig zum Abort führt, beweisen mehrere Vorkommnisse. So hatte z. B. eine Frau täglich etwa 4 Zündholzköpfchen acht Tage lang eingenommen und zwei Monate später ein reifes, gesund gebliebenes Kind geboren[3]).

Die Mutter kann von der Vergiftung genesen und das lebend ausgestoßene Kind nur eine Zeitlang am Leben bleiben. Dreizehn Tage

---

[1]) Hedrén, l. c.
[2]) Wassmuth, l. c.
[3]) Grönwall, Eira 1891, S. 386.

lebte es z. B. noch nach dem Abort, der zwölf Tage nach der Phosphoreinführung und acht Tage nach dem Krankwerden der Schwangeren sich vollzogen hatte[1]).

b) Tod der Mutter und Frucht.

Der Tod der Mutter kann, wie die folgenden Berichte lehren, schon nach einem bezw. zwei Tagen erfolgen. Die Ausstoßung der Frucht vollzieht sich meist auf der Höhe der Vergiftung. So war z. B. eine Schwangere mit Blutbrechen, Ikterus usw. erkrankt und hatte während dieses Krankseins eine lebende Frucht geboren. Alsdann trat von neuem Erbrechen ein, und der Tod erfolgte zwei Tage später [2]).

1. Eine 31 jährige Dienstmagd war von ihrer Herrschaft entlassen worden, weil sie der Schwangerschaft verdächtig war, und zu ihren Eltern zurückgekehrt. Dreizehn Tage darauf erkrankte sie plötzlich unter äußerst heftigem Erbrechen und intensiven Schmerzen im Leibe und im Rücken. Eine hinzugerufene Hebamme kam sofort auf den Gedanken, die Patientin habe ein Abortivmittel eingenommen, was letztere auch eingestand. Die Symptome, besonders das Erbrechen, nahmen so rapide zu, daß schon um 6 Uhr nachmittags der Tod eintrat.

Die Sektion ergab, daß der Tod im Beginn eines Abortus erfolgt war. Im Magen und in den Eingeweiden wurde Phosphorsäure nachgewiesen, und ein Topf, in dem sich nach Aussage der Verstorbenen das von ihr benutzte Abortivmittel befinden sollte, enthielt die als Rattengift gebräuchliche, mit Mehl und Wasser bereitete Phosphorlatwerge[3]).

2. Ein 25 jähriges Frauenzimmer erkrankte am 6. Januar, und am 11. wurde sie von einem ausgetragenen toten Fötus entbunden. Sie starb bald darauf im Koma. Die Untersuchung ergab, daß sie Phosphor genommen hatte. Bei der Sektion fand sich freier Phosphor im Magen[4]).

3. Ein 22 jähriges Mädchen erkrankte unter Erbrechen, Ikterus, Blutaustritten unter die Haut, Metrorrhagie usw. Fünf und einen halben Tag nach der Erkrankung Tod. Die Sektion ergab Phosphorvergiftung. Im Uterus fanden sich noch Reste der zum größten Teile abgestoßenen Decidua[5]).

4. Ein 23 jähriges Mädchen erkrankte unter Schmerz im Magen und Magenblutung, die zum Tode führte. Im vergrößerten Uterus fanden sich Reste der Plazenta und Decidua, sowie Reste der Blutung. Die Sektion ergab ebenfalls Phosphorvergiftung[5]).

5. Ein 30 jähriges Weib erkrankte am 8. April unter Erbrechen, Ohnmachten und Kopfschmerzen, welche Symptome aber wieder nachließen. Während der

---

[1]) Hedrén, l. c.

[2]) Warfringe u. Wallis, Hygiea XLVI, 12. — Svenska läkares. forh. 1884, S. 218.

[3]) Upsala läkareför. forh. Bd. II, h 2, O. 3, 1896—1897.

[4]) Lundblad, ibid. 1881—1882, p. 41.

[5]) Wallis, Arsberättelse från Sabbatsbergs sjukhus. Stockholm 1883, S. 137.

Zeit bis zum 22. April war sie matt und schwach. An diesem Tage erkrankte sie unter denselben Symptomen wie das erstemal, jedoch heftiger. Am 27. April trat Ikterus auf, abends wurde sie bewußtlos und starb in der Nacht. Am 26. April hatte sich eine Blutung aus der Vagina eingestellt, die noch am 27. andauerte. Während dieser beiden Tage hatte man in dem abgegangenen Blute größere zusammenhängende Klumpen, sogar von der Größe einer Pflaume, wahrgenommen.

Bei der Sektion fand sich die Schleimhaut der Uterushöhle geschwellt und gelockert, und im linken Uterushorn ein Blutkoagulum. Die chemische Untersuchung des Magen- und Darminhaltes ergab ein negatives Resultat.

6. Ein Dienstmädchen erkrankte plötzlich am 21. März, wurde ins Krankenhaus geschafft und starb in der Nacht auf den 24. Sie hatte eingestanden, daß sie, um ihre Schwangerschaft zu unterbrechen, eine Latwerge eingenommen habe. Bei der Sektion fand sich im Uterus ein 30 cm langer Fötus. Phosphor konnte nicht nachgewiesen werden.

7. Ein Dienstmädchen erkrankte am 3. Juli unter heftigem Erbrechen, litt an großer Mattigkeit und starb in der Nacht auf den 4. Juli. Man fand bei ihr eine Büchse mit Phosphorlatwerge. Auch sollte sie in letzter Zeit starke Laxantia, nach Ansicht der Umgebung Abortivmittel, gebraucht haben. Bei der Sektion fand sich das Bild einer subakuten Phosphorvergiftung. Im Uterus war ein fünfmonatiger Fötus. Die chemische Untersuchung blieb negativ[1]).

8. Eine 25jährige, schwangere Dienstmagd erkrankte vier Tage, bevor sie auf die Klinik gebracht wurde, mit Kopfschmerzen, Übelkeit, Erbrechen, Ohnmacht. In den nächsten Tagen war sie noch zeitweilig in der Wirtschaft tätig. An Symptomen erschienen noch Gesichtsschwellung, Blut im Munde nach „Aufstoßen", Luftmangel, Beklemmungen und Herzklopfen. Kindsbewegungen hatten aufgehört. In der Klinik stellte man auch Ikterus fest, ebenso wie blutigen Speichelfluß. Das subjektive Allgemeinbefinden war ziemlich gut. Nach 24 Stunden fiel sie beim Aufstehen bewußtlos hin. Sie hatte jetzt große Blutextravasate in der Kniebeuge und kleine an einem Augenlid. Am Nachmittage dieses Tages wurden zwei tote sechs- bis siebenmonatliche Föten ausgestoßen und die Kranke starb.

Bei der Sektion wurden im Magen, Darm, Nieren, Uterus, Ligam. lat. usw. Blutextravasate gefunden und Fett in der Leber. Blutungen fanden sich auch in Organen der Früchte. In der Wohnung der Verstorbenen wurde ein Phosphorpräparat gefunden. Die Mutter hatte der Tochter dasselbe wohl bereitet. In der Leiche fehlte der Phosphor[2]).

9. Fast dasselbe Bild wurde in einem anderen Falle beobachtet. Man fand Blutergüsse in das Gewebe der Plazenta, die Uterinmuskulatur und auf die Oberfläche verschiedener Schleimhäute. Fünf Tage, bevor die Kranke aufgenommen wurde, hatte sie den Phosphor von 300—400 Streichhölzern verschluckt. Sie gebar eine abgestorbene Frucht und bekam in der Nachgeburtsperiode eine

---

[1]) Fagerlund, l. c., S. 81 ff.
[2]) Friedlaender, Über Phosphorvergiftung bei Hochschwangeren. Königsberg 1892.

Blutung, welche allen Mitteln trotzte. Phosphor konnte nicht mehr in den Leichenteilen nachgewiesen werden[1]).

10. Eine Hochschwangere nahm — ob in selbstmörderischer Absicht oder um Abort herbeizuführen, ist unbekannt — Phosphor von Zündhölzchen ein. Sie erkrankte danach unter Erbrechen, Kopf- und Kreuzschmerzen usw. Sechs Tage nach der Vergiftung erfolgte die spontane Geburt zweier abgestorbener Früchte. Bei der Lösung der zweiten Plazenta starb die Patientin[2]).

11. Eine Frau erkrankte am Tage nach erfolgtem Abort im 5. Monat unter Erscheinungen einer Phosphorvergiftung. Ihr Mann erzählte, sie habe drei Tage zuvor die Köpfe von Phosphorzündhölzchen in Kaffee genossen. Auch die Frau selbst gestand, sie habe das Gift deshalb genommen, um sich der Frucht zu entledigen, aber nur eine kleine Dosis, um ihre eigene Gesundheit nicht zu gefährden. Trotzdem starb sie schon am folgenden Tage unter typischen Erscheinungen[3]).

12. Ein 21 jähriges Mädchen, im 3. Monat schwanger, hatte die Köpfe von drei Päckchen Zündhölzchen im Kaffee zu sich genommen. Kurze Zeit danach traten Unterleibsschmerzen, Erbrechen und Diarrhöe auf. Nach 48 Stunden erfolgte Abort. Acht Tage darauf starb sie[4]).

13. Eine 28 jährige Kellnerin war angeblich nach nur siebenstündiger Krankheit an „Bauchkolik" gestorben. Es bestand der Verdacht der Fruchtabtreibung, da sie im 4. Monat schwanger war. Bei der Obduktion, welche an der Leber, dem Herzen und den übrigen Organen die typischen Befunde der Phosphorvergiftung zeigte, wurde der gravid vergrößerte Uterus mit einem eingerissenen und leeren Fruchtsack gefunden. Die Frucht war ausgestoßen worden und eine nachfolgende heftige Metrorrhagie hatte den raschen Tod unmittelbar veranlaßt. Die Plazenta, die Eihäute, die Adnexa der Genitalien und die Uteruswand waren blutig durchtränkt[4]).

14. Eine 24 jährige Kellnerin wurde in die Klinik gebracht, wo sie unter starken Blutungen eine 14 cm lange Frucht abortierte. Daran schlossen sich Ikterus, Erbrechen, Koliken und nach weiteren 24 Stunden erfolgte der Tod. Bei der Sektion fand sich „fettige Degeneration" des Herzens, der Leber und der Nieren. Blutungen fehlten an der Gebärmutter und den Genitalien. Dagegen fanden sich Ekchymosen am Herzen und retromediastinale Blutungen um die absteigende Brustaorta.

15. Eine 28 jährige Frauensperson war unter den Erscheinungen einer Vergiftung gestorben. Die Sektion ergab neben typischen Veränderungen der Organe, die auf Phosphorwirkung deuteten, einen gravid veränderten aber leeren Uterus. Reste von Eihäuten flottierten beim Abspülen mit Wasser. Blutungen fanden sich an den Genitaladnexen, der Gebärmutterwand und am Bauchfell.

---

[1]) Pulewka, Ein Fall von Phosphorvergiftung bei einer Hochschwangeren. Königsberg 1885.

[2]) Seydel, Vierteljahrsschr. f. ger. Med., 3. F., Bd. 6, 1893, S. 280.

[3]) Wachholz, Zeitschr. f. Medizinalbeamte VII, 1894, S. 465.

[4]) Maschka, Mitteil. d. Ver. Ärzte in Niederösterreich III, 18, 1877.

16. In zwei weiteren Fällen war der Tod der Mütter durch Phosphor herbeigeführt worden, aber die Eier lagen samt der Frucht in der Gebärmutter.

17. Hofmann[1]) obduzierte ein 17jähriges, an subakuter Phosphorvergiftung gestorbenes schwangeres Mädchen, das eingestandenermaßen auf Rat ihrer Freundin Phosphorzündhölzchenköpfe genommen hatte, um sich die Frucht abzutreiben. Abort scheint in diesem Falle nicht eingetreten zu sein.

18. Eine Schwangere, die zum Zwecke des Abortes Phosphor genommen hatte, erkrankte mit Schüttelfrost, Kopfschmerzen, Leibweh, Genitalblutung, Ikterus und Hautgangrän an den Füßen und starb nach zwei Tagen. Die Sektion ergab die erfolgte Ausstoßung[2]).

Arsenverbindungen.

Arsen in jeder Gestalt: Arsenige Säure, Schwefelarsen[3]) Schweinfurther Grün, organische Arsenverbindungen usw. kann Abort erzeugen. Bei Tieren kennt man dieses Vorkommen seit lange, da das sogen. Hüttenrauchfutter, d. h. das schweflige Säure- und arsenhaltige Futter im Rauchgebiete der Freiberger Hütten, häufig neben schweren Ernährungsstörungen Verwerfen veranlaßt hat. Im wesentlichen wird als Grund der Einwirkung wohl eine subakute oder chronische Entzündung im Uterus anzusprechen sein.

In Schweden kamen in den Jahren 1851 bis 1903 62 Fälle von Abtreibungshandlungen mit Arsenik zur öffentlichen Kenntnis, davon der überwiegende Teil in den Jahren 1851—1880. In den späteren Jahren wirkten wohl strenge Bestimmungen über den Handel mit Giften etwas hemmend. In den 62 Fällen trat 22 mal Abort ein. Selten nur kommt die Vergiftete mit dem Leben davon. Es kann aber auch Genesung eintreten.

Äußerliche Beibringung.

1. Eine 25jährige, im 4. Monat schwangere Frau brachte sich, um den Fötus abzutöten, Arsenik in die Scheide ein. Es trat eine Gebärmutterblutung und 14 Tage darauf Abort ein. Neunzehn Tage nach letzterem starb die Frau an den Folgen der Vergiftung

2. Ein Mädchen von 25 Jahren starb. Ein Mann hatte derselben durch eine Röhre weißen Arsenik in die Scheide eingeblasen. Sie klagte am Abend dieses Tages über Kopf- und Brustschmerzen und starb nach acht Tagen bei voller Besinnung. Bei der nach 15 Tagen an der exhumierten Leiche vorgenommenen Sektion fand sich arsenige Säure im Uterus, nicht im Magen. Der

---

[1]) Hofmann, l. c., S. 242.
[2]) Haberda, Friedr., Blätter f. ger. Med., Bd. XLVI, S. 1.
[3]) Langer, in Hofmann, Gericht. Medizin, 1887, 248. — Kratter, l. c.

Uterus enthielt ferner blutigen Schleim und einen walnußgroßen Plazentarest. Die Obduzenten erklärten, daß die Denata kurz vor ihrem Tode vorzeitig geboren haben müsse. Es war nicht zu entscheiden, ob der Abort und der Tod durch Arsenik veranlaßt worden, oder ob der Tod durch einen puerperalen Prozeß eingetreten war[1]).

3. Eine 22jährige Bauerstochter wurde, angeblich weil ihr beim Herunterfallen von einer Treppe ein zufällig an dieser stehender Stock in die Scheide gestoßen sei, acut krank, hatte Brechreiz, Erbrechen und Leibschmerzen und wurde in das Krankenhaus gebracht. Aus der Vagina waren ihrer Angabe nach größere Blutklumpen entleert worden. Sie hatte eine Körperwärme von 38,9° und einen Puls von 130. Die großen und die kleinen Labien waren geschwollen, die hintere Partie der Scheide und die Portio grauweiß verfärbt, und es bestanden auch submuköse Blutextravasate. Schnell trat Verschlimmerung ein. Sie verlor die Orientierung, schrie furchtbar und starb.

Bei der Obduktion fand sich in der Gebärmutterhöhle über dem Os internum ein Stück einer weißen kristallinischen Substanz, die als Arsenik erkannt wurde. Außer der Schwellung der Gewebe fanden sich an der Portio grauweiße Auflagerungen, und fibrinöse Exsudationen auch an den Schleimhäuten[2]).

4. Eine Dienstmagd goß sich eine „abtreibende Lösung“, die sie von einer berufsmäßigen Abtreiberin erhalten hatte, auf deren Rat in die Scheide. Am nächsten Morgen hatte sie Schmerzen im Unterleibe und in den äußeren Geschlechtsteilen. Nach zwei Tagen waren Geschwüre an diesen und den Schenkeln. Nach drei Tagen stellte ein Arzt Geschwüre auch weit hinauf in der Scheide fest. Zwölf Tage nach der Beibringung des Mittels, das Arsen enthielt, starb die Vergiftete. Vor dem Tode hatte sie arbortiert.

Innerliche Aufnahme.

1. Eine schwangere Frau aß Kuchen, der aus mit Arsenik versetztem Mehl gebacken war. Sie wurde übel, brach und hatte Schmerzen im Hals und im Magen. Am nächsten Tage wurden die Symptome, namentlich das Erbrechen, schlimmer. Sie gebar später ein achtmonatiges totes Kind und starb selbst eine halbe Stunde darauf an den Folgen der Vergiftung[3]).

2. Eine Frau nahm mehrere Dosen Arsenik ein, wahrscheinlich um Abortus herbeizuführen. Sie war eine Woche bettlägerig und wurde am Ende derselben von einem frühzeitigen toten Kinde entbunden. Einige Tage später starb sie selbst. Arsenik konnte in den der Leiche entnommenen Organteilen nicht nachgewiesen werden[4]).

3. Ein Mann steckte seiner Frau heimlich ein Stück weißen Arsenik in die Scheide. Sie bekam hierauf starke Schmerzen im Unterleib und Harndrang und als sie infolgedessen aufstand und im Zimmer auf und abging, fiel ihr das Stück

---

[1]) Edling, Hygiea, Febr. 1873, S. 180. — Deutsche Klinik 41, 1873, S. 381.
[2]) Fuchsig, Wiener klin. Wochenschr. 1912, S. 631.
[3]) London medic. Repository N. S. Vol. I, 1824, p. 348.
[4]) Fagerlund, Vierteljahrsschr. f. ger. Med., 3. F., VIII, Suppl., 1894, S. 68.

aus der Scheide heraus. Darauf mischte ihr der Mann heimlich Arsen-
lösung dem Essen bei, worauf die Symptome einer akuten Arsenvergiftung
eintraten. Im Laufe der nächsten Zeit stellten sich wiederholt die gleichen Symptome ein, so daß angenommen werden muß, daß der Mann ihr wiederholt
kleinere, in einzelnen Gaben nicht tödliche Mengen von Arsenik beigebracht
habe. Siebzehn Tage nach der ersten Arsenvergiftung abortierte
sie, und 11 Tage später starb sie unter neuaufgetretenen Vergiftungserscheinungen. In der Leiche wurde Arsen gefunden[1]).

Der abortive Erfolg braucht nicht, wie in den vorstehenden
Fällen, den Tod der Mutter zu begleiten, sondern die Mutter kann
trotz schwerer Vergiftung noch genesen.

4. Kurze Zeit nach dem Einnehmen einer Dosis Arsenik in Kaffee bekam
eine 24jährige Frau blutiges Erbrechen, am folgenden Tage auch blutige Durchfälle, Schwindel und Körperschwäche. Diese Symptome hielten noch einige Tage
an und nach 19 Tagen wurde die Frau von einem sechsmonatlichen, sehr mazerierten Fötus entbunden. Sie genas[2]).

5. Sehr langsam trat bei einer Schwangeren Genesung ein, die dreimal
Arsenik von einer Abtreiberin erhalten hatte. Etwa $3^1/_2$ Monate nach der
letzten Dosis wurde sie von einem sechsmonatlichen Fötus entbunden. Außer
den üblichen Magen-Darmsymptomen bestanden Lähmungswirkungen des Arseniks, die das Mädchen lange an das Bett fesselten und schließlich doch noch
eine Parese der Füße zurückließen[2]).

Solchen mit Erfolg verlaufenen Fällen stehen andere gegenüber,
in denen das Arsenik ohne den abortiven Erfolg angewandt wurde:

6. Ein Mann hatte seiner Frau, die im 7. Monat schwanger war, eine Dosis
Arsenik im Kaffee morgens nüchtern beigebracht, um sie zu töten. Nach einer
Viertelstunde traten Gelbsehen und Erbrechen auf, das den ganzen Tag anhielt,
Brennen im Magen, heftiger Durst, nachts ca. zehn Darmentleerungen, später
große Körperschwäche und Arsenlähmung. Die Kindsbewegungen hörten drei
Tage nach der Vergiftung auf und die Ausstoßung des schon etwas
mazerierten Fötus erfolgte am 16. Tage nach der Vergiftung. In den Organen der Frucht konnte kein Arsen nachgewiesen werden, und angeblich
enthielten in daraufhin angestellten Tierversuchen mit Arsen die Föten
ebenfalls kein Arsen[3]).

7. Eine 22jährige, im 6. Monat schwangere Frau nahm eine große Dosis
Arsenik und starb in weniger als 7 Stunden, während deren heftiges Erbrechen und Diarrhöe stattgefunden hatten. Austreibung der Frucht trat
nicht ein[4]).

8. Ein gehäufter Teelöffel voll arsenige Säure tötete eine im 5. Monat
Schwangere unter üblichen gastrointestinalen Symptomen. Beginn des Erbrechens

[1]) Kratter, l. c.
[2]) Hedrén, l. c.
[3]) Filomusi-Guelfi, Annali univ. di medic. e chir., Vol. CCLXXXI, fasc.
846, Dec. 1888, p. 401.
[4]) Taylor, Medical Jurisprudence. London 1865, S. 788.

2 bis $2^1/_2$ Stunden nach der Vergiftung. Erbrechen und Durchfälle hielten bis etwa 2 Stunden vor dem Tode an. Bei der Sektion fand sich eine Gastritis catarrhalis haemorrhagica mit Ödem der Submukosa, und der gleiche Befund auch im Duodenum. Die Eihäute und die Plazenta waren nicht gelöst.

9. Derselbe Befund wurde bei einer anderen schwangeren Selbstmörderin gemacht. Dieselbe war im 5. Monat schwanger. Plazenta und Eihäute waren nicht abgelöst. Uterus-Mukosa intakt. Arsenikpartikel im Magen mit bloßem Auge sichtbar[1]).

10. Eine im 5. Monat Schwangere hatte Schweinfurter Grün genommen und war dadurch zugrunde gegangen, ohne daß zuvor der Fötus ausgestoßen worden war. Partiell hämorrhagischer Katarrh des Magens und des Darmes, in denen das Gift makroskopisch zu erkennen war.

11. Ein 20 jähriges Mädchen bekam zur Abtreibung von seiner Großmutter ein gelbes Arsenpräparat. Es erfolgte drei Tage später der Tod unter dem klassischen Bilde der akuten Arsenvergiftung, ohne daß Fruchtabgang erfolgt wäre[2]).

12. Einer 26 jährigen Frauensperson wurde von ihrem Schwängerer, einem verheirateten Manne, ein Mittel zur Abtreibung gegeben. Sie erkrankte unter heftigem und oft wiederholtem Erbrechen, Leibschmerzen, Kräfteverfall und starb nach wenigen Stunden. Die Frucht wurde nicht abgetrieben. In der Leiche fand sich Schwefelarsen in zum Teil grobkörnigem Zustande.

13. Eine 22 jährige Frauensperson war nach kurzer Krankheitsdauer an heftigem Brechdurchfall gestorben. Typischer, choleraähnlicher Arsen-Darmbefund. Im Magen neben Schwellung, Rötung und Ecchymosierung der Schleimhaut einige gelbe, in Schleim eingebettete Körner, welche sich als an arseniger Säure reicher gelber Schwefelarsenik erwiesen. Uterus gravid, Ei unversehrt, in demselben eine 7 cm lange Frucht[2]).

14. In einem weiteren Falle war mit Schwefelarsen ein erfolglos gebliebener Fruchtabtreibungsversuch unternommen worden.

Wie leicht trotz aller Verordnungen Gifte noch in unberufene Hände kommen können, ist daraus ersichtlich, daß bei einer Hebamme, die unter dem Verdachte der Fruchtabtreibung stand, neben mehreren drastischen Abführmitteln ein Stück weißen Arseniks im Gewichte von 1 g gefunden wurde.

Hier ist die Stelle, um darauf hinzuweisen, daß Arsenverbindungen, die längere Zeit zu arzneilichen Zwecken oder gewohnheitsmäßig als Reizmittel eingeführt werden, die Frucht schädigen und als Abortivmittel wirken können. Es sollte dies, zumal bei der in neuerer Zeit nicht immer gut überlegten Verwendung bei hautkranken, chlorotischen, neurasthenischen Personen sehr berücksichtigt werden.

Ich erblicke in den organischen Arsenverbindungen, die auch als Antisyphilitica verwendet werden, obschon sie die Ursache

---

[1]) Lesser, Vierteljahrsschr. f. ger. Med., 3. F., Bd. XIV, 2. Fall 8 u. 23.
[2]) Kratter, l. c.

der Syphilis in keiner Weise treffen, eine Vergiftungsgefahr, die den durch andere Arsenikalien erzeugbaren mindestens nicht nachstehen.

Dies gilt natürlich auch von dem Salvarsan, das so viel Schaden und so wenig Nutzen gebracht hat. Einspritzung von 0,5 bei der Schwangeren ist nicht ohne Gefahr für das Kind. In den Tagen nach der Injektion fand man bei fünf von zehn Frauen eine merkbare Abnahme in der Stärke der kindlichen Herztöne, und in zwei Fällen konnte man befürchten, daß das Kind in den 3—4 Tagen nach der Einspritzung absterben würde. Einmal starb das Kind 37 Tage nach der Injektion im Verlaufe eines Albuminurieanfalles.

Kombinierte Arsen- und Phosphorvergiftung.

Eine 20jährige, im 3. Monat schwangere Magd nahm zuerst Phosphor und nach zwei Tagen Arsen, wahrscheinlich als Schwefelarsen, als sicheres Abtreibungsmittel. Die Erscheinungen der Phosphorvergiftung waren bei ihrer Aufnahme in ein Krankenhaus nach etwa 14 Tagen allein noch zu erkennen. Sie überstand die Vergiftung und gebar zur richtigen Zeit ein reifes Kind[1]).

Antimonverbindungen.

Den Antimonverbindungen kommt die Eigenschaft zu, den Blutdruck infolge von Gefäßerweiterung zu vermindern. Die Muskeln werden durch sie im Sinne einer Lähmung beeinflußt. Können schon diese Eigenschaften, besonders bei längerer Geltendmachung, die Mutter und den Fötus gefährden, so vermag das akut, auf reflektorischem Wege Erbrechen erzeugende Antimon auch durch den Brechakt selbst die Lösung des Fötus herbeizuführen.

Eine im 4. Monate schwangere Frau nahm, um sich zu „kräftigen" und ein kräftiges, gesundes Kind zutage zu fördern, auf den Rat ihres Mannes ein „Pulvis Monckii" (Antimonii regulus cum nitro in calcem ustus). Danach trat über 20 mal Erbrechen ein und sie wurde sehr schwach. Nach 14 Tagen erfolgte Abort[2]).

Kohlenoxyd.

Die Frage, ob das im Blute befindliche Kohlenoxyd die Blutbahn zu verlassen und an andere Körperstellen hinzugelangen vermag, ist durch den Versuch am trächtigen Tiere bejaht worden. Schon die Anwesenheit des Gases im Serum läßt dies erkennen. Ja, man meinte sogar, nicht mit Unrecht, daß in genügend langer Zeit das Blut des Fötus und der Mutter gleich viel davon enthalten könne[3]).

---

[1]) Kratter, l. c.
[2]) F. Hoffmann, Medic. ration. systemat. Ven. 1730, T. IV, p. 506.
[3]) Nicloux, Compt. rend. de l'Acad. des Sciences, T. CXXXIII, 1901. — Volume jubilaire du Pr. Richet 1912.

Kohlenoxydgas geht in das Blut des Fötus über. Man ließ vier trächtige Kaninchen Leuchtgas bis nahe an oder bis in Asphyxie einatmen und konnte im Blute der Föten dreimal sicher Kohlenoxyd nachweisen, und einmal nur unsicher[1]). An zwei tragenden Hündinnen, die der langsamen Kohlenoxyd-Vergiftung zum Opfer fielen, wurde das Gas auch im Fötalblute nachgewiesen, gleichzeitig aber festgestellt, daß das Blut der Muttertiere im Augenblicke des Todes über fünfmal so viel Kohlenoxyd enthielt, als das gesamte fötale.

Blut der Mutter:	Fötales Blut:
16,5%	2,9%
10,5 „	1,8 „

Diese letzteren Zahlen müssen neueren Versuchen nach als zu niedrig angesehen werden[2]).

Ein anderer Versuch an einem trächtigen Kaninchen, das durch langsame, 35—40 Minuten währende Vergiftung mit Kohlenoxyd getötet worden war, ergab:

Blut der Mutter:	Blut der vier Föten:
31,5% Oxyhämoglobin	56,0% Oxyhämoglobin
	66,2 „ „
	67,8 „ „
	67,3 „ „

Gegenüber solchen sicheren Ergebnissen haben einige negative, an sehr schnell tödlich vergifteten schwangeren Kaninchen angestellte keine Bedeutung und dürfen vor allem nicht auf menschliche Verhältnisse übertragen werden, um so weniger als Kohlenoxydhämoglobin auch im menschlichen Fötus nach Vergiftung der Mutter gefunden worden ist.

Es gelang dies z. B. auf spektroskopischem Wege bei einer Mutter und ihrer $4^1/_2$ Monate alten Zwillingsfrucht[3]).

Belehrend in dieser Beziehung ist auch die folgende Untersuchung. Eine Frau machte am Ende der Schwangerschaft an einem Abend um 11 Uhr einen Selbstmordversuch durch Einatmen von Leuchtgas. Um 7 Uhr morgens wird sie bewußtlos gefunden, und am Nachmittag um 6 Uhr gebiert sie ein totes Kind. Sie litt noch 5—6 Tage an Kopfweh und Übelkeit, war aber nach 10 Tagen gesund. Das Kind, obschon tot, sah so rosig aus, daß die Hebamme künstliche Atmung an ihm versuchte. Die innerlichen Gewebe waren auch hellrot durch Kohlenoxydhämoglobin. Durch Entgasung des Blutes stellte man fest, daß $1/_5$ des Hämoglobins in Kohlenoxydhämoglobin übergegangen war.

---

1) Fehling, Arch. f. Gynäkol. Bd. 9.
2) Gréhant et Quinquaud, Compt. rend. de la Soc. de Biol. 1883, Séance du 7 juillet.
3) Lesser, Atlas d. gerichtl. Medizin 1890, S. 143.

Bei einer im achten Monat durch Kohlenoxyd vergifteten Schwangeren waren:

im mütterlichen Blut 18 ccm Kohlenoxyd: 100 ccm Blut,
im Blute des Fötus 4,07 ccm Kohlenoxyd: 100 ccm Blut.

Demgegenüber ist es belanglos, daß in einem Falle der Nachweis am Blute eines etwa achtmonatlichen Fötus nicht gelang. Um diese Verschiedenheit in dem Untersuchungsergebnis zu erklären, nahm man an, daß vielleicht ein frühes Schwangerschaftsstadium für den Durchtritt des Giftes durch die Plazenta günstiger sei als ein späteres. Trotz der Dünne der hier in Betracht kommenden plazentaren Gebilde, könnte man der in den verschiedenen Graviditätsperioden ungleichen Entwicklung der Scheidewand, der Zartheit dieses Filters in den früheren Schwangerschaftsmonaten, vielleicht nicht jede Bedeutung absprechen.

Die toxikologische Erfahrung lehrte bisher zur Genüge, daß der Fötus absterben kann, wenn die Mutter auch nicht tödlich durch Kohlenoxyd vergiftet wird.

Bereits 1857 kam im Züricher Gebärhause ein Fall von Intoxikation einer Schwangeren mit Leuchtgas vor, der für Mutter und Kind letal endete.

Zwei andere Schwangere hatten infolge Offenbleibens eines Hahnes während der Nacht Leuchtgas eingeatmet. Beide wurden um 11 Uhr morgens wieder ins Leben zurückgerufen. Bei der einen wurden der Fötalpuls und die Kindsbewegungen wahrgenommen, bei der anderen nicht. Die durch die erschlafften Bauchdecken leicht fühlbaren Kindesteile konnten bei ihr von einer Seite zur andern wie ein toter Körper gedrängt werden und abends gegen 12 Uhr trat die Geburt eines toten Kindes ein. Die Geburt der anderen Vergifteten verlief normal und zur rechten Zeit[1]).

Leuchtgas hat auch schon im Betriebe den Abortus hervorgerufen. In einer Buchdruckerei erkrankte eine Schwangere, welche an einer mit Gasmotor betriebenen Presse arbeitete. Das Leiden endete mit einem Abort. Es stellte sich heraus, daß der Zylinder der Gasmaschine einseitig abgenutzt und Leuchtgas in den Arbeitsraum ausgeströmt war.

Kohlendunst auch aus geschlossenen Öfen hat wiederholt das gleiche Vergiftungsergebnis gezeitigt, wie die folgenden Fälle es dartun.

Eine 42 Jahre alte schwangere Frau wurde nebst ihrem $1^1/_2$ Jahre alten Sohn, welcher in ihren Armen ruhte, am Boden ihres Wohngemaches tot aufgefunden. Der Tod war erwiesenermaßen durch Kohlendampf aus einem Kachelofen veranlaßt worden. In beiden Leichen fanden sich die gewöhnlichen anatomischen Befunde tödlicher Kohlenoxydvergiftung: die Rötung der Hautdecke, die helle

---

[1]) Breslau, Monatsschr. f. Geburtsk. XIII, 1859, S. 449.

Färbung der Körpermuskulatur und der Schnittfläche parenchymatöser Organe und des Blutes.

In dem Uterus lag eine wohlgebildete, etwa achtmonatliche weibliche Frucht, die die gewöhnliche kadaveröse, dunkle Farbe des Blutes wie der Organe aufwies.

Hier gelang der Nachweis des Kohlenoxyds im Blute des Fötus nicht.

Eine 22jährige Erstgebärende gebar am 15. Januar ein faultotes Kind. Im Mai schwanger geworden, fühlte sie vom Oktober bis Dezember Kindesbewegungen. Am 10. Dezember wurde ihre Stube mit Kohlendämpfen aus einem mit Ruß verstopften und mit Steinkohlen geheizten Ofen, bei offener Klappe angefüllt. Es stellten sich bei den Zimmerinsassen, zumal der Schwangeren, Kopfschmerzen, Übelkeit, Schüttelfrost und mehrmaliges Erbrechen ein. Seitdem fühlte sie keine Kindesbewegungen mehr und auch aus anderen Symptomen ging hervor, daß das Kind abgestorben war[1]).

Die Mutter kann somit, was auch aus anderen Beobachtungen hervorgeht, die Kohlenoxydvergiftung überstehen, während die Frucht abstirbt und ausgestoßen wird.

In früheren Zeiten glaubte man, daß sogar der Rauch von ausgelöschten Kerzen die Schwangeren zur vorzeitigen Geburt bringen könne.

Der Kohlendunst und die anderen stärker kohlenoxydhaltigen Gase vermögen dies leichter zu bewerkstelligen, ohne daß jedoch über den endlichen Ausgang irgendeine Vorhersage möglich ist. Mutter und Kind oder — was häufiger eintritt — nur das letztere können zugrunde gehen. Nach etwa 24 Stunden oder früher oder später stellen sich Wehen ein und das tote Kind wird geboren. Das Kind kann aber auch, wie ich schon oben anführte, im Uterus absterben und totfaul erst nach Wochen ausgestoßen werden. Wenn die Umstände dem günstig sind, kann die Mutter sogar mit leichten Vergiftungssymptomen davonkommen. Solche Vergiftungen von Schwangeren sind wahrscheinlich viel häufiger als sie zur Kenntnis kommen, besonders im Gewerbebetriebe, wo Frauen in einer Kohlenoxydatmosphäre arbeiten.

Trotz starker Vergiftung mit Bewußtseinsverlust, Konvulsionen u. a. m. kann nicht nur die Schwangere wiederhergestellt werden, sondern sogar zur rechten Zeit ein normales Kind gebären. Ja, es kam, wie schon erwähnt wurde, vor, daß von zwei unter gleichen Verhältnissen durch Leuchtgas vergifteten Schwangeren die eine abortierte, während bei der anderen die Geburt eines lebenden Kindes normal erfolgte.

Die Frage, ob es angezeigt sei, bei einer am Ende der Schwangerschaft durch Kohlenoxyd Gestorbenen den Kaiserschnitt zu machen,

---

[1]) **Freund**, Monatsschr. f. Geburtsk. XIV, 1859, S. 31.

muß mit Rücksicht darauf, daß der Kohlenoxydgehalt des fötalen Blutes sehr viel geringer ist als der der Mutter, bejaht werden — wenngleich ich den Erfolg für mindestens zweifelhaft halte.

Kohlensäure.

„Fixe Luft" wurde schon im vorigen Jahrhundert als „treibendes Mittel" bezeichnet[1]).

Im Jahre 1856 wurde die Kohlensäuregasdusche zur Einleitung der künstlichen Frühgeburt empfohlen. Man führte das Gas in die Vagina ein, um dadurch die Uterustätigkeit anzuregen[2]), weil das Experiment von Brown-Séquard ergeben hatte, daß glatte Muskelfasern dadurch rasch zur Kontraktion gereizt werden sollten. Bei einer 26 jährigen Erstgebärenden, deren Conjugata vera $3^1/_4 — 3^1/_2''$ betrug und welche sich in der 32.—34. Woche der Schwangerschaft befand, wurde das Gas in zweckentsprechender Weise mittels eines Mutterrohres, das durch ein sonst vorn geschlossenes Glasspekulum geführt war, so eingeleitet, daß es längere Zeit in der Vagina zurückgehalten wurde. Der ersten, 20 Minuten dauernden Einführung folgten weder subjektive noch objektiv wahrnehmbare Veränderungen. Nach der zweiten und dritten in Zwischenräumen von 12 Stunden erfolgten Wiederholung durch 25—30 Minuten empfand die Schwangere, solange die Kohlensäure einströmte, ein unangenehmes stechendes Gefühl in der Vagina und öftere Stiche in der Nabelgegend. Die Vaginalportion war beträchtlich aufgelockert. Nach der vierten und fünften wieder in solchen Zwischenräumen gemachten Anwendung, jedesmal durch eine halbe Stunde, war der Muttermund für den Finger durchgängig und fühlbare Kontraktionen des Uterus deutlich vorhanden, welche jedoch später wieder aufhörten. Nach der sechsten Einführung traten heftige Wehen auf, die zum Blasensprung und der Ausstoßung des lebenden Kindes führten. Die Methode wurde jedoch verlassen, weil durch Eintritt von Kohlensäure in die Uterusvenen der Tod einer Schwangeren zustande kam.

Nichtsdestoweniger ist die Fruchtabtreibung dadurch möglich, wie die folgenden Angaben beweisen.

Eine künstliche Frühgeburt wurde nach 3 Tagen durch Einströmenlassen von Kohlensäure beendigt[3]).

Durch Einführung von Kohlensäure in die Scheide mittels eines Kautschukrohres leitete Simpson[4]) einmal bei einer Schwangeren im

---

[1]) Stifft, Prakt. Heilmittellehre, Bd. 2, Wien 1792, S. 550.
[2]) Scanzoni, Wien. med. Wochenschr. 1856, Nr. 11.
[3]) D. Naceff, Beitr. z. Statistik d. künstl. Frühgeburt. Würzburg 1872.
[4]) Simpson, Assoc. Journ. 1856, Sept., S. 193.

8. Monate die künstliche Frühgeburt ein. Das Zustandekommen derselben erklärte er dadurch, daß die Kohlensäure hier nur indirekt wehenerregend wirke, indem sie mechanisch eine Erweiterung des Muttermundes zustande bringe und darauf, ebenso wie eine Injektion von Wasser, eine Loslösung der Häute verursache.

Auch anderweitige Fälle erfolgter Frühgeburt durch die Kohlensäuredusche wurden mitgeteilt[1]).

Kreide.

Mehrfach wurden vor Gericht Fälle verhandelt[2]), in denen Schwangere wochenlang feingepulverte Kreide, Schlemmkreide usw. zum Zwecke der Abtreibung ohne Erfolg genommen hatten. Selbstverständlich ist von dem kohlensauren Kalk keine, irgendwie die Mutter oder den Fötus schädigende Wirkung zu erwarten.

Auch Ton gilt in manchen Gegenden als Abortivmittel.

Kalium- und Natriumsalze.

Durch Applikation von Kalium- oder Natrium-Salzen direkt auf den Uterus oder durch Injektion derselben in die Vagina, auch durch Injektion der Salze in das Blut, konnten bei Kaninchen und anderen Tieren Kontraktionen des Uterus ausgelöst werden, wobei es aber nie zum Abort kam, da die Kontraktionen tetanischer Natur waren. Am wirksamsten waren die Halogenverbindungen von Kalium und Natrium[3]).

Kalilauge. Kalikarbonat. Seife.

Seife wird schon von Galen als ein Abtreibungsmittel erwähnt.

In einem Gutachten der Gießener Fakultät wird erklärt, daß der Fötus durch eine Seifenlösung abgetrieben werden könne[4]), und vor etwa 200 Jahren wurde schon angegeben, daß eine schwarze Seife in Belgien wegen ihrer abortiven Wirkung berühmt sei[5]).

Durch die Jahrhunderte hindurch hat sich beim Volke der Glaube erhalten, daß dieser Zweck mit Seife erreichbar sei, und meist wird sie in erster Reihe verwandt. Es unterliegt keinem Zweifel, daß in dieser Anschauung ein Stück Wahrheit liegt. Die Seife wird um so

---

[1]) Braun, Österr. Zeitschr. f. pr. Heilk. 1856, III, 21 u. 32.

[2]) Hofmann, l. c., S. 243, 248.

[3]) Kossa, Ungar. Arch. f. Med. I, S. 252.

[4]) Valentinus, Pandect. med. legal. 1701, Sect., I, p. 77.

[5]) Lindestolpe, l. c., p. 661: „et famosus in Belgio, Sapo niger, ex pinguedine ceti et sale alkalino fixo, concoctus.“

eher imstande sein, Erbrechen und Durchfall durch gastrointestinale Reizung zu erzeugen, je mehr freies Alkali sie enthält. Eine grüne Seife mit freier Kalilauge oder sehr viel Pottasche kann Eihautblutungen in derselben Weise wie konzentrierte Säuren oder stark ätzende Metallsalze veranlassen.

Dafür sprechen auch Vorkommnisse bei Tieren. So erhielten zwei trächtige Säue aus Versehen eine ziemlich große Menge gelöster grüner Seife. Die eine Sau verwarf bereits am folgenden Tage, die andere am 7. Tage. Beide Tiere waren vorher völlig gesund gewesen.

Unter sieben Fällen von Einnehmen von Schmierseife trat vielleicht in einem Falle Erfolg ein. Ein Mädchen nahm einen Eßlöffel Schmierseife. Nach acht Tagen zeigte sich Blutung. Ein Fruchtabgang wurde angeblich nicht bemerkt, ist aber wahrscheinlich.

Daß bei Menschen gelegentlich der Erfolg nicht eintrat, kann an individuellen oder äußeren absonderlichen Verhältnissen liegen. Es ist selbstverständlich kein Abort zu erwarten, wenn eine Schwangere einen Trunk gelöster grüner Seife nimmt und diesen, weil er schlecht schmeckt, wieder ausspeit[1]), oder schwarze Seife mit trocknen Pflaumen ißt und das Eingeführte sofort wieder ausbricht[2]).

Eine andere Schwangere hatte außer Sabina noch schwarze Seife mit vielem Pfeffer eingekocht genossen und dadurch nicht abortiert.

Zu den gebrauchtesten aller Abtreibungsprozeduren — vielleicht ist sie sogar die am häufigsten benutzte Methode — gehört die Spülung mit Seifenwasser. Die verschiedenartigsten Seifen, feste und weiche, von der Sunlight- bis zur grünen Seife werden hierfür verwendet und als Einbringungsinstrument die berüchtigte Mutterspritze mit dem langen metallenen Ansatzrohr, das in die Cervix eingeführt wird, oder andere den gleichen Zweck erfüllende Instrumente, Stempelspritzen usw. benutzt. Gewöhnlich wird das Mittel mehr als einmal eingespritzt. Manche tun es zwei-, dreimal und noch öfter. Das Quantum wird nicht gering bemessen und kann 300—1000 ccm betragen. Der Erfolg tritt oft ein, aber meistens auch Krankwerden, Schüttelfrost, Fieber auch bis fast 42° C[3]), Übelkeit und Erbrechen, Schmerzen im Leibe usw. als Folgen anatomischer Veränderungen durch zustandegekommene Infektion. Parametritis, auch mit Eiterung, kann entstehen, wenn der Muttermund verfehlt und die Einspritzung in das Parametrium erfolgt ist. Wenn sie in die Uterushöhle gelangte, droht das Vordringen von pathogenen Keimen durch die Tuben evtl.

---

[1]) Dorien, Vierteljahrsschr. f. ger. Med. 1858, Bd. 13, S. 72.
[2]) Casper, Gerichtl. Med. 1864, I, S. 253.
[3]) Schickele, l. c.

mit dem Erfolge einer Peritonitis, oder durch das Hineingelangen derselben in die Säftebahnen eine Allgemeininfektion. Nicht selten ist auch die Uterusperforation mit den entsprechenden Folgen.

Kaliumchlorat.

Das chlorsaure Kalium kann für die Mutter und den Fötus durch die schweren, von ihm veranlaßten Blutveränderungen, die sich primär als Methaemoglobinämie darstellen, giftig und evtl. tödlich wirken. Auch die „reine Salzwirkung" kann das ihrige zu der Vergiftung beitragen. Das Kalium hat absolut nichts mit der Wirkung zu tun.

Ein 18jähriges Mädchen war bei einem Pfarrer, mit dem es ein Verhältnis unterhalten hatte, unter Erbrechen und Diarrhöe gestorben. Am Tage vorher hatte es Blutegel und 150 g Kali chloricum gekauft. Die nach 11 Tagen ·exhumierte Leiche zeigte vier frische Blutegelstiche an der linken Mamma. Der Magen enthielt eine geringe Menge öliger Flüssigkeit und zeigte drei bräunliche Flecke. Der Darm war leer, die Leber geschwollen, das im Herzen befindliche Blut braun, dick und ohne Gerinnsel. Im Uterus war ein fünfmonatiger Fötus. Die chemische Untersuchung ergab nur in den Nieren Spuren von Kali chloricum, dagegen beträchtliche Mengen des Salzes in den auf der Bettmatratze gefundenen Exkrementen. Das Gutachten lief darauf hinaus, daß das Mädchen an Vergiftung mit Kaliumchlorat gestorben sei, und daß letzteres Salz zwar nicht als spezifisches Abortivum anzusehen sei, aber durch das Erbrechen und die Diarrhöe Abort bewirken könne. Der Pfarrer wurde zu 3 Jahren Strafarbeit verurteilt [1]).

Eigentümlicherweise ist gerade dieses Salz auch zur „Festigung des Fötus" bei Neigung zu Abort verwendet worden, und zwar zu 4 g und mehr täglich. Diese Dosen sind, wenn sie regelmäßig längere Zeit genommen werden sollen, als absolut unzulässig anzusehen.

Kaliumjodid.

Daß schon mäßige Dosen von Jodkalium Abort veranlassen können, beweist der folgende Fall:

Eine im 4. Monat Schwangere bekam einen Trank von Jodkali in Wasser (4,0 : 150,0). Gleich nach dem ersten Löffel entstand Wärme im Epigastrium, nach dem dritten Blutabgang, nach dem fünften Löffel am dritten Tage waren die Erscheinungen des Aborts vollständig. Die gerichtlichen Sachverständigen ·erklärten das Jodkalium für die direkte Ursache des Aborts [2]).

---

[1]) Lacassagne, Arch. de l'anthropologie crimin. T. II, 1887, p. 359.
[2]) Presse médic. de Marseille 1858, No. 7 et 9, cit. von Tardieu, Étude méd.-légale sur l'avortement, p. 31.

Bei syphilitischen Schwangeren, die mit Jodkalium behandelt wurden, beobachtete man mindestens 36% Aborte[1]).

Es ist selbstverständlich, daß auch größere Dosen ohne Nachteil gelegentlich gegeben werden können[2]). Deswegen darf jedoch die Möglichkeit einer abortiven Wirkung des Jodkaliums nicht geleugnet werden.

Versuche an trächtigen Mäusen ergaben, daß, wenn man ihnen täglich 0,5—1 ccm einer 1 prozentigen Jodnatriumlösung subkutan injiziert, sie nach 6—8 Tagen abortierten. Den gleichen Erfolg erzielte man, wenn man sie mit „Jodkuchen" fütterte, der aus 8—10 g eines jodfettsauren Kalziumsalzes mit 250 g Mehl und Milch hergestellt war. Sie abortierten dann nach 4—6 Tagen.

Eine solche Jodfütterung hat auch Sterilität zur Folge. Jodgefütterte Weibchen können nicht von unbehandelten Männchen geschwängert werden, und jodgefütterte Männchen können nicht neubehandelte Weibchen schwängern. Nach etwa vier Wochen weicht diese Sterilität, falls Jod nicht mehr zugeführt wird.

Es wird unentschieden gelassen, ob es sich um eine direkte Jodwirkung oder etwa um eine Schilddrüsenwirkung handelt[3]). Ich halte das erstere für sicher.

Kaliumnitrat.

Eine schwangere Frau nahm statt Glaubersalz eine Hand voll Salpeter, in warmem Wasser aufgelöst. Sie bekam allgemeine Schmerzen, Schwindel, Ohrensausen und Frost. Gleichzeitig schwoll ihr Körper, besonders der Leib und der Hals, an. Es trat Abort eines etwa zweimonatigen Fötus ein. Auch Darmblutungen bestanden und hielten einige Tage an, ebenso wie die Schmerzen.

Kaliumsulfat.

In Frankreich stellte das schwefelsaure Kalium früher ein beim Volke beliebtes Abortivmittel dar. Auch noch in neuerer Zeit wird von einem solchen Gebrauche Kunde gegeben. Dem Mittel kommen in großen Dosen auf Grund einer „reinen Salzwirkung" Giftwirkungen zu. Das Kalium ist daran unbeteiligt.

1. Eine Frau, die sich schwanger glaubte, nahm 60 g Kaliumsulfat, um zu abortieren. Sie starb unter Symptomen heftiger Magen-Darmreizung.

2. Eine Frau hatte in der Nacht vor ihrem Tode von einem Arzte 60 g Kal. sulfuric., in Wasser gelöst, zum Einnehmen erhalten, und es wurde

---

[1]) Weber, Allg. med. Centralzeit. 1875, Nr. 10 u. 11.
[2]) Gallard, De l'avortement au point de vue médico-légal. 1878, p. 20.
[3]) Loeb u. Zöppritz, Deutsche med. Wochenschr. 1914, Nr. 25.

behauptet, daß sie 14 Tage vorher $^1/_4$ Pfund dieses Salzes in geteilten Dosen genommen habe. Das Weib glaubte sich schwanger, was sich aber bei der Untersuchung der Leiche als Irrtum erwies. Der Anklage nach soll der Angeschuldigte ihr das Salz gegeben haben, um Abort zu bewirken. Nach der letzten Dose wurde sie von Übelkeit befallen und starb in sehr kurzer Zeit. Das S u l f a t war rein. Der Angeklagte wurde schuldig befunden, das S u l f a t in der Absicht gereicht zu haben, Abort zu bewirken[1]).

Silbernitrat.

Eine eigene Methode der Einleitung von Frühgeburt und des Abortes[2]) wurde in zwei Fällen von Nephritis mit drohender bzw. schon vorhandener Urämie (7. und 8. Monat) und in zwei Fällen von Hyperemesis gravidarum ($2^1/_2$. und 3. Monat) in der Weise angewandt, daß nach Einführung eines zweiklappigen Spekulums (T r é l a t) und S u b l i m a t spülung der Vagina und Portio ein etwa $^3/_4$—1 cm langes, ungefähr 3 mm dickes Stäbchen aus A r g e n t u m n i t r i c u m mittelst Ätzmittelträgers bis knapp über den inneren Muttermund geschoben und dort deponiert wurde. Etwa 3—6 Stunden nach dieser Operation, die nur wenige Minuten in Anspruch nahm und d u r c h i n n e r l i c h e D a r r e i c h u n g v o n S e c a l e c o r n u t. unterstützt wurde, setzten kräftige Wehen ein, die in dem ersten Falle zur „tadellosen Entbindung einer abgestorbenen Frucht“, im zweiten Falle zur Geburt eines lebenden Kindes führte, obwohl im letzteren Falle der Eingriff durch starke ödematöse Schwellung der Labien und durch sehr elende Wohnungsverhältnisse bedeutend erschwert worden war. In allen Fällen blieb das Ei intakt und zeigte keine Spuren einer Anätzung, auch die Funktionen der Gebärmutter (Konzeption, Menstruation) zeigten in späterer Zeit keine Störung. Bei der einen Patientin heilte die Nephritis ab, während sie bei der zweiten unheilbar chronisch wurde.

Eine Quacksalberin, zugleich wohl Abtreiberin, scheint auch schon von der evtl. abortiven Wirkung des S i l b e r n i t r a t s Kenntnis bekommen zu haben. Sie brachte zuerst selbst ein 12—14 cm langes und 4,5 cm im Durchmesser haltendes verzinntes Rohr mit scharfen Rändern in die Scheide etwa 7 cm tief ein, führte dann in dieses eine in ein 3%iges S i l b e r n i t r a t getauchte Feder ein und beschmierte damit die erreichbaren Genitalteile. Die Schwangere wiederholte weiterhin dieselbe Prozedur. Nach einiger Zeit wurde ein siebenmonatiger toter Fötus geboren[3]).

---

[1]) Mowbray, Med. Gaz., Vol. I, 1843—44, p. 54.
[2]) Perlsee, Prager med. Wochenschr. 1898, Nr. 29 u. 45.
[3]) Hedrén, l. c.

Quecksilber.

a) Metallisches Quecksilber und graue Salbe.

Schon in dem Beginn des 17. Jahrhunderts wurde metallisches Quecksilber gebraucht, um die Frucht aus dem Mutterleibe zu entfernen. So teilt Angelus Sala († 1637) mit, daß er angeblich mit dem besten Erfolge den Mercurius vivus in der winzigen Dosis von 0,24—0,3 g angewendet habe, um den abgestorbenen Fötus auszutreiben, und fügt den Rat hinzu, das Mittel wegen seiner Giftwirkung nur mit größter Vorsicht zu gebrauchen[1]).

In sehr verschiedenen Gegenden der Welt hat sich diese Therapie beim Volke eingebürgert. Entweder wird metallisches oder durch irgendein Mittel extinguiertes Quecksilber eingenommen.

Daß hierbei Quecksilber resorbiert wird, ist zweifellos, und ebenso zweifellos, daß durch die merkuriellen Stoffwechselstörungen eine Schädigung von Mutter und Kind, evtl. auch eine Ausstoßung des letzteren zustande kommen kann.

Auch bei Tieren wurde derartiges beobachtet. Einreibung von grauer Salbe veranlaßte bei Kühen Abort.

Die zwischen Proekuls und Memel wohnenden Littauerinnen, Ehefrauen sowohl wie Mädchen, gebrauchen, wie ich mitgeteilt habe[2]), Quecksilber zur Abtreibung. Sie verreiben dasselbe mit Schmalz oder auch mit grüner Seife und verschlucken diese Masse. Oft genügt eine Dose von 3 g Quecksilber. Beim Nichteintritt der gehofften Wirkung werden auch 6 und 9 g genommen. Die Folgen bestehen zunächst in Erbrechen und Durchfall, weiterhin evtl. auch in Abort. Derselbe erfolgt unter heftigem Kranksein der Mutter und endet nicht selten mit dem Tode. „Kluge Weiber" werden in den Dörfern bezüglich der Höhe der Dosen konsultiert.

Bemerkenswert ist, daß in den angegebenen Gegenden auch Männer aus Sport oder weil sie irgendeine Vorstellung damit verbinden, Quecksilber trinken. Schon Knaben von 14—16 Jahren beginnen mit 5 g, und Männer steigen bis 30 g. Das durch den Darm laufende Quecksilber wird nach einiger Zeit in einem Gefäße wieder aufgefangen.

Die allgemeine Angabe, daß das zu irgendeinem Brei zugemischte Quecksilber auch den abortiven Erfolg gehabt habe, findet man öfter: „hanc potentiam habere perhibetur Mercurius crudus quem saepe pultibus commiscent pellices, ut aliquot exempla vidi". Für die Art des Zustandekommens wurde sogar eine Erklärung gegeben.

---

[1]) Riverius, Opera omnia Ed. Horstius, 1674, p. 482.
[2]) L. Lewin, vide oben S. 226. Vgl. auch S. 230, 231.

Das Quecksilber sollte baldigst Durchfälle erregen, den ganzen Körper durchdringen und besonders die zarten Gewebe des Kindes angreifen und dasselbe töten[1]).

Demgegenüber erwähnt schon Fallopius († 1562), daß ihm Fälle bekannt seien, in denen Frauen das Quecksilber pfundweise verschluckten, um Abort herbeizuführen, aber nicht den geringsten Nachteil davon gehabt hätten[2]) und aus neuerer Zeit wird berichtet, daß einem jungen Mädchen von ihrem Verführer ca. 130 g metallisches Quecksiber eingegeben wurden, ohne jede Wirkung auf den schwangeren Uterus[3]).

Es ist leichter zu verstehen, daß das zu Millionen von Quecksilber-Kügelchen abgetötete Quecksilber durch die leichte Verdampfung von sehr großer Oberfläche oder auch durch die Resorption des fettsauren Salzes, das sich in der grauen Salbe findet, einen Schaden im mütterlichen Körper veranlaßt, als daß metallisches Quecksilber, das selbst in großer Menge nur eine relativ kleine Verdampfungs-Oberfläche besitzt, derartiges erzeugt.

Einige Fälle erfolgter Abtreibung durch metallisches Quecksilber liegen genauer beschrieben vor. Ein Mädchen hatte nach ihrer eigenen Aussage in der 12. Woche ihrer Schwangerschaft ihre Leibesfrucht durch metallisches Quecksilber, dessen Menge nicht ganz eine Gänsefederspule ausfüllte, noch nicht 60 g, abgetrieben. Sowohl Schwangerschaft wie Abort waren aber hier zweifelhaft[4]).

In Schweden kamen zwischen 1851—1903, soweit dies amtlich festgestellt werden konnte, 11 Fälle von Aborten durch Quecksilber zur Kenntnis.

1. Anderthalb Wochen nach dem Einnehmen von etwa 20 g Quecksilber abortierte eine Schwangere. Noch zwei Tage vor dem Abort hatte sie Kindsbewegungen gespürt, später aber nicht mehr gemerkt, ob das Kind lebte oder nicht. Es war sieben Monate alt und tot.

2. Eine 25 jährige Dienstmagd hatte, um ihre Frucht abzutreiben, am 27. Mai metallisches Quecksilber, wahrscheinlich in ziemlich großer Menge, aber in verschiedenen kleinen Dosen eingenommen. Da das Mittel ohne Erfolg blieb, nahm sie am 30. und 31. Mai wieder Quecksilber in größerer Menge und in kleinen Einzeldosen. Am 10. Juni bekam sie Leibschmerzen, am 15. Wehen und am 17. Juni trat ein viermonatlicher Fötus aus.

---

[1]) Lindestolpe, l. c. p. 660. „Mercurius autem, vel statim purgat vehementer, vel totum corpus penetrans, atterit solida ac resolvit, praecipue vero tenellula, qualia infantis. Infans vero enectus, in utero diu manere nequit, sed expellitur putrefactus. Scelus nefandum, et ferro flammisque expiandum.“

[2]) Fallopius, Opera omnia, p. 729.

[3]) Gibb, The Lancet, 1873, 8 March, p. 339.

[4]) Pfaffs Mitteilungen aus dem Gebiete der medizin. Chirurgie u. Pharmaz. 1835, III, H. 1 u. 2, S. 73.

3. Eine Salbe aus Fett, metallischem Quecksilber, Asa foetida und Schwefel nahm Ende April eine Frau zu einem Eßlöffel voll ein, und rieb sie sich auch auf den Bauch ein. Dies tat sie drei Tage nacheinander. Nach dem dritten Einnehmen bekam sie heftiges Erbrechen. In der Mitte Juni gebar sie ein lebendes Kind, das aber sofort starb[1]).

Ein sehr langer Gebrauch kleiner Mengen von Quecksilber kann Vergiftung und Tod herbeiführen. Dies geschah bei einem Mädchen, das 10—14 Tage sich das Metall in dieser Art eingeführt hatte. Sie mußte wegen der Vergiftung in ein Krankenhaus gebracht werden. Kurz vorher hatte sie abortiert. Nach vier Wochen starb sie an dem Quecksilber[2]).

b) Quecksilberverbindungen.

Die Quecksilbersalze wirken schneller als metallisches Quecksilber ein, das erst die Umwandlung in sie erfahren muß. Ihre Beziehung zum lebenden Eiweiß, die Bildung von Quecksilberalbuminaten, wird unmittelbarer und roher vollzogen. Dies gilt z. B. vom Sublimat, das in jeder Art seiner Anwendung, auch als intrauterine Einspritzung, Mutter und Frucht töten kann und getötet hat. Die ersten Symptome sind diejenigen der akuten Gastroenteritis. Die Schleimhautverletzungen führen auch zu Blutungen. Nephritis ist dabei, wie nicht anders zu erwarten, ein gewöhnliches Vorkommnis und Stomatitis auch in schlimmer Form eine nicht seltene Begleiterin. Dies trat z. B. bei einer Schwangeren zutage, die sich intrauterine Sublimatinjektionen von unbekannter Stärke gemacht hatte. Während die Fehlgeburt vor sich ging, wurden noch einige Scheidenspülungen mit Sublimatlösungen von 0,25:1000 Wasser von einer Hebamme ausgeführt. Die Erkrankte starb unter den typischen Sublimatsymptomen[3]).

Es ist demnach ohne weiteres verständlich, daß Einspritzungen in die Vagina und den Uterus die Resorption von Quecksilbersalzen in einem besonders großen Umfange zustande kommen lassen. Dem entsprechen dann auch — abgesehen von den meist schweren örtlichen Veränderungen, wie angegeben, die allgemeinen Vergiftungssymptome. Jede Quecksilberverbindung erzeugt in dieser Beziehung das gleiche und kann unter solchen Bedingungen auch Abort veranlassen. Die Ausstoßung des Fötus geht gewöhnlich den Vergiftungssymptomen voraus, die das übliche Bild darbieten: Stoma-

---

[1]) Hedrén, l. c.
[2]) Pfaffs Mitteilungen aus dem Gebiete der medizin. Chiurgie u. Pharmaz. 1835, III, H. 1. u. 2, S. 73.
[3]) Boux et Roques, Revue mens. de Gynécol., T. XVII, 1912.

titis, Colitis, Nephritis mit Albuminurie usw. nebst den entsprechenden subjektiven Leiden.

Es ist verständlich, daß der Abtreibungserfolg auch ausbleiben kann.

Einer Schwangeren wurde zum Zweck der Fruchtabtreibung ein Eßlöffel voll Quecksilbernitrat in die Vagina injiziert. Sie starb an den Folgen dieser Injektion, ohne daß Ausstoßung vorher eingetreten wäre. Die Scheide war ausgedehnt verätzt[1]).

c) Die antisyphilitische Quecksilberbehandlung.

Die abortive Wirkung des Quecksilbers bei der chronischen Anwendung gegen Syphilis ist oft beobachtet worden. Mag auch immer in manchen dieser Fälle für den endlichen Erfolg der Abtreibung die vorhandene Syphilis mit in Frage kommen, so bleiben doch noch genügend Fälle übrig, in denen das Quecksilber als einzige causa movens des Abortes angesehen werden kann. Denn es ist nicht abzusehen, weshalb dasselbe, wenn es gegen Krätze verwandt wird und dabei Abort erzeugt, nicht auf derselben Basis, ohne Konkurrenz der betreffenden Krankheit, diesen Erfolg veranlassen sollte.

Bei der Behandlung der Syphilis mit Quecksilber sollen 25%, bei der Behandlung ohne Quecksilber nur 12% Aborte zustande kommen[2]).

Diesen Angaben wird insofern widersprochen, als bei der Behandlung der Syphilis durch die Schmierkur keine einzige Schwangere abortierte, dagegen bei anderen Methoden 15—36% Aborte vorkamen.

Die Bestimmtheit dieser Behauptung ist ganz unangebracht. Schon vor fast hundert Jahren war in einem Pariser Krankenhaus die Unmittelbarkeit in dem Zusammenhange zwischen erkanntem Fruchtabsterben bzw. Abortus und Quecksilbergebrauch so aufgefallen, daß man darüber Feststellungen vornahm, die eindeutig ausfielen. So schmierte man z. B. auf eine gonorrhoisch erkrankte 24 jährige Schwangere in 15 Tagen 75—80 g graue Salbe. Dann beklagte sich die so Behandelte, daß sie keine Kindsbewegungen mehr fühle, die sie bis zum Beginne der Kur gefühlt habe. Es folgten Schmerzen im Leib, die bald mit der Ausstoßung eines siebenmonatlichen Fötus endeten.

Die folgenden Vorkommnisse lehren weiter, daß die Quecksilberverwendung bei Syphilitischen — in bezug auf das Nicht-

---

[1]) Phillips, Transact. of the obstetr. Society London, Vol. 32, 1890, p. 308.
[2]) Després, Gaz. des hôpit. 1868, No. 81, p. 323.

austragen der Frucht — so verderbliche Folgen haben kann, wie bei Nichtsyphilitischen.

1. Eine zum ersten Male schwangere Frau wurde während der Schwangerschaft wegen Syphilis innerlich und äußerlich mit Quecksilber behandelt und darauf im 6. Monat von einem abgezehrten Kind entbunden.

2. Zwei Frauen, welche wegen Syphilis, die eine drei, die andere einen Monat lang Pillen von Jodquecksilber genommen hatten, abortierten im 4. Monat.

[3. Zwei Schwangere, welche 14 Tage lang täglich zwei Jodquecksilberpillen nahmen, kamen vorzeitig nieder.

4.—9. Unter zehn mit Quecksilberinjektionen behandelten Schwangeren starben bei sechs die Früchte im 7.—9. Monat ab; zwei von diesen hatten, als der Tod der Frucht eintrat, fünf, eine vier und zwei zwei Injektionen bekommen, bei der sechsten war nach der zweiten Injektion Jodquecksilber innerlich weiter gegeben worden.

10. In einem anderen Falle starb der Fötus nach der vierten Kalomelinjektion (je 0,1 g) und wurde nach vier Tagen ausgestoßen[1]).

11. Eine zum fünften Male schwangere Frau hatte sich wegen Krätze lange Zeit und bis zum Eintritt reichlicher Salivation graue Salbe eingerieben. Zu Ende des 5. Schwangerschaftsmonats abortierte sie mit einer bereits faulenden Frucht[2]).

Daß auch eine mißbräuchliche Anwendung von antisyphilitischen Mitteln unter Umständen weder der Mutter noch dem Kinde schadet, beweist der folgende Fall:

12. Eine Schwangere gebrauchte wegen Syphilis außer anderen Kuren auch Sublimat in steigender Dosis, dann neun Tage lang die Schmierkur und endlich Zittmannsches Dekokt. Fünf Monate später brachte sie ein ausgetragenes Kind zur Welt. Sie hatte also trotz übermäßigen Quecksilbergebrauches konzipiert und die Frucht ausgetragen[3]).

d) Gewerbliche Quecksilbereinwirkungen.

Den besten Beweis für die verderblichen Wirkungen, die durch wiederholte Aufnahme von Quecksilberverbindungen veranlaßt werden können, liefern Hutmacher und Hutmacherinnen, die in die Lage kommen, Quecksilbernitrat von damit behandelten Fellen in ihre Luftwege aufnehmen zu müssen. Die Folgen in bezug auf die Erzeugung und das Verhalten der Früchte im Uterus ähneln denjenigen, die bei der beruflichen Arbeit mit Blei auftreten.

---

[1]) Jolin, Hygiea L. 9. — Svenska läkar. förh. 1888, S. 405.
[2]) Salomon, Caspers Wochenschrift 1845, Nr. 25, p. 407.
[3]) Dewees, Treatise on the diseases of females, übersetzt von Moser, Berlin 1837, p. 207.

Drei Gruppen solcher Arbeiter und Arbeiterinnen konnten einer Untersuchung unterzogen werden:

1. Gruppe. Nur die Männer arbeiteten mit dem quecksilberabgebenden Material. In vier solcher Familien kamen zehn Schwangerschaften vor, von denen zwei mit vorzeitiger Geburt endeten. Zwei Kinder wurden tot geboren. Drei starben, und zwar eines zu 4, das zweite zu 14, das dritte zu 24 Monaten. Die fünf am Leben gebliebenen Kinder waren in schlechter Gesundheit bis auf eines, das gezeugt worden war, ehe der Vater mit Quecksilber in Berührung gekommen war.

2. Gruppe. Die Männer und die Frauen waren zugleich dem Quecksilbereinflusse ausgesetzt. Es kamen 14 Schwangerschaften zustande, von denen fünf vorzeitig endeten. Fünf Kinder wurden tot geboren, zwei starben vor dem dritten, und vier vor dem fünften Lebensjahre. Drei blieben übrig, versprachen aber keine Lebenssicherheit.

3. Gruppe. Die Frauen allein arbeiteten mit dem quecksilberhaltigen Material. Hier kam es zu sieben Schwangerschaften, von denen drei mit Aborten endigten. Eine Totgeburt. Ein Kind starb im Alter von $3^1/_2$ Jahren. Von den übrig bleibenden war eines skrophulös, das andere gesund.

Die mit dem Quecksilber beschäftigten Männer und Frauen zeigten die verschiedenartigsten Quecksilbersymptome, Stomatitis, Nervenstörungen, Kachexie.

Außer diesen französischen Beobachtungen gibt es analoge, die in Deutschland in einer großen Hasenhaarschneiderei gemacht worden sind. Hier litten die arbeitenden Frauen, abgesehen von anderem, an Fehlgeburten, die richtig auf die bei der Verarbeitung der Felle benutzte Quecksilberverbindung zurückgeführt wurden.

Alaun.

Der Alaun ist mit der Absicht Abort herbeizuführen oft genommen worden. So nahm eine Dienstmagd mehrere Tage hindurch eine wässrige Lösung desselben ein und gebar einen siebenmonatigen Fötus, der aber nach 21 Stunden starb.

Eine im vierten Monat schwangere Frau trank Kaffee, in den sie aus Versehen statt Zucker ein Stück Alaun getan hatte. Sie bekam danach Stechen im Epigastrium, Erbrechen und ein Gefühl, als ob der Uterus sich in einer der Fossae iliacae befände. Darauf stellten sich Vorzeichen eines beginnenden Abortes ein, und nach zwei Tagen wurde ein Fötus ausgestoßen, der buchstäblich gegerbt zu sein schien[1]).

----

[1]) Mauzette, Journal de Médecine et de Chirurgie pratiques; Tome XLII, 3. série. Paris 1871, p. 23.

Essigsaure Tonerde ist verschiedentlich zu Einspritzungen gebraucht worden, so von einer im dritten Monat Schwangeren, die das Mittel mit Hilfe eines Gummiballes erfolgreich einbrachte[1]).

Bleiverbindungen.

Das **Blei** gehört in seinen löslichen und unlöslichen Verbindungen zu denjenigen Abortivis, die am häufigsten und am sichersten, meistens freilich unter schwerer Gefährdung der Mutter, Abort veranlassen können. Die durch dasselbe erzeugten Stoffwechselstörungen, an denen das Ei bzw. der Fötus voll partizipieren, sind in erster Reihe an dem Resultate beteiligt.

Eine besondere Beziehung des **Bleis** zu dem Genitalapparat ist seit dem Altertum behauptet worden. Schon **Galen** nimmt eine solche Eigenschaft an. „Plumbi lamina lumbis admota veneri resistit." Man legte **Bleiplatten** auf den Leib, um die Geschlechtserregbarkeit zu mindern, vielleicht auch um unfruchtbar zu machen. Wahrscheinlich hat der heimliche Gebrauch hierfür in den folgenden Jahrhunderten nicht abgenommen und ist auch auf die Fruchtabtreibung ausgedehnt worden. Im achtzehnten Jahrhundert sagte de Haën darüber: „Sacchari saturni usus internus laudatur, quia refrigerat et exsiccat, **semen extinguit**, et venerem flaccescentem inducit." Das vorige und unser Jahrhundert hat an Stelle des **Bleiazetats** andere **Bleiverbindungen** für diesen Zweck verbreitet sein lassen.

Bemerkenswert ist immerhin, daß man auch bei Vergiftungen mit **Bleiverbindungen** Wirkungen der genannten Art hat eintreten sehen. So hatte z. B. ein Kranker wegen eines Halsübels **Bleiazetat** verordnet bekommen. Nachdem er davon insgesamt 0,18 g verbraucht hatte, schwollen ihm beide Hoden so stark an, daß er sich zu Bett legen mußte. Noch mehrere Wochen nach diesem Ereignis klagte er über völligen Verlust seiner geschlechtlichen Potenz. Es hat lange gedauert ehe er sie wieder gewann.

Die Vorbedingung für eine Wirkung des **Bleis** auf den schwangeren Uterus wird erfüllt, denn bei Menschen und Tieren ist sein Übergang von der Mutter auf die Frucht erwiesen worden.

Dieses Abortivmittel scheint jetzt auch in Deutschland sehr beliebt zu werden, wie die Tatsache beweist, daß ein Arzt in Stettin in etwa 6 Jahren unter 300 Aborten 18 durch **Bleiverbindungen** veranlaßte festgestellt hat, davon allein vier in 6 Wochen[2]). Akute, auch

---

[1]) Leubuscher, l. c.
[2]) Schwarzwaeller, Berl. klin. Wochenschr. 1901, Nr. 7.

tödliche Vergiftungen, Bleikolik und andere mehr können danach eintreten, und der Erfolg kann auch ausbleiben[1]).

a) Akute Vergiftung.

1. Ein im 7. Monat schwangeres Mädchen nahm „zur Verschönerung ihres Teints" mehr als 90 g Bleiweiß, in Wasser eingerührt. Gegen Abend trat Übelkeit und Erbrechen ein, am folgenden Tage heftiges Fieber und Gelbsucht. In der Nacht vom zweiten zum dritten Tage nach Genuß des Bleiweißes wurde sie von einem siebenmonatlichen toten Kinde entbunden und in der nächsten Nacht starb sie selbst[2]).

2. Eine Frau trank zum Zweck der Abtreibung der Frucht ca. 45,0 g Bleiweißpulver und für 10 Pf. Blutreinigungstropfen in einem halben Glase Wasser. Am nächsten Morgen traten Schmerzen im Hinterkopfe, häufiges Erbrechen, quälender Durst, Kreuzschmerzen ein, am vierten Tage nach starkem Körperverfall Krämpfe und am fünften Tage erfolgte der Tod. Vor vier Monaten sollen bereits die gleichen Erscheinungen außer den Krämpfen vorhanden gewesen sein. Auch sollen damals nach Aussage der Hebamme bestimmte Zeichen des vor sich gegangenen Aborts aufgetreten und auch der Abgang eines größeren Blutklumpens bemerkt worden sein. Die Sektion ergab, daß überhaupt keine Gravidität vorlag. Das Blei hatte in diesem Falle eine Uterinblutung zur Folge gehabt[3]).

3. Einer 24jährigen, im 6. Monat schwangeren Magd wurde geraten, zur Abtreibung der Frucht feinen Sand von einem Schleifstein mit Weingeist und einer Messerspitze voll Bleiweiß zu kochen und das Gemisch zu genießen. Sollte dies nicht helfen, so möge sie ein Stück eines Zimmermannbleistiftes vom Holze entblößen, dasselbe stoßen und mit etwas Branntwein gemischt verschlucken. Die Magd wandte diese Mittel an, jedoch ohne Erfolg. Einige Tage später bekam sie Fieber und heftige Unterleibsschmerzen. Es wurde eine Peritonitis konstatiert. Es trat Abort und am nächsten Tage der Tod ein. Abort und Tod hingen nach dem Gutachten in keiner Weise mit den genossenen Substanzen zusammen (!), sondern wurden durch die aus unbekannten Ursachen (!) entstandene Peritonitis verursacht[4]).

Viel häufiger als Bleikarbonat findet das Bleioxyd, die Bleiglätte, als Abortivum Verwendung. Dies geht nun schon eine Reihe von Jahrzehnten so. Auch die Behörden wurden schon auf die Überhandnahme des Gebrauches von „Silberglätte" für diesen Zweck aufmerksam gemacht und haben, z. B. in neuerer Zeit im Regierungsbezirk Köslin, Apotheken und Drogenhandlungen darauf hingewiesen, bei der Abgabe von Bleipräparaten vorsichtig zu sein.

---

[1]) Bell Taylor, The Lancet 1898, p. 742.
[2]) Casper, Wochenschr. f. d. gesamte Heilk. 1835, Nr. 29, S. 457.
[3]) Freyer, Zeitschr. f. Medizinalbeamte 1888, S. 231.
[4]) Maschka, Sammlung gerichtsärztlicher Gutachten der Prager Fakultät, 3. F., 1867, S. 243.

Ein Erfolg ist davon nicht zu erwarten, da Bleipflaster — Emplastrum diachylon — ohne weiteres im Handverkauf abgegeben wird.

Von den Verlaufsarten geben die folgenden Vorkommnisse ein Bild.

4. Eine Frau klagte über Uterinblutungen und heftige Schmerzen. Die letzte Menstruation war ausgeblieben. Die Untersuchung ergab einen gänseeigroßen retrovertierten Uterus. Muttermund für den Finger durchgängig. Die Eireste wurden entfernt, der Uterus aufgerichtet und ein Pessar eingelegt. Trotzdem dauerten die Schmerzen fort. Sie rührten von einer Bleikolik her. Die Frau gestand, eine Messerspitze voll Bleiweiß genommen zu haben, um ihre Regel wieder zu bekommen. Die Vergiftung heilte unter Opium, Jodkali und Schwefelbädern[1]).

5. Ein 23jähriges Mädchen nahm, nachdem Safran, Senfteige usw. erfolglos geblieben waren, Bleiweiß. Sie verbrauchte nach und nach 10 g in Wasser oder Kaffee. Nach 14 Tagen fühlte sie Schmerzen im Leibe und Übelsein und bald danach ging ihr an einem Nachmittag ein Fötus ohne Schmerzen ab. Starker Blutverlust und heftige Kolikschmerzen folgten. Sie wurde wiederhergestellt.

6. Eine 40jährige Schwangere nahm zur Hervorrufung des Aborts eine Messerspitze voll Bleiglätte. Bald folgte Übelbefinden und nach $1^1/_2$ Stunden Erbrechen. In der folgenden Nacht und am folgenden Tage bestand große Unruhe und Krankheitsgefühl. Abends trat unter Verschlimmerung des Befindens Abgang eines viermonatigen Fötus ein. Am 3. Tage erschienen Ikterus, Brust- und Bauchschmerzen, Sinken der Körperwärme, kalter Schweiß, Verlangsamung des Pulses, Angstgefühl und Tod[2]).

7. Eine 22jährige Frau starb unter Symptomen der Bleivergiftung. Sie hatte innerlich Bleiglätte genommen, um Abort herbeizuführen. Zeichen von Schwangerschaft waren nicht vorhanden.

8. Eine 33jährige schwangere Frau nahm vor 20 Tagen, angeblich durch Verwechslung mit Bullrichsalz, etwa 15 g Bleiglätte, dem noch Bariumsulfat beigemischt war. Sechs Stunden später bekam sie Erbrechen, Schmerzen im Leibe, und weiterhin auch Abnahme der Kräfte und Obstipation. Im Harn fand sich Blei bei der Untersuchung im Krankenhause. Nach 16tägigem Aufenthalt in demselben wurde sie beschwerdefrei entlassen. Sieben Tage später traten Blutungen aus den Genitalien auf, denen nach weiteren 24 Stunden ein Abort folgte. Es zeigten sich von neuem Bleisymptome, die erst allmählich schwanden[3]).

9. Eine Frau, die einen Teelöffel voll Bleiglätte eingenommen hatte, abortierte. Vier Wochen später hatte sie kolikartige Schmerzen. Es erfolgte Heilung[4]).

10. Eine 33jährige Frau erkrankte unter heftigen Schmerzen in der rechten Regio iliaca, an Verstopfung und Erbrechen. Haut und Konjunktiva waren gelblich. Bleisaum am Zahnfleisch und andere Symptome wiesen auf Bleivergiftung hin. Sie starb nach einigen Tagen im Koma. Sie hatte erklärt, man

---

[1]) Schwarzwaeller, l. c.
[2]) Lesser, Vierteljahrsschr. f. gerichtl. Med., 3. F., Bd. XIV, 2, Fall 228.
[3]) Zinn, Berl. klin. Wochenschr. 1899, Nr. 50.
[4]) Schwarzwaeller, l. c.

hätte ihr geraten, Diachylonpflaster zu gebrauchen, um Konzeption zu verhüten oder Abort hervorzurufen[1]).

11. Eine 23jährige schwangere Frau nahm mehrfach Diachylonpflaster zur Abtreibung ein. Einige Tage vor dem Tode hatte sie über Lähmungserscheinungen in einer Hand geklagt. Man fand sie nicht lange nachher auf dem Boden liegend in paroxysmenweis auftretenden Krämpfen, bewußtlos, maniakalisch. Der Atem war fötid. Es war ein Bleisaum vorhanden. Die Kranke schien auch blind zu sein. Beide Papillen zeigten den Charakter der Stauungspapille. Es erfolgte der Tod. Bei der Sektion fand sich der Uterus leer. Man erkannte an ihm die Zeichen des frischen Abortes[2]).

12. Eine im 3. Monat schwangere Multipara nahm drei bis vier Wochen für 10 Pf. „Diachylon“, aus dem sie 60 Pillen geformt hatte, in 48 Stunden. Es trat Abort ein, aber auch Bleikolik mit Bleisaum.

13. In einem dem vorigen ähnlichen Falle erfolgte der Tod der Schwangeren[3]).

In England sah man auch in der Neuzeit, wie es scheint sehr häufig, „Diachylon-Pillen“ zu Abortivzwecken benutzen. Die neuere Gesetzgebung, die dort verlangt, daß jede Fehl- und Frühgeburt der Behörde gemeldet wird, führte in Nottingham dazu, den von Ärzten in wachsender Menge beobachteten Aborten nachzugehen. Es stellte sich heraus, daß Frauen, vorzugsweise der arbeitenden Bevölkerung, Pillen verwendeten, die unter dem Namen: „Mrs. Seagraves-Pillen“ verkauft wurden. Man stellte fest, daß sie aus Borsäure, Aloe und zu 50 bis 70% aus Bleioxyd (Bleiglätte) bestanden. Der Händler verkaufte sie an verheiratete und unverheiratete Personen, mit der Vorschrift, erst eine Dosis Bittersalz zu nehmen, dann zu fasten und danach morgens und abends je 4 Pillen zu nehmen. Wahrscheinlich ist recht häufig dadurch die Fruchtabtreibung bewerkstelligt worden, und ebenso wahrscheinlich auch Bleivergiftung. Der Verkäufer der Pillen wurde zu achtzehn Monaten Kerker verurteilt.

Solche Pillen aus Bleioxyd werden auch unter dem Namen „Frauenpillen“ (Female pills) verkauft. Man sah danach die Vergiftung akut unter stürmischen, das Leben bedrohenden Symptomen oder mehr chronisch unter minder schweren Störungen verlaufen. Unter dreißig Fällen war einer mit tödlichem Ausgang und nur wenige verliefen leicht und günstig. Die Vergiftungssymptome gaben sich u. a. kund durch den Bleisaum, durch Koliken, Erbrechen auch von Blut, den süßlichen „Bleiatem“, nach dem allein schon ich glaube Saturnismus diagnostizieren zu können, Anämie, auch wohl gelegentlich durch Konvulsionen, Psychosen,

---

[1]) Frank M. Pope, Brit. med. Journ. 1893, 1. July, p. 9.
[2]) Crooke, The Lancet 1898, 30. July, p. 255.
[3]) Branson, Brit. med. Journ. 1899, 2. Dec., p. 1593.

Einschränkung des Gesichtsfeldes, Sehnervenveränderungen und so weiter[1]).

Noch in sechzehn anderen Fällen, in denen Frauen Blei genommen hatten, traten als Folge der Bleivergiftung Koliken auf, die anfangs als Nierenkoliken oder Eierstockentzündung gedeutet wurden.

b) Chronischer Saturnismus.

Die Unterbrechung der Schwangerschaft durch akute Einwirkung giftiger Bleimengen erfolgt mit derjenigen Sicherheit, mit der wir bei belebten Wesen rechnen müssen, wenn es sich um Reaktionen auf körperfremde Einflüsse handelt. Unterliegt hier die Gebärmutter resp. die Frucht dem plötzlichen, in kurzer Zeit sich vollziehenden Ansturme des Bleis, der sogar nicht selten die Mutter selbst hinrafft, so muß die langsame, in längerer Zeit sich vollziehende Aufnahme kleiner oder kleinster Bleimengen in einem gegebenen Augenblicke die Möglichkeit des gleichen Erfolges ohne die Todesgefahr liefern[2]).

Seit dem ersten Drittel des vorigen Jahrhunderts sind dafür sichere Belege gegeben worden, daß das chronisch aufgenommene Blei die Generationssphäre bei Tieren und Menschen, bei Mann und Weib schädigen könne. Aus den Silberhütten des Harzes wurden damals Tatsachen mitgeteilt, die diese Erkenntnis besser als die einwandfreiesten Experimente zu beweisen imstande sind. Man beobachtete, daß Kühe, Schafe und Ziegen, welche sich von dem in der Nähe der Silberhütten wachsenden Futter nährten, Blutharnen bekamen und verwarfen. Kauften die Bewohner der Silberhütten oder der nahen Umgebung trächtige Ziegen, so warfen dieselben zwar zuweilen noch das eine Mal zur gehörigen Zeit, wurden dann aber unfruchtbar und blieben es lebenslänglich oder doch während ihres Aufenthaltes auf oder nahe bei den Silberhütten. In der Nähe solcher kann man auch kein Geflügel halten und umherlaufen lassen. Enten und Gänse legen unter dem Bleieinflusse oft Windeier. Bei Hirschen in den dortigen Wäldern fand man oft Unterbrechungen in der Ausbildung ihrer Geweihe und Geschlechtsteile.

Ganz ähnliche Beobachtungen machte man in der Umgebung der Bleibergwerke Schottlands. Auch hier fielen, neben anderen Symptomen, besonders die Störungen der Empfängnis und des Austragens auf. In Übereinstimmung damit ergaben Experimente, die an Tieren mit wiederholter Beibringung von Bleisalzen angestellt wurden, den häufigen Abort bzw. die Tötung im Leibe. So erhielt man z. B.

---

[1]) Hall, Brit. med. Journ. 1905, I, p. 584.
[2]) L. Lewin, Berl. klin. Wochenschr. 1904, Nr. 41.

von 11 trächtigen derartigen Meerschweinchen, die bis zu 36 Tagen das Gift erhalten hatten, 16 tote Früchte[1]).

Frauen, und sogar solche, welche in glücklicheren äusseren Verhältnissen lebten, litten, wenn sie längere Zeit auf oder nahe bei Silberhütten wohnten, häufig und zuletzt habituell an Abort.

Wie wenig solche Erfahrungen Anlaß gaben, nunmehr auch weiter unter den Bleiarbeitern und Bleiarbeiterinnen mit Rücksicht auf diese sozialpolitisch so wichtige Frage Untersuchungen anzustellen, und die einzig mögliche Konsequenz daraus zu ziehen, nämlich die Männer in den Bleibetrieben nach Möglichkeit zu schützen und die Frauen von der Bleiarbeit fernzuhalten, ersieht man daraus, daß es beinahe drei Jahrzehnte gedauert hat, ehe neue Beobachtungen mitgeteilt wurden, und daß trotz alledem inzwischen, infolge von schlechten sozialen Verhältnissen, die Frauen in die Bleibetriebe, in die Bleiweißfabrikation, in die Schriftgießereien usw. gedrängt wurden. Und selbst in den fünfziger Jahren waren das ärztliche Wissen über solche Geschehnisse und das ärztliche Interesse daran nicht groß genug, um ein Eingreifen zu ermöglichen. Während die sogenannte rationelle Medizin sich nicht genug tun konnte in praktisch nicht sehr bedeutungsvollen Versuchen mit Giften an Tieren, fielen Hekatomben keimender, menschlicher Leben den Giften, welche die Mütter in Betrieben aufgenommen hatten, zum Opfer, wurden Tausende von Kindern giftsiecher Eltern geboren, um ein nur kurzes, meist elendes Dasein zu verleben, bezahlten hunderte und tausende von Männern und Frauen die Möglichkeit, sich durch ihre Arbeit ernähren zu können, mit dem Verluste der Gesundheit und sehr, sehr oft der Elternfreuden. Die Wissenschaft würde dadurch, daß man den Erkrankungsvorgängen nachgegangen wäre, manche Bereicherung erfahren haben, und man würde gleichzeitig durch Offenlegen der Schäden von Generationen von Menschen Unheil abgewendet haben. Sehr wenig von alledem geschah!

Zu Anfang der sechziger Jahre des vorigen Jahrhunderts wurde in Frankreich von Tardieu angegeben, daß auf 1000 Schwangerschaften von Frauen, die mit Blei arbeiteten, 609 Aborte kämen. Später wies Paul[2]) in umfangreicherer Weise als es bis dahin geschehen war, die Aufmerksamkeit auf diese Folgen der Beschäftigung mit Blei durch klinische Untersuchungen hin.

Es zeigte sich hierbei einwandsfrei, daß die Schwangerschaft Störungen erleiden könne, sowohl wenn die Mutter selbst mit Blei arbeitet, als auch wenn nur der Mann, der den Zeugungs-

---

¹) Balland, Influence du Saturnisme, p. 43.
²) Paul, Arch. génér. de Médecine, 5 Sér., T. XV, 1860, p. 514.

akt vollzogen hat, bleikrank war. Es ließ sich feststellen, daß unter solchen Bedingungen sich zeigen:

1. Gebärmutterblutungen bei Frauen, bei denen die Menstruation ausgeblieben ist, und die als schwanger angesehen werden müssen.
2. Fehlgeburten im dritten bis sechsten Monat.
3. Frühgeburten von toten oder bald sterbenden Kindern.
4. Eine Mortalität der geborenen Kinder in den ersten drei Lebensjahren, die das gewöhnliche Mittel überragt.

Jede Art des Zustandekommens einer chronischen Bleivergiftung kann auch die vorzeitige Ausstoßung der Frucht veranlassen. So wurde z. B. überzeugend nachgewiesen, daß Frauen, die zu verschiedenen Zeiten und an verschiedenen Orten Blei aus dem Trinkwasser chronisch aufgenommen hatten und mit Koliken und hartnäckiger Verstopfung erkrankt waren, auch Menstruationsstörungen bekamen und mehrfach in frühen Monaten abortierten. Nachdem die Bleileitungen durch Eisenleitungen ersetzt worden waren, schwanden die Vergiftungssymptome und die Kinder wurden ausgetragen.

Gelangt Blei in Brotmehl z. B. dadurch, daß der Müller die Mühlsteine mit Blei ausgegossen hat, so können, wie dies beobachtet wurde, bei Säugenden Aufhören der Milchsekretion, bei anderen Menstruationsstörungen oder bei Schwangeren Abort eintreten.

Am häufigsten sind natürlich Arbeiterinnen, die im Bleibetriebe beschäftigt sind, der Möglichkeit einer Vergiftung ausgesetzt. Von 81 Müttern, die untersucht wurden, war ein Teil entweder selbst in Schriftgießereien als Poliererinnen oder Ordnerinnen der Lettern, oder als Koloristinnen beschäftigt, ein anderer nur an Schriftgießer oder Maler verheiratet.

Einige dieser Beobachtungen spiegeln ein trauriges Stück sozialen Elends wieder. Ich halte es für ergreifend, wenn man liest, daß eine 52jährige Frau seit ihrem siebenten Jahre in einer Bleiatmosphäre leben mußte, schwer bleikrank wurde, zwölfmal schwanger wurde und zwölfmal abortierte.

Von vier solcher Frauen ließen sich mit Sicherheit fünfzehn Schwangerschaften feststellen, die so verliefen wie die folgende Tabelle es lehrt:

Zahl der Frauen	Fehlgeburten	Frühgeburten	Totgeburten	Todesfälle	Lebende Kinder
1	5	1	—	—	1
1	4	—	—	1 in 24 Stunden	—
1	—	1	—	—	—
1	1	—	1	—	—
insgesamt: 4	10	2	1	1	1

Viele solcher Frauen haben vor ihrer Beschäftigung mit Blei normale Kinder geboren. Eine von diesen, die im Alter von 20 Jahren einen Maler geheiratet hatte, gebar einen Knaben, der im Alter von vier Jahren starb. Ein Jahr nach ihrer Schwangerschaft trat sie in eine Gießerei ein. Bis dahin war sie regelmäßig menstruiert. Sie bekam nun eine Bleilähmung beider Hände, Arthralgien, ein bleifarbenes Aussehen, aber keinen Bleisaum. Während ihrer achtjährigen Beschäftigung in der Schriftgießerei überstand sie acht Fehlgeburten und eine normale. Das geborene Kind starb nach fünf Wochen. Solcher Beispiele gibt es viele, wie die folgende Tabelle zeigt.

Zahl der Frauen	Normale Geburten vor der Bleivergiftung	Fehlgeburten	Frühgeburten	Totgeburten	Todesfälle	Lebende Kinder
1	3	8	—	1	1	—
1	1	8	—	—	1	—
1	1	4	1	1	1	1
1	1·	2	—	—	—	—
1	3	4	—	—	2	1
insgesamt: 5	9	26	1	2	5	2

Von den fünf Todesfällen entfielen vier auf das erste Lebensjahr.

Verläßt die Bleiarbeiterin ihren Beruf, so kann sie wieder normal gebären. Eine solche Frau war fünfmal, während ihrer Beschäftigung mit Blei, schwanger und abortierte ebenso oft. Als nach ihrem Austritt aus der Fabrik der Bleieinfluß aufgehört hatte, gebar sie ein Kind, das am Leben blieb. Ebenso kann die krankhafte Disposition der Frau zum Abort schwinden, wenn der Gatte nicht mehr mit Blei arbeitet.

Wiederholt sich das Aufhören und die Wiederaufnahme der Bleiarbeit seitens der Frau, so kann dieser Wechsel auch in den Schwangerschaften zum Ausdruck kommen.

Ein Mädchen, das von ihrem 13. bis 18. Jahre mit dem Ordnen von Lettern beschäftigt war, dann aber aus der Fabrik austrat, wurde vier Jahre später schwanger und gebar ein Kind, das gesund blieb. Nachdem sie in die Fabrik wieder als Poliererin von Lettern eingetreten war, bekam sie vier bis sechs Bleikolikanfälle und abortierte viermal.

Eine andere Poliererin wurde zuerst im Alter von 20 Jahren schwanger, nachdem sie dem Bleieinflusse drei Jahre nicht mehr ausgesetzt gewesen war. Das Kind blieb am Leben. Im Alter von 30 Jahren verließ sie zum zweiten Male die Fabrik für zwei Jahre. Nach ca. $1^1/_2$ Jahren gebar sie ein ebenfalls am Leben gebliebenes Kind. Die von neuem aufgenommene Arbeit ließ bei ihr zweimal Abort entstehen.

Ganz ähnliche Erscheinungen, wie die soeben bei Bleiarbeiterinnen festgestellten ergeben sich, wenn nur der Erzeuger bleikrank ist. Die Lebensschwäche der geborenen Kinder rafft sie oft sehr früh hin.

Eine Frau, die an einen bleikranken Maler verheiratet war, gebar elfmal (darunter eine Zwillingsgeburt) und nur ein Kind blieb am Leben. Drei Kinder starben im ersten Lebensjahre, zwei im zweiten und fünf im dritten. Außerdem kam einmal im sechsten Monat ein Abort zustande.

Die Ergebnisse der Feststellungen an sieben solcher, mit Bleiarbeitern verheirateter Frauen, die zusammen 32 Schwangerschaften überstanden hatten, liefert die folgende Tabelle.

Zahl der Frauen	Aborte	Tot-geburten	Todesfälle				Lebende Kinder
			im ersten Jahre	im zwei-ten Jahre	im dritten Jahre	in späte-ren Jahren	
1	1	—	—	—	—	—	—
1	1	1	—	—	—	—	—
1	2	—	2	—	—	—	1
1	3	—	1	—	—	—	
1	1	—	—	2	—	—	
1	1	—	3	2	5	—	1
1	2	—	2	—	—	1	—
insges.: 7	11	1	8	4	5	1	2

Bei jeder der Frauen war Abort zustande gekommen, und aus 32 Schwangerschaften blieben nur zwei Kinder am Leben.

Die Vergiftungserscheinungen bei dem Vater oder der Mutter können nur leicht sein, ja nur in einem Bleisaum bestehen und sich trotzdem der verderbliche Einfluß des Bleis auf die Generationsorgane bemerkbar machen.

So war eine Letterpoliererin, die einen Bleisaum besaß und sonst nur noch sehr leichte Bleisymptome aufwies, zwölfmal schwanger. Viermal abortierte sie. Sechs Kinder, die zu rechter Zeit geboren wurden, starben früh, und nur zwei blieben am Leben. Analoge Erfahrungen spiegeln die folgenden Zahlen wieder:

Zahl der Frauen	Aborte	Frühgeburten	Todesfälle	Lebende Kinder
1	—	1	—	—
1	2	—	1	1
1	—	—	2	—
1	4	—	6	2
1	1	—	—	2
1	1	—	3	3
insgesamt: 6	8	1	12	8

Geht schon aus dem Voranstehenden hervor, wie verderblich das Blei auf das Kind im Mutterleibe einwirkt, so bekommt man doch von dem Umfange einer solchen Schädigung erst eine richtige Vorstellung, wenn man erfährt, daß unter dem Einflusse dieses Mittels die Folgen von 123 Schwangerschaften waren:

> 64 Aborte,
> 4 Frühgeburten (eine im 7. und eine im 8. Monat),
> 5 Totgeburten,
> 20 Todesfälle im ersten Lebensjahre,
> 8 Todesfälle im zweiten Lebensjahre,
> 7 Todesfälle im dritten Lebensjahre,
> 1 Todesfall in späterer Zeit,
> 14 lebende Kinder.

Solcher Beobachtungen wurden später noch viele veröffentlicht.

So waren z. B. vier Frauen neunzehnmal schwanger. Nur fünfmal kam die Schwangerschaft zu einem normalen Ende. Siebenmal wurden lebende Kinder geboren, die aber schnell starben. Fünfmal erfolgte früher Abort und zweimal starben die Föten im Uterus ab. Als Ergebnis der neunzehn Schwangerschaften blieben nach einem Jahre nur zwei Kinder übrig, die aber schwach und schlecht entwickelt waren.

Eine 37 jährige Frau kolorierte seit ihrem zwölften Jahre und gewöhnte sich, am Pinsel zu lecken. Schon zwei Jahre später stellten sich Koliken ein. Im 27. Jahre zeigten sich die ersten Spuren von Lähmung der Extensoren. Ab und zu traten eklamptische Anfälle auf. Die Kranke magerte ab, wurde kachektisch, vorübergehend auch amaurotisch. Der Urin enthielt stets Eiweiß. Kurz vor dem Tode entstand Aphonie und fast totale Paraplegie der Beine. Nach drei rechtzeitigen Geburten in früheren Jahren erfolgte wenige Monate vor dem Tode noch ein Abort im 7. Monat[1]).

Eine bei der Fabrikation von Lettern beschäftigte Frau, die früher drei lebende und kräftige Kinder geboren, dann aber an Bleikolik gelitten hatte, wurde bald nach dem ersten Auftreten der Bleiintoxikation schwanger und gebar ein totes Kind. Drei Jahre später abermals schwanger, abortierte sie im 5. Monat; dies wiederholte sich später achtmal im 2. oder 3. Monat, jedesmal unter sehr abundanter Metrorrhagie.

Die 34 jährige Frau eines Mannes, der nur zwei Jahre lang als Gelegenheitsmaler tätig war, hatte bevor der Bleieinfluß in Gestalt von Koliken den Mann traf, viermal gesunde Kinder geboren. Alsdann trat im 3.—4. Monat einer erneuten Schwangerschaft unter starken Blutungen Abort ein. Man stellte bei ihr einen Bleisaum fest. Die Bleiaufnahme soll dadurch zustande gekommen sein, daß sie die bleihaltigen Arbeitskleider des Mannes gewaschen hatte.

---

[1]) Lanceraux, Gazette médic. de Paris 1862, p. 709.

Die Frau eines Malers erlitt in zwei Jahren vier Aborte und fünf bis sechs Anfälle von Bleikolik. Nachdem ihr Mann den Beruf aufgegeben und Polizist geworden war, gebar sie normal[1]).

Aus einer neueren Aufnahme ergibt sich, daß von 31 Schwangerschaften bei 7 Frauen bleikranker Maler 11 mit Totgeburten und eine mit Abort endete, während eine von diesen Frauen vor der Beschäftigung ihres Mannes mit Blei 7 lebende Kinder hatte.

Wie oft so sicher der Saturnismus des Vaters auf die Schwangerschaft und das Konzeptionsprodukt einwirkt, ergibt sich auch aus den folgenden Vorkommnissen: Eine Frau hatte von einem bleikranken Manne zwei tote Kinder vorzeitig zur Welt gebracht. Als sie dann ein lebendes Kind zur richtigen Zeit gebar, fragte man sie, ob dieses Kind auch von dem gleichen Vater herstamme, worauf sie antwortete, daß sie auch einmal ein lebendes Kind hätte haben wollen.

Ein Buchdrucker und Klicheur erkrankte an einer Bleikolik. Von da an kamen bei seiner Frau sieben Ausstoßungen toter Früchte vor.

Noch schlimmer gestalteten sich die Verhältnisse bei einer 37 jährigen Frau, die zuerst im Jahre 1880 schwanger war und dann 1882. Beide Male kamen normale Kinder zur Zeit zur Welt. Als der Mann, ein Maler, bleikrank geworden war, hatte die Frau 15 Aborte zwischen dem vierten und dem siebenten Monat. Im Anfang verliefen die Schwangerschaften sehr gut, dann setzte mit einemmale Frösteln ein, sie bekam Angstgefühle, die Kindsbewegungen hörten auf und nach etwa acht Tagen erfolgte der Abort. Dabei war der Gesundheitszustand der Frau ausgezeichnet. Es ist in solchen Fällen eben nur der vergiftete bleihaltige Samen, der die Entwicklung auf halbem Wege stehenläßt.

Nicht minder groß ist der Einfluß der Blei in sich tragenden Mutter auf ihre Frucht.

Aus dem Jahre 1897 wurde aus England folgendes mitgeteilt.

Von 77 verheirateten, dem Bleieinflusse ausgesetzten Frauen waren:

15 kinderlos, ohne eine Fehlgeburt gehabt zu haben,
 8 hatten 21 totgeborene Kinder,
35 hatten 90 Aborte durchgemacht und 15 davon nie ein Kind geboren, sondern nur Aborte erlebt, und
36 hatten 101 lebende Kinder geboren, von denen 40 im Säuglingsalter wieder starben.

In einer noch späteren Statistik aus dem Jahre 1901, von der ich glaube, daß sie auf Grund nicht genügender Informationen manche Verhältnisse zu rosig widerspiegelt, tritt trotzdem der verderbliche

---

[1]) Baker, Transact. of the obstetr. soc. of London, Vol. VIII, 1867, p. 41. — Vide auch Siredey, Journ. de Médec. et de Chirurgie, Paris 1876, T. LXXIV, p. 63 u. a. m.

Bleieinfluß auf die Gebärmutter zutage. Danach hatten 239 Frauen vor ihrer Beschäftigung mit Blei 487 Schwangerschaften mit 34 Aborten, und während sie mit Blei gearbeitet hatten 566 Schwangerschaften mit 67 Aborten. Mithin:

<table>
<tr><td>Vor der Bleiarbeit</td><td>Während der Bleiarbeit</td></tr>
<tr><td>7% Aborte</td><td>11,8% Aborte</td></tr>
</table>

Es stieg also die Zahl der Aborte um etwa 70%.

Einen besonderen Hinweis erheischt die oben schon erwähnte und zahlenmäßig belegte hohe Mortalität der Kinder bleikranker Eltern und die chronischen Erkrankungszustände der Überlebenden.

Die Angaben hierüber sind seit Jahren so übereinstimmend gegeben worden, daß eine einzige neuere, in ihren Resultaten davon abweichende Statistik dagegen nicht in das Gewicht fällt. Aus den Töpfereien im Bezirke von Stoke in England wird berichtet, daß die Erhebungen folgendes ergeben hätten: Von 453 Kindern, die von Frauen, vor ihrer Bleiarbeit in den Töpfereien, geboren wurden, starben 183 und nach dem Eintritt in die Bleiarbeit von 499 Geborenen 182. Mithin:

<table>
<tr><td>Vor der Bleiarbeit</td><td>Während der Bleiarbeit</td></tr>
<tr><td>40,4% Todesfälle</td><td>36,5% Todesfälle.</td></tr>
</table>

Hiernach könnte es ja beinahe in bezug auf die Erhaltung der Kinder wünschenswert erscheinen, daß die Mütter mit Blei arbeiteten! Wenn die ausgefragten Töpferinnen dem Nachfrager die Wahrheit gesagt haben, was ich bezweifle, so müssen in jenen Bleibetrieben in Stoke geradezu so ideale hygienische Zustände bestehen, wie sie zum zweiten Male in der Welt nicht wieder gefunden werden. Diese Angaben erwecken nicht nur durch die hohe Mortalitätsziffer vor der Bleiarbeit der Mütter, sondern auch dadurch Mißtrauen, daß über den Gesundheitszustand der Mütter nichts ausgesagt wird — eines der ersten Erfordernisse, um sich über die Tragweite solcher Ergebnisse klar zu werden.

Wenn der Vater oder die Mutter Träger einer Bleikrankheit sind, so bleibt sehr häufig auch die Nachkommenschaft nicht von Gesundheitsstörungen frei. Die aus solchen Ehen hervorgehenden Kinder lassen die angeerbte Schwäche meistens erkennen und viele von ihnen bleiben, wofern sie nicht frühzeitig zugrunde gehen, in ihrer Entwicklung zurück. Wachsen sie vollends in einer Bleiatmosphäre auf, z. B. in enger Behausung, wo die Eltern Heimarbeit mit Blei treiben, oder werden sie gar schon in frühester Jugend zu der Arbeit ihrer Eltern herangezogen[1],

---

[1] Rennert, Arch. f. Gynäkol. Bd. XVIII, 1881.

so gehen sie ziemlich sicher einer Vernichtung des Restes ihrer Gesundheit entgegen. So beträgt z. B. in einem hessischen Dorfe, dessen Einwohner sich mit dem Glasieren von Tonwaren abgeben und deswegen meistens bleikrank sind, die Sterblichkeit der Kinder in den ersten 5 bis 6 Lebensjahren 50%. Die Überlebenden leiden an Hydrocephalus und sehr großen Kröpfen.

Auf 79 solcher Kinder von Töpfern, die mit Bleiglätte arbeiteten, kamen 56 Erkrankungen und bei 44 Krämpfe.

Im Experiment stellte man auch den schädigenden Einfluß des Bleis auf das sich entwickelnde Ei fest. So erzielte man in einer Versuchsreihe an 10 000 Hühnereiern Tausende von Mißbildungen.

Roques, der Beobachtungen in der Salpêtrière und in Bicêtre anstellte, fand, daß Kinder von bleikranken Vätern sehr häufig von Geisteskrankheiten, Idiotie, Schwachsinn, Epilepsie usw. befallen sind.

Es wurde schon aus dem Jahre 1836 berichtet, daß in der Hausindustrie der Schildermalerei, für die Bleiweiß meist in dem Raum verarbeitet wurde, der auch Wohn- und Schlafraum war, die Kinder die auffälligsten Symptome des Bleileidens bekamen. Von 6 Kindern einer solchen Familie, in der der Vater bleikrank war, blieb keines gesund. Alle magerten bald nach der Geburt ab und „verfielen in völlige Atrophie". Drei derselben starben, ehe sie das erste Lebensjahr zurückgelegt hatten, in einem höchst elenden Zustande bis zum Skelett abgemagert. Sie fingen alle einige Tage oder Wochen nach der Geburt an zu schreien und schrieen dann bis zu ihrem Tode beinahe ununterbrochen Tag und Nacht fort, zogen dabei die Füße an den Leib, welcher verhältnismäßig sehr groß war; sie hatten Verstopfung, abwechselnd mit Diarrhöe, wovon die Windeln schwarz gefärbt wurden. Die Haut fühlte sich stets heiß und trocken an. Drei dieser Kinder erholten sich, als sie ein Jahr alt waren, allmählich. Die zwei älteren lernten erst mit dem 3. bis 4. Jahre gehen.

Es kann keinem Zweifel unterliegen, daß nicht nur der Same, bezw. das Ei, unter dem Einflusse des von den Eltern aufgenommenen Bleis funktionell krank werden können, sondern daß, wenn die Mutter bleikrank ist, wie dies auch im Tierexperiment erwiesen wurde, in den Fötus Blei übergeht. Trächtige Hündinnen, die Blei erhalten hatten, ließen Blei in den Früchten und was nach meinen obigen Ausführungen[1]) gar nicht Wunder nehmen kann, nachdem sie geworfen, in der Milch erkennen.

Von einer Setzerin, die 12 Jahre bleikrank war, wird berichtet, daß sie fünfmal schwanger war, davon viermal abortierte

____

[1]) Vgl. oben S. 175.

und einmal ein Kind gebar, das nach 7 Monaten an Konvulsionen starb. Bei der sechsten Schwangerschaft hatte sie eine Frühgeburt. Das Kind starb nach 15 Tagen. Es fand sich bei ihm eine Leberschrumpfung. Die Leber wog nur 45 g und enthielt 16% Blei.

Dieses Blei ist von dem Bleivorrat der Mutter in den kindlichen Organismus hineingespült worden und hat das Hindernis für die Weiterentwicklung und das Weiterleben abgegeben. Man wird bei jeder chemischen Untersuchung solcher, vor der Zeit ausgestoßener Früchte bleikranker Mütter Blei finden, dagegen sehr wahrscheinlich Blei dort vermissen, wo die Mutter nur den minderwertigen, in seiner chemischen Zusammensetzung gestörten Samen aufgenommen hat.

Bleikranke Mütter können natürlich durch das aufgenommene Blei noch weitere Schädigungen erfahren, da ja dieses Metall auch das Nervensystem in seinem edlen Element, der grauen Substanz der Nervenzentren schädigt und das Blutsystem sowohl in den blutbildenden Organen, der Leber, der Milz und dem Knochenmark, als auch in den Formelementen des Blutes angreift. Die Möglichkeit, daß dadurch auch die biologische Mineralisierung des Individuums leidet, ist bisher unbewiesen geblieben.

Kupfer.

Es wurde bereits darauf hingewiesen[1]), daß in Algerien neben Grünspan auch Kupfersulfat als Abtreibungsmittel volkstümlich ist. Wenn die gewünschte Wirkung dadurch zustande kommt, so geschieht es durch Entzündungserregung im Darm, an der der Uterus mit Adnexen teilnimmt. Dasselbe kann eintreten, wenn Lösungen von Kupfersulfat lange Zeit von trächtigen Tieren aufgenommen werden. So sah man, daß Kühe, die kupfersulfathaltiges Abwasser einer Imprägnierungsanstalt für Holz aus einem Dorfbache aufnahmen, als Vergiftungssymptome Diarrhöe, Milchversiegen, Appetitlosigkeit und Abmagerung bekamen und abortierten.

Die Annahme, daß Kupfer abortiv wirken könne, führte eine schwangere Wärterin in einem Krankenhause dazu, sich mittels einer geeigneten Spritze 1 g Fehlingscher Lösung, entsprechend 0,034 g Kupfersulfat in den Uterus zu spritzen. Nach kurzer Zeit bekam sie Schmerzen und Angstgefühl, nach einer halben Stunde einen kleinen, langsamen Puls und in der folgenden Nacht Erbrechen. Es folgten bei relativ besserem subjektiven Befinden blutiger Ausfluß aus den Genitalien, Abnahme der Harnmenge und Auftreten von Zylindern im Harn. Die Schwangerschaftunterbrechung war wahrscheinlich aber nicht sicher[2]).

---

[1]) Vergl. S. 235.
[2]) Tantzscher, Zentralbl. f. inn. Med. 1907, S. 5.

Kaliumchromat.

Unter 1539 Fällen von Abtreibungen bzw. Abtreibungsversuchen durch Gifte, die in den Jahren 1851—1903 in Schweden festgestellt worden sind, waren 11 mit Kaliumchromat, wohl besser Kaliumbichromat. Das Mittel erzeugt schon zu Dezigrammen Gastroenteritis, Glomerulonephritis mit den entsprechenden akuten direkten Symptomen und den Abhängigkeitsleiden.

1. Eine 31 jährige Magd hatte Kaliumbichromat genommen, erkrankte mit Erbrechen und Magenschmerzen, stieß nach zwei Tagen einen viermonatigen Fötus aus und starb am 3. Tage. In den Leichenteilen wurde Chrom nachgewiesen.

2. Nach Einnahme von einem Teelöffel voll des Giftes abortierte ein Mädchen und starb[1]).

3. Ein 24 jähriges Mädchen war am 1. September unter verdächtigen Umständen gestorben. Unter anderem waren Erbrechen, Durchfälle, Krampfzufälle in den Beinen und schließlich Bewußtlosigkeit aufgetreten. Durch die gerichtliche Untersuchung wurde festgestellt, daß das Mädchen zur Abtreibung der Frucht am 31. August chromsaures Kali genommen hatte. Ausstoßung des Fötus fand nicht statt. Bei der Sektion fand sich im Uterus, der sonst normal war, ein 5'' langer Fötus[2]).

4. Zwei schwangere Frauen wurden durch Kaliumchromat tödlich vergiftet, ohne vorherige Ausstoßung des Fötus. Ob die Substanz zum Zweck der Abtreibung genommen war, wurde nicht angegeben[3]).

Einer dieser beiden Fälle ist wohl mit dem zuvor erwähnten identisch.

Kaliumpermanganat.

Mehrfach sind im Laufe der letzten Jahre Beobachtungen gemacht worden, die es als sicher erscheinen ließen, daß das übermangansaure Kalium Abort veranlassen könne.

1. Eine Negerin, die wegen Ausbleibens der Menstruation 0,12 g Kalium permanganicum dreimal täglich erhalten hatte, abortierte nach einigen Tagen. Sie war im zweiten Monat schwanger[4]).

2. Eine Frau, die an Kopfschmerzen und Rückenschmerzen litt, erhielt acht Kapseln von je 0,12 g Kalium permanganicum verordnet. Die erste Kapsel erbrach sie; die nächsten wurden behalten. Am anderen Tage trat Blutung ein und ein einmonatiger Fötus wurde ausgestoßen[5]).

Auch weitere Beobachter schreiben dem Permanganat abtreibende Wirkungen zu[6]).

---

[1]) Hedrén, l. c.

[2]) Schrader, Vierteljahrsschr. f. gerichtl. Med., N. F., 1866, Bd. V, 1, S. 113.

[3]) Fagerlund, ibid., 3. F., VIII, Suppl. 1894, S. 75.

[4]) Mann, The Therap. Gaz. 1887, p. 356.

[5]) Sperry, The Therap. Gaz. 1887, p. 282.

[6]) Hovent, Journ. de Méd., Chirurg. et Pharm. 1889, T. LXXXVII, p. 69, 111.

Eisen und Eisenpräparate.

Der Gebrauch des Eisens als Abortivmittel scheint in verhältnismäßig nicht sehr frühe Zeit zurückzureichen. Die sehr zweifelhafte Wirkung desselben auf das Zustandekommen von Abort charakterisiert schon Lindestolpe[1]) mit folgenden Worten:

„Ridiculam demum eorum judico sententiam, qui martem, martialiaque remedia, pro fortissimis abortivis habentes, putant: eadem, ad uterum deducta, foetum, licet grandiorem, in plurima et minutissima discindere frustula, frustulatimque embryonem expellere."

Nichtsdestoweniger kann durch Eisenoxydul- und Oxydverbindungen unter bestimmten Bedingungen Abort erzeugt werden, einmal, wenn dadurch Gastroenteritis veranlaßt wird, sodann, wenn eine starke Blutdrucksteigerung dadurch entsteht.

1. Eine 20jährige Schwangere gebrauchte zum Zweck der Fruchtabtreibung zunächst Kräuter und andere Mittel ohne Erfolg. Darauf trank sie ca. 3 g „in Wasser aufgelösten Kupferwassers" (meist mit Zink und Kupfer verunreinigter Eisenvitriol), worauf Schmerzen, mehrtägiger Durchfall, wiederholtes Erbrechen und schließlich Wehen eintraten, welche die Geburt eines über 30 Wochen alten Kindes herbeiführten[2]). Nach dem Gutachten mußte (!) das Mittel in der angewandten Dosis als Abortivmittel wirken.

2. Eine in weit vorgeschrittenem Stadium der Schwangerschaft befindliche Frau erkrankte plötzlich unter Erbrechen und Durchfall und starb nach ca. 14 Stunden. Bei der Sektion fand sich in den Eingeweiden eine große Menge Eisen. Sie hatte wahrscheinlich Eisensulfat genommen[2]).

3. Ein 15jähriges Mädchen, im 5. Monat schwanger, verschluckte ca. 30 g Tinct. ferri sesquichlorati in vier Dosen an einem Tage, um Abort zu bewirken. Starke Reizung sämtlicher Harnorgane folgte, wurde aber bald beseitigt und die Schwangere wurde wieder gesund[3]).

Vielleicht ist hierher auch der Schlamm von Schleifsteinen wegen seines Eisengehaltes zu rechnen[4]). In Betracht käme auch seine mechanische, reizende Wirkung in den Därmen. Er wird sehr häufig zur Hervorbringung des Aborts benutzt, ohne wohl je einen Erfolg gezeitigt zu haben. Vereinzelt ist derselbe auch Gegenstand forensischer Begutachtung gewesen[5]).

Beliebt als Abortivum ist auch der Rotstift oder „Rotstein", ein durch Eisenkalksalze rotgefärbter Ton[6]). Er ist trotz seines Eisen-

---

[1]) Lindestolpe, Liber de venenis, Ed. Stentzel, 1739, p. 646.

[2]) Cohen van Baren, Zur gerichtsärztlichen Lehre von verheimlichter Schwangerschaft, Geburt und dem Tode neugeborener Kinder. Berlin 1845, S. 10.

[3]) Taylor, Die Gifte, übers. von Seydeler, Bd. II, p. 522.

[4]) Vgl. oben S. 225.

[5]) Hofmann, Lehrbuch der gerichtlichen Medizin 1884, S. 243.

[6]) Casper, Handbuch der gerichtlichen Medizin 1864, I, S. 254.

gehaltes wohl als harmlos anzusehen. Es gibt aber auch farbige Zeichenkreide, die Quecksilber oder Arsen in reichlicher Menge enthält.

Baryt.

Den als Mäuse- und Rattengift verwendeten kohlensauren Baryt hat gelegentlich eine Schwangere für die Abtreibung benutzt. Bei einer solchen stellten sich bald nach dem Einnehmen am Nachmittag Erbrechen und Magenschmerzen ein. In der folgenden Nacht schlief sie, aber am nächsten Tage wiederholte sich das Erbrechen, dazu gesellten sich Durchfälle, Gliederkälte, Frostschütteln bei großem Hitzegefühl und Erschwerung der Atmung. In der zweiten Nacht nach der Vergiftung starb sie. In den stellenweise entzündeten Eingeweiden fanden sich weiße Körnchen von Bariumkarbonat und das gleiche in einem Papierkonvolut, das die Schwangere während ihres schweren Krankseins fortgeworfen hatte. Die 10 cm lange Frucht wurde noch im Uterus gefunden [1]).

2. Kohlenstoffverbindungen.

Schwefelkohlenstoff.

Der Schwefelkohlenstoff kann die Frucht im Mutterleibe töten. Arbeiterinnen, die in Fabriken den Dampf dieser Substanz aufnehmen, bekommen Menstruationsstörungen, nämlich zu frühes und zu reichliches Eintreten der Menses.

Solche, im Betriebe stehende Weiber gebären meistens nicht oder nicht normal. Abort ist bei ihnen häufig.

Es sind zwei verschiedenartige Einwirkungen, die der Schwefelkohlenstoff im Genitalapparat veranlaßt: 1. Hyperämie resp. chronische Entzündung und Blutung sowie auch an anderen Körperstellen, und 2. eine direkte Giftwirkung auf den schon vorhandenen Fötus, die schlimmer und nachhaltiger als die anderer flüchtiger narkotischer Gifte ist.

Jodoform.

Eine Schwangere trank aus Lebensüberdruß eine Jodoform-Glyzerin-Emulsion, die ihr zur Tränkung von Scheidentampons verschrieben war. Nach einigen Tagen erfolgte Abort in ungefähr der fünften Schwangerschaftswoche [2]).

---

[1]) Seydel - Reichard, Vierteljahrsschr. f. ger. Med. 1877, Bd. XXVII, S. 213.
[2]) Heitzmann, Wiener med. Wochenschr. 1896, Nr. 6, S. 222.

Essigsäure.

Je nach ihrer Konzentration kann die Essigsäure leichte oder sehr schwere örtliche Gewebsveränderung mit Ausgang in Nekrose erzeugen. Im letzteren Falle geht eine Erweichung der Zerstörung voran. Sie führt, wie dies auch an totem Eiweiß zu erkennen ist, zur Lösung. Die Ätzung geht deswegen ziemlich in die Tiefe.

So erklärt sich der Befund in dem folgenden Vorkommnis:

Eine 18jährige Primipara gab an, sie habe am Tage vor dem Eintritt in die Klinik sich selbst ein halbes Wasserglas reinen Essigs in die Gebärmutter einlaufen lassen. Sie habe sich auf das Bett gelegt, das Rohr des Irrigationsschlauches in die Scheide eingeführt und mit dem Finger nachgefühlt. Das Rohr sei eingedrungen und sie habe den Inhalt des Irrigators ablaufen lassen. Mit Recht wird angenommen[1]), daß nicht die eigene, sondern eine fremde Hand dem Mädchen das Mittel beigebracht habe.

Bei der Sektion des Kindes fand man in der rechten Regio hypogastrica, nach oben scharf mit dem Rippenbogen abschneidend, eine durch das eingeführte Rohr bewirkte Verletzung, in deren Tiefe man den unteren Leberlappen erkannte. Die Haut der Frucht und die Plazenta waren mazeriert, was wohl zum größeren Teil der Essigsäurewirkung zuzuschreiben ist.

Wiederholt wurde zu Einspritzungen in den graviden Uterus der **Holzessig** benutzt. Selbst wenn das Acetum pyrolignosum rectificatum rein ist, enthält es noch Brandöle, teerartig riechende Kohlenwasserstoffe, Phenole usw. enthaltende Stoffe, die in ihrer toxischen Wirkung zutage treten.

Ein Mädchen wurde im Kollaps eingeliefert. Es fand sich bei ihr eine intakte Gravidität und eine schon nach $1^1/_2$ Stunden eingetretene Hämoglobinurie. Nach einigen Stunden erholte sie sich und gab an, Spülungen mit Holzessig gemacht zu haben. Am nächsten Tag erfolgte der Abort. Körperwärme 38°, am 3. Tage 39° C. Eine Schwellung der linken Glutäalgegend stellte sich ein, die sich auf den Oberschenkel ausbreitete und Knistern fühlbar sein ließ. Bei der Inzision entwich Gas. Der Allgemeinzustand verschlimmerte sich, Ikterus kam dazu und der Tod erfolgte 50 Stunden nach dem kriminellen Eingriff. Bei der Sektion fand man eine Verletzung im Uterus und eine Gasphlegmone des linken Parametrium, welche durch das Foramen ischiadic. majus hindurch auf die Glutäalgegend und den Oberschenkel übergegangen war.

Eine Hebamme hatte einer im 4. Monat schwangeren Frau mit einer Ballspritze und einem 15—20 cm langem neusilbernen Katheter Holzessig in den Uterus gespritzt. Am nächsten Morgen zeigten sich peritonitische Erscheinungen, am zweiten Tage wurde die Kranke ikterisch und starb unter zunehmendem Kollaps. Der Uterusgrund war jedenfalls mit dem Katheter durchbohrt worden. Im Uterusgrunde fand sich ein Defekt mit sehr mürben, fetzigen Rändern, im Uterus eine mürbe, schwärzlichrote Masse, in der kleine Knochen des Fötus zu erkennen waren.

---

[1]) Schickele, Münch. med. Wochenschr. 1906, Nr. 21.

Der Holzessig hat sich also auch hier nicht nur als ein lokal stark zerstörendes, sondern auch als ein allgemein wirkendes Gift erwiesen, denn es fand sich eine fettige Degeneration der Leber und Nieren und, wie im vorigen Falle, Ikterus, der wahrscheinlich auf primäre Blutveränderungen zurückzuführen ist[1]), vielleicht verursacht durch die im Holzessig enthaltenen Phenole[2]).

Resorptiv erzeugt die Essigsäure unter anderem durch Alkalientziehung Stoffwechselstörungen, die sich schon in dem Aussehen der häufig Essig Trinkenden kundgeben. Aus diesem Grunde trinken wohl Schwangere, um Abort herbeizuführen, lange Zeit hindurch diesen Stoff. Der Erfolg ist möglich, freilich aber auch schwerer gesundheitlicher Schaden, der sich nicht leicht wieder ausgleichen läßt.

Chloroform.

Das Chloroform gelangt, wie direkt erwiesen wurde, durch die Plazenta in die Frucht. Schon wenige Einatmungen genügen, um es im Nabelstrangblute nachzuweisen.

In dem Plazentarblut wurde es nachgewiesen, nachdem man in der Exspirationsluft des Kindes, dessen Mutter während der Geburt narkotisiert worden war, den Chloroformgeruch wahrgenommen hatte.

Versuche an Kaninchen ergaben nur eine hemmende Wirkung des Chloroforms auf die Uteruskontraktionen infolge von Ermüdung des nervösen Zentralorganes. Der Uterusmuskel selbst wurde in keiner Weise von der Chloroformwirkung beeinflußt. Der Blutdruck sinkt im Muttertier stark durch die Chloroformnarkose.

Nichtsdestoweniger kann bei Menschen gelegentlich einmal durch eine, gerade unvollständige, Chloroformnarkose Abort veranlaßt werden.

Eine 35 jährige Frau inhalierte im 5. Monat ihrer dritten Schwangerschaft wegen Zahnschmerzen Chloroform, bis sie halb bewußtlos wurde; dieser Zustand dauerte eine halbe Stunde. Bald darauf empfand sie Leibschmerzen, die sich schnell steigerten und zu Wehen wurden; nach wenigen Stunden war die Austreibung der Frucht vollendet[3]).

Cyankalium.

Blausäure geht von der Mutter auf den Fötus über. Nach Verabfolgung von Zyankalium bei einem Muttertier fand man Blausäure in den Embryonen.

---

[1]) L. Lewin, Arch. f. exper. Pathol. u. Pharmakol. Bd. 89, 1921, S. 340.
[2]) Seydel, Vierteljahrsschr. f. gerichtl. Med., 3. F., XII, 2, 1896, S. 352.
[3]) Robinson, Amer. Journ. April 1856.

Ein 20jähriges Mädchen, das sich im 2. Monat schwanger glaubte, nahm zur Abtreibung ein Stück Zyankalium von Pillengröße (etwa 0,8 g), das sorgfältig in Papier eingehüllt war, um den Geschmack zu verdecken. Bald darauf fühlte sie sich krank. Es entstanden Kopfschmerzen, Schwindel, Dyspnoe, Bewußtlosigkeit, Erbrechen, aber keine Krämpfe. Nach $1^1/_2$ Stunden delirierte sie. Zwei Stunden nach der Magenausspülung kam die Kranke wieder zum Bewußtsein. Sie wurde geheilt. Der Abort trat nicht ein. Wahrscheinlich war viel von dem Zyankalium in Pottasche übergegangen[1]).

Alkohol.

Der Alkoholismus in allen seinen Formen ist eine häufige Veranlassung zum Abort. Das Blut wird mit Kohlensäure überladen; die Uterusmuskeln sind dieser gegenüber sehr empfindlich und werden zu Kontraktionen angeregt. Außerdem kommen noch jene Impulse für eine eventuelle Uterusbewegung in Frage, die durch materielle und funktionelle Veränderungen des Zentralnervensystems durch Alkohol bedingt sind. Es ist ferner zu bedenken, daß die durch Alkoholismus veränderten Gefäße das Zustandekommen von Blutungen veranlassen können, und daß Endometritis bei Alkoholismus häufig vorkommt. Die Vergiftung und Erkrankung der Fruchtanlage kann von dem alkoholischen Vater oder der Mutter ausgehen.

Der Alkohol geht auch zweifellos bei akuter und chronischer Aufnahme seitens der Mutter in den Fötus über. Verständlich wird es dadurch, daß besonders bei der akuten Vergiftung die Ausstoßung des Fötus schnell zustande kommen kann, da zu den Störungen im mütterlichen Körper sich die im eigenen hinzugesellen.

Eine 28jährige Frau, die zum sechsten Male schwanger war, trank eines Abends, ohne an alkoholische Getränke gewöhnt zu sein, $^9/_{10}$ Liter Branntwein. Man fand sie bald darauf bewußtlos vor der Haustür liegen. Die Respiration war stertorös. Blutiger Schaum vor den Lippen. Starker Alkoholgeruch aus dem Munde. Durch Venäsektion wurden ihr ca. 150 g Blut entzogen, ferner erhielt sie Ätherinjektionen und innerlich Liq. ammon. acet. in Kaffee. Erst nach 27 Stunden kam sie zu sich. Es traten heftige Wehen ein und sie wurde von toten Zwillingen, die etwa im 6. Monat waren, entbunden. Darauf wurde sie sehr aufgeregt, zyanotisch und starb schließlich im Koma[2]).

Als man noch gegen Krätze Alkoholdämpfe in Anwendung brachte, sah man danach außer Hautveränderungen als entferntere Wirkung angeblich auch Abort entstehen.

---

[1]) Thiis, Norsk Magaz. f. Laegevid. 1902, Nr. 7.
[2]) Drapier, Journ. des Sciences méd. de Lille 1896, No. 5, p. 103.

Chloralhydrat.

Das Chloralhydrat geht wie das Chloroform in den Fötus über und kann auf diesen erregend und sekundär lähmend wirken.

Sowohl einmalige große, die Mutter vergiftende Dosen, als auch der chronische Chloralismus können den Fötus schädigen und seine Ausstoßung herbeiführen. Seine Herzschläge werden nach einer vorübergehenden Beschleunigung seltener. Er wird auch ruhiger.

Harnstoff.

Das Rätsel der ersten Uteruskontraktionen sollte durch die Hypothese gelöst werden, daß der vom Fötus produzierte und im mütterlichen Blute diffundierte Harnstoff Uteruskontraktionen hervorrufe. Am normalen Schwangerschaftsende würde es danach, da durch die mütterlichen Nieren nicht mehr aller Harnstoff ausgeschieden werden kann, zu einer Urinanhäufung (?) im mütterlichen Blute kommen, und der Harnstoff den Uterus durch Einwirkung auf seine motorischen Zentren zu einer Tätigkeit veranlassen.

Bringt man Kaninchen 2—8 g Harnstoff subkutan oder intravenös bei, so erkennt man an dem freigelegten Uterus keinerlei abnorme Bewegungen. Dagegen sterben die Früchte ab, wenn man trächtigen Kaninchen große Mengen Harnstoff — bis 16 g — beibringt. In den Geweben der Föten wurde hierbei bis 0,85% Harnstoff nachgewiesen [1]).

Guano.

Der Guano kann Ursache des Aborts werden.

In einem Stalle von 55 Kühen nahmen die Aborte so überhand, daß einmal 11 Stück an einem Tage abortierten. Man ermittelte endlich, daß das Trinkwasser von mit Guano gedüngten Wiesen kam. Durch Aufsuchen einer anderen Tränke und durch andere Mittel wurde dem Abortieren sogleich ein Ende gemacht [2]).

Wesentlicher an dieser Wirkung als die Harnsäure beteiligt ist das Guanin, das durch Oxydation in Guanidin und Parabansäure zerfällt.

Oxalsäure.

Über die uterine Wirkung der in scheinbar selbstmörderischer, meist in kriminell abortiver Absicht genommenen Oxalsäure liegen sehr wenige Beobachtungen vor. Ich habe nach vier an zwei Tagen vorgenommenen subkutanen Injektionen einer Oxalsäurelösung zum Zwecke

---

[1]) Feis, Arch. f. Gynäkol., Bd. XLVI, H. 1, S. 147.
[2]) Schmidts Jahrbücher, Bd. 114, 1862, S. 144.

einer Vorlesungsdemonstration bei einem vorher nicht als trächtig erkannten Kaninchen den Abort eintreten sehen.

Um diese Wirkung erscheinen zu lassen, konkurrieren folgende Eigenschaften der Oxalsäure: ihre ätzende Einwirkung auf den Magen und Darm, und, nach Analogie mit anderen Körperstellen, wahrscheinlich auch die Fähigkeit Hämorrhagien im Uterus zu erzeugen. Hierzu kommt, daß die Oxalsäure dem Blute Alkali entzieht und in großen Mengen Herzarbeit, Blutdruck, Körperwärme und Stoffwechselvorgänge vermindert.

Es wäre wichtig, experimentell nachzuweisen, ob, was wahrscheinlich ist, nach der Oxalsäurevergiftung die Zotten Kalkinfarkte aufweisen.

Seit vielen Jahren gilt die Oxalsäure als ein Emmenagogum. Für diesen Zweck sollten 2 g in einem Glase gezuckerten Tees zur Zeit der zu erwartenden Menstruation im Laufe eines Tages verbraucht werden. Sie sollte in allen Fällen von Amenorrhoe mit oder ohne Chlorose Verwendung finden. Ja, sie wurde sogar in Dosen von 0,015 g vierstündlich zur Hervorrufung der künstlichen Frühgeburt empfohlen.

Es scheint die Oxalsäure eine direkte Reizwirkung auf die Uterusschleimhaut auszuüben. In zwei Fällen, in denen die Diagnose auf Schwangerschaft nicht gestellt, und in denen wegen Amenorrhoe Oxalsäure gereicht worden war, erfolgte Abort.

An den zahlreichen Selbstvergiftungen mit Oxalsäure partizipieren hauptsächlich Weiber. Der Vergiftungsgrund bei diesen ist gewöhnlich die Absicht, Abort herbeizuführen.

Eine im 10. Monat Schwangere starb nach Vergiftung mit Oxalsäure in $1^1/_4$ Stunden. Es entstanden Verätzung der ersten Wege und Blutungen im Magen. In den Harnkanälchen des nicht abgetriebenen Kindes, wie denen der Mutter waren Infarkte von Kalkoxalat[1].

Glyzerin.

Fälle von verbrecherischer Fruchtabtreibung durch Glyzerin sind nicht bekannt geworden. Dagegen wurde seit 1891 häufig die künstliche Frühgeburt durch Glyzerininjektionen eingeleitet[2]. Die Methode stellt eine Modifikation der Cohenschen dar, indem statt Teerwasser Glyzerin benutzt wird. Eine Wundspritze mit gut schließendem Kolben (150 g Inhalt) wird mit Glyzerin gefüllt und durch einen Gummischlauch mit einem Mercierschen Katheter verbunden. Nachdem aus dem letzteren die Luft mittels Glyzerin ausgetrieben ist,

---

[1] Lesser, l. c., Fall 194.
[2] Pelzer, Centralbl. f. Gynäkol. 1892, S. 35. — 1894, S. 348, 355, 634. — Arch. f. Gynäkol., Bd. XLII, S. 220.

wird er unter beständigem Ausfließen von Glyzerin an der hinteren Wand des Uterus soweit als möglich eingeführt und dann ca. 100 g Glyzerin, nach einer späteren Bestimmung nur 30—50 g, injiziert.

Der Eintritt der Wehen wird auf drei Ursachen zurückgeführt:

1. Mechanische Ablösung der Eihäute in größerer Ausdehnung von der Uteruswand,

2. Entziehung von Fruchtwasser aus dem Eisacke durch das Glyzerin,

3. direkte Reizung der Uterusinnenfläche.

Die erste Möglichkeit ist wohl zum geringsten Teil an dem endlichen Resultate der Fruchtausstoßung beteiligt. Der Wasserentziehung wird, mit Unrecht, der größte Teil an dem Erfolge zugeschrieben, weil mit Wasser zu gleichen Teilen verdünntes Glyzerin nicht ekbolisch wirkt[1]). Diese Anschauung ist falsch. Es ist der intensive Gewebsreiz, der wesentlich an der Wirkung beteiligt ist, und der bei einer gewissen Verdünnung ausbleibt.

Am Ende des Jahres 1894 waren im ganzen 28 Fälle mitgeteilt, bei denen sich die Methode als hilfreich erwiesen hatte; davon kamen 18 auf die Einleitung der künstlichen Frühgeburt (Beckenenge usw.) und 10 auf Anregung der Wehen am normalen Ende der Schwangerschaft.

Einige solcher Beobachtungen seien hier angereiht:

1. Bei einer 26jährigen eklamptischen Schwangeren wurden durch intrauterine Injektion von Glyzerin Wehen herbeigeführt. Durch zwei weitere Glyzerininjektionen wurde der Muttermund völlig erweitert und die Geburt eines schon seit einigen Tagen toten Kindes bewirkt. Auch in fünf anderen Fällen brachten Glyzerininjektionen die Uterustätigkeit in kurzer Zeit in Gang[2]).

2. Zur Einleitung der künstlichen Frühgeburt brachte man in zwei Fällen nur 15 g Glyzerin zur Anwendung und erzielte nach $2^1/_2$ resp. nach einer halben Stunde kräftige Wehen. Im zweiten Falle wurde die Einspritzung mit der Einlegung eines Barnesschen Dilatators verbunden[3]).

In zwei Fällen gelang es, die künstliche Frühgeburt durch Injektion von je 5 ccm Glyzerin in den Zervikalkanal herbeizuführen. Die Wehen entstanden bald nach der Einspritzung, und der Muttermund erweiterte sich schnell, so daß die Wendung vorgenommen werden konnte. Allerdings war in beiden Fällen auch noch ein Kolpeurynter eingelegt worden, dem ein Teil an der Einleitung der Wehen zuzuschreiben ist[4]).

3. Berichtet wird auch ein Fall von Einleitung der künstlichen Frühgeburt durch Injektion von 2 mg (!) sterilisierten Glyzerins. Wehen traten bald

[1]) Tarozzi, Archiv. di Farmacol. 1897, Vol. V, fasc. 4, p. 161.
[2]) Simpson, Edinb. med. Journ. 1893, Vol. XXXVIII, Part. II, p. 889.
[3]) Clifton, Medical Record. 1892, Nov.
[4]) Kossmann, Ther. Monatsh. 1896, S. 312.

auf, nach zwei Stunden sehr stark, so daß nach weiteren zwei Stunden der Muttermund völlig erweitert war und fünf Stunden nach der Injektion ein lebendes Kind entwickelt wurde [1]).

Die Glyzerinmethode für die künstliche Frühgeburt ist fast ganz verlassen worden, weil sie, obschon in manchen Fällen schnell und ergiebig wirkend, in anderen im Stiche ließ, und, was bedeutungsvoller ist, oft der Mutter und auch dem Kinde [2]) schweren resp. unheilbaren Schaden zufügte, wie die folgenden Fälle beweisen. Die Vergiftungserscheinungen sind resorptiver Natur, da sie in analoger Weise auch nach dem Einnehmen von Glyzerin beobachtet wurden.

4. Einer 41jährigen Frau wurde im 7. Monat ihrer Schwangerschaft 100 g sterilisiertes Glyzerin eingespritzt. Nach 18 Stunden erfolgte Ausstoßung des ersten lebenden, nach 48 Stunden des zweiten toten Kindes. Jedoch 10 Minuten nach der Injektion erschienen Erbrechen, Stuhlgang, Schüttelfrost von einer Stunde Dauer und heftige Dyspnoe. Puls 156, Temperatur 40,5°. Nach der Geburt Abfall der Temperatur [3]).

5. Eine im 9. Monat Schwangere litt an schwerer Nephritis. Injektion von 100 g Glyzerin. Vor und nach der Manipulation Kollaps. Wehen. Tod in derselben Nacht an Nephritis. In der Blase blutiger Urin.

6. Es wurden vier Wochen ante terminum zur künstlichen Frühgeburt 100 g Glyzerin injiziert. Sofort erschienen äußerst schmerzhafte Wehen, die bald wieder nachließen. Eine Stunde nach der Injektion kamen Benommenheit, Zyanose, Temperatursteigerung, Pulsverlangsamung. Urin, mittels Katheter entnommen, erwies sich als stark blutig gefärbt, nach 24 Stunden aber wieder normal. Viel Albumen im blutigen Harn. Methämoglobin neben Hämoglobin im Urin [4]).

Statt der Injektionen von Glyzerin wurden Fischbeinstäbchen oder elastische Bougies, mit Glyzeringelatine überzogen, eingeführt. Auf jedes Bougie kamen z. B. ca. 12 g Glyzerin. Durch Einführung von solchen kam die Geburt nach 6 resp. 11 und 14 Wochen zustande [5]).

Karbolsäure.

Die Karbolsäure wirkt, wenn Injektionen von 0,2 g in die Venen von schwangeren Tieren vorgenommen werden, ähnlich dem Nikotin, nur sind die peristaltischen Uterusbewegungen vorherrschend, die in der Regel erst 5—10 Minuten nach Applikation des Mittels auftreten [6]).

---

[1]) Jewett, New York Journ. of Gyn. 1893, March and April.
[2]) Ferrari, Lo Sperimentale 1894, Nr. 36, S. 705.
[3]) Müller, Münch. med. Wochenschr. 1894, S. 63.
[4]) Pfannenstiel, Centralbl. f. Gynäkol. 1894, S. 81 u. 378.
[5]) Flatau, Münch. med. Wochenschr. 1894, S. 868. — Theilhaber, Centralbl. f. Gynäkol. 1894, S. 474.
[6]) Röhrig, Archiv f. path. Anatomie 1879, Bd. 76, S. 20.

Bei mehreren Schweinen, die wegen Milzbrand einige Tage lang je 0,1 g Karbolsäure erhalten hatten, sowie bei einer Stute, bei der geschwürige Stellen an Zahnfleisch und Zunge mit einem Gemenge von Karbolsäure und Rosenhonig (1 : 10) bepinselt worden waren, trat Abort ein[1]).

Ein 19jähriges, im 5. Monat schwangeres Mädchen trank in selbstmörderischer Absicht 120 g roher Karbolsäure. Es folgten Erbrechen, Bewußtlosigkeit und andere Symptome; nach 26 Stunden traten Wehen ein, die nach drei Stunden das Kind zutage förderten. Am folgenden Tage starb das Mädchen [2]).

Lysol.

Diese als Vergiftungsmittel viel gebrauchte Substanz, die 50% Rohkresol enthält, diente vereinzelt auch zu Abtreibungen. Sie verätzt alle lebenden Gewebe, mit denen sie in Berührung kommt, und wirkt resorptiv stärker als Karbolsäure. Im Interesse der öffentlichen Gesundheitspflege hätte schon seit Jahren mindestens gegen die leichte Erlangbarkeit von Lysol eingeschritten werden müssen.

Zu Abtreibungen wurden Lösungen für Injektionen in die Vagina und den Uterus verwendet. Vergiftung ist hierbei wegen der verhältnismäßig großen Resorptionsfläche unausbleiblich. Man sah sie auch eintreten und u. a. unter dem Bilde einer schweren haemorrhagischen Nephritis verlaufen.

Nach Trinken von etwa 40 g Lysol erfolgte bei einer Schwangeren Bewußtlosigkeit und wochenlanges schweres Kranksein. Sie mußte im Krankenhaus behandelt werden. Nach mehreren Wochen wurde die Frucht ausgestoßen. Sie war schon durch die Lysolvergiftung abgestorben.

Ein anderes, im dritten Monat schwangeres Mädchen trank eine unbekannte Menge Lysol. Nach etwa vier Wochen stellte sich Abort, angeblich nach schwerem Heben ein[3]).

Guajakol.

Eine 29jährige, im 3. Monat schwangere Frau erhielt wegen eines Infiltrates der linken Lungenspitze ein Senega-Infus und morgens und mittags Guajacol. puriss. 0,05 g. Am 8. Tage nach einem Gesamtverbrauch von 0,8 g Guajakol trat ein typischer Abort ein. Die Patientin war nervöser Natur und hatte vielleicht eine Idiosynkrasie gegen Guajakol[4]).

---

[1]) Subissi, L'Archivio della Veterinaria ital., Tom. XI.
[2]) Stitt - Thomson, Brit. med. Journ. 1896, 25. July, p. 194.
[3]) Leubuscher, Vierteljahrsschr. f. gerichtl. Med., 3. F., Bd. L, 1.
[4]) Petrasko, Pester medic. chir. Presse 1896, Nr. 5, S. 105.

Nitrobenzol.

Das Mirbanöl steht in der Gegend von Magdeburg und auch anderwärts bei der Bevölkerung in dem Rufe eines guten Mittels zur Beförderung des Abortes, und scheint zu diesem Zwecke nicht selten auch in kleineren Dosen genommen zu werden[1]).

Die meisten Frauen, die Nitrobenzol zum Abtreibungszweck nahmen, mußten auf den Erfolg verzichten, wurden dafür aber selbst giftkrank oder erlagen auch der üblichen Nitrobenzolwirkung[2]). Nur ganz vereinzelt kam es zum Abortus. Ich habe die Überzeugung, daß die Selbstvergiftung durch Nitrobenzol von Frauen fast immer vorgenommen wurde, um sich der Frucht zu entledigen.

Das Nitrobenzol erzeugt als Giftwirkung wesentlich eine Blutveränderung. Es entstehen im kreisenden Blute aus Oxyhämoglobin Methämoglobin evtl. kleine Mengen von Hämatin[3]), und damit im Zusammenhange zerebrale Störungen in mannigfaltiger Ausdrucksform.

An der Ausbildung des Abortes ist wesentlich die Blutvergiftung beteiligt. Die in den Berichten irrigerweise als Zyanose bezeichnete Hautverfärbung ist nichts anderes als die Folge der Braunfärbung des Blutes durch Methämoglobin.

1. Ein 22jähriges Mädchen soll zur Unterbrechung der Schwangerschaft einen Tassenkopf (?) voll Mirbanöl getrunken haben. Es entstanden ähnliche Symptome wie im folgenden dritten Falle. Nach zwei Tagen fand sich ein ca. 3 Zoll langer Fötus im Stechbecken; auch die Plazenta wurde später von selbst ausgestoßen. Heilung.

2. Ein 24jähriges Mädchen nahm zum Zweck des Aborts einen Eßlöffel voll Nitrobenzol. Außer den gewöhnlichen Symptomen traten nach drei Tagen Blutungen und damit auch Ausstoßung des Fötus ein. Heilung.

3. Ein 25jähriges Mädchen hatte, um ihre Schwangerschaft zu unterbrechen, eine kleine Quantität Mirbanöl (ca. 5 ccm) mit Zimttinktur getrunken. Es entstand Brennen im Halse, später starke Zyanose, Bewußtlosigkeit, Erbrechen, röchelnde sehr frequente und oberflächliche Atmung, starker Trismus, Erweiterung und Reaktionslosigkeit der Pupillen, Prominenz der Bulbi. Pulsfrequenz 120; tetanische Krämpfe der Extremitäten. Abort trat nicht ein, wohl aber Blutung aus den Genitalien. Es erfolgte Wiederherstellung.

---

[1]) Schild, Berl. klin. Wochenschr. 1895, S. 187.

[2]) Vgl. auch: Lührig, Pharmaz. Centralhalle, 1909, S. 830. — Racine, Zeitschr. f. öffentl. Chemie 1909, S. 205. — Howe, Zeitschr. f. Medizinal-Beamte 1906, S. 14. — Roth, Zentralbl. f. inn. Med. Bd. 34.

[3]) L. Lewin, Arch. f. path. Anat. 1879, Bd. 76, S. 443. — Arch. f. exper. Pathol. u. Pharmakol. Bd. 89, 1921, S. 351. — Es gibt keinen besonderen „Nitrobenzolstreifen" im Blute.

4. Eine 28jährige Frau nahm einen Eßlöffel voll Nitrobenzol zur Herbeiführung von Abort. Es entstand Zyanose, Bewußtlosigkeit und sechs Stunden nach der Vergiftung der Tod durch Lungenödem.

5. Ein Dienstknecht besorgte für seine von ihm geschwängerte Geliebte Nitrobenzol. Sie trank davon nur einen Schluck, erbrach danach, wurde schläfrig und schließlich bewußtlos. Sie war zyanotisch, d. h. methämoglobingrau, die Haut kalt, die Atmung verlangsamt, erschwert, aussetzend, rasselnd. Die Augäpfel rotierten, und es bestand Kinnbackenkrampf. In der folgenden Nacht starb sie. Im Uterus wurde eine etwa viermonatige Frucht gefunden. Nitrobenzol konnte im Magen nicht mehr nachgewiesen werden[1]).

Dinitrobenzol.

Fehlgeburten können durch Aufnehmen des bei der Fabrikation von direkt explodierenden Sprengstoffen verwendeten Dinitrobenzols, eines schweren Blutgiftes, seitens der damit arbeitenden Schwangeren entstehen.

Dinitrokresol.

Als Safran-Surrogat werden die Kalium- und Ammoniumsalze des Dinitrokresols unter den Namen: Viktoriagelb, Viktoriaorange, Anilinorange verkauft und verwendet. Eine Frau, die für die Fruchtabtreibung Safran haben wollte, aber in der Apotheke Dinitrokresol erhalten, und davon etwa $3^1/_2$—6 g verschluckt hatte, starb nach fünf Stunden unter Krämpfen und Kurzatmigkeit. Körperflüssigkeiten und Gewebe der Leiche waren gelb gefärbt.

Anilin.

Wie Nitrobenzol ist auch Anilin ein Blutgift, das Methämoglobinämie neben Hämatinämie erzeugen kann. Subkutan in größeren Mengen injiziert, ruft es bei trächtigen Tieren Abort hervor.

Von fünf trächtigen Kaninchen und drei trächtigen Hündinnen abortierten 75% (drei Kaninchen und die drei Hündinnen) innerhalb vierzehn Stunden. Im Fruchtwasser gelang der Nachweis des Anilins.

Azetanilid.

Eine 30jährige Frau, die bereits drei Kinder geboren hatte, ließ sich von ihrem Manne zwecks Fruchtabtreibung Pyramidon in Tablettenform beibringen, nahm auch heiße Senfbäder, und als alles dies erfolglos geblieben war, machte der Mann eine Einspritzung von Antifebrin. Am nächsten Tag war die Frau schwer krank. Um Nase und Lippen herum zeigte sie schwarze „Flecke, als wenn die

---

[1]) Leubuscher, Vierteljahrsschr. f. ger. Med., 3. F., Bd. L, 1.

Haut mit Teer bestrichen wäre". In diesem Zustande wurde sie in das Krankenhaus gebracht. Dort stellte man fest, daß ihr Gesicht blauschwarz war und daß sie auch auf der Brust schwarze Flecke hatte. Sie hatte eine Pulszahl von 140 und eine Körperwärme von 38,2°. Die Gebärmutter war leer. Die winzige Menge Harn, die sie ließ, war dunkelbraun. In ihm waren Eiweiß, Zylinder und amorphes braunes Sediment. Wenige Stunden nach der Einlieferung starb die Frau[1]).

Der Fall ist ungenügend untersucht worden. Es handelt sich um eine schwere Methämoglobinämie mit tödlichem Ausgang. Die Resorption des Antifibrins, das sehr wahrscheinlich in übergroßer Dosis eingespritzt worden war, vollzog sich von der Vagina usw. aus schnell, gelangte akut in die Blutbahn und wandelte das Oxyhämoglobin in Methämoglobin, und, wie dies gewöhnlich geschieht, in das nosologisch schlimmere Hämatin[2]). Die beschriebenen Verfärbungen an der Haut rührten von nichts anderem als von braunem bzw. schieferfarbigem Methämoglobin her. Dieser Nachweis wäre spektroskopisch leicht zu führen gewesen.

Bittermandelöl.

Das Bittermandelöl wird gelegentlich zu Abtreibungszwecken gebraucht und kann evtl. den Tod herbeiführen. Von zwei Frauen, die zu dem angegebenen Zwecke je ein Schnapsglas voll blausäurefreien Bittermandelöls tranken, erbrach die eine 2—3 mal, die andere nicht. Jene wurde nach mehreren Stunden bewußtlos, erholte sich aber im Laufe der nächsten Tage; diese verlor Besinnung und Bewegungsfähigkeit, wurde blau und starb in der Nacht. Bei ihr bestand, wie die Sektion ergab, keine Gravidität. Über den etwaigen Erfolg bei der anderen ist nichts bekannt geworden[3]).

Als Bittermandelöl verkaufen die Drogisten auch Nitrobenzol.

Salizylsäure.

An Tieren ist die abortive Wirkung der Salizylsäure erwiesen worden. Schon bald nach der Entdeckung dieser Substanz stellte man fest, daß sämtliche Weibchen, die zum Experiment benutzt worden waren, abortierten[4]). Den speziellen Verlauf einer solchen Giftwirkung der Salizylsäure zeigen die folgenden Fälle[5]):

---

[1]) Kurpjuweit, Zeitschr. f. Medizinalbeamte 1918, S. 417.
[2]) L. Lewin, Arch. f. exper. Pathol. u. Pharmakol. Bd. 89, 1921.
[3]) Lesser, Vierteljahrsschr. f. ger. Med., 3. F., Bd. XIV, 2, Fall 174.
[4]) Fürbringer, Zur Wirkung der Salizylsäure, 1875, S. 33.
[5]) Balette, De l'action du salicyl. de soude sur l'uterus. Paris 1883.

1. Ein weibliches Meerschweinchen erhielt in den Magen injiziert je 0,5 g Natriumsalizylat an drei aufeinanderfolgenden Tagen. Am vierten Tage hat es ein krankes Aussehen, frißt nicht, sitzt niedergeduckt in einem Winkel und am fünften Tage stirbt es. In seinem Uterus fand man drei nicht ausgetragene Föten.

2. Ein trächtiges Meerschweinchen erhielt an vier aufeinanderfolgenden Tagen je 0,5 g Natriumsalizylat. Am fünften Tage warf es ein lebendes und weiter lebendes Junges.

3. Ein trächtiges Meerschweinchen erhielt 18 Tage lang je 0,5 g Natriumsalizylat. Am 19. Tage warf es fünf Junge, von denen zwei tot waren.

Auch bei Frauen ist mehrfach der Abort nach Salizylsäuregebrauch beobachtet worden unter Umständen, die den kausalen Zusammenhang sicherstellen, trotzdem es sich vielfach um bestehende fieberhafte Zustände handelte, gegen die das Mittel Anwendung fand.

Daß für das Zustandekommen einer solchen Wirkung, auch abgesehen von der Höhe der Dosis, besondere individuelle Umstände maßgebend sein müssen, ist nicht zu bezweifeln, zumal angesichts der Tatsache, daß oft trotz großer Salizyldosen bei Schwangeren, z. B. nach Verbrauch von 4 g täglich zwei Wochen lang, kein Abort eintrat. Immerhin ist in jedem Falle Vorsicht am Platze.

Der Übergang des Mittels von der Mutter in den Fötus erfolgt sicher. Schon nach 20 Minuten wird es von den plazentaren Resorptionsorganen des Fötus aufgenommen. Bei der Wöchnerin schwindet es nach 24—36 Stunden aus dem Körper, während es im Urin des Neugeborenen noch nach 3—4 Tagen nachgewiesen werden kann.

1. Eine an Gelenkrheumatismus erkrankte, im 6. Monat Schwangere, erhielt vier Tage lang je 10 g Natriumsalizylat. Die Bewegungen des Fötus wurden am ersten Tage heftiger. Einen Tag nach dem Aussetzen des Mittels erfolgte die Fehlgeburt.

2. Ein an Gelenkrheumatismus leidendes Mädchen, bei dem eine Schwangerschaft nicht zu konstatieren war, erhielt an zwei Tagen je 4 g salizylsaures Natrium. Am dritten Tage wurde sie von Uterinblutungen befallen, die für menstruelle gehalten wurden. In den ausgewaschenen Blutgerinnseln fand sich ein Fötus von vier bis sechs Wochen.

3. Eine im 8. Monate Schwangere, die an Gelenkrheumatismus litt, erhielt zweimal je 2 g Salizylsäure in 24 Stunden. Nach der zweiten Dosis stellten sich Kolikschmerzen ein. Am folgenden Tage stand der Kindskopf bereits im oberen Eingange und die Geburt eines lebenden Kindes erfolgte. Die Mutter ging nach einigen Tagen an einer septischen Peritonitis zugrunde.

4. Eine Frau, die $3^1/_2$ Monate schwanger war und an Gelenkrheumatismus litt, erhielt mehrfach einen Trank von 6 g Natriumsalizylat. Sie verließ das Krankenhaus nach einer vorübergehenden Besserung, kam aber wieder in dasselbe und wurde weiter mit dem Salizylat behandelt, worauf sich

Seh- und Gehörstörungen einstellten. Trotzdem das Mittel ausgesetzt wurde, erfolgte die Fehlgeburt. Das Kind war mazeriert und war wahrscheinlich schon vor vier Wochen abgestorben.

5. Eine im 2. Monat Schwangere bekam wegen eines Erysipels in vier Tagen 10 g Natriumsalizylat. Zwei Tage später stellten sich Gebärmutterblutungen mit nachfolgendem Abort ein[1]).

6. Eine im 6. Monat Schwangere erhielt wegen einer Bronchitis in zwei Tagen eine Mixtur mit 10 g Natriumsalizylat. Am zweiten Tage trat unter profusen Blutungen Abort ein. Da Fieber nicht bestand, die innere Untersuchung kein Leiden, das den Abort hätte veranlassen können, ergab, und die Frucht gesund und nicht mazeriert ausgestoßen wurde, so muß die Salizylsäure als Ursache des Aborts angesprochen werden.

7. Eine zum zwölften Male Schwangere, die am 28. Oktober die letzte Menstruation gehabt, vom 10. März bis 10. April, später aber nicht mehr Kindsbewegungen gefühlt hatte, bekam im Mai Leberkoliken, Ikterus usw. Sie erhielt zur Abtreibung des zweifellos toten Fötus vier Tage lang je 5 g Natriumsalizylat. Nach dem Einnehmen der vierten Dosis erfolgte der Abort[2]).

Es ist wahrscheinlich, daß in einem Teile der Fälle, wenn nicht gar in allen, die Eigenschaft der Salizylsäure, Blutungen zu erregen, an dem Zustandekommen der Fruchtabtötung beteiligt ist. Gebärmutterblutungen und länger anhaltende Menstruationsblutungen wurden an vielen Kranken gesehen. So wird mitgeteilt, daß eine an Gelenkrheumatismus Leidende jedesmal, wenn sie Natrium salicylicum nahm, Metrorrhagien bekam, die nach dem Aussetzen des Mittels aufhörten. Bei einer andern sah man am vierten Tage nach Verabfolgung des Präparates Blutungen erscheinen. In 6 von 14 Fällen erfolgte nach 3 g Salizylsäure täglich Verstärkung bestehender oder Wiedereintritt der schon sistierten Blutung. In einem Falle trat tötliche Blutung am fünften Tage post partum infolge der Salizylsäure ein.

Eine andere Frau bekam nach der zweiten bis vierten Salizyldosis Kreuzschmerzen, welche ihr Sitzen, Liegen wie Stehen gleichmäßig erschwerten. Die Menstruation dauerte bis zur doppelten Zeit, war ungemein reichlich und ging mit Schmerzen einher.

Es kommt gelegentlich auch vor, daß der Abort nach arzneilicher Anwendung von Natriumsalizylat ohne wesentliche Schädigung der Gesundheit eintritt[3]).

Pyrogallussäure.

Eine wäßrige Lösung von Pyrogallussäure, die in den Magen von trächtigen Tieren gebracht wird, tötet die Mutter vor den

---

[1]) Wacker, Über die Wirkung der Salizylpräparate auf den Uterus. München 1888, S. 8.

[2]) Vinay, Lyon médic. 1895, 3. Nov., S. 305.

[3]) Mayer, Zeitschr. f. Medizinalbeamte 1900, H. 23.

Früchten, wenn die Menge etwa 3,5 g beträgt. Kleinere Mengen bringen die Früchte lange vor der Mutter zum Absterben, und bei einer Menge von 1,5 g Pyrogallussäure sterben die Früchte, während die Mutter am Leben bleibt[1]). Es ist mehr als zweifelhaft, ob es sich hierbei um eine Absorption von Sauerstoff durch die Pyrogallussäure handelt. Wahrscheinlicher sind die angegebenen Erfolge einer Giftwirkung der Pyrogallussäure an sich zuzuschreiben.

Es gibt außer den angeführten noch nach Hunderten zählende synthetische Stoffe, die als Folge allgemeiner Vergiftung der Mutter, oder, weil genug von ihnen in den Fötus gelangt, auch diesen krank machen bzw. töten. Im weiteren Verlaufe der Zeiten wird mancher von ihnen, auch durch praktische Vorkommnisse, Bedeutung erlangen.

Petroleum.

Das in Ungarn zu Abtreibungszwecken gebräuchliche Petroleum erzeugte Abort. Die Geburt erfolgte einmal sieben Stunden nach dem Tode[2]). Neuerdings wurde mitgeteilt, daß in zwei Fällen, die sich in Thüringen ereigneten, Petroleum eingenommen aber wieder erbrochen wurde.

3. Pflanzen und Pflanzenprodukte.

Bacterium coli.

Eine in sehr verschiedenartiger Beziehung interessante Erscheinung ist der sog. „seuchenhafte oder epizootische Abort" oder das „epizootische Verkalben", eine Infektionskrankheit von Kühen, Stuten, Schafen, Schweinen, die veranlaßt wird durch einen im Uterus vorhandenen, direkt, oder durch seine Stoffwechselprodukte kontraktionserregend auf ihn einwirkenden niederen Organismus, der den besten Untersuchungen nach als Bacterium coli anzusprechen ist, aber auch eine andere Schädlichkeit darstellen kann.

Man scheint auch schon vor etwa 200 Jahren die Krankheit gekannt, aber von unangenehmen, „urinösen" Stallgerüchen abgeleitet zu haben, wenigstens wird darauf der Abort und der Tod von Schafen zurückgeführt, bei denen sonst eine Ursache für die angegebenen Erscheinungen auch bei der Sektion nicht gefunden werden konnte.

Die neueren klinischen Beobachtungen ließen den Charakter dieser Krankheit als einer infektiösen erkennen, deren Virus an die Frucht-

---

[1]) Charpentier et Butte, Nouv. Arch. d'obstétrique 1888, Août., S. 339.
[2]) Feletár, Pest. med. chir. Presse 1888, S. 57.

wässer und die nach dem Abort aus der Scheide abfließenden pathologischen Sekrete des abortierenden Tieres gebunden sein mußte. Sehr bald wurde die Übertragbarkeit des Virus auch experimentell erwiesen.

Man legte 13 angeblich tragenden Kühen ca. 10 Minuten lang etwas Watte in die Vagina, welche mit Fruchtwasser und Vaginalsekret einer Kuh getränkt war, die kurz vorher abortiert hatte. Von diesen 13 Kühen abortierten 11 zwischen dem 9. und 15. Tage. Die übrigen zwei waren nicht tragend[1]).

Schweine, welche abortiert hatten, besuchten mit den noch trächtigen die gleiche Weide. Der Ausfluß aus der Scheide der ersteren hatte wahrscheinlich die Lagerplätze der letzteren und damit diese selbst infiziert. Nachdem diese Lagerplätze 2 Fuß tief umgestochen und mit Karbolsäurelösung desinfiziert worden waren, hörte der Abort auf[2]).

Die Forschungen nach der letzten Ursache dieses seuchenhaften Abortes weisen konstant auf ein Bakterium hin.

Man fand bei toten Föten vom Kalbe, die durch seuchenhaften Abort ausgestoßen waren, im Blute wenig, aber reichlich in der Pulpa der Milz und in der Leber Bacterium coli. Die Mutter braucht nicht sichtbarlich krank zu sein. Vielleicht gelangt Bacterium coli vom Stallboden oder dem abgehenden Kot der Mutter beim Liegen in die Scheide und geht dann weiter bis in den Uterus hinein[3]).

Bei Stuten trugen beim seuchenhaften Abort die Eihäute die Zeichen purulenter Entzündung. Aus solchen Eihäuten wurden Kulturen eines Bakteriums gewonnen. Injizierte man solche Kulturen trächtigen Stuten in die Scheide, so erfolgte bald Abort. Die geborenen Fohlen bekamen Lähme, und zwar sowohl diejenigen, die bei seuchenhaftem Abort ausgestoßen wurden als auch diejenigen, die künstlich durch die Bakterien ausgetrieben, aber dadurch auch krank gemacht worden waren[4]).

Zwischen der Uterusschleimhaut und den Eihäuten der seuchenhaft abortierenden Tiere, findet man eine große Menge eines gelben, eiterartigen Exsudates, das sehr reich an größeren Epithelzellen ist. Die Eihäute sind ödematös geschwollen und oft etwas hämorrhagisch. Allantois und Amnionflüssigkeit normal. An dem Abort ist auch ein spezifisch desquamativer Katarrh der Uterusschleimhaut beteiligt. Im Exsudate sind eine große Menge von sehr kleinen Bakterien vorhanden, die teils frei liegen, teils in großer Anzahl in vergrößerten und abgelösten Zellen eingeschlossen sind. Es sind Bazillen, die nur schwach gefärbt werden und die einige Körnchen enthalten, die leichter zu färben sind.

---

[1]) Bräuer, Jahresber. über die Veterinärmedizin 1884, IV, S. 60. — vid. auch: Strebel, ibid. 1883, S. 58. — Zipperlen, 1885, S. 56.
[2]) Gassner, Jahresber. über die Veterinärmedizin XII, 1892, S. 68.
[3]) Nocard, Bull. de la Soc. centr. de la médic.-vétérin. Paris 1894, S. 530.
[4]) Turner, Amer. veterin. rev., Vol. XVII, 1894.

Der Abortusbazillus läßt sich in Serum-Gelatineagar gut züchten und wächst angeblich in so charakteristischer Weise, daß er sich leicht nachweisen läßt. Wenn man die Bazillen mit flüssigem Serum-Gelatineagar vermischt, die Flüssigkeit im Reagierglas erstarren und dies einige Tage im Thermostat stehen läßt, dann bilden die Bazillen ganz kleine Kolonien, die aber nur in einer bestimmten Höhe zur Entwickelung kommen, ·nämlich $\frac{1}{2}-1\frac{1}{2}$ cm unter der Oberfläche. Der Bazillus ist also weder aërob noch anaërob.

Dieser Bazillus war bei einer Kuh, die während des Abortes geschlachtet wurde, in Reinkultur vorhanden und wurde weiter von 21 Fällen reingezüchtet. Zweimal gelang es, den Bazillus im Darminhalte des Fötus aufzufinden.

Einspritzung solcher Kulturen in die Scheide veranlaßte Abort. Am 14. April wurden bei zwei, drei Monate trächtigen Kühen solche Kulturen in die Scheide eingespritzt. Am 23. Mai wurde eine neue Injektion gemacht, und, da die Kühe scheinbar gesund blieben, eine dritte Einspritzung am 4. Juni ausgeführt. Am 24. Juni abortierte die eine Kuh, die andere war auch krank und wurde geschlachtet. Die pathologisch-anatomischen Veränderungen waren die obengenannten. Der Fötus schien einige Zeit tot gewesen zu sein. Der Abortusbazillus war in Reinkultur vorhanden. Auch von den Eihäuten der ersten Kuh gelang es leicht Kulturen zu züchten.

Die Inkubationszeit betrug demnach, da die Kühe sicherlich schon nach der ersten Einspritzung infiziert worden waren, etwa zehn Wochen, ein Zeitraum, der mit anderweitigen, in England gemachten Erfahrungen übereinstimmt.

Der Abortusbazillus ließ sich auch in einer braunen klebrigen Exsudatmasse nachweisen, die einen mumifizierten Fötus umgab, der von einer Kuh aus einem infizierten Bestande stammte[1]).

Wiederholte subkutane Injektionen einer 2%igen Karbolsäurelösung sollen ein sicheres Vorbeugungsmittel gegen diese Affektion sein. Auch Immunisierung soll dadurch zu erzielen sein[2]). Zur Bekämpfung der Seuche sind die Föten nebst den Eihäuten zu verbrennen und der Tragsack antiseptisch zu spülen.

Die Forschung muß hier noch einmal und gründlicher einsetzen. Es kann nicht schwer halten, das Abort erzeugende Stoffwechselprodukt der Bakterien so rein darzustellen, daß seine die chronische Entzündung und die Uteruskontraktionen erregende Eigenschaft erkannt werden kann.

---

[1]) Bang, Jahresber. über die Fortschr. in der Lehre von den pathog. Organismen. Jahrg. XII, 1896. Braunschweig 1898, S. 521.

[2]) Bräuer, Deutsche Zeitschr. f. Tiermediz. Bd. 21, S. 455.

Es wäre nicht unmöglich, daß ein solches Produkt für die Einleitung der künstlichen Frühgeburt verwendbar gemacht werden könnte.

Schließlich hat aber auch die menschliche Pathologie ein Interesse daran, festzustellen, ob nicht gar vielleicht auch bisweilen bei dem sogenannten habituellen Abort Bakterienproteine oder durch sie veranlaßte, aus dem zerfallenen tierischen Gewebe stammende Gifte eine Rolle spielen.

Pneumobacillus liquefaciens bovis Arloing.

Häufig wurde Abort in Ställen beobachtet, in denen Lungenseuche herrschte[1]).

Schimmelpilze.

Mehrfach ist bis in die neuere Zeit hinein schlechtes, besonders von Schimmelpilzen befallenes Futter als Ursache des seuchenhaften Abortes angesprochen worden[2]).

Ist dies auch gewiß nicht richtig, da es sich hierbei um Spaltpilze als Krankheitserreger handelt, so kann es doch nicht minder wahr sein, daß Schimmelpilze, die in großen Massen aufgenommen werden, durch Erzeugung innerer entzündlicher, mykotischer Erkrankungen gelegentlich Abort veranlassen.

Ja es wird dem schimmligen Viehfutter sogar die Eigenschaft zugeschrieben, Hirnreizung und Harnruhr zu erzeugen, die ihrerseits das Tier zum gierigen Saufen kalten Wassers und dadurch zur Beschleunigung des Verwerfens veranlassen können. Es soll so durch Übertragung der Magenabkühlung eine Uterus-Anämie entstehen. Als Analoga werden die Aborte durch Fütterung mit erfrorenen Rüben, Kohl, Klee, Raps etc. angeführt[3]).

Diese Anschauung kann, obschon sie in der Tierheilkunde verbreitet zu sein scheint, nicht ohne weiteres angenommen werden. Denn ungeachtet der Möglichkeit, daß Saufen kalten Wassers oder Verzehren gefrorenen Futters Abort und anderweitigen Schaden schaffen kann, ist zu bedenken, daß verschimmelte Nahrungsmittel auch bei Menschen giftig wirken können, durch Resorption metabolischer Gifte, sehr wahrscheinlich eiweißartiger Natur, die sich in den zersetzten Nahrungsmitteln spontan oder durch pilzliche Lebewesen gebildet haben.

---

[1]) Baertz, Jahresber. über die Veterinärmedizin VII, 1887, S. 40.
[2]) Strebel, l. c. — Stetter, Hofer, Mangold, ibid. XI, 1891, S. 64.
[3]) Stockfleth, Tidskrift for Veterinär og Landhus höllere 1876, S. 154.

Erisyphe Tuckeri.

Erisyphe siv. Oidium Tuckeri mit Rebenblättern war von Kühen verzehrt worden. Danach trat Versiegen der Milch ein und eine im 3. Monate trächtige Kuh abortierte[1]).

Peronospora Viciae.

Dieser Pilz solll Abotieren veranlassen. Von Peronospora viticola de Bary weiß man, daß er Kühe vergiften kann.

Ustilagineae.

Von den Brandpilzen ist es bekannt, daß sie Kontraktionen des trächtigen Uterus erzeugen[2]).

Ustilago Maidis.

Dieser auf Mais schmarotzende und an den Halmen, Blättern und Infloreszenzen desselben große, sackartige, mit dem schwarzen Brandsporenpulver erfüllte, Beulen und Blasen erzeugende Brandpilz, ist mehrfach als eine Schädigung für die normale Entwicklung der Frucht bei Tieren angesprochen worden. So wurde behauptet, daß bei den Hühnern in Columbien unzeitiges Eierlegen, d. h. das Legen von Eiern ohne Schale, dadurch erzeugt würde[3]).

Auch der Abort von Tieren ist mit guter Begründung auf diese Ursache bezogen worden. So sah man nach Verfüttern von brandigem Mais elf Kühe einer Herde in acht Tagen danach verkalben, ohne daß sie, außer Schwäche, noch irgend eine sonstige Krankheitserscheinung aufwiesen. Aussetzen dieses Futters ließ das Abortieren in dem Kuhstall aufhören. Trächtige Hündinnen, denen man Brandsporenpulver am ersten Tage zu 15 g, am zweiten Tage zu 7,5 g reichte, abortierten schon nach zwei Stunden, obschon sie erst in $1^1/_2$ resp. drei Wochen werfen sollten[4]). Meerschweinchen verwarfen oder starben nach mehrtägiger Fütterung mit den Sporen. Sporen von einer mehrere Jahre alten befallenen Maisstaude waren wirkungslos, selbst wenn Meerschweinchen davon 25 g aufnahmen. Hier war augenscheinlich die Giftwirkung durch das lange Lagern verloren gegangen. Nichttragende Tiere werden durch die Sporen nicht vergiftet[5]).

---

[1]) Vogel, Deutsche tierärztl. Wochenschr. 1893, 1, S. 3.
[2]) Bissange, Rec. de Médecine vétérin. 1893, Nr. 23.
[3]) Boulin, zit. bei Gerlach, Magazin f. d. ges. Tierheilk. 1841, S. 214.
[4]) Haselbach, Magazin f. d. ges. Tierheilk. 1860, Bd. XXVI, S. 211.
[5]) Pusch, Bericht über das Veterinärwesen im Königr. Sachsen. 1894.

Die letztere Angabe ist vorläufig insoweit einzuschränken, als schon seit lange bekannt ist, daß Frösche auf große Dosen des Mittels unter anderem mit Aufhebung der Reflexe und Paralyse reagieren[1]).

Bei Menschen wurden die Sporen als wehenbeförderndes Mittel in einer Reihe von Fällen mit Erfolg angewandt. Schon nach 20 bis 30 Minuten, selten länger, wurden die vorhandenen Wehen stärker und häufiger und waren nicht tetanisch, sondern ließen regelrechte Pausen zwischen sich. Gelegentlich erzeugte das Mittel Erbrechen[2]).

Tilletia caries Tul.

Der Stink- oder Schmierbrand des Weizens, ein schwarzbraunes, schlecht riechendes Pulver, ist verschiedentlich als Ursache des Abortes bei Tieren angesehen worden[3]).

Fütterungsversuche an trächtigen Tieren lieferten das Ergebnis, daß ein Schaf, eine Ziege und zwei Kaninchen den während der Trächtigkeitsdauer dargereichten Weizen vertrugen ohne zu abortieren, während fünf Meerschweinchen zu früh und tote Junge zur Welt brachten.

In einer Wirtschaft mit 96 Kühen wurde brandige Spreu verabreicht: Zunächst verkalbten vier Kühe, während siebzehn normal kalbten. Nachdem die Verfütterung dieser Spreu erst eingestellt, dann aber wieder aufgenommen worden war, verkalbten abermals zwei Kühe. Zudem starben noch drei Kälber kurz nach der Geburt, während sich die anderen Kälber sehr schlecht entwickelten.

In einer Wirtschaft verkalbten drei Kühe, nachdem sie einmal zwei Tage vorher Kaff von sehr brandigem Weizen gefressen hatten[4]). Die gleiche Ursache führte in zwei anderen Fällen zum Abort von vielen hochtragenden Kühen[5]).

In einem Bestande von zweiundzwanzig Mutterstuten fand man bei dreizehn Stuten im Jahre 1890 und bei neun Stuten in 1891 ein Verwerfen im 6.—7. Monat der Trächtigkeit mit unbedeutender Hyperämie und Schwellung der Geschlechtsorgane. Die Stuten erhielten zum Futter viel Weizen und Haferspreu und Stroh, das eine sehr große Menge von Sporen von Tilletia caries enthielt. Als das verdorbene Futter nicht mehr gegeben wurde, hörte das Verwerfen auf. Somit muß der Reichtum des Futters an Sporen von Tilletia caries als Ursache des Verwerfens angesehen werden[6]).

---

1) Mitchell, The Therap. Gaz. 1886, S. 223.
2) Dorland, Med. News 1887, 5. Nov.
3) Pusch, Deutsche Zeitschr. f. Tiermed. Bd. XIX, S. 381.
4) Gerlach, Magazin f. d. ges. Tierheilk. 1841, Bd. VII, S. 214.
5) Bertsche, Landwirtschaftl. Tierzucht 1885, Nr. 174.
6) Krat, Petersburger Journ. f. allgem. Veterinär-Medizin 1892.

Hieraus ergibt sich, daß man bei tragenden Tieren und namentlich bei tragenden Kühen mit der Verfütterung brandigen Mehles vorsichtig sein muß, obschon auch trotz dieses Einflusses, wie man dies an einem Pferde sah, das Tragen nicht notwendig unterbrochen zu werden braucht[1]).

Uredineae.

Die Rostpilze können bei Menschen und Tieren Vergiftung erzeugen.

Vorzugsweise kommt die Gattung Puccinia in Frage.

Puccinia graminis, die im Uredozustande an Kaninchen verfüttert wurde, ließ diese am vierten Tage sichtbar krank sein. Sie taumelten, waren wie berauscht, bekamen Krämpfe, Opisthotonus und Atemstörungen[2]).

Pferde, die mit diesem Pilze versehenen Hafer oder Stroh fraßen, bekamen erweiterte Pupillen, Harnbeschwerden, subnormale Körperwärme, motorische Störungen und gingen zugrunde. Bei der Sektion fanden sich Schwellung, Blutungen und diphtheroide Defekte der Schleimhaut des Darms und diphtheroide Herde in der Blut enthaltenden Blase.

Aus diesem Befunde kann die Möglichkeit erschlossen werden, daß trächtige Tiere durch einen solchen Einfluß abortieren.

In der Tat liegen auch Berichte über solche Vorkommnisse vor. Kühe, die mit von Rostpilzen stark befallenem Haferstroh ernährt worden waren, abortierten, und von 18 neugeborenen oder zu früh geborenen Kälbern starben 15 in einigen Stunden bis Tagen nach der Geburt[3]).

Wahrscheinlich ist an diesen Ausgängen auch eine direkte Vergiftung der Föten durch das in den Kreislauf übergegangene Gift der Pilze beteiligt.

Puccinia pisi, die auf Blättern und Ranken der Erbsen vorkommt, soll ebenfalls Wehen erregen, da man in mehreren Schäfereien nach Verfütterung solcher Erbsen häufiges Verlammen und bei regelmäßigem Lammen Vorfälle der Gebärmutter und nicht selten Tod durch Gebärmutterentzündung beobachtete[4]).

Wie Puccinia graminis könnten auch Puccinia coronata und Puccinia arundinacea wirken, die ähnliche Vergiftungssymptome bei Tieren hervorrufen.

Die Gattung Uromyces enthält ebenfalls giftige Spezies, die

---

[1]) Vogel, Repertor. d. Tierheilk., Jahrg. XL, 1879, S. 137.
[2]) Franck, Wochenschr. f. Tierheilk. 1886, X, Nr. 46, 47.
[3]) Grischin, Jahresber. über die Veterinärmed. 1887, VII, S. 40.
[4]) Gerlach, Magazin f. d. ges. Tierheilk. 1841, S. 214.

neben örtlichen Symptomen an der Schnauze usw. bei Tieren nach dem Verschlucken der Sporen eine hämorrhagische Enteritis erzeugen.

Polythrincium siv. Sphaeria Trifolii.

Dieser, das Schwarzwerden des roten, weißen und schwedischen Klees bedingende Pilz stellt für trächtige Tiere eine Gefahr dar, so daß bei ihnen die Verabfolgung eines solchen Futters absolut untersagt sein muß[1]).

Auf einem Gute erkrankten fünf trächtige Kühe, welche den von Sphaeria befallenen roten Klee erhalten hatten. Schnell entstanden Kreuzlähme, Fieber und Schmerzen, so daß die Tiere getötet werden mußten. Bei der Sektion fand man eine hämorrhagische Gastroenteritis und eine Metritis[2]).

Secale cornutum.

Das Mutterkorn soll in China seit mehr als 1000 Jahren als wehentreibendes Mittel gekannt sein und gebraucht werden, während es in Deutschland hierfür zuerst im Jahre 1573 von Lonicerus, später auch von Camerarius (gestorben 1751) empfohlen wurde. Oft genug ist in den zahlreichen Epidemien von Ergotismus, dem Ignis sacer, der die deutschen und fremdländischen Distrikte in vergangenen Zeiten heimsuchte, der Abort von Schwangeren gesehen worden, die von dieser Vergiftung befallen waren, und das gleiche Ereignis ist auch bei Tieren konstatiert worden[3]).

Während einer Epidemie im Jahre 1813 abortierten Schwangere, die sich ausschließlich mit durch Mutterkorn verunreinigtem Brote ernährt hatten, schon am dritten Tage, jene aber, die außer dem vergifteten Brote noch eine andere Nahrung genossen, abortierten am achten bis vierzehnten Tage.

In Carrington kamen im Jahre 1855, wo sich viel Mutterkorn im Brote fand, fast alle Frauen vor der Zeit nieder oder abortierten.

Auf die verschiedenartigsten Ursachen ist die wehenerregende, Uteruskontraktionen veranlassende Eigenschaft des Mutterkornes zurückgeführt worden. Es ist sicherlich nicht eine einfache Einwirkung, die dieselbe in Tätigkeit setzt, vielmehr meistens eine Kombination mehrerer, schwer von einander trennbarer Wirkungen, die, obschon sie verschiedene Angriffspunkte haben, doch schließlich an der Erreichung des Endzweckes beteiligt sind.

---

[1]) Lammann, Die Gesundheitspflege usw., S. 729.
[2]) Weber, Bericht über das Veterinärwesen im Königr. Sachsen IX, S. 81.
[3]) Hoffmann, De morbo spasmodico. Wittenberg 1723.

In Frage kommen z. B. eine Reizung des im Lendenmark gelegenen Uteruszentrums, oder eine Erregung der im Gehirn und Rückenmark gelegenen Bewegungszentren der Gebärmutter, da die Kontraktionen nach Durchschneidung des Rückenmarks in einer gewissen Höhe ausbleiben, oder Einwirkungen auf das vasomotorische Zentrum, die Uterusmuskulatur, die Gefäße usw.

Die Frage, welchem Prinzipe im Mutterkorn die kontraktionsanregende Wirkung auf den Uterus zukommt, ist zu verschiedenen Zeiten, je nach dem Stande der chemischen Forschung nach den Sekale-Bestandteilen verschieden beantwortet worden.

Solcher Bestandteile gibt es mehrere im Mutterkorn. Sie befinden sich meiner Ansicht nach in einem labilen chemischen Zustande. Was die Opiumalkaloide erkennen lassen kommt auch ihnen zu: Sie besitzen keine gleichgerichteten, sondern zum Teil sogar entgegengesetzte Wirkungen.

Das als Sphazelinsäure bezeichnete, in Wasser unlösliche Harz, das in reinem Zustande als Sphazelotoxin bezeichnet wird, ruft bei schwangeren Hunden und Katzen, angeblich sicher, in 24 Stunden Abort hervor, ohne schwere Allgemeinerscheinungen zu bewirken. Ebenso läßt sich durch diese Substanz das Eierlegen bei Hühnern beschleunigen. Die „spezifische" Einwirkung der Substanz auf den Uterus soll außer Frage stehen und selbst sehr große Dosen sollen bei Warmblütern keine Giftwirkung haben[1]).

Die Sphazelinsäure reizt das vasomotorische Zentrum in der Medulla oblongata, wodurch Kontraktion aller Arterien, Blutdrucksteigerung und bei größeren Dosen allgemeine Krämpfe auftreten. Sie wurde als diejenige Substanz des Sekale angesprochen, welche Tetanus uteri hervorzurufen imstande ist.

Eine hochschwangere Katze erhielt 1,0 g Sphazelinsäure, brach einen kleinen Teil davon sehr bald wieder aus, bekam nach 35 Minuten heftige Wehen, und in der 40. Minute begann der Geburtsakt.

Das Cornutin besitzt eine unreine Wirkung von Ergotinin und Ergotoxin. Es verursacht zwar auch Bewegungen am Uterus, doch sind diese mehr unregelmäßig wellenartig und führen meist nicht zu einer Ausstoßung der Föten. Ein hiervon abweichendes Resultat hatten dagegen klinische Versuche an Frauen mit dem Cornutin. Dieselben führten zu der Annahme, daß das Cornutin eines der sichersten Mittel sei, um, in den Magen eingeführt, Kontraktionen sowohl des schwangeren als des nicht schwangeren menschlichen Uterus zu erregen. Es wirke „spezifisch" auf das im Lendenmark gelegene Uterusbewegungszentrum und mache von diesem aus Abort[2]).

---

[1]) Jacobj, Deutsche med. Wochenschr., Ver.-Beil. Nr. 28, 1896, S. 187.
[2]) Lewitzky, Beiträge zur Pharmakologie des Cornutins. Petersburg 1887.

Das Chrysotoxin ist ein unwirksamer gelber Farbstoff mit geringen Mengen wirksamer Substanz. Zu 0,1—0,2 g veranlaßte es bei schwangeren Tieren Wehen, die schon in der Mitte der Schwangerschaft zu einem sicheren und für das Muttertier ohne Nachteil verlaufenden Abort führen sollen. Für die Geburtshilfe wurde irrtümlicher Weise das Chrysotoxin deshalb als ein geeignetes Präparat angesehen, weil es die gewünschte Wirkung auf den Uterus besitzt, ohne angeblich zugleich die nachteiligen Wirkungen des Mutterkorns zu entfalten.

Das Sekalin ist identisch mit dem Alkaloid Ergotinin von Tanret, einem unwirksamen Produkt. Das Sekalotoxin, ein anderes Produkt, eine Mischung von Ergotinin und Ergotoxin, wirkt zwar qualitativ wie das Chrysotoxin, jedoch quantitativ 5—6 mal stärker. Wegen zu starker Nebenwirkungen ist es als wehenerregendes Mittel zu verwerfen.

Keiner der genannten und anderer nicht genannter neuerer Stoffe[1]), erreicht die Zuverlässigkeit und die Wirkungsbreite des Mutterkorns. Man sollte praktisch nur an dieses denken.

Diese hier zuerst ausgesprochene und jetzt von Vielen geteilte Meinung gilt im wesentlichen sogar für die neueren, gut durchforschten Sekale-Bestandteile:

Das amorphe Ergotoxin[2]), identisch mit Hydroergotinin wirkt nur wenn es subkutan, intramuskulär oder intravenös eingeführt wird[3]). Es erzeugt in geringerem Maße als die galenischen Präparate aus Mutterkorn Gangrän des Hahnenkammes, die mit Recht als ein Zeichen einer guten Beschaffenheit der Droge angesehen wird. Das Ergotoxin soll unter anderem atonische Blutungen beheben.

Unter den weiteren, chemisch erkannten Inhaltsstoffen des Secale cornutum ist das p-Oxyphenyläthylamin zu nennen, das in der Wirkung dem Adrenalin ähnelt, und Kontraktion der Arterienmuskulatur und des trächtigen Uterus veranlaßt. Es wird als „völlig ungiftig" bezeichnet[4]).

Ein Präparat Tenosin, das β-Imidoazolyläthylamin und Paraoxyphenyläthylamin enthält, soll innerlich, intramuskulär oder subkutan angewandt, die Sekalewirkung betätigen.

Ergotamin soll der auf den Uterus „spezifisch" wirkende Hauptbestandteil des Mutterkorns sein. Es scheint neben Steigerung von Tonus und Rhythmus des Uterus auch echte Wehen, während der

---

[1]) Dahin gehört z. B. auch das Clavicepsin von Marino-Zuco und Pasquero. Gazetta chimica italiana, 1911 p. 368.

[2]) Barger und Dale, Biochemical Journal 1907, Bd. 2. — Arch. f. exper. Pathol. und Pharmakol. Bd. 61, 1909, S. 113.

[3]) Cronyn and Henderson, Journ. of Pharmocology, 1909.

[4]) Heimann, Münch. Medic. Wochenschr. 1912, S. 1370.

Eröffnungsperiode des normalen Ablaufes der Geburt, veranlassen zu können, wenn man davon Mengen von 0,5 mg Gynergen, d. h. des weinsauren Salzes des Ergotamin, subkutan oder intravenös (!) injiziert. Es eignet sich indessen nicht zur Erregung von Wehen vor dem Ende der Gestation oder zur Einleitung der Geburt.

Als Nebenwirkungen wurden bisher in einem Viertel bis zur Hälfte der Fälle Erbrechen in der Längstdauer von zwei Stunden beobachtet[1]).

Das unveränderte Mutterkorn.

Die abortive Wirkung des Mutterkorns läßt sich, wenngleich nicht regelmäßig, so doch in genügender Häufigkeit an Tieren hervorrufen.

Bei Hündinnen sah man als Wirkungen mäßiger Gaben von Sekale, Kontraktionen des Uterus und vorzeitige Geburt lebendiger Jungen ohne Schaden für die Mutter eintreten, während größere Gaben Entzündung des Uterus ohne Eintritt der Geburt und den Tod der Mutter und des Fötus herbeiführten.

Dieselben Wirkungen zeigen sich bei Kaninchen. Als man solchen vom sechsten Tage der Schwangerschaft ab einen Aufguß von 60 g Sekale bis zum zehnten Tage gegeben hatte, wurden fünf tote Früchte geboren.

Ein anderes Kaninchen, das vom 15. Tage ab ein Infus von 120 g erhielt, brachte am 19. Tage lebende Junge zur Welt. Das Mittel selbst wirkte viel kräftiger als das Absud[2]).

Eine über acht Wochen trächtige Hündin bekam um 8 Uhr morgens 15 g Mutterkornpulver. Danach erschienen starke Brechbewegungen. Nach 24 Stunden wurde ein lebendes Junges geboren. Das Tier starb nach 30 Stunden. Eine Frucht fand man im linken Horn, die mit dem Kopf bis an den Anfang der Scheide herabreichte. Drei Früchte im rechten Horn waren tot.

Eine trächtige Dachshündin, die in 2—3 Tagen gebären sollte, gebar nach Einbringung eines Aufgusses von 24 g Secale cornutum in 6 Stunden sechs lebende Junge.

Eine andere Hündin abortierte nach der gleichen Dosis nicht, wohl aber als ihr am nächsten Tage ein Absud von 30 g Mutterkorn auf 360 g Wasser gereicht wurde nach ca. 5 Stunden.

Der Abort von Haustieren, die mit dem Futter Secale cornutum aufnahmen, ist sehr oft beobachtet worden. In einem Falle

---

[1]) Spiro, Schweizer. Med. Wochenschr. 1921, Nr. 32.
[2]) Diez, Über die Wirkung des Mutterkorns. Tübingen 1831. — S. Wright, Edinb. med. Journ., Vol. LII, H. 2, p. 319 u. Vol. LIII, H. 1, 1840, p. 1. — Vid. auch Peton, De l'act. physiol. et thérap. de l'ergot de seigle. Paris 1877.

abortierten z. B. mehr als 50 Kühe, in anderen trat neben dem Verwerfen noch Gangrän der Gliedmaßen ein[1]).

Für Kühe wird Secale cornutum geradezu als ein „Spezifikum" für das Abtreiben der Leibesfrucht bezeichnet.

Als auf einem Gute wegen Futtermangels Roggen mit viel Mutterkorn an Pferde, Kühe und Schweine verfüttert worden war, erkrankten mehrere Kühe unter Wehen ähnlichen Symptomen, so daß die Geburtsteile herausgepreßt wurden und Gebärmutter-Umstülpung erfolgte. Etliche Kühe abortierten und bei Schweinen und Pferden stellte sich Mastdarm-Vorfall ein.

In einem anderen Falle warfen infolge eines solchen Futters sämtliche Zuchtstuten tote Fohlen, die Kühe tote Kälber und die Schweine verweste unreife, oder ausgewachsene abgestorbene Ferkel[2]).

. Ein fünf Monate altes Jungrind abortierte prompt, nachdem ihm ein Getränk aus 200 g Weißwein mit 10 g Secale cornutum und 40 g Gentianapulver beigebracht worden war.

Der leichte Abort der Schweine infolge von Mutterkornfütterung ist auch sonst beobachtet worden. Bei den Tieren wird bei der Sektion eine Endometritis gefunden[3]).

Hühner, denen Mais-Mutterkorn als Futter gegeben wurde, legten Eier ohne Schale.

Wie die Droge selbst, wirken auch galenische Präparate daraus.

Ein Kaninchen, dem z. B. 1,0 g Ergotin Bonjean gegeben worden war, abortierte am folgenden Tage und warf vier lebende, aber unreife Jungen[4]).

Bei Kaninchen und Katzen sah man nach Injektion von 0,1—0,15 g des fertigen wässerigen Extraktes von Mutterkorn Kontraktionen des Uterus auftreten. Fehlerfolge kommen nach jedem Präparat auch bei Tieren vor.

Wie die Verhältnisse sich bei Menschen gestalten, lehren die folgenden Mitteilungen:

Eine Magd war nach mehrmaligem Erbrechen, über Unterleibsschmerzen klagend, unter geringem Blutverlust von einer 5 Zoll langen Leibesfrucht entbunden worden. Sehr bald starb sie bewußtlos. Im Magen fand man eine 2 Zoll lange blaubraunrote Stelle, die hintere Seite desselben am Cardiateile stark injiziert, und in ihm eine dunkle, weißschwarze Flüssigkeit, in welcher zahlreiche kleine, weißgefärbte, klumpige Partikelchen schwammen. Die botanische und chemische Untersuchung sprach sich mit größter Wahrscheinlichkeit für Anwesenheit des durch den Verdauungsprozeß im Magen veränderten Mutterkornpulvers aus, und

---

[1]) Sweetapple, The veterinary Journ. 1884, S. 407.
[2]) Magnus, Mitteil. aus der tierärztl. Praxis, Jahrg. XVI, S. 177.
[3]) Kolb, Mitteil. aus der tierärztl. Praxis, N. F., Jahrg. I, S. 116.
[4]) Schroff, Lehrb. d. Pharmakol. 1869, S. 574.

das Gutachten lautete auf Tod durch die scharf narkotische Einwirkung des in reichlicher Menge genommenen Abortivmittels bzw. des Mutterkorns auf die Zentralorgane des Nervensystems [1]).

Besonders interessant ist der folgende Fall, in welchem bei ein und derselben Person nicht weniger als sechsmal durch Sekale Abort bewirkt wurde [2]).

Ein bei einem Landmann in Dienst befindliches Mädchen wurde schwanger und erhielt zwei bis drei Monate später von ihm ein Getränk zum Einnehmen, das bald darauf bei ihr heftige Kolik, Schwindel und ein Gefühl äußerster Mattigkeit hervorrief. Nach einigen Tagen entstand eine Metrorrhagie und Abort. Im folgenden Jahre wurde sie wieder schwanger und nahm etwa im zweiten Monat der Schwangerschaft das gleiche Getränk zweimal. Abermals trat Abort ein.

Nach einiger Zeit folgten wieder Schwangerschaft und Abort nach demselben Mittel.

Die vierte und fünfte Schwangerschaft verliefen zu ihrem normalen Ende, da das Mädchen sich weigerte, jenes von ihrem Herrn bereitete Mittel einzunehmen.

Bald nach der letzten Entbindung wurde sie abermals schwanger und abortierte nach sechsmaligem Einnehmen des Mittels.

Einige Zeit später abortierte sie im 5. Monat nach viermaliger Anwendung der Arznei und zum letzten Male, im 4. Monat nach ebenso häufigem Einnehmen.

Zwei Monate später traten große Mattigkeit, lebhafte Schmerzen in Händen und Füßen, Vorderarmen und Unterschenkeln auf. Im Juli erschienen rote Flecken, dann Wasserblasen, zuletzt schwarze Plaques an den Gliedmaßen. Unter Erscheinungen progressiver Gangrän derselben trat der Tod ein.

Die Sektion und die chemische Analyse ergab als Todesursache eine Ergotin-Vergiftung.

Aus Rußland sind drei Fälle bekannt geworden, in denen drei Schwangere zum Zwecke der Fruchtabtreibung Mutterkorn einnahmen. Beim Hinzukommen des Arztes war die eine bereits tot, die anderen beiden schwer krank. Auch diese starben. Die Erscheinungen während des Lebens bestanden in Schwäche des Pulses, heftigem Durst, Brechen, Uterinblutungen und Benommenheit des Sensoriums. Nur bei der einen war tatsächlich Abort erfolgt, aus den Genitalien ragte nämlich ein blutiger Klumpen hervor: die von Chorionzotten umgebenen Eihäute eines Fötus.

Bei den beiden anderen wäre es vielleicht auch zum Abort gekommen. Bei der einen fand sich nämlich zwischen Chorionzotten

---

[1]) Otto, Memorabilien 1870, Nr. 2.
[2]) Pouchet, Annal. d'Hyg. publ. 3e Sér., T. XVI, 1886, p. 252.

und Uterinwand eine dünne Lage lockeren Blutgerinnsels, und bei der anderen blutiger Schleim in der Vagina[1]).

Es gibt solcher Fälle nicht wenige. Meistens endigen sie, da übergroße Mengen genommen werden, tödlich. Als weitere Beispiele, auch für die Verschiedenheit der Verlaufsarten, können die folgenden Vorkommnisse dienen.

1. Ein 24jähriges Mädchen, im 4. Monat schwanger, wurde krank und starb am folgenden Tage. Bei der Sektion wurde Sekale im Darm gefunden. Der Uterus bot Zeichen einer kürzlich stattgehabten Geburt[2]).

2. Ein 22jähriges Mädchen, im 6.—7. Monat schwanger, war seit zwei Tagen unter heftigem Durst und Erbrechen schokoladenfarbener Massen erkrankt. Folgende Symptome bestanden: Große Unruhe, blasses Gesicht, rascher Puls, klares Bewußtsein, Klagen über unstillbaren Durst, Brennen im Magen, Schmerzen im Leibe, Harnverhaltung. Die Geburt hatte schon begonnen. Kopf im Beckenausgang. Nach kurzer Wehentätigkeit Ausstoßung der kürzlich abgestorbenen Frucht, der die Nachgeburt bald folgte. Zugleich profuse Blutung bei fortgesetzten, erkennbaren Uteruskontraktionen. Es trat der Tod ein.

Bei der Sektion wurden ca. 16 g Mutterkorn im Magen nachgewiesen. Die Gesamtmenge des genommenen Mittels wurde auf 70—120 g geschätzt[3]).

3. Ein schwangeres Mädchen erkrankte mit Kopfweh, heftigem Erbrechen und Magenschmerzen. Nach etwa 24 Stunden trat Abort eines toten Fötus ein. Einige Stunden danach starb das Mädchen nach vorangegangener heftiger Uterinblutung. Im Magen fand sich eine große Menge zermalmten Mutterkorns.

4. Ein 25jähriges Mädchen erkrankte mit allgemeinem schlechten Befinden, Übelkeit, Erbrechen und Rückenschmerzen. Nach fünf Tagen stieß sie einen viermonatlichen Fötus aus, und am sechsten starb sie. Im Magen fanden sich noch $1^1/_2$ g Mutterkorn[4]).

Anwendung zur Frühgeburt.

Den ziemlich spärlich in der Literatur verzeichneten Fällen von kriminellem Abort durch Mutterkorn, stehen sehr zahlreiche gegenüber, in denen dasselbe für arzneiliche Zwecke, zur Anregung der Wehentätigkeit oder zur Herbeiführung der Frühgeburt nach der ersten Empfehlung hierfür durch Bongiovanni[5]) mit Erfolg gebraucht wurde.

Die ersten in Deutschland angestellten Versuche[6]) waren nicht ermunternd. In England dagegen fand die Methode schnell Anhänger,

---

[1]) Petersburger med. Wochenschr., N. F., I, 1884, Nr. 12, S. 105.

[2]) Devergie, Annal. d'Hyg. publ., T. XX, 1838, p. 11.

[3]) Richter, Caspers Vierteljahrsschr., Bd. XX, 1861, S. 177.

[4]) Hedrén, l. c.

[5]) Bongiovanni, Annali univers. di Medic. 1827, Maggio.

[6]) Rittgen, Gemeins. deutsche Zeitschr. f. Geburtsk., Bd. 6, S. 401. — Götz, Med. Jahrb. d. österr. Staates, Bd. 25, S. 536 u. N. F., Bd. 15.

da schon die ersten Untersucher[1] ,wenn auch nicht stets, so doch, genügend häufig, eine zum Gebärakte hinreichende Wehentätigkeit hervorrufen konnten.

So erzielte man unter 4666 Fällen von protrahierter Geburt sechzehnmal schnelle Beendigung derselben durch Mutterkorn[2].

Man ließ von einem Mutterkorn-Aufguß von 3,5 : 180 g dreistündlich einen Eßlöffel voll nehmen, und sah schon nach der zweiten Gabe Wehen eintreten, die in der folgenden Nacht die Geburt herbeiführten[3].

In sechs Fällen bewährte sich das Mittel sowohl zur Ausstoßung des Kindes als auch der Nachgeburt. Eine Frau, die sich seit drei bis vier Monaten schwanger glaubte und Blutungen bekam, erhielt gegen diese stündlich einen Eßlöffel eines Infus. Secalis cornuti (8 : 150). Nach der sechsten Dosis entstanden Wehen und noch an demselben Abend wurde eine Mole zutage gefördert[4].

5. Eine Frau, welche im 8. Monat der Schwangerschaft 0,6 g Mutterkorn vierstündlich in sechs Dosen erhalten hatte, bekam sieben Stunden nach der künstlichen Blasensprengung schnell wieder aufhörende Wehen. Die erneute Verabfolgung von 1,2 g alle zehn Minuten schufen so kräftige Wehen, daß die Austoßung eines lebenden Kindes schnell erfolgte[5].

6. Bei einer im 7. Monat Schwangeren wurde durch 21 g Secale cornutum in $39^{1}/_{4}$ Stunden, und ein zweites Mal bei derselben Frau durch 122 g (!) am sechsten Tage Frühgeburt erzielt[6].

7. Bei einer 27 jährigen Schwangeren wurde durch ca. 60 g Mutterkorn die künstliche Frühgeburt in acht Tagen veranlaßt[7].

Diesen übermäßig hohen Dosen stehen andere gegenüber, die ohne die Gefahr akuter Vergiftung heraufzubeschwören, den Erfolg der Ausstoßung des Kindes prompt herbeiführten.

So veranlaßte bei einer 30 jährigen Schwangeren im 7. Monat eine Abkochung von 10,5 g sofort Wehen, welche es ermöglichten, die Blase zu sprengen.

8. Schon nach 1,8 g Secale trat bei einer Frau im Laufe eines Tages Abort eines Fötus von $2^{1}/_{2}$ Monaten ein.

9. Eine 36 jährige Frau bekam im 4. Monat ihrer sechsten Schwangerschaft einen starken Blutfluß des Uterus mit Wehen und anderen Symptomen. Wegen drohender Verblutung wurden ihr zur Beförderung des Abortes 8 g Secale gegeben und

[1] Rigby, London med. Gaz., Vol. 16—21, 1834, Vol. 17, 24, 1835.
[2] Lever, Guys Hospit. Rep., Vol. VI, 1841, p. 61.
[3] Heane, Lond. med. Gaz. 1839, 26. January.
[4] Guerard, Magazin f. d. ges. Heilk., Bd. 29, 1829, H. 1, S. 37.
[5] Hodgson, Lond. med. Gaz., Vol. XXII, 1841, p. 792.
[6] Paterson, Lond. med. Gaz., N. Ser., Vol. II, 1838—39, p. 332.
[7] Kirby, The Lancet 1858, II, p. 31.

die Dosis halbstündlich wiederholt. Nach dem dritten Pulver bekam sie Wehen und nach dem vierten abortierte sie [1]).

10. Eine Frau abortierte dreimal im 5. Monat, jedesmal nach der achten bis zehnten Dosis von Mutterkorn, durchschnittlich gegen Ende des dritten Tages. In der vierten Schwangerschaft versagte das Mittel jedoch gänzlich [2]).

11. Bei einer 36jährigen, im 8. Monat Schwangeren wurde zweimal die Tamponade zur Einleitung der künstlichen Frühgeburt vergeblich gemacht. Darauf bekam sie Mutterkorn und vier Tage später erfolgte die Geburt [3]).

Die umfangreichsten klinischen Versuche mit Secale cornutum stellte Ramsbotham [4]) an, der von dem Mittel bis zu 45 g verabfolgte. Er kam zu dem Schlusse: „Egomet ipse permulta vidi exempla, in quibus partus prematurus inductus fuit septimo vel octavo graviditatis mense peracto, solo secalis cornuti usu, ovuli membranis integris servatis, ore uteri occluso neque digito, neque ullo alio modo ad patefactionem excitato.“

Ramsbotham machte 55 Fälle bekannt, in denen die Geburt mittelst Sekale eingeleitet wurde. In 25 Fällen war keine weitere Beihilfe nötig, und in 30 kam noch das Sprengen der Eihäute bei mäßig eröffnetem Munde zu Hilfe. In jenen 25 Fällen waren 14 Kinder tot geboren, in den anderen 30, wo die Punktion hinzukam, waren nur acht tot. Von sämtlichen 55 Müttern starb nur eine, bei welcher das Kind durch Dekapitation entwickelt werden mußte.

Es wurden 12 Kinder innerhalb der ersten Stunden und 24 Kinder innerhalb der ersten 24 Stunden nach dem Blasensprung geboren. Der längste Zwischenraum zwischen Wasserabfluß und Vollendung der Geburt betrug 136 Stunden, in sechs Fällen mehr als 100 Stunden. Ramsbotham gab zur Herbeiführung der künstlichen Frühgeburt in der Regel von einem Sekale-Infus (12,0 : 225) vierstündlich zwei Eßlöffel voll. Mehrmals waren sieben Gaben dieses Aufgusses, zuweilen zwölf bis zwanzig, vereinzelt auch dreißig zum Erfolge notwendig. Bei derselben Frau führten das eine Mal drei Dosen in 13 Stunden, ein anderes Mal erst achtzehn in 150 Stunden die Frühgeburt herbei.

Andere Kliniker haben noch bessere Erfolge als Ramsbotham erzielt.

Interessant ist die Beobachtung, daß bei einer im fünften Monate schwangeren Frau das wegen Beckendeformität gereichte Mutterkorn Erfolg hatte, und dieser auch noch in zwei weiteren, folgenden

---

[1]) Weihe, Biblioth. for Läger. XXIV, 1836, p. 425.

[2]) Wald, Lehrb. d. ger. Med. 1858, II, S. 145.

[3]) Tardieu, Annal. d'Hygiène, 2 Ser., T. III, 1855, p. 440. — Schöller, zit. bei Millet, l. c., p. 112.

[4]) Ramsbotham, Lond. med. Gaz., Vol. XXIV, p. 420. — Medic. Times and Gaz., VIII, p. 8. — Parturition, London 1841, App., p. 639.

Schwangerschaften eintrat. Nach 8—10 Dosen erschienen Wehen und die Expulsion des Fötus erfolgte am Ende des dritten Tages. Die Therapie versagte aber vollständig bei der vierten Schwangerschaft[1].

In 80 Fällen, die nach dieser Methode bis zum Jahre 1855, soweit die Literatur darüber Auskunft gibt, behandelt wurden, erregte man 62 mal dadurch Wehen. Sie blieben 18 mal erfolglos. Es blieben 37 Kinder am Leben, während drei Mütter starben. Die Dauer der Geburt betrug 1—12 Tage[2].

Auch in der Neuzeit haben Ärzte in ihrer geburtshilflichen Tätigkeit bisweilen reichlich von dem Secale cornutum erfolgreich Gebrauch gemacht, und gaben z. B. vor Beginn der Operation 0,5—1,5 „Ergotin" per os, nach beendeter Geburt aber immer ein Infus von Sekale von 35,0 : 180 Wasser, stündlich einen Eßlöffel[3].

Fehlerfolge und Giftwirkungen.

Daß individuelle Verhältnisse, z. B. eine größere Widerstandsfähigkeit, imstande sind, selbst bei guter Beschaffenheit des Mutterkorns — meist liegen die Fehlerfolge in seiner natürlichen Minderwertigkeit oder in der Wertlosigkeit durch Zersetzung — den Einfluß auf den Uterus nicht eintreten lassen, wurde bei Tieren[4] und Menschen erwiesen. Doch sind solche Vorkommnisse außerordentlich selten.

So gab man z. B. in einer Schwangerschaft innerhalb dreißig Tagen 210,0 g Mutterkorn ohne Erfolg.

Eine andere Schwangere bekam drei Tage lang je 4 g Mutterkorn[5], und eine Dritte in mehrstündigen Pausen fünf Dosen von je 0,5 g, ohne daß danach Wehen eintraten[6].

Fehlerfolge wurden auch da bedauert, wo zum Zwecke der gesetzwidrigen Fruchtabtreibung Mutterkorn genommen worden war. So nahmen z. B. zwei Frauen im 3. resp. 4. Monat der Schwangerschaft ca. 12 resp. 20 g Secale cornutum, ohne daß eine Wirkung eintrat[7].

1. Eine 28 jährige, im 3. Monat schwangere Frau nahm zur Abtreibung der Frucht eine bedeutende Menge Mutterkorn. Der Uterus trat fast zwischen den Labien

[1] Whitehead, On the causes and treatment of abortion and sterility. Am. ed. 1848.

[2] Krause, Die künstliche Frühgeburt 1855, S. 116.

[3] Burger, Münchner Mediz. Wochenschr. 1904, Nr. 35.

[4] Millet, l. c., p. 177. — Wright, Edinburgh med. Journ., Vol. LIII, 1840, p. 1.

[5] Säxinger, Maschkas Handbuch, l. c., p. 258.

[6] Valenta, Arch. f. Gynäkol. 1895, Bd. 49, S. 171.

[7] Millet, Mém. de l'Acad. de Médec., T. XVIII, 1854, p. 177.

hervor und es stellten sich Wehen ein, die sehr schmerzhaft waren. Dieser Zustand dauerte drei Tage, Abort erfolgte jedoch nicht, obgleich der Muttermund dauernd offen blieb. Auch das Kind war dadurch nicht abgestorben.

2. Eine Schwangere nahm, angeblich gegen Bandwurm, täglich drei Körner Secale cornutum, und im ganzen 15—16 Stück. Ein Bandwurm ging danach ab. Drei Wochen später erkrankte sie an Starrkrämpfen mit Geistesabwesenheit, Delirien und Ohnmachten. Sie nahm später noch Pillen aus Seife, Jalapenharz, Aloë, sowie Sadebaum-, Wachholder-, Terpentin- und Muskatblütenöl. Keiner dieser Eingriffe war imstande gewesen, die Schwangerschaft zu unterbrechen[1]).

3. Ein im 3. Monat schwangeres Weib nahm, um sich die Frucht abzutreiben, elf Wochen lang täglich dreimal einen Teelöffel voll Sekaletinktur. Sie starb in der elften Woche, ohne daß zuvor die Ausstoßung zustande gekommen wäre. Bei der Sektion fand sich ein dreimonatiger Embryo im Uterus[2]).

4. Eine 28 jährige Schwangere hatte seit Monaten große Dosen Mutterkorn und Mutterkornextrakt eingenommen und an einem Tage zwei Hände voll Pulver auf einmal verschluckt. Es traten danach Hämaturie, Hämatemesis, Iktérus, Dyspnoe auf, der Puls wurde unzählbar und unter Sopor erfolgte der Tod. Bei der Sektion zeigten sich Hämorrhagien im Fett der Bauch- und Brusthöhle, im Peritoneum, in den Bauchorganen und auf den Lungen. Der Uterus war ebenfalls mit Hämorrhagien durchsetzt und enthielt einen fünfmonatigen Fötus, aber keinen Bluterguß[3]).

Es kann nicht wundernehmen, daß ein so energisch einwirkendes Mittel, wie das Mutterkorn, bei seiner arzneilichen Anwendung auch schweren Schaden dem Kinde oder der Mutter gelegentlich zufügen kann.

Schon im Jahre 1842 wurde mitgeteilt, daß Mutterkorn den Tod des Kindes veranlassen könne. Man hatte beobachtet, daß das Kind erst ungewöhnlich lange nach der Geburt Atem schöpfte oder schon tot geboren wurde[4]). Es ist dies erklärlich, wenn man bedenkt, daß das Mutterkorn sehr oft tetanische Kontraktionen erzeugt, bei denen also die für den Gaswechsel der Frucht so notwendigen Pausen fehlen.

Bei einem Kinde entstand durch Secale cornutum eine Schädelfissur[5]).

Nach Verabreichung von Secale cornutum in der Austreibungsperiode sah man zweimal inkarzerierte Plazenta zustandekommen. In dem einen Falle bekam eine Siebentgebärende das Mittel von einer Hebamme wegen schlechter Wehen. Daraufhin wurden die Wehen

---

[1]) Choulant, Vierteljahrsschr. f. ger. Med. 1859, Bd. 16, S. 74.

[2]) Taylor, Med. Jurisprudence, p. 784.

[3]) Davidson, The Lancet, 30. Sept. 1882, p. 526.

[4]) New England Journ. of Medicine and Surgery, Vol. I, p. 70, Vol. II, p. 353, Vol. V, p. 161, Vol. VII, p. 216, Vol. VIII, p. 121.

[5]) Veit, Zeitschr. f. Geburtsh. u. Gynäkol., Bd. III, S. 253.

stärker und bald war das Kind geboren. Bald danach aber klagte die Gebärende über Atembeklemmung und bekam Erbrechen und Gebärmutterblutung. Die Lösung der Nachgeburt gelang nicht. Die starke Blutung ließ allmählich nach. Die Frau begann jedoch zu delirieren und bot die Erscheinungen einer akuten Anämie. Der zugezogene Arzt fand einen steinhart komprimierten Uterus. Die Plazentarlösung mittels des Credé'schen Handgriffes war unmöglich. Mit Mühe nur gelang es, zwei Finger in die Gebärmutter einzuführen und die Nachgeburt zu entfernen. Durch Kampfer, Koffein, warme Wickel und Kochsalzeinläufe gelang es, die Frau wieder zu beleben.

Eine andere Fünftgebärende erhielt von ihrer Hebamme während der Geburt Sekale. Nach der Geburt des Kindes krampfte sich die Gebärmutter so fest um die Plazenta zusammen, daß die Frau in einen chokartigen Zustand verfeil. Die Hebamme zog so lange an der Nabelschnur, bis sie abriß. Der Arzt mußte mit größter Mühe einen Kotyledo der Nachgeburt nach dem andern aus der Uterushöhle herausholen.

Der Nachweis des Mutterkorns kann leicht auch in menschlichen Organen geführt werden. Nach gehöriger Extraktion der zum Brei zerkleinerten Untersuchungsobjekte mit schwefelsäurehaltigem Alkohol oder mit angesäuertem Äther und nach sicherer Entfernung des Blutfarbstoffs, erkennt man spektroskopisch in dem Filtrat zwei Absorptionsstreifen im Grün und Blau (links von E und F). In durch Natriumbikarbonat alkalisierter Lösung rücken die Absorptionsstreifen mehr nach Rot hin. Wenn man die saure ätherische Lösung mit ammoniakalischem Wasser ausschüttelt, so zeigt das letztere drei Absorptionsbänder: 1. zwischen D und E, 2. über und rechts von E, 3. über und links von F. Man kann auch das Objekt mit 40 proz. ammoniakhaltigem Spiritus bei 40° C ausziehen, filtrieren, mit Bleiessig versetzen, den Niederschlag sammeln und mit Boraxlösung aufkochen und filtrieren.

Phallus impudicus.

Die stinkende Giftmorchel ist ungenießbar. Ihr Geruch erzeugt bei manchen Menschen Kratzen im Halse, Rauhigkeit auf der Brust, Übelkeit und Erbrechen. Sie soll auch Abort hervorrufen können — wahrscheinlich durch Erzeugung von Gastroënteritis.

Aspidium Filix mas Sw. Asplenium Filix femina Bernh.

Von diesen beiden Farnkräutern kommt eigentlich nur das erstere, der Wurmfarn, als Abtreibungsmittel in Betracht. Plinius[1]) sagt

---

[1]) Plinius, Hist. nat., lib. XXVII, c. 9.

von diesen beiden Pflanzen: Neutra (filix mas und filix femina) danda feminis, quoniam gravidis abortum, ceteris vero sterilitatem facit, Dioscorides[1]) von Filix femina: radices faciunt praegnantibus abortum, si supergrediantur, und nach Galen[2]) tötet die Wurzel von Filix femina den lebenden Fötus und treibt den toten ab. Nach Hieron. Bock[3]) verhindert Filix mas die Empfängnis und „anderes, so nit zu schreiben gebüren wil".

1. Einer im 6. Monat schwangeren Frau, deren Frucht abgestorben war, verabreichte der Arzt, sich stützend auf die unten zitierte Stelle bei Aëtius, ein starkes Dekokt von Aspidium filix mas. Noch an demselben Tage erfolgte die Ausstoßung des Fötus, dessen Epidermis abgehoben war[4]).

2. In einem Falle, in dem ein Dekokt von Farnkraut zur Fruchtabtreibung angewandt war, erfolgte nur ein Kranksein der Frau[5]).

Equisetum.

Durch Fressen von Heu, in dem sich viel Schachtelhalm befand, trat bei allen trächtigen Kühen und Schafen einer Herde Abort ein[6]).

Equisetum arvense und Equisetum palustre schädigen Kühe, indem sie nicht nur Ernährungsstörungen, sondern auch Diarrhoen, Blutharnen, Ausfallen der Zähne und Abort erzeugen. Der gleiche Einfluß macht sich bei Pferden und Schafen bemerkbar. Die ersteren bekommen einen taumelnden Gang und stürzen leicht. Bei der Sektion findet man Wasseransammlungen zwischen den Rückenmarkshäuten.

Taxus baccata L.

Von der Eibe wird im Altertum nirgends eine abortive Wirksamkeit erwähnt. Im vorigen Jahrhundert wurde sie gegen das Ausbleiben des Monatsflusses empfohlen. Die Blätter und Beeren scheinen gelegentlich, besonders in England und Frankreich, als Abortiva gebräuchlich zu sein.

Die Pflanze kann bei Tieren Abort erzeugen. Von zwei Stuten, welche Taxus gefressen hatten, abortierte eine, die im 7. Monat

---

[1]) Dioscorides, Mat. med., lib. IV, c. 179.

[2]) Galenus, De simpl. med., lib. VIII, c. 16. — Ebenso Aëtius aus dem Ende des 5. Jahrhunderts in seinem Tetrabiblos (1549, p. 61): „Filicis radix in usum venit: occidit enim lumbricos latos (Bandwürmer) quatuor drachmarum pondere in aqua mulsa pota. Foetus quoque vivos quidem enecat mortuos vero expellit."

[3]) Hieron. Bock, l. c. p. 208.

[4]) Olivier, Journ. de méd., chir., pharmacie etc., T. XII, 1760, p. 129.

[5]) Taylor, l. c., p. 782.

[6]) Schulze, Acta phys.-med. Acad. Leop. 1727, Vol. I, p. 521.

trächtig war[1]). Dagegen verendete eine trächtige Hündin, der des Versuches wegen Taxus gegeben worden war, nach 36 Stunden, ohne abortiert zu haben.

Mehrere schwere, auch tödliche Vergiftungen[2]) von schwangeren Mädchen liegen vor, bei denen es aber nicht zu einer Ausstoßung der Frucht kam.

So ging ein Mädchen zugrunde, dem ein Hirt geraten hatte, zur Abtreibung 1,5 g Taxusblätter zu essen[3]).

1. Ein 21 jähriges, im 7. Monat schwangeres Mädchen trank einen Aufguß der Zweige von Taxus. Nach fünf Stunden entstanden Unbehagen, Schwindel, Betäubung. Der Zustand verschlimmerte sich rasch, und eine Stunde später trat der Tod ein. Die Sektion ergab in dem schwangeren Uterus nichts, was auf beginnenden Abort gedeutet hätte.

2. Auch in einem zweiten Falle erfolgte nach dem Genuß einer starken Abkochung der Zweige und Blätter der Tod, ohne daß die Geburt der etwa $3^{1}/_{2}$ monatigen Frucht zustande gekommen war[4]).

3. Ein Mädchen hatte eine Abkochung der Blätter von Taxus baccata getrunken, um die Frucht abzutreiben und war danach gestorben. Sie befand sich im Anfang der Schwangerschaft, der Uterus war stark entzündet und enthielt ein Eichen von der Größe einer Haselnuß[5]).

Thuja occidentalis L. Thuja orientalis L.

Der wirksame Bestandteil des Lebensbaumes ist das Thujaöl, das in Thujon ($C_{10}H_{18}O$) und Fenchon ($C_{10}H_{16}O$) zerlegt werden kann.

Das Thujaöl besitzt die Fähigkeit, Gastroënteritis schweren Grades und konsensuell auch Entzündung anderer Beckenorgane, evtl. Blutungen in die Eihäute zu erzeugen.

Obschon es ganz sicher ist, daß die Zweigspitzen des Lebensbaumes vom Volke in Deutschland, Niederösterreich, Mähren, Galizien etc. sehr oft als Abortivmittel gebraucht werden, finden sich in der Literatur doch nur sehr wenige Fälle verzeichnet.

1. Ein 19 jähriges Mädchen hatte seit August ihre früher ganz regelmäßige Menstruation verloren, die jedoch am 17. Oktober sehr stark wieder eingetreten war. Entkräftet durch den Blutverlust genoß sie am 19. Oktober eine Tasse Kamillentee mit Rum, wurde aber immer elender. Die Hebamme fand den Uterus schlaff, wulstig, tiefstehend und den Muttermund für einen Finger leicht durch-

---

[1]) Duchesne, Chevallier et Reynal, Annal. d'Hygiène publ. 2 Sér., T. IV, p. 122.

[2]) Taylor, Die Gifte III, S. 399.

[3]) Brandis, bei Gmelin, Geschichte der Pflanzengifte 1803, S. 498.

[4]) Duchesne, Chevallier et Reynal, l. c., p. 337 et 339.

[5]) Hartmann, Journ. f. prakt. Heilk., Bd. 64, 1827, St. 1, S. 130.

gängig. Der Arzt sah am 19. Oktober das Mädchen empfindungs- und besinnungs-los. Sie lag mit festgeschlossenen Augen komatös auf einem Bette, welches durch ihr beständiges Hin- und Herwerfen in großer Unordnung war. Nur bei ihrem, alle vier bis fünf Minuten sich wiederholenden Würgen, dem aber nie Erbrechen folgte, gab sie einen entsprechenden Ton von sich. Herzschlag und Puls waren regelmäßig, etwas schwach. Puls 60. Der durch das Hin- und Herwerfen beim Aufschlagen auf die Bettkante erzeugte Schmerz veranlaßte keine Reaktions-äußerung. Der Körper war kalt. Bei dem gewaltsamen Öffnen der Augenlider erschien der Blick leer und matt, die Pupillen erweitert, die Konjunktiva gerötet. Nach einigen Stunden erfolgte der Tod.

Bei der Sektion fanden sich im Uterus Eihautreste und an den Lenden trockene Blutflecke. Duodenum und Speiseröhre waren voll von geronne-nem Blute. Am Colon transversum fanden sich äußerlich sechs blutige Infiltra-tionen, ebensolche an der rechten Biegung des Kolon und am aufsteigenden Aste dieses Darmes, ferner am Magen. Der Grund der Gebärmutter und das denselben umgebende Zellgewebe war bis zu den Ovarien geschwollen und blutig injiziert, ihre vordere und hintere Wand stark gerötet, desgleichen der linke Eierstock und die Tuba Fallopii. Der rechte Eierstock erwies sich noch stärker als der linke geschwollen. Im Gehirn fanden sich gallertartige und wässerige Ausschwitzungen und stark mit Blut gefüllte Gefäße.

Bei den Nachforschungen im Hause fand man noch eine ziemliche Menge Blätter und Zweige der Thuja occidentalis. Folgendes stellte sich über das Tun der Verstorbenen heraus: Im September hatte sie bereits zum Abtreiben der Frucht ein Pulver genommen, das aber nicht wirkte. Darauf hatte sie trockene, grünlich-gelbe Kräuter und später, da auch diese nicht wirkten, eine große Menge der Blätter und Zweige von Thuja occidentalis bekommen. Von diesen hatte sie längere Zeit starken Tee getrunken und war bald darauf kränker geworden. Die letzte Sendung erhielt sie am 17. Ok-tober, der Tod erfolgte am 20. Oktober morgens. Sie war im 3. Mo-nate schwanger[1]).

2. Ein 18jähriges Mädchen trank, seit dem 6. März schwanger, am 24. Juni ca. $1^1/_2$ Tassen einer Abkochung von zwei Hände voll Thujazweigen, um die Regel wiederherzustellen, ohne zu wissen, daß sie schwanger sei. In derselben Nacht erschienen Leibschmerzen, und tags darauf Durchfall, am 6. August Ödem der Beine, am 8. August Erbrechen, am 9. August viele eklamptische Anfälle, Anurie, Koma, Bronchialkatarrh. Im Urin waren 1% Eiweiß und zahlreiche Zylinder. Man machte warme Vaginalirrigationen. Am 10. und 11. August traten erfolglose Wehen auf. Es stellte sich Cystitis mit Nekrose der Blasenschleimhaut ein. Am 23. August erschienen von neuem plötzlich Wehen und es erfolgte die spontane Geburt einer 550 g schweren Frucht, die nach 26 Stunden starb[2]).

---

[1]) Sander, Zeitschr. f. prakt. Heilk. Hannover. Bd. III, 1866, S. 339.
[2]) Kalt, Corresp.-Blatt f. schweiz. Ärzte, Bd. XXIV, 1894, S. 242.

Drei weitere Fälle sind erwähnt worden, von denen zwei erfolglos, der dritte mit der Abtreibung der Frucht, aber auch dem Tode der Mutter endeten[1]).

Juniperus Sabina L.

Das am häufigsten zur Fruchtabtreibung gebrauchte Mittel ist unstreitig die Sabina (Sadebaum, Sevenbaum, Sayling, Segelesbaum, in manchen Gegenden auch Segenbaum genannt). Uralt ist der Ruf dieser Pflanze als Abortivum. Schon Dioskorides sagt von ihr:

Sabina et partus opposita extrahit, et suffitu idem praestat, und Galen:

Sabina foetum viventem interficit et mortuum educit.

Auch Avicenna und auch in späterer Zeit Fernelius und Matthiolus sprechen von der abortiven Wirkung der Sabina. Die heilige Hildegardis gedenkt des Strauches unter dem Namen Sybenbaum, ohne jedoch seinen Mißbrauch als Abortivum zu erwähnen.

Karl der Große trug im 9. Jahrhundert durch Aufzählung des Strauches in seinem „Capitulare" zu seiner Kultur im Norden der Alpen bei.

In England scheint der Strauch schon vor der Eroberung durch die Normannen kultiviert und benutzt worden zu sein.

Zu Ende des vorigen Jahrhunderts war der Verkauf des Sevenbaumes in den österreichischen Staaten streng untersagt[2]). Unbegreiflich ist es, daß A. v. Haller die Sabina für unschuldiger als die von ihm für wirkungslos erklärte Euphorbia palustris hielt[3]). Daß die Sabina noch gegenwärtig als das beliebteste Abortivmittel bekannt ist, braucht kaum nach dem bereits Mitgeteilten erwähnt zu werden[4]).

Am Ende des 18. Jahrhunderts schrieb ein Göttinger Professor: „Wenn ich in Schwaben aufs Land reisete und an einem Dorfgarten vorbei kam, in welchem ich einen Sewen-Baum oder -Busch sahe, so wußte ich aus vielen Fällen, wo meine Vermutung eingetroffen war, schon, daß der Garten dem Barbierer oder der Hebamme des Dorfes gehöre. Zu welcher guten Absicht mag wohl der Sewenbaum so sorgfältig gepflanzt werden? — Betrachtet man diese Bäume oder Stauden, so sind sie gewöhnlich ihrer Krone beraubt und verkrüppelt, weil sie so oft berupft, auch mitunter bestohlen worden."

---

[1]) Tschirch, Zeitschr. d. österr. Apothekervereins 1893, Nr. 6, S. 128 u. 153.

[2]) Ferrt, Sammlung alter Sanitätsverordnungen im Erzherzogtum Österreich. Wien 1807, T. 2.

[3]) A. v. Haller, Vorlesungen über die gerichtl. Arzneiwissenschaft. Bern 1782, Bd. I, S. 146.

[4]) Vgl. die Angaben in den vorigen Kapiteln nach dem Register.

Man darf annehmen, daß bei Frauen mit grazilem Körperbau und erregbarem Temperament eine konzentrierte Abkochung, oder besser ein Aufguß von 50—70 g der Sadebaumspitzen Abort veranlassen kann. Fette, phlegmatische Personen werden mehr davon gebrauchen.

Zuverlässigen Untersuchungen nach enthält das Sadebaumöl 25% eines Terpens $C_{10}H_{16}$ und einen ungesättigten Alkohol, das Sabinol ($C_{10}H_{15}OH$), welches durch Oxydation mit neutraler Kaliumpermanganatlösung in die zweibasische Säure $C_9H_{16}O_4$ übergeführt werden kann. Diese ist identisch mit der α-Tanacetogendikarbonsäure. Auch Essigsäure neben zwei anderen Säuren fanden sich in dem Sabinaöl. Das wirksame Prinzip stellt das Sabinol, ein farbloses Öl dar.

Versuche an Kaninchen zeigten, daß Sabina eins der wirksamsten wehenbefördernden Mittel ist, und sogar noch Sekale hierin übertrifft. Die Uterus-Kontraktionen haben häufig einen rein tetanischen Charakter, und erst im späteren Verlaufe wird der peristaltische Modus vorherrschend. Injiziert man 1 g Extr. Sabinae in wässriger Lösung auf einmal in die Drosselvene, so erscheinen die ersten Kontraktionen am Uterus schon nach 2—3 Minuten.

Eine spezifische Wirkung auf den Uterus kommt dem Mittel nicht zu. In der entzündlichen Erkrankung der Baucheingeweide sind genügend Momente gegeben, die einen konsensuellen oder reflektorischen Reizungszustand des Uterus evtl. Blutungen und dadurch Abort bedingen können.

Versuche mit Sabinol, die ich in der ersten Auflage dieses Werkes als wünschenswert bezeichnete, sind nun angestellt worden[1]).

Kaninchen reagieren auf 2—3 ccm Sabinol nicht. Von 5 ccm an entsteht ein stundenlanger deutlicher Betäubungszustand, der nicht sofort, sondern frühestens nach einer halben Stunde eintritt. Die normale Haltung kann nicht beibehalten werden und die Atmung ist verlangsamt. Trotz der Erholung erfolgt bei den meisten Tieren nach ein bis zwei Tagen der Tod. Die Sektion ergibt: in der Schleimhaut Blutungen, Injektion der Schleimhaut des Dünndarms in seiner ganzen Ausdehnung, einzelne Blutungen und Schwellungen der Peyerschen Plaques, auffallend starke Füllung der Gefäße des Unterleibes, und in den Nieren das Bild der Stauung. Denselben Befund erhob man bei Tieren, welche fortgesetzt kleine Dosen (2—3 ccm) Sabinol erhalten hatten.

Hunde erbrechen stets, wenn ihnen etwa 5 ccm Sabinol in Gelatine-Kapseln eingegeben werden. Bei einem Hunde, welcher

---

[1]) Hildebrandt, Arch. f. exper. Pathol., Bd. XLV, 1900, S. 110.

zweimal 3 ccm Sabinol täglich erhalten hatte, und nicht erbrach, fand sich am nächsten Tage ein blutiger Harn. Neben Oxyhämoglobin enthielt er Methämoglobin. Auch in der Harnblase einer durch 6 ccm Sabinol getöteten Katze ließ sich Methämoglobin und Eiweiß nachweisen. Die Nieren zeigten das Bild der Reizung.

Die Verfütterung des Sabinols an trächtige Kaninchen veranlaßte, bis auf ein Tier, trotz verhältnismäßig großer Dosen keinen Abort.

Das Sabinol teilt mit Kampfer, Zitral und manchen anderen seiner Isomeren die Eigenschaft in Zymol überzugehen, das in Kuminsäure übergeführt werden kann. Für den Nachweis einer Sabinavergiftung ist die Verarbeitung des Harns oder des Magendarminhaltes auf Kuminsäure wünschenswert.

Mitteilungen über erfolgte Abtreibungen.

Die älteste, jedoch nicht ernst zu nehmende Beobachtung über einen Fall von Abort durch Sabina datiert aus dem 17. Jahrhundert. Mauriceau[1]) erzählt nämlich, daß eine Frau dadurch zu früh niedergekommen sein soll, daß sie im Garten möglicherweise auf Sabina getreten habe.

Glaubwürdiger sind zwei von Zittmann[2]) beschriebene Fälle:

1. Ein Frauenzimmer will nach eigener Angabe elf Tage vor Abgang der Leibesfrucht Sabina zum Zweck der Abtreibung genommen haben. Nach dem Gutachten war die Quantität — ca. 0,06 g Sabina — zu gering, um die Frucht zu töten oder abzutreiben.

2. Nach Gebrauch von Sabina trat bei einer Schwangeren Abort einer Frucht von zehn bis elf Wochen ein. Nach dem Gutachten der Leipziger Fakultät war auch hier die Dosis zu klein, um Abort zu bewirken, doch ist es möglich, daß die Frau das Mittel auch öfter und in größeren Quantitäten genommen hat.

3. Eine Frau nahm, genötigt durch ihren Mann, eine Abkochung von zwei Quentchen (ca. 3,3 g) gepulverte Sabina. Kurz vor dem Einnehmen waren noch Kindsbewegungen gespürt worden. Vier Stunden später ging ein Fötus von sieben Monaten ab. Beide wurden zur Landesverweisung mit Staupenschlag verurteilt.[3])

4. Ein Mädchen nahm eine ziemlich große Dosis Sabina und abortierte danach, bekam aber eine starke Lungenblutung[4]).

5. Eine 30jährige Schwangere trank zum Zweck der Fruchtabtreibung einen Sadebaumaufguß und bekam danach heftiges, unaufhaltsames Erbrechen.

---

[1]) Mauriceau, l. c., obs. 673.

[2]) Zittmann, l. c., cent. I, c. 26; cent. VI, c. 43.

[3]) Budaeus, Miscellan. med. chirurg. 1731, S. 36.

[4]) Vicat, Matière médicale, T. II, 1776, p. 284.

Nach einigen Tagen entstanden starke Leibschmerzen, worauf unter kopiösen Uterusblutungen Abort und Tod eintrat. Die Gallenblase fand sich geborsten, die Därme entzündet[1]).

6. In einem Orte hatte man schon lange ein Mädchen wegen ihres Lebenswandels in Verdacht, aber es zeigte sich keine Schwangerschaft. Endlich wurde ein Sabinabaum, der im Garten stand, ausgerottet und bald darauf wurde das Mädchen schwanger. Bei einer Nachforschung ergab sich, daß dasselbe regelmäßig alle Monate gegen die Zeit der Menstruation und während der Dauer derselben eine Abkochung der Blätter jenes Baumes getrunken hatte. Nach dem Umhauen des Baumes hatte sie sich einen Vorrat seiner Blätter gesammelt und damit, so lange er dauerte, immer noch ihren Zweck erreicht. Weder ihre Gesundheit, noch ihr Zeugungsvermögen wurde dadurch geschädigt. Sie wurde sofort durch denselben Mann, mit dem sie bisher Umgang gehabt hatte, geschwängert, als sie das Mittel nicht mehr einnahm[2]).

7. Ein Angeklagter gestand, einer Köchin zum Zweck der Fruchtabtreibung einen Aufguß von Sadebaumblättern gegeben zu haben, und zwar, wie er glaubte, mit Erfolg. Die Köchin leugnete alles[3]).

8. Eine Schwangere trank abends eine Abkochung von etwa 24 g Sadebaumkraut. In der Nacht bekam sie Erbrechen, häufige blutige Stühle, aufgetriebenen, schmerzhaften Leib, Kreuzschmerzen, blutigschleimigen Ausfluß aus der Scheide dann einige reichliche schwarzflüssige Blutergüsse, denen die Geburt einer drei- bis viermonatigen Frucht folgte. In kurzer Zeit war sie wiederhergestellt[4]).

9. Eine 21 jährige Schwangere bekam am frühen Morgen nach einem Souper mit ihrem Liebhaber heftige Magenschmerzen und verfiel bald darauf in Bewußtlosigkeit und Konvulsionen. Gegen Mittag stellten sich Wehen ein. Bald nach 3 Uhr nachmittags starb sie plötzlich während der Geburt. Das bereits tote Kind wurde durch die Zange extrahiert. Bei der Sektion fand sich Sadebaumpulver im Magen[5]).

10. Eine Frau nahm zweimal ein starkes Infus von Sabina, um den Abort zu bewirken. Sie litt an heftigen Schmerzen und Strangurie, abortierte und starb fünf Tage später. Bei der Obduktion fand sich ausgedehnte Entzündung des Peritoneum mit einem Erguß fibrinöser Flocken. Die Innenseite des Magens war gerötet mit hellroten, extravasierten Flecken. Der Inhalt sah grün aus und Sabina wurde durch das Mikroskop nachgewiesen[6]).

11. Eine im 7. Monat Schwangere erkrankte nach dem Einnehmen von Sabina nach etwa 24 Stunden unter den Erscheinungen einer Gastroenteritis mit grünem Erbrechen und Angstgefühlen. Puls 150. Am vierten Tage nach Beginn der Erkrankung traten Wehen ein. Das Kind wurde lebend geboren,

---

[1]) Mohrenheim, Wienerische Beitr. z. prakt. Arzneyk. II, 1781, S. 245. — Tardieu, Etude etc., p. 33.

[2]) Klose, Journ. d. prakt. Heilk. 1820, St. 5, S. 5.

[3]) Feuerbach, Aktenmäßige Darstellung merkw. Verbrechen, Bd. II, 1829, S. 97.

[4]) Deutsch, Med. Zeitschr. des Ver. f. Heilk. XX, 1851, S. 180.

[5]) Letheby, The Lancet 1845, I, S. 677.

[6]) Christison, zit. bei Taylor, S. 530.

starb aber bald. Die Mutter starb ebenfalls am nächsten Tage, fünf Tage nachdem sie das Gift genommen.

Bei der Sektion wurde im Magen fein zerriebenes Sabinapulver nachgewiesen, und zwar ca. 1,5—1,8 g. Die Schleimhaut der Speiseröhre und des Magens zeigte Ecchymosen. In letzterem war eine, etwa drei Zoll große gerötete Stelle, welche sich über die große Kurvatur bis zum Pylorus ausdehnte. Auch im Darm fanden sich entzündete Stellen[1]).

12.   Eine Schwangere wurde acht Stunden, nachdem sie Sabina genommen hatte, vollkommen unempfindlich und stertorös atmend gefunden. Sie war plötzlich von Erbrechen befallen worden. Es traten Wehen ein und sie starb in ungefähr vier Stunden während eines Anfalles. Sie schien im 7.—8. Monat der Schwangerschaft zu sein. Das Kind wurde tot geboren.

Bei der Sektion fanden sich im Magen ein oder zwei rote Stellen. Sein Inhalt lieferte bei der Destillation ein gelbes Öl. Ein in einer Flasche aufgefundenes Sediment ließ gepulverte Sabina erkennen[2]).

13.   Abort wurde herbeigeführt durch einen Trank aus Sabina, Rainfarn, Feldkelle, Johanniskraut und Ruß[3]).

14.   Ein Mediziner hatte einer Schwangeren zur Fruchtabtreibung täglich 14 Tropfen Oleum Sabinae, in drei Dosen geteilt, verabfolgt. Nach einiger Zeit erfolgte Abort[4]).

15.   Eine Frau nahm, um die Leibesfrucht zu töten, an acht aufeinander folgenden Tagen je 60 Tropfen einer als Sabinaöl angesprochenen, öligen Flüssigkeit ein. Es trat, nachdem heftige Schmerzen im Leibe eingetreten waren, Abort ein, doch starb sie selbst drei Tage nach der Ausstoßung des Fötus. Der Uterus würde entzündet gefunden[5]).

16.   Eine Frau nahm vermutlich 30—60 g Sabinaöl. Es folgten heftige Magenentzündung, Perforation dieses Organes, Peritonitis und Tod. Der Uterus war leer. Allem Anscheine nach war die Frucht vor zwei oder drei Tagen ausgestoßen worden[6]).

17.   Eine 21 jährige Magd, die Anfang Februar geschwängert worden war, hatte Ende März während vier bis fünf Tagen nacheinander fünf Tropfen eines Gemisches von Sabinaöl und Tinct. colocynthidis genommen, ohne dadurch besondere Beschwerden zu verspüren. Mitte April hatte sie wieder einmal fünf Tropfen desselben Gemisches ohne Erfolg genommen. Anfang Juni hatte sie sehr schwere Arbeit während mehrerer Tage zu verrichten und stieß am 10. Juni einen viermonatigen Fötus aus[7]).

Aus dem Beginne des 18. Jahrhunderts stammt eine nicht richtig gedeutete Beobachtung. Ein Mädchen nahm zur Fruchtabtreibung

---

[1]) Taylor, Die Gifte, übers. von Seydeler, 1862—63, II, S. 531.

[2]) Newth, The Lancet, 14 June 1845, p. 677.

[3]) B. Günther, Schmidts Jahrbücher, Bd. 93, 1857, S. 95.

[4]) Med. Times and Gaz., N. Ser., Vol. IV, 1852, p. 404.

[5]) Lee, Amer. Journ. of Med. Sciences, Vol. XXI, 1837, p. 345.

[6]) Beck-Salisbury, Amer. Journ. of med. Sciences 1851, April, S. 529.

[7]) Hedrén, l. c.

erst ein Brechpulver und dann einen alkoholischen Auszug von
„Sagebaum“ und „Sinngrün“ d. i. Vinca minor. Nachdem sie
noch acht Tage nach dem Gebrauch Kindsbewegungen gespürt, hatte
sie eines Tages einen langen Marsch in schlechtem Wetter gemacht
und außerdem einen Schreck gehabt und sei dann von einem toten
Kinde frühzeitig entbunden worden. Der Abort ist auf das Einnehmen
und nicht auf die letzteren Umstände zurückzuführen.

In drei weiteren Fällen von Vergiftung durch das ätherische
Sadebaumöl kam ebenfalls die Abtreibung, zweimal mit auch
erfolgendem Tode der Mutter, zustande[1]).

Ein besonderes Interesse hat die folgende Beobachtung einer
chronischen Vergiftung mit Sadebaum-Aufgüssen[2]).

Eine etwa im 4. Monat schwangere Frauensperson hatte nach einigen vergeblichen Abtreibungsversuchen mit Safran einen Absud von Sabina täglich
in kleinen Mengen während langer Zeit getrunken. Sie fuhr damit etwa 50 Tage
fort und soll angeblich im ganzen 200 g der Droge verbraucht haben. Durchschnittlich hatte sie also täglich einen Absud von 4 g Droge zu sich genommen.
Einige Male fühlte sie sich nach der Einnahme größerer Mengen übel, sie war
aber nie ernstlich krank. Mehr als einen Monat nach dem letzten Einnehmen abortierte sie.

Während das erste Gericht die Frauensperson wegen Abtreibung
verurteilte, sprach, wie es scheint, das höhere sie frei, weil die Sachverständigen die Frage, ob das gebrauchte Mittel die so lange Zeit nachher
erfolgte Geburt hat hervorrufen können, verneinten.

Ich kann mich dieser Auffassung nicht anschließen. Für mich ist
der kausale Zusammenhang zwischen Giftaufnahme und erfolgter Abtreibung in diesem Falle gegeben, trotz des Zwischenraumes von vier
Wochen zwischen der letzten Giftaufnahme und der Fruchtausstoßung.
Das Kind starb durch die Sabina im Uterus und wurde so lange noch
getragen, daß seine Mazeration erfolgte. Es gibt zweifellos nicht
nur eine größere oder geringere Disposition für Giftwirkungen bei verschiedenen Menschen, sondern bei Frauen
auch eine wechselnde Toleranz für das Weitertragen des
abgestorbenen Fötus, derart, daß bei mancher Frau erst grobe
Mengen von Zersetzungsprodukten des Fötus oder der Plazenta eine
Wehentätigkeit erzwingen, die sonst schnell erfolgt.

Es sind hier also im ganzen einundzwanzig Fälle berichtet, in denen
der Abort auf den Genuß von Sabina zurückzuführen ist. In neun
von diesen einundzwanzig Fällen starb die Mutter selbst an den
Folgen der Vergiftung.

---

[1]) Günther, Schmidts Jahrbücher, Bd. 29, 1857, S. 95.
[2]) Santesson, Skandinav. Archiv f. Physiol., Bd. XI, 1900, S. 228.

Die Sabina wurde auch in einer Mischung mit Aloe und Terpentin (?) genommen. Nach zwei Tagen stellten sich Schmerzen im Leib ein und nach einigen Stunden wurde ein siebenmonatiger toter Fötus geboren [1]).

Daß aber durchaus nicht immer Sabina Abort herbeiführt, ist eine bekannte Tatsache. Manche Schwangere tranken sogar wochenlang ein Sabina-Dekokt ohne jede Wirkung [2]).

Fehlerfolge der Sabina.

Wenn die Sabina gar nicht wirkt, d. h. auch die Mutter nicht oder wenig dadurch leidet, so ist anzunehmen, daß es sich um eine alte, des ätherischen Öles verlustig gegangene Droge handelt. In anderen Fällen, in denen die Ausstoßung trotz schwerer oder tödlicher Erkrankung der Mutter nicht erfolgte, sind es individuelle Verhältnisse, die solches verhinderten. Man kannte solche zu allen Zeiten. Im Jahre 1681 äußerte ein Arzt seine innere Befriedigung darüber, wie sicher und langsam die Natur die „Hoffnung der Gebärmutter" verteidigt, daß Abtreibmittel, wie das von Huren so sehr gerühmte Sabina-Dekokt nur bisweilen wirke.

1. Bei einem zur rechten Zeit niedergekommenen Mädchen fand man ein Rezept, auf dem Sabina, Myrrha, Borax Venet. und Pulv. Succini verschrieben waren. Zweimal hatte sie es gebraucht. Sabina war in starker Dosis verordnet, hatte aber trotzdem nicht die offenbar beabsichtigte Wirkung, Abort herbeizuführen [3]).

2. Ein im 7. Monat schwangeres Mädchen nahm ohne ihr Wissen eine starke Dosis Sabina in einem Glase Wein, den ihr Verführer ihr gereicht hatte. Es folgten danach Erbrechen, Leibschmerzen und ein 14tägiges Kranksein, aber nicht die Geburt, die erst acht Wochen später zur rechten Zeit stattfand [4]).

3. Eine 20jährige Magd trank zum Zwecke der Fruchtabtreibung, nachdem sie vorher zu dem gleichen Zwecke eine Abkochung von Rolltabak genommen hatte, an zwei aufeinanderfolgenden Tagen je ein Seidel voll einer Abkochung von Sabina, ohne jedoch irgendwelche auffallende Erscheinungen danach zu bemerken [5]). Das Dekokt muß offenbar sehr verdünnt gewesen sein.

4. Ein Ehemann hatte einem von ihm geschwängerten Mädchen, um demselben die Frucht abzutreiben, erst mehrere Pulver, nach deren Unwirksamkeit aber frische Zweige und Blätter von Sabina gegeben, um davon Tee zu trinken [6]).

---

[1]) Hedrén, l. c.
[2]) Krausold, Dissert. med. de Sabina. Jena 1707, p. 22.
[3]) P. C. Fabricius, Samml. versch. med. Responsorum u. Sektionsber. 1772, p. 91.
[4]) Fodéré, Traité de médecine légale 1813, T. II, p. 431.
[5]) Maschka, Samml. gerichtsärztl. Gutachten, 3. F., 1867, p. 236.
[6]) Sander, Zeitschr. f. prakt. Med. Hannover. Bd. III, 1866, p. 345.

Auch hiernach scheint kein Abort eingetreten zu sein, wenigstens ist über den Fall im Original nichts weiter mitgeteilt.

5. Eine 21 jährige schwangere Magd hatte angeblich wiederholt behufs der Fruchtabtreibung Sabina bekommen. Am 6. oder 7. November war wieder ein Dekokt aus einer größeren Menge Sabinablätter in Bier durch halbstündiges Kochen bereitet worden, wovon alle zwei Stunden eine Kaffeetasse voll getrunken werden sollte. Ob letzteres wirklich geschah, konnte nicht ermittelt werden. Am 10. November war die Magd noch vollkommen gesund den Tag über, gegen Abend aber klagte sie über Kopfschmerz und „Tollsein", war sehr unruhig und wurde nach 7 Uhr abends tot im Bette gefunden. Ausstoßung des Fötus trat nicht ein. Bei der Sektion fand man im Uterus ein achtmonatiges Kind[1]).

6. Ein Mädchen erkrankte des Morgens und starb schon an demselben Nachmittag. Bei der Sektion fand sich, daß sie im 3. oder 4. Monat schwanger war. Die Schleimhaut des Mundes, des Schlundes und der Speiseröhre war grün gefärbt, die des Magens sehr rot. Von mineralischen Giften war keine Spur vorhanden. Wahrscheinlich hatte die Verstorbene den Saft oder ein Dekokt von frischem Sabinakraut genommen, um die Frucht abzutreiben. Wenigstens waren kürzlich Äste von dem im Garten der Eltern wachsenden Baume abgepflückt[2]).

7. Ein Mädchen wurde von heftigen, kolikartigen Schmerzen, Erbrechen, Pressen, Harnbeschwerden und Fieber befallen. Nach einigen Tagen starb sie. Bei der Sektion fand sich ein grünliches Pulver im Magen, das sich als Sabina erwies. Der Magen war an der unteren Kurvatur perforiert.

8. Eine Schwangere hatte Sabina zur Abtreibung eingenommen und danach Trismus und Tetanus bekommen, in denen sie schnell zugrunde ging. Die Frucht wurde bei der Sektion in der Gebärmutter gefunden[3]).

9. In einem Falle, in welchem die Schwangerschaft bekannt war, wurde Oleum Sabinae ohne Nachteil lange Zeit hindurch dargereicht[4]).

10. In einem anderen Falle nahm eine im 3. Monat Schwangere mehrere Tage hintereinander 10—40 Tropfen „Essence de Sabine". Es entstanden Leibschmerzen und Brechneigung, die ohne weitere Folgen vorübergingen[5]).

11. Eine Frau nahm in zwei Malen ca. 9 g Sabinaöl und Extr. Secalis cornuti zur Abtreibung. Es entstanden Magen- und Darmschmerzen. Der Leib war aufgetrieben. Dazu kamen Durst, Kollern, klammige Haut, Erbrechen. Abort trat nicht ein, aber allmähliche Besserung des Krankheitszustandes[6]).

Den einundzwanzig Fällen, bei denen Sabina Abort hervorrief, stehen also elf gegenüber, bei denen diese Wirkung nicht eintrat. In vier von diesen elf Fällen erlag die Mutter der Vergiftung.

---

[1]) v. Feld, Deutsche Zeitschrift für Staatsarzneikunde, N. F., Bd. XXIV, 2, 1866, S. 420.

[2]) Ortmann, Zeitschr. f. d. ges. Med., Bd. 25, 1844, S. 408.

[3]) Tidy, bei Hofmann, l. c., S. 248.

[4]) Dewees, Treatise on the diseases of females, übers. von Moser, 1837, p. 208.

[5]) Tardieu, Annal. d'hyg. publique, 2. Ser., T. V, 1856, p. 132.

[6]) Brown Sim, Glasgow Med. Journ. 1875, p. 516.

Juniperus communis L.

Eine Schwangere nahm 20 Tage hindurch täglich 100 Tropfen Wachholderöl, ohne daß dadurch der normale Verlauf der Schwangerschaft gestört wurde[1]).

Juniperus virginiana L.

Wo in Europa Juniperus Sabina nicht erhältlich ist, da wird wohl, wie z. B. in Österreich[2]), gelegentlich Juniperus virginiana zu Abtreibungszwecken gebraucht.

Am häufigsten fand für diesen Zweck bisher das Öl der Pflanze, das rote Zedernöl, Verwendung. Die Literatur weist mehrere solcher Fälle auf, von denen einige tödlich verliefen, andere, ohne daß Genaueres über dieselben mitgeteilt worden ist, wahrscheinlich von Erfolg begleitet waren[3]). Die Symptome bestanden bei schweren Vergiftungen in allgemeinen Krämpfen von tonischem Charakter, bei starren Augen, festgeschlossenem Mund, aufgelaufenem, lividem Gesicht, Erbrechen, Erstickungsbeschwerden und mühsamem Atmen. Später kamen Koma, Röcheln und ein eigentümliches Atmen, wobei die Brust beim Einatmen sich ohne Erfolg hob und beim Ausatmen wenig zusammensank.

1. Eine Frau, die sich für schwanger hielt, trank, um Abort herbeizuführen, 15 g rotes Zedernöl und erkrankte unter Erbrechen, Konvulsionen und Bewußtlosigkeit, wurde aber wiederhergestellt, ohne abortiert zu haben[4]).

2. Eine 23jährige, im 3. Monat schwangere Frau nahm 15 g Zedernöl. Sie bekam danach Schwindel, Sensibilitätsstörungen, Konvulsionen und wurde bewußtlos. Die Atmung war stertorös, und galliges Erbrechen stellte sich ein. Der Puls war beschleunigt und sehr schwach. Es trat zwar ein dunkelfarbiger Ausfluß aus der Vagina auf, der bis zum Ende der Schwangerschaft andauerte, doch erfolgte kein Abort, sie gebar vielmehr zur normalen Zeit ein ausgewachsenes, allerdings nicht gesund aussehendes Kind[5]).

Terpentinöl.

Terpentin scheint schon im Altertum als Abortivmittel benutzt worden zu sein; wenigstens findet sich eine diesbezügliche Bemerkung bei Soranus von Ephesus.

---

[1]) Sommer, Ephemerid. Dec. 2, Ann. 3, Obs. CVI: „centum guttas olei destillati juniperi per viginti dies omni mane".

[2]) Kronfeld, Wiener med. Wochenschr. 1889, S. 1699.

[3]) v. Hasselt, Handbuch der Giftlehre, übers. von Henkel, I, S. 407. — Med. and surg. Rep. of the Boston City Hospital, 2. Ser., 1877, II, p. 270. — Canada med. Record 1876, IV, p. 248. — Boston med. and surg. Journ. 1849, XL, p. 469, 1851, XLIV, p. 336.

[4]) Holley, Detroit Review of Med., XI, Vol. 1876, p. 478.

[5]) Brown, Medical News, Vol. LXIII, 1893, p. 15.

Das Öl wird hier und da dem gleichen Zwecke dienstbar gemacht und angesichts der Tatsache, daß dasselbe eine stark entzündungs-erregende, die Körpergewebe leicht durchdringende, also auch leicht an den Fötus gelangende, und außerdem in größeren Mengen stark narkotisch wirkende Substanz darstellt, ist die Möglichkeit éines Erfolges zuzugeben.

In einem Falle hatte ein Mädchen im 3. Monat abortiert. In ihrem Besitz fand man noch 60 g Terpentinöl [1]).

In Amerika ist das Öl als Abortivum beliebt. So wird mitgeteilt, daß sich eine Frau durch zwei Teelöffel voll desselben stets und wiederholt die Frucht abgetrieben habe [2]).

Da Terpentinöl auch von der Haut aus in die Säftebahnen übergeht, so ist es verständlich, daß auf diesem Wege auch einmal der Abort eingeleitet werden kann. Auf den Rat einer Hebamme band ein im dritten Monat schwangeres Mädchen ein mit dem Öl getränktes Tuch auf die Magengegend, nachdem sie starken Kaffee getrunken hatte. Sie wiederholte dies noch zweimal mit Zwischen-räumen von einigen Tagen. Es kam zu Blutungen, die für men-struelle gehalten wurden. Nach längerer Zeit setzten aber so starke Unterleibsschmerzen ein, daß sie zu Bett gehen mußte, die Blutung wurde stärker und es ging ein etwa 12 cm langer Fötus ab [3]).

Bernsteinöl.

Bernsteinöl wurde schon von Riverius [4]) als Mittel bei schwierigen Geburten empfohlen.

Ein Eßlöffel Bernsteinöl (Ol. succini), in selbstmörderischer Absicht genom-men, veranlaßte Bauchschmerzen, Erbrechen, Kopfschmerzen, Schlaflosigkeit, hohe Temperatursteigerung, Prostration, später Durchfall und typhöse Er-scheinungen, und am 13. Tage einen Zwillingsabort. Beide Früchte waren in ziemlich hochgradigem Fäulniszustande.

Bernsteinöl soll in Ostpreußen in manchen Gegenden so bekannt sein als sicheres Abortivum, daß jeder Käufer oder Käuferin von Ol. succini in größerer Quantität in den Verdacht kommt, kriminellen Abort veranlassen zu wollen [5]).

Colchicum autumnale L.

Bei einem Abortus im 3. Monat wandte man Herbstzeitlose-Samen zu 0,6 g in zwei Dosen mit Erfolg zur Austreibung des

---

[1]) Beck, Zeitschr. f. Staatsarzneikunde, 20. Erg.-Heft, S. 276.
[2]) Kendall, New York Med. Record 1892, S. 572.
[3]) Hedrén, l. c.
[4]) Riverius. l. c., S. 841.
[5]) Seidel, Vierteljahrsschr. f. ger. Med., N. F., Bd. 43, 1885, S. 265.

Mutterkuchens an und empfahl es daher als Surrogat des Secale cornutum [1]).

Aloe.

Die Aloe,· der die Fähigkeit zukommt, sekundär Entzündung der Beckenorgane zu machen, auch evtl. eine hämorrhagische Nephritis zu erzeugen, kann in drastischen Mengen (0,5—1 g) 14 Tage und länger gebraucht, in den ersten Monaten der Schwangerschaft durch Blutungen in die Eihäute den Fötus schädigen und evtl. Abtreibung desselben veranlassen.

Schon frühzeitig ist diese Wirkung der Drastica erkannt und dieser Erkenntnis mehrfach Ausdruck gegeben worden:

„Nocent enim gravidis vomitoria et purgantia quorum frequens usus uterum per consensus leges, illi et reliquis imi ventris visceribus intercedentes convellere, foetumque infirmare potest"[2]).

Die erste Anwendung der Aloe geht weit in das Altertum zurück, denn schon Galen tut ihrer als Abortivum Erwähnung[3]).

Gegen Ende des 17. Jahrhunderts scheint sie vielfach als Abortivum verordnet worden zu sein: „Remiscui aloës Socoterinae aliquot grana pulveri ad partum ex borace, croco, cinnabari sativa, oleo cinnamomi, succino, cum felicissimo et praesentaneo successu per aliquot annos"[4]).

Und später wurde von dem Mittel gesagt: „Aperit aloë ora venarum ani et vulvae".

Um die Wende des 19. Jahrhunderts wurden in Hannover von den schwangeren Weibern neben anderem Aloepillen für die Abtreibung benutzt. Auch ein „saures Aloe-Elixir, das Elixir proprietatis Paracelsi" kam zur Verwendung.

Abort durch aloetischen Branntwein wurde vielfach mit Erfolg herbeigeführt, so daß die Königsberger medizinische Fakultät, die einen solchen Fall zu begutachten hatte, gegen Ende des vorigen Jahrhunderts vorschlug, den Verkauf des Aloe-Branntweins zu untersagen.

Bei dem Volke ist die Aloe als Abortivum beliebt und wird oft allein oder in jener Mischung mit gepulverter Zimtrinde (4 : 1) genommen, die als Hiera picra (Holy bitter) bekannt ist. Daß durch den übermäßigen Gebrauch dieses Mittels zur Hervorrufung des Aborts schwere Vergiftung veranlaßt werden kann, geht aus einem Todesfall hervor, der im Jahre 1837 den Verabreicher vor die Assisen brachte.

---

[1]) Metta, Neue Zeitschr. f. Geburtsk., Bd. 23, 1847, S. 154.

[2]) Hebenstreit, Anthropologia forensis. Lips. 1753, p. 15. — Discursus med. de abortu et medic. abortiv. ab Anonymo, p. 36.

[3]) Galenus, De remed. parabilib., C. II, cap. 26.

[4]) Wedel, Miscell. curios. Dec. II, Ann. 4, 1686, p. 225.

Nicht unwichtig ist es darauf hinzuweisen, daß auch die bei uns in Töpfen gezogene Aloe einen Saft liefert, der wie das pharmazeutische Präparat wirken kann.

Der Tierversuch lehrte bei direkter Beobachtung, daß eine wässerige Lösung von 1,0 g Extr. Aloes in die Vena jugularis ext. von Kaninchen eingespritzt, nach ca. 10—15 Minuten die Darmperistaltik mächtig anregte, und daß 3—5 Minuten später die ersten ringförmigen, langsam fortkriechenden Einschnürungen an den Hörnern des Uterus auftraten. Dieselben wiederholten sich in Zwischenräumen von 1—3 Minuten und dauerten im ganzen 30—45 Minuten an. Nie aber gingen jene Strikturen in wirkliche peristaltische Windungen oder gar tetanische Kontraktionen über.

1. Ein Mädchen hatte zur Herbeiführung von Abort eine Mischung von frisch ausgepreßtem Aloesaft (ca. 50 g) der bei uns in Töpfen kultivierten Aloepflanze zu gleichen Teilen mit Branntwein in drei Dosen in 24 Stunden genommen. Es trat Abort ein. Ein Fall auf den Leib vor dem Abort soll zu diesem beigetragen haben[1]). Eine solche Annahme ist überflüssig.

2. Ein Mann bat einen Arzt, seiner Frau, bei der seit länger als drei Monaten die Regel ausgeblieben war, etwas zur Wiederherstellung der letzteren zu verschreiben. Nachdem der Mann versichert hatte, daß seine Frau nicht schwanger sei, verordnete der Arzt, ohne die Frau gesehen zu haben, derselben eine Arznei, deren Hauptbestandteil Aloe war. Nach 8—10 Tagen erfolgte Abort eines mindestens drei Monate alten Fötus[2]).

3. Einer Frau wurde wegen Obstipation eine Mixtur mit Aloe verschrieben. Am folgenden Morgen erfolgte Abort. Das Ei entsprach der 5.—6. Schwangerschaftswoche[3]).

4. Eine Magd hatte zur Abtreibung der Leibesfrucht, nachdem Aderlässe an den Füßen erfolglos geblieben waren, wiederholt eine „Essenz" genommen, die wesentlich Aloe enthielt. Nachdem sie dies etwa drei Wochen fortgesetzt hatte und dadurch in ihrem Allgemeinbefinden gestört worden war, traten heftige Unterleibsschmerzen ein. Dies hinderte sie nicht, von neuem das Mittel zu nehmen. Aber schon nach etwa vier weiteren Tagen erfolgte die Ausstoßung eines siebenmonatigen toten Fötus[4]).

5. Eine 19 jährige Witwe klagte über Übelbefinden. Nach zwei Tagen bekam sie Blutbrechen sowie Blutungen aus der Scheide und starb. In ihrem Bette wurde ein viermonatiger Fötus gefunden. Die Todesursache war Verblutung nach Abort. In den Leichenteilen fand man Aloe.

Auch trotz wiederholten Einnehmens großer Mengen von Aloe, die schwere Unterleibsschmerzen und Durchfälle hervorriefen, blieb in anderen Fällen der erhoffte Erfolg aus.

---

[1]) Bartsch, Zeitschr. f. Staatsarzneik. 1844, Bd. 48, S. 203.
[2]) New York Med. Record, Vol. XI, 1876, p. 276.
[3]) Heitzmann, Wiener med. Wochenschr. 1896, Nr. 6, S. 222.
[4]) Hedrén, l. c.

Die Aloe wird auch mit allerlei anderen Stoffen zusammen eingenommen, z. B. mit Myrrha und Kampfer. Ein mehrtägiger Gebrauch dieses Gemisches veranlaßte bei einer 23jährigen Dienstmagd den Abgang eines toten siebenmonatigen Fötus[1]).

Ein anderes Gemisch von Aloe, Asa foetida und Castoreum, in Kognak blieb, obschon Gesundheitsstörungen eingetreten waren erfolglos[1]).

Crocus sativus L.

Der Ruf des Safrans als Abortivum stammt schon aus dem frühen Mittelalter und hat sich noch bis in die Gegenwart in Europa erhalten. Der arabische Arzt Rhazes (gestorben 923) erwähnt einen derartigen Fall: Eine Frau lag mehrere Tage in Geburtsnöten. Sie bekam 8 g Safran, worauf sie plötzlich gebar, aber bald darauf starb.

Auch nach Honain (gestorben 870) soll Safran die Geburt sehr erleichtern. Riverius sagt vom Krokus: „Menses etiam retentos, foetum et secundinas potenter educit . . . . . in magna quantitate sumptus mortem inferre valet", und Valentin[2]): „Ein Quart vom besten Wein, Safran für zwei Kreuzer, Muskatblüte für zwei Kreuzer, drei Lorbeerblätter, Rosmarin drei Hände voll, bis zu einem Glas voll eingekocht, des abends beim Schlafengehen einzunehmen und den Schweiß wohl abzuwarten — soll schon mancher ehrlichen Jungfer geholfen haben".

Nach Richard ist Krokus ein energisches Mittel. Wird die Gabe auf 1,2 oder auf 2 g gesteigert, so treten Übelbefinden in der Regio epigastrica und Ekel ein, auf welche Erbrechen und Stuhlentleerungen folgen. Bald darauf wird die Zirkulation beschleunigt. Manchmal kommen Blutungen zum Vorschein, und nicht selten veranlaßt diese Substanz den Eintritt der Menstruation, und in einzelnen Fällen Blutflüsse der Gebärmutter[3]).

In drei bekannt gewordenen Fällen wurde Krokus zur Fruchtabtreibung, wie es scheint ohne Erfolg, benutzt. Große Dosen der guten Droge sollen durch Erregung eines Kongestionszustandes im Uterinsystem abortiv wirken, und durch Abkochen mit Bier und Rum soll diese Wirkung sicherer werden.

1. Eine Schwangere nahm zur Abtreibung der Leibesfrucht Safran mit Rum und Bier. Es trat aber keine Wirkung ein, weil die Dosis zu klein war[4]).

---

[1]) Hedrén, l. c.

[2]) Valentin, Nov., p. 309, zit. bei Metzger, Gerichtl. Arzneiwissensch. 1793, § 267.

[3]) A. Richard, Encyclop. d. med. Wissenschaft III, S. 261.

[4]) Dorien, Vierteljahrsschr. f. ger. Med., Bd. 13, 1858, S. 72.

2. Eine andere Schwangere erzielte trotz großer Dosen — täglich 4 g einige Tage lang genommen — ebenfalls keine Wirkung [1]).

3. Eine im 5.—6. Monat schwangere Dienstmagd erkrankte unter Benommensein, Nasenbluten und Erbrechen. Sie hatte wahrscheinlich in der vorherigen Nacht Safran genommen, da sich eine mit Spiritus und Crocus gefüllte Flasche bei ihr vorfand. Sie starb am folgenden Tage.

So ganz harmlos, wie es oft darzustellen versucht wurde, ist ein guter Safran also doch nicht, auch trotz der negativen Tierversuche von Orfila und Alexander.

Diese meine Anschauung hat in neuerer Zeit eine weite praktische Bestätigung erfahren. In Schweden, wo Krokus ziemlich häufig angewandt wird, kamen unter anderen die folgenden Fälle vor [2]):

1. Eine im 2. Monat schwangere Dienstmagd hatte, um Abort hervorzurufen, Safran in Kirschwein genommen. Sie wurde davon unwohl, so daß sie am folgenden Tag zeitweilig das Bett hüten mußte. Sie nahm dann noch mehrmals von dem Mittel, im ganzen etwa 2 g. Es trat danach heftiger Blutabgang aus der Scheide ein. In dem Blute wurde, wie die Magd sich ausdrückte, eine „Andeutung von einem Fötus" wahrgenommen.

2. Ein im 3. Monat schwangeres 22jähriges Mädchen nahm einen starken Kaffeeaufguß mit Safran ohne Erfolg. Nach 13 Tagen bekam sie Unterleibsschmerzen, die am nächsten Tag wuchsen, sie aber nicht an einem Tanzvergnügen hinderten. Nach einem weiteren im Bett verbrachten Tag trat abends Abort ein.

3. Ein 23jähriges Mädchen nahm 1,5 g Safran. Tags darauf klagte sie über Kopfweh und Brustschmerzen. In der nächstfolgenden Nacht wurde sie von großem Durst gequält. Es trat unter heftiger Blutung Abort eines siebenmonatigen toten Fötus ein. Am nächsten Morgen starb das Mädchen selbst. Im Magen befanden sich, wie die Sektion erwies, große Mengen von schwarzem Pfeffer.

In zwei anderen Fällen war ein Erfolg ausgeblieben.

Ich nehme an, daß in den berichteten neueren Fällen wirklich Safran gebraucht worden ist. Immerhin ist in Betracht zu ziehen, was ich inbezug auf Dinitrokresol als Safransurrogat angeführt habe.

Auch Tierversuche bestätigten jetzt die von mir vorausgesetzte Wirksamkeit des Krokus. Am isolierten Uterus erwies sich ein Fluidextrakt daraus als ein gutes Erregungsmittel [3]).

Für die Giftwirkungen des Safrans kommt in erster Reihe das in ihm enthaltene Öl, ein Terpen, in Frage. Die eventuelle toxische Rolle des im Safran enthaltenen Safranbitters oder Pikrokrozins

[1]) Thomsen, Vierteljahrsschr. f. ger. Med., N. F., I, 1864, S. 315.

[2]) Hedrén, Vierteljahrsschr. f. ger. Med., 3. F., Bd. XXIX, Suppl.-H.

[3]) Redemann, Exper. Untersuchungen über den Angriffspunkt der Wirkung einiger Volksabortiva 1918.

ist noch nicht festgestellt worden. Durch Erwärmen desselben in wässeriger Lösung soll Safranterpen und Krokose entstehen.

Der Farbstoff, das Karotin, geht in die Körperflüssigkeiten und die Gewebe über und färbt sie gelb. Hunde, die Safran gefressen hatten, warfen gelbgefärbte Junge und nach zwei alten Berichten sollen auch Frauen nach langem Safrangebrauch gelbgefärbte Kinder geboren haben. Solche Gelbfärbungen von Menschen durch Pflanzenmaterial kommen auch sonst wohl vor. So steht es fest, daß Kinder, welche die Früchte von Gustavia speciosa essen, für 24—48 Stunden gelb werden.

Neuerdings wird berichtet, daß eine Dienstmagd, die 1 g Safran zur Abtreibung genommen hatte, davon Übelkeit, Blutung aus der Vagina und eine gelbe Gesichtsfarbe bekommen, aber nicht abortiert habe [1]).

Pfeffer.

Ein Mann hatte zu anderen Fruchtabtreibungsversuchen noch den hinzugefügt, daß er zwei „Knoblauchzehen" nahm, an der Stelle, wo der Keim herauswächst, Pfeffer hineintat und seiner Geliebten tief in die Scheide bis zum Uterus hineinsteckte, ebenso eine dritte „Zehe" in den Mastdarm, mit dem Auftrage, diese Körper einen halben Tag lang an ihrem Orte zu belassen, was die Betreffende jedoch nicht tat. Vielmehr zog sie schon nach etwa einer Stunde den präparierten Knoblauch sowohl aus den Genitalien als auch aus dem After heraus, da derselbe ihr starkes Brennen verursachte.

Dieser Fall erinnert an die aus verschiedenen reizenden Substanzen hergestellten Pessarien, deren sich bereits die griechischen, römischen und arabischen Ärzte zur Einleitung des Abortes bedienten. Übrigens führt schon Dioscorides den Pfeffer als Abortivum an. In dem vorstehend angeführten dritten Fall von Krokusvergiftung waren auch große Mengen von Pfeffer eingeführt worden.

Humulus Lupulus L.

Hopfen ist ein, besonders in Hopfengegenden, zur Abtreibung der Frucht viel benutztes Volksmittel.

Ein 17jähriges angeklagtes Mädchen erklärte, daß sie sich vor sechs Wochen ihre drei bis vier Monate alte Leibesfrucht durch reichliches Trinken von starken Hopfenaufgüssen abgetrieben hätte. Da es unwahrscheinlich erschien, daß nach eintägigem Gebrauch eines Aufgusses aus ca. 60 g Hopfen schon in der nächsten Nacht sich der Abort eingestellt haben sollte, und auch sonst Zweifel auftauchten, ob die Person überhaupt schwanger gewesen war, so erfolgte Freisprechung [2]).

---

[1]) Hedrén, Vierteljahrsschr. f. ger. Med., 3 F., Bd. XXIX., Suppl.-H.
[2]) Wald, Gerichtl. Med. II, 1858, S. 157.

Asarum europaeum L.

Die Haselwurz, eine Aristolochiacee, die in schattigen Laubwäldern Europas, Sibiriens und des Kaukasus vorkommt, war im Altertum und Mittelalter ein beliebtes Abortivum. Die Alten schrieben ihr eine emmenagogische Wirkung zu. Oribasius (gestorben 403) sagt von ihr: „urinam et menstrua provocat"[1]), und die Äbtissin Hildegard (gestorben 1180): „si praegnans mulier eam comederit, aut morietur, aut infantem cum periculo corporis sui abortiret"[2]).. Auch nach Hieronymus Bock[3]) soll sie den Fötus austreiben.

Noch gegenwärtig wird die Haselwurz stellenweise zur Fruchtabtreibung benutzt, namentlich in Tirol[4]).

Zwei Fälle von versuchter Abtreibung durch Haselwurz sind genauer bekannt geworden. In dem einen trat zwar der Tod der Mutter, aber nicht die Ausstoßung des Fötus ein:

Eine 20jährige, im 4. Monat schwangere Magd erkrankte unter Dyspnoe, Schwellung des Gesichtes, Ödem der Unterschenkel, Konvulsionen und Krämpfen. Sie starb am folgenden Tage. Sie hatte eingestanden, zur Abtreibung der Frucht eine Abkochung der Haselwurz eingenommen zu haben. Ausstoßung des Fötus trat nicht ein.

Bei der Sektion wurde an der Gebärmutter, abgesehen von der unveränderten viermonatigen Frucht, nichts Abnormes gefunden. Der Tod war infolge akuter Nephritis eingetreten. Von Bestandteilen der Haselwurz fand sich nichts im Magen vor.

Es wurde hier in Frage gestellt, ob das Mittel wirklich gebraucht worden war, da dasselbe wohl Brechen und Diarrhoe und deshalb in größerer Dosis auch Abort, aber keinen derartigen tödlich verlaufenden Entzündungsprozeß in den Nieren hervorrufen könne[5]).

Diese letztere Annahme ist eine durchaus irrige. Die Pflanze enthält ein schweres dickliches Öl, von pfefferartig brennendem Geschmack, aus welchem Asaron, d. i. Propenyltrimethoxybenzol, $C_{12}H_{16}O_3$ gewonnen werden kann. Es wurde durch Will ermittelt, daß das Asaron ein Oxyhydrochinonderivat ist. Dem Asaron, das z. T. als Glycuronsäurepaarling, z. T. unverändert durch die Niere ausgeschieden wird, kommt die Reizwirkung in der Niere zu. Daher die Nephritis und die Ödeme. Ein zweiter Bestandteil des Asarum-Öles, Methyleugenol, ist an der Ölwirkung sehr wenig beteiligt.

In dem zweiten Falle handelte es sich um eine 21jährige, genotzüchtigte und geschwängerte Person, die von einer Abtreiberin mehrmals einen Tee, aus

---

[1]) Oribasius, De simplicium virtutibus, lib. V, c. 30.
[2]) Hildegardis, Physica, lib. I, c. 48.
[3]) Hieronymus Bock, Kräuterbuch 1546, S. 25.
[4]) Hofmann, l. c, S. 247.
[5]) Maschka, Vierteljahrsschr. f. ger. Med., N. F. II, 1865, S. 54.

Asarum, bekommen hatte, den sie mit 1—2 Liter Wasser aufbrühen und bis zu einer dicklichen Extraktkonsistenz eindampfen sollte. Von dieser Masse, der noch etwas Natriumsulfat hinzugefügt wurde, trank sie in zwei Tagen mehrere Tassen. Danach fühlte sie sich schwach und bekam Brechdurchfall. Dies glich sich wieder aus. Seit dem Einnehmen fühlte sie keine Kindsbewegungen mehr und nach einem Tag gebar sie ein totes Kind [1]).

Die Reizwirkungen, die das Asaron in den Eingeweiden hervorruft, ist für die Abortivwirkung wohl das Entscheidende. Es ist aber nebenher nicht unwahrscheinlich, daß neben den Folgen einer solchen, evtl. in der Gestalt einer Plazentarapoplexie, dem Stoffe auch noch unangenehme Nebenwirkungen am Fötus zukommen.

Polygonum hydropiperoides Pursh.

Der Wasserpfeffer kann Abort erzeugen [2]). Er wurde als das beste Mittel gegen Amenorrhoe gerühmt. An trächtigen Katzen und Kaninchen wurde seine schnell Abort herbeiführende Wirkung festgestellt. Große Dosen veranlassen vom Rückenmark ausgehende, motorische Lähmung.

Myristica fragrans Houtt.

Die erste Nachricht von einem Gebrauch der Muskatnuß seitens einer Schwangeren gibt uns Lobelius [3]): ,,Memini generosam Anglam gravidam esu 10 aut 12 nucum myristicarum ebriam delirasse.'' Allerdings ist es zweifelhaft, ob hier das Mittel zu abortiven Zwecken genommen wurde.

Andere Fälle, in denen die Muskatnuß, sicher ihrer angeblich emmenagogischen und abortiven Wirkung wegen, gegessen wurde, stammen ausschließlich aus neuerer Zeit.

1. Eine Frau hatte ein halbes Glas heißes Wasser mit etwa ein und einhalb gepulverten Nüssen getrunken. Nach zwei Stunden bekam sie heftige Magenschmerzen, sodann einen schweren Kopf, verlor für sechs Stunden das Bewußtsein, erbrach dann und war zwölf Stunden später wiederhergestellt.

2. Da dieser Versuch zur Herbeiführung des Aborts mißglückte, nahm eine andere Frau ca. drei Nüsse. Zwei Stunden später hatte sie heftige Magenschmerzen und Nausea und nach einer weiteren Stunde verlor sie vollkommen die Besinnung. Noch acht Stunden später war der Zustand der folgende: Puls 100, schwach, Atmung langsam, Temperatur 37,8, Augen hervortretend, Pupillen etwas erweitert, Gliedmaßen kalt, Lippen und Nägel zyanotisch, Schließmuskeln von Blase und Rektum schlaff [4]).

---

[1]) v. Sury, Münch. med. Wochenschr. 1910, Nr. 1, S. 26.
[2]) Lewin, Toxikologie 1897, S. 363.
[3]) Lobelius, Stirpium historia, Observationes 1576, S. 570.
[4]) Hammond, Brit. med. Journ. 1891. — Simpson, The Lancet 19. Jan. 1895.

3. Eine 24jährige, im 3. Monat schwangere Frau nahm zum Zweck der Fruchtabtreibung fünf gepulverte Muskatnüsse, jede im Gewicht von 3,6 g, auf einmal mit Zucker und Wasser. Nach drei Stunden zeigten sich folgende Symptome: Puls 140, Temperatur normal, kurzdauernde Delirien, lautes Aufschreien, dann Stupor, darauf wieder Delirien und Klagen über Gefühl von gewaltiger Schwere, die auf ihr laste. Auf den Uterus übte die Muskatnuß keine Wirkung aus, und nach zwei Tagen war die Frau wieder hergestellt[1]).

4. Um die Schwangerschaft vorzeitig zu unterbrechen, nahm eine Frau fünf Muskatnüsse in warmem Wasser auf einmal. Die Dosis wurde nachher auf 22 g erhöht. Die Frau schlief bald ein, verspürte aber, in der Nacht durch ein Geräusch geweckt, Kopfschmerzen und Unvermögen, sich aufrecht zu erhalten. Sie bekam auch starke Röte im Gesicht, war in Schweiß gebadet und empfand häufigen Harndrang. Fünf Stunden später wurde das Gesicht geschwollen und die Pupillen kontrahiert gefunden. Puls 130. Es bestand Nausea. Ein Brechmittel brachte Muskatteilchen zutage und schaffte leidliches Verhalten, bis Kollaps sich einstellte. Kopfschmerzen und Gesichtsschwellung blieben noch einige Tage. Abort trat nicht ein[2]).

5. Der Nichterfolg wurde auch bei einer drei Monate Schwangeren beobachtet, die drei Muskatnüsse zum Zwecke der Abtreibung nahm, obschon als Symptome außer Erbrechen noch Delirien mit Halluzinationen usw. eingetreten waren[3]).

In zwei weiteren Fällen, in denen die Muskatnuß nur zur Wiederherstellung der Menstruation gebraucht wurde, ist nicht angegeben, ob es sich dabei um Schwangere gehandelt hat, doch ist letzteres sehr wahrscheinlich.

6. Eine Frau nahm, um die Menstruation wieder herzustellen, eine geschabte Muskatnuß, gemischt mit heißem Wasser. Nach zwei Stunden stellten sich Durst, Schwindel und Abgeschlagenheit ein, zugleich eine unerträgliche Unruhe, so daß sie beständig im Zimmer auf- und abgehen mußte, indem sie sich dabei an den Möbeln festhielt. Ferner klagte sie über ein Gefühl von Enge in der Brust, so daß sie ihre Kleidung lockern mußte. Trotz eines Emetikums, starken Kaffees und Sal volatile dauerten die Symptome den ganzen Abend und die ganze Nacht hindurch, um dann gänzlich zu verschwinden[4]).

7. Eine Frau verschluckte als Emmenagogum eine geschabte Muskatnuß in Branntwein. Es folgten danach Schwindel, Mattigkeit und Sehstörung. Der Puls war schwach, die Haut kalt und klebrig, die Pupillen erweitert. Durch geeignete Behandlung war sie bis auf ein Gefühl von Schwäche am nächsten Morgen wieder hergestellt. Muskatnuß soll viel als Emmenagogum gebraucht werden[5]).

---

1) Carvell, Brit. med. Journ. June 11, 1887, p. 1317. (Toronto med. Soc. Dec. 1886. — Canadian Practitioner. Jan. 1887.)
2) Gillespie, Philadelphia Med. Times 1887, 6. Aug.
3) Reading, The Therap. Gaz. 1892, S. 585.
4) Cummings Air, Brit. med. Journ. May 28, 1887, S. 1201.
5) Reeve Tyler, Brit. med. Journ. 1887.

8. Zwei Mädchen nahmen ein Getränk aus zwei geriebenen **Muskatnüssen**, einer Messerspitze **Zimt** und einem halben Liter heißen Weines, die eine angeblich um die ausgebliebene Menstruation wiederzubringen bzw. als Diagnostikum für eine befürchtete Schwangerschaft. Die eine wurde dadurch für zwei Tage bewußtlos, war am dritten Tage noch benommen und erst am fünften wieder völlig klar. Die zweite war am dritten Tage beschwerdefrei. Über den Zustand des Uterus erfährt man [1]) leider nichts.

Nur einmal trat nach dem Genusse einer **Muskatnuß** in Schnaps ein Abort ein. Unter der Voraussetzung, daß nicht noch ein anderes Mittel genommen worden war, kann der Erfolg auf sie bezogen werden. Es waren die üblichen gastrischen und zerebralen Symptome die Begleiter der Vergiftung [2]).

Die **Muskatblüte** (**Macis**) wirkt wie die Muskatnuß. Nach Verschlucken von zwei Teelöffel voll der gemahlenen Droge, angeblich gegen Leibschmerzen, erkrankte eine Frau nach zwei Stunden mit Übelkeit, Kopfschmerzen, Schwindel, Kälte in den Gliedern, Aufregung, Mydriasis. Am nächsten Tage trat schon Besserung ein. Hier fehlten auffälligerweise die depressiven Zerebralsymptome.

Das toxisch hervorragendste Prinzip in der **Muskatnuß** ist das ätherische Öl. **Muskatnußöl** und **Macisöl** sind chemisch bis jetzt nicht voneinander unterscheidbar. Der wichtigste Anteil des Öles scheint das **Myristicin** zu sein. Es ist chemisch **Allylmethoxymethylendioxybenzol**. Außerdem sind im Öle noch zwanzig weitere Bestandteile, darunter **Safrol**, **Borneol**, **Camphen**, **Eugenol**.

Myristicin, Tieren subkutan beigebracht, erzeugt unter anderen zerebrale Lähmungssymptome und Sinken der Körperwärme. Der Tod kommt vielleicht durch Herzlähmung zustande. Man findet bei den Zugrundegegangenen Blutungen in die Harnkanälchen und degenerative Veränderungen in der Leber [3]).

Paeonia officinalis L.

Die **Pfingstrose** wird nicht selten als Abortivum gebraucht. In China findet die **Paeonia Moutan Sims** zur Beförderung des Monatsflusses Verwendung. Das wirksame Prinzip in Paeonia officinalis ist unbekannt, in P. **Moutan** ist es ein ätherisches Öl mit dem **Paeonol**.

Ein Mädchen, das schwanger zu sein glaubte, nahm eine Abkochung von den Blüten der **Paeonia**, worauf heftige Gastritis mit kaum zu stillendem Erbrechen eintrat [4]).

---

[1]) **Beck**, Münch. med. Wochenschr. 1914, S. 878.
[2]) **Duncanson**, Proceedings Royal Soc. of Med. 1, 1907/1908, 3, p. 44.
[3]) **Jürss**, Beiträge zur Kenntnis der Wirkungen einiger als Volksabortiva benutzten Pflanzen, 1904. — [4]) **Thomsen**, l. c., p. 325.

Ein 23jähriges Mädchen gebrauchte nach ihrer eigenen Angabe zum Zweck der Herstellung der Menstruation, ohne jedoch von ihrer Schwangerschaft eine Ahnung zu haben, mehrere Tage hindurch eine Abkochung der Pfingstrose mit Rotwein, von der sie früh und abends ungefähr einen Seidel voll trank. Gleichzeitig zog sie laue Senfmehlfußbäder in Anwendung, von denen sie binnen einer Woche sieben gebrauchte. Kurze Zeit danach zeigte sich ein blutiger Abgang aus den Geschlechtsteilen und Schmerzen im Unterleibe. Vier Tage später, nachdem der Blutabgang stärker geworden war, stand sie, um zu Stuhl zu gehen, aus dem Bett auf, worauf ein Kind aus den Geschlechtsteilen hervorstürzte.

Nach dem eingeforderten Gutachten ist es möglich, daß infolge des Gebrauches der Paeonia und der Fußbäder Abort eingetreten ist [1]).

Helleborus niger L.

Die schwarze Nieswurz wurde in früheren Zeiten und wird in manchen Gegenden jetzt noch vielfach als Abortivum benutzt. Im vorigen Jahrhundert wurde versichert, daß der Gebrauch der Tinktur aus der Wurzel der schwarzen Nieswurz kaum jemals fehlschlage zur Wiederherstellung der Menstruation [2]), während andere [3]) das Mittel für wenig zuverlässig resp. wirkungslos hielten, und z. B. unter neun oder zehn Fällen nur einen Erfolg sahen.

Im Jahre 1858 wurde in England eine Frau zu lebenslänglicher Deportation verurteilt, weil sie wiederholt mit Helleborus Abort zu erzeugen versucht hatte.

Ein Arzt hatte einer schwangeren Frau Medikamente gegeben, die u. a. aus Rad. Hellebor. nigri, Folia et Follic. Sennae, Herb. Rosmarini, Baccae Lauri, Galanga etc. bestanden. Es trat Abort danach ein. Nach dem Gutachten der Leipziger Fakultät haben diese Mittel als Purgantia und „Menses moventia" allerdings den Abort provoziert [4]).

Pikrotoxin.

Intravenöse Injektion von Pikrotoxin (1 ccm einer 0,2% Lösung) ruft bei Tieren spasmodische Uteruskontraktionen hervor. Diese Wirkung kommt durch eine zentrale Lendenmarks-Erregung zustande. Trächtige Tiere können durch Pikrotoxin abortieren.

Die Kokkelskörner, die Samen von Anamirta Cocculus, einer Menispermacee, sind einmal zu einem Abtreibungsversuch in der Form eines Aufgusses verwendet worden. Hierbei kam es zu

---

[1]) Maschka, l. c., 4. Folge, 1873, S. 338.
[2]) Mead, Monita et praecepta med., Cap. XVIII, sect. 1.
[3]) Home, Klin. Versuche, S. 438. — Cullen, Materia med. Bd. 2, p. 598.
[4]) Zittmann, Medicina forens. 1706, Centur. IV, cas. 64.

langem Koma mit Mydriasis und epileptiformen Krämpfen. Es trat Genesung ein [1]).

Bei einer anderen Schwangeren, die mit häufigem Erbrechen, Ikterus, Meteorismus, Foetor ex ore erkrankt und nach 10 Tagen in Bewußtlosigkeit gestorben war, fand man Kokkelskörner und bezog deswegen die Vergiftung mit Wahrscheinlichkeit auf diese. Irrigerweise. Solche Symptome erzeugen die Kokkelskörner nicht. Hier lag eine Vergiftung mit Phosphor vor, trotzdem dieser nicht nachgewiesen war. Bei dieser Person fand sich übrigens ein fünfmonatlicher Fötus in der Gebärmutter.

Cinnamomum Cassia Bl.

Avicenna, und in einem späteren Jahrhundert Riverius, bezeichnen den Zimt als Abortivmittel. Rösslin[2]) sagt darüber: „Item gestossen zymetrören in wein oder zyser erbssbruge getrunken ist gut.‟

Das Zimtkassienöl wirkt auf Tiere ungefähr so giftig wie Muskatnußöl. Längere Berührung mit der menschlichen Haut erzeugt Prickeln und Stechen.

Eine schwangere Frau, die eine größere Menge Zimt nahm, bekam, wie ich fand, Methämoglobinämie, Hämatinämie, Albuminurie und Cylindrurie.

Eine Abtreiberin gab einer Schwangeren Zimttropfen und später Einspritzungen ohne Erfolg[3]). Den gleichen negativen Erfolg erzielte eine Schwangere, die von einer Abtreiberin täglich 100 Tropfen der Zimttinktur erhalten hatte.

Kampfer.

Die älteste Beobachtung über eine abortive Wirkung des Kampfers findet sich bei Borellus[4]). Danach sollte eine Frau, die häufig auf einer Kampferbüchse gesessen hatte, abortiert haben. „Mulier quaedam cum saepe Camphorae pyxidi insedisset, abortum passa est. Camphora enim vim miram habet, ad matricis quasi vomitum (si ita liceat) excitandum.‟

In späteren Zeiten sind mehrere Fälle mitgeteilt worden.

---

[1]) Menko, Ther. Monatsh. 1896, S. 111.

[2]) Eucharius Rösslin, Der Swangeren Frawen und Hebammen Rosengarten. Wurms. 1512. Cap. V, p. E IV. Dort erwähnt auch Rösslin die früher als Purgans gebrauchte Röhrencassie, Cassia Fistula L., eine Leguminose, als uterines Mittel: „Itê die fraw sol nemen von der rinden genant cassia fistula (wol tzerstossen) / und in eyner zyser erbsen bruge oder kychern bruge od' in wein tzertrybe / (und das trinken) so geburt sy schnell . . .‟

[3]) Mittenzweig, Allg. med. Centralztg. 1895, S. 446.

[4]) Petr. Borellus, Historiarum et observat. med.-physicar. Cent. IV, 1676. Cent. II, Observ. 98, p. 192.

1. Eine 36jährige, im 4. Monat Schwangere nahm, um Abort zu bewirken, 12 g Kampfer in einem Glas Branntwein auf einmal. Es entstanden darauf Trunkenheit, Kopfschmerz, Röte des Gesichts, Brennen im Magen, Schmerz im Epigastrium und dann im ganzen Unterleibe, Strangurie, große Angst, Erbrechen. Nach drei Tagen heftige Krämpfe der Extremitäten, kleiner, fadenförmiger Puls, schwacher, langsamer Herzschlag, kalte, unempfindliche Haut, Erschwerung der Respiration, Koma, leichter Blutabgang aus der Scheide. Der Muttermund war halb offen, sehr heiß.

Die Kranke lebte noch drei Tage und erlitt am Abend vor ihrem Tode einen Abort[1]).

2. In einem anderen Falle verursachte zur Abtreibung der Frucht genommener Kampfer innerhalb zehn Stunden den Tod der etwa im 6. Monat Schwangeren, ohne Abort herbeizuführen. Im Magen fanden sich 3,3 g Kampfer[2]).

3. Eine Frau nahm mindestens 15 g Kampfer in Wasser suspendiert als Abortivum. Nach zwei Stunden traten Kopfschmerzen auf. Hierauf folgten ein starker Krampfanfall und Erbrechen. Nach $2^{1}/_{2}$ Stunden bestand tiefes Koma mit kräftigem Puls (120), frequenter Atmung, fahler Gesichtsfarbe und stecknadelkopfgroßen Pupillen. Es folgten maniakalische Anfälle — Umsichschlagen, Schreien, Singen, Lachen — mit Depression wechselnd. Magenschmerzen und Übelkeit hielten trotz Magenspülung drei Tage an. Abort scheint nicht eingetreten zu sein[3]).

4. Eine Schwangere nahm zum Zweck der Fruchtabtreibung zwei Eßlöffel, voll mit etwas Branntwein angefeuchteten und mit Wasser vermischten Kampfers, worauf sie nach kurzer Zeit ohnmächtig wurde. Es traten ferner ein: Erbrechen, bedeutendes Ohrensausen, Eingenommenheit des Kopfes, Schwindel, Brustbeklemmung, Gefühl von Völle im Magen und zeitweises Eingeschlafensein der Unterextremitäten. Abort erfolgte nicht[4]).

5. Eine 21jährige Schwangere nahm zur Hervorrufung der Regel einen Tee und eine Arznei. Sie erbrach den größten Teil der Flüssigkeit und verfiel alsbald in eine Art tobsüchtigen Zustandes. Nach Wiederherstellung nahm die Schwangerschaft ihren ungehinderten Fortgang und es wurde ein gesundes Kind geboren Die Arznei bestand aus Kampfer (9 g) und Wasser (60 g). Das Mädchen wurde angeklagt und verurteilt.

Nach dem richtigen Gutachten der Sachverständigen kann der Kampfer in sehr großen Dosen die schwersten Gesundheitsstörungen, die Tötung und Ausstoßung der Leibesfrucht, sowie den Tod der Mutter bewirken. Er veranlaßt u. a. heftige Kongestionen nach den Unterleibsorganen und dem Uterus[5]).

[1]) Journ. de Chimie méd., de pharm., de toxicol. etc. T. IV, 4. S., 1860, p. 21.
[2]) Buddeus, Blumenbachs Med. Bibliothek, Bd. 3, Stück 4, 1795, S. 694.
[3]) Berkholz, Petersb. med. Wochenschr. 1897, S. 491. — In einem ähnlich verlaufenen Vorkommnis ließen sich auch mehrere Gramm Kampfer aus den Leichenteilen isolieren (Zucini u. Kratscher, Wien. med. Wochenschr. 1905, Nr. 37).
[4]) Pollak, Wiener med. Presse XV, 1874, S. 258. — Lederer, ibid. S. 21.
[5]) Kuby, Friedreichs Blätter f. ger. Med. 32, 1881, S. 310.

Den ersten beiden Fällen, in denen durch Kampfer Abort verursacht wurde, stehen also vier gegenüber, in denen diese Wirkung nicht eintrat.

Sassafras officinale Nees.

Nach Gebrauch eines Tees von Sassafras-Holz entstand bei zwei Frauen Abort. Das in der Pflanze enthaltene ätherische Öl besitzt als wirksames Prinzip das Safrol, das sich auch in dem Öl von Asarum arifolium, im Sternanisöl, Muskatnußöl usw. findet. Es ist der Methylenäther des m-Allylbrenzcatechins. Krämpfe mit darauffolgender Lähmung und Uteruskontraktionen, oder auch Koma und Sinken von Puls und Atmung sah man danach entstehen [1].

Opium und Morphin.

Die Möglichkeit, mit Opiaten oder Morphin Schädigung oder den Abgang des Kindes zu erzielen, ist vorhanden.

Beibringung von Morphin an trächtigen Katzen und Kaninchen ließ diese tote Junge werfen.

Bei Schwangeren, die Morphin erhalten haben, wurden wiederholt eine Abnahme der fötalen Herzschläge, z. B. von 141 auf 119, bezw. Arhythmie festgestellt. Es kam ferner wiederholt vor, daß die Kinder von Frauen, die kurz vor der Niederkunft Opium bezw. wiederholt Morphin subkutan erhalten hatten, betäubt waren oder in Konvulsionen verfielen oder asphyktisch aussahen. Auch der tödliche Ausgang der Vergiftung kann erfolgen.

Der Mechanismus derselben setzt hierbei sowohl bei der Mutter als auch bei dem Kinde ein, bei der ersteren durch starke Blutdrucksenkung und Verminderung der Herz- und Atemtätigkeit, bei dem letzteren durch direkte zerebrale Morphinwirkung und mangelhaften Gasaustausch.

Die folgenden Fälle stellen nur einen verschwindenden Bruchteil der durch diese Stoffe, besonders in außereuropäischen Ländern veranlaßten Fruchtabtreibungen dar.

1. Eine Primipara war mit einem toten Kinde niedergekommen. Sie gab an, daß die Kindsbewegungen zu einer Zeit aufgehört hätten, in der sie gegen eine Facialisneuralgie zweimal 0,06 g Morphin in je zwei Tagen genommen hatte.

2. Eine 32jährige, im 8. Monat schwangere Frau nahm in selbstmörderischer Absicht ca. 200—240 g Opium. Es folgten die gewöhnlichen Symptome der Opiumvergiftung: Blässe, Herabhängen der Lider, Reaktionslosigkeit der Pupillen, Kälte und Unempfindlichkeit des Körpers, beengte Atmung, Parese aller Glieder, Dysphagie, anhaltendes Erbrechen, später Kopfschmerzen, sehr heftige und schmerz-

---

[1] Bartlett, Miller, Hill, Ther. Gaz. 1886, S. 129. — Albright, ibid. 1889, p. 66.

hafte Kindesbewegungen, die sich paroxysmenweise in Pausen von zwei Stunden wiederholten, später aber wieder nachließen. Am dritten Tage setzten Wehen ein, die nach zwei Stunden das Kind zutage förderten. Dasselbe sah ganz schwarzblau aus, bekam sofort heftige Konvulsionen und starb nach zehn Minuten. Die Mutter erholte sich erst nach einem halben Jahre vollständig[1]).

3. Eine Frau nahm wegen Zahnschmerzen 60 Tropfen Opiumtinktur. Sie wurde danach wie betäubt und gebar nach einigen Tagen ein Siebenmonatskind, das nach etlichen Stunden an Konvulsionen starb.

4. Eine sehr empfindliche Frau, welche die Kindsbewegungen nicht ertragen konnte, nahm auf Rat der Hebamme einige Dosen Opium. Die Frucht wurde danach ruhig, wurde aber nach einigen Tagen, in der zweiten Hälfte des 9. Monats geboren und starb nach wenigen Stunden an Konvulsionen.

5. Eine hochschwangere, an Ruhr leidende Frau bekam mehrere Klistiere mit starken Dosen Opium. Am folgenden Tage traten Wehen auf. Die Frucht, die ganz schwarzblau war, starb bald unter Konvulsionen.

Die chronische Zufuhr von Morphin bei trächtigen Tieren soll Abort veranlassen.

1. Ein trächtiges Kaninchen erhielt zehn Tage lang täglich zweimal je 0,05 g Morphium. Es wurden danach drei tote und noch ein schwach atmendes Kaninchen geworfen.

2. Ein trächtiges Kaninchen erhielt zwölf Tage lang täglich 0,05 g Morphium und warf darauf fünf tote frühreife Junge.

3. Ein trächtiges Kaninchen erhielt vom 18. März bis 24. März täglich 0,12 g Morphium. Am 25. März wurden drei tote Kaninchen im Käfig gefunden.

4. Eine trächtige Hündin erhielt elf Tage lang täglich dreimal 0,03 g Morphium injiziert. Nach vier Tagen Schrumpfung der bis dahin vollen prominenten Brustdrüsen. Am zwölften Tage entlief das Tier, kehrte aber nach drei Tagen zurück, nachdem es inzwischen mit größter Wahrscheinlichkeit an einem anderen Orte geworfen hatte.

5. Eine trächtige Hündin erhielt 20 Tage lang täglich 0,12 g Morphium subkutan. Am 21. Tage warf das Tier drei Junge.

Hierdurch könnte die Vorstellung erweckt werden, als wenn der abortive Erfolg bei längerer Morphinfütterung von Tieren ein sicherer wäre. Dem ist nicht so, wie ich als sicher angeben kann, da ich nur ganz vereinzelt einmal bei Kaninchen auf diese Weise Abort erzielte.

Bei morphiumsüchtigen Frauen kann gelegentlich einmal Frühgeburt eintreten. Es ist dies jedoch nicht die Regel. Selbst bei hochgradigem Morphinismus kann es zu einer normalen Beendigung der Schwangerschaft kommen[2]). An Neugeborenen, deren Mütter Morphinistinnen waren, beobachtete man mehrfach Symptome, die sich als solche der Abstinenz deuten ließen.

---

[1]) d'Outrepont, Gemeins. deutsche Zeitschr. f. Geburtsk. I, 1827, S. 99 ff.
[2]) Fürst, Wien. klin. Wochenschr. 1889, II, S. 191, 220.

Brassica Napus L.

Der **Raps-Preßkuchen** kann, wenn er lange vom Vieh gefressen wurde, vielleicht wegen eines Gehaltes an **Senföl**, wahrscheinlicher weil ein Zersetzungseiweiß sich in ihm findet, Vergiftung erzeugen. Es entstehen Koliken, blutige Durchfälle und eventuell Abort.

Abrus precatorius L.

Die Einspritzung einiger Kubikzentimeter einer 2—3proz. Mazeration von **Jequirity** in den Uterus kann durch Erregung einer diphtheroiden Entzündung Abort veranlassen.

Physostigma venenosum Balf.

Kaum ein anderer Stoff trägt seinen biologischen Eigenschaften nach so die Bedingungen für das Erzeugen von Abort in sich wie das **Physostigmin**, das eine Erregung der quergestreiften und glatten Muskeln stärksten Grades zu veranlassen, also auch den Uterus in Bewegung zu setzen vermag. Kämen dem Alkaloid nicht noch anderweitige Giftwirkungen zu, und wäre es nicht auch oft mit dem krampferzeugenden **Kalabarin** verunreinigt, so würden Versuche mit demselben zur Einleitung der künstlichen Frühgeburt wohl günstige Resultate liefern. Tierversuche geben meistens solche.

1. Injektion von 0,025 g **Calabarextrakt** in die Drosselvene ruft bei Kaninchen Uteruskontraktionen hervor, jedoch viel langsamer (selbst in stärkeren Gaben) als die meisten Uterusgifte. Die Wirkung beruht auf Beeinflussung des Zentrums im Lendenmark.

2. Nach Injektion von 0,1 g **Eserin** bei einer tragenden Stute stellten sich sofort heftiges Pressen und Symptome von Blasenreizung ein, worauf nach ca. einer Stunde ein Fötus mit Eihäuten abging[1]).

3. Zwei trächtigen, an Kolik erkrankten Stuten waren je 0,1 g **Physostigmin** injiziert worden. Bei beiden trat Abort ein, bei der ersten am zweiten, bei der zweiten am dritten Tage.

4. Bei einer gesunden trächtigen Hündin, der versuchsweise 0,005 g **Physostigmin** eingespritzt worden waren, erfolgte nach fünf Stunden Abort[2]).

Daß auch Fehlerfolge vorkommen können, beweist, daß man bei trächtigen Stuten Dosen von 0,1 g **Physostigmin** verabfolgte, ohne daß danach Abort eintrat[3]).

---

[1]) **Möbius**, Bericht über das Veterinärwesen im Königr. Sachsen 1890, S. 82.
[2]) **Hörner**, Wochenschr. f. Tierheilk. u. Viehzucht 1891, Nr. 31.
[3]) **Schwarzmaier**, Wochenschr. f. Tierheilk. u. Viehzucht 1896, S. 209.

Linum usitatissimum L.

Eine Frau kostete ihrem Manne zu Gefallen einige Tropfen Lei n öl:
„a quo, suborto fragore in abdomine, excretoque per muliebria cruore
coagulato, se infelicissime a b ortum passam, experta est"[1]). Es wurde
der Ekel als Ursache des Abortes angenommen[2]). Es ist indessen nicht
unmöglich, daß in diesem Falle jenes Prinzip in dem Öle vorhanden
war, das sich im Leinsamenmehl findet und bei Tieren häufig
schwere Vergiftung erzeugte.

Das Wasser, worin Flachs längere Zeit mazeriert hat, ist giftig.
Nach Aufnahme von Wasser aus Flachsrösten abortierten Tiere.
Vielleicht ist hieran eine der Bacteriosis des Hanfstengels ähnliche
Ursache beteiligt[3]).

Ruta graveolens L.

Zu denjenigen Pflanzen, welche seit den ältesten Zeiten als Abortiva
im Gebrauch sind, gehört, wie schon aus der historischen Besprechung
hervorgeht, auch die Raute. Plinius sagt von ihr:

„Praecavendum est gravidis abstineant hoc cibo, necari enim
partus invenio",
sowie an einer anderen Stelle:

„Secundas, etiam emortuos partus, ut Hippocrati videtur, ex vino
dulci nigro pota"[4])

und Dioskorides: „Partus in utero extinguit"[5]). Von späteren
Schriftstellern erwähnen u. a. Soranus, Avicenna und Riverius
die abortive Wirkung der Raute. Der alte Ausspruch hat beim
Volke immer noch Geltung behalten:

„Fertur quod si praegnans mulier ex rutae succo bibat,
abortiat. Et si indies quindecim folia assumat, idem facit".

Gegenwärtig werden von dieser Pflanze vorzüglich die frischen
Blätter oder der Saft resp. ein Dekokt der frischen Pflanze, namentlich
in Frankreich, noch viel als Abortivmittel benutzt.

Der Saft von 60—120 g Rautenblättern oder ein Dekokt von
90—120 g der Blätter wirken stets als Gift und meist bei Wiederholung
der Dosen auch abortiv.

---

[1]) Hagedorn, Act. N. Cur. Acad. Leop. A. III, Obs. 216.

[2]) Ploucquet, Abhandl. über d. gewalts. Todesarten. Tüb., s. a. S. 191.

[3]) Zu den bereits bekannten zwei Krankheiten des Hanfes, welche durch
Sclerotinia Kaufmannii Tich. und Dendrophoma Marconii am Hanf-
stengel verursacht werden, gesellte sich neuerdings der aerobe Hanfbazillus.

[4]) Plinius, Hist. nat. I, XX, c. 13.

[5]) Dioscorides, Comm. ab Egnatio Veneto, Venetiis 1516, Capitel
CCCCLXXVII.

Das wirksame Prinzip der Pflanze ist das ätherische Rautenöl mit dem Methylnonylketon. In den Blättern findet sich außerdem noch das Glycosid Rutin.

In größeren Dosen erzeugt das Rautenöl heftige Gastroënteritis, Kongestionen und Blutungen des Uterus. Uteruskontraktionen erscheinen meist vor dem Ende des zweiten Tages nach dem Einnehmen. Die Vermutung wurde ausgesprochen, aber nicht gestützt, daß die abortive Kraft der Raute in einem umgekehrten Verhältnis zu der Entzündung des Magen-Darmkanals stehe.

Der Tod tritt ein durch Gastroënteritis, Metritis, Gebärmutterblutung und Hemmung der Herztätigkeit.

1. Ein im 4.—5. Monat schwangeres Mädchen nahm mehrere Tage hintereinander eine starke Dosis des Saftes der frischen Blätter. Danach entstanden Schlafsucht, Ohnmachten, Verlangsamung und Kleinheit des Pulses, Kälte der Haut, enorme Schwellung der Zunge und profuse Salivation. Allmählich entwickelten sich die Erscheinungen des Aborts, der erst am sechsten Tage beendet war. Entzündung des Uterus folgte nicht.

2. Eine im 4. Monat Schwangere trank drei Tassen einer Abkochung von drei Rautenwurzeln. Alsbald stellten sich ein: lebhafter Schmerz in der Magengegend, Angst, Schwindel, Betäubung, dann heftige Brechversuche. Am folgenden Tage ließen diese Erscheinungen nach, dagegen erschienen periodische Leibschmerzen, gegen Abend Blutabgang und schließlich schneller und leichter Abort, worauf die Vergiftungserscheinungen rasch schwanden.

3. Ein dritter Fall verlief wie der erste. Wehen traten am Abend des zweiten Tages, die Geburt am folgenden Morgen ein[1]).

Außer diesen drei Fällen scheinen nur noch zwei veröffentlicht worden zu sein, welche aber, da hier gleichzeitig noch andere Substanzen als Ruta zur Verwendung kamen, erst weiter unten angeführt werden.

Pilocarpin.

Wie von allen Ecbolicis, kann man auch von dem Pilokarpin, wie es geschehen ist, behaupten, daß es kein einigermaßen sicher wirkendes Mittel sei und schafft doch damit nicht die Tatsache aus der Welt, daß dadurch oft Frühgeburt nach sieben, dreizehn, achtzehn Stunden oder auch erst nach drei bis vier Tagen erzielt wurde.

Die eventuellen Nebenwirkungen sind nicht sehr zu fürchten. Es kämen vorzugsweise die Herz- und Lungenstörungen in Frage, die bei einer sorgfältigen Dosierung nicht entstehen und bei gehöriger Überwachung nicht gefährlich werden können.

Neuerdings schlägt man vor, am ersten Tage bis zu drei Spritzen einer 2 proz. Lösung einzuspritzen, am zweiten Tage, wenn bis dahin

---

1) Hélie, Ann. d'Hygiène publ. T. XX, 1838, p. 180.

keine Wirkung eingetreten ist, bis zu zwei Injektionen einer 3 proz. und am dritten Tage 1—2 Einspritzungen einer 4 proz. Lösung von Pilocarpinum hydrochloricum zu machen. Die letztgenannten Dosen überschreiten die maximalen Dosen des deutschen Arzneibuches!

Die folgenden Fälle zeigen die Wirkungsbreite dieses Alkaloides bezüglich der Erregung vorzeitiger Uterusbewegungen, die auch an Tieren, z. B. Kaninchen, nach intravenöser oder subkutaner Injektion direkt sichtbar gemacht werden können[1]).

1. Eine 30jährige Frau bekam wegen Anschwellung der unteren Extremitäten eine Pravazsche Spritze voll einer 2 proz. Pilokarpinlösung injiziert. Sie war zum vierten Male schwanger. Nach einigen Stunden floß Fruchtwasser ab, bald darauf traten Wehen ein und es wurde ein noch nicht ganz ausgetragenes Kind geboren.

2. Einer 30jährigen schwangeren Frau wurde wegen Hydrops Pilokarpin injiziert. Nach kurzer Zeit ging das Fruchtwasser ab. Gleich darauf stellten sich regelmäßige und häufige Wehen ein, der vorher geschlossene Muttermund öffnete sich und es wurde ein nicht völlig ausgetragenes Kind geboren. Die ganze Geburt war sieben Stunden nach der Pilokarpininjektion beendet[2]).

3. Wegen Beckenenge wurden einem 22jährigen, im 9. Monat schwangeren Mädchen zwei Pilokarpininjektionen gemacht, um Frühgeburt einzuleiten. Die erste Injektion (eine Spritze einer 2 proz. Lösung) wurde um 3 Uhr 23 Min. gemacht. Schon um 5 Uhr war der früher geschlossene äußere Muttermund für den Finger durchgängig. Um 10 Uhr 3 Min. wurde die Injektion wiederholt, um 5 Uhr morgens, nach ca. 13$^{1}/_{2}$ Stunden, traten deutliche Wehen auf, um 8 Uhr 25 Min. war ein lebendes, 2275 g schweres Mädchen geboren.

Außerdem zeigte sich Pilokarpin in 15 Fällen von Wehenschwäche wirksam[3]).

4. Einer 31jährigen, in der 33. Schwangerschaftswoche befindlichen Frau wurde zur Einleitung künstlicher Frühgeburt wegen Beckenenge ca. 20 mg Pilokarpin in den rechten Oberschenkel eingespritzt. Es traten nach ca. 5 Min. Schweiß sowie Erbrechen ein, nach 2$^{1}/_{2}$ Stunden spürte die Frau Wehen, die aber nach einer Stunde wieder aufhörten. Nachmittags wurde die Injektion wiederholt, worauf nach einer Stunde wieder Wehen auftraten und zwei Stunden später die Fruchtblase sprang. Nachts ließen die Wehen wieder nach. Am folgenden Tage um 6 Uhr abends wurden 14—15 mg Pilokarpin injiziert. Es traten wieder Wehen auf, die immer intensiver wurden, den Muttermund schließlich völlig erweiterten, so daß am nächsten Tage um 10 Uhr abends Wendung und Extraktion der Frucht möglich war[4]).

5. Bei einer mit Psoriasis behafteten, im 4. Monat Schwangeren sah man nach der neunten Injektion von Pilocarpin. hydrochloricum Abort eintreten[5]).

<hr>

[1]) v. d. Mey, Journ. de Médecine de Bruxelles 1881, S. 118.
[2]) Massmann, Centralbl. f. Gynäkol. 9, 1878, S. 193.
[3]) Schauta, Wiener med. Wochenschr. XXVIII, Nr. 19 u. 47—50, 1878.
[4]) Kleinwächter, Archiv f. Gynäkol., Bd. 13, 1878, S. 280.
[5]) Chadzynski, Przeglad lekarski 1878, Nr. 25.

6. Einer am Ende des 7. Monats schwangeren Frau wurde zur Herbeiführung von Frühgeburt wegen Beckenenge eine Pravazsche Spritze voll einer 2 proz. Pilokarpinlösung in den linken Oberschenkel injiziert und nach ca. $5^1/_2$ Stunden ebenso in den linken Oberarm. Nach ca. 20 Minuten traten Schmerzen im Uterus auf. Die Nacht verging ohne Wehen. Am anderen Morgen erfolgte Abgang von etwas Schleim und Blut. Es wurden wieder $1^1/_2$ Spritzen der Lösung injiziert. Nach einer Stunde war der Cervix für zwei Finger durchgängig. Um 7 Uhr abends, zehn Stunden nach der dritten Injektion, traten plötzlich Wehen ein, nach weiteren $3^1/_2$ Stunden konnte gewendet werden. Vor der ersten Injektion waren schon Andeutungen vorhanden, daß sich das Ei vom Uterus ablösen wollte[1]).

7. In einem zweiten Falle wurde ebenfalls bei einer im 7. Monat Schwangeren wegen Uterusblutung die künstliche Frühgeburt durch zwei Pilokarpininjektionen eingeleitet[2]).

8. Einmal leitete man die künstliche Frühgeburt durch fünf Injektionen einer 2 proz. Pilokarpinlösung ein. Es traten sehr bald Wehen auf, welche in 35 Stunden die Geburt eines lebenden Kindes herbeiführten[3]).

Auch sonst sah man den entsprechenden Erfolg von dem Mittel[4]). Ja, wiederholt wurde auch bei einer und derselben Frau die künstliche Frühgeburt dadurch herbeigeführt, wozu drei Injektionen, in Zwischenräumen von vier Stunden gemacht, ausreichten[5]).

Es kann nicht Wunder nehmen, daß das Pilokarpin in manchen Fällen auch völlig versagte[6]), oder nur unvollkommen wirkte.

Einer 26 jährigen Frau wurden zur Einleitung der künstlichen Frühgeburt wegen engen Beckens in der 36. Schwangerschaftswoche in 48 Stunden 7 g einer 2 proz. Pilokarpinlösung ohne Erfolg eingespritzt.

Von neun Fällen, bei denen Pilokarpin bei Atonie des Uterus im Wochenbett angewandt wurde, war nur in drei Fällen ein positives Resultat bezüglich der Uteruskontraktionen zu sehen[7]).

Keinen Erfolg sah man, obschon in einem Falle innerhalb $6^1/_2$ Tagen 15 Spritzen einer 2 proz. Lösung injiziert worden waren[8]).

In einer anderen Versuchsreihe fielen zwei Fälle vollständig, vier weitere bedingt negativ und nur ein Fall positiv aus. Stets wird nach dem betreffenden Beobachter[9]) durch Pilokarpin ein stärkerer Blutzufluß zum Uterus hervorgerufen, ekbolisch wirkt es aber erst dann, wenn das Ei sich anschickt, die Uterushöhle zu verlassen.

---

[1]) Lerch, Mitteil. des Wien. Doctoren-Colleg. V, 1879, Nr. 10 u. 20.
[2]) Lerch, l. c.
[3]) Säxinger, in Maschka, Handb. d. gerichtl. Med. 1882, III, S. 259.
[4]) Heylen, Presse méd. belge 1879, Nr. 33.
[5]) Gigeollet, Journ. de méd. de Bruxelles 1881, S. 117.
[6]) Köster, Berl. klin. Wochenschr. 1879, S. 686.
[7]) Felsenreich, Wien. med. Wochenschr. 1878, Nr. 22 u. 29.
[8]) Welponer, Wien. med. Wochenschr. 1878, Nr. 44.
[9]) Saenger, Arch. f. Gynäkol. 1879, S. 43.

Mehrfach ist die Meinung ausgesprochen worden, daß das Pilokarpin keine Wehen erregt, sondern nur die vorhandenen verstärkt.
Dies widerspricht den Tatsachen.

Gossypium herbaceum L.

Die Wurzel des Baumwollstrauches oder ein daraus bereitetes
Extrakt soll gleich Secale cornutum sehr schnell Kontraktionen
des Uterus hervorrufen, weshalb es auch von den Negerinnen in den
südlichen Vereinigten Staaten als Abortivmittel und auch gegen Dys-
menorrhöe und Amenorrhöe häufig angewandt wird. Schon aus dem
ersten Drittel des vorigen Jahrhunderts wurde dies berichtet. Nur
Schläfrigkeit wird als Nebenwirkung angegeben. Die amerikanischen
Ärzte halten dies Mittel für ein vorzügliches Emmenagogum, das übrigens auch in Deutschland benutzt wurde. Gewöhnlich gibt man davon
ein Dekokt von 60 g der Wurzel auf zwei Liter Wasser, das auf $^1/_2$ Liter
reduziert wird. Davon wird stündlich ein Glas getrunken[1]).

Daß der abortive Erfolg durch Aufnahme eines Tees aus Rad.
Gossypii eintreten kann, wird noch aus neuerer Zeit auf Grund der
Aussage von Frauen bestätigt[2]).

Gutti.

Das Gutti gehört unter die Zahl derjenigen Stoffe, die Darment-
zündung und auch Blutungen in die Eihäute und damit Abort veranlassen können.

Eine Frau nahm zum Zwecke der Abtreibung 8 g Gutti, worauf nach
heftigem Erbrechen und Durchfall Abort eintrat.

Gaultheria procumbens L.

Das Wintergrünöl, das Salizylsäuremethyläther enthält, wirkt durch diesen giftig.

Nach 30 g Wintergrünöl, die zur Abtreibung eingenommen wurden, erschienen
Erbrechen, Durchfall, Magenschmerzen, Dyspnöe, Harndrang und Schweiße. Nach
sechs Stunden stellten sich Krämpfe, Bewußtlosigkeit, unwillkürliche Harnentlee-
rung und nach 15 Stunden der Tod ein. Die Sektion ergab Nierenkongestion und
Gastritis[3]). Ausstoßung des Fötus trat nicht ein.

---

[1]) Bouchelle und Show, Atlanta med. and surg. Journ. Aug. 1861. —
Soubeiran, Gaz. hebdom. de méd. et de chir. T. VIII, 1861, p. 635. — Warker,
Journ. of the Boston Gynaecol. Soc. May and Oct. 1871. — Lond. med. Times.
1871, II, p. 534.

[2]) Kendall, New York med. Record 1892, p. 572.

[3]) Pinkham, Boston med. Journ. 1887. 8. Dec.

Manna.

Als Beweis dafür, wie von der Individualität zum nicht geringen Teil das Entstehen oder Ausbleiben des Abortes abhängt, mag der folgende Fall dienen, in dem eines der schwächsten Abführmittel zu dem ersteren geführt hat.

Eine im 7. Monat schwangere gelbsüchtige Frau nahm wegen hartnäckiger Obstipation 30 g Manna in Fleischbrühe. Es folgten am selben Tage und in der Nacht häufige Stuhlentleerungen unter heftigen Schmerzen. Gegen Tagesanbruch traten Wehen auf und bald darauf wurde ein zwar lebender aber schwacher Knabe geboren.

Strychnin.

Strychnin ruft bei Tieren, in geeigneter Dosis angewandt, krampfhafte Zusammenziehungen des Uterus hervor. Schon Serres hatte sie nach Injektion des Alkaloids in die Vene festgestellt, und nach ihm ist sie öfters bestätigt worden. Diese Wirkung kommt zustande durch eine Reizung der zentralen Herde der im unteren Rückenmark einmündenden Uterusnervenzüge. Die Form der Uteruskontraktionen ist fast immer die tetanische.

Ein im 2. Monat schwangeres Mädchen hatte mit Strychnin Selbstmord versucht. Es kam zu Krämpfen. Am 5. Tage nach der Vergiftung wurde unter heftigen Wehen und mäßiger Blutung eine „Blutmole" ausgestoßen. Das Mädchen wurde am Leben erhalten. Abort ist hier wohl dadurch zustande gekommen, daß während der Krampfanfälle eine starke Blutung in das Ei stattgefunden hat [1]).

Auch der Nichterfolg kann nach selbst tötlicher Dosis vorhanden sein. So bekam eine im siebenten Monat schwangere Magd von ihrem Liebhaber eine Strychninlösung. Sie erkrankte mit schweren Krämpfen und starb etwa eine halbe Stunde nach dem ersten Anfall. Im Uterus fand sich eine siebenmonatliche Frucht.

Es sollen auch zwei Schwangere von ihren Liebhabern, denen die verderblichen Wirkungen dieses Alkaloids bekannt waren, Strychnin in der Absicht erhalten haben, um ihrer und der Frucht ledig zu werden [2]) ein Gesichtspunkt, der wahrscheinlich häufiger verwirklicht wird.

Selbst ein Arzt wurde literarisch beschuldigt [3]), gegen hohe Bezahlung die Abtreibung mittels eines Gemisches von Solutio Fowleri und einer Strychninlösung vorgenommen und dadurch die Frau getötet zu haben. Die ordentlichen Gerichte haben aber den Mann freigesprochen.

---

[1]) Cohn, Zeitschr. f. Geburtshilfe und Gynäkologie Bd. XIV, 2, S. 539.

[2]) Fagerlund, Vierteljahrschr. f. ger. Med. 1894, Suppl. — Lancet 1898, I. p. 1628.

[3]) Mangold, Deutsche med. Wochenschr. 1899, S. 495.

Nerium Oleander L.

Eine Schwangere hatte zum Zweck der Fruchtabtreibung eine starke Dosis des Oleanders (arabisch: defla) eingenommen, war aber bald darauf gestorben, ohne daß Abort eingetreten wäre [1].

Es sind hier die Herzstörungen gewesen, die, den durch Digitalis erzeugten ähnlich, den Tod der Mutter und sicherlich auch den der Frucht veranlaßt haben.

Ipomoea Purga Hayne.

Die drastischen Eigenschaften der Jalape sind an sich imstande, die Unterbrechung der Schwangerschaft herbeizuführen.

1. Eine Schwangere hatte zum Purgieren eine Pille eingenommen, die aus 0,9 g Resina Jalapae mit Hollundersaft bestand. Zwei bis drei Wochen darauf trat Abort ein. Nach dem Gutachten hat die Pille wegen der langen Zeit, nach welcher der Abort erschien, letzteren nicht direkt verursacht, doch „wäre es möglich, daß die Pille eine Schwäche im Unterleib, besonders im Uterus bewirkt hat, wodurch der Abort nach Hinzutreten anderer Ursachen begünstigt sein könnte" (?) [2].

Die Tatsache ist jedoch in früheren Jahrzehnten öfter festgestellt worden, daß die therapeutische Verabfolgung von Kalomel und Jalape an Schwangere, z. B. in Gelbfieber-Epidemien, die Schwangerschaft nicht unterbrach.

2. Einer im 6. bis 7. Monat Schwangeren wurde zur Beseitigung von Obstipation zweimal Jalape und wiederholt Kalomel und sodann eine unbekannte rötliche, bitter schmeckende, nach Kräutern riechende Arznei verabfolgt, nach welcher sie an demselben Tage 15 mal abführte. Es trat kein Abort ein [3].

3. Eine Schwangere hatte von ihrem Verführer eine schwarze Substanz zum Einnehmen bekommen, die aus 0,18 g Jalapenwurzelpulver und 0,5 g Jalapenseife bestand. In dem Gutachten wurde erklärt, daß dies nicht einmal ein starkes Purgans, geschweige ein Mittel sei, das eine Fruchtabtreibung hätte bewirken können [4]. Dieses Gutachten ist sehr anfechtbar.

Newbouldia laevis Seem.

Diese westafrikanische, von den Eingeborenen gegen Blutungen nach der Geburt gebrauchte Bignoniacee besitzt, wie es scheint, in ihrer Stamm- und Wurzelrinde ein Prinzip, das Muskeln zur Kontraktion bringt. Die Menstruation wird dadurch angeregt und evtl. Abort veranlaßt [5].

---

[1] Kocher, De la criminalité chez les Arabes. Paris 1884, p. 146.
[2] Fr. Daniel, Samml. med. Gutachten. Leipzig 1776, Cas. 60, n. 197
[3] Schumacher, Wien. med. Wochenschr. 1853, S. 695.
[4] Caspers Handb. d. ger. Med. 1864, S. 253.
[5] Farrell Easmon, Centralbl. f. Gynäkol. 1890, Bd. XIV, S. 632.

Mentha Pulegium L. Hedeoma pulegioides Pers.

Sowohl die Poleiminze, Menta Pulegium als auch Hedeoma pulegioides enthalten als wirksame Bestandteile ätherische Öle, das amerikanische mit etwa 16% Pulgon und zwei Ketonen. Als Pennyroyal-Öl, das in England und Amerika vielfach zu Abortivzwecken gebraucht wird, wird das Öl von Hedeoma pulegioides bezeichnet, aber auch irrtümlich das Öl der Poleiminze so genannt. Wesentliche Unterschiede in der toxischen Einwirkung werden wohl nicht zu konstatieren sein, so daß durch diese Verwechslung die Beurteilung der stattgehabten Intoxikationen die gleiche bleibt. Plinius gab von Pulegium an: „Defunctos partus ejicit"[1].

Die ekbolische Wirkung des Pennyroyal-Öls ist mehrfach erwiesen worden[2], doch kommen Fehlerfolge natürlich auch hier vor.

1. Nach Einnehmen eines Teelöffels voll des echten Pennyroyalöls, zusammen mit Ergotin seitens einer Schwangeren, beobachtete man: Bewußtlosigkeit, Kälte der Glieder, Zittern, Opisthotonus und tetanische Kontraktionen der Glieder mit Remissionen[3].

2. Eine 40jährige Frau nahm zur Wiederherstellung der Menstruation 30 g Pennyroyalessenz. Nach einer Stunde zeigte sich Kollaps, das Gesicht war blaß, kalt, mit Schweiß bedeckt, die Hände und Füße waren ebenfalls kalt. Es folgte weiter Bewußtlosigkeit, Koma, Herzschwäche mit kaum fühlbarem Pulse. Nach 24 Stunden war sie wieder hergestellt[4].

3. Eine im 2. Monat Schwangere hatte 12 g Pennyroyalessenz genommen, um Abort hervorzurufen. Es trat starke Aurregung und Angst danach ein. Die Pupillen waren bedeutend erweitert, der Puls sehr schwach und zeitweise ganz unfühlbar. Es folgte durch geeignete Therapie (Exzitantien und Emetika) bald Wiederherstellung. Abort trat nicht ein[5].

4. Ein 16jähriges, im 3. oder 4. Monat schwangeres Mädchen hatte 36 Pennyroyalpillen zur Unterbrechung der Schwangerschaft genommen. Nach 24 Stunden war ein unvollkommener Abort eingetreten. Es folgten Magen-, Darmstörungen, Kopfschmerzen, Delirien und Krämpfe und Kollaps vor dem Tode.

Bei der Obduktion fanden sich: Hyperämie des Ileum, Hirnödem, fettige Entartung (?) von Leber und Nieren.

Da die Disposition für den Eintritt einer abtreibenden Wirkung auch bei Tieren vorhanden sein muß, so kann es nicht Wunder nehmen, daß ein trächtiges Kaninchen wohl durch 1 g Pulegon starb, aber nicht abortierte[6]. Die Früchte waren auch nicht vom Uterus

---

[1] Plinius, Histor. Lib. XX, C. XIV, S. 371.
[2] Marshall, Brit. med. Journ. 1890, I, S. 542. — Napier, ibid., S. 661.
[3] Wingate, Gaillard med. Journ. 1889, S. 162.
[4] Girling, Brit. med. Journ 1887, I, S. 1214.
[5] Flynn, Brit. med. Journ. 1893, II, S. 1270.
[6] Lindemann, Arch. f. exper. Path. u. Pharmak. Bd. 42, S. 364.

gelöst. Stellte man viele Versuche an, so würde man zweifellos auch erfolgreiche zu beobachten Gelegenheit haben, die dann als eine Folge der Allgemeinvergiftung anzusehen wären.

Mentha piperita. Menthol.

Es wurde schon erwähnt, daß neben vielem anderen Pflanzenmaterial auch die Minze zur Fruchtabtreibung benutzt wurde und wird. Von Menthol, dem Stearopten des Pfefferminzöls, das gegen das übermäßige Erbrechen der Schwangeren verwendet worden ist, sah man ohne wesentliche Gesundheitsschädigung Abort herbeiführen.

Atropa Belladonna L.

Versuche an Kaninchen, denen Atropin injiziert wurde, ergaben, daß letzteres die Erregbarkeit des Uterus stark herabsetzt, namentlich in größeren Dosen. Injiziert man einem trächtigen Kaninchen mit lebhaften, spontanen Gebärmutterkontraktionen 0,003 g Atropinum sulf. in die Vene, so ist die sofortige Lähmung der Peristaltik die gewöhnliche Folge, während die direkte Muskelerregbarkeit des Uterus unbeeinflußt bleibt. Läßt man aber jener Gabe eine erneute, zehnmal stärkere Injektion, also von 0,03 g folgen, so sinkt die Irritabilität des Organs binnen kurzem ganz gewaltig.

Eine erfolgreiche abortive Wirkung der Belladonna ist bisher bei Menschen nicht erwiesen worden.

Im April 1856 wurde in Sidney ein Mediziner durch den Gerichtshof überführt, Extr. Belladonnae in Form eines Suppositoriums appliziert zu haben in der Absicht, Abort dadurch hervorzurufen[1]). Der letztere scheint aber nicht eingetreten zu sein.

Es muß erwähnt werden, daß Atropin auf den Fötus übergeht. Nach Injektion von 0,01 g von Atropinsulfat unter die Haut eines hochträchtigen Meerschweinchens wiesen die 15—35 Min. nach der Einspritzung exzidierten Früchte stark erweiterte Pupillen auf. An einer Schwangeren wurde ähnliches festgestellt. Es wurden ihr 0,002 g Atropinsulfat injiziert und nach drei Stunden extrahierte man mit der Zange ein nicht asphyktisches Kind, dessen Pupillen bis auf einen schmalen Rand erweitert waren und auf Licht nicht reagierten.

Nicotiana Tabacum L.

Nach Injektionen von 0,02 g Nikotin in die Drosselvene treten bei Tieren Uteruskontraktionen auf, doch weniger energisch und träger als nach Strychnin und Pikrotoxin. Auch hier ist die

---

[1]) Taylor, l. c., S. 782.

Ursache eine direkte toxische Erregung des im Lendenmark befindlichen Zentralapparates für den Uterus. Die Kontraktionen sind anfangs tetanischer, später vorwiegend peristaltischer Art und treten schon wenige Sekunden nach der Applikation des Mittels ein.

Vergiftet man trächtige Meerschweinchen durch subkutane Beibringung von Tabakaufgüssen akut oder langsam, so tritt eine Schädigung der Früchte ein. Besonders die wiederholte Vergiftung läßt die letztere vor den Muttertieren sterben.

Eine 20jährige Magd trank zur Abtreibung der Frucht eine Abkochung von Rolltabak. Sie brachte aber höchstens einen Löffel voll hinunter, welchen sie sofort wieder von sich gab. Abort trat nicht ein, ebensowenig nach einer später genommenen Abkochung von Sabina.

Keinenfalls können die Mengen der genommenen Stoffe groß gewesen sein, weil sonst andere Erscheinungen aufgetreten wären.

Die Wirkung des Tabaks auf den Uterus wird am besten durch die Erfahrungen an Arbeiterinnen in Tabakfabriken erwiesen. Dieselben neigen zu profuser Menstruation. Daß die Meinung herrscht, daß durch die Beschäftigung mit Tabak Abort entstehen kann, wird dadurch bewiesen, daß sich einer Angabe nach ledige Schwangere zur Arbeit in Tabaksfabriken drängen, in der Hoffnung, durch die Beschäftigung zu abortieren [1]). Aber über die Möglichkeit lassen sich auch direkte Erfahrungen anführen. Im Jahre 1888 teilte de Pradel [2]) mit, daß Arbeiterinnen in Tabakfabriken zu Abort neigen und belegte dies durch zwei Fälle, und in neuester Zeit wurde festgestellt, daß von 84 Tabakarbeiterinnen, von denen keine syphilitisch oder sonstwie leidend war, bei 37% eine vorzeitige Unterbrechung der Schwangerschaft stattfand. In verschiedenen, auch deutschen Zentren für Zigarrenfabrikation machten Ärzte die gleichen Erfahrungen, die auch die Aufmerksamkeit der Behörden erregt haben. Zu wiederholten Malen ist mitgeteilt worden, daß Zigarrenarbeiterinnen häufiger als andere Frauen zu Fehlgeburten neigen, auch kinderlos bleiben, und daß bei ihnen auffällig häufig schwere Entbindungen und nicht normale Wochenbetten vorkommen.

Sicher ist jedenfalls, daß die von Tabakarbeiterinnen geborenen Kinder eine viel größere Mortalität in den ersten Lebensjahren aufweisen, als dem üblichen Durchschnitt entspricht. Die Aussicht auf die Erhaltung des Lebens bei Säuglingen, deren Mütter wieder in die Fabrik eintreten, ist nur sehr gering. Von acht solchen Kindern, die von den weiter arbeitenden Müttern gestillt wurden, blieb keines am Leben.

---

[1]) Delaunay et Goyard bei Rochs, Vierteljahrsschr. f. gerichtl. Med. 1889, Bd. L, Suppl., S. 115.

[2]) de Pradel. Bullet. et Mém. de la Soc. de Médec. 1888, S. 592.

Solanum tuberosum L.

Es ist lange bekannt, daß gekeimte Kartoffeln ein Gift für Menschen und Tiere darstellen können. Es ist nicht absolut sicher, ob ein hoher Gehalt an Solanin allein diese Wirkung bedingt.

Bei Tieren sah man nach dem Fressen solcher Kartoffeln neben Durchfall und Koliken auch Verwerfen auftreten.

Gratiola officinalis L.

Das Gratiosolin, ein Glykosid aus dem Gottesgnadenkraut, kann bei Kaninchen Abort erzeugen[1]).

Digitalis purpurea L.

Digitalis wirkt günstig bei Uterus-Blutungen, z. T. durch Erregung von Muskelkontraktionen im Uterus. Etwa 10 Minuten nach Darreichung einer stärkeren Gabe des Mittels klagen die Kranken über heftigen, wehenartigen Schmerz in der Kreuzgegend, wobei eine größere Menge Blut entleert wird. Hierauf pflegt die Blutung stundenlang zu cessieren. In einem Falle wurden durch 20 Tropfen Digitalistinktur bei einer Hochschwangeren in 15 Minuten Wehen erregt und die Geburt in Gang gebracht, welche nach neun Stunden beendet war[2]).

Auch in Frankreich ist man der Ansicht gewesen, daß die Digitalis vorzeitige Uteruskontraktionen anregen kann[3]).

Ein 27jähriges Mädchen nahm am 19. Mai gegen Schwellung der Beine eine große Menge frischen Digitalissaftes und bekam alsbald heftiges Erbrechen und starke Metrorrhagie, die bis zum 22. Mai anhielten. Später traten Singultus, Diarrhöe, Ödem der unteren Extremitäten, Koma und am 31. Mai der Tod ein. Am 20. Mai soll der Abort stattgefunden haben. Bei der Sektion fand sich u. a. Schwellung der Brüste und der äußeren Genitalien, milchartige Absonderung aus ersteren, lochienartige aus letzteren. Die Innenfläche des Uterus war mit blutiger Flüssigkeit bedeckt, der Uterushals erweitert, halb geöffnet[4]).

Chinin.

Eine hervorragend praktische Bedeutung kommt der Einwirkung des Chinins auf den Uterus[5]) zu. Es handelt sich hierbei weniger um das gelegentliche Vorkommen von Blutungen, wie sie bei Arbeiterinnen in Chininfabriken gesehen wurden, oder um eine Steigerung

---

1) Lewin, Lehrb. d. Toxikol. 1897, S. 356.

2) Dickinson, Med.-chir. Transact. Vol. XXXIX, 1856, S. 1.

3) Legroux, Gaz. hebdomad. 1867, S. 115.

4) Caussé, Annal. d'Hygiène publ., 2. Sér., XI, 1859, S. 464.

5) L. Lewin, Die Nebenwirkungen der Arzneimittel, 3. Aufl., 1899, S. 427.

oder Hervorrufung nichtmenstrueller oder menstrueller, auch wohl übermäßiger Blutung, sondern wesentlich um die Frage, ob Chinin wehenerregend wirkt und somit auch vorzeitige Bewegungen des Uterus anzuregen vermag. Seit nahezu 60 Jahren sind Angaben, die dafür oder dagegen sprechen[1]), mitgeteilt worden. In den letzten Jahrzehnten hat dieser Gegenstand auch mehrfach zu einer Aussprache Veranlassung gegeben, ohne daß ein bestimmtes Ergebnis dadurch erzielt worden ist. Wie sollte auch ein solches erlangt werden, angesichts der kaum zu übersehenden Vielfältigkeit der individuellen und äußeren Verhältnisse, die hierbei in Frage kommen können? Ein entscheidendes Resultat läßt sich auch nicht erwarten, wenn man versucht, auf statistischem Wege zugunsten der einen oder anderen Meinung etwas beizutragen, da ja nur ein kleiner Bruchteil der hierher gehörigen Erfahrungen mitgeteilt wird. Eine Durchforschung der vorliegenden Mitteilungen ergibt aber die notwendige Folgerung, daß, wenn auch vielleicht einige der berichteten Fälle, in denen Abort und Chininverabfolgung in einen Kausalzusammenhang gebracht wurden, einer strengen Kritik nicht standhalten, dennoch an der wehenerregenden Wirkung des Chinins nicht nur bei Malaria- und andersartigen Kranken, sondern auch bei Gesunden nicht zu zweifeln ist.

Dafür sprechen auch Tierversuche[2]).

Eine seit 80 Tagen trächtige Hündin zeigte Zeichen, die auf Abgestorbensein der Jungen hindeuteten. Nach wirkungsloser Verabreichung von je 4 g Sekale früh und abends verordnete man 0,05 g Chinin. sulf. halbstündlich. Schon nach der achten Gabe traten heftige Wehen ein, welche drei tote Junge zutage förderten. Bei einer anderen 49 Tage trächtigen Hündin erfolgte die Geburt von sechs Jungen, nachdem das Tier sechs Gaben von 0,1 g Chinin halbstündlich erhalten hatte[3]).

Brachte man trächtigen Kaninchen 0,01—0,02 g Chininsulfat pro Kilo Körpergewicht subkutan oder intravenös bei, so entstand Verstärkung der Uteruskontraktionen oder ein Eintreten derselben bei vorheriger völliger Ruhe[4]). Zu gegenteiligen Ergebnissen kamen andere Versuche. Alle stimmen jedoch darin überein, daß große Chinindosen den Uterus ganz still legen.

---

[1]) Americ. Journ. of Med. Sciences, N. Ser., Vol. LXIV, 1872, S. 287, 290, 437, 438, Vol. LXVI, S. 128. — Brochin, Gaz. des hôpit., 1875, S. 187. — Chiarleoni, Annal. univ. 1874, Vol. CCXXVIII, S. 230 und Gaz. med. Ital. Lombard. 1876, No. 3 u. 4. — Smith, London med. Rec. 1875, S. 496.

[2]) Laborde et Dupuis, Journ. de Thérap. 1878, S. 478.

[3]) L'Union médic., 3. S., Tom. XV, 1873, S. 801.

[4]) Kurdinowski, Zentralbl. f. Physiol. Bd. 18, S. 3.

Man brauchte indessen selbst die vielfachen Tierversuche nicht als beweiskräftig anzusehen und muß dennoch in der Breite, innerhalb welcher solche Wirkungen auch sonst vorkommen, diese hier zugeben. Es ist eine unrichtige Auffassungsweise, wenn man angibt[1]), daß von vielen Seiten dem Chinin ein wehenerregender Einfluß zugeschrieben, von vielen Ärzten, die in Malariagegenden tätig sind, ein solcher aber bestritten wird, und auf die letzteren Angaben mehr Gewicht als auf die ersteren zu legen sei.

Tatsächlich wird diese Nebenwirkung des Chinins gerade aus Malariagegenden sehr oft berichtet und wurde auch sonst als beweiskräftig häufig genug gesehen. Wollte man nun, um das Chinin als harmlos in dieser Beziehung darzustellen, den Ausweg finden, die Malaria oder irgendeine andere fieberhafte Affektion, derentwegen man Chinin verabfolgt hat, für das Zustandekommen des Aborts verantwortlich zu machen, so entzöge man sich den Boden für die Beurteilung jeglicher Arzneiwirkung. Denn mit einer ähnlichen Berechtigung kann man auch angeben, daß die vis medicatrix naturae und nicht das Chinin Malaria heile, weil reichlich viel Fälle vorkommen, in denen das Chinin seine Wirkung versagt. Dabei verkenne ich keinen Augenblick die Möglichkeit, daß durch fieberhafte Krankheiten Abort entstehen kann.

Arbeiterinnen, welche mit dem Einfüllen des Chinins in Flaschen beschäftigt sind und dabei Chininstaub einatmen, abortieren nicht selten und verlieren die Fähigkeit, Früchte auszutragen.

Chinin in heißem Tee gelöst wird in China, um Abort einzuleiten, häufig genommen.

Nach medizinalem Gebrauche des Chinins ist Wehenerregung und Abort sehr oft beschrieben worden. Es ist wahrscheinlich, daß für das Zustandekommen derselben eine zeitliche, durch gewisse Krankheiten, wie Fieber, Neuralgien, Ernährungsstörungen usw. bedingte, oder eine individuelle, dauernde Prädisposition erforderlich ist. Zarte nervöse Frauen werden besonders zu einer solchen Chininwirkung neigen. Die Dosen waren in einzelnen Fällen klein. So wurde aus Ostindien berichtet, daß Abort nach 0,3 g Chininsalz und mehr so häufig bei Malariakranken erfolgte, daß von einer therapeutischen Anwendung des Chinins Abstand genommen werden mußte[2]). Nach Gaben von 0,15—0,5 g wurden Uterinbewegungen auch bei Chinesinnen beobachtet. Ähnliche Erfahrungen machte man auf Trinidad, wo alle Typen von Malaria zu den gewöhnlichen Krankheiten, und Chinin deswegen zu den

---

[1]) Schroeder, Lehrbuch der Geburtshilfe 1882, S. 484.
[2]) Benson, The Practitioner 1879, Vol. XXIII, S. 428.

gebrauchtesten Mitteln gehört. Hier wurde bei intermittierendem Fieber nach mässigem Chiningebrauch häufig vorzeitige Ausstoßung der Frucht beobachtet. Auch die Erfahrung ist anzuführen, daß, während bei Malariakranken in Fieberdistrikten immer nach Chininverabfolgung Abort erfolgte, die Darreichung von Arsen gegen Fieber ihn nicht hervorrief.

Die Zeit, innerhalb welcher die Wirkung auf den Uterus erscheint, läßt sich nicht genau bestimmen. Schon fünf Minuten nach Verabfolgung von 0,5 g Chininsulfat trat in einem Falle eine 15 Minuten anhaltende Unruhe der Frucht ein. Bei einer Mehrgebärenden, die gegen eine Neuralgie Chinin erhalten hatte, stellten sich bald nach der Einnahme von 0,36 g und andere Male schon nach 0,18 g Chinin wehenartige Schmerzen und Uteruskontraktionen ein. Nach ca. 0,6 g erfolgte bei einer Primipara im achten Monat die Geburt in weniger als einer Stunde. Es wurde angegeben, daß das Mittel diese Wirkungen nur in frühen Schwangerschaftsmonaten äußere[1]). Dies trifft für viele Fälle zu, aber wahrscheinlich ebenso oft für die spätere Zeit der Fruchttragung.

Der Unterschied, der hier und da zwischen einem Mittel gemacht wird, das die Schwangerschaft unterbricht und Abort verursacht, und solchen, die bei bereits vorhandenen Wehen eine Verstärkung derselben hervorrufen, mag an sich richtig sein, beweist aber nicht, daß, wenn das Chinin zu den letzteren gerechnet wird, es nicht, besonders in großen Dosen, auch Abort veranlassen kann. So wurde bei einer an Plazenta praevia leidenden Drittgebärenden schnelle Ausstoßung des Uterusinhaltes durch Chinin gesehen, und doch leugnete der Beobachter, daß Chinin ein Abortivum sei! So selten auch ein Abort durch Chinin veranlaßt werden mag — nie ist es aus dem Auge zu lassen, daß die Möglichkeit hierfür jedesmal vorliegt.

Aus einem größeren Beobachtungsmaterial wurden bezüglich der wehenerregenden Chininwirkung folgende Schlüsse gezogen:

Das Chinin hatte immer Erfolg, wo es zur Austreibung der Plazenta angewendet wurde. Es war in allen Fällen von geschwächter oder aufgehobener Wehentätigkeit wirksam, außer in einem Falle, wo auch Sekale erfolglos war. Bei einer Schwangeren, bei der Sekale nicht wehentreibend wirkte, hatte Chinin Erfolg. Das Kind kam stets lebend zur Welt, wenn es nicht schon vorher abgestorben war. Die Mutter verspürte außer leichtem Ohrensausen niemals Unbequemlichkeiten von dem Mittel. Die Dosis betrug gewöhnlich 1 g Chinin-

---

[1]) Josch, Wien. med. Presse 1872, S. 817. — Merz, Brit. med. Journ. 1890, 4. Okt., Suppl., S. 3.

salz in Lösung oder Pulverform, welche Menge in der Regel in drei
bis vier geteilten Dosen in Pausen von 1—2 Stunden gegeben wurde.
Das Chininsulfat konnte zu jeder Zeit der Geburt in Verbindung
mit oder ohne mechanische Mittel angewendet werden.

Bei einfacher, langsamer Wehentätigkeit war eine Mixtur aus
Extr. Chinae 3,0, Aq. Cinnam., Aq. flor. Naphae, Sir.
Aurant. cort. ana 30,0, eßlöffelweise halbstündlich von gutem
Erfolge. Die durch Chininsulfat hervorgerufenen Kontraktionen
zeigten sich im Verlaufe einer halben Stunde nach Anwendung des
Mittels und dauerten mindestens zwei Stunden, nahmen allmählich
an Stärke zu und waren durch Wehenpausen wie bei normaler Ge-
burt voneinander geschieden[1]).

Bei einer größeren Zahl von malariösen Schwangeren trat auf
erheblichere Mengen von Chinin Abort ein[2]).

Die folgenden Mitteilungen sollen weitere Belege für die wehenerregenden resp. abortiven Eigenschaften des Chinins darstellen.

1. Bei einer an Malaria leidenden Schwangeren traten jedesmal nach dem
Gebrauch von 0,6—0,75 g Chininsalz für 15—30 Minuten Schmerzen und
Kontraktionen des Uterus ein, ohne jedoch eine Frühgeburt zu veranlassen[3]).

2. Bei einer an Fieber leidenden Primipara wurden zu Beginn des 9. Monats,
24 Stunden nach dem Einnehmen von 0,9 g Chininsulfat Wehen erregt,
während eine $6^1/_2$ Monate tragende Frau nach der gleichen Dosis rhythmische
Schmerzen im Leibe bekam[4]).

In 30 Versuchen an Gebärenden, denen 0,6 g Chinin innerlich
oder 0,45 g subkutan beigebracht worden waren, stellte man fest, daß
dadurch die Wehen in mäßigem Grade verstärkt wurden[5]).

3. Eine zu Aborten neigende Person bekam zwei Stunden nach dem Einnehmen von schwefelsaurem Chinin gegen Malaria, fast gleichzeitig mit dem
Beginn des Ohrensausens wehenartige Leibschmerzen. Die Gebärmutterzusammen-
ziehungen dauerten zwei Stunden, führten am 1. Tage zu einer schwachen Genitalblutung, verschwanden aber beim Liegen von selbst. An den folgenden Tagen begannen die Wehen vier bis sechs Stunden nach dem Einnehmen des Chinins,
dauerten weniger lange und waren auch weniger heftig als in den ersten Tagen.
Als später 1,5 g Chininsulfat bei leerem Magen eingenommen wurden, begannen
die Wehen fast unmittelbar nach dem Einnehmen und währten mit Pausen bis

---

[1]) Monteverdi, Annali universali di Medicina T. 221, 1872, S. 149. —
Bullet. génér. de Thérap. 1872, T. LXXXII, S. 380.

[2]) Walraven, Bull. de la Soc. de Chir. de Gand, 1872, mars.

[3]) Duboué, L'Union méd., 3. Sér., T. XII, S. 544.

[4]) Neil Macleod, Brit. med. Journ. 1883, I, S. 352. — Bouqué, Bullet.
de la Soc. de Chir. de Gand 1872, mars.

[5]) Smolsky, Petersb. med. Zeitung, N. F., Bd. V, 1876. — Hiram Plumb,
Americ. Journ. of Med. Sciences, N. Ser., Vol. LXIV, 1872, S. 128.

zum Abend. Dagegen traten weder an den Tagen, an welchen kein Chinin verordnet war, noch nach seinem Aussetzen Wehen ein[1]).

4. Einer im 5. Monat Schwangeren wurden 0,36 g Chinin verabfolgt. Eine halbe Stunde später wurden die vorher unregelmäßigen Wehen regelmäßig, kräftig, und nach ca. $1^1/_2$ Stunden war die Geburt beendigt[2]).

5. Bei einer $5^1/_2$ Monate Schwangeren, die vorher an einer Retroversio uteri gelitten hatte, traten nach Gebrauch von 0,6—0,9 g Chininsalz Blutungen sowie rhythmische Schmerzen im Leibe auf. Die Schwangerschaft wurde nicht unterbrochen[3]).

6. Bei einer im 8. Monate schwangeren Erstgebärenden, die wegen Intermittens Dosen von 0,3 g Chininsalz vierstündlich einnahm, erfolgte, nachdem am 3. Tage Rückenschmerzen aufgetreten waren, die Geburt[4]).

7. Eine im 4. bis 5. Monat schwangere Frau mit einer Pleuropneumonie bekam wegen Prostration vierstündlich 0,12 g Chininsalz. Am nächsten Tage entstanden nach Einnahme von im ganzen 0,6 g Chininsalz plötzlich Wehen und bald darauf wurde ein Fötus ausgestoßen. Am folgenden Tage wurde zur Entfernung der zurückgebliebenen Placenta wieder Chinin gegeben. Nach der zweiten Dose traten Uteruskontraktionen auf und es wurde ein zweiter Fötus geboren, dem die Placenta bald folgte[5]).

8. Bei einer im 8. Monat Schwangeren, der wegen Intermittens 0,6 g Chinin gereicht worden waren, entstanden in weniger als einer Stunde heftige Wehen und bald danach trat die Geburt ein[6]).

9. Eine 24 jährige Frau bekam wegen Fieber nicht lange vor dem normalen Ende der Schwangerschaft zwei Dosen Chinin zu je 0,18 g. Abends begannen plötzlich Wehen aufzutreten, und nach drei Stunden erfolgte die Geburt. Die Eingeborenen in Indien sollen mit dieser Wirkung des Chinins auf den Uterus allgemein vertraut sein[7]).

10. Bei einer Erstgebärenden von Zwillingen mit vollständiger Wehenschwäche verweilte das zweite Kind so lange, daß man eingreifen mußte. Man gab zweimal je 0,5 g Chininsalz innerhalb zehn Minuten. Darauf setzten Wehen ein, und nachdem nach einer Stunde noch dreimal je 0,5 g verabfolgt worden waren, folgten die Wehen alle fünf bis zehn Minuten aufeinander und führten zur Geburt des Kindes.

Weitere neuere Beobachtungen über die wehenerregende Chininwirkung an einem größeren Krankenhausmaterial ergaben, daß bei 61 der Schwangeren, entsprechend 78,2%, deutliche Wehenanregung zustande kam, wenn man das leicht lösliche Chininum bisulfuricum zu 0,4 g einer Lösung von 2:30 Wasser subkutan injizierte,

---

[1]) Hausmann, Berl. klin. Wochenschr. 1882, Nr. 37, S. 562.

[2]) Lincoln, Americ. Journ. of Med. Sciences, Vol. LXVI, 1873, S. 284.

[3]) Park, Brit. med. Journ. 1889, 25 May.

[4]) Atkinson, Americ. Journ. of Med. Sciences, Vol. XCIX, 1890, S. 139.

[5]) Hancocke Wathen, The Practitioner, Vol. XVII, 1876, S. 38.

[6]) Paterson, The Practitioner, Vol. XIX, 1877, S. 37. — Nolan Stewart, Med. and surgic. Report, 24. Dez. 1887.

[7]) Roberts, The Practitioner, Vol. XVIII, 1877, S. 256.

oder, da diese Injektionen schmerzhaft sind, besser, wenn man 1 g Chininsalz auf einmal, evtl. in 12 Stunden 3 g verschlucken ließ.

11. Eine an fieberhaften Neuralgien leidende Frau erhielt einige Dosen Chininsalz von je 0,12 g vierstündlich. Danach traten starke Unterleibsschmerzen auf und nach einem Tage wurde eine fibroidähnliche Masse aus dem Uterus ausgestoßen[1]).

Nicht wenige Beobachter sprechen die großen Chinindosen geradezu als das zuverlässigste von allen Abortivmitteln an[2]) und empfehlen es zur Einleitung der künstlichen Frühgeburt, ebenso wie das Mittel auch noch in neuerer Zeit wieder als ein Emmenagogum gerühmt wurde[3]).

Zur Entleerung des Uterus bei schwächenden Blutverlusten wurden 0,72 g Chinin sulfur. in vier Gaben alle zwei Stunden verabfolgt. Danach traten wehenartige Schmerzen ein und nach zwei Tagen erfolgte der Abgang einer Hydatiden-Mole.

Bei Wöchnerinnen kamen danach kräftige Wehen mit blutigen Ausscheidungen und bei zarten Frauen in den ersten Monaten der Schwangerschaft schon nach Verbrauch von 0,36 g Chininsalz so heftige Uterus-Kontraktionen zustande, daß Abort zu befürchten war. Meist genügten zur Einleitung der Frühgeburt 0,72 g. Die Maximaldose soll 1,2 g des Chininsulfats betragen[4]). Wenn, wie es geschehen ist, als Wehenmittel usw. Chininsalz bis zu 3 g in Zwischenräumen von einer halben Stunde gegeben wurde, so dürfte dies unter den Begriff des ärztlichen Kunstfehlers fallen.

In einem Falle wurde durch sieben Pulver von Chininsalz zu je 0,18 g nach 24 Stunden die Plazenta „wie mit Dampfkraft" ausgestoßen. Wo die Wirkung einmal voll einsetzt, werden die Wehen stärker, länger und folgen schneller aufeinander.

Zahlreiche Beispiele liegen auch vor, in denen durch Chinin weder Abort noch Wehen, selbst wenn größere Dosen längere Zeit verabfolgt worden waren[5]), erregt werden konnten. Nach den früheren Auseinandersetzungen ist dies verständlich. So nahm eine im 5. Monate schwangere Mulattin zur Wiederherstellung der Menstruation ca. 5 g Chinin und erkrankte dadurch schwer. Sie wurde wiederhergestellt und gebar nach 4—5 Monaten ein gesundes Kind[6]).

---

[1]) Hancocke Wathen, l. c.

[2]) Brit. med. Journ. 1861, 5. Okt., S. 359.

[3]) Coromilas, Edinb. med. Journ. Vol. XLI, S. 139.

[4]) Hehle, Wien. med. Presse Bd. XII, 1871, S. 911. — Bd. XIII, 1872, S. 657.

[5]) Bordley, Lincoln, Americ. Journ. of Med. Sciences, N. Ser., Vol. LXIV, 1872, S. 73, Vol. LXVI, 1873, S. 284.

[6]) Seeds, Americ. Journ. of Med. Sciences, N. Ser., Vol. LXIV, 1872, S. 437.

In mehreren Fällen traten bei Schwangeren nach Gebrauch selbst hoher Chinindosen keine ungünstigen Zufälle ein. Ja, die betreffenden Beobachter halten sogar das Chinin für das sicherste Vorbeugungsmittel gegen den Abort (?)[1] — in dieser Form ausgedrückt ist diese Meinung töricht.

Ein so energischer Stoff wie Chinin kann selbstverständlich auch Nebenwirkungen erzeugen, wenn die persönlichen Bedingungen des Einnehmenden dafür günstig sind. Bezüglich des Kindes wurde in dieser Beziehung angegeben, daß während der Geburt häufig Mekoniumabgang erfolgt sei. Auch Ernährungsstörungen in der Gestalt stärkerer Gewichtsabnahme und langsamerer Gewichtszunahme, sowie häufigerer Icterus neonatorum konnten festgestellt werden — der letztere von einem Beobachter bei 7 von 36 Neugeborenen. Die Mutter klagte bisweilen über Ohrensausen und Kopfschmerzen. Die übrigen bekannten Störungen[2] würden, falls man viele Gebärende mit Chininsalzen behandelte, bald zutage treten.

Coffea arabica L.

Coffein ruft in großen Dosen niemals an dem sonst bewegungslosen, jungfräulichen Uterus von Kaninchen eine Muskeltätigkeit hervor, wohl aber fachte es bei älteren Kaninchen, ohne daß dieselben trächtig gewesen wären, seit längerer Zeit ins Stocken geratene peristaltische Bewegungen regelmäßig wieder zu der früheren Stärke an. Von einer tetanisierenden Wirkung war nie die Rede.

Kaffee und Kaffeebohnen sind ein beliebtes Volksmittel zur Fruchtabtreibung und zur Hervorrufung der Menstruation. Daß der Droge, resp. deren Coffein eine Einwirkung auf die letztere zukommt, ist zu begreifen, wenn man an die Wirkung des Alkaloids als Herzexzitans denkt.

1. Ein 25jähriges Mädchen hatte, im 6. Monat schwanger, „zur Herbeiführung der Regel" drei Tage lang sehr strenge Diät beobachtet, täglich einen starken Kaffeeaufguß von 125 g Kaffeebohnen, also in drei Tagen das Wirksame von 375 g getrunken, ferner täglich drei heiße, mit Asche versetzte Fußbäder genommen und während dieser Zeit schwere Erntearbeiten verrichtet. Schon am 1. Tage stellten sich Zeichen von Abort ein. Derselbe erfolgte nach fünf Tagen, und zwar nach dem Gutachten infolge der angewandten indirekten Manöver[3].

2. Ein Mädchen gebrauchte zum Zweck der Abtreibung auf den Rat einer Frau ein Dampfbad, zu dessen Herstellung Spiritus in einen Eimer gegossen

---

[1] Rutland, Americ. Journ. of Med. Sciences, N. Ser., Vol. LXIV, 1872. S. 438. — Chiara, Annali univers. di Medicina 1873, T. CCXXIV, S. 550.

[2] L. Lewin, Die Nebenwirkungen der Arzneimittel, 3. Aufl.

[3] Cauchois, Annal. d'Hygiène publ., 3. Sér., II, 1879, S. 258.

und angezündet wurde. Sie mußte sich mit gespreizten Beinen über den Eimer stellen und gleichzeitig heißen Kaffee trinken. Dabei überkam das Mädchen Schwäche, sie legte sich zu Bett, nach zwei Stunden begann Drängen im Unterleibe, es ging ihr Blut ab, worunter große Klumpen.

Daß die geschilderten Mittel wirklich einen Abort herbeiführen können, ist nur durch wenige andere Vorkommnisse zu stützen. In dem letztberichteten Falle ist anzunehmen, daß das Dampfbad einen Reiz auf die äußeren Genitalien ausübte und daß dadurch reflektorisch ein vermehrter Blutzufluß zu dem Uterus erzeugt wurde[1]), wozu meiner Ansicht nach am meisten der Genuß des heißen Kaffees beitrug.

3. Um Abort herbeizuführen nahm eine sich für schwanger haltende Frau ein Dekokt von 250 g gebrannten Kaffees auf 500 g Wasser. Sie wurde dadurch blaß, unruhig, voll Angstgefühl und zittrig. Das Sensorium war nicht ganz frei. Es bestanden: Dyspnöe mit Erstickungsgefühl, ein auffallend starker Herzstoß, nach einer Stunde heftige Diarrhöe mit Tenesmus, Harndrang und eine Zunahme der Harnmenge. Am folgenden Tage wurde nur noch über Schwindel und Kopfschmerzen geklagt. Die Menstruation trat am 2. Tag nach der Intoxikation ein.

4. und 5. In zwei Fällen nahmen junge Mädchen große Mengen allerstärksten Kaffees als Abortivum, beide Male aber ohne Nachteil für die Frucht. In dem einen Falle wäre jedoch beinahe der Tod des Mädchens eingetreten[2]).

Hydrastis canadensis L.

Die Pflanze wirkt wie Secale cornutum, wenn sie intravenös oder subkutan angewandt wird. Sie erregt Uteruskontraktionen direkt und nicht durch Beeinflussung der Gefäße. Im Gegensatz zu den Uteruskontraktionen mit tetanischem Charakter wie sie Sekale erzeugt, sind die durch Hydrastis hervorgerufenen durch Erschlaffungspausen, die stetig bis zur Parese der Uterusmuskulatur zunehmen, von einander getrennt[3]).

Das Alkaloid Hydrastin wirkt nicht auf die quergestreiften Muskeln. Es setzt die Körperwärme herab und reizt das vasomotorische Zentrum, so daß sich die Gefäße kontrahieren. Ein direkter Einfluß auf den Uterus konnte weder bei nicht trächtigen, noch sicher bei trächtigen Tieren erwiesen werden.

Eine Katze abortierte, freilich zwölf Tage nach der Injektion von 1 g salzsaurem Hydrastin[4]).

Ein Oxydationsprodukt des Hydrastin, das Hydrastinin, verengt die Gefäße, nicht nur durch Reizung des vasomotorischen Zentrums,

---

[1]) Schoder, Beitr. z. Lehre vom provozierten Abort, Berlin 1893.
[2]) Clemens, Deutsche Klinik XVII, 1865, S. 4.
[3]) Fellner, Wien. med. Presse 1897, S. 453 u. 491.
[4]) Phillips u. Pembrey, Journ. of Physiol. 1897 App. p. v.

sondern auch durch Reizung der peripherischen Vasomotoren. Die dadurch erzeugte Anämie des Uterus kann diesen zu Kontraktionen anregen.

Koloquinthen.

Eine wäßrige Lösung von 0,1 g Extr. Colocynthidis, in die Jugularvene von Kaninchen eingespritzt, bewirkte genau dieselbe Kontraktionsform in den Hörnern des Uterus wie Aloe, nur folgten die einzelnen lokalen Kontraktionen der Ringmuskulatur noch etwas rascher auf einander und konnten noch nach einer Stunde deutlich wahrgenommen werden.

Trotz der so stark drastischen Wirkung, die den Koloquinthen zukommt, sind bisher Aborte dadurch nicht erzeugt worden.

1. Eine Schwangere nahm ca. 7 g gepulverte Koloquinthen in heißem Gin um 10 Uhr abends zum Zwecke der Abtreibung ein. Nach zwei Stunden wurde sie schwer vergiftet gefunden: Erbrechen, blutige Stühle, Herz- und Atemstörungen. Die Glieder waren kalt und der Puls fehlte. Erbrechen und blutige Stühle hielten auch nach der Wiederkehr des Bewußtseins an. Es trat kein Abort ein[1]).

2. Ein Mädchen trank zum Zweck der Abtreibung ein Absud von zwei Koloquinthenäpfeln in Wein auf einmal. Es entstanden furchtbare Schmerzen im Unterleibe. Sie hatte innerhalb ca. 16 Stunden über 100 mal gebrochen und abgeführt. Durch den Stuhlgang ging meist Blut ab. Abort trat jedoch nicht ein, vielmehr zwei Monate später die Geburt eines lebenden, reifen Kindes[2]).

3.—7. Bei vier anderen Schwangeren, die Tinct. Colocynthidis nahmen, blieb ebenfalls der Erfolg auf die Schwangerschaft aus. Eine von diesen hatte zwei Wochen lang an jedem zweiten Tag einen Teelöffel erfolglos eingenommen.

Montanoa tomentosa Cerv.

Ein Dekokt der Blätter dieser Pflanze, deren aztekischer Name „Zihuapatli", d. h. „Weiber-Medizin" ist, verursacht vorzeitige Uterusbewegungen. Die Montanoa-Säure wirkt wie die aktiven Prinzipe des Secale cornutum[3]).

Matricaria Chamomilla L.

Ein gewerbsmäßiger Fruchtabtreiber spritzte einer im 3. Monate Schwangeren Kamillentee, mit einer grünen Flüssigkeit vermengt, in den Uterus ein. Sogleich darauf entstanden Fieberschauer, Frösteln, große Mattigkeit und nach 8 Stunden Abort.

Nach dem Gutachten der Prager Fakultät ist der Abort nur auf die Einspritzungen zurückzuführen, und zwar auf die durch die Kraft des

---

[1]) Rolfe, Bost. med. Journ. 1892, 19 May, S. 494.
[2]) Stifft, Prakt. Heilmittellehre. Wien 1792, Bd. 2, S. 322.
[3]) Lewin, Lehrbuch d. Toxikol. 1897, S. 314.

Strahles bewirkte Ablösung der Eihäute. Die Beschaffenheit der Flüssigkeit sei dabei gleichgültig, ·und im gegenwärtigen Falle reichte der Kamillentee allein für den gedachten Zweck hin. Da während und nach dem Abort keine bedrohlichen Erscheinungen aufgetreten waren, so läßt sich nicht behaupten, daß im gegenwärtigen Falle mit der Einspritzung eine Gefahr für das Leben der Schwangeren verbunden gewesen war[1]).

Artemisia vulgaris L. und Artemisia Absinthium L.

Beide Pflanzen, der gemeine Beifuß bzw. der Wermut, wurden im Altertum sehr häufig, jetzt wie es scheint, nur noch selten als Abtreibungsmittel angewandt. In lothringischen und französischen Kreisen gilt Artemia Absinthium, oder besser der Absinthschnaps, als ein wirksames Abortivum. Das Wermutöl, aus dem er mittels Alkohol und Wasser hergestellt wird, enthält als wirksames Prinzip das rechtsdrehende β-Thujon neben Phellandren und Cadinen.

Die folgenden Fälle sprechen nicht einwandsfrei für eine wesentliche Beteiligung der Artemisia am Abort.

„Mulier meo consilio drachmam Euphorbii cum syrupo de Artemisia in pilulas redactam quater spatio duodecim dierum tribus horis post coenam devoravit, quarum ope, magno labore et dolore, parturientium instar, excrevit octo molas, vinculis, et membranis constantes, ovi gallinacei magnitudinem superantes"[2]).

Eine Frau erhielt wegen Magenschmerzen usw. zehn Tropfen Spirit. absinthii volatilis. Es trat danach an den beiden folgenden Tagen reichliche Menstruation auf. Der Arzt wurde beschuldigt, Abort dadurch hervorgerufen zu haben, die Leipziger Fakultät erklärte aber in ihrem Gutachten, daß kein Grund vorliege, die profuse Menstruation als einen Abort anzusehen[3]).

Ein 19jähriges Mädchen abortierte. Ein Mann hatte bei demselben etwa einen Monat vorher folgende Behandlung eingeschlagen: 1. Drei Tage lang hintereinander je dreimal ein Brechmittel (Tartarus stibiatus), nach welchem wiederholtes, heftiges Erbrechen eintrat. 2. Wiederholt ein Infus von Rubia tinctorum und 3. einen starken Aufguß von Wermut, worauf nach drei Tagen der Abort erfolgte[4]).

Erfolglos blieb das Trinken von einigen kleinen Schnapsgläsern des Absinthliqueurs bei einer 23jährigen, im 3. bis 4. Monat Schwangeren. Sie erbrach danach einmal. Die Schwangerschaft nahm ein normales Ende[5]).

---

[1]) Maschka, l. c., 2. Folge, 1858, S. 324.

[2]) Zacutus Lusitanus, Opera 1657, Praxis medica admirabilis, Lib. II, obs. 154.

[3]) Zittmann, Medicina forensis 1706, cent. II, cas. 10.

[4]) Fochier et Coutagne, Arch. de l'anthropol. criminelle II, 1887, S. 148.

[5]) Reitz, Ärztl. Sachverständigen-Zeitung 1906, S. 214.

Senecio Jacobaea L.

Der Jacobs-Baldgreis scheint Uterusbewegungen veranlassen zu können[1]).

Tanacetum vulgare L.

Der Rainfarn ist diejenige Pflanze, welche in den Vereinigten Staaten bei weitem am häufigsten zu Abortivzwecken benutzt wird, während sie trotz ihrer leichten Erhältlichkeit in anderen Ländern nur vereinzelt hierfür gebraucht zu werden scheint. Sehr viele Fälle von Abtreibungsversuchen, besonders mit dem ätherischen Rainfarnöl sind veröffentlicht worden, doch nur wenige, in denen wirklich Abort eintrat.

Das Rainfarnöl enthält außer Links-Kampfer und Borneol das β-Thujon (Tanaceton, Tanacetylhydrür), ein Methylketon.

Die Zahl der damit versuchten Abtreibungen ist sehr groß[2]).

Anwendung des Rainfarnöls.

1. Eine Schwangere nahm 16 g Rainfarnöl. Es entstanden danach Konvulsionen, Dyspnöe und Herzschwäche, die zum Tode führten[3]).

2. Eine erst seit wenigen Wochen Schwangere nahm 15 g Rainfarnöl, um Abort zu bewirken und starb in weniger als zwei Stunden, ohne daß Ausstoßung des Fötus eintrat[4]).

3. Ein junges Mädchen trank, um die Menstruation hervorzurufen, einen Teelöffel voll Rainfarnöl. Sie wurde schwindlig, in zehn Minuten bewußtlos, bekam Konvulsionen, Dyspnöe, unregelmäßigen Puls und starb nach ein und einer viertel Stunde[5]).

4. Ein 21 jähriges, etwa im 4. Monat schwangeres Mädchen hatte, um Abort zu bewirken, ca. 40 g Oleum Tanaceti genommen. Sie wurde schnell bewußtlos, die Pupillen waren erweitert, die Respiration beschleunigt, angestrengt, Puls voll, stark, 128. In Pausen von fünf bis zehn Minuten erfolgten heftige Krampfanfälle. Tod dreiundeinhalb Stunden nach der Vergiftung. Ausstoßung war nicht erfolgt. Im Uterus fand sich eine viermonatige Frucht[6]).

---

[1]) Lewin, Toxikologie, 2. Auflage, 1897, S. 320.
[2]) Boston med. and surg. Journ. 1851, XLIV, S. 306. — New York med. Record 1889, XXXVI, S. 346. — Buffalo med. and surg. Journ. 1864—65, S. 526. — St. Louis Courier med. 1885, XIII, S. 316. — Amer. Journ. of Med. Sciences 1852, N. Ser., XXIII, S. 136, XXIV, S. 279. — Transactions med. Society. N. Jersey 1876, S. 179.
[3]) Pereira, Med. Magazine. Boston, Nov. 24, 1834.
[4]) Hildreth, Medical Magazine, May 1834—35, III, S. 213.
[5]) Ely, Amer. Journ. of the med. Sciences, N. S., XXIV, 1852, S. 279.
[6]) Dalton, Amer. Journ. of the med. Sciences, XXIII, 1852, S. 136.

5. Eine 25jährige Schwangere trank, um Abort herbeizuführen, einen Teelöffel voll Oleum Tanaceti. Sie spürte danach Brennen im Magen und bekam Konvulsionen. Es trat kein Abort ein[1]).

6. Ein 29jähriges Mädchen trank erst 15 Tropfen Rainfarnöl und drei Stunden später noch ca. einen Teelöffel voll davon. Sie erkrankte gleich darauf unter Konvulsionen, Respirationsstockung, allgemeiner Zyanose. Am folgenden Tage trat die Menstruation ein (vier bis fünf Tage zu früh). Es erfolgte Wiederherstellung[2]).

7. Eine Schwangere nahm zum Zweck der Fruchtabtreibung Oleum Tanaceti und erkrankte unter heftigen Konvulsionen, Dyspnöe und Bewußtlosigkeit. Abort erfolgte nicht. Sie wurde wiederhergestellt[3]).

8. Eine Schwangere nahm eine große Dosis Oleum Tanaceti und erkrankte unter Bewußtlosigkeit, Konvulsionen, Dyspnöe usw. Kein Abort. Wiederherstellung[3]).

9. Eine Schwangere nahm mindestens 8 g Oleum Tanaceti. Symptome genau dieselben wie im 1. Falle. Kein Abort. Wiederherstellung[4]).

10. Ein Mädchen nahm, in dem Glauben, sie sei schwanger, ca. 10 g Oleum Tanaceti, um Abort zu bewirken. Sie wurde bewußtlos, die Atmung wurde stertorös, angestrengt und spasmodisch. Es trat blutiger Schaum vor den Mund und es entstanden Konvulsionen. Es erfolgte Wiederherstellung[5]).

11. Eine Schwangere nahm, um Abort hervorzurufen, einen Teelöffel voll Rainfarnöl. Es entstand Koma und Dilatation der Pupillen, jedoch erfolgte schließlich Wiederherstellung, ohne Wirkung auf den Uterus[6]).

Gebrauch von Aufgüssen und Abkochungen der Pflanze.

12. Eine im 3. Monat Schwangere hatte, um Abort herbeizuführen, eine Woche hindurch täglich ein starkes Infus von Tanacetum getrunken, doch ohne Erfolg. Darauf gebrauchte sie ein sehr starkes Dekokt des Krautes (225 g auf 0,5 l) als vaginale Injektion. Nach wenigen Stunden entstand ein erst wäßriger, dann blutiger Ausfluß aus der Scheide, mit Lendenschmerzen und Uteruskontraktionen. Am folgenden Tage kam die Geburt zustande. Es folgte aber eine Metritis und allgemeine Entzündung aller Nachbarteile, mit Erbrechen, Diarrhöe, Ischurie, Fieber und Peritonitis. Erst nach drei Monaten war die Patientin wiederhergestellt[7]).

13. Ein Negermädchen von 21 Jahren hatte, um Abort hervorzurufen, eine starke Abkochung von Tanacetum eingenommen. Zwei Stunden später war der Puls voller, aber seltener als normal. Haut feucht, kühl, Respiration 14, erschwert, Pupillen verengt, Züge starr, Inkohärenz der Gedanken. Vier Stunden

---

[1]) Flood, New York med. Record XI, 1876, S. 359.
[2]) Jewett, l. c.
[3]) Tidd, The Detroit Lancet V, 1881, S. 100.
[4]) Smith, The Detroit Lancet S. 147.
[5]) Link, New York med. Journ. Vol. XLI, 1884, S. 365.
[6]) Aldright, Canada med. Journ. 1869—70, VI, S. 212.
[7]) Rice, bei Jewett, Boston med. and surgic. Journ. 1880, Vol. CII, S. 237.

später Koma, Puls 60, Atmung 12, kalter Schweiß, allgemeine Paralyse der willkürlichen Muskeln inkl. der Deglutitionsmuskeln. Konvulsionen fehlten. Tod 26 Stunden nach der Vergiftung. Von einer Wirkung auf den schwangeren Uterus war nichts zu merken[1]).

14. Eine im 2. Monat der Schwangerschaft befindliche Frau trank eine reichliche Menge von Rainfarn-Dekokt und erkrankte unter denselben Symptomen wie im vorigen Falle. Es erfolgte ebenfalls Wiederherstellung, ohne daß Abort eingetreten wäre[2]).

Arnica montana.

Ich erwähnte schon, daß die Arnika in verschiedenen Gebieten, z. B. in der Mark Brandenburg, als Abtreibungsmittel gebraucht wird. Daß dies mit Erfolg geschehen kann, beweist der folgende Bericht.

Ein etwa im 2. Monat schwangeres Dienstmädchen trank um 10 Uhr morgens einen Aufguß von 20 g Arnikablüten, die ihr als Abtreibungsmittel angeraten worden waren. Danach erschien heftiges Brennen im Magen und für eine kurze Zeit ein allgemeines Krankheitsgefühl, das zum Hinlegen nötigte. Um 5 Uhr nachmittags begann starkes Erbrechen blutig gefärbter Massen. Das Bewußtsein war nicht gestört. Es bestanden sehr heftige brennende Schmerzen, beschleunigter Puls, gerötetes Gesicht.

Nach reichlicher Magenausspülung und Morphium ließen die Schmerzen nach. Die Erholung vollzog sich schnell. Wenige Tage nach dem Genusse des Tees erfolgte der Abort.

Die schwere Einwirkung der Arnikaaufgüsse auf den Magen und wohl auch auf den Darm, mit begleitenden Herz- und Atmungsstörungen sowie zerebralen Symptomen kennt man seit langer Zeit. Sie sind wohl geeignet eine Plazentarapoplexie, besonders dann zu veranlassen, wenn die Magenstörungen nachlassen und die Hyperämie weicht.

4. Anwendung zusammengesetzter pflanzlicher und anderer Abortivmittel.

Seit alter Zeit ist der Glaube verbreitet, daß man die Wirksamkeit eines Mittels dadurch erhöhen kann, daß man ihm verschiedene ähnlich wirkende Stoffe hinzufügt. Auf Grund dieser Annahme wurden namentlich von älteren Ärzten als Abortiva Mittel angegeben, welche aus vielen Substanzen bestanden, die alle auch einzeln zur Fruchtabtreibung Verwendung fanden. Die Hauptbestandteile solcher Mittel bilden in der Regel die bekanntesten Abortiva, wie Sabina, Ruta, Krokus oder Sekale. Besonders die Sabina findet sich in den meisten derartigen

---

[1]) Pendleton, Amer. med. Times and Gaz., New Ser., II, 16 march, 1861.
[2]) Flood, New York med. Record XI, 1876, S. 359.

Präparaten, aber auch seltener gebrauchte Pflanzen, z. B. Wachholder-
beeren, Sassafras, Schlagkräutlein und weißer Andorn[1]).

Da es schwierig oder unmöglich ist zu entscheiden, welche Substanz
in solchen zusammengesetzten Mitteln in den betreffenden Fällen die
Ursache des Abortes gewesen ist, so mögen derartige Fälle hier im
Zusammenhange dargestellt werden.

1. Eine Schwangere nahm, zur Wiederherstellung der Regel, eines Abends
Rosmarin und Poley, ferner Sadebaum, Lorbeeren und Safran ein. Am
folgenden Morgen gebar sie ein unreifes Kind, das nach einer viertel
Stunde starb. Nach dem Gutachten waren diese Mittel, besonders die Lorbeeren,
in der gebrauchten Menge stark genug, um Abort zu erregen, jedoch sei es
möglich, daß der Abort auch durch körperliche Anstrengung befördert sein
könnte [2]).

2. Zur Abtreibung der Leibesfrucht wurden einer 26jährigen Schwangeren
eine Mischung von Sabina, Aloe und Terpentinöl eingegeben, nachdem sie
kurz zuvor etwas zerstoßenen Pfeffer genommen hatte. In der Nacht des über-
nächsten Tages erschienen Schmerzen im Leib, und nach einigen Stunden wurde
ein toter siebenmonatiger Fötus ausgestoßen [3]).

3. Ein im 6. Monat schwangeres Mädchen wurde von einem Fötus entbunden. Es stellte sich heraus, daß sie in den letzten 14 Tagen vor dem Abort
auf den Rat eines Weibes jeden Abend einen starken heißen Tee von Kamillen
und spanischem Hopfen (Origanum creticum) getrunken hatte. Drei
Tage vor dem Abort erhielt sie von dem Weibe eine Medizin, die aus Tinct.
carminativa, alexipharmaca, Pini composita und stomachalis bestand. Davon nahm sie morgens und abends je 8 g und trank am folgenden Tage
ca. 480 g eines heißen Aufgusses von Safran und 30—45 g Fliederbeermus,
mit starkem kochendem Bier bereitet. Nach zwei Tagen traten Wehen ein,
die nach einigen Stunden zur Ausstoßung der Frucht führten[4]).

4. Bei einer 17jährigen Magd, die mit ihrem Dienstherrn ein Verhältnis
hatte, blieb im Dezember die Menstruation aus. Die Person versuchte gleich durch
verschiedene Abkochungen und Aufgüsse, u. a. durch Ruta und Mutterkorn,
außerdem durch heiße Fußbäder mit Asche die Regel hervorzurufen. Im
Januar litt sie viel an Bauchschmerzen. Im März trat eine Blutung auf. Im Mai
bekam sie plötzlich kolikähnliche Schmerzen, doch ohne Blutung aus den Genitalien. Die Schmerzen dauerten die ganze Nacht fort. Am folgenden Morgen wurde
die Schwangere von ihrem Herrn auf den Abort geführt, woselbst derselbe sie
durch Drohungen so lange auf dem Sitz zu bleiben zwang, bis ein
schwerer Körper aus den Genitalien herausgefallen war. Sodann
schnitt der Herr die aus der Vulva heraushängende Nabelschnur durch und führte
die Magd zu Bett.

Es dürfte anzunehmen sein, daß im letzten Falle die Darreichung
von Ruta und Sekale und die Anwendung der Fußbäder in dem ersten

---

[1]) Buchholtz, Beitr. II, S. 68, zitiert bei Metzger, Gerichtl. Arzneiwissenschaft 1793, § 267. — [2]) Zittmann, l. c., cent. V, cas. 28.
[3]) Hedrén, l. c. — [4]) Wald, Gerichtl. Medicin 1838, II, S. 147.

Monate der Schwangerschaft einen störenden Einfluß auf die Entwicklung des Eies gehabt und einen Zustand von Hyperämie und Kontraktionen des Uterus hervorgerufen habe. Die im März erschienene Blutung wäre dann eine unmittelbare Folge einer partiellen Ablösung der Decidua und eine entferntere Folge der im Beginn der Schwangerschaft angewendeten Mittel gewesen. Der Uterus war vielleicht vom Anfang an zum Abortus prädisponiert. Die starke Bedrohung und die daraus resultierende Gemütsbewegung muß dann als die unmittelbare Ursache der Ausstoßung der Frucht betrachtet werden[1]).

In manchen Fällen erfolgte dagegen trotz Anwendung aller erdenklichen, und selbst der kompliziertesten Mittel, kein Abort, wie die folgenden Fälle beweisen.

5. Eine im 5. Monat schwangere Frau, deren Zustand verkannt war, bekam, um die Menstruation wieder hervorzurufen, Decoct. herb. Sabinae mit Natr. biboracicum, und da dies nichts half, Tinctura Jodi, später warme Fußbäder, einen Fußaderlaß und Aloëpillen. Die Menstruation kehrte nicht wieder, aber es erfolgte auch kein Abort. Die Geburt trat vielmehr zur rechten Zeit ein[2]).

6. Ein Arzt verordnete einer anämischen, an Bluthusten leidenden Schwangeren, die von ihm geschwängert war, folgende Medikamente:

I.

Secale corn.
Frond. Sabinae ana dr. III.
Fiat. dec. ad unc. III adde.
Inf. laxat. V uncias III.
Sal. Glaub. unciam semis.
Syr. cort. Aur. unciam I.
 M. D. S. 2stündl. 2 Eßlöffel zu
  nehmen.
  (19. Oktober 1846.)

III.

Limat. ferri dr. I et semis.
Extr. amaric. dr. II.
Rad. Absynth. dr. semis.
Extr. Taxi gr. XII.
Pulv. Sabinae dr. 1/2.
Massae pil. Rufi dr. II.
Extr. Tarax. q. s. ut f. massa pil.
Form. pil. gran. III. Consp.
  pulv. fol. Sennae.
 D. S. Früh u. abends 5 Pillen.
  (1. März 1847.)

II.

Extr. Taxi gran. I.
Pulv. herb. Sabinae.
Gummi Myrrhae ana gran. V.
Pulv. gummos. gran. VI.
M. f. p. D. tal. dos. No. VI.
 D. S. Früh u. abends 1 Pulver.
  (11. Februar 1847.)

IV.

Ol. Sabinae dr. 1/2.
Ung. rosat. dr. III.
M. f. ungt.
 (1. März 1847.)

---

[1]) d'Urso, Gutachten über einen Fall von Abortus. Rom 1887. — Centralbl. f. Gyn. 1888, S. 628.

[2]) Tott, Neue Zeitschr. f. Geburtsk. II, 1835, S. 65.

Im Oktober 1846 ließ er die Schwangere außerdem zur Ader, ließ kalte Umschläge auf Brust und Unterleib machen und Fußbäder mit Senfmehl nehmen. Die Geburt erfolgte zur rechten Zeit.

Nach dem Gutachten der einen Fakultät waren die Arzneien und Aderlässe wohl geeignet, unter gewissen Umständen bisweilen eine Fruchtabtreibung zu bewirken, aber im gegenwärtigen Falle seien Gabe und Art der Verabreichung so gewesen, daß hierauf, weder überhaupt, noch insbesondere bei dieser Kranken eine Fruchtabtreibung erfolgen konnte.

Nach dem Gutachten der Prager Fakultät waren die Gaben der betreffenden Mittel zwar ungewöhnlich groß, doch nicht übermäßig. Die Mittel können wohl Abort unter Umständen bewirken, aber doch bei weitem nicht immer, sondern sogar höchst selten. Sie werden auch sonst bei nicht schwangeren Individuen gegen Bleichsucht, Menstruationsstockung und Blutflüsse angewendet (?)[1].

7. Ein 28jähriges Mädchen nahm zur Abtreibung der Frucht im 3. Monat der Schwangerschaft jeden Abend (acht Tage lang) folgenden Trank:

Beifußwasser (armoise) 100,0
Orangeblütenwasser 16,0
Sirup 25,0
Sabinaöl ⎫
Rautenöl ⎭ ana 10 Tropfen.

Sie bekam danach jedesmal Leibschmerzen, Erbrechen, Kopfschmerzen, Schwindel, doch trat Abort nicht ein[2].

8. Die oben erwähnte Mischung aus Sabina, Juniperusbeeren, Lign. Sassafras, Chamaedrys und Marrubium wurde zum Abort, wahrscheinlich mit Erfolg eingenommen[3].

Von der im vorigen Jahrhundert gebrauchten Mischung aus Oleum succini mit Oleum cornu cervi wurde in einem Gutachten angenommen, daß sie imstande sei, die Frucht abzutreiben. Das Bernsteinöl kann dies in der Tat, wie oben berichtet wurde, schon allein bewirken.

Auch mit anorganischen Stoffen zusammen wurden pflanzliche, angeblich zu einem erfolgreichen Ganzen gemischt. Dies wurde z. B. behauptet von Pillen aus Resina Guajaci, Senega, Sapo hispan., Sulfur aurat., Kampfer und Kalomel.

---

[1] Maschka, Sammlung gerichtsärztl. Gutachten der Prager med. Fakultät. 1853, S. 256.

[2] Tardieu, Etude médico-légale sur l'avortement S. 109.

[3] Bernt, Visa reperta. Wien 1829, S. 340.

5. Tiergifte. Metabolische Gifte.

1. Tiergifte.

Kanthariden.

Schon in den ältesten Zeiten kannte man die entzündungerregende Wirkung der spanischen Fliegen auf den Urogenitalapparat und wußte, daß infolge dieser Wirkung gelegentlich auch Abort eintreten kann, wenigstens werden die Kanthariden schon von Hippokrates als Abortivmittel erwähnt. Indessen sind doch nicht viele Fälle beschrieben worden, in denen nach Gebrauch dieser Käfer Abort eintrat.

Bei Tieren kam gelegentlich Verwerfen vor, nachdem Futter von einem Felde gefressen worden war, auf dem sich ein Schwarm von spanischen Fliegen niedergelassen hatte[1]), und auch nach Einreibung von Ung. cantharidum.

Pereira beobachtete einen Fall, in dem Abort bei einer Schwangeren erfolgte, „wahrscheinlich infolge der Erregung des Uterus durch die heftige Blasenaffektion", welche durch Kanthariden verursacht war[2]).

1. In einem anderen Falle, wo Kanthariden zum Zweck der Fruchtabtreibung genommen waren, trat nach zweimaligem Verschlucken einer Messerspitze voll — etwa 1,2 g — an zwei aufeinanderfolgenden Tagen dieser Erfolg ein, doch starb auch die Mutter nach vier Tagen. Am 3. Tage bestand Anurie. Blut floß aus den Geburtsteilen ab, und der Abort erfolgte mit geringem Blutverluste. Darauf folgten: Erbrechen, Pupillenerweiterung, Krämpfe, kalter Schweiß und der Tod[3]).

Bei der Sektion fand man das Gehirn mit Blut überfüllt, das Netz, das Bauchfell, die Gedärme, den Magen, die Harnleiter, die Nieren und die inneren Geschlechtsteile entzündet.

2. Eine Köchin nahm in der Absicht, eine Fehlgeburt zu bewirken 15 g gepulverte Kanthariden mit 30 g Bittersalz gemischt. Einige Stunden später bekam sie heftige Kolikschmerzen und gebar unter den schrecklichsten Schmerzen ein Kind. In der folgenden Nacht starb sie selbst[4]).

Kanthariden können also Abort bewirken. Es geschieht dies sowohl durch Vermittlung eines in den ersten Wegen und dem uropoetischen Apparat entstandenen Krankheitsprozesses, als auch durch direkte Entzündungerregung im Uterus resp. in den Eihäuten, aber

---

[1]) Römmele, Fuchs, Tierärztl. Mitteil. 1866, S. 89.
[2]) Taylor, Med. Jurisprudence, S. 271.
[3]) Journal de Santé 1819, Mai.
[4]) Fodéré, l. c., IV, S. 436.

immer unter ernstlicher Gefährdung der Mutter. Sie verhalten sich also ähnlich der Sabina.

Daß diese Käfer keinen Abort zu bewirken brauchen, zeigen folgende Fälle:

3. Ein Drogist gab einer Frau zur Herbeiführung von Abort Liq. ferri sesquichlorati, wovon sie dreimal täglich einen Teelöffel voll und zugleich Pillen, jede zu 0,03 g Kanthariden, von denen sie täglich acht Stück nehmen sollte. Sie bekam schon nach zwei Dosen der Tinktur heftige Schmerzen im ganzen Leibe, besonders in der Magen- und Blasengegend, beständiges Erbrechen grünlicher Massen und starke Schmerzen beim Urinlassen. Der Urin war spärlich und enthielt viel Blut. Diese Symptome sind wesentlich auf die Wirkung der Kanthariden zu beziehen[1]).

Abort trat nicht ein.

4. Eine Frau hatte 4 g Kanthariden genommen. Sie bekam heftige Leibschmerzen, starkes Erbrechen, Stuhlzwang, Harnreiz, genas aber, und gebar fünf Monate später ein gesundes Kind[2]).

5. In einem Falle tödlicher Vergiftung durch Kanthariden mit weit mehr als 0,05 g, die wahrscheinlich in abortiver Absicht genommen wurden, waren Zeichen einer begonnenen expulsiven Tätigkeit am Uterus nicht vorhanden, dagegen bestand Entzündung und Brand eines Teiles des Magens, sowie Entzündung der dünnen Gedärme und der Harnleiter. An dem regelmäßig beschaffenen Nabelstrang befand sich ein ausgebildetes Kind männlichen Geschlechts von 8 Zoll Länge[3]).

In Alpenländern soll Gyrinus natator L., der ähnlich den spanischen Fliegen wirkt, zu Abtreibungen verwendet werden.

Schlangengift.

Es steht durchaus in Übereinstimmung mit den anderweitigen, vom Schlangengift gekannten Wirkungen, wenn von Aborten berichtet wird, die dasselbe erzeugt hat. Schon die Atemstörungen, die als Folge der Vergiftung eintreten und meist hochgradig sind, würden einen solchen Erfolg begreifen lassen. Aber selbst wenn diese nicht vorhanden wären, könnten die eigentümlichen Blutungen aus Körperhöhlen, die vielleicht auf einer akuten Gefäßwandveränderung beruhen und nicht selten nach Schlangenbissen vorkommen, einen Abort verständlich machen, sobald der Uterus in Mitleidenschaft gezogen ist.

1. Eine 35jährige Frau, die im 5. Monat schwanger war, wurde von einer Kreuzotter am Fuß und zwar gerade in einen Varixknoten hineingebissen. Nicht lange darauf schwand das Bewußtsein, um erst nach etwa vier Stunden wiederzukehren. Die Kranke fühlte sich eiskalt an und war zyanotisch. Die Berührung der Kornea löste kaum merklich den Kornealreflex aus. Der Puls war

[1]) Taylor, l. c., S. 259.
[2]) Maschka, Handb. der gerichtl. Med., III, S. 263.
[3]) Goeden, Vierteljahrsschr. f. gerichtl. Med., IX, S. 108.

kaum fühlbar, während der Gang des Herzens ziemlich ruhig und kräftig war. Bei fortwährendem Brechreiz gingen per anum blutige Massen ab. Nach sechs Stunden erfolgte der Abort[1]).

2. In einem anderen Falle soll bei einer im 8. Monat schwangeren Frau nach Kreuzotterbiß Frühgeburt eingetreten sein. Das Kind soll gesund und kräftig, der Zeit entsprechend gewesen sein, schwarzbraun ausgesehen und nur einen halben Tag gelebt haben[2]).

2. Metabolische Gifte.

Es versteht sich von selbst, daß alle Gifte, die der kranke mütterliche Organismus erzeugt, akut oder chronisch den Fötus vergiften können. Die Schwere der Vergiftung der Mutter braucht aus begreiflichen Gründen nicht proportional derjenigen der Frucht zu sein. Nicht selten steht sogar die Lebensgefahr der Frucht in einem umgekehrten Verhältnis zu der der Mutter. Die Gründe hierfür werden teils von der Wirkungsenergie der einzelnen Gifte, teils von der spezifischen Empfindlichkeit der Früchte für dieselben und teils auch von dem Umstande abhängen, ob die Giftzufuhr längere Zeit hindurch geschieht. Gerade durch den letzteren Vorgang kann sich eine chemische und funktionelle Kumulation im Kindeskörper vollziehen, wie sie bei der das Gift produzierenden Mutter wegen der viel größeren Leichtigkeit der Giftausscheidung nicht oder doch nur unter ganz besonderen Umständen zustande kommen kann. Ja, es ist die Vorstellung nicht schwer, und sogar gut auf toxikologische Tatsachen gegründet, daß die Mutter scheinbar ganz gesund sein, und doch ein für den Fötus schädliches Gift produzieren kann. Diese Möglichkeit läßt eine Reihe von Fällen von „spontanem" Abort verständlich sein.

Wesentlich kann es sich in allen solchen Fällen nur um metabolische Gifte, also jene Gruppe von eiweißartigen Giftstoffen handeln, die einem abnormen Eiweißzerfall innerhalb des mütterlichen Körpers entweder infolge von genuiner Erkrankung desselben, oder eines in ihn gelangten fixen infektiösen Giftes, oder infolge der Lebenstätigkeit von pathogenen Pilzen, die irgendwo im Körper vegetieren, oder durch andere Einflüsse, die lebendes Eiweiß abnorm abbauen, ihr Entstehen verdanken.

3. Organgifte.

Hypophysenextrakte.

Die Hypophysen-Inhaltsstoffe, die unter den Namen: Pituitrin, Pituglandol, Hypophysin, Coluitrin usw. verwendet

---

[1]) Eisner, Ther. Mon. 1892, Nr. 6.
[2]) Müller, Statistik der Verletzungen durch Schlangenbiß in Pommern. Greifswald 1895, S. 33 u. 69.

werden, besitzen wehenerregende Wirkungen in einem verhältnismäßig hohen Prozentsatz der damit behandelten Fälle. Als inkonstant wird ihr Einfluß in der Eröffnungsperiode, bei der Einleitung der Frühgeburt, bei vorzeitigem Blasensprung usw. bezeichnet.

Als Begleiter des Erfolges zeigen sich in nicht wenigen Fällen unangenehme Nebenwirkungen für Mutter und Kind. Bei der ersteren kann es zur Erhöhung der Körperwärme bis auf 40° C kommen, ferner zur Atonie mit starken Blutungen und zu Krampfwehen, eventuell mit langen Dauerkontraktionen und deren bedrohlichen Folgen.

Häufiger und in höherem Grade als die Mutter kann das Kind dadurch geschädigt werden. Bei den zu häufigen und zu langdauernden Wehen stellt sich eine Kohlensäureüberladung seines Blutes ein. Es kommt häufig zur Verlangsamung der Herztöne und zu bedrohlicher Asphyxie, die eine operative Entbindung nötig macht, durch die das Kind manchmal nicht mehr zu retten ist. Außerdem geht das Hypophysenextrakt durch die Plazenta in das Kind über und kann seinerseits direkt gefährdend oder tötend wirken[1]). Ich halte diesen letzteren Umstand für den bedeutsamsten.

Adrenalin.

Dieses basische Gift der Nebenniere, dem u. a. eine Reizwirkung für den Sympathikus zukommt, bewirkt schon in den schwächsten Konzentrationen eine sehr energische Reaktion auf den isolierten und nicht isolierten Uterus. Die Kontraktionen dieses Organs können einen ausgeprägten tetanischen Charakter annehmen[2]). An der Kontraktionserregung können auch andere kontrahierbare Muskeln des Geschlechtsapparates usw. teilnehmen.

Schilddrüsenextrakt.

Ein Schilddrüsenextrakt kann, wie Experimente von Bleibtreu und Mosbacher ergaben, bei Kaninchen Abort erzeugen. Es ist dies wohl die Folge der eingreifenden Stoffwechselstörungen, die durch dieses Produkt veranlaßt werden, falls die Dosen hoch sind.

Plazentarextrakt.

Extrakte der Plazenta bewirken, nach Beobachtungen an Katzen und Kaninchen Steigerung des Blutdruckes, die länger als nach Adrenalin anhält. Auf den trächtigen Uterus wirken sie deutlich kontraktionserregend[3]).

---

[1]) Wagner, Naturforscher-Versammlung Wien 1913.

[2]) Kurdinowski, Arch. f. Gynäkol. Bd. 78, 1906, S. 539. — Centralbl. f. Physiol. Bd. XVIII. — [3]) Dixon and Taylor, Royal Soc. of Med. 1907, 10 Oct.

4. Krankheitsgifte.

Pockengift.

Eine Methode Abort zu bewirken besteht in Algier in der Einimpfung von Pocken. Ein Arzt wurde zur gerichtlichen Feststellung der Todesursache eines Kindes requiriert. Die Mutter war der Kindstötung verdächtig. Sie gab an, sich selbst mit Variola - Gift, das sie den Pusteln eines an Variola erkrankten Nachbarn entnommen hatte, geimpft zu haben. Man erkannte zwischen Daumen und Zeigefinger eine charakteristische, noch frische eitrige Impfstelle und am Körper im Eintrocknungsstadium befindliche Variola - Pusteln. An dem achtmonatigen Kind fanden sich ebensolche. Die Mutter wurde durch das ärztliche Gutachten außer Verfolgung gesetzt.

Die Syphilis.

Die Anschauung, daß die Syphilis von der Mutter durch die Plazentarscheidewand nicht auf den Fötus übergeht, kann trotz aller klinischen Beweisführungen in dieser Allgemeinheit nicht richtig sein, und es ist sehr wahrscheinlich, daß, wo die diesbezüglichen klinischen Beobachtungen einwandsfrei sind, entweder individuelle Verhältnisse der betreffenden Kranken die Resultate geliefert haben, oder — was unwahrscheinlich ist — der zirkulationsfähige Krankheitserreger mit seinem Gifte bezw. dieses für sich in dem Träger seinen Charakter oder seine bisherigen Eigenschaften verloren hat. Es ist nicht abzusehen, weswegen das syphilitische Gift in einem Kinde zu finden ist, das von einem sekundär syphilitischen Vater und einer gesunden Mutter oder von einer syphilitischen Mutter und einem gesunden Vater gezeugt wurde, und sich nicht finden sollte in einem Fötus, dem die Gelegenheit zur Aufnahme des Krankheitserregers bezw. des Giftes durch eine postkonzeptionelle Infektion der Mutter gegeben ist. Für die Erklärung etwaiger Fälle von Nichtinfektion der Föten bleiben nur individuelle Verhältnisse der betreffenden Mutter übrig.

Die Syphilis zeichnet ihre Spuren oft schwer genug, auch typisch, in die Föten ein. Die Folge einer echten Vererbung der Syphilis oder einer intrauterinen Infektion des Fötus, ja, schon der Syphilis der Mutter ohne Infektion des Fötus, sind unheilvolle. Es kommt entweder zu Aborten oder Früh- oder Totgeburten.

Die syphilitischen Veränderungen an den Früchten können sich in mannigfacher Form darstellen. Hervorzuheben ist die epiphysäre Osteochondritis, die schon im vierten Monate des Fötallebens nachgewiesen wurde, ihren Sitz an der Epiphysengrenze der Röhrenknochen resp. Knorpel-Knochengrenze der Rippen hat und drei Stadien auf-

weist: 1. Verbreitung der Verkalkungszone. An der Knorpel-
Knochengrenze erscheint eine mehr gerade oder hügelige Schicht von
glänzend weißrötlicher Farbe, welche sich bei mikroskopischer Untersuchung als eine leichte Vermehrung von Knorpelzellen mit Kalkinkrustation zu erkennen gibt. 2. Sklerosierung des Epiphysen-
knorpels. Die Grenzlinie wird unregelmäßig, es bilden sich warzige
Vorsprünge gegen die Gelenkoberfläche des Knorpels hin, welche aus
dichtgereihten Knorpelzellen und einer dem Verlaufe der Gefäße folgenden Verkalkung der verminderten Interzellularsubstanz und Zellen
bestehen. 3. Nekrotischer Zerfall der ergriffenen Teile bis zur
Epiphysenlösung. Die Gelenkenden sind, ähnlich wie bei Rachitis,
aufgetrieben. Nach außen findet eine entzündliche Verdickung des
Perichondriums und Periostes statt, während an der bezeichneten
Grenzlinie die Kalkinkrustation ihr Maximum erreicht hat. Die weiße
Schicht ist mörtelartig. Gefäßwände und Knochenmark sind fettig
degeneriert[1]).

Es ist besonders hervorzuheben, daß diese Veränderungen bei
kongenitaler Syphilis auch fehlen können.

Von anderweitigen syphilitischen Erkrankungen der
Frucht sind zu erwähnen: Hautausschläge in ca. 25%, Syphi-
lome der Lungen und Lebervergrößerung in ca. 60% und Ver-
größerung des Pankreas in ca. 25% der Fälle.

Karzinom.

Die Möglichkeit liegt vor, daß das Krebsgift auf den Fötus übergehen
kann. Häufiger scheint Krebs als eine idiopathische Erkrankung des
Fötus vorzukommen.

Fieberhafte Infektionskrankheiten.

Typhus abdominalis. Die Frucht stirbt meist in den ersten
Monaten ab (in ca. 60% der Fälle), ebenso kann sie bei Typhus exan-
thematicus, Typhus recurrens, Pneumonie, Tuberkulose,
Malariafieber, epidemischer Influenza, Scharlach, Masern,
Erysipelas, Variola, Cholera, Eklampsie, Septicaemie zu-
grunde gehen.

Unter 42 Rekurrenskranken war eine Schwangere. Diese abortierte
im zweiten Monat.

Die individuelle Disposition der Mutter spielt bei allen diesen Prozessen für den endlichen Ausgang der Schwangerschaft eine wesentliche Rolle, so daß prognostisch weder bei den genannten noch bei

---

[1]) Wegner, Arch. f. path. Anatomie Bd. L, 1870, Heft 3.

anderen Erkrankungen der Mutter, selbst nicht bei der Purpura haemorrhagica und der Purpura variolosa, bei denen angeblich stets Abort eintreten soll, etwas anderes als Mutmaßung angegeben werden kann.

Wo nicht direkt ein Übergang pathogener Pilze oder von Protozoen in den Fötus sich erweisen läßt, ist die Annahme des Überganges von metabolischen Giften aus der erkrankten Mutter in den Fötus wahrscheinlich. Dadurch wird auch da, wo endometrische Veränderungen vorhanden sind, die den Abort allein schon erklärlich erscheinen lassen, die Brücke zu den toxikologischen Erfahrungen geschlagen.

X. Mechanische, mechanisch-chemische und physikalische Wege zur Einleitung des Abortus.

A. Die künstliche Unterbrechung der Schwangerschaft.

1. Allgemeine Betrachtungen.

Schon in alter Zeit erkannte man die Berechtigung des Arztes an, bei einer Gefährdung des Lebens der Mutter, für den Fall des Austragenkönnens der Frucht den künstlichen Abort vorzunehmen. An früheren Stellen dieses Werkes habe ich in genügender Breite die entsprechenden Äußerungen von Priscian, Aëtius usw. mitgeteilt. Im jüdischen Altertum war es gestattet, das Kind für einen solchen Zweck zu opfern. Die Mittel wurden freigestellt[1]). Die gleiche Auffassung findet sich bei den arabischen Ärzten, die Wissenschaft und Praxis so gut zu vereinigen verstanden. Avicenna gab sogar dafür präzis als spezielle Indikation die Beckenenge an: „cum puella parva est, supra quam dimetur morsex partu." Die Anschauungen über Erlaubtsein oder Unerlaubtsein eines solchen Eingriffes erlitten, zumal durch den Einfluß der katholischen Kirche mannigfache Wandlungen. Die Frage der Empsychose und der Taufe des Kindes haben hier, bis in unsere Zeit hinein, keine Nebenrolle gespielt. Moraltheologen wie Alphons von Liguori sprachen sich dahin aus, daß eine Mutter, die in Todesgefahr sei, ihre Frucht austreiben könne:

„Licet foetus non sit aggressor voluntarius, non tenetur tamen negligere suam vitam praesentem ad servandam vitam futuram prolis."

Ähnlich spricht sich Pennachi aus[2]).

Dagegen wurde noch im Jahre 1896 von kirchlicher Seite betont, daß der künstliche „direkte" Abort sündhaft sei, und daß der Priester, der ihn verhindere und verbiete nur seine Pflicht tue, und von unberechtigtem Eingriffe in ärztliche Befugnisse hierbei keine Rede sein

---

[1]) Traktat Niddah 40. Berachot 28.
[2]) Pennacchi, De abortu et embryotomia, Romae 1884.

könne. Nur eine gottentfremdete Wissenschaft könne den Satz aufstellen: Der Mord eines Kindes zum Zwecke der Rettung der Mutter sei erlaubt[1]).

Im Jahre 1895 legte der Erzbischof von Cambray die Frage der Erlaubtheit des künstlichen Abortes dem römischen Stuhl zur endgültigen Entscheidung vor. Er stellte einen fingierten, schematischen Fall auf: Der Arzt Titius wird zu einer schwer erkrankten Frau gerufen. Die einzige Ursache der Krankheit ist der Fötus. Die Frau ist in Todesgefahr und das einzige Rettungsmittel ist der künstliche Abort. Ist dieser erlaubt? Die Kongregation antwortete mit „Nein", und diese Entscheidung wurde vom Papst bestätigt.

In unserer Zeit wurde der Standpunkt auch ärztlich vertreten, daß der künstliche Abort als ein Mord zu betrachten sei, den die göttliche und menschliche Gesetzgebung verbieten. Er sei zu verwerfen bei: 1. Beckenenge, 2. Verengerung der Geburtswege durch Geschwülste des Uterus und seiner Umgebung, der Vagina, der Eierstöcke usw., 3. bei Verengerung der Vagina, 4. Entzündung des Uterus, 5. gefährlichen Uterusblutungen, 6. Extrauterin-Schwangerschaft, 7. lebensgefährlicher Behinderung der Respiration, 8. unstillbarem Erbrechen, 9. Morbus Brightii und Eklampsie und 10. bei eingeklemmtem Bruch.

Bei Einklemmung des Uterus wird der Eihautstich für erlaubt gehalten, aber nur, weil er durch Fortgang des Fruchtwassers den Uterus verkleinert. Der Abort, der danach folge, sei nicht gewünscht worden, mithin auch nicht als eine Kindstötung anzusehen[2]).

Dagegen wird in der bekannten Theologia moralis von Lehmkuhl die künstliche Frühgeburt ebenso wie der „indirekte Abort" zur Rettung der Mutter, aber nicht der „direkte Abort" oder die Kraniotomie gestattet.

Die katholisch-kirchlichen Gegner der Berechtigung das Kind zugunsten der Mutter zu opfern, stützten sich von jeher — abgesehen von dem Gebote: „Du sollst nicht töten" auf das viel diskutierte Wort des Apostels Paulus: Man dürfe nichts Schlechtes tun, um Gutes zu erzielen.

Endlos und leidenschaftlich waren auch die Meinungsäußerungen über die aus sichersten Indikationen, zum Heile der Mutter, sich ergebenden Vernichtung des kindlichen Lebens während der Geburt. Perforation des Kindes, also seine absolut sichere Tötung oder Kaiserschnitt! Es gab französische und deutsche Ärzte, die die Kraniotomie hart verurteilten und so weit gingen, den Kaiserschnitt,

---

[1]) Bergevoort, Direkter Abort und Kraniotomie und deren Erlaubtheit. München 1896.

[2]) Capellmann, De occisione foetus, Aachen 1875, und Pastoralmedizin. Aachen 1881.

den jeder Arzt auszuführen in der Lage sein müßte, als den einzig richtigen Weg zu bezeichnen.

Heute sind bis auf Ausnahmen nur noch ärztliche Gesichtspunkte für die Vornahme des einen oder des anderen Eingriffs maßgebend. Ein religiöses Moment kommt dabei nicht mehr in Frage. So werden Zweckmäßigkeitsgründe die Klinik veranlassen den Kaiserschnitt, und den praktischen Arzt, die Kraniotomie zu vollziehen.

2. Die Indikationen.

Die Schwangerschaftsunterbrechung durch den Arzt hat heute die Sanktion erhalten, die sie auch in alter Zeit bei Unbefangenen, nicht von kirchlichen oder absonderlich juristischen Anschauungen beein-flußten Menschen gehabt hat. Es handelt sich als Indikation für sie immer nur um die Lebenserhaltung bzw. die Wiedergesundung der Mutter.

Die notwendige Voraussetzung für die Vornahme des Eingriffs ist die Zustimmung der Schwangeren. Für sie kann meiner Auf-fassung nach kein anderer eintreten. Auch nicht der Ehe-mann, der unter Umständen ein Interesse daran haben könnte, die Schwangerschaft unterbrochen zu sehen und etwa durch ein Narkoti-kum, wie Morphin, bei seiner Frau einen Zustand erzeugt hat, der z. B. der „Eklampsie ohne Krämpfe" ähneln kann.

Von den beiden genannten Indikationen für das ärztliche Handeln ist die erstere selten, auch wenn man die sog. Schwangerschaftstoxi-kosen mit einbezieht. Immerhin kann sie in Frage kommen und Hilfe heischen. Diese Hilfe, die der Schwangeren zuteil wird, ist nicht rechts-widrig, sondern erfolgt seitens des in befugter Berufsausübung handeln-den Arztes. Er ist — vorausgesetzt, daß seine Hilfs- oder Rettungs-handlung durch die Genehmigung der Schwangeren gedeckt ist, und die Art der Handlung nicht dem unter solchen Umständen üblichen ärztlichen Vorgehen bis zum offensichtlich fehlerhaften zuwiderläuft — durch den Paragraphen des zukünftigen Strafgesetzbuches, der von Notstand und Nothilfe handelt, rechtlich geschützt. In ihm wird ausgesprochen, daß nicht nur der eigene und des Angehörigen Notstand, sondern auch der Notstand jedes dritten als Entschuldigung für die Notstandshandlung zu gelten hat, wenn durch dieselbe die Rettung aus einer gegenwärtigen Gefahr beabsichtigt wird. Und eine Reichsgerichtsentscheidung besagt weiter:

„Eine Gefahr ist dann bereits gegenwärtig, wenn durch Zögern das das Übel verwirklichende Ereignis unabwendbar wird, oder die Gefahr unverhältnismäßig wächst, sobald die Verhältnisse darauf drängen, un-gesäumt mit Abwehrhandlungen vorzugehen."

Die Berechtigung des Arztes auch gegen Zukunftgefahren, also auch die Gefahren, die durch das Austragen des Kindes bei bestimmten krankhaften körperlichen Anlagen oder Leiden nach medizinischen Erfahrungen entstehen können, erhält dadurch auch eine juristische Stütze.

Die höhere Wertigkeit hat das Leben der Mutter. Das Kind besitzt in dem Notstandsfalle höchstens, und auch nicht immer, ein keimhaftes pretium affectionis seiner Erzeuger.

In jener Stunde, als Napoleon ein Nachfolger geboren werden sollte, eilte ihr Arzt Dubois zusammen mit Corvisart zur Kaiserin. Er stellte eine Steißlage fest und ließ wohl einige Unruhe über die Situation erkennen, auch über die auf ihm lastende Verantwortung. Napoleon erkannte dies und fragte, ob er eine solche Entbindung noch nie vollzogen habe. Auf die zögernd hervorgebrachte Bejahung antwortete der Kaiser: Nun so denken Sie, daß sie eine Hökerin aus der Straße St. Denis zu entbinden hätten! Wenn aber, erwiderte Dubois, etwas Schlimmes eintreten sollte, wen soll ich retten, die Mutter oder das Kind? Darauf der Kaiser: Unter allen Umständen retten Sie die Mutter![1]

Während vor einigen Jahrzehnten noch die Indikationen für die ärztliche Schwangerschaftsunterbrechung selten waren, mehren sie sich jetzt wie keine anderen auf praktisch-ärztlichem Gebiete. Es ist begreiflich, daß damit in den beteiligten Kreisen, denen ja diese neue Ära und auch nicht die jetzt erhöhte Vollziehungsleichtigkeit des Eingriffs verborgen bleiben konnte, lebhafte Erfüllungswünsche wachgerufen werden. Welche Stellung nimmt der Arzt zu diesen veränderten Verhältnissen ein?

Jedem Arzte steht das Recht zu, über medizinische Fragen, oder über arzneiliche oder mechanische Eingriffe, die er im gesundheitlichen Interesse seiner Klienten für erforderlich hält, seine eigenen Meinungen zu haben, auch solche, die mit den zur Zeit von vielen angenommenen in Widerspruch stehen. Er kann z. B. der Überzeugung sein, daß Salvarsan ein untaugliches Mittel für die Heilung der Syphilis sei und daß die angeblichen Erfolge nur leicht erklärbares Blendwerk darstellen, oder, daß der Diphtheriebazillus morphologisch nicht als Krankheitserreger zu identifizieren ist, oder daß die „Heilsera" keine „Spezifika" darstellen, sondern nur als körperfremde Eiweißstoffe[2] wirken, oder

---

[1] Antommarchi, Les derniers moments de Napoléon. Paris 1898, T. II, p. 17: „Traitez-la comme une boutiquière de la rue Saint-Denis: c'est tout ce que je vous demande ... Si de nouveaux accidents arrivent, lequel dois-je sauver? La mère ou l'enfant? — La mère, c'est son droit.

[2] L. Lewin, Über die Behandlung der Lepra durch das Gift der Klapperschlange, Deutsche Med. Wochenschr. 1900, Nr. 48. — Gifte und Gegengifte, XVI. Internat. Mediz. Kongreß, Budapest 1909.

daß unter bestimmten Bedingungen eine Amputation oder die Ovariotomie erforderlich oder nicht erforderlich ist usw. Denn wenn irgendwo, als Abstraktion der Vorgänge in der Welt das alte philosophische Wort: „πᾶν ῥέει“ eine Stätte hat, so ist es in der Medizin. Hier sind die Anschauungen über Wahr und Falsch, über zweckmäßiges oder unzweckmäßiges Handeln in dauerndem Fluß begriffen, so daß, wer heute in irgendeiner schwerwiegenden biologischen Frage ein arger Häretiker ist, die Möglichkeit verwirklicht sehen kann, bald als Prophet der Wahrheit anerkannt zu werden und umgekehrt.

Darf der Arzt nun auch die Konsequenzen seiner medizinischen Auffassung im praktischen Handeln ziehen? Jedenfalls in einer Breite, wie sie sonst keinem Verantwortung tragenden Ausüber einer beruflichen Tätigkeit zugebilligt wird.

Denn die Handelnsfreiheit des Arztes gegenüber dem Kranken kann rechtlich nicht so umgrenzt werden wie die Freiheit des Baumeisters in der Errichtung oder Ausbesserung eines Hauses. Hier herrscht nicht der Subjektivismus wie in der Medizin, wo z. B. für den gleichen Fall der eine die Kälte, der andere die Wärme verwendet, oder der eine abführen, der andere stopfen läßt, oder der eine chirurgisch konservativ der andere radikal vorgeht, sondern das Arbeiten nach den Gesetzen der Statik. **Das völlig sichere Arbeiten nach den Gesetzen der Lebensstatik, vor allem der Individualstatik, die man erkenntnismäßig leider kaum ahnt, ist in der praktischen Medizin nicht möglich, und, da es nicht möglich ist, kann die arbiträre Auffassung weite Grenzen umfassen und zu ärztlichen Handlungen führen, die nicht allgemein gebilligt, ja vielleicht sogar als Kunstfehler und noch Schlimmeres angesehen werden.**

So kommt es, daß, obschon dem Arzte kein Berufsrecht zusteht oder zustehen kann — selbst von einem Jahrtausende alten, mit dem privilegierten Stande verknüpften Gewohnheitsrecht kann hierbei nicht die Rede sein —, er bei einer seiner Hilfshandlung sich anvertrauenden Schwangeren Eingriffe vornehmen darf, die dem Interesse des Staates Kinder geboren werden zu lassen, zuwiderlaufen. Dies ist weder Theorie noch Hypothese. Angesichts des sehnenden Verlangens so vieler, schon vor dem Beginne der Schwangerschaft nicht ganz gesunder Frauen und Mädchen auf nicht anfechtbarem, legalem Wege von·der Frucht befreit zu werden, **kann ein sehr weites Dehnen der Indikationen zu einer uferlosen Bewegungsfreiheit und auch zu einem zu weiten Herzen von Ärzten führen und dadurch eine Durchbrechung des durch die Bestrafung der Abtreibung Bezweckten veranlaßt werden.**

Tatsächlich ist schon die ärztliche Anschauung über die Zulässigkeit der Schwangerschaftsunterbrechung eine sehr viel freiere gegen früher geworden. Aber schon erheben sich auch Stimmen, die von Mißbrauch der ärztlichen Bewegungsfreiheit auf diesem Gebiete künden.

Wenn öffentlich mitgeteilt werden konnte, daß ein Arzt in Berlin 116—120 Aborte jährlich bewerkstelligt, und daran die richtige Bemerkung geknüpft wurde, daß dies keine normalen Aborte seien[1]), und von einem anderen Arzte gesagt wurde, daß er im ersten Jahre seiner gynäkologischen Tätigkeit sechzigmal die Schwangerschaft gegen hohe Honorare unterbrochen habe, und weiter ausgesprochen wurde, daß es Ärzte gegeben habe, in deren Privatklinik nur Schwangerschaften unterbrochen wurden[1]), so geben solche Tatsachen Anlaß, an Ordnungswidriges zu denken. Auch wenn man hört, daß von 202 Fällen, die in fünf Jahren, von 1910—1915 der geburtshilflichen Klinik in Berlin zur Einleitung des Aborts überwiesen worden sind, nur 59% als geeignet für diesen Eingriff angesehen wurden, also in dem vierten Teil die Anschauung der überweisenden Ärzte nicht geteilt wurde, und in jedem der fünf Jahre nur 11 künstliche Aborte vorgenommen worden sind, so spricht dies nicht gerade für eine halbwegs feste Umgrenzung der Indikationen. Sind diese aber nicht genügend umgrenzbar, kann es hier keine einwandsfreie „lex artis" geben und kein ärztlicher Areopag unwandelbare Vorschriften emanieren, so wird derjenige, der — nach der Meinung anderer — tadelnswerte ärztliche Handlungen vollzieht, sie gerade durch die Nichtbegrenzbarkeit und die ihm als Arzt gegebene Freiheit „nach bestem Ermessen" gehandelt zu haben begründen.

Es drängt sich nach alledem die Aussicht auf, daß, angesichts der Divergenzen in den Anschauungen über die zulässigen Indikationen für den künstlichen Abort dieser an Zahl zunehmen, der kriminelle aber abnehmen wird. Hierbei können die Handlungen von solchen Ärzten sogar unberücksichtigt bleiben, denen der Erwerb höher steht als die ärztliche Pflicht, die in einem Geschäftsverhältnis zu Hebammen stehen, derart, daß diese bei Frauen eine Blutung aus den Geschlechtsteilen veranlassen und der betreffende Arzt dann die „Ausräumung" vornimmt, weil ein Abort vorläge. Solche Ärzte werden sich nur wenig an die Kundgebung des Pariser ärztlichen Kongresses vom Jahre 1911 kehren, die so lautet:

„Que tout médecin, par son titre, à defaut même de serment est défenseur juré de la vie humaine;

---

[1]) Ruge, Zeitschr. f. Gynäkol. Bd. 79, 1917. — P. Straßmann, ibid., S. 404.

Que ce titre l'engage sous peine de forfaire à l'honneur à faire tous ses efforts pour assurer la conservation de l'individu et celle de l'espèce;

Le Congrès; . . . déclare que tout avortement provoqué, qui n'est pas condamné par des indications médicales est un véritable crime.

3. Die Meinungen über die Anzeigen für den therapeutischen Abortus.

Es liegt nicht in dem Rahmen dieses Werkes in eine allgemein-medizinische Kritik der vorhandenen Meinungen über die Zulässigkeit der einen oder der anderen Indikation einzutreten. Es sollen hier nur Belege für das im vorigen Kapitel ausgeführte geliefert werden. Es soll gezeigt werden, daß es so viel des Kontroversen gibt, daß von allgemein restlos Gebilligtem kaum Nennenswertes übrig bleibt. Das Mißlichste in dem größeren Teil aller angeblich sicheren Feststellungen finde ich in der oft so kleinen Zahl von Individualbeobachtungen gegenüber Tausenden von Fällen, die das Wirklichkeitsleben liefert, die aber nicht in ärztliche Spezialbeobachtung kommen. Dadurch entsteht die große Gefahr für falsche Induktionsschlüsse wegen zu geringer Schlußglieder. Man wolle auch bedenken, daß der menschliche Organismus über sehr viele autogene Regulationsmöglichkeiten von in ihm entstandenen Störungen verfügt, die wir an den Erfolgen, aber nicht in ihrem Wesen erkennen können, und die jede ärztliche Voraussage zuschanden macht.

Die Hyperemesis der Schwangeren wird als eine Vergiftungswirkung durch Fötalprodukte oder aus dem Schwangerschaftszustande resultierende mütterliche Gifte angesprochen. Sie kann mit Leberveränderungen, Ikterus usw. verbunden sein. Es gibt Gynäkologen, die niemals hierbei den Abortus oder die Frühgeburt eingeleitet haben, sondern mit anderen Maßnahmen auskamen. Andere leiteten den Abort ein, wenn überdies ein starker Körperverlust sich einstellte. In einem Falle betrug er 6,3 kg in 13 Tagen[1]). Dabei kam es vor, daß eine Frau, die von der Frucht befreit sein wollte, durch freiwillige Herbeiführung auch der Gewichtsabnahme den Arzt mit Erfolg täuschte. Ja, es wird auch vor allzuleichtfertiger Einleitung des Abortus bei dem unstillbaren Erbrechen gewarnt. Bei einer Schwangeren hatte sich damit Nystagmus und zeitweiliges Benommensein verbunden. Nach der Fruchtentfernung hörte das Erbrechen auf, aber zu den Begleitzu-

---

[1]) Goener, Korrespondenzbl. f. schweiz. Ärzte 1914, Nr. 11.

ständen gesellten sich bald Symptome, die in ihrer Gesamtheit als Korsakow'sche Psychose angesprochen werden mußten[1]).

Die Leukämie soll durch die Schwangerschaft eine Verschlimmerung erfahren. Die einen raten abzuwarten bis die Mutter durch Stauungssymptome usw. gefährdet wird[2]), andere verlangen die baldige Schwangerschaftsunterbrechung. Bei manchen von dem Kinde befreiten Frauen trat Besserung, bei anderen baldiger Tod ein. Das evtl. lebend geborene Kind geht meistens bald zugrunde.

Die perniziöse Anämie. Ablehnung und Empfehlung der Schwangerschaftsunterbrechung bei diesem Leiden, dessen ätiologischer Zusammenhang mit der Schwangerschaft angenommen und geleugnet wird, stehen sich unvermittelt gegenüber. Die Genesungsziffer nach dem Abort ist bestenfalls sehr klein[3]). Die Unterbrechung der Schwangerschaft verschlimmert das Leiden im allgemeinen[4]).

Die Otosklerose, die sich in der Schwangerschaft verschlimmern soll, wird, da keine Lebensgefahr für Mutter oder Kind besteht, von Gynäkologen nicht als Indikation für Schwangerschaftsunterbrechung anerkannt. Die betreffenden Schwangeren müssen Schwerhörigkeit bzw. die Ohrgeräusche ertragen, zumal der erwartete Erfolg durch den mehrmals eingeleiteten Abort weniger als sicher ist.

Der Diabetes. Eine Diabetikerin kann konzipieren und eine Gravide diabetisch werden. Bei ca. 60% der Diabetischen verlaufen die Schwangerschaften ohne Störung. Trotzdem unterbrach man sie, ohne Rücksicht auf die Kinder, von denen bis zu 50% entweder schon intrauterin oder gleich nach der Geburt starben, und obschon Fälle bekannt gegeben worden sind, in denen der Tod trotz der Frühgeburt im Koma erfolgte — angeblich weil die Hilfe zu spät einsetzte. Eine besondere Gefahr soll die zunehmende Albuminurie und Zylindrurie darstellen.

Ob man bei Herzfehlern die Schwangerschaft unterbrechen soll oder nicht, ist seit langer Zeit kontrovers. Für Nichteingreifen oder unbedingtes Eingreifen, für die Vornahme der Frühgeburt oder des Abortus gibt es Verteidiger. Das Hauptgewicht wird auf den Individualzustand zu legen sein, d. h. die Art und die Schwere des Leidens und den Umfang der Kompensation. Ist die letztere vorhanden, so liegt kein Grund für eine Unterbrechung vor. Aber selbst bei nicht voller Kompensation wurde so lange wie möglich mit dem Eingriff zu warten empfohlen. Die Tatsache, daß selbst wenn er vollzogen wurde, nicht alsbald die günstige Wirkung zu erwarten ist, daß er überdies mit schädlichen, psychischen Erregungen verbunden ist, daß das Leiden der Mutter

---

[1]) Hahn, Arch. f. Psychiatrie Bd. 50, 1.
[2]) Seitz in Döderlein, Handb. d. Geburtshilfe Bd. 2.
[3]) Goener, l. c.
[4]) Labendzinski (Döderlein), München 1912.

kaum nennenswert dadurch gebessert wird, daß die Inkompensation wenn überhaupt so auch hier, auf bekannte Weise beeinflußbar ist, und schließlich die so überaus oft gemachte Erfahrung, daß herzkranke Frauen Geburt und Wochenbett glücklich überstehen können, haben Vielen Anlaß gegeben, die Schwangerschaftsunterbrechung abzulehnen.

Erkrankung der Nieren werden, insoweit sie akut während der Schwangerschaft auftreten, nicht als Grund für deren Unterbrechung angesehen. Dahin gehört auch das Bestehen der, sich meist in den letzten Monaten der Gravidität entwickelnden, sogenannten Schwangerschaftsniere, die in manchen Fällen recht schwer, ja unmöglich von einer Nephritis zu unterscheiden ist[1]). Diskutabel ist nur die chronische Nephritis mit Rücksicht auf die durch sie bedingten Abhängigkeitsleiden. Auch hier gibt es jedoch genug Fälle, in denen ein ärztliches Eingreifen nicht gefordert wird, in denen die Schwangerschaft normal endet.

Indikation für die Unterbrechung derselben, ohne Rücksicht auf die Lebensfähigkeit des Kindes, wird erblickt in: Aszites, deutlicher Hypertrophie des linken Ventrikels, Veränderungen an der Retina, Dyspnoe, Unregelmäßigkeit des Pulses u. a. m.

Weiter wird die Gefahr der Eklampsie, — und Urämie — Entstehung mit oder ohne Augenbeteiligung (Amaurose, Retinitis albuminurica, Netzhautablösung) als Anzeige für die Uterusentleerung bezeichnet, obschon die Prognose für die Mutter sehr schlecht ist. Während manche Gynäkologen in einem sehr hohen Prozentsatz, z. B. von 81 Fällen von Nierenerkrankung 27 mal die Schwangerschaft unterbrachen, haben andere davor gewarnt, weil der Eingriff das Leiden kompliziere und durch die Drucksteigerung im großen Kreislauf ein plötzlicher ungünstiger Einfluß auf die Niere statthabe.

Bei Pyelitis lehnen einige die Unterbrechung unbedingt ab, andere empfehlen sie bei schwerer Schädigung des Allgemeinzustandes.

Bei Morbus Basedowii lehnen einige Gynäkologen die Schwangerschaftsunterbrechung ab, andere wollen sie bei drohender Lebensgefahr vornehmen lassen. Eine solche wird schwer zu konstruieren sein. Tachykardie, Beängstigungen, Dyspnöe zeigen sie noch nicht an.

Von besonderer Bedeutung ist die Frage des Verhaltens bei Lungentuberkulose. Es ist sicher, daß in nicht wenigen Fällen die Schwangerschaft auf das Leiden keinen verschlimmernden Einfluß ausübt, zumal in Fällen, in denen Frauen jahrelang stationär lungenkrank sind, oder als „relativ geheilt" gelten, bei günstigem, objektivem Lungenbefund mit und ohne Tuberkelbazillen im Auswurf, Fehlen von Blutung und Fieberfreiheit über ein Jahr. Der Verlauf kann auch gut sein bei frischeren, lokalisierten Spitzenprozessen mit Fieberfreiheit[2]). Schon hieraus

---

[1]) Veit, Berl. klin. Wochenschr. 1905, Nr. 27.
[2]) Rosthorn, Monatschr. f. Geburtshilfe Bd. XXIII, H. 5.

geht hervor, daß von einer allgemein bejahenden Indikation für die
Unterbrechung der Schwangerschaft nicht die Rede sein kann. Trotzdem wollen einige Gynäkologen den Eingriff unterschiedslos bei jeder
Tuberkulösen vornehmen, wenn das allgemeine körperliche Verhalten
noch gut ist. Den Bazillenbefund sehen manche als entscheidend an.
Andere belassen den Zustand auf Grund der Erfahrung, daß nur selten
das Leiden durch die Schwangerschaft verschlimmert wird, auch mit
Rücksicht auf das Kind, das gesund bleiben kann, und auch darauf,
daß durch den künstlichen Abort die Tuberkulose verschlimmert werden kann, mindestens aber die Schwangere durch ihn mehr leiden kann
als durch das Weitergehen der Schwangerschaft. Noch andere Gynäkologen wollen eingreifen, wenn unangenehme Komplikationen eintreten.

Die latente Tuberkulose erheischt keine Unterbrechung der Schwangerschaft, und auch bei der manifesten wird eine individuelle Auswahl
immer mit dem weitgehendsten Konservatismus stattzufinden haben.
Also auch bei diesem Leiden bestehen sehr weite Diffe-
renzen in der Beurteilung, die dem Praktiker keine
Fessel für sein Tun anlegen.

Ebenso liegen die Verhältnisse bei nervösen und geistigen
Erkrankungen. Da die Vorgänge der Schwangerschaft, des Wochen-
betts und des Säugegeschäftes für die Entwicklung und den Verlauf
von psychischen Erkrankungen bedeutungsvoll werden können, so
sollte die Unterbrechung derselben, da ihr keine rechtlichen und sittlichen Bedenken entgegenstünden, vollzogen werden, wenn der Arzt
glaubt, die Gefahr für die Psyche der Mutter dadurch aufheben zu
können[1]. Dem ist vielfach widersprochen[2] und zum Ausdruck gebracht
worden[3], daß im allgemeinen die Indikationen für ein solches Tun
recht selten zu stellen sein dürften. Die allermeisten Geisteskrankheiten,
namentlich die periodischen oder katatonischen Depressionszustände
werden durch die Schwangerschaft nicht beeinflußt. Bei manisch-
depressivem Irresein übt die Unterbrechung der Schwangerschaft nur
einen geringen Einfluß aus. Deswegen kann diese psychische Störung
und ebensowenig die Dementia praecox und die Hysterie eine
Indikation dafür abgeben[4]. Man solle ferner den künstlichen Abort
niemals bei Selbstmordgefahr oder Furcht vor Vererbung geistiger Ge-
brechen vornehmen. Demgegenüber will ein Gynäkologe gerade bei
drohender Selbstmordgefahr eingreifen. Angeraten wurde die Operation
bei Erschöpfungspsychosen.

---

[1] Lienau, Arch. f. Psychiatrie Bd. 53.
[2] Meyer, Arch. f. Psychiatrie Bd. 55.
[3] Hoche, Monatsschr. f. Kriminalpsychol. Bd. 2.
[4] Alzheimer, Münch. med. Wochenschr. 1907, Nr. 33.

Als sehr heikel ist wohl die Indikation wegen „psychopathischer Reaktion" anzusehen bei psychisch widerstandsloser Konstitution mit krankhafter Steigerung der Geburtsangst. Die Anerkennung dieser Indikation würde, angesichts des so weit verbreiteten Abtreibungswunsches, sehr üble Konsequenzen haben. Auch die stärkste Angst-Simulation ist leicht in Szene zu setzen.

Es gibt andere krankhafte psychische Zustände, wie z. B. der Eifersuchtswahn, die so simuliert werden könnten, daß eine Schwangere dadurch leicht zu einer legalen Befreiung von der Frucht gelangen könnte, falls man ernstlich daran denken würde, daraufhin einzugreifen.

Nicht viel anders kontrovers sind die Meinungen über den therapeutischen Abort bei Nervenleiden. Gynäkologen lehnen ihn bei Epileptischen ab, während Psychiater meinen, daß jene seltenen Fälle dieses Leidens, bei denen in der Schwangerschaft die Anfälle besonders gehäuft auftreten und eine rasche Verblödung befürchten lassen, durch ihn gebessert werden [1]).

Als dringlichst wird die Uterusentleerung bei der Chorea gravidarum bezeichnet, weil dadurch die Zuckungen alsbald aufhören und das Leiden schwinde. Auch in diesen Enthusiasmus-Wein haben andere Wasser bis zum Nichterkennen gegossen. Selbst einen angeblich häufiger eintretenden großen Nutzen, auch inbezug auf die Komplikationen, widerlegen andere Erfahrungen, nach denen sogar der Tod bald nach der Operation eintrat, gelegentlich sogar dann, wenn es sich um leichtere Fälle gehandelt hat.

Das gleiche, weite Auseinandergehen der Meinungen über den Nutzen bzw. Nichtnutzen oder Schädigen des künstlichen Abortus finden sich bei manchen anderen Leiden, mit denen Schwangere behaftet sein können, z. B. die Graviditäts-Neuritis, Leberaffektionen u. a. m.

4. Andere als rein ärztliche Gesichtspunkte für die Schwangerschaftsunterbrechung.

a) Soziale Indikationen.

Man kann über die vielgestaltigen Notzustände, in die manche Schwangere geraten sind, so tief menschlich empfinden wie irgendeiner — und ich habe ja diesen Empfindungen schon in der ersten Gestaltung dieses Werkes genügend Ausdruck gegeben und andere dadurch zum gleichartigen Nachempfinden veranlaßt — und man wird es doch ablehnen müssen, dem Arzte die Berechtigung zu erteilen, hier mit

---

[1]) Hoche, l. c.

der Herbeiführung des Abortus einzugreifen, so lange es ein begründetes Gesetz gegen die Fruchtabtreibung geben wird. Abgesehen davon, daß er gar nicht imstande sein kann, fallweis den angeblichen Notumständen so tief prüfend nachzugehen, daß er Wahr von Falsch, Schein von Wirklichkeit sicher zu scheiden vermöchte — dies auch gar nicht seines Amtes ist — kommt in Frage, daß die stillschweigende Berechtigung zur straffreien Uterinentleerung unter bestimmten Bedingungen der Hilfesuchenden ihm nicht in seiner Eigenschaft als Mensch und Menschenfreund, sondern nur als Arzt zugebilligt wird. Selbst der Strafgesetzparagraph von der Hilfsbringung im Notstande könnte niemals in seiner Bedeutung so gedehnt werden, daß z. B. die Verzweiflung, die eine, in schwere soziale Not gelangte Schwangere zum ernstlichen, dem Arzte mitgeteilten Selbstmordentschlusse triebe, als eine gegenwärtige Gefahr für Leib und Leben angesehen werden könnte. Auch unter solchen Umständen müßte der Arzt die Hilfe versagen, er, der nur als Helfer körperlicher Not sonst so handeln darf wie kein anderer. Er ist Depositär eines Stückes der gesetzschaffenden und gesetzhütenden Staatsgewalt, die über den Gesetzen steht, und die nicht will, daß die Mutter als ein wichtiges Glied im Staatsleben unter bestimmten, körperlichen Leidensbedingungen auf Kosten ihrer Frucht zugrunde geht. Deshalb gestattet sie dem Arzte, aber nur unter solcher Voraussetzung, die Schwangerschaftsunterbrechung.

b) Die Eugenik.

Für die sogenannte „eugenische Indikation" der Schwangerschaftsbeendigung läßt sich keine medizinische Begründung geben. Käme nicht noch anderes hinzu, so würde sie außerhalb jeder Fragestellung bleiben müssen, schon weil ihre Verwirklichung gegen das Gesetz verstieße. Aber selbst wenn sie erlaubt wäre, so würde sie in ihrer, in manchen Köpfen sich immer umfänglicher dehnenden Gestaltung eine allgemein menschliche Anmaßlichkeit und Überheblichkeit darstellen, der vor allem der wissenschaftliche Beurteilungsboden fehlt. Dies trifft meines Erachtens hierfür so zu wie für jene andere eugenische Idee, etwa durch Unterbindung des Samenstranges oder durch Durchschneidung der Tuben absolute Zeugungsimpotente zu schaffen. Selbst wenn man von den Vererbungsvorgängen millionenfach mehr wüßte als kümmerliches Ahnen einiger Wahrheitsbröckchen, so würde alles was darüber in eugenischer Beziehung geschrieben oder gesagt worden ist, immer noch in praktischer Beziehung eine Absurdität bleiben.

Wie viele Menschen blieben wohl für die reinste Zuchtwahl noch übrig, wenn, wie in konsequenter Weise ja notwendig, auch die mit seelischen und moralischen Defekten Versehenen, die Spieler, die Liebeswütigen, die Herrschsüchtigen, die Blutgierigen, die Gemütsrohen usw. von der Welt verschwinden müßten? Oder glaubt man etwa, daß nicht auch solche Qualitäten — einschließlich der hoffnungslosen Dummheit — vererbbar sein können? Man denke daran, wie manche Herrscherfamilien durch viele Generationen hindurch, Jahrhunderte lang, Unglück über Unglück über die Welt, Verzweiflung über Hunderttausende von Menschen gebracht haben! Auch die seelisch Abwegigen können in engeren oder weiteren Kreisen mindestens ebenso Schlimmes tun wie Verbrecher, und tragen doch nicht das Stigma dieser oder von Geisteskranken. Sie alle gehören aber zur Welt, wie die leiblichen Krüppel, wie die Guten und die die Welt verbessern wollenden Eugeniker.

Die Eugenik verlangt unter anderem den Ausschluß der an chronischem Alkoholismus Leidenden von der Fortpflanzung. Wer auf der Welt wollte als untrüglicher Diagnost dafür auftreten, wer ein „Alkoholist" ist? Auch der Morphinist soll kastriert werden. Aber ich kenne ja selbst Söhne von als Morphinisten gestorbenen Medizinprofessoren, die leidlich vernünftige Medizinprofessoren geworden sind, und sich wahrscheinlich darüber freuen, daß ihre Väter nicht eugenisch kastriert worden sind. Und die Opiophagen? Wie viele Tausende von Ostasiaten würden zu Kastraten zu machen sein, oder wie viele Hunderttausende von Früchten müßten erst ärztlich abgetrieben werden, um dort ein winziges Stückchen eugenischen Zieles, das ja natürlich ein weltumfassendes sein müßte, zu erreichen? Und die Kokainisten?

Eugenisch wird noch sehr viel mehr verlangt. Auch die konstitutionelle Syphilis, Chorea, Neurasthenie, Hysterie usw. soll zu den genannten ärztlichen Eingriffen Anlaß und Berechtigung geben dürfen. Man würde, falls in irgendeiner Zeit dies Wirklichkeit werden sollte, bald erkennen, daß man damit nichts erreichte, weil solche und andere, minderwertige Menschen schaffende Zustände nicht angeboren zu sein brauchen, sondern, wie z. B. der Saturnismus oder der Merkurialismus, oder der Alkoholismus, oder gewisse Nervenstörungen neu erworben werden und sich vererben können, während andererseits ein völliges Verschwinden solcher ererbter Anlagen und Leiden in einer beliebig fernen Deszendenz durchaus im Bereiche der Möglichkeit liegt.

Ich weiß sehr wohl, daß die Meinungen über die Unterbindung der Fortpflanzungsmöglichkeit, z. B. von Verbrechern und Geisteskranken von manchem Denkenden in den geistig führenden Nationen verlangt worden ist, und daß tatsächlich im Staate Indiana im Jahre 1907 ein Gesetz geschaffen wurde, nach dem in Staatsanstalten untergebrachte Geisteskranke, Idioten und Verbrecher von dem Anstaltsarzt und zwei Chirurgen — eine sehr dürftige Fakultät — untersucht, und, falls unheilbar befunden, kastriert werden dürfen. Dies tat man im Jahre 1908 300 Male[1]). Ähnliche Gesetze bestehen in Connecticut, Pennsylvanien, Michigan. In anderen nordamerikanischen Staaten, wie Minnesota, Wisconsin, Colorado dürfen Epileptiker, Idioten, nicht ausgeheilte (?) Syphilitiker nicht ohne weiteres heiraten. Und in Dakota werden die Heiratslustigen zuvörderst von einer Jury — gewiß einer Fakultät — geprüft. Welches glänzende Zukunftsbild hinsichtlich der Vollkommenheit der amerikanischen Menschen! Neue Menschen in der neuen Welt!

Es sind dies in Wahrheit insgesamt Versuche: mit untauglichen Mitteln ein unübersehbar kompliziertes, dem Menschenverstand kaum in einem infinitesimalen Umfange begrifflich und tatsächlich zugängliches Weltgeschehen verbessern zu wollen. Sie sind von vornherein mindestens zur Unfruchtbarkeit verurteilt.

Die ärztliche Fruchtbeseitigung auf der Grundlage der Eugenik wird, meiner Überzeugung nach, nie einen Duldungsboden finden.

c) Die Schwangerschaft durch Notzucht.

Dieser Zustand, auf dessen Bedeutung ich zuerst in diesem Werke hinwies, ist der einzige, der, außerhalb des Krankheitskreises stehend, bezüglich der Schwangerschaftsunterbrechung eine besondere Beachtung verdient. In der Strafabmessung für die Abtreibung hat dieser Fall hier und da in der Gesetzgebung eine mildere Beurteilung gefunden. Wäre es möglich die Täuschung über eine durch Notzucht erfolgte Schwängerung auszuschließen, so würde ich nicht anstehen, diesen Zustand als eine, dem humanen Empfinden Rechnung tragende Indikation für den künstlichen Abort anzuerkennen, mindestens es aber gerecht finden, wenn die Strafe für die Mutter so gering als möglich ausfiele. Es bedarf nicht der Begründung, wie eine solche unglückliche Person doppelt leidet, einmal unter der Schande des an ihr begangenen Verbrechens, und noch mehr durch das Austragen und evtl. durch das Aufziehen einer solchen, einem gemeinen Verbrechen entstammenden Frucht.

---

[1]) Archiv f. Kriminalanthropologie 1908, S. 175.

B. Die Eingriffe zur Entleerung des Uterus.

1. Allgemeines. Schlimme Folgen.

Die mechanischen Angriffe auf den Uterus, oft mit chemischen Einwirkungen vergesellschaftet, oder die Herbeiführung von gröberen Zirkulationsstörungen an der Mutter gehören, wie die inneren Abtreibungsmittel, der ältesten Medizin an, da man zu allen Zeiten das natürliche Bestreben hatte, Methoden zu finden, die die Sicherheit des Erfolges mit dem geringsten Maß von Schaden für die Mutter und evtl. für das Kind verbanden.

Forensisch-medizinisch wichtig ist es, daß der Muttermund, das Collum uteri und die Innenfläche des Uterus nur wenig empfindlich sind, und daß, wenn man Instrumente vorsichtig einführt, weder Schmerzen noch andere Empfindungen wahrgenommen werden, es wohl aber unangenehm empfunden wird, wenn der Uterus einer Zerrung ausgesetzt ist.

Die Vagina ist empfindlicher. Instrumente, die an ihr ansetzen, werden als Stich empfunden.

Der kriminelle Abort tritt nach sehr verschieden langen Zeiten ein, von ca. 10 Stunden bis nach 4 oder 10—12 Tagen. Die individuelle Resistenz ist bisweilen hier wie sonst auch unverständlich groß. Bei einer Lungentuberkulösen, bei der der therapeutische Abort vorgenommen werden sollte, wurden nacheinander in 12 Tagen ausgeführt: Punktion der Eihäute mit Abfluß des Fruchtwassers, Zervixdilatation und Blasenstich, Laminariaeinlage, heiße intrauterine Injektionen usw. Erst am zwölften Tage wurde die Frucht ausgestoßen.

Die nicht seltenen tödlichen Ausgänge können entstehen u. a. durch:

Luftembolie.

Bei unter beträchtlichem Druck erfolgenden Einspritzungen von Flüssigkeiten in den Uterus kann die im Ansatzrohr und dem Ballon befindliche Luft in die Gefäße dringen, die durch streckenweise Lösung der Eihäute oder der Plazenta zerrissen worden sind. Sie gelangt durch die in den Mutterbändern verlaufenden größeren Gefäße in das rechte, dann in das linke Herz und in die Arterien, das Gehirn usw. Der Tod erfolgt alsbald oder nach Stunden. Bei der Sektion fand man Luft in beiden Herzhälften, den Gehirngefäßen und in der Muskulatur der Gebärmutter[1]).

---

[1]) Feldmann, Ärztl. Sachverst.-Ztg. 1910, 1.

Infektion.

Mit unsauberen Instrumenten und von Fingern können Infektions-keime in die Genitalien gelangen. Man fand von solchen bei kriminellem Abort: Staphylococcus pyogenes aureus, St. pyogenes haemolyticus, St. pyogenes albus, ferner: Streptococcus anhaemolyticus und Bacillus aërogenes capsulatus[1]). Einmal führte ein Abtreiber einer Schwangeren frische, mit Erde be-schmutzte Wurzeln — wahrscheinlich Malvenwurzeln — ein. Es stellte sich Tetanus ein, der am 12. Tage zum Tode führte[2]).

Verwundungen am Genitalapparat. Peritonitis.

Es kommen durch die Einführung von Instrumenten Rißwunden an der Portio vaginalis und Läsionen der Zervixhöhle vor. Gelegentlich kommt es zur Durchbohrung des Scheidengewölbes und Eindringen des Instruments in die Bauchhöhle. Die Geliebte von Racine, Frau du Parc, starb an einer so erzeugten Peritonitis. Einer Frau wurde ein 13 cm langer Metallkatheter in den Uterus geschoben und verblieb dort vierzehn Tage. Dann fiel er heraus, wurde ausgekocht und wieder mit solcher Gewalt eingeschoben, daß er den Uterusfundus perforierte. Nach drei Tagen erschienen Schmerzen, Blutungen, hohes Fieber. Der unter der Bauchdecke gefühlte Katheter wurde entfernt und die Aus-räumung vorgenommen[3]).

Der Fötus kann durch die eingeführten Fremdkörper verletzt werden. Man fand Quetschwunden am Kopf und Hals, Stichwunden in die große Fontanelle, welche durch den Sinus sagittalis superior bis in das Gehirn gingen. In einem solchen Falle sah man aus der Fontanelle blutunterlaufene Gewebsteile heraushängen[4]).

2. Methoden der Wehenerregung, die direkt auf den Uterus gerichtet sind.

a) Einspritzungen in die Gebärmutterhöhle.

Avicenna lehrte bereits, daß man zur Erzielung des Abortes In-jektionen in die Uterushöhle selbst machen könne, und später ist dieses Verfahren wahrscheinlich sehr häufig ausgeführt worden. Das hierzu dienende Instrument, welches dreikantig und mit einem dem Mutterhals

---

[1]) Lindemann, Brauers Beiträge 1913, Bd. 1.
[2]) Metall, Allg. Wien. med. Ztg. 1910, Nr. 26.
[3]) Valenta, Gynäkol. Rundschau 1909, H. 14.
[4]) Schickele, Münch. med. Wochenschr. 1906, S. 1004.

entsprechend langen Halse versehen war, wurde durch den Muttermund hindurchgeführt und dann mit Stoffen, welche die Frucht töten und die Austreibung fördern sollten, eingespritzt.

Injektionen von warmem Wasser zwischen Uteruswand und Ei- häute wurden 1824 empfohlen, 1846 wurde aber zuerst die Frühgeburt durch zweimalige Einspritzung von je 30 g Teerwasser mittels eines Röhrchens, das zwei Zoll zwischen Eihäute und vordere Uterinwand hinaufgeschoben und mit einer Klistierspritze in Verbindung gebracht war, bewerkstelligt. Später bekam das Röhrchen eine keilförmige Ge- stalt und man spritzte bis ca 750 g Teerwasser ein[1]), während andere Katheter oder sonstige Instrumente, und statt des Teerwassers Wasser verwandten.

Die Wirkung der Einspritzungen, die häufig auch mit irgendwelchen anderen Flüssigkeiten oder auch mit Luft zum kriminellen Abort vor- genommen worden sind, kann schnell vor sich gehen.

Die Gefahren bestehen in der Möglichkeit des Eindringens von Luft oder Injektionsflüssigkeit in die Venen und dadurch bedingtem Tod der Mutter.

Eine Methode, von der man niemals einen Mißerfolg oder gar üble Folgen oder Nachteile gesehen haben will, besteht in folgendem: Man führt einen metallenen, gekrümmten Katheter von etwa 2 mm Lumen in die Uterushöhle bis zum Fundus hinauf, — letzteres ist durchaus nötig, damit man in die unmittelbare Nähe des Eies kommt —, und spritzt mit einer genau in das Katheterlumen passenden Spritze 3—4 g Jodtinktur hinein. Die Braunsche Intrauterinspritze eignet sich nicht dazu, da sie nur 1 g Jodtinktur faßt. Nach Entfernung des Ka- theters schiebt man·sofort einen Tampon von gewöhnlicher Verband- watte bis zum Muttermunde hinauf, um ein unnötiges Anätzen der Vaginalschleimhaut mit der aus der Uterushöhle teilweise abfließenden Jodtinktur zu vermeiden.

Gewöhnlich am dritten Tage nach der Einspritzung tritt Abgang von Blut ein, und ohne jede besondere Beschwerde soll der regelmäßige Verlauf einer Menstruation vor sich gehen. Tritt die Blutung nicht ein, was im ganzen nur selten und gewöhnlich nur dann vorkommt, wenn der Katheter nicht tief genug bis ans Ende der Uterinhöhle eingeführt war, dann wiederholt man die Einspritzung. Das ganze Verfahren ist angeblich ein so wenig eingreifendes, daß man die Frauen nach gesche- hener Einspritzung sofort nach Hause gehen lassen kann und nicht ein- mal Bettruhe anzuordnen braucht. Voraussetzung ist dabei freilich, daß die Einspritzung in den ersten Tagen oder wenigstens Wochen nach dem Ausbleiben der Regel vorgenommen wird.

---

[1]) Cohen, Neue Zeitschr. f. Geburtshilfe 1846, S. 116.

Die Jodtinktur soll besonders geeignet sein zur Erreichung des in Rede stehenden Zweckes, da sie folgende Eigenschaften zu gleicher Zeit entfaltet: 1. sie vernichtet, da sie die Gewebe rasch durchtränkt, sofort das fötale Leben, 2. sie wehrt durch ihre hohen antiseptischen Eigenschaften jede nachteilige Einwirkung des Eingriffes ab, 3. sie regt durch ihren Reiz die Wehentätigkeit des Uterus an[1]).

Zu bedenken wäre freilich, daß die angewendete Jodmenge das ungefähr 14fache der maximalen Dosis darstellt. Ich möchte nicht die Verantwortung für die eventuellen resorptiven Wirkungen solcher Dosen tragen.

Glyzerininjektionen zwischen Gebärmutter und Fruchtblase wirken wesentlich durch die pharmakologischen Eigenschaften des Glyzerins [2]).

Irrigation in das untere Uterinsegment mit 1—2 Liter sterilem Wasser oder Borwasser kam zur Einleitung der künstlichen Frühgeburt zur Verwendung[3]). Solche Injektionen können tödlich verlaufen.

Einer im siebenten Monat Schwangeren wurde eine intrauterine Injektion einer mit Kochsalz und Seife bereiteten Lösung gemacht. Der Tod trat ein, als noch nicht ein viertel Liter der Flüssigkeit eingelaufen war. Bei der Sektion fand man, daß im unteren Uterinsegment die Eihäute abgehoben waren. Die Todesursache sollte eine durch die Uterusreizung bedingte Herzlähmung sein[4]). Wahrscheinlich war aber Luft in die Venen eingetreten.

Statt des viel benutzten, auch noch bei der Sektion zwischen Eihäuten und Uterus gefundenen Seifenwassers wurden auch wohl Soda-lösungen oder Lösungen eines der vielen auf den vorstehenden Blättern erwähnten Stoffe: Lysol, Karbolsäure, Petroleum, Sublimat, Essig, Holzessig, Tabakaufguß, Silbernitrat, Urin usw. benutzt. Eine Einspritzung von Leinöl mit Kamillentee machte sich eine junge Frau neunmal mit Erfolg. Dann trat kein Abort, aber der Tod unter den Symptomen schwerer Sepsis ein, weil die Einspritzung in die Gewebe der Decidua vera hinein erfolgt war[5]).

Zu erzwingen ist der Erfolg nicht in jedem Falle. Selbst nach Einspritzung einer Lösung von Liquor Ferri sesquichlorati blieb er aus.

Als Instrumente für die Flüssigkeitseinbringung zum Zwecke der Fruchtabtreibung werden zinnerne Spritzen mit langem

---

[1]) Oehlschlaeger, Zentralbl. f. Gynäkol. 1900, 7. Juli.
[2]) Vgl. oben Glyzerin.
[3]) Kufferath, Zentralbl. f. Gynäkol. 1895, S. 1346.
[4]) Perrin de la Touche, Gaz. hebd. de Médec. 1896, No. 5.
[5]) Lesser, Vierteljahrschr. f. ger. Med. 3. F., Bd. 49, 1915, S. 5.

Ansatzrohr, Mutterspritzen (Laetitiaspritze, Lady's friend), Irrigatoren, Alphaspritzen, Ballons, Clysopompes usw. gebraucht. Abtreiberinnen in Paris benutzen auch kleine Spritzen von 10—15 ccm Inhalt[1]). Selbst durch eingeschobene Katheter wird Flüssigkeit eingespritzt.

Die Schwangere steht oder sitzt, die abtreibende Person kniet vor ihr und führt das Instrument unter Fingerführung in den Uterus.

Es steht absolut fest, daß die Schwangere an sich selbst den Eingriff vornehmen kann. Gar manche hat dies, sogar mehrfach, mit Erfolg an sich bewerkstelligt[2]).

b) Rein mechanische Eingriffe.

Der Eihautstich.

Schon um das Jahr 200 berichtet Tertullian[3]) von jenem, oben schon erwähnten Instrument, einem

„tortile temperamentum quo prius patescere secreta coguntur cum anulo cultrato, quo intus, membra caeduntur anxio arbitrio: cum hebete unco quo totum pecus extrahitur violento puerperio. Est etiam aeneum spiculum, quo jugulatio ipsa dirigitur caeco latrocinio: ἐμβρυοσφάκτην appellant . . .‟

Es handelt sich hier also um eine Art Dilatatorium für den Muttermund, wahrscheinlich um die Perforation des Kindes vornehmen zu können und nicht zur Einleitung der Frühgeburt.

Justine Siegemundin leitete die Frühgeburt bei Placenta praevia mit nicht zu stillender Blutung dadurch ein, daß sie „mit einem subtilen Häklein oder Draht oder Haarnadel‟ den Mutterkuchen durchbohrte, worauf das Fruchtwasser abfloß und der Uterus sich verkleinerte, die Geburt begann und die Blutung stand[4]).

In Frankreich riet Guillemeau († 1613), bei einer gefahrdrohenden Metrorrhagie die Schwangerschaft durch künstliche Erweiterung und Entleerung der Gebärmutter von ihrem Inhalte zu unterbrechen.

Puzos († 1753) erweiterte wegen der mit dem Accouchement forcé verbundenen Gefahren den Muttermund nicht gewaltsam, sondern eröffnete ihn durch vorsichtiges pausenweises Reiben und kräftigte die beginnenden Wehen durch Sprengung der Eihäute.

Im Jahre 1756 wurde die künstliche Frühgeburt durch Punktion der Eihäute von Macaulay prophylaktisch bei Beckenenge ausgeführt.

---

1) Brouardel, l. c.
2) Laguerre, Zentralbl. f. Gynäkol. 1902.
3) Tertullian, Ed. Rigaltii 1641. De anima Cap. XXV, S. 328. — Vgl. auch: Ovid, Elegien XIV.
4) J. Siegemundin, Die Chur-Brandenburgische Hofwehmutter ... Coeln a. d. Spree 1600, S. 110.

Die Methode der künstlichen Frühgeburt durch Eihautstich wurde, wie aus forensisch-medizinischen Mitteilungen aus dem Ende jenes Jahrhunderts ersichtlich ist, viel von Ärzten und Laien zum gesetzwidrigen Abort benutzt, nachdem sie ärztlich zur Einleitung der Frühgeburt angewandt worden war. Sie wird auch heute noch für alle Fälle als der einfachste, schonendste Eingriff bezeichnet, der in der Mehrzahl der Fälle auch von sicherem Erfolg begleitet ist[1]).

In Rückenlage wird der Schwangeren, nachdem man durch den Muttermund und den Zervikalkanal gedrungen ist, mit einem irgendwie geformten Instrument (Nadeln, Troikart, Katheter usw., selbst einer zugespitzten Gänsefeder) der untere Eipol angestochen. Das Fruchtwasser läuft ab, der Uterus legt sich an die Kindsteile an und die Wehen treten ein. Reiben des Unterleibes und Scheideninjektionen verstärken die Wehen. Die Geburt kann sofort, oder nach Stunden, oder erst nach drei bis acht Tagen oder noch viel später erfolgen.

Die Frucht büßt bei dieser Methode leicht das Leben ein.

Der hohe Blasenstich, der verhüten sollte, daß das Fruchtwasser schnell, vollständig und frühzeitig ablaufe, verlangt eine Verletzung der Fruchtblase durch einen besonders geformten Troikart, hoch oben ca. acht Zoll vom Muttermunde entfernt.

Das Verfahren ist unsicher und gefährlich.

Im achtzehnten Jahrhundert trieben drei Weiber im Hannoverschen ein förmliches Gewerbe damit, mit einem spitzen Griffel die Eihäute anzustechen und den Fötus zu verwunden.

In Italien hatten ebenfalls schon zu derselben Zeit die feilen Dirnen die Gewohnheit, wenn sie an sich die Zeichen der Schwangerschaft wahrnahmen, mit einer Haarnadel, die sie durch den Muttermund in den Uterus zu bringen wußten, die Frucht zu töten[2]).

Diese Praxis ist auch anderwärts, z. B. in Paris und auch in Berlin[3]) im vorigen Jahrhundert in gleicher Weise gehandhabt worden, und im achtzehnten Jahrhundert scheint auch das Abfließenlassen des Fruchtwassers zur Einleitung des Abortes gut gekannt gewesen zu sein[4]).

Von Orientalinnen werden Tabakblattstengel, Efeu- oder Olivenstengel, oder auch andere Pflanzen als Uterussonden gebraucht, die das Wasser zum Ablaufen bringen.

Die forensisch wichtige Frage, ob eine Schwangere an sich selbst den Eihautstich ohne Verletzung bewerkstelligen kann, ist für den Fall des Tiefstandes der Zervix und bei dem Gebrauche der Finger einer

---

[1]) Polano, l. c.
[2]) A. v. Haller, Vorlesungen 1742, Bd. I, S. 148.
[3]) Behrend, Zeitschr. f. Staatsarzneik. Bd. 42, S. 53.
[4]) Scheel, De liquor. Amnii natur. Hafn. 1799, S. 74.

Hand als Führung des Instrumentes auch für diese Methode zu bejahen[1]).

Verletzungen finden sich gewöhnlich an der hinteren Seite, dicht am Muttermund, oder auch an der hinteren Seite des Uteruskörpers.

Es ist für die Begutachtung wichtig, darauf hinzuweisen, daß der Zeitraum zwischen Eihautstich und Abgang der Frucht ein bis drei, vielleicht noch mehr Wochen betragen kann, so daß der ursächliche Zusammenhang angenommen werden kann. Die Zeit des erfolgenden Abganges der Frucht nach mechanischen Eingriffen schwankt überhaupt sehr — von einigen Stunden bis zu mehreren Wochen. Es kommt hierbei nicht die Stärke der Reizung, sondern der individuelle Widerstand, den Ei und Uterus ihrer Trennung entgegensetzen, als Grund in Frage.

Das verschiedenartigste verletzende Material für den Eihautstich wurde gebraucht: Holzstückchen, Zahnstocher, Drähte, Stricknadeln, Packnadeln, eine Scheere, Gänsefederkiele, Pinsel mit Holzgriff, Federhalter, Fischbeinstäbchen, Glasstäbe, eine Korsettstange[2]), elastische oder feste Katheter, Gummisonden, Harnröhrenbougies etc.

Ablösung der Eihäute vom unteren Uterinsegment mit dem Finger.

Diese von Hamilton oder von Jones schon 1804 angewandte Methode besteht darin, daß man mit dem Finger in den Uterus eindringt und möglichst hoch die Eihäute von der Uteruswand abtrennt. Hierzu bedarf man eines langen Fingers, genügender Weite des Muttermundes und ausreichenden Tiefstandes des Uterus.

Der Erfog ist unsicher, die Ausführung nur selten möglich. Mitunter kann eine Woche darüber hingehen, ehe sich Wehen einstellen.

Belassen von Fremdkörpern im Uterus.

Einlegen und Liegenlassen eines tief in die Uterushöhle geführten elastischen Bougies.

Dem Vorschlage, ein Wachsbougie in die Gebärmutterhöhle einzuführen, das die Eihäute abtrennen und die Uterinnerven reizen sollte, folgte die Einführung des flexiblen Katheters, der sieben bis acht Zoll tief in die Höhle eingeschoben, und dort für längere Zeit, z. B. eine Nacht, belassen wurde[3]), und später die Einbringung und das Liegenlassen eines elastischen englischen, gut desinfizierten Bougies (Nr. 8, 11 und 16 engl. Maßstab mit 5, $6^1/_2$ oder 9 mm Durchmesser und

---

[1]) Leblond, Annales d'hygiène publ. 1884, S. 520.
[2]) Puppe, Monatsschr. f. Geburtshilfe Bd. XXI.
[3]) Krause, Die künstliche Frühgeburt. Breslau 1855, S. 75.

33—35 cm Länge)[1]). Die Gefahr der Infektion ist vorhanden, aber gering. Die Fruchtblase kann leicht gesprengt werden. Das Verfahren ist einfach, leicht und schmerzlos.

Mit mannigfachen anderen der aufgeführten Methoden ist die Krausesche verbunden worden. Wie Gerichtsverhandlungen lehrten, wurde diese Methode viel von berufsmäßigen Abtreiberinnen oder Laien, die von ihr Kenntnis erhielten, angewandt, um die Frucht abzutreiben.

Das Einlegen elastischer Bougies zwischen Eiblase und Uteruswand ist, obschon technisch leicht ausführbar, in den meisten Kliniken wieder verlassen worden. Die Methode ist unsicher, so daß man gelegentlich auch nach vierzehntägiger Bougieeinlegung noch keine Frühgeburt eintreten sah. Es besteht dabei die Gefahr der Infektion und der Plazentarverletzung [2]).

Intrauterine Kolpeuryse. Ablösung der Eihäute und gleichzeitige Dehnung der Zervix soll das Tarniersche Instrument veranlassen. Dasselbe gestattet, das dehnbare Ende eines über den inneren Muttermund mittels einer Sonde hinaufgeschobenen Kautschukrohres durch Injektion mit Wasser oder Luft so aufzublasen, daß es als kugelförmige Blase über dem inneren Muttermund zu liegen kommt.

Diese Methode ist ziemlich unsicher und der Apparat zu wenig stabil.

Die Metreuryse, d. h. das Einlegen elastischer Ballons zwischen Eiblase und Uteruswand wurde vielfach empfohlen. Nach Ausstoßung des Ballons soll die Geburt sofort beendet werden. Die Methode ist für Frühgeburt und künstlichen Abort verwendbar:

Vorbereitung der Frau durch möglichst heiße Scheidenspülungen mit Lysollösung[3]) und Vollbäder am Vorabend und Morgen des Operationstages. Hierdurch werden fast regelmäßig leichte Wehen hervorgerufen, die das Einführen des Metreurynters gestatten. Bei zu engem Zervikalkanal gelingt die Dilatation bis Fingerdicke mit Metalldilatatoren leicht. Der ausgekochte oder mit Seife, Alkohol und Sublimat gründlich ausgebürstete oder in einer Lösung von $1^0/_{00}$ Sublimat $^1/_3$, Glycerin $^2/_3$, aufbewahrte Metreurynter, der 600 ccm Flüssigkeit fassen und dessen Umfang in gefülltem Zustande etwa 35 ccm betragen muß, wird zigarrenförmig zusammengedreht und dann, wenn möglich manuell, sonst mit einer gebogenen Kornzange vorsichtig über den inneren Muttermund geschoben und sofort ad maximum ausgefüllt. Die Wehentätigkeit wird beinahe regelmäßig durch den auf das Uterusinnere

---

[1]) Sarwey, l. c., S. 109ff. — Vgl. vorstehende Fälle.

[2]) Polano, Münch. med. Wochenschr. 1906, Nr. 38.

[3]) Dieses Kresolpräparat ist besser nicht, und dafür eventuell der Liquor Kresoli saponatus des Deutschen Arzneibuches zu verwenden.

wirkenden Reiz in Gang gebracht und durch Reizvariationen, z. B. wechselnden Zug am Ballonschlauch und später durch Ablassen von 100 ccm Flüssigkeit, leicht aufrecht erhalten. Da auch nach hinreichender Erweiterung des Muttermundes nicht immer der Ballon von selbst ausgestoßen wird, muß man häufiger untersuchen und nach Entfernung des Metreurynters sofort in Narkose die Blase sprengen und die Frucht, falls nötig, wenden und extrahieren[1]).

3. Anregung der Wehentätigkeit durch Erweiterung des Zervikalkanals.

Neben inneren Mitteln, die zur Frühgeburt bei kleinen schwachen Schwangeren, oder beim Vorhandensein eines toten Fötus, oder einer Gebärmuttergeschwulst angewandt werden sollten, führt Avicenna auch eine Reihe mechanischer Eingriffe für diesen Zweck an:

Aderlaß an der Saphena, körperliche Anstrengungen, das Einlegen von Charpie in den Muttermund oder einer Feder, oder eines glatten, zugespitzten Stückchen Holzes von der Raute oder Artanita, oder Sirakost.

In Indien werden vielfach hölzerne Stäbchen in den Muttermund eingeführt, die mit gepulverter Muskatnuß oder mit Arsenik bestrichen werden. Der Tod erfolgt hierbei oft durch Sepsis.

Um das Fruchtwasser zu erhalten und den Muttermund allmählich zu erweitern, führte man Preßschwamm oder, da dieser schwer aseptisch zu machen ist, Laminaria oder Tupelo oder die Wurzel von Gentiana lutea in den Zervikalkanal ein. Die Methode ist viel gebraucht worden. Mitunter erfolgt die Geburtstätigkeit erst nach 3—4—6 Tagen. Ist die Zervix nicht genügend durchgängig, um das dilatierende Agens einzuführen, so muß sie erst durch ein Dilatatorium erweitert werden. Nach Anwendung dieser Methode kommen auch Todesfälle vor.

Für die schnelle Aborteinleitung wird die Dilatation mit Hegarstiften und unmittelbar daran anschließend die Ausräumung mit dem Finger oder breiter Kurette benutzt. Das Kurettement soll bei Früchten bis zu zwei Monaten verwendet werden. Ist der Uterus über 12 cm lang, so nahm man die Tamponade mit Jodoformglyzerin für 24 Stunden vor.

Die instrumentelle Erweiterung der Zervix durch irgendwie konstruierte federnde, oder durch Schrauben oder Gummiringe in Bewegung zu setzende und festzuhaltende Dilatatorien ist unbrauchbar.

Häufiger benuzt wurde für den gleichen Zweck das Einlegen von Gummiblasen, z. B. des geigenförmigen Tampons von Barnes, der

---

[1]) Polano, Münch. med. Wochenschr. 1906, Nr. 38.

zwei, etwa eigroße, durch ein hohles Mittelstück verbundene Kautschukblasen darstellt, welche, nachdem sie in den Zervikalkanal derart eingeschoben wurden, daß das obere Ende über dem inneren Muttermund zu liegen gekommen ist, und das Mittelstück den Zervikalkanal durchzieht, durch Wasser aufgeblasen werden können.

Die Methode ist unsicher und birgt Gefahren in sich.

Auch Tampons aus Jodoformgaze, oder solche mit Karbolsäure oder Glyzerin getränkt, wurden verwandt.

Statt der Gummiballons wurden auch wegen der größeren Widerstandsfähigkeit Ballons aus Seide, die außen und innen gummiert sind und bei stärkster Füllung den Umfang eines reifen Kindschädels haben, verwendet. Die Dauer der Geburt von der Einlegung des Apparates an, schwankte zwischen 10—12 Stunden[1]).

An Stelle der gewöhnlichen Tamponade zur Einleitung der Frühgeburt wurde die zweizeitige Jodoformgazetamponade empfohlen[2]). Es ist unwahrscheinlich, daß das Jodoform an dem Zustandekommen der Wehen beteiligt ist.

Die Geschlechtsteile werden desinfiziert, ein Jodoformgazestreifen wird mit Playfairscher Sonde in den Zervikalkanal bis zum Orificium internum gebracht und die Scheide tamponiert. Nach vierundzwanzig Stunden wird der Tampon entfernt. Das Orificium internum ist dann für den Finger durchgängig geworden und das Ei am unteren Pol gelockert. Alsdann wird ein Jodoformgazestreifen in den untersten Abschnitt des Uterus eingeführt und Zervix und Scheide tamponiert. Die zweite Tamponade ruft bald kräftige Wehen hervor.

Wegen der Gefahr der Intoxikation, die nicht gering ist, muß der Harn von Zeit zu Zeit auf anorganisches und organisches Jod untersucht werden. Besteht Nephritis, so muß man Jodoform durch ein anderes aseptisches Material ersetzen.

Noch besseres soll die Uterustamponade mittels glyzeringetränkter Jodoformgaze leisten.

Die durch Vollbäder und Scheidenirrigation vorbereitete Schwangere wird in Steißrückenlage gebracht und die Portio angehakt. Ein Jodoformgazestreifen in mehrfacher Lage, von etwa 1 cm Breite und 75 cm Länge wird an seinem oberen Ende auf eine Ausdehnung von etwa 15 cm in steriles Glyzerin getaucht, so daß etwa 15 ccm dieses Mittels von dem Jodoformgazedocht aufgesaugt werden. Das vordere, in Glyzerin getauchte Ende wird mit der geraden Schröderschen Polypenzange gefaßt, in die Zervix eingeführt und von dem Streifen so viel nachgestopft, als bequem in die Zervix und den unteren Korpusabschnitt

---

[1]) Campetier, Arch. de Tocologie 1889, No. 1.
[2]) Frank, Wien. med. Wochenschr. 1896, Nr. 3.

hineingeht, und die Zervix mit einem Jodoformgazebausch bedeckt. Die Wehen treten nach wenigen Stunden auf[1]).

Statt der instrumentellen Dilatation des Zervikalkanals kommt für die Abtreibung auch wohl die manuelle zur Verwendung. Dieses rohe Eindringen in den Hals der Gebärmutter kann aus verschiedenen Gründen zum Erfolge führen, in erster Reihe durch Reizung des nervösen Uterinapparates.

4. Einwirkungen auf Vaginalportion und Vagina.

Die Anwendung von Zäpfchen, die bis an den Muttermund gebracht wurden, aus mehr oder minder stark örtlich oder allgemein wirkenden Medikamenten bestehend, ist seit der Hippokratischen Zeit bekannt und später durch die Araber noch weiter ausgebildet worden.

Ich habe verschiedene derartige Vorschriften bereits angegeben. Avicenna ordnet an, daß, wenn ein solches Zäpfchen appliziert ist, die Frau ihre Schenkel auf ein hohes Kissen legen und diese Lage des Nachts beibehalten müsse.

Reizende Dämpfe, z. B. von brennendem Eselshuf oder Eselsmist wurden, wie Avicenna angibt, von arabischen Ärzten durch ein Röhrchen in die Geschlechtsteile geleitet, um Abtreibung zu veranlassen. Noch Roesslin[2]) erwähnt diese Therapie: „vnd hilfft solichs nit so soll man der frauwen zuhülff kommẽ / mit rauch zu dẽ gemechtẽ / mit myrra und galbanũ vnd mit bibergeill / die alle sol man zusamen machen mit kugallen. Des dings alles vor zvsamẽ gemacht / nym eỹ quintlin schwer vnd lege es vff ẽ glutlyn / vñ lass dẽ rauch vndẽtzu der frauwen gon. Itẽ ein anders / mã soll nemẽ gele schwebel / myrra roty da mã mit rhot ferwet / galbanũ / oppoponacũ / gemengt vndereyander mit kugallen / vnd mit solichen rauch soll die fraw zu den gemechten gereucht werden / furdert die geburt". „Itẽ meer berauch yr gemecht mit tauben misst / ist yr auch vast gut. Item berauch yr gemecht mit oppoponacũ / vn mit habich geschmeiss."

An einer anderen Stelle, wo er von der Herausbeförderung eines toten Kindes handelt, sind die Vorschriften abgeändert und der Rauch der verbrannten Massen wird hierbei durch ein Rohr in die Vagina, wahrscheinlich sehr tief eingeleitet. Die sich aus der einen Mischung entwickelnde schweflige Säure ist wohl imstande durch ihre gewaltige Reizwirkung Wehen auszulösen.

„Wil tu das todt Kindt bringen von muter leib on tzerschnidũg vnd tzerryssung des todten Kindes / vnd auch on haken vn tzangen /

---

[1]) Wienskowitz, Zeitschr. f. p. Ärzte 1898, 15. März.
[2]) Roesslin, l. c., p. E III und J II.

So mach ein rauch von huffen oder võ esels miist vnden zu der frawen.

Item ein anders mach der frawen eỹ rauch vnden zu / von einẽ naterbalg võ myrra / von bybergeil. võ gelem schwebell. von galbanũ, vo oppoponącũ, vñ von röte damit ma rot ferwet, von tauben miist. oder habich miist. Die alle od' ir yeglichs sol mã tzerstossen vñ mit kugallen zu einẽ teig machen / und darvss kugelin machen in d' grosse als haselnuss / der selben kugelin leg eins nach dẽ andern vff eỹ glut und lasse dẽ rauch vnde zu d' frauwen durch eỹ ror in ir gemecht gon."

Die Wurzel von Plumbago zeylanica wird teils frisch, teils zu Pillen verarbeitet zu Abortivzwecken genossen, oder auch in die Vagina resp. den Uterus eingeführt[1]). Es ist bekannt, daß die Droge örtlich stark entzündungserregende Eigenschaften besitzt.

In Alexandrien und Cairo wurde auch früher das Abtreiben handwerksmäßig betrieben. Die Schwangeren wurden in ein warmes Bad geführt, ihnen in demselben ein Stück Schwefel in die Scheide gesteckt und durch fortwährendes Reiben die Vaginalportion so lange gereizt, bis Wehen entstanden.

Hervorgehoben werden muß, daß bei Schwangeren Ätzungen am Muttermund mit Höllenstein wegen Syphilis sehr häufig ohne jeden Nachteil vorgenommen wurden.

Der Verätzungen durch arsenige Säure ist bereits Erwähnung geschehen. Vielleicht lag eine solche in einem Falle vor, wo im fünften Schwangerschaftsmonat Stenose durch Ätzung mit unbekannten Ätzmitteln zwecks kriminellen Aborts entstanden war, nachdem die Abstoßung fast der ganzen Portio und des Laquear vaginae sich vollzogen hatte. Erst in der 34. Woche erfolgte die Frühgeburt. Die Entwicklung geschah in Fußlage nach Inzisionen der narbig verengten Zervix und Perforation des nachfolgenden Kopfes[2]).

Die Scheidendouche (aufsteigende Uterusdouche) von Kiwisch.

Nach einer Modifikation dieses Verfahrens[3]) wird nach vorhergegangener Desinfektion der Genitalien aus einem 20 Liter haltenden Blech-Irrigator gekochtes oder Leitungswasser von 30° R aus 1 m Höhe durch einen Schlauch in das Scheidenrohr mit knieförmiger Biegung geleitet. Die Douche dauert mindestens eine halbe bis eine Stunde, so daß 60—120 Liter Wasser in einer Sitzung durch die Vagina fließen und

---

[1]) Hotchkiss, Jahresber. über d. Fortschr. d. Geburtsh. 1893, S. 843. Vide auch Shorth, Transact. of the Obstetric., Soc. of London, Vol. IX, 1868, S. 6, und oben in: Abtreibungsmittel historisch und ethnographisch betrachtet.

[2]) Schenk, Zentralbl. f. Gynäkol. 1900, Nr. 6.

[3]) Sarwey, l. c., S. 49 u. 101.

wird alle zwei bis drei Stunden wiederholt. So werden durchschnittlich täglich 4—5 Douchen appliziert. Gute neben Fehlerfolgen, die eine individuelle Grundlage haben, kommen hierbei vor. Das untere Uterinsegment kann leicht zu stark gereizt werden.

Auch heiße Douchen von 40° R und „Wechseldouchen", d. h. bald mit kaltem bald mit warmem Wasser wurden angewandt. Solcher Douchen wurden bis über 20 verabfolgt.

Der Erfolg von Einspritzungen nur in die Scheide, der früher nicht recht geglaubt wurde, kann eintreten. Die Wirkung auf den Uterus wird durch Nervenzentren vermittelt, welche in der vorderen Scheidewand liegen. Dieser Wirkungsmechanismus trifft auch für die Tamponade zu.

Die Kohlensäuredouche des Vaginalteiles wurde bereits erwähnt. Sie ist wegen ihrer Gefahr schnell vergessen worden.

Die Tamponade.

Einführung von Watte, die mit Pulpa Colocynthidis, also einem örtlich ziemlich starke Entzündung erregenden Stoffe, getränkt ist, in die Vagina wird von Avicenna als wirkungsvoll gerühmt.

Roesslin empfiehlt: „Man sol wollẽ netzen in rauten safft / vñ die also nass d' frawẽ in yr gemecht schieben. Oder man sol in die wollen legen die siñ well holwurtz / oder ein wurtz genãt bothor marien / od' der somẽ staphisagria / zu teutsch lussome / vnd die wollen d' frauwen in yr gemecht schieben. Item man soll niesswurtz vnd das gumi opponacũ in wollen verborgen legen in der frawen gemecht / dañ diss stuck treibt vnd zeucht von der frauwen das kyndt todt oder lebendig."

Die Tamponade der Scheide zur Erregung von Wehen, d. h. eine möglichst enge Ausfüllung oder Auftreibung derselben durch Charpie, Tierblase oder Kautschukblase ist unsicher, gefährlich und lästig.

5. Mittel, deren Angriffspunkte außerhalb der Genitalorgane liegen.

Die Reizung der Brüste.

Die Beziehung der Brüste zum Uterus war schon im Altertum gekannt und führte zu dem Rate des Hippokrates, bei Menstruationsanomalien einen großen Schröpfkopf auf die Brüste zu applizieren.

Zur Erregung von Wehen wurden Sinapismen für die Brustdrüse und später mit einigem Erfolge Gummischröpfköpfe, die mehrmals täglich aufgesetzt wurden, empfohlen.

Durch Applikation eines Schröpfkopfes auf die Brustdrüse oder Reizung derselben durch den konstanten Strom, sollen Zusammenziehungen des Uterus ausgelöst werden.

Beide Verfahren wurden derartig kombiniert, daß man in einen oben durchbohrten gläsernen Schröpfkopf eine messingne Schwammhülse einließ, die mit dem einen Leitungsdraht einer galvanischen Batterie in Verbindung stand. Die Anode kam als breite Platte auf den Bauch, die Schröpfkopfelektrode stellte die Kathode dar. Bei Stromesschluß (6—7 M.A. Stromstärke) kontrahierte sich jedesmal die Gebärmutter. Einschleichen des Stromes wurde absichtlich vermieden. Das Verfahren leitete die Wehentätigkeit ein. Die Geburt erfolgte.

Die Resultate wurden aber nicht für zuverlässig befunden.

Das verlängerte Säugen soll in den Fällen, wo trotz desselben Schwangerschaft erfolgt ist, Abtreibung bewirken können — was wohl nur selten einmal eintrifft.

6. Einwirkung des elektrischen Stromes.

Schon im achtzehnten Jahrhundert schrieb man den „elektrischen Stößen" eine schädigende Einwirkung auf den Fötus zu. Zu Anfang des neunzehnten wurde bereits der galvanische Strom zur Verstärkung schon vorhandener Wehen und 1843 zur Erregung der Frühgeburt empfohlen. Im ganzen erwiesen sich beide Arten von Elektrizität als unsicher für diesen Zweck. Gelegentlich wurden zwar einige Erfolge auch mit dem induzierten Strom (Elektroden in den Mastdarm oder plattenförmig zu beiden Seiten des Fundus uteri) erzielt, die indes die Methoden nicht als befriedigende bezeichnen ließen.

Ähnlich scheint es mit der Anwendung des konstanten Stromes sich zu verhalten, der mit Sicherheit Kontraktionen des schwangeren Uterus erzeugen und daher meist ein sicheres und absolut ungefährliches Mittel zur Einleitung der künstlichen Frühgeburt darstellen sollte.

Hierzu muß man die negative Elektrode in die Zervix, die positive als große Plattenelektrode auf den Bauchdecken anbringen, mit schwachem Strom von wenigen Milliampères beginnen, diesen stabil 10—15 Minuten lang fließen lassen, ihn ein- und ausschleichen lassen und diese Prozedur fortsetzen bis die Zervix durchgängig ist. Alsdann sollen durch Stromwendungen oder intermittierendes Galvanisieren Kontraktionen ausgelöst werden. Die Stromstärke wird nur gesteigert, wenn die Wirkung ausbleibt[1]).

---

[1]) **Herder**, Beiträge zur Erweit. d. Geburtshilfe. Dresden 1803. — **Schreiber**, Neue Zeitschr. f. Geburtshilfe Bd. XIV, S. 57, XIX, S. 395. — **Gruenewald**, Arch. f. Gynäkol. Bd. VIII, S. 478. — **Dorrington**, London. med. Gaz. 1846, II, S. 1081. — **Bayer**, Zeitschr. f. Geburtsh. u. Gynäkol. Bd. XI, S. 89. — **Volkmanns** klin. Vortr. 1890, Nr. 358.

Ein Mädchen, das sich im 2. Monat schwanger glaubte, suchte mit ihrem Liebhaber einen Abtreiber auf, der ihr eine Elektrode von der Dicke eines Rektalbougies in die Vagina einführte, die andere, einen befeuchteten Schwamm, auf den Bauch setzte. Nach einer schnell vorübergehenden Ohnmacht begab sie sich nach Haus und bekam für 48 Stunden Blutungen. Einen Fötus konnte sie in den Blutgerinnseln nicht erkennen. Nach vier Tagen ging sie wieder aus, litt aber am fünften so stark, daß sie zu Hause bleiben mußte. Für drei weitere Tage ging es ihr besser. Am 9. Tage hatte sie starke Schmerzen im Leibe und Frösteln. Es setzten die Symptome einer akuten Peritonitis ein, der sie am 11. Tage erlag.

Bei der Obduktion fand man, daß die Brustdrüsen auf Druck eine milchige Flüssigkeit lieferten. Fötider Ausfluß aus der Vagina. Erosionen an den Labien. Muttermund für den kleinen Finger durchgängig. Uterus vergrößert. Zervikalkanal ekchymotisch. Am Orificium internum tiefe Ulzerationen, deren Ränder und Grund schwarz waren. Es waren wahrscheinlich Brandschorfe, die der Strom verursacht hatte. Die Uterusschleimhaut eitrig. Die Plazentarstelle rot, erhaben. Doppelte eitrige Salpingitis.

Es ist sehr wohl möglich, daß, zur kriminellen Fruchtabtreibung angewandt, das Verfahren die Ausstoßung der Frucht veranlassen kann, besonders wenn unerlaubt hohe Stromstärken zur Verwendung kommen. Der Nachweis der Ursache des Aborts wird selbstverständlich hierbei nicht zu führen sein. Aus Amerika ist ein solcher Fall mitgeteilt worden. Eine Dame in San Franzisko setzte sich, um den Abort zu provozieren, in ein elektrisches Bad, ein dort nicht ganz ungebräuchliches Mittel. Es wurde ihr nun der Strom von sechzig grossen Daniell'schen Elementen 5 bis 10 Minuten lang vom Kreuzbein nach dem Introitus vaginae durchgeleitet. Sie bekam eine große Hämatozele. Am anderen Tage abortierte sie. Die Blutgeschwulst schwand durch Massage[1]).

Für die Einleitung der vorzeitigen und rechtzeitigen Geburt wurde auch die schmerzlose Galvanisation in Verbindung mit subkutanen Injektionen von Pituitrin (Hypophysenextrakt) verwendet. Sie sollte sich für die letzten drei Monate der Schwangerschaft, nicht aber zur Einleitung des Abortus eignen[2]).

7. Die Einwirkung von Strahlen.

Röntgenstrahlen.

Die Röntgenstrahlen üben auf Spermatozoen eine vernichtende Wirkung aus[3]).

Es ist weiter erwiesen worden, daß die Bestrahlung von Kaninchen deren Ovarien schwer schädigen, ja, evtl. sogar zur Atrophie bringen kann[4]). Sterilität wurde dadurch herbeigeführt.

---

[1]) Rosenstirn, Jahresber. d. ges. Med. 1881, II, S. 562.
[2]) Vogelsberger, Arch. f. Gynäkol. Bd. 39.
[3]) Albers-Schönberg, Münch. med. Wochenschr. 1903, S. 1859.
[4]) Halberstaedter, Berl. klin. Wochenschr. 1905, S. 64.

Daß die Schwangerschaftsprodukte gleichfalls dadurch leiden, bzw. zugrunde gehen können, lehrte das Experiment. Eine dreimalige Bestrahlung von je einviertel Stunde Dauer tötete Kaninchenföten. Auch hier trat zutage, was ich auf vielen Seiten dieses Werkes dargelegt habe: Die Individualität, mit der man bei hoch oder niedrig organisierten Lebewesen rechnen muß, läßt auch bei dieser schädigenden Energie Widerstände zutage treten, die sich in weiten Grenzen bewegen[1]). Der Rückgang der Trächtigkeit war in 60% der Versuche feststellbar[2]). Indessen erzielte man einen prozentisch viel höheren Erfolg, sogar bis zur Konstanz, als man durch geeignete Abdeckung der linken Hälfte des Tieres und des untersten Teiles des Bauches die Eierstöcke isoliert bestrahlte. Es reagierten 100% der so behandelten schwangeren Kaninchen mit Rückgang der Trächtigkeit[3]). Da nur die Ovarien getroffen wurden, nahm man an, daß die Ursache für den Erfolg durch Veränderungen in ihnen veranlaßt worden seien.

Die Wirkung erfolgt nach einmaliger oder mehrmaliger Bestrahlung. So ließ man z. B. auf ein trächtiges Tier am Tage nach der Befruchtung 30 Min. die Strahlen einwirken und erzielte dadurch die Unterbrechung der Schwangerschaft und den Eintritt des Abortus am 12. Tage. Eine Bestrahlung von 32 Min. bei einem in der dritten Woche trächtigen Tiere verursachte den Tod von zwei Jungen am Tage nach der Geburt. Aber auch schon eine nur 10 Min. dauernde Strahleneinwirkung acht Tage vor der Befruchtung ließ die dann geborenen Jungen zwei Monate nach der Geburt sterben[4]).

Akut eintretender Abort wurde nicht beobachtet, auch nicht nach wiederholten kurzdauernden Bestrahlungen. Sie bewirkten immer nur Rückgang der Trächtigkeit, Hemmung der Fruchtentwicklung und Lebensschwäche der geborenen Tiere.

Der Versuch an einer im dritten Monat Schwangeren, bei der die Vornahme der Frühgeburt durch zusehends sich verschlechternde Lungentuberkulose angezeigt war, fiel ähnlich aus. Nach 25 Sitzungen, die steigend 5—10 Min. dauerten, erfolgte ein spontaner Abort unter wehenartigen Krämpfen und einer stärkeren, nach der Ausstoßung aufhörenden Blutung. Es wurde eine abwechselnde Bestrahlung der Eierstöcke und der Schilddrüse vorgenommen — bei ersteren unter Staniolbedeckung des ganzen Abdomens und Bleiglasblende von 60 cm Umfang. Die 25 Sitzungen waren so verteilt, daß jeden fünften Tag eine Pause von einem Tag eintrat und zur Schonung der Bauch-

---

[1]) v. Hippel, Berichte der Ophthalm. Gesellsch. Heidelberg 1905.

[2]) v. Hippel u. Pagenstecher, Münch. med. Wochenschr. 1907, S. 452.

[3]) Neumann u. Fellner, Zentralbl. f. Gynäkol. 1906, Nr. 22. — Münch. med. Wochenschr. 1907. 4. Juni.

[4]) Sebileau, Compt rend. de la Soc. de Biologie T. LXI, 1906, S. 637.

haut jede fünfte Bestrahlung allein die Schilddrüse für fünf Minuten traf[1]).

Meiner Auffassung nach sind die am Sexualapparat durch Röntgenstrahlen in irgendeiner Form auslösbaren Veränderungen, ob sie nun die Samenvernichtung oder die degenerativen Vorgänge im Ovarium, oder die Entleerungswirkungen auf die schwangere Gebärmutter betreffen, als Wirkungsfolgen von Zersetzungsgiften anzusprechen, die durch die Strahlen — Radiumemanationen machen ähnliches — aus Eiweiß entstehen. Ob man diese Röntgenleukotoxin oder anders nichtssagend benennt, ist gleichgültig. Es sind metabolische Gifte, die sich unter dem eigenartigen energischen Einfluß, dem das Körpereiweiß ausgesetzt ist, bilden. Das Eiweiß wird genötigt, eine andere Zersetzungsrichtung als die normale einzuschlagen. Viele andere innerliche oder von außen an und in den Körper gedrungene, chemische, kraftentwickelnde Faktoren machen das gleiche, wie z. B. die Verbrennung, unter Bildung giftiger Produkte.

Die Zersetzungsprodukte fallen qualitativ und, je nach der Eigenart des beeinflußten Organeiweißes auch quantitativ verschieden aus. So ist es vielleicht zu erklären, daß die Bestrahlung der Schilddrüse Zerfallsprodukte aus ihr schafft, die eine besondere Giftwirkung besitzen. Daß auch der Fötus durch solche Gifte in seiner Entwicklung und Konstitution leiden kann, bedarf nach dem, was ich über den Übergang von Giften von der Mutter auf das Kind ausgeführt habe, keiner weiteren Begründung.

Es ist wahrscheinlich, daß auch Bestrahlungen mit künstlicher Höhensonne gelegentlich Abort hervorrufen können.

Außer Eiweiß können noch andere Körperbestandteile, z. B. das Lezithin, unter Röntgenstrahlen oder Radium zerfallen. Dabei entsteht Cholin, das Trimethyloxaethylammoniumhydroxyd. Ihm kommen Reizwirkungen an dem von ihm berührten Gewebe zu, die bis zur Blasenbildung oder Nekrotisierung gehen können.

Versuche mit subkutaner Cholinbeibringung an 14 Tieren ergaben, daß zehn von ihnen steril blieben und bei zweien ein Teil der Früchte starben. Nur zwei lieferten normale Würfe. Es scheint als ob eine Dosis von 10 ccm einer einprozentigen Lösung, acht Tage hintereinander vom sechsten oder siebenten Tag nach der Belegung an injiziert, nahezu regelmäßig eine Unterbrechung der Gravidität beim Kaninchen herbeiführt. Trotzdem sind die Befunde nicht konstant. Auch die Lebensfähigkeit der Jungen scheint durch Cholineinspritzungen schwer beeinträchtigt zu werden, da sie in den acht ersten Tagen starben[2]).

---

[1]) Fraenkel, Zentralbl. f. Gynäkol. 1907, Nr. 31, S. 953.
[2]) v. Hippel u. Pagenstecher, l. c.

8. Mechanische Insulte.

Jeder Eingriff, der den Zusammenhang zwischen Frucht und Mutter unterbrechen oder lockern, der die Plazenta und die Eihäute lösen kann, ist geeignet, Blutungen und Abort zu veranlassen. Hierher gehört die Erschütterung des ganzen Körpers und zumal des Unterleibes, jene seit den ältesten Zeiten geübten, und schon in den vorangegangenen Abschnitten mehrfach geschilderten, brutalen mechanischen Eingriffe, deren gewollter Erfolg meistens ausbleibt: Schlagen und Drücken auf den Unterleib, gewaltsames Schnüren desselben, Kompression und Erschütterung des Uterus mit einem Stein oder einem Stück Holz, Tragen eines festgebundenen Stückes Holz auf der Brust und an den Geschlechtsteilen, öfteres Sichhinwerfen auf die Erde, mehrfaches Kopfüberstürzen, übermäßiges Tanzen, Reiten, Springen, Tragen und Heben schwerer Lasten. Vielleicht sind die zeitweiligen individuellen Zustandsänderungen, die eine Seereise veranlassen kann, gelegentlich die Ursachen von Abort.

Die Massage der Gebärmutter, das „Bauchdrücken" wird wohl noch am häufigsten von diesen Eingriffen geübt. In einem vorhergehenden Kapitel habe ich die hierüber bei Naturvölkern gemachten Erfahrungen, auch die des argen Schnürens dargelegt.

Vereinzelt kommen auch dadurch Erfolge zustande, gewöhnlich wenn es vor der baldigen Entbindung vorgenommen wird. In der Regel kommt es dadurch zu Blutergüssen zwischen der Bauchwand und dem Bauchfellüberzuge, am Netz, in dem Gekröse der Därme, zwischen den Lamellen der Mutterbänder, unter der Bauchfellbekleidung des Uterus, und selbst unter der Schleimhaut der Scheide.

Durch die Massage des Uterus können Kontraktionen von ihm veranlaßt werden, was sich ja bei der normalen Geburt und zumal in der Nachgeburtsperiode so oft als hilfreich erweist.

Gelegentlich wird durch Drücken und Kneten des schwangeren Unterleibes Abort herbeigeführt, aber auch der Tod. In einem solchen Falle fanden sich Entzündungszeichen im Unterleib mit ausgedehnten Blutergüssen. Wie spät die Gebärmutter bisweilen auf einen solchen Insult reagiert, beweist auch das Folgende: Eine Schwangere wurde am 25. März und 25. April und dann gleich hinterher nochmals, und ferner dreimal am 7. Mai ohne sofortigen Erfolg „gedrückt". Am letzten Tage wurde sie wegen der erzeugten Schmerzen und der Erschöpfung bettlägerig. Am 8. Mai, als man das Kneten wiederholen wollte, mußte man wegen der Schmerzen damit aufhören. Am Abend gebar das Mädchen einen siebenmonatlichen Fötus, der bald starb[1]).

---

[1]) Hedrén, l. c.

Nur ganz ausnahmsweise können auch d i e Erschütterungen Erfolg haben, die durch zwangsweis erzeugtes anhaltendes E r b r e c h e n und k r a m p f h a f t e s N i e s e n verursacht werden.

Oft genug glaubte man durch h ä u f i g e n Beischlaf die vorzeitige Ausstoßung des Fötus herbeiführen zu können. Erschütterung und Innervationsstörung durch Überreizung sowie Kongestion können den Uterus aus seinem Ruhestande reißen — aber doch wohl nicht in dem Maße, um mit genügend ergiebigen Kontraktionen eine Ausstoßung seines Inhaltes zu veranlassen.

Bei den sibirischen Nomadenvölkern spielt eine andere Methode, das sog. „Topfsetzen", als Abortivmittel eine große Rolle. Hierzu wird die Nabelgegend mit warmem Seifenwasser gewaschen, auf der erhitzten feuchten Stelle zu wiederholten Malen Büschel leicht geflockten Hanfs angezündet und sodann ein im Backofen mäßig erwärmter Topf schnell herübergestülpt, worauf sich das Gefäß rasch festsaugt und die Flamme erlischt. Gewöhnlich wird die Prozedur einige Male schnell hintereinander wiederholt.

Diese sehr umfangreiche Schröpfkopfwirkung, die wohl noch durch Reizung des Muttermundes unterstützt wird, soll sich als nützlich und unschädlich erwiesen haben.

C. Maßregeln gegen die zunehmende Fruchtabtreibung.

Seit Jahrhunderten haben Menschen darüber nachgedacht, die Abtreibung aus dem Dunkel, in dem sie so oft trotz aller Gesetze vollzogen wird, ans Licht zu bringen oder, was für erfolgreicher gehalten wurde, sie zu verhüten. Auch hier richteten sich, wie für so vieles, die Blicke auf die mit Vollmachten versehenen Beamten. Was vor fast vierhundert Jahren in dieser Beziehung in Frankreich verwirklicht worden ist, wurde in unseren Tagen in anderer Gestalt wieder als Allheilmittel dringlichst empfohlen.

Ein Edikt Heinrichs II. vom Jahre 1556[1]) setzte die Anzeigepflicht der Schwangerschaft fest und strafte deren Verheimlicherinnen schwer. Die Überwachung der Schwangeren wurde durch spätere Ordonnanzen bestätigt. Sie bestand bis in die Mitte des achtzehnten Jahrhunderts. Die entsprechenden Edikte mußten in dreimonatlichen Zwischenräumen von der Kanzel herab verkündet werden. Ja, es wurden im Verdacht der Schwangerschaft Stehende sogar durch Beamte im Hause besucht und inquiriert. Dieses abstoßende Verfahren nahm erst 1761 durch das Vorgehen des Parlaments von Paris ein Ende.

---

[1]) Vgl. S. 138.

In den neuerdings gemachten Vorschlägen soll dem Arzte die Pflicht der Meldung, d. h. praktisch der Denunziation einer jeden deutlichen oder verdächtigen Abtreibung auferlegt werden. Derartiges ordnet in Österreich der § 359 des Strafgesetzbuches an. Dort sind Ärzte, Wundärzte, Apotheker, Hebammen, Totenbeschauer in jedem Falle, wo ihnen eine Krankheit, eine Verwundung, Geburt oder Todesfall vorkommen, bei welchem der Verdacht eines Verbrechens oder Vergehens besteht, verpflichtet, Anzeige zu erstatten. Eine solche Verpflichtung verstößt gegen die ärztliche Schweigepflicht. Diese steht über jedem Gesetze, weil sie in ihrer Ethik in dem Empfinden eines jeden Arztes tief wurzeln soll und wurzelt. „Il ne peut exister une obligation légale au dessus de l'obligation morale." So hat sich ganz kürzlich die französische Akademie der Medizin ausgesprochen und ist hierin des Beifalles aller wahrhaft Gesitteten sicher. Der Arzt wird als solcher und nicht als Polizeivigilant zu dem Aborte gerufen. Selbst ein Bündel Sadebaumspitzen oder eine Spritze, die er auf dem Tische der seine Hilfe Heischenden liegen sieht, können ihn wohl diagnostisch oder an sich interessieren, aber Schlüsse, die er aus ihrer Anwesenheit zieht, hat er für sich zu behalten.

Es wurde neuerdings weiter empfohlen, den Frauen eine gewisse Straflosigkeit zuzusichern, damit sie die Abtreiberin nenne, oder eine strengere Überwachung der Hebammen und der Privatentbindungsanstalten durchzuführen, oder jeden Abort amtlich zu melden und anderes mehr.

Der therapeutische Abortus sollte nur von zwei oder drei Ärzten vollzogen werden dürfen, oder von einer Art oberster Jury beschlossen werden usw.

Der menschliche Spürsinn nach einem Abhilfe versprechenden Weg hat sich beinahe erschöpft. Ich glaube nicht, daß ein solcher gefunden wird.

Namenverzeichnis.

Sachverzeichnis

Die fett gedruckten Zahlen geben die Seiten der Haupttitel an. Beim Aufsuchen eines Wortes sind auch seine Synonyma, und bei Pflanzen auch deren Teile und Zubereitungen, wie: Folia, Flores, Radix, Extractum usw.. zu berücksichtigen.